食品科学与工程系列教材

U0891301

食品安全学

（第二版）

张小莺　殷文政　主编

科学出版社
北京

内 容 简 介

本书第2版在第1版基础上，系统介绍了食品安全的基本概念，影响食品安全的生物性因素、化学性因素和物理性因素；由于食品中潜在的污染物对人体健康的影响，详细介绍了各类食品的安全与卫生、食源性疾病及预防，食品安全检测技术以及食品安全性评价；针对目前对食品添加剂和转基因食品的高度关注，介绍了食品添加剂的安全卫生管理和转基因食品的安全性；最后介绍了食品安全监管和法律法规的内容。

本书可供高等院校食品科学与工程、包装工程、食品质量与安全、生物工程、生物技术、商品学、营养学及相关专业的广大师生参考。也可供科研、技术管理及生产领域的从业人员使用。

图书在版编目(CIP)数据

食品安全学 / 张小莺，殷文政主编. —2版. —北京：科学出版社，2017.7（2024.7重印）

食品科学与工程系列教材

ISBN 978-7-03-053889-5

Ⅰ.①食… Ⅱ.①张… ②殷… Ⅲ.①食品安全-高等学校-教材 Ⅳ.①TS201.6

中国版本图书馆CIP数据核字（2017）第146504号

责任编辑：张 展 刘 琳 / 责任校对：江 茂

责任印制：罗 科 / 封面设计：墨创文化

科 学 出 版 社 出版

北京东黄城根北街16号

邮政编码：100717

http://www.sciencep.com

成都锦瑞印刷有限责任公司 印刷

科学出版社发行 各地新华书店经销

*

2012年8月第 一 版 开本：787×1092 1/16

2017年7月第 二 版 印张：23 3/4

2024年7月第十次印刷 字数：560 000

定价：46.00元

（如有印装质量问题，我社负责调换）

《食品安全学》（第二版）
编委

主　编　张小莺（西北农林科技大学）
　　　　　殷文政（内蒙古农业大学）

副主编　徐志祥（山东农业大学）
　　　　　朱传合（山东农业大学）
　　　　　胡　滨（四川农业大学）

编　委（按姓氏拼音排序）
　　　　段　艳（内蒙古农业大学）
　　　　辜雪冬（西藏农牧学院）
　　　　何文森（江苏大学）
　　　　胡炜东（内蒙古农业大学）
　　　　胡锦梁（电子科技大学附属医院·四川省人民医院）
　　　　李　真（河南农业大学）
　　　　赵　勤（四川农业大学）
　　　　郑红星（陕西理工大学）

前　　言

《食品安全学》第1版问世以来，经过5年使用，受到广大读者的欢迎。鉴于食品科学的快速发展，新理论、新技术层出不穷，食品标准与法律法规的不断更新出台，为了适应学科发展，满足新形势下教学教改要求，现对《食品安全学》教材进行修订改版。

本书在突出"三基"（基本理论、基本知识和基本技能）与继承上一版的基本框架、结构与主要内容的基础上，在章节安排与内容编写等方面作了若干修订；并且在写作格式、图表设置等方面力求有所改进，以提高教学效果。本书主要修订如下：(1)在"化学源食品安全问题"章节中增加了食品加工中出现的污染物，如多环芳烃类化合物、杂环胺类化合物、丙烯酰胺、氯丙醇等，使内容更加全面；(2)将原"放射性污染物"章节内容并入"物理源食品安全问题"章节，使层次更加清晰；(3)将原"公共健康与生物安全视野下的食品安全"章节修改为"食源性疾病与预防"章节，以突出食源性疾病防控的重要性；(4)在"各类食品的安全与卫生"章节增加了地沟油、塑化剂等内容，在"食品安全检测技术"章节引入了最新的食品污染物监测方法，在"食品安全管理与法规体系"章节介绍了新《食品安全法》、ISO22000食品安全管理体系，美国的食品安全法规、食品生产许可等内容；对于其余各章，再版也都作了适当的调整或改写，并对原教材中的印刷错误做了更正。为了广大读者的方便，每章都增加了思考题，以便于学生复习。

本书由西北农林科技大学、四川农业大学、山东农业大学、内蒙古农业大学、河南农业大学、江苏大学、陕西理工大学、西藏农牧学院等8所高等院校联合编写。本书的作者年富力强，是在教学、科研第一线的学术带头人及学术骨干，90%具有高级职称与博士学位，大部分具有出国深造经历，了解国外的最新研究进展。

全书分为12章，参加编写的人员具体分工如下：第1章由西北农林科技大学张小莺、内蒙古农业大学胡炜东编写；第2章由山东农业大学朱传合编写；第3章由内蒙古农业大学殷文政编写；第4章由山东农业大学朱传合编写；第5章由江苏大学何文森编写；第6章由四川农业大学胡滨编写；第7章由西藏农牧学院辜雪冬编写；第8章由山东农业大学徐志祥、西北农林科技大学张小莺编写；第9章由内蒙古农业大学段艳、电子科技大学附属医院胡锦梁编写；第10章由陕西理工大学郑红星编写；第11章由河南农业大学李真、电子科技大学附属医院胡锦梁编写；第12章由四川农业大学赵勤编写。

由于作者水平有限，难免存在不妥和疏漏之处，敬请诸位同仁和广大读者批评指正，以便以后修订、补充和完善。

编　者

2017年6月

目　　录

第1章 绪　　论

“国以民为本，民以食为天，食以安为先”，食品是人类赖以生存的物质基础，是人类社会生存发展的第一需要。而“病从口入”，饮食不卫生、不安全，又是百病之源。食品安全性，是一个听起来生疏却与人们日常生活关系密切的概念。据卫生部门报道，在我国80%的传染病为肠道传染病，一些关于伤寒、痢疾、霍乱等传染病的地方性爆发流行现象，大多数与饮食有关。每年我国食物中毒报告例数为2万~4万，但是，据专家估计，这个数据不到实际发生数的1/10。另外，近年来由于农药、兽药污染造成的急性食物中毒也在上升。在城乡经济发展和生活水平提高的同时，食品的数量和种类日益丰富，如何提高食品的质量与安全性的问题日益突出，人们对食品安全性的要求与重视迫在眉睫。因此，认识食品安全性的方方面面，理顺影响食品安全性链条上的各种关系，建立保证食品安全性的有效监控管理体系，是包括生产、消费、经营及管理者在内的全社会的重要课题。进入21世纪以来，食物安全性问题已成为食品研究、发展和生产领域中一个不容忽视的问题，而且正在逐步受到重视。随着社会的进步，经济的发展，人们的生活水平在不断提高，食物结构在朝着科学化，营养化，安全化和多样化的方向发展；而在科学化和营养化方面体，传统的饮食结构被更为合理，而且被更为绿色和安全的食物标准所取代。

1.1　食品安全性

1.1.1　食品安全性概述

“安全性”(safety)是损害和危险性的反义词，常被解释为无风险性和无损伤性。1984年世界卫生组织在《食品安全在卫生和发展中的作用》的文件中，将“食品安全”与“食品卫生”作为同义语，定义为：“生产、加工、储存、分配和制作食品过程中确保食品安全可靠，有益于健康并且适合人消费的种种必要条件和措施”。1996年世界卫生组织在《加强国家级食品安全计划指南》中则把“食品安全”与“食品卫生”作为两个概念不同的用语加以区别。其中，“食品卫生”所指的范围似乎比食品安全稍窄一些，是指“为了确保食品安全性和适用性在食物链的所有阶段必须采取的一切条件和措施”，而“食品安全”被定义为“对食品按其原定用途进行制作和/或食用时不会使消费者健康受到损害的一种担保”。安全主要是指在食品的生产和消费过程中没有达到危害程度的有毒、有害物质或因素的加入，从而保证人体按正常剂量和以正确方式的摄入食品时不会受到急性或慢性的危害，这种危害包括对摄入者本身及其后代的不良影响。

在自然界中物质的毒害特性同有益特性一样，都是同剂量紧密相连的，离开剂量便无法讨论其有毒、有害或有益性。例如，成人每日摄入硒的量为50～200 μg 时则有利于健康；如果每日摄入量低于50 μg 时就会出现心肌炎、克山病等疾病，并诱发免疫功能低下和老年性白内障等疾病；如果每日摄入量为200～1000 μg，则出现中毒，急性中毒症状表现为厌食、运动障碍、气短、呼吸衰竭，慢性中毒症状表现为视力减退、肝坏死和肾充血等；如果每日摄入量超过1000 μg 则可导致死亡。另外，有些有害成分是食物本身所固有的，如有毒蘑菇中的各种毒素、扁豆(四季豆)中的皂素、植物血凝素，如果在食用时不加以注意，就会造成食物中毒。但更多的有害成分是食品在生产、加工、储存、运输、销售、烹调等环节中被一些有毒、有害因素污染所造成的。既然食品会天然存在“有毒、有害物质”或被无意污染，因此需要判断食品中哪些物质或成分属于“有毒、有害物质”，以及在什么条件下会对人体健康产生危害或损害。在目前的科学水平下，某些有毒、有害因素难以得出“健康影响”和“有害效应”的结论，但随着人们认识的发展就会有新的发现，如长期低剂量接触某些有毒、有害物质，会在多年后出现健康损害。尽管这些有毒、有害效应一直存在，但目前的技术手段还不能识别这些效应或目前的检测技术还不能够发现相关有毒、有害物质。这就是说，人类消费任何一种食品要保证绝对安全(危险性为零)几乎是不可能的。既然食品中总是存在能够引起健康损害的物质，也就总是存在危害(hazard)，但存在危害并不意味着就一定会产生健康损害。毒理学上有一个基本概念叫“剂量决定毒性”，即如果危害的暴露水平在允许摄入量以下，产生健康损害的可能性要小得多；也就是说，不同食品中存在的有害物质引起健康损害的可能性是不同的。在一定条件下能够引起某种健康损害出现的概率称为危险性、危险度或风险度(risk)。

安全性虽然是危险性的反义词，但是安全性很显然与某一指定的低危险水平及损害效应的低严重性联系在一起。所谓安全是指社会能接受的某种严重程度的有害效应的特定危险水平，指在可以接受的危险度下不会对健康造成损害，是一个应用很广泛的概念。理论上安全性是指无危险度或危险度达到可忽略的程度，而实际上不可能存在绝对的无危险度。对安全性的另一种解释是：在建议使用剂量和接触方式的条件下，外源化学物不致经起机体损害作用的“实际可靠性”。另外还有一种观点认为，安全性应根据社会“可接受的”危险度来进行评定，低于这个可接受的危险度就是安全的，否则就不安全。食品安全性评价(food safety evaluation)是运用毒理学动物实验结果，并结合人群流行病学调查资料来阐明食品中某些特定物质的毒性及潜在危害、对人体健康的影响性质和强度，预测人类接触后的安全程度。

1.1.2 食品安全的历史观

人类对食品安全性的认识，有一个漫长的历史发展过程。在人类文明早期，不同地区和民族都以长期生活经验为基础，在不同程度上形成了一些有关饮食卫生和安全的禁忌禁规。在中国，2500年前的孔子就曾对他的学生讲授过著名的“五不食”原则：“食饐(yì)而餲(jài)，鱼馁(něi)而肉败，不食。色恶，不食。臭恶，不食。失饪，不食。不时，不食。”在西方文化中，产生于公元前1世纪的《圣经》也有许多关于饮食安全与禁规的内容。

食品安全性另一个层面的问题就是掺假。据记载：在18世纪中叶，英国杜松子酒中查出掺假物：浓硫酸、杏仁油、松节油、石灰水、玫瑰香水、明矾、酒石酸甲盐，还有牛奶中加甲醛，肉类用硫黄，黄油用硼砂做防腐处理的事例。

对食品安全性新问题的社会反应和政府对策，最早见于发达国家。例如：在美国，1938年就由国会通过了《食品、药物和化妆品法》，其中规定：凡农药残留量超过规定限量的农产品禁止上市出售。在我国，近代食品安全性的研究与管理起步较晚，但近半个世纪以来食品卫生与安全状况也有了很大的改善。一些食源性的传染病得到了有效的控制，农产品和加工食品中的有害化学残留也开始纳入法制化管理的轨道。1982年，我国制定了《中华人民共和国食品卫生法(试行)》，13年后，于1995年由全国人大常务委员会通过，成为具有法律效力的食品卫生法规。

2009年《中华人民共和国食品安全法》的颁布实施，对规范食品生产经营活动，防范食品安全事故发生，强化食品安全监管，落实食品安全责任，保障公众身体健康和生命安全，具有重要意义。食品安全法的实施是保障食品安全，保证公众身体健康和生命安全的需要，是促进我国食品工业和食品贸易发展的需要。也是加强社会领域立法，完善我国食品安全法律制度的需要。2015年新修订的《食品安全法》在总则中规定了食品安全工作要实行预防为主、风险管理、全程控制、社会共治的基本原则，要建立科学、严格的监管制度。该规定内容吸收了国际食品安全治理的新价值、新元素，为今后我国食品安全监管工作树立了必须遵循的理念。

1.1.3 食品安全现代内涵

1. 食品安全性

食品安全性是食品质量的最重要组成部分，而人们常常忽视其对公众生活、社会安定可能带来的严重影响，这对食品的生产者、经营者、社会管理部门及政府决策部门，提出了一个日益紧迫的课题，即如何从当前和长远的角度把确保食品安全问题落到实处。解决好这个问题，首先需要对食品安全性有一个充分而科学的理解。

食品安全可以分为宏观性的食品安全和微观性的食品安全，宏观性的食品安全又称为食品的量安全，是以食品的“供给保障”安全为内涵的食品安全(food security)，与粮食安全具有同等含义。微观性的食品安全又称为食品质的安全，是以保障人体健康为内涵的食品安全(food safety)。

按照我国新《食品安全法》对食品安全定义是：食品无毒、无害，符合应当有的营养要求，对人体健康不造成任何急性、亚急性或者慢性危害。当然不少曾被认为是“无污染”食品或“清洁”食品并非真的安全，而许多被宣布有毒有害的化学物质实际上在环境中和食品中都被发现以极微数量广泛存在，这个安全性如何界定？从对人体健康的影响来看，除明显致病的以外，所谓慢性毒害、慢性病、健康隐患、对后代的后效等，也都需要更明确的解释。美国学者 Jones 则曾建议区分绝对安全性与相对安全性两种不同的概念。

2. 绝对安全性和相对安全性

绝对安全性是指确保不可能因食用某种食品而危及健康或造成损害的一种承诺，也就是食品应绝对无风险。相对安全性是指一种食物或成分在合理食用方式或正常食量的情况下，不会导致健康损害的实际确定性。

因此，一种食品是否安全，取决于其制作、食用方式是否合理，食用数量是否适当，还取决于食用者自身的一些内在条件。以上也说明一个问题，那就是对食品消费者和食品生产管理者来讲，前者要求对他们提供没有风险的食品，而将频繁发生的安全性事件归因于技术和管理的不当，后者则是从食品的构成和食品科技的现实出发，认为安全食品并非是完全没有风险的食品，而是在提供最丰富营养和最佳品质的同时，力求把可能存在的任何风险降至最低限度。

1.1.4 人类对食品安全性认识的过程

在市场发展和社会进步的同时，食品安全性问题的焦点与热点：逐渐从食品不卫生、传播流行病、掺杂制伪等为主转向为某些化学品对食品的污染及对消费者健康的潜在威胁方面。农药和兽药在人类的食物和人体内长期残留，将危及整个生态系统和人类的健康。

20 世纪末至今，新的病原微生物引起食物中毒，畜牧业中滥用兽药、抗生素、激素类物质的副作用，食品的核素污染，对转基因食品安全的争论，英国的疯牛病事件，以及沙门菌、现代乳品低温冷藏中的嗜冷性致病菌(利斯特菌，耶尔森菌)、致病性大肠杆菌 EHEC(肠出血性大肠杆菌 O157：H7)造成的食品安全等问题都是有代表性的。人类社会发展的多个方面通过人类食物链对食品安全性的影响，进一步显露出来。而人类对全球生态环境变化及其与自身生存关系认识的深化，激发了人们的生态环境意识。这就使食品安全性再次作为人类面临的重大生活或生存问题，从多个方面被提上社会的议程。

历史表明，食品安全性的问题发展到今天，已远远超越了传统的食品卫生或食品污染的范围，而成为人类赖以生存和健康发展的整个食物链的保护与管理问题。

1.1.5 化学物质的毒性概念与饮食风险概念

1. 化学物质的毒性

毒性是指物质在任何条件下对有机体产生任何种类(慢性或急性)损害或伤害的一种能力，其中包括损害正在发育的胎儿(致畸胎)、改变遗传密码(致突变)或引发癌症(致癌)的能力等。但是，传统认为，评价一种食物或成分是否安全，并非是根据其内在的固有毒性，而是看其是否能造成实际危害。化学家经常引用的一句名言是：只有剂量才能决定一种成分是否有毒。今天，分析技术的发展已经可以使检出水平达到 mg/kg[即：ppm(parts per million)、百万分之一]、μg/kg[即：ppb(parts per billion)、十亿分之一]、千兆分之一甚至 ng/kg(万亿分之一)的精度。一种成分含量水平不同，其毒性意义可能极不相同。事实上，随着分析技术的进步，已发现在越来越多的食品中，特别是天然食品中含有多种微量的有毒成分，但不造成危害，这可以说明在一定的剂量范围内产生的风险很小，即含量水平对毒性有重要意义。表 1-1 列出了某些痕量元素摄入量的亏缺水平、安全水平和有毒水平。

表 1-1 某些痕量元素日摄入量的亏缺水平、安全水平和有毒水平

元素	亏缺水平	安全及适当水平	有毒水平	致死水平
砷(AS)	<15~25ng	未确定	5~50mg	60~200mg
氟(F)	<2mg	2~10mg	10~20mg	>20mg
硒(Se)	<50μg	50~200μg	200~1000μg	>1mg

注：砷(AS)的有毒水平以三氧化二砷计量

2. 饮食风险概念

风险概念是一个应用较广的概念，可简单地理解为人所不欲事件发生的概率或机会的多少。做任何事情都有风险问题，不过风险有大小，食品也不例外。就食品而言，个人风险将视危害成分暴露量、个人敏感性及饮食方式等而定。我们不妨做这样一个分析，食品生产、加工、储存、销售过程中使用的农药、兽药、添加剂及其他化学药品，可能为消费者带来一定风险，但不用这些化学药品又会增大别的风险，例如病虫害滋生可以使食品中某些致病的微生物、生物毒素、寄生虫等增多，食品的质量和数量严重下降，食品的营养和品位不佳，食品价格上涨。因此，作为消费者，只能根据条件选择接受哪一种风险。

3. 食品安全性的现代问题

人类社会的发展和科学技术进步，正在使人类的食物生产与消费活动经历巨大的变化。与人类历史上任何时期相比，目前，一方面是饮食水平与健康水平普遍提高，反映食品安全性的状况有较大提高，甚至是质的改善；另一方面则是人类食物链环节增多和食物结构复杂化，这又增添了新的饮食风险和不确定的因素。英国 C. E. Fisher(1993)对当代发达和较发达的社会或国家提出的一张饮食风险清单可以代表一般食品安全性。

营养过剩或营养失衡；

酗酒；

微生物污染；

自然产生的食品毒素；

环境污染(包括核污染)；

农药及其他农用化学品残留物；

兽用药物残留；

包装材料污染；

食品添加剂和饲料添加剂；

新开发食品及新工艺产品(如生物技术食品、辐照处理食品等)；

其他化学物质引起的饮食风险(如工业事故污染食品等)。

此外，假冒伪劣食品(劣质、掺杂毒物异物等)在食品安全性问题中也占有重要地位。以上可归纳为现代食品安全性的六大类问题，即：营养失控、微生物致病、自然毒素、环境污染物、人为加入食物链的有毒化学物质、其他不确定的饮食风险。在食品相对富裕的条件下，因饮食结构失调使高血压、冠心病、肥胖症、糖尿病、癌症等慢性病显著增多，这说明食品供应充足不等于食品安全性改善。高能量、高脂肪、高蛋白、高糖、高盐和低膳食纤维，以及忽视某些矿物质和必需维生素摄入，都可能给人的健康带来慢性损害。

1.1.6 影响食品安全性的因素

1. 影响因素

进入20世纪以来，影响食品安全性的原因主要是：

(1)食品工业中对各类添加剂的应用日新月异；

(2)农药兽药在农牧业中的重要性日益增强；

(3)工农业生产和交通运输中的“三废”对环境及食品的污染日趋加重；

(4)农产品和加工食品中含有毒有害化学物质问题越来越突出；

(5)生物性危害。

2. 解决方法

(1)需要科学家、企业家、管理者和消费者的共同努力；

(2)需要从行政、法制、教育、传媒等不同角度，提高生产者和消费者的素质，排除自然、社会、技术因素中的有害负面影响；

(3)需要从未来世界性食品贸易前景出发，整治食物链上的各个环节，使提供给社会的食品越来越安全。

1.2 世界和我国食品安全面临的主要问题

1.2.1 国内外食品安全管理

1. 国内外食品安全现状

当前国际食品安全形势严峻，近年来，国际上食品安全恶性事件不断发生。

(1)疯牛病。1986年在英国被发现，20世纪90年代流行达到高峰。2000年7月英国有34万个牧场的17万多头牛感染此病，已屠宰焚毁30多万头，流行趋势于20世纪90年代后期明显下降，但发病率每年仍以23%的速度增加，并由英国向全欧洲和亚洲扩散，受累国家超过100个。

(2)二噁英。1999年，比利时、荷兰、法国、德国相继发生因二噁英污染导致畜禽类产品及乳制品含高浓度二噁英的事件。二噁英是一种同时具有明显的生殖毒性和免疫毒性有毒的含氯化合物，是目前世界已知的有毒化合物中毒性最强的。它的致癌性极强，还可引起严重的皮肤病并伤及胎儿。

(3)大肠杆菌O157事件。1996年6月，日本多所小学发生集体食物中毒事件，发现元凶为大肠杆菌O157，截至当年8月日本全国患者已达9000多人，其中7人死亡，数百人住院治疗。据美国疾病控制和预防中心估计，O157在美国每年可造成2万人生病，250～500人死亡。

(4)丙烯酰胺。2002年4月，瑞典斯德哥尔摩大学的科学家发布一项研究报告指出，包括炸薯条在内的多种油炸淀粉类食品中含有致癌物质丙烯酰胺。这份报告指出，1kg炸薯片的聚丙烯酰胺含量是1000μg，炸薯条是400μg，而蛋糕和饼干中的含量则为280μg。丙烯酰胺这种物质人们并不陌生，在塑料和染料等许多材料中都有使用。动物试验证明它有致癌危险，而马铃薯等含有淀粉的食品在进行烤、炸、煎的过程中会自然产生丙烯酰胺，这就逐渐掀起一场新的食品安全风波。

(5)中国奶粉污染事件。2008年，我国多家乳制品厂家生产的婴幼儿奶粉被检出会有化工原料三聚氰胺，引发肾结石等病症，导致数万人就诊，进而引发国内深刻的奶粉信任危机。

食品安全事件造成的经济损失十分巨大。据美国FDA统计，美国近年年均发生食品安全事件350起，因食品污染造成的经济损失高达1520亿美元。英国自1986年公布发生疯牛病以来，经证实的疯牛病病牛达17万头之多，仅禁止牛肉进口一项，每年就损失81亿美元，为杜绝“疯牛病”而不得已采取的宰杀行动损失300多亿美元。比利时发生的二噁英污染事件不仅造成了比利时的动物性食品被禁止上市并大量销毁，而且导致世界各国禁止其动物性产品的进口，据估计其经济损失达13亿欧元。从国际上的教训来看，食品安全问题的发生不仅在经济上受到严重损害，还可以影响到消费者对政府的信任，乃至危及社会稳定和国家安全。嗯

2. 国外食品安全监管体系

英国食品安全监管机构食品标准署成立于2000年。此前，英国在1990年颁布《食品安全法》，对食品质量和标准等方面进行了详细规定，而《食品安全法》又是在1984年的《食品法》基础上修改而成的，再往前追溯，还可以找到一些与食品安全相关的法律。

德国《食品法典》的历史则最早可追溯到1879年。迄今，德国关于食品安全的各种法律法规多达200多个，涵盖了原材料采购、生产加工、运输、贮藏和销售所有环节。由此可以看出，发达国家对食品安全的重视源远流长，而且相关法律和监管体系在与时

俱进地不断修订完善。

美国的食品安全监管机制按照联邦、州和地区分为3个层面监管。三级监管机构大多聘请相关领域的专家，采取进驻饲养场、食品生产企业等方式，从原料采集、生产、流通、销售和售后等各个环节进行全方位监管，从而构成覆盖全国的立体监管网络。

日前，美国FDA推出了食品召回官方信息发布的搜索引擎，以提高食品安全信息披露的及时性和完整性。通过搜索，消费者可以获得自2009年以来所有官方召回食品的详细动态信息。在英国食品标准署网站上，可以查询到问题食品的召回信息，包括食品生产厂家、包装规格和召回原因。对于不合格食品召回，德国食品安全局和联邦消费者协会等部门联合成立了一个“食品召回委员会”，专门负责问题食品召回事宜。

3. 我国食品安全现状

(1)食源性疾病(食物中毒)仍然是危害公众健康的重要因素。根据国家卫生计生委关于2015年全国食物中毒事件情况的通报，共收到全国食物中毒类突发公共卫生事件报告169起，中毒5926人，其中死亡121人。但是，在我国规定的法定传染病报告制度中，大量肠炎、痢疾等散发食源性疾病病例以及病毒、寄生虫所引起的食源性疾病并不包括在其中。我国致病性微生物引起的食源性疾病现状表明，由肠道致病菌(沙门菌、副溶血性弧菌、大肠杆菌O157：H7、单核细胞增生李斯特菌、霍乱弧菌、痢疾杆菌、金黄色葡萄球菌等)污染食品而引起的食物中毒以及疾病散发是直接造成人体健康损害的主要食源性危害。虽然我国已经建立起完善的食源性疾病报告系统，但是根据世界卫生组织估计，无论发达国家还是发展中国家食源性疾病的漏报率在95%以上。因此，在我国，致病性微生物引起的食源性疾病仍然是对健康的严重威胁。

(2)食品中新的生物性和化学性污染物对健康的潜在威胁已成为一个不容忽视的问题。最近几年，各级政府纷纷制定了停止生产和使用部分剧毒化学农药的法规。然而一些已被禁止使用的高毒农药，如甲胺磷、氧化乐果，检出率依然很高。二噁英及其类似物的污染在国际上一直受到关注，研究显示，目前我国每人每日二噁英膳食摄入量为72.48pg，按体重折算，每日膳食摄入量为1.21pg/kg体重，每月膳食摄入量为36.24pg/kg体重，这一污染水平已经与发达国家使用垃圾焚烧技术造成的污染水平相当，也接近世界卫生组织和联合国粮农组织推荐(暂定)的每月耐受摄入量70pg/kg体重。

(3)食品新技术、新资源(如转基因食品、酶制剂和新的食品包装材料)应用给食品安全带来新的挑战。近十年来，以基因工程技术为代表的现代生物技术已经在农业和食品领域显现出极大的生产和市场潜力，丰厚的利润和高额投资使现代生物技术的快速发展成为不可阻挡的趋势，生物安全所致的食品安全成为国际社会关注的焦点。而用传统的毒理学试验方法和危险评价程序评价转基因食品的安全性存在诸多困难，就目前的研究结果来看，还不能肯定转基因食品能对人体健康产生潜在危害。

(4)我国食品生产经营企业规模化、集约化程度不高，自身管理水平仍然偏低。近年来，我国食品行业不断发展。根据中国食品工业协会发布报告显示：2015年，中国39647家规模以上食品企业实现收入11.35万亿元，同比增长4.6%；利润总额突破8000亿，达到8028.02亿元，同比增长5.9%。食品行业涌现出一批达到良好生产规范

(GMP)的、有实力的企业，出现了采用定牌加工(OEM)模式进行跨省合作的大型企业，他们以完善的质量标准和管理体系作技术保证，不断开拓市场。但是，食品行业中达到GMP的企业所占的比重目前还较低，规模小、管理水平低、加工设备落后、卫生保障能力弱的家庭作坊、食品摊点等仍然是影响食品卫生水平的重要原因。一方面食品行业特别是饮食业吸纳了大批城市下岗人员和农村剩余劳动力就业，但另一方面由于加工设施简陋、卫生知识缺乏、操作技能不熟等，也给食品卫生带来安全隐患。

(5)防范犯罪分子利用食品进行犯罪或恐怖活动的重要性越来越突出。近年来，犯罪分子利用食品进行破坏活动的案件越来越多，2002 年 9 月发生在南京的特大鼠药投毒案就是一个典型的案例。投毒的物质主要是剧毒急性鼠药(大多数为毒鼠强)，高居中毒致死原因的第一位。

(6)食品安全监督管理的条件、手段和经费还不能完全适应实际工作的需要。自新中国成立以来，国务院卫生行政部门就致力于卫生队伍的建设，经过努力，我国已拥有 10 万人的卫生监督执法队伍和 20 万人的技术队伍，但是与 432 万户食品生产经营单位和 1117 万人的食品从业人员相比，卫生监督资源显得十分有限。

4. 我国食品安全行动计划

(1)我国食品安全战略指导思想。适应全面建设小康社会的需要，在确保我国食物安全的基础上，以提高公共健康水平、提高我国农民收入水平、提高食品行业的国际竞争力为目标，根据实施“从农田到餐桌”全程控制的要求，从“把关、设限、溯源、布控”等关键环节入手，重点针对直接制约我国食品安全水平提高的科技瓶颈，分阶段、有重点地进行突破，最终建立确保我国食品安全需要的科技支持体系。

(2)食品安全的评价与管理。食品中各种危害因子系统检测分析技术和食品安全性的科学评价方法的建立与应用是保障食品安全的基础，食品安全法规条例的建立与完善、执法部门的严格监管是保证食品安全的关键。以毒理学为基础的食品安全评价需要进一步的完善，以准确快速地对食品(特别是新资源食品)各种成分的毒性和风险性进行评估，为食品安全的控制与管理提供依据。转基因食品的安全性评价是目前亟待解决的重大课题，世界各国都在抓紧研究。目前与食品安全相关的国际组织如食品法典委员会、世界卫生组织(WHO)、联合国粮食及农业组织(FAO)、世界粮食计划署(WEP)等都在致力于国际社会通用法规的建设，以消除食品国际贸易中的技术壁垒。我国也在抓紧制定和完善食品法规，推行各种食品安全现代控制体系，以科学的方法和法规强化食品安全的控制与管理。

(3)转基因食品安全性评价。目前国际上尚无统一详细的转基因食品评价程序和评价方法。各国比较认同的是经济合作发展组织(OECD)于 1993 年提出的实质等同性原则。该原则可归结为以下几个主要基本点：如果某一转基因食品与传统食品具有实质等同性，那么更多的安全和营养方面的考虑就没有意义；一旦确定了转基因食品与传统食品是实质等同的，那么两者应同等对待；如果某一转基因食品没能确定为实质等同，那么安全评估的重点应放在已确定的差别上；如果某一转基因食品没有相对应的或类似的传统食品与之相比较，那么就应根据其自身的成分和特性进行全面的安全和营养评价。实质等同的原则得到了1996年FAO/WHO专家咨询会的支持和肯定。2000年5月在日内瓦召开的FAO/WHO专家咨询会上再次就实质等同性原则的应用等诸多问题进行了咨询，并形成了最后报告。会议再次肯定实质等同性原则是目前转基因食品安全营养评价的最适宜战略，并重申只考虑变化的组分不是确定安全性的唯一基础，只有在所有相比较的因素都考虑后，才能确定安全性。既要关注靶目标的安全营养问题，也要注意非故意效应的潜在安全营养问题。

1.2.2 食品安全管理的主要对策

1. 世界卫生组织的全球安全战略

2000年5月第53届世界卫生大会的决议(WHA 53.15)，在WHO的历史上首次将食品安全列入全球公共卫生的重点领域，并于2002年提出WHO全球食品安全战略计划。目标：降低食源性疾病对健康及社会的影响。措施：①加强食源性疾病监测体系；②改进危险性评价方法；③创建评价新技术产品安全性的方法；④提高WHO在法典中的科学和公共卫生作用；⑤加强危险性交流和宣传；⑥增进国家、国际协作；⑦在发展中国家加强职能部门的建设。

2. 改善和提高我国食品安全水平的主要对策

(1)加强国家食品安全控制系统，包括人力建设与各部门之间的分工。

(2)持久开展食品污染和食源性疾病的监测，为摸清“家底”和评价控制措施有效性提供科学依据。

(3)将危险性分析用于食品安全立法，包括标准的制定。这是WTO有关协定中特别强调的，只有这样才能做到协调一致。

(4)加强实验室检测能力，这是摸清“家底”和在国际贸易中保护国家利益的技术保障。

(5)强调企业的自身管理，因为从农场到餐桌的食物生产和消费的全过程中，企业应为食品安全的主体。

(6)建立有效保证食品安全的卫生监督体制和技术支撑体系。

(7)重视宣传教育，包括对政府部门、企业和消费者的广泛、持久的宣教。

1.3 环境污染物与食品安全

科学技术的进步和物质文明的发展给社会、经济和人类的生活带来了巨大的影响。在人们的生活水平逐步提高的同时，也出现了日趋严重和广泛的环境危害。环境污染、生物多样性减少、资源耗竭、臭氧层破坏、酸雨泛滥等全球性环境问题，已日益引起人们的关注，与人类健康直接相关的由环境污染物导致的食品安全问题，也已引起了高度的重视。

1.3.1 环境污染物

环境一般专指有机体周围的生存空间。生态学的环境是指生物生活周围各种自然因素的总和，包括大气、水、土壤和其他生物等。

环境污染是指人类活动所引起的环境质量下降而对人类及其他生物的正常生存和发展产生不良影响的现象。环境污染的特征是：环境污染一般是浓度低，持续时间长，而且多种污染物同时存在，联合作用于人和其他生物。环境污染物在环境中通过生物作用或理化作用进行转化、增毒、降解或富集，从而改变原有的性状和浓度，产生不同的危害作用。环境污染物可通过大气、水体、土壤和食物链等多种途径对人体产生长期影响，而且受影响的对象广泛(整个人群，包括胎儿)。

环境污染物是指污染环境的物质。环境污染物有时是一个相对的概念，许多物质在浓度低时并不造成环境污染，只有达到一定的浓度才会对环境造成危害，造成污染。根据污染物在环境中存在的位置和进入环境的途径可将环境污染物分为以下三类。

(1)大气污染物。大气污染物主要有：有害气体(二氧化硫、氮氧化物、一氧化碳、碳氢化物、光化学烟雾和卤族元素等)和颗粒物(粉尘、酸雾和气溶胶等)。大气污染物的主要来源是燃料燃烧、工业生产和交通运输等过程产生的废气。另外，大气中的致病菌会导致人或动物的疾病传播。

(2)水体污染物。污染水体的污染源复杂，污染物的种类繁多。各地区的具体条件不同，其水体污染物的类型和危害程度也有较大的差异。

(3)土壤污染物。土壤中的污染物质与大气和水体中的污染物质很多是相同的，其污染物的种类常常与所处的环境相关联，且种类复杂。

1.3.2 环境污染与食品安全

在食品的生产、加工、贮存和分配的过程中，均可能存在污染食品的因素，从而引起食品的安全问题，但由环境污染物造成的食品安全性问题，主要针对动植物(即食品的原料)的生产过程。天然的动植物食品原材料一般含有较少有害物质，但在这些动植物的生长过程中，由于呼吸、吸收(摄食)、饮水而使环境污染物进入或积累在动植物体内，从而影响食品的安全。

影响食品安全性的因素很多，环境污染物是一个重要的影响因素，但也并不只是污染的环境对食品安全有影响，未受污染的环境(自然环境)也可能存在食品安全性问题。

随着科学技术的发展和自然资源的大量开发使用，过去隐藏在地壳中的元素大量进入人类环境。据估计全世界每年进入人类环境的汞约 1 万吨，其中自然污染和人为污染各占一半；铅有 400 万吨，其中从汽油中放出的四乙基铅有 80 万吨；镉有 2 万吨。此外，大量有机化合物也随化学工业进入人类环境，使水源、大气、土壤和食物等受到广泛性污染，从而引起食品的安全性问题。

环境污染是环境对食品安全性有影响的主要原因，而人工环境恶化对食品安全性的影响是研究环境与食品安全性的关系时应重点解决的问题。天然存在的和具有地区特性的是自然环境的污染，人为因素、人类的生活和工作行为造成对环境的污染属于人工环境污染。

环境污染物一般分为化学性污染物、物理性污染物和生物性污染物，它们有可能通过食品的生产、加工、贮藏和消费过程进入食物链，按其性质、来源和进入食品的方式，主要分为以下五类。

(1)无机普通污染物。包括酸、碱和一些无机盐类，如硫酸盐、氯化物、硝酸盐。其中铵盐、钾盐、硝酸盐、磷酸盐等可作为植物营养成分(化肥)应用于食品原料的生产，从而进入食物链。如果使用不当，会造成污染。

(2)无机有毒污染物。包括汞、镉、铅、砷、铬、镍及氰化物、氟化物等。无机有毒污染物在食品生产中出现，则可能损害食品的品质，造成有害物质的残留。

(3)有机有毒污染物。包括苯、多环芳烃、酚类及有机氯、有机磷农药、多氯联苯等。有机有毒污染物残留可能会影响食品原料的质量。

(4)放射性污染物。包括铀、铯、锶等的污染和核电站泄露、核爆炸产生的放射性污染物。

(5)生物性污染物。包括病原菌、病毒和寄生虫等的污染。如果动植物受到生物性污染，则可能造成疾病，从而影响食品的安全。

1.3.3 环境污染的控制

1. 食品中大气污染物的控制

大气是人和动植物重要的营养来源，大气污染物对食品安全构成了主要威胁。因此，控制大气污染物的危害，对保证食品安全十分重要。控制大气污染物的危害，需从以下几方面着手。

(1)健全法制法规，预防大气污染。人类的生活、生产必然会产生大气污染物，关键是必须严格控制排放数量，使其对人体和食品安全的影响减少到最低限度。燃料燃烧和机动车尾气是大气污染物的主要来源，要控制污染，必须注意燃料和锅炉、窑炉质量(限定含硫量、烟尘)、机动车污染排放。

(2)采用新技术，控制大气污染。采用新型的烟尘治理技术、排烟脱硫工艺和排烟脱氮技术，可以减少二氧化硫、氮氧化物和烟尘的排放量，从而减少酸雨、煤烟粉尘和金属飘尘的形成，控制大气污染。

(3)搞好绿化，防治大气污染。搞好绿化工作，提高林木、植被的覆盖率，美化环境，提高大气的自净能力，以减少大气污染物对食品安全的影响。

(4)控制3,4-苯并芘的污染。加强环境治理，减少环境对食品的污染。熏制、烘干粮食应改进燃烧过程，改良食品烟熏剂，不使食品直接接触炭火熏制、烘烤，使用熏烟洗净器或冷熏液。粮食、油料种子不在柏油路晾晒，以防被沥青玷污。机械化生产食品，要防止润滑油污染食品，或改用食用油作润滑剂。

(5)控制大气中的二噁英污染。必须注意其产生的源头，限制有机氯化合物的使用，继续消除DDT、脱叶剂的污染，坚决禁止有机氯化学武器的生产和使用。将肉削去脂肪和采用低脂奶粉可以减少二噁英的摄入，注意膳食平衡，适当增加蔬菜水果和谷物摄入也可相应减少动物性脂肪摄入量。

2. 食品中水体污染的控制

食品中的水体污染物来自于水体的环境污染，要控制食品中水体污染物，必须从治理水环境着手。

(1)加强管理。为防治水体污染，保证水资源的有效利用，保护和改善环境，我国于1984年制定，并于2008年最新修订了《中华人民共和国水污染防治法》。要通过调整产业结构和工业布局来解决各城市的水体环境问题。

(2)控制污染。要依靠科学技术减少水体污染。当前我国水资源十分短缺，同时又存在着严重的浪费。单位产品的耗水量多，加重了水体环境的污染。因此，要努力开发新技术，采用少用水或不用水的生产工艺。此外，尽量采用水的重复利用和循环使用的方法，也是节约水源，控制污染的重要技术措施。对污染物的排放，不仅要规定浓度的限制，更要规定总量的限制。

(3)宣传教育。水是生命之源，要通过各种宣传教育活动，使每个人认识到保护水体环境的重要性。在日常生活中不将生活污水、垃圾等倒入河流、湖泊。工厂不随意排放未经处理的废水。

在治理水环境的基础上，加强农业灌溉用水和养殖用水的管理与监控，将其中的污染物控制在限量范围之内，从而减少或杜绝水污染物进入食品的原料。此外，在食品加工与生产过程中同样需要加强对水源的管理与监控，确保食品的安全。

3. 食品中土壤污染物的控制

土壤是人类最基本的生产资料，也是生产人类食物的场所。土壤污染物对食品的安全影响极大。必须根据土壤污染的类型，采取适当的措施，控制土壤污染物造成的危害。

(1)对水体污染造成的土壤污染。必须整治水体环境，加强管理，污水要达标排放。灌溉污水要控制水质，从而减少污染。

(2)对大气污染造成的土壤污染。要从治理大气环境入手，加强金属粉尘和烟尘的排放管理，防止酸雨的形成，改善大气环境，可以减少污染。

(3)对农业污染造成的土壤污染。要合理使用化肥和农药，减少残留和污染；对污泥、城市垃圾造成的污染，必须从源头上加以治理，控制其中有害物质的含量。

(4)固体废弃物的堆积和填埋。要注意加强垃圾渗漏水的处理，控制其中的有害物质对土壤的污染。

1.3.4 食品污染的控制

1. 化学性污染的预防控制措施

现代化的食品生产过程中，使用的化学物质越来越多，如化肥、农药和食品添加剂。

化学性污染来源复杂，种类繁多，为了防止或减少食品的化学性污染，需要采取“从农田到餐桌”全过程的管理模式，有效地预防控制化学性污染。

1)建立良好生产规范(GMP)

在种植业首先要考虑生产环境(如土壤、水源)的污染状况，注意环境的治理，防止工业“三废”的排放。

(1)在种植过程中严格按《农药管理条例》以及《农药安全使用标准》和《农药合理使用准则》使用农药品种和剂量，特别是安全间隔期。

(2)在养殖过程中，应该按《兽药管理条例》和《饲料添加剂条例》进行动物饲养，禁用农药、兽药，严格按休药期停药。

(3)粮食在收获时要加强防虫、防霉措施。

(4)在食品的加工过程中应该建立良好的生产规范，严格执行食品企业卫生操作规范和标准卫生操作程序。

(5)在条件成熟的企业，应该建立 HACCP 计划，有效地控制食品的化学性污染。

2)制定食品中最高允许限量

食品安全管理部门设立化学污染物的最高允许限量(maximum residue limit，MRL)标准的目的是将污染物减低到实际可能达到的最低水平。消费者从膳食中摄入的化学污染物不应该超过基于毒理学建立的膳食安全/耐受暴露水平。食品添加剂联合专家委员会(JECFA)和农药残留联席会议(JMPR)建立的暂定每周耐受量(PTWI)或每日耐受量(TDI)或每日允许摄入量(ADI)是重要的依据，CCFAC 正在制定污染物和天然毒素通用食品法典标准(GSCT)中污染物的最高允许限量，CCRVDF 制定兽药残留的最大残留限量(MRL)，CCPR 制定农药残留的最大残留限量(MRL)。

2. 生物性污染的预防控制措施

确保食品安全的首要措施就是在生产中预防污染，对某些污染是可能做到这一点的，如采取恰当的动物卫生措施(如进行动物预防接种)可以预防牛奶中布氏杆菌(*Brucella* spp.)的污染。但并不是所有的污染都可以预防。尽管在生产中采取良好农业规范(GAP)等各种努力，某些食物原料仍然会污染病原性生物。在动物没有进行预防接种、使用未处理的废水灌溉和使用人的排泄物作肥料的国家，这种情况就更糟糕。潮湿、炎热的气候也有利于霉菌的生长和霉菌毒素的产生。在食物链的后期阶段(如运输、储存、流通和制备)处理不当，也会增加污染机会。

因此，必须使用适当的食品加工技术来预防食源性疾病。除了控制病原外，大多数的食品加工技术也可以有效地抵抗腐败微生物，达到确保食品安全和延长食品货架期的双重目的。表 1-2 列出了具有危险的微生物和寄生虫的不同危险性排列。

从公共卫生角度，根据其预防、减少与控制污染的能力将食品加工技术分为 3 类：用于确保食品安全；使污染处于控制水平；在加工中或加工后预防污染。在生产实践中，常将两种或更多的技术进行组合应用以达到预期目的。例如，对生牛奶可以采用巴氏消毒技术来确保安全，采取防腐包装预防再污染。

食品技术包括的范围广泛，涉及物理处理(加热、冷冻、辐照)和化学品的使用(如各种防腐剂）。如使用物理方法，只要残存的病原处于控制之下并且在加工后没有新的污染，食品就是安全的。如使用化学处理，只要化学品在食品中继续发挥作用，污染就可以得到持续控制。在考虑确保食品安全的食品技术的作用时，需要考虑食品分析和病原微生物鉴定技术，因为食品技术的发展以及食品安全性保证不可能不与食品分析技术平行发展。

表 1-2 按危险性排列具有危害的微生物和寄生虫

高危险性微生物和寄生虫	中等危险性微生物和寄生虫（有广泛传播的可能）	中等危险性微生物和寄生虫（扩散范围有限）
	李斯特菌	
肉毒梭菌 A、B、E、F	沙门菌	蜡样芽孢杆菌
志贺痢疾杆菌	志贺杆菌	空肠弯曲菌
伤寒杆菌	肠出血性大肠埃希菌	产气荚膜梭菌
甲肝和戊肝病毒	链球菌	金黄色葡萄球菌
布氏杆菌	轮状病毒	副溶血性弧菌
霍乱弧菌 O1	Norwalk 病毒	小肠结肠炎耶尔森菌
创伤弧菌	溶组织内阿米巴	兰氏贾第鞭毛虫
猪肉绦虫	阔节裂头绦虫	猪肉绦虫
旋毛虫	蛔虫	牛肉绦虫
	隐孢子虫	

1.4 食品安全性检测方法

随着食品安全问题日趋严峻和国际食品贸易的不断发展，食品安全检测方法的研究也受到了重视并得到了快速发展。食品安全检测方法主要是指食品生产、加工、储运、销售环境和食品组分中危害物的分析测定方法。物理性危害物中的砂石、毛发、铁器等只需采用过筛等物理方法即可检出，放射性物质检测则可采用相应的放射性检测仪来实现。化学危害物的检测方法主要有化学分析、仪器分析和免疫分析三类，其中，仪器分析和免疫分析近年来发展比较快。相对于化学危害物的检测方法，食品中致病微生物检测方法发展要滞后一些，因此，近几年投入了大量的物力和人力进行研究，取得了一系列成果。

近年来，食品中致病微生物检测方法包括了类别多样的技术及产品。根据微生物检测技术基本原理的不同将它们分为以下四大类。

1.4.1 传统培养检测方法

传统培养检测法大都是将食物样品经过预增菌、选择性增菌、分离培养和一系列生化和血清学检测之后，才能得出明确的诊断结果，全过程需时 4～7 天。这些方法本身经过长期的证明是可靠的，已作为检测的“金标准”，但缺点是费力、耗时，在需要及时、快速评价食品的安全性以及快速诊断食物中毒或确定病人病因时，其弊端是显而易见的。

1.4.2 生物化学检测方法

随着人们对细菌进行快速生化特性分析需求的增加，高精密度(>90%)和高重现性的商业试剂盒得以迅速发展。目前，市售的试剂盒常见的有 MICRO-ID，AP120E 系统 Entertubell 和 Enterobacteriaceaell 系列等。用微量生化法进行微生物检测时其特点是准确、快速、省力，且价格优于传统的培养检测法。另外，改进的培养检测法是针对不同细菌的生化特性，对传统的培养基进行改进(包括加入抑菌剂、指示剂或荧光物质等)或借助快速的预处理方法缩短增菌时间，合并检验步骤，使培养和鉴定一步完成，以达到快速检验的目的。

1.4.3 免疫学检测方法

已建立的免疫学检测方法有许多种，主要包括酶标抗体法(ELISA)、荧光抗体染色法(免疫荧光法)、同位素标记抗体法(放射免疫法)、乳胶凝集法、免疫传感器法、抗体探针检测法、免疫扩散法及免疫色谱法等。这类技术现已十分成熟，并且已开发了相当数量的商品化试剂盒，但它们仍存在一些缺陷：①耗时较长；②操作较烦琐；③易产生假阳性和假阴性。若抗原的包被、孵育条件、终止时间等出现问题，都有可能造成结果不准确。

1.4.4 分子生物学方法

这是一类以 DNA 或 RNA 为作用对象的检测方法，此技术的基础是核酸杂交。由于所有生物都含有这种分子，因此，可以利用它们作为检测的标靶，通过与其互补的核酸分子作为探针来检测特定基因存在与否。近年来，随着各种生物技术(特别是基因组学技术和生物信息学技术)的长足进步，这类方法取得了迅速的发展，已成为研究和开发的重要对象。主要包括：基因探针法、比色 DNA 杂交检测法、聚合酶链反应(PCR)法。

1.5 近年来国内外重大食品安全事件

1.5.1 国内典型的食品安全事件

(1)1987 年 12 月至 1988 年 2 月，上海市发生甲型肝炎爆发性流行事件，近 30 万上海市民染上肝炎。

(2)1996 年 6 月 27 日至 7 月 21 日，云南省曲靖市会泽县发生食用散装白酒甲醛严重超标的食物中毒事件。共有 192 人中毒，其中 35 人死亡，6 人致残。

(3)1997 年 6 月底至 7 月上旬，云南省思茅地区发生群众自行采食蘑菇中毒事件，共有255人中毒，73人死亡。

(4)1998年2月，山西省朔州市、忻州市、大同市等地连续发生多起重大的假酒中毒事件，有200多人中毒，27人死亡。

(5)2001年1月，浙江省先后有60多人到医院就诊，症状为心慌、心跳加快、手颤、头晕、头痛等，经浙江省疾病预防控制中心进行流行病学调查，发病原因为食用了含有“瘦肉精”(即盐硫克伦特罗)的猪肉。

(6)2005年四川省资阳市等地发生的猪链球菌事件。

(7)2006年红心鸭蛋事件。

(8)2006年北京市发生广州管圆线虫病事件天然毒素引发的食品安全事件。

(9)2008年9月12日三聚氰胺事件，卫生部通报受污染三鹿牌婴幼儿配方奶粉致婴幼儿泌尿系统结石事实。

(10)2013年白酒塑化剂超标事件。

1.5.2 国外典型的食品安全事件

(1)1986年，英国爆发疯牛病后又蔓延到世界其他国家。

(2)1996年，日本发生大肠杆菌O157∶H7食物中毒，万人感染，4千余人发病，12人死亡。

(3)1999年，比利时发生动物性食品二噁英污染。

(4)2000年，日本大阪雪印牌牛奶因被金黄色葡萄球菌肠毒素污染，14500人中毒，180人入院治疗。

(5)2001年，英国爆发口蹄疫，继而侵入欧洲大陆和南美洲。

(6)2005年2月，在英国最大的食品制造商第一食品公司生产的产品中发现了被欧盟禁用的苏丹红(Ⅰ号)色素。

(7)2006年美国大肠杆菌污染波菜、生菜和牛肉事件。

(8)2014年，比利时的费列罗巧克力被查出超范围使用食品添加剂阿拉伯胶。

(9)2016年2月26日，德国慕尼黑环境研究所公布了一份实验室检测报告，报告显示，德国最受欢迎的14种啤酒中被检测出含有不同程度的农药残留物草甘膦。

(10)2016年5月6日，加拿大食品检验署发布消息称，Webbersfood Ltd. 公司正在召回2款萨拉米肉肠(salamis)，因为产品疑含肉毒杆菌。

思考题

1. 什么是食品安全？
2. 影响食品安全性的因素有哪些？
3. 简述环境污染物与食品安全的关系。
4. 简述解决我国食品安全问题的主要决策。
5. 食品安全性检测方法有哪些？
6. 简述食品安全研究的主要内容。

参考文献

曹小红. 2013. 食品安全与卫生[M]. 北京：科学出版社.
陈炳卿，刘志城，王茂起，等. 2001. 现代食品卫生学[M]. 北京：人民卫生出版社.
陈锡文，邓楠. 2004. 中国食品安全战略研究[M]. 北京：化学工业出版社.
川田十三夫，俣野景典. 1988. 最新食品卫生学[M]. 齐素瑛，等译. 北京：轻工业出版社.
侯红漫. 2014. 食品安全学[M]. 北京：中国轻工业出版社.
江汉湖. 2002. 食品安全性与质量控制[M]. 北京：中国轻工业出版社.
李怀林. 2002. 食品安全控制体系(HACCP)通用教程[M]. 北京：中国标准出版社.
刘静玲. 2003. 食品安全与生态风险[M]. 北京：化学工业出版社.
史贤明. 2003. 食品安全与卫生学[M]. 北京：中国农业出版社.
王际辉. 2013. 食品安全学[M]. 北京：中国轻工业出版社.
吴永宁. 2003. 现代食品科学[M]. 北京：化学工业出版社.
许牡丹，毛跟年. 2003. 食品安全性与分析检测[M]. 北京：中国化学工业出版社.
杨洁彬，王晶，王柏琴，等. 1999. 食品安全性[M]. 北京：中国轻工业出版社.
杨洁彬. 2010. 食品安全性[M]. 北京：中国轻工业出版社.
张志健. 2015. 食品安全导论[M]. 北京：化学工业出版社.
赵文主. 2006. 食品安全性评价[M]. 北京：中国轻工业出版社.
Watson D H. 1993. Safety of chemicals in food chemical contaminants[M]. New York：Ellis Horwood.

第 2 章　化学源食品安全问题

近年来科学技术不断进步，工业飞速发展，加快了化学药品的应用，同时也为食品引入了大量的化学污染，化学成分源食品安全问题越来越引起人们的关注。食品在生产、餐饮、流通的过程中的化学物质来源主要包括一些农药、兽药、有毒金属、N-亚硝基类化合物、多环芳烃类化合物、杂环胺类化合物、氯丙醇、丙烯酰胺、二噁英及其类似物和食品包装材料等。食品中化学物质的残留直接关系到人类的身体健康，在现实中是不可忽略的。了解、重视并解决好化学成分源食品安全问题是保证食品质量，增强人民体质，防止食物中毒和肠道传染病的重要措施。

2.1　农药残留

农药残留(pesticide residues)，指由于使用农药而在农产品、食品和动物饲料中出现的特定物质，包括被认为具有毒理学意义的农药衍生物，如农药转化物、代谢物、反应产物以及杂质。施用于作物上的农药，其中一部分吸附于作物上，一部分分散在土壤、大气和水等环境中，环境残存的农药中的一部分又会被植物吸收。残留农药直接通过植物果实、水或空气转移到人、畜体内，或通过环境、食物链最终传递给人、畜。农药通过预防和清除农作物中的病害、虫害、鼠害和杂草，调节植物的生长发育显著增产农作物产量，为现代农业做出了巨大的贡献。但是随着农药种类的增加和使用范围的不断扩大，农药的毒副作用逐渐显现出来，农药残留即是其中之一。

2.1.1　农药残留来源

我国是一个农业大国，农药作为防治植物病、虫、害，保护农作物正常生长和提高产量的手段无疑是必不可少的。近年来，随着温棚“反季节”蔬菜、水果、转基因农作物的出现，农作物种植者为了追求产量，便在农作物的种植、运输以及管理过程中大量并且频繁使用农药，造成对农业生态环境的污染，严重危害了人类身心健康。农药以及农药残留，是每一个国家都需面对的问题。在食品的五大污染源(化学农药、工厂三废、城市垃圾、化肥及人为因素)中，化学农药名列前茅。

1. 农药直接作用于农作物

农药包括杀菌剂、杀螨剂、杀虫剂、杀鼠剂和植物生长调节剂，为了尽可能地起到作用，大多数农药都是直接喷洒在农作物表面。虽然农药的品种、喷洒的浓度、剂型、施用次数、施用时间、气象条件、植物品种和生长发育阶段等多种因素都能影响农药的残留量，但是直接作用仍是农药残留的最主要来源，最终污染食品。

2. 吸收自周围环境

农药喷洒后，除一部分农药直接作用于植株，还有将近一半的农药降落在土壤里或挥发在大气中，大气中的农药颗粒或液珠可随雨雪降落到土壤和水体中，经植物根、茎、叶吸收到植物体内。牲畜饮用了含有农药的水源后，在身体内部也有一定的农药残留，水系中的水生生物也无可避免地被污染。

3. 通过食物链富集

环境中的农药残留经由食物链传递发生生物富集、生物积累和生物放大，最终传递给人类、牲畜等。环境中农药的残留浓度一般较低，但通过食物链的富集可成千上万倍地提高生物体内农药的浓度，且越接近于食物链的顶端，农药残留越严重，受到的影响越严重。2004 年对湖北孝感市食品和人体组织中的六六六(HCH)和滴滴涕(DDT)残留进行检测，发现粮食中检出率为 90.00%和 40.00%，蔬菜中为 80.00%和 50.00%，人脂质中为 93.33%和 100.00%，人血液中是 100.00%和 86.67%，动物性食品和人体组织中的六六六、DDT 残留量高于植物性食品。

4. 经其他途径引入

食品在加工、储存和运输过程中，都可能被农药或其他非农用杀虫剂通过机器、容器、工具污染。

2.1.2 常见农药残留的种类

由农药残留引起的人、动物及有益生物的急性中毒或慢性毒害被称为农药残留毒性。农药残留超标不仅污染环境、影响农产品品质和进出口贸易，而且影响人类身体健康甚至危及生命。不同种类的农药残留造成的危害有一定的差异。

1. 有机氯农药残留

有机氯农药结构稳定、难氧化、难分解且毒性大，易溶于有机溶剂，它是高效、高毒和高残留农药，很容易在环境中积累，且不易分解。据报道，HCH 在土壤中被分解 95%需要约 20 年，而这个时间内 DDT 只能被分解 60%。我国在 20 世纪 60～80 年代曾大量生产和使用过 DDT、HCH 等 5 种有机氯农药，尤其是 DDT，30 多年来累计生产和施用量 40 多万吨，占全球 DDT 用量的 22%。

虽然中国从 1983 年起禁止使用有机氯农药，但近几年对山东烟台地区的调查表明停用 20 多年的 HCH、DDT 在烟台市表层土壤中仍有残留，HCH、DDT 检出率分别为 2%和 34.59%。有机氯农药进入人体后，能在肝、肾、心脏等组织中蓄积，脂肪中蓄积最多，有机氯农药能够有干扰体内正常分泌物的合成、释放、运转、代谢、结合等过程，激活或抑制内分泌系统功能，从而破坏维持机体稳定性和调控作用的物质，有机氯农药还会损坏免疫系统，并诱导机体发生癌变等。

2. 有机磷农药残留

有机磷农药大多数品种为磷酸酯类或硫代磷酸酯类化合物，除少数品种为固体(如乐果、敌百虫)外，大多数为油状液体，工业品呈淡黄色至棕色，具有大蒜样特殊臭味。不溶于水，溶于有机溶剂，稳定性较差。有机磷农药具有药效高、品种多、防治范围广、成本低、选择作用高、药害小、在环境中降解快等优点，现仍在世界范围内广泛应用，是为取代有机氯农药发展起来的。有机磷农药毒性也较高，残留在水果、蔬菜上的农药经消化道和呼吸道进入人体内，分布在全身各个脏器，肝脏中浓度最高。有机磷农药对生物体内胆碱酯酶有抑制作用，使其失去分解乙酰胆碱的能力，造成乙酰胆碱积累，引起神经功能紊乱，从而导致肌体的损害。

虽然有机磷农药较有机氯农药降解快，但是仍能造成一定的残留，2009 年针对江苏省东海县蔬菜中有机磷农药(甲胺磷、乙酰甲胺磷、甲拌磷、氧化乐果、乐果、甲基对硫磷、毒死蜱、对硫磷)残留的调查表明，集贸市场抽检超标率为 10.4%，绿叶类蔬菜超标率为 11.4%，仅甲拌磷和乐果没有检出，其他农药都有检出，特别是禁用农药甲胺磷还存在很高的检出率。

3. 氨基甲酸酯类农药残留

氨基甲酸酯类农药是一种高效、广谱型杀虫剂，具有杀虫效果显著、对虫害选择性强、残留期短、在体内不宜积蓄的特点，被认为是理想的有机氯农药取代剂之一，除此之外，还有显著刺激作物生长的作用。其杀虫作用机制为抑制昆虫神经传导的重要物质乙酰胆碱酯酶的活性。氨基甲酸酯类农药主要包括萘基氨基甲酸酯类(如西维因)、苯基氨基甲酸酯类(叶蝉散)、氨基甲酸肟酯类(如涕灭威)、杂环甲基氨基甲酸酯类(如呋喃丹)和杂环二甲基氨基甲酸酯类(如异索威)，我国登记在册的有 11 种。

氨基甲酸酯类农药对胆碱酯酶活性有抑制作用，但不与其发生化学反应，仅形成疏松复合体，能迅速分解，但降解产物通常具有与母体化合物相同或更强的活性，在农业生产中施用后，其代谢产物常常残留在土壤及水体中。西安市、宝鸡市、安康市对 6 个集中供餐单位采购的蔬菜与水果中的有机磷和氨基甲酸酯类农药残留进行检测，结果表明西安地区样品农药残留检出率为 22.6%，宝鸡地区为 8.3%，安康地区为 25%。

4. 拟除虫菊酯类农药残留

拟除虫菊酯农药是在天然除虫菊酯农药的化学结构基础上研究发展起来的仿生农药，具有杀虫广谱、高效、低度、低残留和用量少的特点，主要有氯氰菊酯、溴氰菊酯、杀灭菌酯等。长时间皮肤吸收，口服均可引起中毒，中毒的机理主要是通过影响神经轴突的传导而导致肌肉痉挛等。

拟除虫菊酯类药物在体内易被氧化酶系统降解，是低毒、安全的农药，对鱼类和贝类等水生动物毒性较大，也会因使用不当或污染食品而引起中毒。2009年江苏省对蔬菜中甲氰菊酯、氯氰菊酯、氰戊菊酯以及三氟氯氰菊酯农药残留人群暴露水平进行调查，显示氯氰菊酯、氰戊菊酯、甲氰菊酯和三氟氯氰菊酯的终身日均暴露水平分别为0.727μg/(kg・d)、0.081μg/(kg・d)、0.036μg/(kg・d)、0.023μg/(kg・d)，人群对该4种菊酯类农药残留的暴露水平均属于安全范围。

5. 有机除草剂残留

除草剂是杀灭杂草的农药制剂，省工省力、减少劳动成本。有机化合物除草剂有苯氧羧酸类、苯甲酸类、芳氧苯氧丙酸类、二硝基苯胺类、三氯苯类、氨基甲酸酯与硫代氨基甲酸酯类、酰胺类、取代脲类、磺酰脲类、有机磷类、咪唑啉酮类、环已烯酮类、二苯醚类、联吡啶类、腈类及其他有机杂环类等类型。目前使用的化学除草剂多数是长残留型，它们在土壤中的残留期一般可达36个月以上，生产中普遍使用的除草剂中有20%～70%会长期残留于土壤中，间接污染地下水和农作物。人类食用除草剂残留的食品，可以造成脱发、白血病、肿瘤、肾坏死、股骨头坏死、孕妇易流产等多种疾病。20世纪世界战争期间越南大面积国土被喷洒橙剂高效除草剂，至今仍有约300万越南人遭受此除草剂残留引发的癌症、基因变异、女性不孕等疾病的折磨。

2.1.3 农药残留限量

在生物体内、食品、农副产品、饲料和环境中农药残留的法定最高允许浓度为最大残留限量(maximum residue limit，MRL)，指在食品或农产品内部或表面法定允许的农药最大浓度，以每千克食品或农产品中农药残留的毫克数表示(mg/kg)。再残留限量(extraneous maximum residue limit，EMRL)是指一些持久性农药虽已禁用，但还长期存在于环境中，从而再次在食品中形成残留，为控制这类农药残留物对食品的污染而制定其在食品中的残留限量，以每千克食品或农产品中农药残留的毫克数表示(mg/kg)。每日允许摄入量(acceptable daily intake，ADI)指人类终生每日摄入某物质，而不产生可检测到的危害健康的估计量，以每千克体重可摄入的量表示(mg/kg bw)。一般来说，与MRL相一致的食品对人类消费是安全的，如果食品中的农药残留超过MRL，就可能造成严重的后果。MRL的制定有利于提高农产品质量、保护消费者健康和促进农产品国际贸易，同时也以技术贸易壁垒的方式保护国内农产品和农药产品的利益。目前，世界各地都对农药残留制定了严格的限量。

1. 我国农药残留限量标准

我国现行实施的是《食品中农药最大残留限量》(GB 2763－2016)国家标准。该标准规定了433种农药在13大类农产品中4140个残留限量，较2014版增加490项，基本涵盖了我国已批准使用的常用农药和居民日常消费的主要农产品。新版农药残留限量标准具有三大特点：一是制定了苯线磷等24种禁用、限用农药184项农药最大残留限量，为违规使用禁限农药监管提供了判定依据。二是按照国际惯例，对不存在膳食风险的33种农药，制定了食品中最大残留限量标准，增强了我国食品中农药残留标准的科学性、实用性和系统性。三是除对标准中涉及的限量推荐了配套的检测方法外，还同步发布了106项农药残留检测方法国家标准。

2. 国际食品法典

国际食品法典农药残留委员会(CCPR)是国际食品法典委员会(CAC)下属综合主题委员会之一。其主要职责是制订食品中农药最大残留限量标准和再残留限量，制订国际贸易中动物饲料的MRL，制订农药评估优先名单，交FAO/WHO农药残留联席会议评价，制订食品和饲料中的农药残留采样和分析方法等。

国际食品法典委员发布了2015年农药残留联席会议推荐的29种农药415项农药最大残留限量标准草案。标准草案涉及的农药绝大多数在我国取得登记并广泛使用，也会对我国农药残留限量标准制修订工作和我国农产品进出口贸易产生一定影响。

3. 欧盟食品农药残留限量标准

欧洲标准一向被视为国际上对环境保护和健康要求最高的标准。欧盟作为全球农药的研发生产基地和重要的商业市场，是食品安全管理最为严格的地区，对于农药产品及最大残留限量的管理，已经形成一套比较完善的体系。欧盟以指令和法规的形式允许在科学基础上建立农药MRL，以确保包括婴幼儿在内的全体消费群体的安全，同时还要求欧盟和成员国共同承担相关的责任。1991年颁布的关于保护植物产品投放市场的91/414/EEC指令，建立了关于农药产品市场准入的统一体系，农药MRL由相应的指令负责管理。2002年欧盟颁布了178/2002法规，建立了食品安全法律的基本原则，成立了欧盟食品安全局作为负责食品安全的独立咨询机构，在农药残留限量方面建立统一的法规进行管理。考虑到农药对于人体健康和环境影响的风险评估数据不断更新，有必要对农约MRL进行修订和调整，2005年发布396/2005法规，对植物源及动物源食品和饲料中农药MRL统一进行调整。之后欧盟发布的关于建立食品和饲料分类的178/2006法规和建立残留限量的149/2008法规，对396/2005法规做了进一步的完善，逐步建立了统一的食品和饲料中农药的MRL。

2014年7月下旬，欧盟委员会健康与消费者总司修改了第(EC)No396/2005号法规中有关二氯丙烯、甲羧除草醚、精二甲吩草胺、调环酸、甲苯氟磺胺及氟乐灵等6种农药的MRL，又一次提高了食品的市场准入要求。这意味着从法规开始生效之日起即2015年1月左右，向欧盟出口农食产品的企业将会面临检验成本的上升、农残壁垒提高等诸多考验。

4. 日本“肯定列表制度”

日本60%左右的农产品依靠进口，对于进口食品中可能含有的农兽药的监管，目前尚处于失控状态。为此，日本健康、劳动与福利部修订了《食品卫生法》，对食品中农业化学品残留物引入所谓的“肯定列表制度”。在新的“肯定列表制度”中，日方重新设定了498种农药的MRL标准(即“暂定标准”)，对尚不能确定具体“暂定标准”的农药，设定 0.01ppm 的“一律标准”，一旦食品中残留物含量超过此标准，将被禁止进口或流通。从食品安全管理的角度看，日本“肯定列表制度”将控制由农药等化学品引入的危险及食品安全的所有因素，但是该制度下的食品安全风险保护水平明显高于日本现有的风险保护水平。

2.1.4 农药残留的危害

环境中的农药通过食物链传递并富集，进入人体，造成对人体健康的危害。危害的程度可分为急性毒性、慢性毒性和特殊毒性(致癌、致畸和致突变)。食用喷洒了高毒农药不久的蔬菜和瓜果，或者食用因农药中毒而死亡的畜禽肉和水产品，都会引起急性中毒；食用农药残留量较高的食品，农药在人体内逐渐蓄积，最终导致机体生理功能发生变化，引起慢性中毒；有些农药如敌敌畏、敌百虫、乐果等具有潜在的“三致”作用。我国蔬菜、水果中滥用农药的现象相当严重。即使国家明文规定禁止使用的农药如甲胺磷、甲基对硫磷，农民仍然使用，因而由于农产品中高毒农药残留量超标造成的中毒事件屡屡发生。据了解，近 10 年来，我国平均每年仅因蔬菜农药残留超标、食用工业盐等发生的群体性食物中毒事故就有 150 起左右。农药残留超标引起的食物中毒事件随时都可能发生。更让人不安的是，长期的农药残留在人体内积蓄，引起不易察觉的慢性中毒和“三致”作用。

2.1.5 农药残留的检测

目前用于农药残留分析的常见检测方法有气相色谱法、液相色谱法、气相色谱-质谱联用法和液相色谱-质谱联用法，近些年新兴的一些检测技术如毛细管区带电泳法、免疫测定法和生物传感器等也在农药残留检测中得以广泛应用。

2.1.6 农药残留的预防控制措施

1. 加强农药生产和经营管理

国家实行农药登记制度，凡是生产(包括原药生产、制剂加工和分装)农药和进口农药，必须登记；国务院农业行政主管部门所属的农药鉴定机构负责全国的农药具体登记工作。生产有国家标准或行业标准的农药，由国务院工业产品许可管理部门核发农药生产许可证；生产尚未制定国家标准或行业标准的农药，经所在地省级工业产品许可管理部门审核同意后，报国务院工业产品许可管理部门批准，核发农药生产批准文件。农药经营者应按照规定向县级以上地方人民政府农业行政主管部门申请农药经营许可证后方可经营。

2. 安全合理使用农药

农药在使用过程中要严格按照标签标注的使用范围、方法技术要求和注意事项使用，并遵守安全间隔期(即最后一次施药至收获农作物前的时期，即自喷药到残留量降至允许残留量所需的间隔时间)。在农业生产中，最后一次喷药与收获之间的时间必须大于安全间隔期，不允许在安全间隔期内收获作物。

3. 制定、完善和执行农残限量标准

目前已颁布了《食品安全国家标准食品中农药最大残留限量》(GB 2763—2016)。在食品的农残检测过程中，必须严格遵守该标准。

此外，还要制定适合我国的农药政策，开发高效、低毒、低残留的新品种，及时淘汰或停用高毒、高残留、长期污染环境的品种，推广先进的施用技术和喷洒器具，大力提倡作物病虫害的综合防治。

2.2 兽药残留

兽药残留是指动物产品的任何可食部分所含兽药的母体化合物及其代谢物，以及与兽药有关的杂质。使用兽药是防治动物疾病、提高生产效率、改善畜产品质量等的有效途径，在畜牧养殖业中是不可缺少的环节。然而，滥用兽药现象在当前畜牧业中普遍存在，兽药残留对人体健康、畜牧业的发展和生态环境都造成极大危害。

2.2.1 兽药残留来源

在预防和治疗畜禽疾病、饲料制作和食品保鲜过程中，都可能使动物体内引入兽药，但是兽药残留主要是由于不合理的使用药物治疗动物疾病或作为饲料添加剂引起的，具体表现在以下几个方面。

1. 违禁兽药的违规使用

农业部第168号、176号、193号和1519号公告分别发布了《饲料药物添加剂使用规范》《禁止在饲料和动物饮用水中使用的药物品种目录》《食品动物禁用的兽药及其他化合物清单》和《禁止在饲料和动物饮水中使用的物质》。其中表2-1列出了农业部193号公告食品动物禁用的兽药及其他化合物。这些公告从根本上杜绝了违禁药品在饲料、养殖和治疗过程中进入动物体的可能。但由于经济利益的驱使，并非所有的饲料加工商和养殖户都能遵守规定而不使用这些效果明显但是副作用大的药品，因此造成的兽药残留已成为我国因兽药残留引起的公共安全事件最主要的原因之一。

表 2-1 农业部 193 号公告食品动物禁用的兽药及其他化合物

禁用动物	禁止用途	兽药及其他化合物名称
所有食品动物	所有用途	β-兴奋剂类：克仑特罗、沙丁胺醇、西马特罗及其盐、酯及制剂
所有食品动物	所有用途	性激素类：己烯雌酚及其盐、酯及制剂
所有食品动物	所有用途	雌激素样作用物质：玉米赤霉醇、去甲雄三烯醇酮、醋酸甲羟孕酮及制剂

续表

禁用动物	禁止用途	兽药及其他化合物名称
所有食品动物	所有用途	氯霉素及其盐、酯(包括：琥珀氯霉素)及制剂
所有食品动物	所有用途	氨苯砜及制剂
所有食品动物	所有用途	硝基呋喃类：呋喃唑酮、呋喃它酮、呋喃苯烯酸钠及制剂
所有食品动物	所有用途	硝基化合物：硝基酚钠、硝呋烯腙及制剂
所有食品动物	所有用途	催眠、镇静类：甲喹酮及制剂
水生食品动物	杀虫剂	林丹(丙体六六六)
水生食品动物	杀虫剂、清塘剂	毒杀芬(氯化烯)
水生食品动物	杀虫剂	呋喃丹(克百威)
水生食品动物	杀虫剂	杀虫脒(克死螨)
水生食品动物	杀虫剂	双甲脒
水生食品动物	杀虫剂	酒石酸锑钾
水生食品动物	杀虫剂	锥虫胂胺
水生食品动物	抗菌、杀虫剂	孔雀石绿
水生食品动物	杀螺剂	五氯酚酸钠
所有动物	杀虫剂	汞制剂：氯化亚汞(甘汞)、硝酸亚汞、醋酸汞、吡啶基醋酸汞
所有食品动物	促生长	性激素类：甲睾酮、丙酸睾酮、苯丙酸诺龙、苯甲酸雌二醇及其盐、酯及制剂
所有食品动物	促生长	催眠、镇静类：氯丙嗪、地西泮(安定)及其盐、酯及制剂
所有食品动物	促生长	硝基咪唑类：甲硝唑、地美硝唑及其盐、酯及制剂

2. 兽药的乱用和滥用

我国养殖业存在着随意使用新的或高效兽药、超量使用兽药、长期反复使用兽药和使用人用药物等现象。随着集约化养殖的发展，动物对常用药物的耐药性日趋严重，导致药物使用量越来越高，造成药物在动物体内残留的时间延长，即使按照规定的休药期停药也可能造成残留超标。同时，为了预防和治疗动物疾病，在未确定病因的情况下，滥用抗生素和抗菌药，随意配伍用药，任意使用复合制剂，使用人用药物，均可造成药物残留。此外，我国饲料及浓缩料等大多加有药物饲料添加剂，重复添加促生长药也是造成超量用药的原因。

3. 停药期内兽药的违规使用

停药期是指畜禽最后一次用药到该畜禽许可屠宰或其产品(乳、蛋)许可上市的间隔时间。经过停药期的休养，畜禽可通过新陈代谢将大多数残留的药物排出体外，使药物的残留量低于最高残留限量从而达到安全浓度。农业部 278 号公告《兽药停药期规定》制订了兽药国家标准和专业标准中部分品种的停药期规定，并确定了部分不需制订停药期规定的品种。若养殖户使用药物时都未做明显记号或隔离处理，不遵守停药期规定就将动物性食品出售，就可能造成兽药残留超标。

4. 环境污染导致药物残留

在食品的生产、加工、运输和贮藏过程中，意外情况可能导致食品被未妥善保存的兽药污染，动物饲料来源受污染或者发生霉变产生毒素，都可能使最终食品的兽药残留超标。

2.2.2 兽药残留危害

兽药作为药物的一个大类，虽然在治疗动物疾病等方面发挥了巨大的作用，但这些药品同样能够对人类产生多方面的影响，同时也对生态环境和某些微生物产生负面的作用。

1. 兽药残留对生态环境的影响

一些不能被动物充分吸收利用或者性质稳定的兽药及其代谢产物随着排泄物进入污水或者直接排入环境，在环境中仍然能够稳定存在，造成周围环境的兽药残留。现有的水处理技术对污水中含有的大部分抗生素类药物没有明显的去除效果，同样环境的自净能力也对这些药品束手无策。有报道称在用动物排泄物施肥的土壤 0～40cm 的表层，检测到的土霉素和金霉素残留最大浓度竟分别高达 32.3mg/kg 和 26.4mg/kg。环境中的兽药残留可能通过动物摄食或饮水重新进入动物体内，最终通过食物链富集到人类体内，损害人类健康。

2. 兽药残留对人体的危害

1)急性及慢性毒性

人若一次摄入兽药残留超标的食品量过大，会出现急性中毒反应。盐酸克伦特罗由于能提高瘦肉率，被养殖户广泛非法应用。盐酸克伦特罗在动物的肝脏、肺等组织中残留较高，人食用这些组织而引起急性中毒的报道已经屡见不鲜。但是一般兽药残留的毒性作用大多是通过长期接触或逐渐在体内蓄积而造成的，畜禽产品中兽药残留的浓度通常较低，一般表现为潜在的慢性中毒，如三聚氰胺对泌尿系统的结石危害，氨基糖苷类药物如链霉素族、卡那霉素族、新霉素族、庆大霉素等对耳前庭和耳蜗神经的损害和肾脏毒性，磺胺类药物对泌尿系统的损害和颗粒性白细胞缺乏症，氯霉素导致严重的再生障碍性贫血和白血病，婴幼儿出现致命的“灰婴综合征”。

2)“三致”作用

当人们长期食用具有潜在致癌、致畸和致突变作用的药物残留的动物性食品时，药物在人体内不断蓄积作用，可能引起基因突变或染色体畸变。苯并咪唑类、喹恶啉类、硝基呋喃类、硝基咪唑类、雌激素、砷制剂等多种药物都已证明有“三致”作用，喹诺酮类药物个别种类已在真核细胞内显示出致突变作用，磺胺二甲嘧啶等一些磺胺类药物可诱发啮齿动物甲状腺增生，并有致癌倾向，链霉素和治疗量的四环素具有潜在的致畸作用。

3)引起食物过敏

食物过敏是指食物进入人体后，机体对之产生异常免疫反应，导致机体生理功能的紊乱或组织损伤，进而引发一系列临床症状。兽药中常引起人产生过敏反应的药物主要有青霉素类、磺胺类、四环素类和某些氨基糖苷类药物，其中以青霉素及其代谢物引起的过敏反应最为常见，也最为严重。过去50年中，有关动物奶及奶制品中青霉素和磺胺类药物残留引起的人过敏反应时有发生，轻者引起皮肤挠痒、皮炎或荨麻疹，重者引起急性血管性水肿、休克甚至死亡。

4)激素样作用

激素类药物如甾体类激素(雌激素、雄激素、孕激素、糖皮质激素等)和非甾体类激素(己烯雌酚、己烷雌酚)在促进动物生长、提高饲料转化率、促进动物发情、提高受胎率等方面效果明显。这类药物可扰乱人体内分泌系统，导致异性化，引起儿童早熟、肥胖。例如雄性激素会导致男性睾丸萎缩、肝肾功能障碍或肝肿瘤，女性出现雄性化、月经失调、毛发增多等，雌激素会导致男性女性化、抑制骨骼和精子发育，而且雌激素物质具有明显的致癌效应，可导致女性及其女性后代的生殖器官畸形或癌变。

5)对胃肠道微生物的影响

在正常条件下，人体消化道内的多种微生物维持着共生状态的平衡，某些有益菌群还能合成人体所需的某些维生素，帮助食物消化或促进身体健康发展。某些广谱抗生素进入肠道后，能够抑制某些敏感菌群，使不敏感菌乘机大量繁殖。长期摄入这些兽药超标的食品，会导致二次感染、破坏菌群平衡、消化道功能紊乱和维生素缺乏等情况发生。

3. 诱导产生耐药菌株

随着抗生素的不断应用，细菌的耐药性越来越突出，越来越严重。兽医治疗细菌性疾病过程中没有充分考虑穿梭或交叉用药，而使耐药菌株不断出现。此外，饲料中尤其是高档饲料中，添加大量高档抗生素以达到预防疾病的目的，动物长期低剂量采食抗生素，使体内大量细菌产生耐药性，甚至许多细菌已由单药耐药发展到多重耐药，并不断向环境中排放，造成环境中耐药菌数量大幅度上升，由耐药菌引发的疾病也显著增加。传统的条件致病菌在常规条件变为非条件性病原菌，致病菌毒力变异明显，非典型病例增多，致病菌免疫原性变异加剧，新的血清型不断出现，病原菌突破种属障碍，感染宿主呈现多样化，动物并发、继发感染的现象越来越普遍。

2.2.3 兽药残留的检测

1999年开始，农业部开始在全国范围组织实施国家兽药残留监控计划，主要监测我国禁用兽药和常用兽药，经过十几年的努力，总体呈好转趋势。但近几年的监控结果显示，在畜禽产品中仍然存在磺胺类、四环素类、氟喹诺酮类等兽药残留超标现象，甚至有的样品中还检出了违禁物质如氯霉素和硝基呋喃代谢物。残留的兽药会影响动物产品品质，危害消费者身体健康，对人造成中毒反应、过敏反应，甚至引起“三致作用”。兽药残留检测作为控制药物残留的重要手段和方法，已成为畜禽产品质量安全的有力保证。

目前针对畜禽产品兽药残留的检测方法主要有酶联免疫吸附法、胶体金免疫层析法、生物传感器、高效液相色谱法和高效薄层色谱法等。

2.2.4 兽药残留限量

食品动物用药后产生的允许存在于食物表面或内部的该兽药残留的最高量/浓度(以鲜重计，表示为μg/kg)称为兽药最大残留限量(MRLVD)。MRLVD 被法定许可或公认为食品可接受的兽药残留物浓度，是以可接受的日摄入量中表述的能在一生中每天摄取且不产生健康风险的剂量为基础制定的，用来为公众提供多重食品安全保障。MRLVD 的制定有利于提高畜产品质量、保护消费者健康和促进畜产品国际贸易，同时也以技术贸易壁垒的方式保护国内畜产品和兽药产品的利益。目前，世界各地都对兽药残留制定了严格的限量。

1. 我国兽药残留限量

我国主要侧重于研究在我国登记使用或国际上禁止使用不得检出的兽药方面的标准。农业部 235 号公告公布的《动物性食品中兽药最大残留限量标准》是按照以上原则，同时参考 CMC 及欧盟等标准来制定的。这也是我国兽药残留最权威的标准。该公告将我国兽药分为四种情况：①凡农业部批准使用，按质量标准、产品使用说明书规定用于食品动物，不需要制定最高残留限量的兽药；②凡农业部批准使用，按质量标准、产品使用说明书规定用于食品动物，需要制定最高残留限量的兽药；③凡农业部批准使用，按质量标准、产品使用说明书规定可以用于食品动物，但不得检出兽药残留的兽药；④农业部明文规定禁止用于所有食品动物的兽药。235 号公告不仅增加了我国对畜禽及畜禽产品检测兽药的种类，而且检测项目由原来的较笼统趋向更加具体细化。但是这一标准的制定是因为出口欧盟产品存在严重药残问题而采取的紧急措施，是基于扩大我国动物性产品的出口，适应别国标准的要求(表 2-2)。

表 2-2 农业部 235 号公告部分兽药 MRLVD

兽药名称	动物名称	靶器官及 MRLVD/(mg/kg)
阿苯达唑	牛/羊	肌肉 100；脂肪 100；肝 5000；肾 5000；奶 100
阿莫西林	所有动物	肌肉 50；脂肪 50；肝 50；肾 50；奶 10
氮哌酮	猪	肌肉 60；皮和脂肪 60；肝 100；肾 100
倍他米松	牛/猪	肌肉 0.75；肝 2.00；肾 0.75；牛奶 0.30
头孢氨苄	牛	肌肉 200；脂肪 200；肝 200；肾 1000；奶 100
克拉维酸	牛/羊/猪	肌肉 100；脂肪 100；肝 200；肾 400；牛/羊奶 100
	牛/羊	肌肉 200；脂肪 100；肝 400；肾 400；奶 30
达氟沙星	家禽	肌肉 200；皮和脂肪 100；肝 400；肾 400
	其他动物	肌肉 100；脂肪 50；肝 200；肾 200

续表

兽药名称	动物名称	靶器官及 MRLVD/(mg/kg)
溴氰菊酯	牛/羊	肌肉 30；脂肪 500；肝 50；肾 50；牛奶 30
	鸡	肌肉 30；皮和脂肪 500；肝 50；肾 50；蛋 30
	鱼	肌肉 30
地塞米松	牛/猪/马	肌肉 0.75；肝 2.00；肾 0.75；牛奶 0.30
红霉素	所有动物	肌肉 200；脂肪 200；肝 200；肾 200；奶 40；蛋 150

2. 国际食品法典

联合国粮农组织和世界卫生组织联合食品法典委员会(CAC)兽药残留限量标准的制定由 FAO/WHO 食品添加剂联合专家委员会(JECFA)及 CAC 下属的食品法典兽药残留委员会(CCRVDF)合作完成。JECFA 独立于 CAC，负责开展兽药风险评估，提出最大残留限量建议值，经 CCRVDF 审议通过并呈报 CAC 大会批准后成为法典标准。

3. 欧盟兽药残留限量

2009 年欧盟发布 EC470/2009 号条例，该条例制定了建立动物源食品中药理活性物质残留限量的共同程序，替代 EEC2377/90 号条例成为欧盟管理兽药残留最核心的一部法规，对欧盟所有成员国有约束力。该法规对食用动物的用药进行严格管理，动物源食品中药理活性物质残留建立残留限量或行动参考点进行监控。

2.2.5 兽药残留的预防控制措施

1. 加强对兽药和饲料添加剂生产和经营的管理

研制用于食品动物的新兽药，应当按照国务院兽医行政管理部门的规定进行兽药残留试验并提供休药期、最高残留限量标准、残留检测方法及其制定依据等资料。对于兽药的生产、经营和使用要严格监督，禁止不明成分的兽药进入市场，加大对违禁兽药的查处力度，加大对饲料生产企业的监控，严禁使用农业部规定以外的兽药作为饲料添加剂。

2. 合理使用兽药和饲料添加剂

加强饲养管理，严格执行《兽药管理条例》，科学合理使用兽药和饲料添加剂，从畜牧生产环节控制兽药残留量。严格规定和遵守兽药的使用对象、使用期限、使用剂量以及休药期等，严禁使用违禁药物和未被批准的药物，限制使用人畜共用的抗菌药物或可能具有“三致”作用和过敏反应的药物，尤其是禁止将它们作为饲料添加剂使用。

3. 加强对兽药残留的监控与检测

建立药物残留分析方法是有效控制动物性食品中药物残留的关键措施，要完善兽药残留的检测方法，特别是快速筛选和确认的方法。加大对兽药和饲料添加剂残留的监控力度，严把检验检疫关，严防兽药残留超标的产品进入市场，对超标产品予以销毁，对相关责任者给予处罚，严格执行动物性食品中的兽药残留限量标准，以保障动物性食品的食用安全性。

2.3 有毒金属

自然界中的多种金属元素可通过食物和饮水的方式进入人体，其中部分金属元素是人体所必需，但过量摄入可对人体产生危害，某些金属元素即使在较低摄入量的情况下，也可干扰人体正常生理功能，并产生明显的毒性作用，如砷、铅，常称为有毒金属(toxic metals)。随着工农业生产的发展，农兽药、工业废弃物及天然环境中的有毒金素在一定条件下可能进入土壤和水源，从而污染食用植物和动物。原料检验的缺失及食品加工过程中管理缺陷引入的有毒金属最终可对食品造成威胁。有毒元素主要是重金属元素及少量非金属元素，现有威胁较大的金属元素为铅、镉、汞、砷、铬及铝。

2.3.1 铅

铅(Pb)，原子序数 82，元素周期表第 6 周期ⅣA 族，相对原子质量为 207.2，密度 11.3437g/cm^3，硬度 1.5，熔点 327.502℃，沸点 1740℃，蓝白色重金属，质柔软，延性弱，展性强。在空气中表面易氧化而失去光泽，溶于硝酸、热硫酸、有机酸和碱液，不溶于稀盐酸和冷硫酸。既能形成高铅酸的金属盐，又能形成酸的铅盐。

1. 危害

重金属铅是一种普遍存在的环境神经毒物。人主要通过摄食使铅进入体内，铅烟和铅尘也可以通过呼吸道和消化系统进入人体，借肺泡的弥散和吞噬细胞作用，迅速被吸收入血液。金属铅在人体脑、肝、肾、肺、脾中，肝脏的含量最多。铅通过体内血液的运输转到骨骼，最终通过肾脏随尿液排出体外。

铅在细胞内可与蛋白质的巯基结合，通过抑制磷酸化而影响细胞膜的运输功能，抑制细胞呼吸色素的生成，导致卟啉代谢紊乱，使大脑皮质兴奋和抑制功能紊乱，大脑皮质和内脏的调节发生障碍，引起神经系统的病变。铅急性中毒表现为口内有金属味、流涎、恶心、呕吐、阵发性腹痛、便秘或腹泻、头痛、血压升高、出汗多、尿少等，严重者出现痉挛、抽搐、昏迷，合并有中毒性肝病、中毒性肾病和贫血等。慢性中毒表现为中毒性神经衰弱症候群，患者头痛、头晕、失眠、多梦、记忆力减退、乏力、肌肉关节酸痛，消化不良、口内金属味、食欲不振、恶心呕吐、便秘等，贫血伴有心悸、气短、疲劳、易激动、头痛等，引起高血压、肾炎，严重者合并震颤、麻痹、血管病变、中毒性脑病等。

2. 限量

鉴于现代社会环境污染等不可抗因素，铅摄入已经是不可避免的事实。食物中限量内铅含量不会对人体造成危害。《食品中污染物限量》(GB 2762—2012)给出了铅在食品中的允许最大浓度(MLs，mg/kg)(表 2-3)。

表 2-3 食品中铅限量指标

食品	MLs	食品	MLs
谷类	0.2	球茎蔬菜	0.3
豆类	0.2	叶菜类	0.3
薯类	0.2	鲜乳	0.05
畜禽肉类	0.2	婴儿配方粉(乳为原料，以冲调后汁计)	0.02
可食用畜禽下水	0.5	鲜蛋	0.2
鱼类	0.5	果酒	0.2
水果	0.1	果汁	0.05
小水果/浆果/葡萄	0.2	茶叶	5.0
蔬菜(球茎/叶菜/食用菌类除外)	0.1	—	—

2.3.2 镉

镉(Cd)，位于周期系第ⅡB族，灰色而有光泽的金属，原子量为 112.41，密度为 8.642g/cm^3，有延展性，可弯曲。镉的熔点为 321.03℃，沸点为 765℃，化合价为+2。镉不溶于水，能溶于硝酸、醋酸，在稀盐酸和稀硫酸中缓慢溶解，同时放出氢气。常温下镉在空气中会迅速失去光泽，表面上生成棕色氧化镉，防止镉进一步氧化。

1. 危害

人主要通过食物、吸烟、大气污染三个途径吸收镉，正常人体含镉量仅有 30～40mg，当镉的浓度在各器官中超过一定限度时，就会发生镉中毒。镉进入人体后，通过血液传输至全身，主要蓄积于肾、肝脏中，其次蓄积于甲状腺、脾和胰等器官中。有研究表明，心、肝、肾、脑、血有一稳定的镉浓度，但镉对肝、肾功能的损害作用低于心功能的损害。微量的镉进入机体即可通过生物放大和积累，对机体产生一系列损伤。

最早发现镉对人体的伤害是肺损伤。镉蒸气中毒后，4～10h 出现呼吸道刺激症状，伴随头晕、乏力、关节酸痛、寒战、发热等类似流感表现，严重者出现支气管肺炎、肺水肿。镉对骨骼的伤害主要表现为“疼痛病”。疼痛病潜伏期为 10～30 年，表现为背和腿疼痛、腹胀和消化不良，严重患者发生多发性病理性骨折。镉污染区居民脱离镉污染环境 20 年后，体内镉含量仍处于较高水平，蓄积的镉可加速骨脱钙，导致骨密度下降，骨质疏松。镉在肾脏的蓄积会影响肾近曲小管的功能，表现为低分子量蛋白质、氨基酸、钙、葡萄糖、尿酸、磷酸盐等从尿中大量排出。

2. 限量

《食品中污染物限量》(GB 2762—2012)规定了镉在食品中的允许最大浓度(MLs，mg/kg)(表 2-4)。

表 2-4 食品中镉限量指标

食品	MLs	食品	MLs
大米/大豆	0.2	水果	0.05
花生	0.5	根茎类蔬菜(芹菜除外)	0.1
面粉	0.1	叶菜/芹菜/食用菌类	0.2
杂粮(玉米/小米/高粱/薯类)	0.1	其他蔬菜	0.05
畜禽肉类	0.1	鱼	0.1
畜禽肝脏	0.5	鲜蛋	0.05
畜禽肾脏	1.0	—	—

2.3.3 汞

汞(Hg)是在常温下唯一的液体金属，银白色，易流动，比重 13.59，熔点−38.9℃，沸点 356.6℃，蒸气比重 6.9。汞在常温下即能挥发，汞蒸气易被墙壁或衣物吸附，常形成持续污染空气的二次汞源。

1. 危害

关于汞污染最有名的案例为 20 世纪日本九州水俣镇因水体污染汞而引起的“水俣病”，患者口齿不清、步态不稳、面部痴呆、耳聋眼瞎、全身麻木，最后精神失常、大喊大叫而死。汞化物可以通过呼吸道、消化道及皮肤侵入人体。微量的汞在人体可经尿、粪和汗液等途径排出体外不致引起危害，若量过多，即可损害人体健康。

汞可分为金属汞、无机汞和有机汞 3 种。金属汞和无机汞损伤肝脏和肾脏，但一般不在身体内长时间停留而形成积累性中毒。有机汞如 $Hg(CH_3)_2$ 等不仅毒性高，能伤害大脑，而且比较稳定，在人体内停留的半寿期长达 70d 之久，所以即使剂量很少也可累积致毒。汞在人和生物体中多积蓄于肾、肝、脑中。烷基汞比可溶性无机汞毒性大，主要毒害神经系统，破坏蛋白质和核酸。汞有很强的神经毒性，即使是低水平暴露也会损害神经系统，表现为精神和行为障碍，能引起感觉异常、共济失调、智能发育迟缓、语言和听觉障碍等临床症状。

2. 限量

鉴于汞强烈的毒害作用，《食品中污染物限量》(GB 2762—2012)规定了汞在食品中的允许最大浓度(MLs，mg/kg)(表 2-5)。

表 2-5　食品中汞限量指标

食品	MLs	
	总汞(以 Hg 计)	甲基汞
粮食(成品粮)	0.02	—
薯类(土豆/白薯)/蔬菜/水果	0.01	—
鲜乳	0.01	—
肉/蛋(去壳)	0.05	—
鱼(不包括食肉鱼类)及其他水产品	—	0.5
食肉鱼类(鲨鱼/金枪鱼及其他)	—	1.0

2.3.4　砷

砷(As)原子序数为 33，原子量为 74.921，砷及其化合物广泛存在于环境中，单质砷不溶于水，几乎没有毒性，有毒性的主要是砷的化合物。环境中的砷则主要以化合物的形式存在，土壤、水、空气、植物和动物体内都含有微量的砷。

1. 危害

砷可以通过食物和饮水、呼吸道、皮肤接触、饮食等途径进入人体，在我国约有 2000 多万人暴露在被砷污染的水、食品和空气中。砷是对人体及其他动物体有毒害作用的致癌物质，对人的中毒剂量是 0.01～0.052g/kg，致死量为 0.06～0.2g/kg。砷及其化合物均有毒性，三价砷的毒性大于五价砷大于有机砷，可溶性砷的毒性大于不溶性砷，砷的氢化物和盐类大多属于高毒物质，摄入过多会引起急性中毒甚至死亡。

砷及其化合物能使红细胞溶解，破坏其正常生理功能，能与蛋白质和酶中的巯基结合，抑制体内丙酮酸氧化酶的巯基结合，使其失去活性，引起细胞代谢的严重紊乱。慢性砷中毒表现为感觉异常、眩晕、气短、心悸、食欲不振、呕吐、皮膜黏膜病变和多发性神经炎，颜面、四肢色素异常，心、肝、脾、肾等实质脏器发生退行性变以及并发性溶血性贫血、黄疸等，严重时可导致中毒性肝炎，心肌麻痹而死亡。

2. 限量

《食品中污染物限量》(GB 2762—2012)规定了砷及其化合物在食品中的允许最大浓度(MLs，mg/kg)。

2.3.5　铬

铬(Cr)，原子量 52.00，密度 7.20g/cm^3，熔点 1857℃±20℃，沸点 2672℃，银白色有光泽金属，质硬而脆，化学性质很稳定。铬是人体必需的微量元素，它与脂类代谢有密切联系，能增加人体内胆固醇的分解和排泄，是机体内葡萄糖能量因子中的有效成分，能辅助胰岛素利用葡萄糖。食品中砷限量指标如表 2-6 所示。

表 2-6 食品中砷限量指标

食品	MLs	食品	MLs	
	无机砷		总砷	无机砷
大米	0.15	鱼	—	0.1
面粉	0.10	藻类(干重计)	—	1.5
杂粮	0.20	贝类及虾蟹类(以鲜重计)	—	0.5
蔬菜	0.05	贝类及虾蟹类(以干重计)	—	1.0
水果	0.05	其他水产品(以鲜重计)	—	0.5
畜禽肉类	0.05	食用油脂	0.10	—
蛋类	0.05	果汁/果酱	0.2	—
乳粉	0.25	可可脂/巧克力	0.5	—
鲜乳	0.05	其他可可制品	1.0	—
豆类	0.1	食糖	0.5	—
酒类	0.05	—	—	—

1. 危害

铬是广泛存在于自然界的一种元素。土壤中铬分布极广，含量范围很宽，在水体和大气中铬含量较少，动、植物体内也含有微量铬。常见的铬化合物有六价的铬酐、重铬酸钾、重铬酸钠、铬酸钾、铬酸钠等，三价的三氧化二铬，二价的氧化亚铬。铬中毒大都由六价铬引起。由于侵入途径不同，临床表现也不一样。六价铬的毒性比三价铬大100倍，它可使血红蛋白转变为高铁血红蛋白，并可干扰体内的氧化、还原和水解过程。常接触大剂量六价铬会引起接触部位的溃疡或造成不良反应，食入六价铬化合物可引起口黏膜增厚，反胃呕吐，有时带血，剧烈腹痛，肝肿大，并伴有头痛、头晕、烦躁不安、呼吸急促、脉速、口唇指甲青紫、肌肉痉挛等症状，严重时使循环衰竭，失去知觉，甚至死亡。

2. 限量

鉴于铬化合物强烈的毒害作用，《食品中污染物限量》(GB 2762—2012)规定了铬在食品中的允许最大浓度(MLs，mg/kg)。表 2-7 为食品中铬限量指标。

表 2-7 食品中铬限量指标

食品	MLs	食品	MLs
粮食	1.0	肉类(包括肝、肾)	1.0
豆类	1.0	鱼贝类	2.0
薯类	0.5	蛋类	1.0
蔬菜	0.5	鲜乳	0.3
水果	0.5	乳粉	2.0

2.3.6 铝

铝(Al)，原子序数13，原子量26.98，密度$2.702g/cm^3$，熔点660.37℃，沸点2467℃，银白色金属，有光泽，质地坚韧而轻，有延展性。铝元素在地壳中的含量仅次于氧和硅，居第三位，是地壳中含量最丰富的金属元素。铝被称为活泼金属元素，但在空气中其表面会形成一层致密的氧化膜，使之不能与氧、水继续作用。

1. 危害

铝广泛存在于食物中，但一般食物中含铝较少，铝含量较高的食物主要是一些面制加工食品，如油条、粉丝、糕点、挂面，其中油条和粉丝中含量最高，这是由于在加工过程中使用了含铝添加剂(钾明矾和铵明矾、发酵粉等)作为膨松剂。铝制炊具、容器也是人体摄入铝的重要来源之一，铝制炊具溶入水中的铝随使用温度的升高和时间延长溶出量增加，随锅的使用次数增加。

铝是一种对人体健康有害的元素，可在人体内蓄积并产生慢性毒性。铝可在脑组织中蓄积，引起中枢神经功能紊乱，透析性脑病；铝直接作用于骨组织，引起骨病理改变；铝可引起红细胞低色素性贫血，影响多种酶系统的活性，对造血系统产生毒性；对免疫功能有明显抑制作用；还具有胚胎毒性和致畸性等等。神经系统是铝作用的主要靶器官，铝的过量接触和蓄积可能是导致老年性痴呆原因之一。

2. 限量

铝在给人们带来方便的同时，其潜在的毒性也给人们的健康带来危害。世界卫生组织和联合国粮农组织已于1989年正式将铝确定为食品污染物加以控制。《食品中污染物限量》(GB 2762—2012)规定了铝在面制食品(以质量计)中的允许最大浓度MLs为100mg/kg。

2.3.7 有毒金属的检测

食品中重金属常用检测方法包括比色法、试纸法、酶学法、电化学法、原子吸收法、原子荧光光谱法、电感耦合等离子体法等。

2.3.8 有毒金属的预防控制措施

(1)消除污染源。降低有毒有害金属元素对食品污染的主要措施是消除污染源。如控制工业“三废”排放，加强污水处理和水质检验，农田灌溉用水和渔业养殖用水应符合要求；禁用含汞、砷、铅的农药和劣质食品添加剂；金属和陶瓷管道、容器表面应做必要的处理；发展并推广使用无毒或低毒食品包装材料等。

(2)制定各类食品中有毒金属的最高允许限量标准，并加强监督检测。

(3)妥善保管有毒金属及其化合物，防止误食，意外或人为污染食品。

2.4　*N*-亚硝基类化合物

N-亚硝基化合物(*N*-Nitroso-compound，NNCs)是一类对动物有较强致癌作用的化学物。迄今已研究过的300多种亚硝基化合物中，90%以上对动物有不同程度的致癌性。*N*-亚硝基化合物可分成*N*-亚硝胺和*N*-亚硝酰胺两大类。低分子量的亚硝胺(如二甲基亚硝胺)在常温下为黄色油状液体，而高分子量的亚硝胺多为固体。*N*-亚硝胺在中性和碱性环境中较稳定，在一般条件下不易发生水解，在特殊条件下可发生水解、加成、转硝基、氧化还原和光化学反应。亚硝酰胺的化学性质活泼，在酸性或碱性条件下均不稳定。在酸性条件下可分解为相应的酰胺和亚硝酸。在碱性条件下亚硝酰胺可迅速分解为重氮烷。

2.4.1　食品中*N*-亚硝基类化合物来源

N-亚硝基化合物是由两类前体化合物在适合的条件下合成的：一类为仲胺和酰胺(蛋白质的分解产物)，另一类为硝酸盐和亚硝酸盐(俗称硝)。这两类前体广泛存在于各种食物中，硝酸盐主要来源于蔬菜，亚硝酸盐主要存在于腌菜、泡菜及添加硝且用于发色的香肠、火腿中。仲胺、酰胺主要来自动物性食品肉、鱼、虾等的蛋白质分解物，尤其当这些食品腐败变质时，仲胺等可大量增加。蔬菜水果中含有的硝酸盐来自于土壤和肥料，大量硝酸盐进入肠道，若肠道消化功能欠佳，则肠道内的细菌可将硝酸盐还原为亚硝酸盐。畜禽肉类及水产品中含有丰富的蛋白质，在烘烤、腌制、油炸等加工过程中蛋白质会分解产生胺类，腐败的肉制品会产生大量的胺类化合物。乳制品中含有枯草杆菌，可使硝酸盐还原为亚硝酸盐。腌制品中刚腌不久的蔬菜(暴腌菜)含有大量亚硝酸盐，一般于腌后20天消失。腌制肉制品时加入一定量的硝酸盐和亚硝酸盐，以使肉制品具有良好的风味和色泽，且具有一定的防腐作用。传统工艺生产的啤酒含有*N*-亚硝基化合物，改进工艺后已检测不出啤酒中含有亚硝基化合物。反复煮沸的水因煮得过久，水中不挥发性物质，如钙、镁等重金属成分和亚硝酸盐含量升高，一般不能食用，只能做为提取水中的有害物质进行研究。

2.4.2　*N*-亚硝基类化合物的危害性

不同种类的亚硝基化合物，其毒性大小差别很大，大多数亚硝基化合物属于低毒和中等毒，个别属于高毒甚至剧毒。化合物不同其毒性作用机理也不尽相同，其中肝损伤较多见，也有肾损伤、血管损伤等。

1. 对人体毒性作用

N-亚硝基化合物的急性毒性表现为头晕、乏力、肝脏肿大、腹水、黄疸及肝脏病变。高剂量的摄入亚硝酸盐会产生很大毒性，摄入0.3～0.5g的亚硝酸盐即可引起中毒甚至死亡。

2. 致畸作用

亚硝酰胺对动物有一定的致畸作用，存在一定的剂量-效应关系。亚硝胺的致畸作用相对亚硝酰胺的致畸作用较弱。

3. 致突变作用

亚硝酰胺可以引起细菌、真菌、果蝇和哺乳动物细胞发生突变。亚硝胺经哺乳动物微粒体混合功能氧化酶系代谢后能致癌。致癌性强弱与致突变性强弱无明显相关性。

4. 致癌性

N-亚硝基化合物具有普遍而强烈的致癌性，在已研究的 200 多种 *N*-亚硝基化合物中，有 80%以上对动物有致癌性。亚硝胺是间接致癌物，但是亚硝酰胺却是直接致癌物。致癌原理是亚硝酸根离子能够影响细胞核中 DNA 的复制，在细胞分裂时改变遗传物质，导致癌变。

2.4.3 *N*-亚硝基类化合物的检测

N-亚硝基化合物的分离提取方法常用有三种，即蒸馏法、消煮法和萃取法。挥发性亚硝胺的提取采用蒸馏法。*N*-亚硝基化合物的分析方法包括紫外、可见光光度法、高效液相色谱法、气相色谱法以及胶束电动毛细管色谱法(MEKC)。MEKC 是近年来迅速发展的一种分离分析方法，它结合了高效液相色谱和毛细管电泳的优点，具有高柱效、高选择性、分析速度快、样品用量少、自动化程度较高的特点，适合于分析处理复杂组分的样品，在 *N*-亚硝基化合物分析的应用中也取得了良好的效果。近年来，固相萃取(SPE)技术已在色谱分析中得到广泛应用，使得 MEKC 法检测灵敏度大大提高。

2.4.4 *N*-亚硝基类化合物的预防控制措施

1. 阻断或减少 *N*-亚硝基化合物的合成

食品要防止食物霉变以及其他微生物病原菌的污染。在食品加工过程中要控制硝酸盐及亚硝酸盐的使用，避免过量添加。选择合适的食品加工工艺，生产过程要求快速、卫生和安全。

2. 防止或减少亚硝基化合物的危害作用

日常饮食应提高维生素 C 的摄入量，可阻断亚硝胺的形成，饮食注意多吃新鲜食物同时减少腌制食品的摄入量。通过暴晒污染的粮食和饮水，在一定程度上也能减小亚硝基化合物的危害。相关部门应加快制定新的标准，并加强生产、流通和餐饮环节的监督。

2.5　多环芳烃类化合物

多环芳烃化合物(polycyclicaromatichydrocarbons，PAH)是指两个以上苯环以稠环形式相连的化合物，是有机化合物不完全燃烧和地球化学过程中产生的一类致癌和致畸性的物质。

2.5.1　多环芳烃类化合物的种类

多环芳烃类化合物分为非稠环型和稠环型两类。非稠环型是指苯环之间有两个碳原子相连，如联苯。稠环型是指两个碳原子为两个苯环共有通常称稠环芳香烃为多环芳烃，不包括联苯。

2.5.2　多环芳烃类化合物的来源

食品中的PAH污染有不同的来源，主要是环境和食品加工过程的污染。其中，加工过程又被认为是最主要的方式，包括食品的烟熏、烘干和烹饪过程。国际食品法典已规定了加工(如烟熏、烘干)及高温烹调(烧烤、煎炸)食品的PAH值，如在个别的烟熏鱼和肉制品中的PAH限值为200μg/kg。

人类在工农业的生产和交通运输以及日常生活中大量使用的煤炭、石油、汽油、木柴等燃料可导致多环芳烃的污染。每公斤燃料燃烧所排出的苯并[α]芘量分别为：煤炭67～137mg，木柴61～125mg，原油40～68mg。因此，人类的外环境如大气、土壤和水中都不同程度地含有苯并[α]芘等多环芳烃。多环芳烃在大气的污染的途径是直接进入食品，如落在蔬菜、水果、谷物和露天存放的粮食表面。食用植物也可以从受多环芳烃污染的土壤及灌溉水中聚集这类物质。多环芳烃污染水体，可以使之通过海藻，甲壳类动物，软体动物和鱼组成的食物链向人体转移，最终都有可能聚集在人体中。在城市及大型工厂附近生长的谷物，水果和蔬菜中的苯并芘含量明显高于农村和偏远山区谷物和蔬菜中所含的量，用这一地区的谷物制成的植物油和用这一地区谷物喂养的食用动物的肉及奶制品中都有明显的高的苯并[α]芘含量。不过，即使在远离工业中心地区的土壤中，PAH的水平也可能很高，在远离人群居住的一些地方发现土壤中的PAH含量可达到100～200μg/kg，这主要是腐烂的蔬菜残留造成的。有机物质在土壤微生物的作用下也可形成多环芳烃。中国的一些地区的农民在沥青路面上晾晒粮食，可造成多环芳烃对食物的直接污染。另外，甲壳类动物由于降解多环芳烃的能力较差，因而往往在体内积聚有相当多的苯并芘。多环芳烃作为环境污染物在食物中的作用不可被高估，食品在熏制和烘烤等加工过程中往往产生大量的多环芳烃，对人体的健康更具危害性。

2.5.3 多环芳烃化合物的检测

对于提取和纯化得到的试样，需要借助一些高精仪器进行分析。目前，PAH 常见的检测方法为高效液相色谱法、气相色谱法、和酶联免疫分析方法等。

2.5.4 多环芳烃化合物与人体健康

多环芳烃的致癌性已被人们研究了 200 多年。早在 1775 年，英国医生波特就确认烟囱清洁工阴囊癌的高发病率与他们频繁接触烟灰(煤焦油)有关。然而直到 1932 年，最重要的多环芳烃——苯并芘才从煤矿焦油和矿物油中被分离出来，并在实验动物中发现有高度致癌性。多环芳烃的种类很多，其致癌活性各有差异。

苯并芘是一种较强的致癌物，主要导致上皮组织产生肿瘤，如皮肤癌、肺癌、胃癌和消化道癌。用含 25 μg/kg 苯并芘的饲料饲喂小鼠 140d，除使小鼠产生胃癌外还可诱导其白细胞增多和产生肺腺瘤。每周三次摄入 100mg 的苯并芘，有超过 60%的大鼠患上皮肤肿瘤；当剂量降为 3mg 时，大鼠皮肤肿瘤的发生率下降到约 20%；当剂量恢复到 10mg 后，皮肤肿瘤的发生率又可急剧上升至近 100%。因此，大鼠皮肤肿瘤与苯并芘有明显的量效关系。研究表明，苯并芘除诱导胃癌和皮肤癌外，还可引起食管癌、上呼吸道癌和白血病，并可通过母体使胎儿致畸。随食物摄入人体内的苯并[α]芘大部分可被人体吸收，经过消化道吸收后，经过血液很快遍布人体，人体乳腺和脂肪组织可蓄积苯并芘。人体吸收的苯并芘一部分与蛋白质结合，另一部分则参与代谢分解，与蛋白质结合的苯并芘可与亲电子的细胞受体结合，使控制细胞生长的酶发生变异，使细胞失去控制生长的能力而发生癌变。参与代谢分解的苯并芘在肝组织氧化酶系中的芳烃羟化酶(AHH)介导下生成其活化产物——7,8-苯并[α]芘环氧化物，该物质可在葡萄糖醛酸和谷胱甘肽中结合，或在环氧化物水化酶催化下生成二羟二醇衍生物随尿排出。但苯并芘二羟二醇衍生物经细胞色素 P450 进一步氧化可产生最终的致癌物——苯并芘二醇环氧化。该物质不可被转化且具有极强的致突变性，可以直接与细胞中不同成分(包括 DNA)反应，形成基因突变，从而导致癌的发生。

鉴于种种原因，FAO/WHO 对食品中的 PAH 允许含量未作出规定。据估计，成年人每年从食物中摄取的 PAH 总量为 1～2mg，如果累积摄入 PAH 超过 80mg 即可能诱发癌症，因此建议每人每天的摄入总量不可超过 10 μg。

2.5.5 多环芳烃化合物的预防控制措施

防止环境空气、水体的污染，避免食品在加工过程中受到 PAH 的污染。优化改进烟熏、烘烤等容易产生 PHA 的食品加工工艺。食品加工过程中避免采用高温煎炸方式，油温控制在 200℃以下，避免油炸时间过长。食品加工机械尽量采用食用油作为润滑油。避免在柏油马路晾晒粮食作物。加强去毒，可以使用活性炭吸附或者紫外线照射，引起 PAH 分解。

2.6 杂环胺类化合物

杂环胺类化合物是肉品在热加工过程中形成的一类具有致癌、致突变性的杂环芳香族化合物。杂环胺化合物的形成会受到肉品种类、肉制品的加工方式、加工温度和时间以及前体物等多种因素的影响。我国传统烧鸡的生产仍旧是沿袭油炸、卤煮工艺，其特殊的加工方式赋予了产品独特的色香味，但同时也可能会促进杂环胺类化合物的形成。目前报道的杂环胺超过 30 种，其中常见的有 PhIP、MeIQx、IQ、IQx、MeIQ 和 DiMeIQx 等。1993 年国际癌症研究中心将 IQ 列为“极可疑人类致癌物”（2A 级），MeIQ、8-MeIQx、PhIP、AαC、MeAαC、Trp-P-1、Trp-P-2 和 Glu-P-1 归为“潜在人类致癌物”（2B 级）。2007 年世界癌症基金会和美国癌症研究机构在报告中强调红肉及其加工制品与结肠癌的关系。如何预防、控制食品加工过程中杂环胺的形成受到科研人员和产业界的关注。

2.6.1 杂环胺类化合物的形成

在 1977 年，科学家就发现直接以明火或炭火炙烤的烤鱼在 Ames 试验中具有强烈的致突变性；其后在烧焦的肉，甚至在“正常”烹调的肉中也同样发现有强烈的致突变性。由此，人们对氨基酸、蛋白质热解产物产生了浓厚的研究兴趣，先后发现了 20 多种致癌、

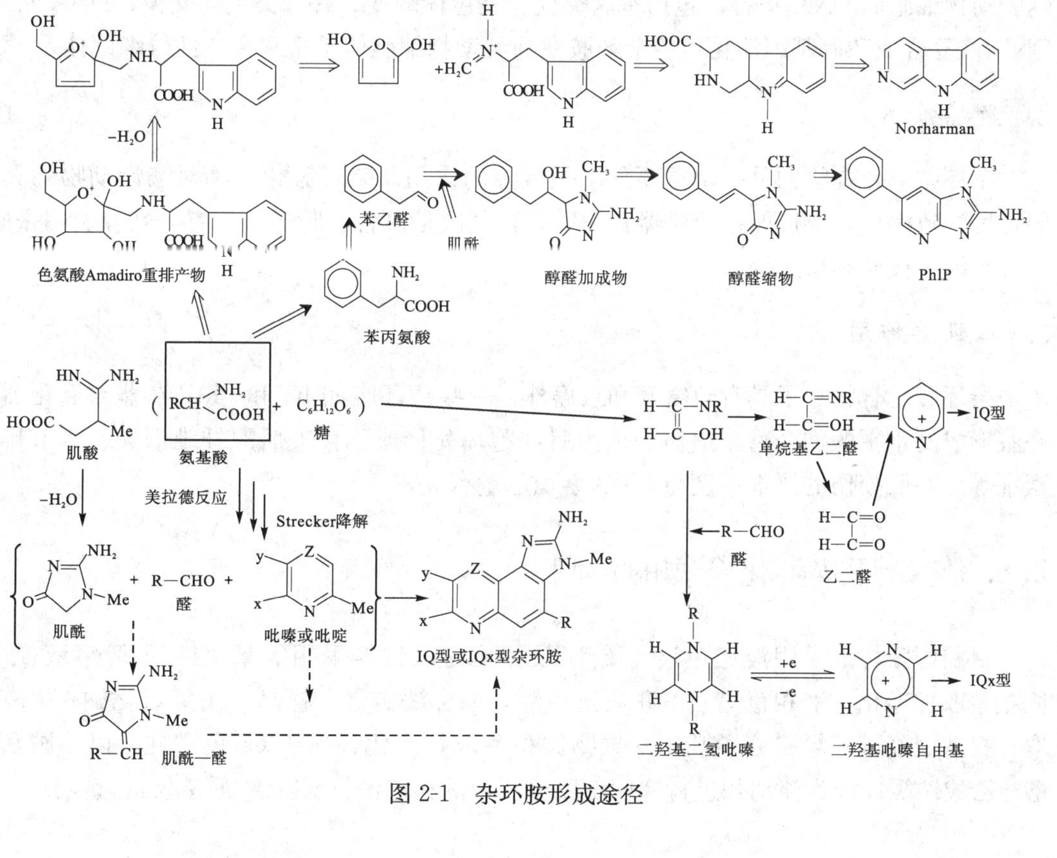

图 2-1 杂环胺形成途径

致突变性的杂环胺。杂环胺是富含蛋白质的食物在煎、炸、烤过程中蛋白质、氨基酸的热解产物，其化学结构是带杂环的伯胺。根据其化学结构可分为两类：氨基咔啉类和氨基咪唑氮杂芳烃。杂环胺形成的主要前体物是肌肉组织中的氨基酸、肌酸或肌酐和糖类。肉和鱼中加入肌酸或肌酸酐可导致 IQ 类致突变物的增加；在肌酸含量极少或没有的食物中检测不到杂环胺。此外，只有游离氨基酸才能生成杂环胺，所导致的致突变性随着种类而变化，且不同的氨基酸可以产生相同的致突变物。糖并不是杂环胺形成所需的必备条件，但致突变物的生成量与糖或醛的含量具有相关性。杂环胺形成的途径主要有两种：蛋白质分解为氨基酸，然后在己糖的参与下转化为吡啶或吡嗪+醛，接着再转化为杂环胺；肌酸转化为肌酐，然后肌酐再直接转化为杂环胺。

2.6.2 杂环胺类化合物对人体的危害

1. 致突变作用

杂环胺类化合物的主要危害之一是具有致突变性，但杂环胺是间接致突变物，在细胞色素 P450 作用下代谢活化才具有致突变性，杂环胺的活性代谢物是 N 羟基化合物，后经乙酰转移酶和硫转移酶作用，将 N 羟基代谢物转变成终致突变物。Ames 试验表明，杂环胺在 S9 代谢活化系统中有较强的致突变性，其中 TA98 比 TA100 更敏感。提示杂环胺是致移码突变物。除了诱导细菌基因突变外，杂环胺类化合物还可经 S9 活化系统诱导哺乳动物细胞的 DNA 损害，包括基因突变、染色体畸变、姊妹染色体交换、DNA 断裂、DNA 修复合成和癌基因活化，但杂环胺在哺乳动物细胞体系中致突变性较细菌体系弱。

2. 致癌作用

杂环胺类化合物的另一个重要危害是致癌的作用。杂环胺化合物对啮齿动物均具不同程度的致癌性，致癌的主要靶器官为肝脏，其次是血管、肠道、前胃、乳腺、阴蒂腺、淋巴组织、皮肤和口腔等。

3. 心肌毒作用

杂环胺化合物除了具有致突变和致癌外，一些杂环胺如 IQ 和 PhIP 在非致癌靶器官心脏形成高水平的加合物，损伤表现为肌细胞坏死伴或不伴炎肌原纤维消失、肌节排列紊乱等。心肌损伤的严重程度与 IQ 的累积剂量有关。

2.6.3 杂环胺类化合物的检测

目前国家标准采用液相色谱－质谱/质谱测定，试样采用氢氧化钠/甲醇溶液提取，固相萃取柱净化，液相色谱－串联质谱检测，内标法定量。样品选用氢氧化钠－甲醇提取，提取液经苯乙烯二乙烯基苯共聚物固相萃取柱净化，采用 C_{18} 色谱柱，以乙腈和乙酸－乙酸铵缓冲液为流动相进行梯度洗脱分离，液相色谱仪－质谱/质谱仪进行检测。

2.6.4 杂环胺类化合物的预防控制措施

1. 改变不良烹调方式和饮食习惯

杂环胺的生成与高温烹调加工有关。因此，应注意不要使烹调温度过高，不要烧焦食物，并应避免过量食用烧烤煎炸的食物。

2. 增加新鲜蔬菜水果的摄入量

蔬菜、水果中的某些成分有抑制杂环胺致突变性和致癌性的作用，如酚类、黄酮类物质。膳食纤维有吸附杂环胺并降低其活性的作用。因此，增加新鲜蔬菜水果的摄入量对于防止杂环胺危害有积极作用。

2.7 氯丙醇

氯丙醇是丙三醇上的羟基被氯取代所产生的一类化合物，包括单氯丙二醇：3-氯-1,2-丙二醇(简称 3-氯丙醇，3-MCPD)，2-氯-1,3-丙二醇(2-MCPD)和双氯丙醇：1,3-二氯-2-丙醇(1,3-DCP)，2,3-二氯-1-丙醇(2,3-DCP)。在氯丙醇系列化合物中，污染食品的主要成分是 3-MCPD，次要成分是 1,3-DCP，二者含量比是 20∶1。3-MCPD 为无色透明的液体，可溶于水、乙醇、乙醚。相对密度 1.132，沸点 160～162℃。

2.7.1 氯丙醇的来源

食品加工贮藏过程中均可能会受到氯丙醇污染，其中在酱油、蚝油等调味品加工过程中产生的氯丙醇是其污染食品的主要途径。传统方法在生产天然酿造酱油中并没有发现氯丙醇，某些酱油等调味品之所以被检出有氯丙醇，是添加有不合卫生条件的酸水解蛋白质液的缘故。由于酸水解蛋白液成本低，且具有氨基酸系列物质和呈味性成分，能增加食品中营养成分，因而成为近年来蓬勃发展起来的新型调味品原料。较易受氯丙醇污染的食品还包括：饼干、面包、红烧煮鱼和肉制品。归纳起来，氯丙醇的来源有：酸水解植物蛋白(HVP)、酱油、不含酸水解 HVP 成分的食物如烤谷物和焦麦芽及提取物、发酵香肠、家庭烹调、包装材料、饮水。

2.7.2 氯丙醇对人体健康的影响

1. 肾脏毒性

氯丙醇中具有明显肾脏毒性的是 3-MCPD，主要的靶器官是肾脏，可以诱发肾脏的良性肿瘤、肾小管腺癌、肾小管癌以及慢性进行性肾损伤。

2. 生殖毒性

氯丙醇类物质，如3-MCPD可以迅速地与成熟的精子结合并抑制其活性，并干扰体内激素的平衡而使雄性动物的生殖能力减弱。

3. 神经毒性

氯丙醇类物质具有一定的神经毒性，对神经元细胞有损伤的作用。3-MCPD代偿性调节新皮质和纹状体的表达，这是大脑机能障碍的起因，可引起神经毒性。

4. 免疫毒性

氯丙醇类物质影响胸腺和脾细胞的构成，降低红细胞的抗体形成。3-MCPD在体外可以降低淋巴细胞和腹腔巨噬细胞的活性，抑制激活的巨噬细胞产生肿瘤坏死因子。

5. 致突变性、致癌性

氯丙醇类物质具有致突变性，其中3-MCPD具有明显的致突变作用和遗传毒性作用。对于氯丙醇物质的致癌性，目前发现1,3-DPC具有致癌性，主要发生在肝、肾、口腔、舌和甲状腺。

2.7.3　氯丙醇的检测

早期发现氯丙醇在酸水解植物蛋白(HVP)以及环氧氯丙烷树脂中存在，后来发现各类食品都存在不同程度氯丙醇的污染。许多国家已经制定了HVP、酱油中氯丙醇的限量标准或临时性控制措施，一般要求3-MCPD低于1.0mg/kg，欧盟要求低于20μg/kg，这对检测提出了更高的要求。早期采用二氯荧光黄喷雾的薄层色谱法只能半定量测定mg/kg级的3-MCPD酯，目前主要采用的是气相色谱法或气相-质谱联用法(GC-MS)。

2.7.4　氯丙醇的预防控制措施

严格原料管理，生产优质HVP产品，控制污染源头；改进生产工艺，提高HVP产品的安全性；加强对焦糖色素生产企业的监管，改进生产工艺；加强标准的制修订。

2.8　丙烯酰胺

丙烯酰胺是一种对人体有神经毒性和潜在致癌性的物质，2002年首次发现在高温油炸后的富含碳水化合物食品中，并引起了世界各国研究者的广泛关注。丙烯酰胺俗称“丙毒”，是一种无味白色结晶有机固体，英文名Acrylamide，化学分子式为$CH_2=CHCONH_2$，相对分子质量71.08，熔点84.5℃，沸点125℃(3325Pa)，密度1.122g/cm^3；极易溶于水、丙酮、甲醇、乙醇、二甲醚和三氯甲烷中，微溶于苯、甲苯；在酸中稳定，而在碱中易分解，对光线敏感，暴露于紫外线时较易发生聚合。它是一种用途广泛的重要有机化工原料，以它为单体合成的产品不下百种，其中以聚丙烯酰胺用途最为广泛。聚丙烯酰胺可以作为絮凝剂加入饮用水中，以吸附除去水中杂质。

2.8.1　丙烯酰胺的形成因素

食品组成是影响丙烯酰胺形成的关键因素，包括氨基酸、糖的种类以及含水量。丙烯酰胺结构式如图 2-2。食品中的丙烯酰胺主要由富含碳水化合物和氨基酸的食物经高温加热发生美拉德反应而产生，还原糖含量、游离氨基酸含量和加热条件是促使这一过程的三大主要因素。食品中丙烯酰胺主要在加热(120℃以上)烹调过程中形成，140～180℃为生成的最佳温度，而在食品加工前检测不到丙烯酰胺；在加工温度较低，如用水煮时，丙烯酰胺的水平相当低。丙烯酰胺在高温油炸淀粉类食品中含量较高，在这些高温油炸的淀粉类食品中薯类油炸食品的丙烯酰胺平均浓度是谷类油炸食品的 4 倍。除土豆和一些谷类食品外，在咖啡、咖啡替代品中也残留一定量丙烯酰胺。

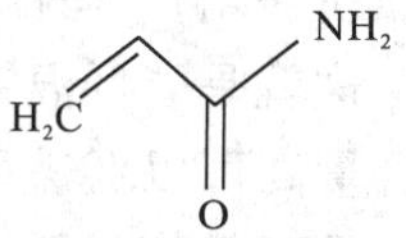

图 2-2　丙烯酰胺结构式

另外，高温加工食品中丙烯酰胺的生成受多种因素的影响，如加工温度和时间、还原糖和游离氨基酸种类及含量、游离氨基酸与还原糖的摩尔比、褐变程度、pH、食品含水量等。

(1)温度对丙烯酰胺生成的影响。加热温度会显著影响丙烯酰胺的生成。研究发现等摩尔的天冬酰胺和葡萄糖加热至 120℃以上才能产生丙烯酰胺，随着温度升高丙烯酰胺的产生量增加，反应温度在 170℃左右丙烯酰胺的生成量最大，而后下降，在 185℃几乎检测不到丙烯酰胺。这是由于丙烯酰胺的分子在高温下本身并不稳定(沸点 125℃)，它在食品中的残留量取决于形成与分解的动态平衡。

(2)加热时间对丙烯酰胺生成的影响。加热时间对丙烯酰胺的生成量也有较大影响。丙烯酰胺的含量随着加热时间而增加，但并不总是增加的，而且时间因素的影响不如温度因素的影响显著。所以低温长时间加热可能会降低丙烯酰胺的生成量。

(3)pH 对丙烯酰胺生成的影响。pH 对美拉德反应的影响显著，pH 会影响糖和氨基酸的活性，丙烯酰胺形成最佳 pH 为 7～8。中性条件最有利于丙烯酰胺生成。

(4)水分含量对丙烯酰胺生成的影响。丙烯酰胺的形成往往与油炸、焙烤等加热方式有关，这些加热方式均可导致食品脱水或至少形成硬的外壳。在“湿”的样品中(如新鲜马铃薯或生面团)丙烯酰胺含量非常少。

(5)加热介质对丙烯酰胺生成的影响。加热介质(空气、油)直接与食物接触，因此对食品中丙烯酰胺的形成也非常重要。油炸、焙烤有利于丙烯酰胺的产生，微波加热食品中丙烯酰胺的含量较低，水煮食品中则检测不到丙烯酰胺的存在。这是因为油炸、焙烤过程中温度一般都达到100℃以上，而水煮过程温度最高也仅为100℃。而且油炸、焙烤过程中食品失水较快，因此在比较干硬部分容易产生丙烯酰胺。

(6)原材料中丙烯酰胺含量。目前研究的主要原材料是谷物和马铃薯，这2种原材料的热加工产品中丙烯酰胺的含量最高，有的甚至高达500μg/kg。这些原料含有大量的淀粉、蛋白质以及低分子量化合物如糖和游离氨基酸。实验研究表明，马铃薯样品中丙烯酰胺形成的决定因素主要是还原糖(主要是葡萄糖和果糖)和游离氨基酸(天冬酰胺酸)。丙烯酰胺的含量与原材料中糖(葡萄糖/果糖)含量成正比。

(7)糖类对产生丙烯酰胺的影响。微酸性pH、高于100℃条件下加热，蔗糖、乳糖、麦芽糖等糖类容易水解。研究发现多种单糖(如葡萄糖、脱氧葡萄糖、核糖、甘油醛、乙二醛)可以与天冬酰胺反应产生丙烯酰胺。糖的碳链越短，产生的丙烯酰胺量就越大，符合美拉德反应的规律。

(8)蛋白质对丙烯酰胺生成的影响。烤制、煎制肉鱼食品中的丙烯酰胺的含量比马铃薯、谷物制品低。主要原因可能是牛肉等肉类中自由天冬酰胺酸的含量少，并且肉类还是高水分含量体系。肉类中还可能含有可以抑制丙烯酰胺生成的反应或促进竞争反应的成分。

(9)食品贮存方式对丙烯酰胺生成的影响。马铃薯块茎于8～10℃贮存时，淀粉可转化为糖，导致还原糖含量显著增加，这就是“低温糖化”(LTS)过程。淀粉释放的还原糖可以防止土豆霜冻，然而还原糖含量高可以促进丙烯酰胺的生成。低温贮存后马铃薯重新贮存在较高温度下，还原糖的含量可重新降低，然而长时间低温贮存使得土豆中的还原糖含量是不可逆转的。

(10)天冬酰胺酶与酰胺酶对丙烯酰胺生成的影响。天冬酰胺酶可以催化天冬酰胺水解成天冬氨酸和氨，这样可降低产品中丙烯酰胺含量。

(11)添加剂对丙烯酰胺生成的影响。研究发现，将抗氧化剂BHT、芝麻酚、VE加入到牛肉中，加热后丙烯酰胺的含量增加。

(12)铵盐对丙烯酰胺生成的影响。在饼干焙烤中，加入碳酸铵会增加丙烯酰胺含量。其原因是碳酸铵的引入为系统提供了氮源。

2.8.2 丙烯酰胺与人体健康

2002年，瑞典国家食品管理局和斯德哥尔摩大学首次报道了在多种油炸、高温烹饪的食品中发现了丙烯酰胺，随后英国、挪威、美国、瑞士、加拿大等国也公布了相近的检测结果，世界粮农组织(FAO)和世界卫生组织(WHO)发表的《食品中丙烯酰胺的健康影响》确认了这一事实。实验表明，丙烯酰胺属中等毒性物质，对各类动物均有不同程度的神经毒作用。WHO国际癌症研究中心将丙烯酰胺列为可能致癌物。目前发现除职业接触外，人们还可通过日常饮食(如油炸薯片、薯条、高温烘烤的面包等食物)摄入大量的丙烯酰胺。

丙烯酰胺的危害主要表现在具有神经毒性、致癌性和生殖毒性三个方面。食物中的丙烯酰胺会影响人体健康，引发各种疾病。丙烯酰胺进入人体后，在体内各组织广泛分布，包括进入母乳，并能透过血胎屏障。饮水是其中一种重要接触途径，为此WHO将饮水中丙烯酰胺的含量限定为1 μg/L。瑞典斯德哥尔摩大学报道炸薯条中丙烯酰胺含量较WHO推荐的饮水中允许的最大限量要高出500多倍。因此可认为食物为人类接触丙烯酰胺的主要来源。此外，由于烟草燃烧也能产生丙烯酰胺，在主动和被动吸烟者中均可检测到丙烯酰胺和血红蛋白加合物。大量的动物实验研究表明丙烯酰胺属中等毒性物质，主要引起神经毒性。据报道，急性或亚急性丙烯酰胺中毒以精神症状及脑障碍为主，慢性丙烯酰胺中毒以神经系统的病变为主，主要表现为感觉-运动型周围神经病，如肌肉无力、深反射减弱或消失、共济失调，手足套袜型感觉障碍，肢端振动觉、位置觉减退。丙烯酰胺神经毒性机制包括加合物的形成、能量代谢异常、轴浆运输损伤、神经末梢损伤及凋亡等。丙烯酰胺进入人体后，在细胞色素的作用下，生成活性环氧丙酰胺，该环氧丙酰胺比丙烯酰胺更容易与DNA上的鸟嘌呤结合形成加合物，导致遗传物质损伤和基因突变的同时可致多种器官肿瘤，国际癌症研究机构(IARC)将丙烯酰胺列为两类致癌物(2A)，即人类可能致癌物。人群的流行病学研究则表明丙烯酰胺与肾癌、子宫内膜癌、头颈部肿瘤有一定关系，与乳癌、脑瘤、膀胱癌、前列腺癌、肺癌、消化道肿瘤等无关。人体可通过消化道、呼吸道、皮肤黏膜等多种途径接触丙烯酰胺。丙烯酰胺的生殖毒性体现在主要有三个方面：一是形态学改变，即丙烯酰胺及其代谢产物环氧丙烯酰胺可与精细胞蛋白相结合，从而造成精细胞形态学的改变及死亡；二是遗传学改变，包括染色体结构畸变和数目改变、DNA损伤和基因突变；三是生殖系统功能的改变，精子活力改变，卵细胞受精能力的下降。

2.8.3 丙烯酰胺的检测

丙烯酰胺为极性化合物，在水中的溶解度大，大多数食品样品中丙烯酰胺在水中能被完全提取，因此，水是目前应用最为广泛的提取溶剂。水与样品的比例可根据具体样品进行调整，主要有冷提取和热提取两种方法。冷提取一般是在室温下，将水与样品混合进行振荡提取或在高速匀浆机中混合提取；热提取一般在60～70℃的热水中将样品进行振荡提取，提取效率高于冷提取法，适用于基质较为复杂的样品。

2.8.4 丙烯酰胺的预防控制措施

1. 减少食品中丙烯酰胺的产生

减少或消除形成丙烯酰胺的前体物质，控制原料中游离氨基酸和还原糖含量。美拉德反应是食品中丙烯酰胺产生的重要途径，控制原料中游离氨基酸(尤其是天冬酰胺)和还原糖的含量对减少食品中丙烯酰胺含量显得尤为重要，且其对食物的色泽和风味的影响较小。天门冬酰胺和还原糖的含量因作物的种类、种植及储藏条件不同而不同。谷类食品中的决定因素是天冬酰胺，而马铃薯中还原糖对丙烯酰胺形成的影响更大，玉米中天冬酰胺含量少，控制玉米中天冬酰胺的含量比控制还原糖的效果更好。对于面制品，加工前采用酵母发酵也是降低丙烯酰胺产生的有效途径之一，热水浸泡可显著降低土豆中的天冬酰胺和还原性糖含量，而且相比浸泡时间，浸泡温度对减少食品中还原糖含量、降低丙烯酰胺最终生成量的影响更大。

2. 改变加工条件和加工方式

温度是影响丙烯酰胺产生的最主要因素之一。加工过程中，在一定温度范围内，随着加热温度的升高，产品中丙烯酰胺含量急剧上升，超过一定值丙烯酰胺含量反而减少，适当降低油炸温度可减少食品中丙烯酰胺的产生。加热时间是影响丙烯酰胺产生的另一个主要因素，随着高温处理持续时间的延长，丙烯酰胺的生成增加，在保证食品做熟的前提下，适当减少加热时间可减少丙烯酰胺最终生成量。控制食品含水量，水在美拉德反应中既是反应物，又充当着反应物的溶剂及其迁移载体，过于干燥和过于潮湿均不利于反应的进行。含水量较低，则不利于反应物和产物的流动，也会缩短油炸至熟的时间；含水量较高，则会妨碍热量在食物中的传导和渗透，较高水分含量可明显降低丙烯酰胺最终生成量。因此，干燥和浸泡处理有助于降低食品中丙烯酰胺含量。调整合适 pH，如果降低 pH，则可减少丙烯酰胺的含量，目前大都使用柠檬酸，也可采用富马酸、苹果酸、琥珀酸、乳酸等。

食品中丙烯酰胺含量还与食物样本的形态有关。例如薯条中丙烯酰胺的含量就低于薯片。薄薯片能在较短的时间内迅速失水干燥，具有较大的受热面积，从而会生成更多的丙烯酰胺。选择合适添加剂，当添加碳酸氢铵时，丙烯酰胺生成量增加数十倍，用碳酸氢钠代替碳酸氢铵作膨松剂可减少 70%。微波加热实验发现采用微波加热产生的丙烯酰胺明显增加，可能是微波有更强的热渗透作用，升高食物内部温度，而且在一定范围内，微波能量越高，丙烯酰胺生成越多。

3. 减少或消除食品中已生成的丙烯酰胺

通过对食品进行真空、真空-光辐射、真空-臭氧等处理，在真空条件下加热食品可使生成的丙烯酰胺挥发，从而降低食品中丙烯酰胺含量；光辐射，如红外线、可见光、紫外线、X 射线、γ 射线等可使丙烯酰胺发生聚合反应，从而减少其在食品中的含量；臭氧可使丙烯酰胺发生分解反应，生成小分子物质，也可减少其在食品中的含量。添加半胱氨酸、同型半胱氨酸、谷胱甘肽等含巯基物质，与丙烯酰胺反应，有清除丙烯酰胺的作用。

为减少丙烯酰胺对健康的危害，应加强膳食中丙烯酰胺的监测与控制。在日常生活中，应尽量减少丙烯酰胺的摄入量，平衡膳食，少吃煎炸和烘烤食品，多吃新鲜蔬菜和水果。保证食物做熟的前提下，降低烹调的温度和适当缩短烹调时间，以减少食品中丙烯酰胺含量。

2.9　二噁英及其类似物

目前，我国经济的快速发展以及城市化进程的加快，产生的生活以及医疗垃圾的数量急速增加。我国已成为世界上处理垃圾包袱最大的国家之一。为了处理这些数量庞大的垃圾，最直接有效的方法就是垃圾焚烧法，因此城市以及垃圾焚烧工厂在我国逐步兴起。城市垃圾和医疗垃圾的焚烧会产生一类微量但剧毒的持续性有机污染物二噁英。二噁英具有极强的化学稳定性和热稳定性，在生物体内很难被降解排出而长期在生物体内停留，人类处于食物链的顶端，这样就很容易通过食物链中的逐步集聚作用最终影响到人类的健康，并有可能产生致畸、致癌和致突变的“三致”效应。

二噁英的主要来源除了城市垃圾和医疗垃圾的焚烧以外，金属的冶炼及提纯、化学加工、生物和光化学过程都能产生二噁英。为了有效降低二噁英的排放，应该了解在垃圾焚烧过程和工业生产过程中二噁英的生成机理，从而设计出更先进的焚烧技术和过程控制方法，使二噁英的排放达到国家法定的排放要求。

2.9.1 二噁英的结构及特性

氯代二苯并－对－二噁英(polychlorodibenzo-p-dioxins，PCDDs)和氯代二苯并呋喃(polychloro-dibenzofurans，PCDFs)一般通称为二噁英(dioxins，PCDD/Fs)，是氯代含氧三环芳烃类化合物的总称，由 210 种氯代含氧三环芳烃类化合物组成，包括 75 种多氯代二苯并二噁英(PCDDs)、135 种多氯代二苯并呋喃(PCDFs)。PCDDs 和 PCDFs 的结构如图 2-3。而多氯联苯(polychlorinated biphenyls，PCBs)、氯代二苯醚等的理化性质和毒性与二噁英相似，也称为二噁英类似物。此类化合物既非人为生产，又无任何用途，对环境和健康构成了严重威胁，已成为全球普遍关注的环境和公共卫生问题。

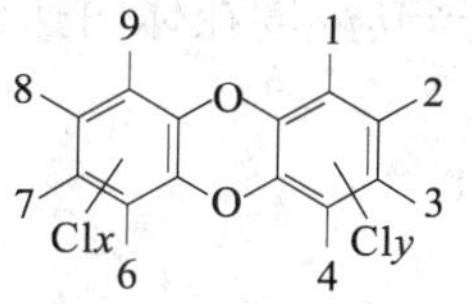

(a)多氯代二苯并－对－二噁英

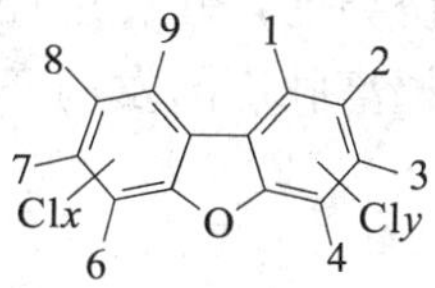

(b)多氯代二苯并呋喃

图 2-3 二噁英的结构示意图

二噁英具有极强的化学稳定性和热稳定性，常温下以固体的形式存在，且具有较高的熔沸点，熔点的分布范围为 100～350℃，沸点的分布范围为 300～550℃，其熔沸点随着氯取代数目的增加呈现不断增长的趋势，大体上具有相同氯取代数目的 PCDDs 熔沸点要高于 PCDFs。由于二噁英的强热稳定性，需要加热到 750℃左右才开始分解，大量的二噁英分解则需要加热到 950℃以上；而其化学稳定性表现为对光解、化学分解以及生物降解有很强的抵抗作用。由于二噁英的形成机理复杂，且异构体的种类很多，环境中的二噁英主要以混合物的形式存在，而对于其毒性的评价通常采用的方法是将不同异构体组分的二噁英毒性换算成二噁英中毒性最强的 2,3,7,8-四氯二苯并-对-二噁英的毒性量来表示，称为毒性当量(TEQ)；而把其他二噁英异构体的毒性和 2,3,7,8-四氯二苯并-对-二噁英的毒性相比得到的系数定义为国际毒性当量因子(I-TEF)；而混合二噁英样品中的整体毒性大小就等于二噁英样品中的所有异构体毒性当量(TEQ)的总和。

2.9.2 二噁英的毒性

二噁英对环境的污染以及对人体健康的影响已受到公众的极大关注，其毒性具有毒性强、非直接性、稳定性、世代遗传性等多种特性。

1. 毒性强

二噁英已被称为“地球上毒性最强的毒物”，其毒性相当于马钱子碱毒性的500倍以上。20世纪中叶，美军在越战中使用了含微量二噁英的脱叶剂，结果在美军喷洒过脱叶剂的地方，不仅出现了动物的生态学异常，当地居民在以后的几年中检测出大量的癌症患者、先天性疾病的婴幼儿，流产的比例也大幅上升。世界卫生组织将其从二级致癌毒物提升到一级致癌毒物。二噁英除具有强烈的致癌、致畸作用外，还具有生殖毒性、免疫毒性和内分泌毒性。研究表明，二噁英进入人体后会导致女性子宫内膜异位症、影响神经系统行发育效应、影响生殖系统发育效应以及免疫毒性效应。

2. 非直接性

虽然二噁英的毒性很大，但几乎没有因二噁英中毒直接死亡的报道。对齿类动物的研究结果也可以看出，每天服用定量的2,3,7,8-pCDD(以动物重量计)，可增加肿瘤的发病率。但它是一种非直接基因毒剂，也就是说它不与DNA以共价链相连而形成DNA加合物；它只是一种诱导剂，起促进癌变的作用；当其浓度在体内达到一定数值时，能够促进肿瘤的生长，提高肿瘤的发病率。

3. 稳定性

二噁英易在人体中滞留，微量摄入人体不会立即引起病变，但由于其稳定性极强，一旦摄入则不易排出，使得环境中的二噁英易通过生物链的逐级浓缩而富集在人体组织中，如长期食用含二噁英的食品，毒性成分就会越积越多，很难降解或排出体外，其半衰期长达30年，完全降解和排泄则可能要100年。

4. 世代遗传性

二噁英可以实现代际遗传，有数据表明，母体血液中二噁英遗传给胎儿的转移率为90%。所以孕妇一定要注意饮食的健康和生活环境的健康，远离一些容易产生二噁英的场所。

2.9.3 二噁英的检测

2010年12月底，德国北威州养鸡场首先发现饲料被二噁英污染，随后又有几个州相继发现受污染饲料，导致德国“二噁英毒饲料”事件逐步升级。2011年1月，在可能受二噁英毒饲料污染的农场中，在鸡蛋和产蛋鸡样本中查出二噁英超标，同时该州一养猪场的猪肉样本被检测出的二噁英含量明显超标。萨克森州农业部发言人说，污染源头可能同样来自石荷州“哈勒斯和延奇”公司生产的受污染饲料脂肪。而这些饲料脂肪是从餐馆回收的废油加工而来的，这可能是二噁英的真正源头。然而早在1999年，比利时、荷兰、法国相继发生因二噁英污染导致畜禽类产品及乳制品含高浓度二噁英的事件，使这些国家的经济和进出口贸易遭受重创。

目前，二噁英的检测方法以高分辨气相色谱质谱(HRGC)-高分辨质谱(HRMS)为主，但在样品前处理方法主要是样品净化方式上有较大差异。以高新为特点的相关现代色谱技术前处理产品如加速溶剂提取仪(ASE)以及流体控制系统(FMS)的硅胶柱、氧化铝柱和碳柱净化等也在二噁英的检测中得到了广泛应用。在这些技术发展的基础上，国际标准化组织(ISO)、国际分析化学师协会(AOAC)、欧盟标准组织(CEN)和我国国家标准化管理委员会(SAC)等为代表的一些标准组织和机构相继制定了二噁英类物质检测的方法标准。

1. 国外标准机构和组织制定的二噁英检测标准

环保专家称，二噁英常以微小的颗粒存在于大气、土壤和水中，主要的污染源是化工冶金工业、垃圾焚烧、造纸以及生产杀虫剂等产业。日常生活所用的胶袋、聚氯乙烯(PVC)软胶等都含有氯，燃烧这些物品时便会释放出二噁英，悬浮于空气中。因此，美国、日本、和欧盟等工业化国家和地区均制订了大气、土壤中二噁英的监测分析方法。其中，涉及室内空气中二噁英的检测方法是最多的，在检测方法上没有太大区别，以HRGC-HRMS为主，区别在于不同的取样方法和样品前处理方法。但目前尚未有有关食品和饲料中二噁英检测方法的标准。

2. 国内制定的二噁英检测标准

我国目前的国家标准体系中，在食品安全受到广泛关注下，我国修改采用了美国EPA1613标准和EPA1668A标准，提出了适合我国食品中二噁英以及类似物检测的标准；环境保护部也参考美国环境保护署方法，分别制定了水质、环境空气和废气、固体废物、土壤和沉积物中二噁英类的测定标准；国家出入境检验检疫局也同样参考制定了塑料制品中二噁英的测定标准。可以说，中国在二噁英的检测标准制定上是与国际接轨的，但缺乏创新性。同时，环境保护部也制定发布了《危险废物(含医疗废物)焚烧处置设施二噁英排放监测技术规范》(HJ/T 365—2007)，规定了焚烧处置危险废物中二噁英的监测技术程序、现场监测要求、质量保证和质量控制措施以及数据处理、结果表达和监测报告。

2.9.4 二噁英的预防控制措施

目前二噁英的来源主要来自垃圾焚烧过程和一些氯碱类化工企业的生产过程，因此对于二噁英的治理主要集中在源头的控制以及产生后的降解。通俗来讲，二噁英是有机废物在不完全燃烧后留下的痕量残留物。所以在垃圾焚烧处理的过程中应当注意如下几个方面。

1. 原料的预处理

在固体废弃物进入焚烧炉前应进行机械粉碎处理，减小颗粒的粒径，增加比表面积，从而使燃烧更加充分。一般认为，有氯和金属元素存在条件下的有机物燃烧均会产生二噁英，且城市生活垃圾中含有大量的有机和无机氯化物。所以在燃烧前可以采用分离的办法去除其中的含氯组分和重金属物质。在垃圾燃烧炉内加入一定比例的高硫煤与城市生活垃圾进行混合燃烧，不仅能增强燃烧的稳定性，同时产生的 SO_2 气体能还能抑制二噁英的产生。

2. 燃烧控制

主要采用“3T”控制法，即温度、混乱度、停留时间的控制。设置空气预热器将助燃的空气温度提高；同时对炉内进行扰动助燃，使燃烧的烟气与助燃空气充分混合。以保证烟气在大于850℃的温度下停留时间超过2s，使二噁英大量分解。为了保证对二噁英的充分燃烧，采用了二次燃油助燃的措施，其措施对二噁英的去除率为99.9%。

3. 燃烧后再合成控制

当因燃烧不充分而在烟气中产生过多的未燃尽物质，并遇适量的触媒物质及300～500℃的温度环境，则在高温燃烧中已经分解的二噁英将会重新生成。因而，燃烧后区的温度控制尤为重要：如燃烧后气体净化系统的温度维持在200℃以下将取得较好的控制效果。在烟气中加入氨水可以抑制飞灰表面二噁英的形成，并且氨水可以被还原为 N_2。

鉴于二噁英对环境和人类的巨大危害，在做到对二噁英的减排控制外，对已产生的二噁英也应该实行降解、降低其毒性等措施。二噁英的降解过程既包括C—Cl键断裂，也包含C—O键断裂。目前，相对比较成熟的技术有：以吸收光能引起光解反应的光降解法、以Fenton氧化技术为基础的光-Fenton降解法以及利用微生物的代谢过程把二噁英分解为 CO_2 和 H_2O 的生物法等。

2.10　食品容器及包装材料的污染

食品容器及包装材料是指包装、盛放食品用的纸、竹、木、金属、搪瓷、橡胶、塑料、玻璃、天然纤维或合成纤维等制品以及接触食品的涂料。常言道“人靠衣装，物靠包装”，一个产品，除了要有好的质量，还要有精美的包装，这样才能得到广大消费者的青睐，包装的重要性不言而喻。而作为与人类生存息息相关的重要产品——食品来说，包装不仅仅是为了使产品变得精美，更重要的是保护食品的质与风味，使食品能保存得更久。自从法国人首次应用玻璃罐盛装食品以来，食品包装技术已经经过两百年的发展，食品包装容器、包装材料的种类趋于多样性，很多新材料、新技术应用到食品包装中来。不过，随着新技术、新材料的应用，虽然确实在密封性、保护性方面取得了很大的进步，但同时由于各种化学物质的应用，包装的安全性受到了考验。前段时间，有关PVC保鲜膜含有对人体造成致癌作用的物质的报道闹得人心惶惶，包装容器及包装材料的安全性再次引起了人们的高度重视。

2.10.1 食品包装容器的发展简介

人类文明的发展已经有5000多年的历史，人类与动物的最大区别不仅仅是人类能直立行走，还有人类能够烹调食物，可以这么说，人类文明是伴随着食品文明的发展而发展的。食品包装的发展也不例外，人们对食品包装的要求不断提高，是食品包装行业不断发展的原动力。食品包装的出现可以追溯到远古时代，那时候的人们用树叶等包裹吃剩的食物，是一种简单的食品包装，跟现代的食品包装不一样，不是一种严格意义上的食品包装。真正意义上的食品包装，应该从食品的罐贮藏开始。食品罐贮藏工业起源于19世纪初，1804年，法国阿培尔(Nicolas Appert)研究成功使用玻璃瓶保存食品，从而出现使用带软木塞的玻璃瓶作为食品包装容器。从此开始了玻璃瓶罐头的工业生产，经过长期不断的改进和发展，形成了目前食品工业中外形美观、封口形式多种多样的食品玻璃罐。1810年，英国杜兰德(Peter Durand)使用镀锡板制成食品包装容器，即所谓的马口铁罐。1963年以后，各种铝合金的易开罐也得到相应的开发。制罐材料继热浸镀锡板(HTP)之后，出现了电镀锡板(ETP)。1930年挪威开始使用铝合金板制造包装容器。20世纪60年代初为减少用锡量而使用无锡薄钢板——镀铬板(TES)制造包装容器，还曾试用不锈钢薄板等材料制造包装容器。此外，各种塑料、纸质复合材料投入制罐生产，使食品包装容器由硬质罐扩展到软质罐，包装容器品种更为新颖、多样、实用化。1968年日本最先投入市场的软罐头食品所使用的蒸煮袋，就是一种由塑料薄膜和铝箔等材料构成的复合膜食品包装容器。为了提高食品包装容器的使用价值，增强它对各种食品的贮藏效果，金属包装容器已广泛使用内壁涂料。罐头内涂料始于1903年，当时为了防止红色水果褪色，采用一种油树脂涂料，以后则陆续研制成满足各种罐藏需要的罐头涂料。另外，罐外彩印涂料也相继发展起来。

2.10.2 食品容器及包装材料的分类

纸、塑料、金属、玻璃是食品工业常用的包装材料。随着科学技术的发展和进步，食品包装材料和容器也发生了很大的变革。近年来，各种新型材料及材料加工新技术的研究和开发，特别是新型高分子材料不断涌现。为食品包装提供了广阔的天地，可以说现代食品几乎很少裸装。同时，在城市及人口聚集地，包装废弃物特别是塑料包装废弃物，给环境带来的破坏越来越大。在我国，包装废弃物未能回收造成自然资源的浪费，尤其是造纸业所需大量木材对森林资源及生态环境的破坏是较为严重的，因此发展绿色包装材料是食品工业的发展方向。

1. 纸类材料

由于纸包装使用后可再次回收利用，少量废弃物在大自然环境中可以自行分解，对自然环境不造成危害。所以世界公认纸、纸板及纸制品是绿色产品，符合环境保护要求，对治理由于塑料造成的白色污染能起积极的替代作用。目前国内外正在研究开发的纸包装材料有：纸包装薄膜(研究开发高性能的纸制薄膜来代替食品包装中常用的塑料薄膜，是非常有前景的绿色包装)、一次性纸制品容器。(纸盒、纸盘、纸碗、纸饭盒等一次性纸制容器可以取代各种塑料容器)。

利用自然资源开发的纸包装材料。我国已经可以利用稻草、麦秆、麻、蔗渣制造出质量较好的纸及快餐饭盒，利用废纸浆制造的纸浆模塑品取代 EPS 泡沫塑料，具有良好的缓冲性能及防霉、抗静电等优点。蜂窝夹心纸板也是一种 EPS 替代纸制品，上下两侧纸板黏合，中间为自然蜂窝状纸芯，具有非常好的缓冲性能和机械强度，适用于包装贵重易损商品。

可食性纸制品。可食性包装材料代替传统塑料包装成为当前包装行业一大热门技术，有效地缓解了包装材料与环境保护的矛盾。目前开发研究的产品有大豆蛋白和淀粉混合的可食性包装膜，它能保持水分、阻隔氧气、保持食品原味和营养价值；另一种为壳聚糖可食性包装膜，从贝类提取壳聚糖，将它与月桂酸结合在一起生成可食性薄膜，有很好的保鲜性能；还有用脱乙酰壳多糖作原料，加工成包装纸，可用于快餐面、调味品、面包、食品等包装，可直接放入锅内烹调，不必去除袋子；用虫胶和淀粉混合可制成耐水耐油的包装纸或涂层，用于快餐食品包装。

2. 塑料类材料

塑料包装材料属于塑料制品中使用周期最短的品种。一级为 1～3 个月，最长为 1 年，此后大多成为城市固体废弃物进入垃圾处理系统。有的则随意丢弃成为白色污染，塑料包装废弃物对环境所造成的污染是各类包装废弃物中最严重的。目前处理方案为回收利用和开发应用降解塑料相结合，以回收利用为主。但对一次性塑料废弃物而言，则应根据不同情况区别对待。易回收又有价值、经济合理的，应最大限度回收，反之，采取降解塑料较为适宜。

(1)废聚酯(PET)包装回收利用。PET 是包装领域 80 年以来应用广泛的材料之一。大量的 PET 瓶投入市场，消费后将对环境造成很大的污染，充分回收利用，可节约资源与能源，创造经济效益。

(2)废塑料油化技术的开发应用。现在国内外都在积极开发此项技术并有部分实验企业投入生产。在我国废塑料热解液化技术开发十分活跃，一般称为废塑料油化技术。但有的技术不成熟，推向市场还会对环境产生新的污染，对此要采取慎重推广的态度。

(3)废塑料生产高强度阻燃复合塑料技术的开发应用。该技术是以热塑性树脂为母体加入木材纤维素以及多种化学助剂，经高温混炼而成的一种新型复合材料，产品一问世就受到欢迎，取得了很好的代替木材的效果。

(4)用废旧塑料生产包膜材料。用废旧包装塑料和填充共混物(包括多种城乡废弃物，如活性炭废渣、粉碎的动植物废料、风化煤、腐殖酸等粉末)共同组成肥料包膜，包覆在肥料颗粒表面，形成特殊结构，肥料的释放、粉碎、降解全过程均不妨碍耕作，相反还会增加土壤的透气性和透水性。

(5)可降解塑料。可降解塑料是指在特定时间内造成性能损失的特定环境下，其化学结构发生变化的一种塑料。发展降解塑料包装材料，逐步淘汰不可降解塑料包装材料是世界科技发展的大趋势，是材料开发的热点之一。由于可降解塑料易加工成型，价格日益降低致使用于制作包装的可降解塑料急剧增加。可降解塑料包装材料既有传统塑料的功能和特性，又可在完成使用后通过土壤和水中的微生物作用，或通过阳光中紫外线作用，在自然环境中分解和还原，最终以无毒形式重新进入生态环境中，回归大自然。

3. 金属类材料

由于金属包装材料易于回收处理，其废弃物对环境的污染相对于塑料和纸较小。常用的金属包装材料有马口铁和铝，广泛用于食品的制造和饮料的包装罐。

近年来金属罐变化和发展方向为：①提高材料强度，减少基板厚度，可较大程度地节约金属材料用量、降低成本而且减轻未能回收罐对环境的影响；②减少马口铁镀锡量；③以马口铁代替铝制罐。由于铝价值高，而且价格不稳定，各国纷纷用马口铁代替铝生产食品，饮料罐；④采用电阻焊，实现无铅污染；⑤采用铝箔代替塑料和纸。由于铝箔的回收容易，对环境几乎没有污染，所以用铝箔代替塑料和纸是比较好的发展方向。

4. 玻璃包装材料

牛奶、软性碳酸饮料、酒类和果酱等普遍使用玻璃包装容器。一些烹调用具和餐具也采用玻璃包装。玻璃包装材料的主要特点是美观卫生、抗腐蚀、成本低，而且是惰性材料，对环境污染小；其缺点是易碎、笨重。从国外玻璃包装材料的发展来看，食品包装采用的玻璃瓶，朝着提高玻璃强度和轻量化(薄壁化)的方向发展，轻量化和薄壁化会影响玻璃容器的强度，解决这个问题的方法除了采用合理的结构设计以外，主要采用化学和物理的强化工艺以及表面涂层处理方法提高玻璃的物理机械强度。

由于现代食品工艺学和包装材料的发展，包装食品可以根据需要随时随地供人们消费，而且备受消费者欢迎。但传统的食品包装材料特别是塑料制品对环境造成了极大的危害。因此，研究开发环保型包装以及回收利用包装废弃物是净化人类生存空间的重要环节。

2.10.3　食品容器、包装材料的安全性

1. 塑料制品的安全性

(1)塑料助剂污染。增塑剂是用来提高塑料可塑性的添加剂，是世界产量和消费量最大的塑料制剂之一，包括酞酸酯(邻苯二甲酸酯)、脂肪族二元酸酯、环氧酯、柠檬酸酯等。酞酸酯类化合物是应用于塑料工业的主要增塑剂和软化剂，最常使用的为邻苯二甲酸二乙酯(DEP)、邻苯二甲酸二丁酯(DBP)、二己二酸酯(DEHA)、邻苯二甲酸二辛酯(DOP)和邻苯二甲酸二异辛酯(DEHP)。近年来发现二己二酸酯对动物有致癌性，属于三类致癌物，二己二酸酯可在常温下从保鲜膜中释放并渗入到食物中，尤其是在包装脂

肪含量较高的食物，如奶酪和熟肉时，在加热食品时，保鲜膜中的二己二酸酯会加速释放；酞酸酯对动物和人均有毒性，是目前全球范围内广泛存在的化学污染物之一，其急性毒性较低，对肾脏、肝脏有慢性毒性；此外，DBP对人上呼吸道黏膜细胞及淋巴细胞有遗传毒性；DOP能使啮齿类动物的肝脏致癌；DEHP有致畸、致突变和致动物肝癌作用。

(2)阻燃剂。目前，阻燃剂已成为塑料加工助剂中仅次于增塑剂的第二大品种，分为有机型和无机型两大类。有机阻燃剂包括氯系、溴系、磷系及卤化磷系等；无机阻燃剂包括锑系、硼系等。溴系阻燃剂在相当长时间内将是我国阻燃剂的主导产品，包括溴化二苯醚、溴化二苯酚等化合物，最常用的是十溴二苯醚(DBDPO)。但自20世纪80年代以来，使用溴系阻燃剂引发的二噁英问题，引起人们的极大关注。

2. 橡胶制品的安全性

橡胶分天然橡胶和合成橡胶。天然橡胶是橡胶树上流出的胶乳，经过凝固、干燥等工序加工而成的弹性固状物；合成橡胶大多数是由二烯类单体聚合而成。天然橡胶因不受消化酶和细菌分解，也不被人体吸收，所以一般是无毒的。橡胶的卫生问题主要是：橡胶胶乳及其单体和橡胶添加剂。主要的添加剂有硫化促进剂、防老剂和填充剂。硫化促进剂是促进橡胶的硫化作用，以提高其硬度、耐热性和浸泡性。氧化锌、氧化钙等较为安全，氧化铅由于其对人体毒性作用应禁止用于食具。防老化剂使橡胶对热稳定，提高耐热性、耐酸性、耐臭氧性和耐曲折龟裂性，应用酚类而不用芳胺类，因其衍生物及化合物具有明显毒性。

3. 金属食具的安全性

铝制食具容器的卫生问题主要与制造食品容器、包装材料的铝材质量有关。精铝纯度高，适合用于制造食品用容器、餐具；回收铝杂质含量高，混有铅、镉等有害金属和其他化学毒物。《铝制食具容器卫生标准》限制了铅、锌、镉、砷的溶出量。铁制食具应注意的食品卫生问题有：铁制容器不宜长期存放食物，尤其是油类，易引起铁氧化腐蚀，铁锈可引起呕吐、腹泻、食欲不振等；食品工业中应限制使用白铁皮，接触食品后，其镀层中的锌会迁移入食品中。不锈钢食具容器含有的微量元素主要是铅、铬、镉、镍等有害金属元素，应控制其迁移量。

4. 玻璃食具容器的安全性

玻璃以硅酸盐、碱性物质为主要原料，如：碳酸钠、碳酸钙、硼砂等为主要原料，配以着色剂等辅料，经高温熔融而成。常见的玻璃有硅酸盐玻璃、钠钙玻璃、硼硅酸玻璃等。玻璃制品卫生安全，品质稳定，广泛用于制造食品器皿(酒杯、调味品瓶等)、容器等。其卫生问题在于有色玻璃的着色剂主要为金属氧化物、三氧化二砷、红丹粉(四氧化三铅)等，这些金属可以从玻璃制品中溶出，危害健康。作为食品容器，最好选择无色透明的玻璃制品。

5. 食品包装纸的安全性

食品包装纸所用造纸原料包括木浆、草浆和棉浆等。木浆较卫生，草浆、棉浆由于作物在生产过程中使用农药而造成纸浆中的农药残留；废旧纸和回收报纸再利用、再生产的过程中，油墨中的铅、镉、砷等金属毒物以及部分聚合物或异构体可能会残留下来，危害人体健康。纸浆加工、贮存过程中，为防止微生物作用而添加的有机金属盐杀菌剂和防霉剂等会造成污染，食品行业中大量使用增白的纸张做食品包装，多数都经过荧光增白剂处理，而荧光增白剂是一种癌活性很强的化学物质。我国食品包装纸仍使用工业油墨，由颜料、联结剂、溶剂、辅助剂组成。有些无机颜料含铅、铬、镉、汞等重金属元素，具一定毒性，不能用于印刷食品包装纸。印刷油墨中常使用异丙醇、丁酮、醋酸乙酯、甲苯等有机溶剂，干燥后可除去绝大部分，但残留的溶剂却会迁移到食品中危害人体。

2.10.4 建议和措施

1. 加强管理认真防范食品包装对食品的污染

国家应加强食品包装安全性防护性设计的规范性，同时加强包装材料生产企业的技术监督，大力提倡使用非苯类溶剂的黏合、油墨和涂料。健全食品包装相关的法律法规，强化管理，严厉打击非法企业、非法商贩，杜绝非法生产加工、经营食品包装的行为。由于现行的国家标准已跟不上食品包装的发展，国家应加强对科研开发的投入，尽快制定出切实可行的食品包装标准和检验方法。改进生产工艺，积极开发安全、卫生、环保的新产品。

2. 加强社会宣传提高消费者自我保护意识

消费者在购买食品包装材料时，要认真阅读商品标签，确保是食品专用。按照产品包装上规定的温度范围使用，保鲜膜不要长期与食品直接接触。

思考题

1. 农药残留主要有哪几种，对人体主要的危害是什么?
2. 兽药残留主要的检测技术有哪些? 主要使用的仪器是什么?
3. 重金属的污染来源主要有哪些?
4. 杂环胺类化合物对人体的危害有哪些?
5. 二噁英的治理和预防措施主要有哪些?

参考文献

程晓宏，杨清华，陈峰，等. 2015. 食品安全中重金属检测方法的研究进展[J]. 江苏预防医学，26(3)：56-58.

邓玉国，童宝旺，张春喜，等. 2012. 兽药残留的危害及监控防范措施[J]. 中国畜禽种业，2：43-45.
洪燕婷，王盼，朱雨辰，等. 肉制品中杂环胺形成与控制的研究进展[J]. 中国食品学报，2014(11)：149-156.
罗阿群，刘少光，林文松，等. 2016. 二噁英生成机理及减排方法研究进展[J]. 化工进展，35(3)：910-916.
潘明飞，王俊平，方国臻，等. 2014. 食品中农兽药残留检测新技术研究进展[J]. 食品科学，15(35)：277-281.
I. B，OBryan，C. A. 2010. Food safety and food security. Scitable.
Lima，Giuseppina P P，Vianello F. 2013. Food Quality，Safety and Technology[M]. Berlin Heidelberg：Springer Hanning.
Linhai Wu，Dian Zhu. 2014. Food Safety in China[M]. CRC Press.

第 3 章　生物源食品安全问题

食品安全涉及物理、化学和生物性因素，其中生物性污染是重要的问题，由生物性有害物通过食物链途径引起消费者的食源性疾病，甚至引发生物安全事件，成为备受关注的公共安全问题。生物源食品安全问题包括食品的腐败变质、食物中毒、食源性传染病、食源性寄生虫病等。由食品污染引起的疾病是当今世界上最广泛的卫生问题之一，包括各种因为进食而引发的疾病。从公共健康和生物安全角度来认识食品安全的重要性，有针对性地加强食品安全监管是解决食品安全问题的重要途径。本章对各种类型重要的食品生物性危害进行了介绍，对其在食品安全以及公共安全方面的重要性进行了分析。

3.1　食品的细菌污染

污染食品的细菌主要包括两类：一类为非致病菌，是评价食品卫生质量的重要指标，也是研究食品腐败变质原因、过程和控制方法的主要对象；另一类是致病菌和条件致病菌，它们在一定的条件下可以以食品为媒介使人类感染疾病或食物中毒。

3.1.1　常见的食品细菌

在食品中常见的细菌称为食品细菌。自然界已知的细菌种类很多，不是自然界中所有的细菌都是食品细菌，食品中所存在的细菌仅仅是自然界已知细菌的一小部分。根据食品原料的来源不同以及周围环境的卫生状况，食品中常见的细菌主要包括以下几类。

(1)假单胞菌属(*Pseudomonas*)。

(2)肠杆菌科(*Enterobacteriaceae*)各属。

(3)微球菌属(*Micrococcus*)和葡萄球属(*Staphylococcus*)。

(4)芽孢杆菌属(*Bacillus*)与芽孢梭菌属(*Clostridium*)。

(5)弧菌属(*Vibrio*)与黄杆菌属(*Flavobacterium*)。

(6)乳杆菌属(*Lactobacillus*)，可使乳品产酸变质。

(7)嗜盐杆菌属(*Halobacterium*)与嗜盐球菌属(*Halococcus*)。

3.1.2　食品细菌的污染途径

食品在生产、加工、储藏、运输、销售及消费过程中都有可能受到细菌的污染，污染的途径有以下几种。

1. 食品原料的污染

食品通常在待加工时，原料就已经被污染。食品原料品种多来源广，细菌污染的种类和程度因品种、来源不同而异。食品原料在采集、加工前期表面往往附着众多细菌，尤其原料表面破损之处常有大量细菌聚集。即使在运输储藏过程中注意到卫生措施，但由于在产地早已污染了大量细菌，如果不加处理，这些细菌是不会消失的。在加工前的原料食品中所含的细菌无论在种类上还是数量上，总是比加工后要多得多。

2. 加工过程的污染

加工过程的污染是细菌污染机会最多的环节。由于不卫生的操作和管理不到位而使食品被环境、设备、器具中的一些细菌所污染。食品在生产加工过程中，原料对成品所造成的交叉污染、生产用水不符合卫生标准也是导致加工食品发生污染的重要原因。车间卫生、加工设施、从业人员个人卫生等不良状况都能造成食品的污染。

3. 储藏过程的污染

食品储藏的环境条件是引起食品储藏过程受到微生物污染的主要因素。不良的储藏环境会使细菌通过空气、鼠或昆虫污染食品；不利的储藏条件会使食品中的细菌大量生长繁殖。

4. 运输与销售过程的污染

食品运输的交通工具和容器具不符合卫生条件，可使食品在运输过程中再次受到污染；食品在销售过程中的污染往往容易被忽视，散装食品的销售用量具、包装材料都可能成为污染源；销售人员不合理的操作也可能造成食品的污染。

5. 食品消费的污染

食品在消费过程中也可能被污染且更易被忽视，食品在购买后到消费这一段时间内的存放不合理(如生熟不分，或过分信赖冰箱而使食品在冰箱中的存放时间过长，或烹调用具的不卫生等)均可造成食品的污染。

3.1.3 食品卫生与细菌污染指标

1. 菌落总数

菌落总数是指在被检样品的单位质量(g)、容积(mL)或表面积(cm^2)内所含有的，能在严格规定的条件下(培养基及其 pH、培养温度与时间、计数方法等)培养所形成的细菌集落总数。它仅指在一定条件下能繁殖的细菌，而对某些需特殊条件培养的细菌则不能在该指标中反映出来。目前在我国和其他大多数国家，对细菌总数的检验采用菌落总数来进行，一般是在营养琼脂培养基、36℃±0.5℃、pH 7.0条件下，培养 48～72h 所得的菌落数，以菌落形成单位(CFU)表示。

食品的菌落总数虽然不一定代表食品对人体健康的危害程度，但却反映了食品的卫生质量，是食品清洁状态的标志。食品细菌在生长繁殖过程中可分解食品成分，造成食品品质的下降。理论上，食品细菌越多，对食品的分解越快，食品腐败变质的发生越快，因此可以利用细菌总数来预测食品的保质期。当然，有时细菌数量虽少，但若菌相内腐败菌占优势，食品的腐败反倒由于细菌间的相互制约性减弱而加速。

2. 大肠菌群

大肠菌群包括肠杆菌科的埃希氏菌属、柠檬酸杆菌属、肠杆菌属和克雷伯氏菌属。这些细菌均来自人和温血动物的肠道，好氧或兼性厌氧，在35～37℃条件下能分解乳糖产酸产气，革兰阴性无芽孢杆菌。大肠菌群中以埃希菌属(俗称为典型大肠杆菌)为主，与其他肠道菌相比具有以下特点：①大肠菌群数量多，是温血动物肠道的优势菌，检出率高；②在外界的存活时间与肠道致病菌基本一致；③对杀菌剂的抵抗力与肠道致病菌一致；④操作简单，不需要复杂的设备；⑤灵敏度高，食品中的粪便污染量只要达到0.001mg/kg即可检出大肠菌群。因此，许多国家把大肠菌群值作为食品卫生质量的鉴定指标，用于判断食品受温血动物粪便污染和肠道致病菌污染的可能性。食品中大肠菌群的数量，我国和许多国家均用每1g或1mL检样中大肠菌群最近似数(the most probable number，MPN，也叫大肠菌群值)来表示。这是按照一定检验方法得到的估计数值，我国传统的检验方法是采用乳糖发酵法进行检验，即样品三个稀释度各接种三管，进行乳糖发酵、分离培养和复发酵试验，然后根据大肠菌群MPN检索表报告结果。大肠菌群值的高低，表明了粪便污染的程度，也反映了对人体健康危害性的大小。

按照我国的食品安全国家标准《食品微生物学检验大肠菌群计数》(GB 4789.3—2010)的规定，第一法：大肠菌群MPN计数法检验程序如下。

样品的稀释：在稀释过程中，1∶10的样品匀液的pH应在6.5～7.5，必要时分别用1mol/L NaOH或1mol/L HCl调节。根据对样品污染状况的估计，依次制成十倍递增系列稀释样品匀液。每递增稀释1次，换用1支1mL无菌吸管或吸头。从制备样品匀液至样品接种完毕，全过程不得超过15min。

初发酵试验：每个样品，选择3个适宜的连续稀释度的样品匀液(液体样品可以选择原液)，每个稀释度接种3管月桂基硫酸盐胰蛋白胨(LST)肉汤，每管接种1mL(如接种量超过1mL，则用双料LST肉汤)，36℃±1℃培养24h±2h，观察到管内是否有气泡产生，24h±2h产气者进行复发酵试验，如未产气则继续培养至48h±2h，产气者进行复发酵试验。未产气者为大肠菌群阴性。

复发酵试验：用接种环从产气的LST肉汤管中分别取培养物1环，移种于煌绿乳糖胆盐肉汤(BGLB)管中，36℃±1℃培养48h±2h，观察产气情况。产气者计为大肠菌群阳性管。

大肠菌群最可能数(MPN)的报告：按复发酵试验确证的大肠菌群LST阳性管数，检索MPN表[需查食品安全国家标准《食品微生物学检验大肠菌群计数》(GB 4789.3—2010)中附录B]，报告每g(mL)样品中大肠菌群的MPN值。

第二法：大肠菌群平板计数法程序如下。

大肠菌群在排出体外后，开始为典型大肠杆菌占优势，但2周后受外界环境因素的影响发生变异，因此，若在食品中检出典型大肠杆菌，表示食品近期受粪便的污染，若检出非典型大肠杆菌，说明食品受陈旧粪便的污染。大肠菌群为嗜中温菌，在5℃以下基本不能生长，因此不适于作为低温水产品，尤其是速冻食品的污染指示菌。近年来，有研究提出将肠球菌也作为反映粪便污染的指示菌，其准确性还有待于进一步研究。

3. 致病菌

致病菌包括肠道致病菌(沙门氏菌、志贺氏菌)、致病性球菌(金黄色葡萄球菌、致病性链球菌等)，致病菌不允许在食品中检出。

3.2 食品中的非致病菌

食品中的非致病菌虽然对人畜无致病作用，但可以在食品中生长繁殖，导致食品出现特异性的色、味、光、形等的变化，并与其相对致病性有关，是研究食品腐败变质原因、过程和控制方法的主要对象。

食品的腐败变质是指食品在一定的环境条件影响下，因微生物为主的多种因素的作用下所发生的食品失去或降低食用价值的变化，包括食品成分和感官性质的各种变化即食品的腐败变质。食品的腐败变质常引起食物中毒和食源性疾病，因此有必要了解其发生的原因、危害及防止措施。

3.2.1 食品腐败变质的影响因素

食品的腐败变质与食品本身的性质、微生物的种类和数量以及所处的环境因素都有着密切的关系，其综合作用的结果决定着食品是否发生腐败变质以及变质的程度。

1. 微生物因素

1)细菌

多数细菌都有分解蛋白质的能力，一般是通过分泌胞外蛋白酶来完成。其中分解能力较强的有：芽孢杆菌属、梭状芽孢杆菌属、假单孢杆菌属、变形杆菌属等。分解淀粉的细菌种类不及分解蛋白质的种类多，只有少数菌种能力较强，例如引起米饭发酵、面包黏液化的主要菌种是枯草芽孢杆菌、巨大芽孢杆菌、马铃薯芽孢杆菌(*Bacillus mesentericus*)。分解脂肪能力较强的细菌有荧光假单胞杆菌(*Pseudomonas fluorescens*)等。

2)霉菌

霉菌生长所需要的水分活性(即 A_w)较细菌低，所以在水分活性较低的食品中霉菌比细菌更易引起食品的腐败。霉菌分解利用有机物的能力很强，无论是蛋白质、脂肪还是糖类，都有很多种霉菌能将其分解利用，如根霉菌属、毛霉菌属、曲霉菌属、青霉菌属等霉菌既能分解蛋白质，又能分解脂肪或糖类。也有些霉菌只对某些物质分解能力较强，例如绿色木霉(*Trichoderma lipolytica*)分解纤维素的能力特别强。霉菌能引起富含碳水化合物的粮食、蔬菜、水果等植物性食品的霉变。

3)酵母菌

酵母菌一般适合生活在含糖量较高或含一定盐分的食品上，但不能利用淀粉。大多数酵菌母具有利用有机酸的能力，但是分解利用蛋白质、脂肪的能力很弱，只有少数较强。例如解脂假丝酵母(*Candida lipolytica*)的蛋白酶、脂肪酶活性较强。

酵母菌可耐高浓度的糖，可使糖浆、蜂蜜和蜜饯等食品腐败变质并产生色素，形成红斑。

食品中占优势的微生物能产生选择性分解食品中特定成分的酶，从而使食品发生带有一定特点的腐败变质(食品发生的腐败变质具有各自的特点，与食品中被分解或破坏的成分有关，如蛋白质腐败、脂肪酸败等)。如细菌中的芽孢杆菌属(*Bacillus*)、假单胞菌属(*Pseudornonas*)、变形杆菌属(*Proteus*)等主要分解食品中的蛋白质；荧光假单胞菌(*Ps. fluoresccns*)、无色杆菌属(*Achromobacter*)、产碱杆菌属(*Alraligens*)等主要利用食品中的脂肪；枯草芽孢杆菌(*B. subtilis*)、马铃薯芽孢杆菌(*B. mesentericus*)、丁酸梭菌(*Cl. butvricum*)、嗜热解糖梭菌(*Cl. thermosaccha-rolyticum*)等主要分解食品中的碳水化合物；有些细菌还可使食品变黏、发光及产生色素。酵母菌中的酵母菌属(*Saccharomyces*)能发酵高浓度的糖类食品；汉逊氏酵母属(*Hansenula*)、毕赤酵母属(*Pichia*)等可分解酸性食品中的有机酸或氧化酒中的酒精或使高盐食品变质；红酵母属(*Rbodotorula*)可同化食品中的某些糖类而在食品上形成红斑。

2. 食品本身的因素

1)食品的理化性质

营养组成。食品含有蛋白质、碳水化合物、脂肪、无机盐和维生素等丰富的营养物质，不仅可供人类食用，而且也是微生物的良好营养源，微生物污染食品后容易在其中生长繁殖。某些食品富含蛋白质，如肉、鱼等；某些食品含碳水化合物较高，如米饭等粮食制品，如果污染了微生物，则容易发生腐败变质。

基质条件。食品的基质条件，通常包括氢离子浓度、水分含量和渗透压等。

(1)氢离子浓度。各种食品都具有一定的氢离子浓度，例如动物食品 pH 一般为 5.0~7. 0，蔬菜 pH 一般为 5. 0~6. 0，水果 pH 一般为 2. 0~5. 0。

根据食品 pH 范围的特点，可将所有食品划分为两大类：酸性食品和非酸性食品。一般规定，凡 pH 在 4.5 以上者，属于非酸性食品；pH 在 4.5 以下者为酸性食品。几乎所有的水果为酸性食品，几乎所有的动物源性食品和大多数蔬菜是非酸性食品。

食品 pH 高低是制约微生物生长、影响食品腐败变质的重要因素之一。一般细菌最适 pH 下限为 4.5 左右，因而非酸性食品是适合于多数细菌生长的。而酸性食品则主要适合于酵母菌和霉菌的生长，某些耐酸细菌，如乳杆菌属(最适 pH 为 3.3~4.0)也能在酸性食品中生长。

(2)水分。一般说来，含水分多的食品，微生物容易生长。食品中微生物能利用的水分只能是游离水。食品中游离水的多少即水活性(A_w)。如果某食品的 A_w 在 0.5 以下则微生物不能生长；若在 0.6 以上，则污染的微生物容易生长繁殖而造成食品的腐败变质。

(3)渗透压。不同食品的渗透压不同，绝大多数微生物在低渗透压的食品中能够生长，在高渗透压的食品中，各种微生物的适应状况不同。多数霉菌和少数酵母菌能耐受较高的渗透压，绝大多数细菌不能在较高渗透压的食品中生长繁殖。在高渗透压食品中微生物生存的时间与微生物的种类有关，如少数细菌能适应较高的渗透压，但其耐受能力远不如霉菌和酵母菌。

食品的完整性。食品完好无损，则不易发生腐败变质。如果食品组织破溃或细胞膜碎裂，则易受到微生物的污染，发生腐败变质。

2)食品的种类

根据食品腐败变质的难易程度可以把食品分为以下类型：

易保存的食品(stable food)：

(1)一般不会腐败变化的天然食品，如盐、糖、豆类、小麦粉、精制淀粉等。

(2)具有完全包装或固定储藏场所的食品，如罐头、部分酸性罐头和瓶装罐头、干燥米、冷冻食品、包装的干燥粉末食品和蒸馏酒类等。

较易保存的食品(Semi perishable food)：

(1)由于适当地处理和适当地储藏，相当长时间不发生腐败变质的天然食品，如坚果、个别品种的苹果、马铃薯和部分谷物。

(2)未包装的干燥食品，例如晾干后储藏的米饭、木松鱼片、干紫菜、蘑菇、部分鱼干及干燥贝类等、根菜类、盐渍食品、糖渍食品、部分发酵食品、挂面、火腿、腊肉、某些腊肠(意大利风味香肠)、醋腌食品、咸菜类。

易腐败变质的食品(perishable food)：系指不采取特别保存方法(冷藏、冷冻、使用防腐剂等)而容易腐败变质的食品，大部分天然食品属于这一类。

(1)畜肉类、禽肉类、鲜鱼类、鲜贝类、蛋类和牛乳等动物性蛋白食品，大部分水果和蔬菜等植物性生鲜食品。

(2)鱼类和贝类及肉类的烹调食品、开过的罐头食品、米饭、面包和面类食品、鱼肉糊馅制品、馅类食品、水煮马铃薯、盒饭快餐、色拉类、凉拌菜等大部分日常食品。

3)环境因素

微生物在适宜的环境(如温度、湿度、阳光和水分等)条件下，会迅速生长繁殖，使食品发生腐败变质。

(1)温度和湿度。食品在温度和湿度较高的环境中存放，可加速微生物的生长繁殖。特别是在温度为 25～40℃且相对湿度超过 70%时，最适宜大多数嗜温型微生物的生长繁殖。富含蛋白质的鱼、肉、蛋、豆类制品等食品在这种环境中存放，则很快会发黏、发霉、变色、变味，甚至发臭。

(2)空气和阳光。空气中的氧气可促进好氧性腐败菌的生长繁殖，从而加速食品的腐败变质。紫外线、氧的作用可促进油脂氧化和酸败。

3.2.2 食品腐败变质的鉴定

食品的腐败变质实质上是食品中蛋白质、碳水化合物、脂肪等营养成分分解变化的过程，其程度因食品的种类、微生物的种类和数量以及其他条件的影响而异。

1. 蛋白质类食品

一般是从感官、物理、化学和微生物等四个指标的检测来进行鉴定。

1)感官检验

感官检验是以人的视觉、嗅觉、触觉、味觉来查验食品初期腐败变质的方法，比较简单。食品初期腐败时，产生一种腐败臭(胺臭、氨臭、酒精臭、酸败臭、刺激臭、霉臭、粪便臭、酯臭等)，颜色发生变化(褪色、变色、着色、失去光泽等)，出现变软、变黏等现象；食品味道淡薄，有异味或无味，有刺激性等。感官检验结论可以通过嗅觉判定食品是否有极轻微的腐败变质。

2)活菌数的测定

检查食品中的活菌数是判定食品腐败的有效方法。发酵食品含有许多微生物，不能仅凭活菌数来了解腐败程度。活菌数的测定虽然培养时间长，不方便，却是检查腐败过程中不可缺少的。一般食品中的活菌数达到 10^8/g 时，则可认为处于初期腐败阶段。2，3，5-氯化三苯基四氮唑(简称 TTC)试验是测定食品中细菌繁殖程度的一种简便的酶化学方法。具体方法为：将 0.2%TTC 注入食品，如每克样品存在几百万至几千万甚至更多细菌时，其脱氢酶使食品中基质氧化，TTC 作为氢的接受体而被还原，形成红色的甲臜(*formazane*)，所以根据变红的程度就可以判别腐败变质的程度。

3)化学检验法

检查的对象是腐败时产生的氨、胺类等腐败生成物，有时 pH 的变化也可作为参考。

(1)挥发性盐基总氮(total volatile basic nitrogen，TVBN)系指肉、鱼类样品浸出液在弱碱性条件下与水蒸气一起蒸馏出来的总氮量，该指标被列入我国食品卫生标准。

(2)三甲胺　三甲胺是构成挥发性盐基总氮的主要胺类之一，是鱼、虾等水产品腐败时的常见产物，是季铵类含氮物经微生物还原产生的。

(3)组胺　在鱼贝类的腐败过程中，通过细菌的组氨酸脱羧酶使组氨酸脱羧生成组胺。鱼肉中的组胺达到 4~10mg/100g，就会发生变态反应性的食物中毒。

(4)K 值(K value)　K 值是指 ATP 分解的低级产物肌苷(HxR)和次黄嘌呤(Hx)占 ATP 系列分解产物 ATP+ADP+AMP+IMP+HxR+Hx 的百分比，主要适用于鉴定鱼类早期腐败。若 $K \geq 40\%$ 鱼体开始有腐败变质迹象。

(5)pH 的变化　随着食品的腐败，其 pH 发生变化。含碳水化合物多的食品，由于细菌生长使其发酵产酸，pH 降低，其他食品则不尽相同。腐败细菌不会使 pH 完全降低，有时还会慢慢上升。一般来说，腐败开始时食品的 pH 略微降低，随后上升，多呈现 V 字形变动。由于食品的种类、加工方法、微生物不同，pH 的变动有很大差别，所以一般不用 pH 作为初期腐败变质的指标。

4)物理指标

食品腐败变质的物理指标，主要是根据蛋白质分解时低分子物质增多这一现象，先后测定食品浸出物量、浸出液电导率、折射率、冰点、黏度及pH等指标，其中肉浸液的黏度测定尤为敏感，能反映腐败变质的程度。

2. 脂肪类食品

食用油脂与食品中脂肪的腐败程度，受脂肪的饱和程度、紫外线、氧、水分、天然抗氧化物以及铜、铁、镍等金属离子的影响。油脂本身的脂肪酸不饱和度和油料及动植物残渣等，均有促进油脂腐败的作用。

脂肪自身氧化以及加水分解所产生的复杂分解产物，使食品油脂或食品中脂肪带有若干明显特征。首先是过氧化值上升，这是脂肪腐败最早期的指标；其次是酸度上升，羰基(醛、酮)反应阳性。在油脂腐败过程中，脂肪酸的分解必然影响其固有的碘价(值)、凝固点(熔点)、相对密度、折射率、皂价等，使其发生变化。脂肪腐败所特有的“哈喇”味，肉、鱼类食品脂肪变黄，即肉类的超期氧化。鱼类的“油烧”现象，也是油脂腐败鉴定的较为实用的指标。

3. 碳水化合物类食品

食品中的碳水化合物包括单糖类、寡聚糖、多糖类及糖类衍生物。含碳水化合物较多的食品主要是粮食、蔬菜、水果、糖类以及其制品。这类食品在细菌、酵母菌和霉菌所产生的相应酶的作用下发生分解或酵解，生成各种碳水化合物的低级产物，如醇类、羧酸、醛、酮、二氧化碳和水。当食品发生以上变化时，由于酸度升高，产气，产生甜味物质、醇类等，因而破坏了食品原有的风味。

3.3 食品中的致病菌

食品被致病菌污染会导致食源性疾病或细菌性食物中毒的发生。食源性疾病是通过摄入人体内的各种致病因子引起的、是具有感染性质或中毒性质的一类疾病。食物中毒是指摄入了含有生物性、化学性有毒有害物质的食品或把有毒有害物质当作食品摄入后出现的非传染性急性、亚急性疾病。按照病原物质的不同，将食物中毒分为细菌性食物中毒、真菌及其毒素食物中毒、动物性食物中毒、有毒植物中毒和化学性食物中毒五大类。

3.3.1 金黄色葡萄球菌

金黄色葡萄球菌(*Staphylococcus aureus*)污染食品后可引起毒素型食物中毒，是由于摄入金黄色葡萄球菌产生的葡萄球菌肠毒素引起的。美国疾病控制中心报告，由金黄色葡萄球菌引起的感染居第2位，仅次于大肠杆菌。金黄色葡萄球菌肠毒素是个世界性卫生问题，在美国由金黄色葡萄球菌肠毒素引起的食物中毒占整个细菌性食物中毒的

33%，在加拿大为45%，我国每年发生的此类中毒事件也非常多。

1. 病原学特性

典型的金黄色葡萄球菌为球形，直径0.8μm左右，显微镜下排列成葡萄串状，无芽孢、鞭毛，大多数无荚膜，革兰染色阳性。金黄色葡萄球菌营养要求不高，在普通培养基上生长良好，需氧或兼性厌氧，最适生长温度37℃，最适生长pH 7.4。耐盐性较强，可在10%～15%NaCl肉汤中生长，在普通培养基上可产生金黄色色素。菌体不耐热，60℃、30min即可被杀死，在冷藏环境中不易死亡。50%以上的金黄色葡萄球菌菌株在实验室条件下能产生肠毒素，并且一个菌株能够产生两种或两种以上的肠毒素。根据肠毒素的血清型，目前已经确认的至少有A、B、C_1、C_2、C_3、D、E和F等8个型。A型肠毒素引起的食物中毒最多，B型次之。肠毒素的耐热性很强，煮沸1～1.5h仍保持其毒力，基本不受胰蛋白酶影响，120℃、20min也不能完全破坏。其抗原成分是耐热性蛋白质和多糖。因此，当其污染食品后，用普通的烹调方法不能避免中毒，在油温248℃中经30min才能破坏。

2. 食品污染的来源与途径

1)食品金黄色葡萄球菌的来源

金黄色葡萄球菌在自然界中无处不在，空气、水、灰尘及人和动物的排泄物中都可找到。因而，食品受其污染的机会很多。一般健康人和动物的鼻腔、咽、消化道带菌率均较高，为20%～30%，上呼吸道被金黄色葡萄球菌感染的患者，其鼻腔带菌率为83.3%。据报道，在禽类加工厂，屠宰后的鸡体表带菌率为43.3%，鸭体表带菌率为66.6%。人和动物的化脓性感染部位常成为污染源；奶牛患化脓性乳腺炎时，乳汁中可能带有金黄色葡萄球菌；带菌从业人员可直接或间接污染各种食物；畜、禽局部患化脓性感染时，感染部位的金黄色葡萄球菌导致体内其他部位的污染。

2)金黄色葡萄球菌肠毒素

肠毒素的形成与温度、食品受污染的程度、食品的种类及性状有密切的关系。一般说来，在37℃以下的范围内食物存放的温度越高，产生肠毒素需要的时间越短，在20～37℃下经4～8h即可产生毒素，而在5～6℃的温度下需经18d方可产生毒素。食物受金黄色葡萄球菌污染的程度越严重，繁殖越快，越易形成毒素；通风不良，氧分压低，易形成肠毒素；此外，含蛋白质丰富，含水分较多，同时含一定淀粉的食物或含油脂较多的食物，受金黄色葡萄球菌污染后易形成毒素。

3)对食品安全性的影响

葡萄球菌中，金黄色葡萄球菌致病力最强，可产生肠毒素、杀死白细胞素、溶血素等，引起食物中毒的毒素主要是肠毒素。金黄色葡萄球菌污染食物后，若吃了这些不安全的食品，极易发生食物中毒。

A型肠毒素引起的食物中毒较多，其他依次减少的顺序为D、C、B和E。食物中毒往往是两种类型肠毒素混合引起的，如A+D、A+B、A+C、B+C，其中A+D较为多见。A型肠毒素毒力较强，摄入1μg即可引起中毒。B型毒力较弱，摄入25μg才能引起中毒。成人口服高纯度A、B或C型肠毒素引起呕吐的剂量为0.14～0.19μg/kg体重。

金黄色葡萄球菌引起毒素型食物中毒，潜伏期为几十分钟到几小时。主要症状为急性胃肠炎。这是由于肠毒素进入人体消化道后被吸收进入血液，刺激中枢神经系统而发生的。

3.3.2 大肠埃希菌

大肠埃希菌(*Escherichia coli*)习惯称为大肠杆菌，分类于肠杆菌科，埃希菌属。与人类疾病有关的大肠杆菌，统称为致泻性大肠杆菌，主要包括以下五种。

(1)肠产毒素性大肠杆菌(ETEC)：引起婴幼儿腹泻及成人旅行者腹泻，感染多是由于摄入污染的食物或水。

(2)肠致病性大肠杆菌(EPEC)：在发展中国家引起大约10%的婴幼儿腹泻，也可以引起社区流行性腹泻和医院内爆发感染性腹泻。

(3)肠侵袭性大肠杆菌(EIEC)：该型致病菌感染亦表现为腹泻，继之出现里急后重和下痢，其临床综合征与志贺氏菌感染相似，在生物化学特性方面也与志贺氏菌相似。

(4)肠黏附性大肠杆菌(EAEC)：引起婴幼儿和儿童的急性腹泻和持续性腹泻疾患。

(5)肠出血性大肠杆菌(EHEC)：肠出血性大肠杆菌是20世纪80年代初才认识的一种新的致腹泻性大肠杆菌，在世界许多地区爆发流行中所起的重要作用已被公认。大肠杆菌O_{157}：H_7是EHEC引起人类疾病的最常见血清型，已成为引起急性感染性腹泻的重要病原。

1. 病原学特性

大肠杆菌为两端钝圆的短小杆菌，多单独存在或成双，但不呈长链状排列。约有50%的菌株具有周生鞭毛而能运动，不产生芽孢，最适生长温度为37℃，但在15～45℃时均可生长。最适pH 7.4～7.6，但在pH 4.3～9.5时均可生长。繁殖速度快，在适宜条件下传代时间仅17～19min。对普通碱性染料着色良好，革兰染色阴性。

此菌对理化因素的抵抗力是无芽孢菌中最强的一种，在室温可存活数周，在土壤、水中存活数月，耐寒力强，将温度从37℃降至4℃的过程，可杀死此菌。加热60℃，30min，此菌可灭活。对漂白粉、酚、甲醛等较敏感，水中1×10^{-3}μL/L氯可杀死此菌。

2. 食品污染的来源与途径

由于大肠埃希菌存在于人和动物的肠道中，健康人肠道致病性大肠埃希菌带菌率为2%～8%，高者达44%；而成人患肠炎、婴儿患腹泻时，致病性大肠埃希菌带菌率较健康人高，可达29%～52%。饮食行业的餐具易被大肠埃希菌污染，其检出率高达50%。大肠埃希菌随粪便排出而污染水源和土壤，进而直接或间接污染食物。

3. 对食品安全性的影响

致病性大肠杆菌用于分型的抗原有O、K、H三种。O抗原为菌体抗原，是细胞壁上的糖、类脂、蛋白质复合物；K抗原为菌体表面抗原，如荚膜、菌毛，其成分为多糖；

H抗原为鞭毛抗原，成分是蛋白质。肠出血性大肠杆菌(EHEC)毒力最强，如大肠杆菌O_{157}：H_7，可产生强毒素，引起肠道出血，约有10%可发展成肾脏出血。主要中毒症状是突发性腹痛，并危及肝脏和肾脏。常导致小儿溶血性尿毒综合征，可威胁生命。被致病性大肠杆菌污染的食物都可引起发病，如生的或半生的肉、乳、汉堡包、果汁、发酵肠、酸奶、蔬菜。1996年7月，日本大阪市的62所小学内有6259名学生感染O_{157}：H_7大肠埃希菌，其中有92例并发出血性结肠炎及出血性尿毒症，有数名学生死亡。2001年在江苏、安徽等地爆发肠出血性大肠杆菌O_{157}：H_7食物中毒，中毒人数超过2万人。

3.3.3 沙门氏菌

1. 病原学特性

沙门氏菌属(*Salmonella*)是肠杆菌科的一个重要菌属。沙门氏菌为革兰阴性短小杆菌，需氧或兼性厌氧，无芽孢，一般无荚膜，绝大部分具有周生鞭毛，能运动。目前国际上有2300个以上的血清型，我国已发现200多个。依据菌体O抗原结构的差异，将沙门氏菌分为A、B、C_1、C_2、C_3、D、E_1、E_4、F型等，其中对人类致病的沙门氏菌仅占少数。沙门氏菌的宿主特异性极弱，既可感染动物也可感染人类，极易引起人类的食物中毒。致病性最强的是猪霍乱沙门氏菌，其次是鼠伤寒沙门氏菌和肠炎沙门氏菌。

沙门氏菌属在外界的生存能力较强，适宜温度37℃，但18～20℃时也能繁殖。在普通水中虽不易繁殖，但可生存2～3周，在粪便中可生存1～2个月，在土壤中可过冬，在咸肉、鸡和鸭中也可存活很长时间。水经氯化物处理5min可杀灭其中的沙门氏菌。相对而言，沙门氏菌属不耐热，55℃ 1h、60℃ 15～30min即被杀死。此外，由于沙门氏菌属不分解蛋白质，不产生靛基质，污染食物后无感官性状的变化，易被忽视而引起食物中毒。

2. 食品污染的来源与途径

由于沙门氏菌属广泛分布于自然界，在人及动物(家畜、家禽)中均有广泛的宿主，因此，沙门氏菌污染肉类食物的概率很高。健康家畜、家禽肠道沙门氏菌检出率为2%～15%，病猪肠道沙门氏菌检出率可高达70%。正常人粪便中沙门氏菌检出率为0.02%～0.2%，腹泻患者沙门氏菌检出率为8.6%～18.8%。

家畜、家禽的生前感染是肉类食品中沙门氏菌的主要来源，包括原发沙门氏菌病和继发沙门氏菌病两种。原发沙门氏菌病系指家畜、家禽在宰杀前已患有沙门氏菌病，如猪霍乱、牛肠炎、鸡白痢；继发沙门氏菌病系由于健康家畜、家禽肠道沙门氏菌带菌率较高，当其由于患病、饥饿、疲劳或其他原因导致机体抵抗力下降时，寄生于肠道内的沙门氏菌即可经淋巴系统进入血流引起继发性沙门氏菌感染。这些细菌进入动物的血液、内脏和肌肉，其危害大且发生食物中毒时症状亦严重。蛋类及其制品感染或污染沙门氏菌的机会较多，尤其是鸭、鹅等水禽及其蛋类，其带菌率一般为30%～40%。家禽及蛋类沙门氏菌除原发和继发感染使卵巢、卵黄、全身带菌外，禽蛋在经泄殖腔排出时，粪便中的沙门氏菌污染肛门腔内的禽蛋蛋壳，并可通过蛋壳气孔侵入蛋内。

3. 对食品安全的影响

沙门氏菌常因污染各种肉类、鱼类、蛋类和乳类食品而引起食物中毒，其中以肉类占多数。当沙门氏菌随食品进入人体后，可在肠道内大量繁殖，经淋巴系统进入血液内，潜伏期平均为 12～24h，有时可长达 2～3d。感染型食物中毒主要表现为急性胃肠炎症状。如果细菌已产生毒素，则可引起中枢神经系统症状，出现体温升高、痉挛等表现。一般病程为 3～7d，死亡率较低，约为 0.5%。

沙门氏菌种类多，各种血清型沙门氏菌的致病力不同，其致病力强弱与菌型有关，即致病力越强的菌型越易致病，猪霍乱沙门氏菌致病力最强，其次为鼠伤寒沙门氏菌，鸭沙门氏菌致病力较弱；对于幼儿、体弱老人及其他疾病患者等易感性较高的人群，即使是较少菌量或较弱致病力的菌型仍可引起食物中毒，甚至出现较重的临床症状。近来发现鼠伤寒沙门氏菌也产生肠毒素。

3.3.4 肉毒梭菌

1. 病原学特性

肉毒梭菌(*Clostridium botulinum*)为革兰阳性、厌氧芽孢杆菌，具有 4～8 根周生鞭毛，运动迟缓，没有荚膜，在 20～25℃可形成椭圆形的芽孢。能产生剧烈性外毒素，即肉毒毒素。肉毒梭菌发育最适温度为 25～35℃，培养基的最适 pH 为 6.0～8.2。食盐能抑制肉毒梭菌芽孢的形成和毒素的产生，但不能破坏已形成的毒素。提高食品中的酸度也能抑制肉毒梭菌的生长和毒素的形成。肉毒梭菌的芽孢抵抗力强，需经干热 180℃、5～15min，或高压蒸汽 121℃、30min，或湿热 100℃、5h 方可致死。

肉毒梭菌食物中毒是肉毒毒素引起的。肉毒毒素是一种神经毒素，是目前已知的化学毒物和生物毒素中毒性最强的一种，对人的致死量为 10^{-9} mg/kg 体重。肉毒毒素分为 A、B、C_α、C_β、D、E、F、G 共 8 型，各型肉毒梭菌可产生相应型的毒素。其中 A、B、E、F 四型毒素对人有不同程度的致病性，可引起食物中毒。C、D 型对人不致病，仅引起畜、禽中毒。我国报道的肉毒梭菌食物中毒多为 A 型，B、E 型次之，F 型较为少见。

2. 食品污染的来源与途径

肉毒梭菌在自然界广泛分布于土壤、水、海洋、腐败变质的有机物、霉变干草、畜禽粪便中。新疆土壤中肉毒梭菌污染率为 14.7%、宁夏为 34.4%、青海为 8.6%、西藏为 12.3%，它们均可污染各类食品原料。引起中毒的食品主要有腊肠、火腿、鱼及鱼制品和罐头食品，其他还有熏制未去内脏的鱼、填馅茄子、油浸大蒜、烤马铃薯、炒洋葱、蜂蜜制品等。这些被污染的食品原料在家庭自制发酵和罐头食品的生产过程中，加热的温度或压力不足以杀死肉毒梭菌的芽孢，且为肉毒梭菌芽孢的萌发与毒素的产生提供了条件，尤其是食品制成后，有不经加热而直接食用的习惯，更容易引起中毒的发生。

中毒食品的种类往往同饮食习惯有关，在美国主要以家庭制作的水果、罐头发生中毒较多，日本以鱼制品较多，我国多为蔬菜、鱼类、乳类等含蛋白质的食品和发酵食品，因肉类制品或罐头食品引起中毒的较少。

3. 对食品安全性的影响

在引起食物中毒的病原菌中，肉毒标菌是对热抵抗力最强的菌种之一。

肉毒毒素毒性极强，属于神经麻痹毒素，其毒力比氰化钾大 1 万倍。肉毒毒素是一种大分子蛋白质，A、D、E、F 各型毒素均含有两种蛋白质成分，即神经毒素和红细胞凝集素。肉毒毒素对消化酶、酸和低温很稳定，对碱和热敏感，易被破坏失去毒性。正常胃液 24h 尚不能破坏毒素，故吃了含有毒素的食品后，毒素可以被胃肠道吸收。E 型和 B 型毒素可被胰酶激活而增强毒性。

肉毒毒素经肠道吸收后作用于颅脑神经核和外周神经，能阻止乙酰胆碱的释放，导致肌肉麻痹和神经功能障碍。食入含毒素的食物后，24h 以内可出现中毒症状，但具体时间与摄入毒素的量有关。症状初期主要表现为胃肠道症状，随后出现全身无力、头晕、视力模糊、眼睑下垂、瞳孔放大、吞咽困难、语言障碍，最后因呼吸困难、麻痹而死亡。该菌引起的中毒在食物中毒中所占比例虽不大，但致死率很高，可达 30%～50%。

3.3.5 副溶血性弧菌

副溶血性弧菌(*Vibrio parahemolyticus*)引起的食物中毒最早在日本和中国有报道，也是我国沿海地区夏秋季节最常见的一种可引起食物中毒的菌。

1. 病原学特征

副溶血性弧菌为革兰氏阴性杆菌，呈弧状、杆状、丝状等多种形态，无芽孢，兼性厌氧。生长繁殖的最适宜条件是：37℃，pH 8.0～8.5，食盐浓度 2.5%～3%。无盐条件下不生长，故也称为嗜盐菌，但氯化钠超过 7%也不能生长。该菌对热敏感，56℃加热 5min，或 90℃加热 1min 可将其杀灭。不耐酸，在 5%普通食醋内 1min 或 1%食醋浸泡 5min 即死亡。在培养基上容易形成扩散菌落，若在培养基中加入 0.1%胆盐，则可形成单独菌落。

副溶血性弧菌有 13 种耐热的菌体抗原即 O 抗原，可用于血清学鉴定。有 7 种不耐热的包膜抗原即 K 抗原，可用于辅助血清学鉴定。副溶血性弧菌可分成 845 个血清型，该菌的致病力可用神奈川(Kanagawa)试验来区分。副溶血性弧菌能使人或家兔的红细胞发生溶血，使血琼脂培养基上出现 β 溶血带，称为“神奈川试验”阳性。在所有副溶血性弧菌中，多数毒性菌株神奈川试验为阳性(K^+)，多数非毒性菌株神奈川试验为阴性(K^-)。K^+ 菌株能产生一种耐热型直接溶血素，K^- 菌株能产生一种热敏型溶血素，有些菌株能产生两种溶血素。耐热型相关溶血素是一种重要的毒性因子，它至少在某些副溶血弧菌菌株中存在。耐热型直接溶血素相对分子质量为 42000，是一种致心脏毒的细胞蛋白。

2. 食品污染的来源与途径

副溶血性弧菌广泛存在于海水、海产品和海底沉积物中。海产鱼虾贝类是该菌的主要污染源。接触过海产鱼虾的带菌厨具、容器，不经洗刷消毒也可成为污染源，苍蝇也能传播该菌。食品中副溶血弧菌的污染来源主要包括以下两个方面。

(1)人群带菌者对各种食品的直接污染。沿海地区饮食从业人员、健康人群及渔民副溶血性弧菌带菌率为 11.7%左右，有肠道病史者带菌率可达 31.6%～88.8%。

(2)间接污染。沿海地区炊具的副溶血性弧菌带菌率为 61.9%，被副溶血性弧菌污染的食物，在较高温度下存放，食用时加热不彻底或生吃，或熟制品受到带菌者、带菌的生食品、带菌容器及工具等的污染，均为间接污染。据调查，我国沿海水域、海产品中副溶血性弧菌检出率较高，尤其是气温较高的夏秋季节。我国华东地区沿岸海水的副溶血性弧菌检出率为 57.4%～66.5%，海产鱼虾的平均带菌率为 45.6%～48.7%，夏季可高达 90%以上。生食海产品或食用凉拌菜及未烧熟煮透的鱼虾，或者烧熟后放置时间较长，食前又未充分加热以及生熟食品的交叉污染，是引起副溶血性弧菌食物中毒的主要原因。

3. 对食品安全性的影响

在沿海地区的夏秋季节，常因食用大量被副溶血性弧菌污染的海产品，如海产鱼、虾、蟹、贝引起爆发性食物中毒，在非沿海地区，食用此菌污染的腌菜、腌鱼、腌肉、禽、蛋类以及咸菜或凉拌菜等，也常发生中毒事件。

副溶血性弧菌是引起食物中毒和夏秋季急性腹泻的重要病原体之一，大多为副溶血性弧菌侵入人体肠道及其所产生的耐热性溶血素对肠道共同作用的结果，属于混合型细菌性食物中毒。潜伏期一般为 6～10h，最短者 1h，长者可达 24～48h。中毒反应主要表现为上腹部阵发性绞痛，继而腹泻。腹泻物为水样或糊样，约有 15%患者出现水样便，少数患者出现黏液或黏液血样便，部分患者有里急后重感觉，同时还伴有恶心、呕吐等症状。体温一般在 37.5～39.5℃，回盲部有明显的压痛，病程 2～4d。重者因脱水、皮肤干燥及血压下降而休克，少数病人有意识不清、痉挛、面色苍白或发绀等现象，若抢救不及时，可因虚脱而死亡。耐热性溶血毒素除有溶血作用外，还有细胞毒、心脏毒、肝脏毒等作用。给大鼠注入 25μg 耐热性溶血毒素，过 1min 即可死亡。从该菌培养物的滤液中还可分离出不耐热的溶血毒素和肠毒素等有毒物质。

3.3.6 李斯特菌

1. 病原学特性

李斯特菌属(*Listeria*)是革兰阳性、短小的无芽孢杆菌，大小为 0.5μm× (1.0～2.0) μm，直或稍弯，两端钝圆，常呈 V 字形排列，偶有球状、双球状，兼性厌氧，一般不形成荚膜，但在营养丰富的环境中可形成荚膜，在陈旧培养中的菌体可呈丝状，革兰氏阴性。该菌有 4 根周毛和 1 根端毛，但周毛易脱落。李斯特菌属包括格氏李斯特菌、单核细胞增生李斯特菌、默氏李斯特菌等 8 种。李斯特菌在 5～45℃均可生长，而在 5℃的低温条件下仍能生长则是李斯特菌的特征。该菌经 58～59℃ 10min 可杀死，在－20℃

可存活1年；耐碱不耐酸，在pH 9.6中仍能生长，在10% NaCl溶液中可生长，在4℃的20%NaCl中可存活8周。引起食物中毒的主要是单核细胞增生李斯特菌，它能致病和产生毒素，即β-溶血素，这种溶血物质称李斯特菌溶血素O。

2. 食品污染的来源与途径

李斯特菌分布广泛，在土壤、人和动物的粪便、江河水、污水、蔬菜、青贮饲料及多种食品中可分离出该菌，并且它在土壤、污水、粪便、牛乳中存活的时间比沙门氏菌长。这种菌还在pH高于4.5和低于4.5的青贮饲料中被发现。从来源于稻田、牧场、淤泥、动物粪便、野生动物饲养场和有关地带的样品中，有8.4%～44.0%单核细胞增生李斯特菌。据证实，这种菌可以在潮湿的土壤中存活295d或更长时间。

牛乳中李斯特菌的污染主要来自粪便(包括人类粪便)，哺乳动物和鸟类粪便均可携带李斯特菌。人类粪便自然带菌率为0.6%，即使是消毒牛乳，其污染率也在21%左右。此外，由于肉尸在屠宰过程易被污染，在销售过程中，食品从业人员的手也可造成污染，以致在生的和直接入口的肉制品中该菌污染率高达30%。受热处理的香肠亦可再污染该菌。国内有人从冰棍、雪糕中检出了李斯特菌，检出率为17.39%，其中单核细胞增生李斯特菌为4.35%。1988年WHO调查结果为：肉及其制品李斯特菌的检出率为1%，家禽为15%，乳制品为5%～15%，水产品为4%～8%。

3. 对食品安全的影响

引起李斯特菌食物中毒的主要食品有乳及乳制品、肉类制品及水果，尤以在冰箱中保存时间过长的乳制品、肉制品最为多见。由于该菌能在冷藏条件下生长繁殖，故用冰箱冷藏食品，不能抑制它的繁殖。如饮用未彻底杀死李斯特菌的消毒牛乳以及直接食用冰箱内受到交叉污染的冷藏熟食品、乳制品可引起食物中毒。

李斯特菌引起的食物中毒的临床表现有两种类型：侵袭型和腹泻型。侵袭型的潜伏期为2～6周。病人开始常有胃肠炎的症状，最明显的表现是败血症、脑膜炎、脑脊膜炎、发热，有时可引起心内膜炎。孕妇、新生儿、免疫缺陷的人为易感人群；对于孕妇可导致流产、死胎等后果；对于婴儿即使幸存也易患脑膜炎，导致智力缺陷或死亡；对于免疫系统有缺陷的人易出现败血症、脑膜炎。少数轻症病人仅有流感样表现。病死率高达20%～50%。腹泻型病人的潜伏期一般为8～24h，主要症状为腹泻、腹痛、发热等。

3.4 食品中的真菌毒素

3.4.1 真菌毒素概述

1. 概述

影响食品安全的真菌主要是霉菌及其毒素，霉菌是丝状真菌，真菌毒素即霉菌毒素。霉菌在自然界分布很广，同时由于其可形成各种微小的孢子，因而很容易污染食品。霉菌能快速生长繁殖，有的在 2～3d 内能够形成污染面积达几英寸的霉菌生长物。霉菌污染食品后一方面造成腐败变质，另一方面是产生毒素，造成人畜中毒。霉菌毒素(*mycotoxin*)是霉菌在特定条件下产生的一种有毒的次生代谢产物，霉菌毒素通常具有耐高温、无抗原性、主要侵害实质器官的特性，而且霉菌毒素多数还具有致癌作用。人和动物一次性摄入含大量霉菌毒素的食物常会发生急性中毒，而长期摄入含少量霉菌毒素的食物则会导致慢性中毒和癌症。

2. 霉菌产毒的特点

只限于少数的产毒霉菌产毒，而产毒菌种中也只有一部分菌株产毒。至于同一菌种中存在产毒能力不同的菌株可能是取决于菌株本身的生物学特性和外界条件。总体来看，霉菌产毒有如下特征：①同一产毒菌株的产毒能力有可变性和易变性，如产毒菌株经过累代培养可完全失去产毒能力，而非产毒菌株在一定条件下可出现产毒能力；②产毒菌种所产生的霉菌毒素不具有严格的专一性，即一种菌种或菌株可以产生几种不同的毒素，而同一霉菌毒素也可由几种霉菌产生，如杂色曲霉毒素可由杂色曲霉、黄曲霉和构巢曲霉产生，又如岛青霉可以产生黄天精、红天精、岛青霉毒素以及环氯素等几种毒素；③产毒霉菌产生毒素需要一定的条件，霉菌污染食品并在食品上繁殖是产毒的先决条件，而霉菌是否能在食品上繁殖又与食品的种类和环境因素有关。

3. 霉菌产毒的条件

霉菌生长繁殖及产毒受多种因素的影响，与食品关系密切的有水分、温度、基质、通风等条件。因此，控制这些条件，可以对食品中霉菌分布及产毒造成很大的影响。

(1)基质。与其他微生物生长繁殖的条件一样，食品基质不同，霉菌生长的情况不同。一般而言，营养丰富的食品其霉菌生长的可能性就大，天然基质比人工培养基更易于产毒。实验证明，同一霉菌菌株在同样培养条件下，以富于糖类的小麦、米类为基质比以油料为基质的黄曲霉毒素产毒量高。另外，缓慢通风较快速风干更易于霉菌繁殖产毒。但不同的霉菌菌种易在特定的食品中繁殖，如玉米与花生中黄曲霉及其毒素检出率高，小麦和玉米以镰刀菌及其毒素污染为主，青霉及其毒素主要在大米中出现。

(2)水分。食品中的水分是霉菌繁殖与产毒的重要因素。一般来说，米麦类水分在14％以下，大豆类在11％以下，干菜和干果品在30％以下，微生物是较难生长的。在这方面起作用的并非食品中全部水分的含量，而仅限于食品中真正能被微生物利用的那部分水分，即水分活性(water activity，缩写为 A_w)。水分活性用 $A_w=p/p_0$(p 为食品中水分蒸气压，p_0为同样条件下纯水蒸气压)表示。食品的 A_w值越小，表明食品保持水分的能力越强(蒸气压低)，能提供微生物生长所需的水分越少，越不利于微生物的繁殖。A_w越接近于1，微生物越易生长繁殖。食品中的 A_w为 0.98 时。微生物最易生长繁殖；当 A_w降为 0.93 以下时，微生物繁殖受到抑制，但霉菌仍能生长；当 A_w在 0.7 以下时，则霉菌的繁殖受到明显的抑制，可以阻止产毒霉菌的繁殖。

(3)湿度。在不同的相对湿度中，易于繁殖的霉菌也不同。例如相对湿度在 80％以下时，主要是干生性霉菌(灰绿曲霉、局限青霉、白曲霉)繁殖；相对湿度为 80％～90％

时，主要是中生性霉菌(大部分曲霉、青霉、镰刀菌属)繁殖；而相对湿度在90%以上时，主要为湿生性霉菌(毛霉、酵母属)繁殖。一般在非密闭状态下，粮食中水分与环境相对湿度可逐渐达到平衡，在相对湿度为70%时粮食达到平衡水分的条件，霉菌即不能产毒。

(4)温度。外界温度对霉菌的繁殖与产毒也有很大的影响。大多数霉菌繁殖最适宜的温度为25～30℃，在0℃以下或30℃以上时，不能产毒或产毒能力减弱。但梨孢镰刀菌、尖孢镰刀菌、拟枝孢镰刀菌和雪腐镰刀菌适宜的产毒温度为0℃或－7～－2℃；而毛霉、根霉、黑曲霉、烟曲霉繁殖的适宜温度为25～40℃。

(5)通风情况。大部分霉菌繁殖和产毒需要有氧条件，但毛霉、庆绿曲霉是厌氧菌并可耐受高浓度的CO_2。

3.4.2 黄曲霉毒素

黄曲霉毒素(*aflatoxin*，AF)是由黄曲霉和寄生曲霉产生的次级代谢产物。1960年英国发生10万只火鸡死亡事件。死亡的火鸡肝脏出血及坏死、肾肿大，病理检查发现肝实质细胞退行性病变及胆管上皮细胞增生。研究发现火鸡饲料中的花生粉含有一种荧光物质，该荧光物质是导致火鸡死亡的病因，并证实该物质是黄曲霉的代谢产物，故命名为黄曲霉毒素。

1. 化学结构及理化特性

AF是结构类似的一组化合物，均为二呋喃香豆素(*difurancoumarin*)的衍生物。已发现的AF有20多种。在二呋喃末端有双键者毒性较强，并有致癌性。在紫外光下产生蓝紫色荧光的为AFB_1和AFB_2，产生黄绿色荧光的为AFG_1和AFG_2，AFM_1和AFM_2是AFB_1和AFB_2的羟基化衍生物。家畜摄食被AFB_1和AFB_2污染的饲料后，在乳汁和尿液中可检出其代谢产物AFM_1和AFM_2。AFM_1的毒性和致癌性比AFB_1低一个数量级。动物摄入AFB_1后，经过代谢产生的AFM_1除了从乳汁和尿液中排出外，还有部分存留在肌肉中。用含AFB_1 100pg/kg的饲料喂鸡，肌肉中可测出0.1pg/kg的AFM_1。用含AFB_1 100pg/kg的饲料喂奶牛，可测出牛乳中1pg/kg的AFM_1。黄曲霉素耐热，在烹调加工温度下破坏较少，加热到268～269℃才被破坏。AF在中性和酸性溶液中都很稳定，在pH 9～10的强碱性溶液中能迅速分解，产生钠盐，但此反应是可逆的，一旦环境条件呈酸性，又能重新形成带有荧光的AF。AF在水中的溶解度较低。图3-1为部分黄曲霉毒素的化学结构。

2. 产毒菌种

AFB_1、AFB_2、AFG_1及AFG_2是由黄曲霉、寄生曲霉产生的有毒代谢产物，这些菌种经常污染谷物及其制品。黄曲霉是在全世界分布最广的菌种之一，我国各省均有分布。寄生曲霉在美国(夏威夷)、阿根廷、巴西、荷兰、印度、印度尼西亚、日本、约旦、波兰、斯里兰卡、土耳其、乌干达等国有分布。我国则仅在广东、广西隆安、湖北等地分离到寄生曲霉。

实验室研究表明，黄曲霉生长繁殖及其在天然基质中产生 AF 所需要的最低相对湿度为 80%左右。黄曲霉产生 AF 所需要的温度为 12～42℃，最适宜的温度为 25～32℃。所需温度的范围取决于基质及实验条件。在实验室条件下，温度在 25～30℃时，湿的花生、大米和棉籽中的黄曲霉在 48h 内即可产生 AF，而在小麦中最短需 4～5d 才能产生 AF。

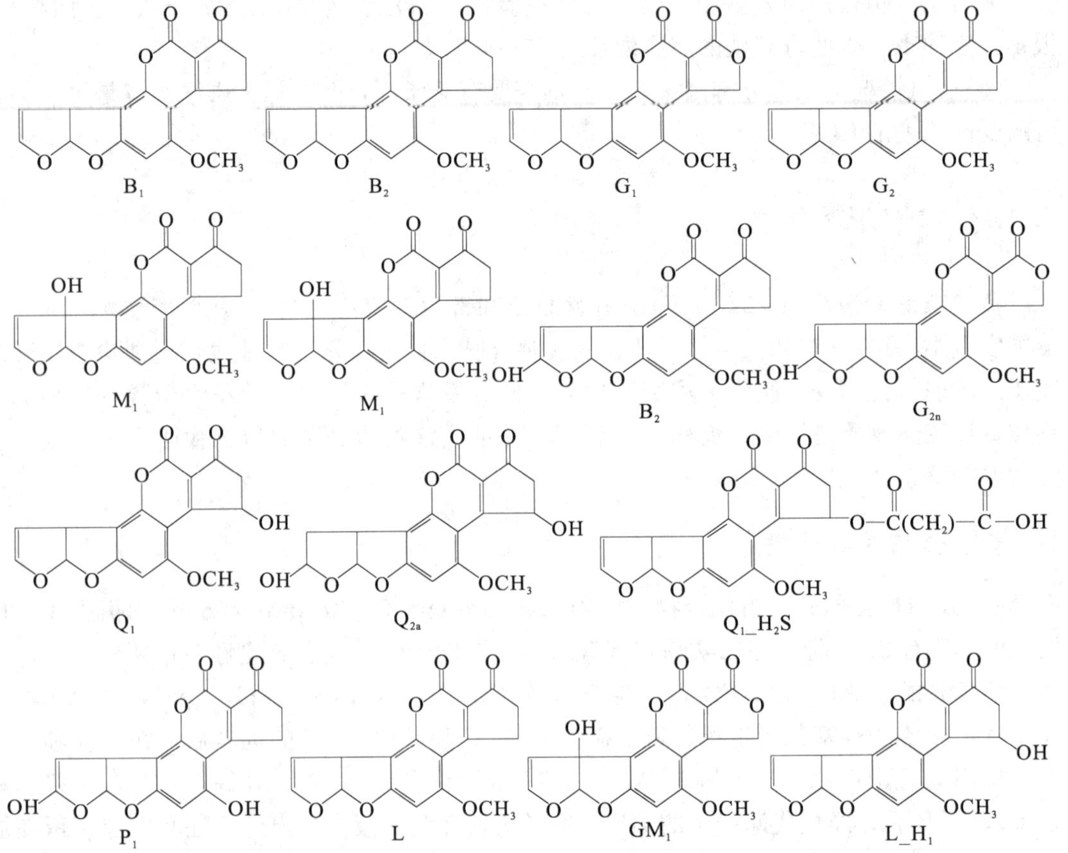

图 3-1　各种黄曲霉毒素的结构

3. 污染食品的情况

黄曲霉毒素对粮食食品的污染非常广泛，主要受污染的食品有花生及其制品、玉米、棉籽、大米、小麦、大麦和豆类及其制品。在我国，长江沿岸及其以南等高温高湿地区黄曲霉毒素污染严重，北方地区污染较轻，广西 70%的玉米受 AF 污染。各类食品中，花生及其制品、玉米污染严重，其次是大米、大麦，豆类很少受污染。

4. 毒性

1)急性毒性

AF 的急性毒性试验研究主要是在 20 世纪 60 年代和 70 年代进行的。各种动物对

AFB_1的敏感性不同，其敏感性依动物的种类、年龄、性别、营养状况等不同而有很大的差别。雏鸭对AFB_1最敏感，LD_{50}为0.24～0.56mg/kg。

动物的AF中毒主要表现：

(1)肝实质细胞坏死，接触24h后出现，48～72h明显。

(2)胆管增生。

(3)肝细胞脂质消失延迟，形成脂肪肝，正常雏鸭孵出后肝脏有较大量脂肪，但正常者在孵出后4～5d可逐渐消失，AFB_1中毒时，脂质消失延迟。

(4)出血，中毒者肝出血，中毒致死者更为严重。AF对肝脏的损伤，如为一次小剂量则为可逆的，肝细胞可以恢复，但如剂量过大或多次重复，病变不能恢复，可造成慢性损害。

2)慢性毒性

从某种意义上讲，AF的慢性毒性可能比急性更有实际意义，更为重要。慢性中毒的主要表现是动物生长障碍，肝脏出现亚急性或慢性损伤，具体表现为：

(1)肝功能变化，血液中磷酸肌酸激酶、异柠檬酸脱氢酶的活性和球蛋白、白蛋白、非蛋白氮、肝糖原及维生素A含量降低。

(2)肝脏组织学变化，肝实质细胞变性、坏死，胆管上皮及纤维细胞增生，形成再生结节。

(3)食物利用率下降，体重减轻，生长发育缓慢，母畜不孕或产仔少。

3)生殖毒性

每日经饲料给妊娠小鼠0.8ng/kg(体重)AFB_1和4.8ng/kg AFG_1或同时给予AFB_1和AFG_1，出生后的仔鼠继续给相同剂量的毒素至6月龄。AFG_1实验组动物肝脏中性脂肪显著蓄积，血清甘油三酯稍升高，肝和肾出现严重炎症、坏死和胆管增生。AFB_1可引起肝脏中性脂肪和脂肪酸蓄积，显示AFB_1对肝和肾细胞的毒性作用。虽然AFG_1的水平是AFB_1的6倍，但可观察到AFB_1对肝肾的毒性作用比AFG_1严重得多。

4)致突变性

突变(mutation)是生物体内遗传物质在一定条件下发生突然的变化。突变本来是生物界的一种自然现象，从生物进化观点看，对生物群体是有利的，通过突变和自然选择才能形成新种，生物界才能进化。但是，对于已形成相对稳态的人类来说，随着环境致突变物数量增加而引起过于频繁的化学诱变，可使机体细胞生活力减弱，胚胎早期死亡，后代出现畸形和先天性缺陷，而且肿瘤的形成也可能是体细胞突变的结果。

黄曲霉毒素主要通过干扰细胞DNA、RNA及蛋白质的合成而引起细胞的突变。分别给大鼠和小鼠一次剂量为0.01～1.0μg/kg(体重)的AFB_1，结果显示，给予$AFB_1>0.1$ μg/kg的大鼠骨髓染色体畸变率和微核率明显升高。而小鼠仅最高剂量组(即1.0μg/kg组)染色体畸变率稍有升高。在AFB_1最高剂量中，大鼠染色体畸变率比小鼠高10倍，说明大鼠对AFB_1明显比小鼠敏感。

5)致癌性

AF是目前已知的最强的致癌物之一，广泛的研究表明，长期持续摄入较低剂量的AF或短期摄入较大剂量的AF，均可诱发大多数种属动物的原发性肝癌。诱发肝癌成功的动物有大鼠、小鼠、豚鼠、雪貂、雏鸭、狗、猫、兔、猴等，其中以大鼠和鳟鱼最敏感。用含 15 μg/kg AFB_1 的饲料饲喂雄性大鼠，经 68 周，12 只大鼠都出现肝癌。据 Newbern 和 Roger 报道，每日在大鼠的饲料中加入 1pg/kg AFB_1，连续喂饲 2 年，大鼠肝癌的发生率高达 10%。图 3-2 为部分黄曲霉毒素的致病作用机制。食品中黄曲霉毒素 B_1、牛乳及乳制品中黄曲霉毒素 M_1 的限量卫生标准见表 3-1 和表 3-2。

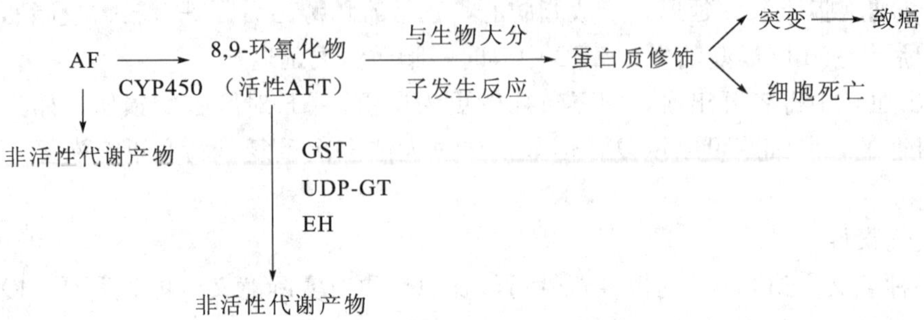

图 3-2　黄曲霉毒素的致病作用机制

表 3-1　食品中黄曲霉毒素 B_1 的限量卫生标准

品种	指标/(μg/kg)
玉米、花生仁、花生油	≤20
玉米及花生仁制品(按原料折算)	≤20
大米、其他食用油	≤10
其他粮食、豆类、发酵食品	≤5
婴儿代乳品	不得检出

表 3-2　牛乳及其制品中黄曲霉毒素 M_1 限量卫生标准

品种	指标/(μg/kg)
牛乳	≤0.5
乳制品	按含牛乳量折算

3.4.3　赭曲霉毒素

1. 化学结构及理化特性

赭曲霉毒素(*Ochratoxin*)是曲霉属(*Aspergillm*)和青霉属(*Penicillium*)所产生的一组次级代谢产物，包含 7 种结构类似的化合物，其中以赭曲霉毒素 A(*ochratoxin* A, OTA)的毒性最强。它是一种无色结晶化合物，溶解于极性有机溶剂，微溶于水和稀的碳酸氢盐中。这种毒素具有耐热性，用普通加热法处理不能将其破坏。在 OTA 毒素结构中，酚羟基相邻的羰基中的氧原子或酰氨基中的氧原子都能与分子内的 H 相结合，因此分子结构有很大差异。OTA 结构中带有 C_l，毒性强；OTB 则无 C_l，毒性低。

2. 产毒菌种

赭曲霉毒素是由曲霉属和青霉属的某些种产生的。能产生赭曲霉毒素的菌种有：洋葱曲霉(*A. alliaceus*)、硫色曲霉(*A. sulphureas*)、蜂蜜曲霉(*A. melleus*)、赭曲霉(*A. ochraceus*)、孔曲霉(*A. ostianus*)、佩特曲霉(*A. petrokii*)和苗核曲霉(*A. sderotiorum*)。从洋葱分离出来的 *Petromyces allianceua* 经实验室培养为一株赭曲霉毒素的高产菌株，与 *A. niger*、*A. citricus* 和 *A. fonsecaeus* 相关联的两类菌也能产赭曲霉毒素。赭曲霉毒素常存在于玉米、小麦、大麦、燕麦和其他原料中。赭曲霉毒素 A 是在适度气候下由青霉属、青霉属变种和温带、热带地区的曲霉产生的。曲霉属产生赭曲霉毒素 A 的最主要种群是赭曲霉(*A. ochraceus*)，青霉属的几个种，如徘徊青霉(*P. palitas*)、普通青霉(*P. commume*)、变幻青霉(*P. variabile*)、产紫青霉(*P. purpurrescen*)、圆弧青霉(*P. cyclopium*)和产黄青霉(*P. chrysogenum*)。

3. 毒性

1)急性毒性与慢性毒性

赭曲霉毒素具有烈性的肾脏毒和肝脏毒，当人畜摄入被这种毒素污染的食品和饲料后，就会发生急性或慢性中毒，如大鼠经口喂 20mg/kg 的赭曲霉毒素，就会产生急性中毒；赭曲霉毒素 B 通常较少，毒性比毒素 A 低。鸡食用含有赭曲霉毒素 1～2mg/kg 的饲料，种蛋孵化率会降低。赭曲霉毒素的毒性特点是造成肾小管间质纤维结构和机能异常而引起的营养不良性肾病以及肾小管炎症、免疫抑制等。

2)致癌性

赭曲霉毒素能引起肾脏的严重病变、肝脏的急性功能障碍、脂肪变性、透明变性及局部性坏死，长期摄入也有致癌作用。用小白鼠动物实验结果发现赭曲霉毒素可使肝脏出现癌变，248～276 μg/d 持续摄入 15 周后即有肾细胞癌的发生。此外，赭曲霉毒素还具有致畸和致突变性。

OTA 在食品中的污染率在一些国家为 2%～30%。该化合物与家畜肾病相关的病例在许多国家均有报道。在巴尔干地区地方性肾病流行，6%～18%的人群的血液中能检出 OTA，这可能与相关国家食物中含有的 OTA 有关。在巴尔干半岛以外的一些地区人群的血液中也检出了 OTA。调查表明，泌尿系统肿瘤高发病率又与巴尔干地方性肾病明显相关。因此，OTA 在食品用和饲料用的谷物、猪产品中的残留水平对健康的影响受到普遍的关注。

3.4.4 杂色曲霉素

杂色曲霉素(*sterigmatocystin*，ST)主要是杂色曲霉(*Aspergillus versicolor*)和构巢曲霉(*A. nidulans*)的最终代谢产物，同时又是黄曲霉(*A. flavus*)和寄生曲霉(*A. parasiticus*)合成黄曲霉毒素过程后期的中间产物，是一种很强的肝及肾脏毒素。自 1954 年日本学者初田勇一和久山真平首次从杂色曲霉培养物中分离到该毒素以来，尤其是 20

世纪60年代英国10万只火鸡中毒导致黄曲霉毒素被发现，进而证明黄曲霉毒素的强烈毒性和致癌作用，ST是黄曲霉毒素合成过程的中间代谢产物后，虽然ST的急性毒性较黄曲霉毒素弱得多，但其作为一种有强致癌性的真菌毒素也自然备受人们的关注。

1. 化学结构与理化特性

ST为淡黄色结晶，熔点246℃(247～248℃，溶于乙酸戊酯中)，不溶于水，难溶于多种有机溶剂，但易溶于氯仿，因此氯仿为提取ST的首选溶剂。ST的紫外最大吸收光谱为(乙醇)205nm、233nm、246nm和325nm(分别为lg4.40、lg4.49、lg4.53和lg4.21)。ST可产生较弱的荧光，在薄层板上于长波紫外灯下可见砖红色荧光。在中性溶液(pH 7.0)中最大发射光波长为570nm，最大激发光波长为340nm，荧光因喷雾硫酸溶液而加强。1962年，Bulloc首次提出ST的化学结构为3a,12c-双氢-8-羟基-6-甲氯基呋喃[3′,2′,4,5]呋喃[3,2-c]呫吨-7-酮，如图3-3。

ST不很稳定，可被硫酸二甲酯和甲基碘甲基化。溶于冰乙酸中的ST可在枇杷木炭的催化下生成二氢杂色曲霉素(*dihydrosterigmatocystin*)。在丙酮中回流，高碘酸钾可将ST氧化成γ-二羟基苯甲酸(γ-resorcylic acid)，少量的高锰酸钾也可将ST氧化成3,8-二羟基-1-甲氧基呫吨酮-4-羧酸(3,8-dihydroxy-1-methoxyanthone-4-carboxylicacid)。图3-3为杂色曲霉素的结构式。

杂色曲霉素	R_1	R_2	R_3
O—甲基杂色曲霉素	H	H	H
S—甲氧基杂色曲霉素	CH_3	H	H
	H	H	OCH_3
双氢—O—甲基杂色曲霉素	R	R_1	
双氢脱甲氧基杂色曲霉素	CH_3	CH_3	
双氢杂色曲霉素	H	H	
	CH_3	H	

图3-3 杂色曲霉素的结构式

2. 产毒菌种

自然界中能够产生ST的菌株很多，曲霉属中的多个种如杂色曲霉、构巢曲霉、黄曲霉、寄生曲霉、赤曲霉(*A. tuber*)、谢瓦曲霉(*A. chaevalieri*)、焦曲霉(*A. ustus*)、阿姆斯特丹曲霉(*A. amsterdam*)均可产生ST，其中产毒量最高的是杂色曲霉和构巢曲霉。其他种属，如离蠕孢霉(*Bipolaris* sp.)、青霉(*Penicillium* spp.)、单毛菌(*Monocillium*)等的某些种也可产生ST。

ST 作为多种霉菌的次生代谢产物之一，其产量不仅因菌种而异，即使同一菌株，在不同的生长环境和不同基质上产 ST 的能力也有极大差异。中国的楼建龙等对 2 株构巢曲霉和 14 株杂色曲霉在不同培养基上产 ST 的能力进行了测试，结果除 1 株构巢曲霉和 1 株杂色曲霉外，其余 14 株均产 ST，且在玉米、黄豆粉制成的混合培养基上的产毒量高于其他培养基，而所有产毒菌株在玉米培养基上比馒头屑培养基上的产毒量大，说明玉米比馒头屑更适于作为 ST 的产毒基质。

不同来源的杂色曲霉和构巢曲霉 ST 的产毒能力存在地域差异，从某一地区基质中分离到的杂色曲霉产 ST 的能力似乎高于构巢曲霉，但另一地区的结果却不尽相同，有关这方面的研究有待进一步深入。

3. 污染食品的情况

ST 主要污染小麦、玉米、大米、花生、大豆等粮食作物、食品和饲料。有关 ST 在农作物中的污染状况世界各国都进行了调查研究。1992 年英国农牧渔业食品部对 330 份动物饲料中真菌毒素污染状况的调查结果显示，仅 1 份被 ST 污染。意大利对 502 份绿咖啡的分析结果显示，仅 1 份咖啡中 ST 阳性，其含量为 1200pg/kg。丹麦测试了 39 份硬质奶酪，9 份检出 ST(500～600pg/kg)。中国对胃癌高发地区粮食中 ST 的污染水平进行了广泛研究，采用间接竞争酶联免疫吸附试验法(IC-ELISA)对采自国内胃癌、肝癌高发区和低发区粮食样品(小麦、玉米、大米等)中杂色曲霉素污染情况的调查结果表明，在同一地区，原粮中 ST 的污染水平远高于成品粮，不同粮食品种之间 ST 的水平由高至低的顺序为：杂粮和饲料＞小麦＞稻谷＞玉米＞面粉＞大米。就单一品种而言，来自胃癌、肝癌高发区和低发区的小麦、玉米、大米 3 种粮食中 ST 污染水平之间都有显著差异($P<0.05$)。此外，中国谷物中 ST 的自然污染总的趋势是小麦污染最严重，玉米次之，大米较轻。

4. 毒性

1)急性毒性

ST 对多种动物有毒性。动物实验结果显示(以体重计)，Wistar 大鼠经口染毒 ST 的 LD_{50} 为 120～166mg/kg；而经腹腔注射染毒的 LD_{50} 为 60mg/kg。小鼠口服的 LD_{50} 大于 80mg/kg；新生小鼠(经皮下染毒)的 LD_{50} 为 5～10mg/kg。猴的敏感性比啮齿类动物高，经腹腔注射 LD_{50} 为 32mg/kg。对鸡胚(5 日龄)的 LD_{50} 为 6～7 μg/卵，当达到 10 μg/卵时，90%～100%鸡胚死亡。1 日龄雏鸡口服含 100mg ST 的 1%明胶溶液，次日即死亡，剂量低于 100mg 时无死亡现象。因此，ST 对动物的急性毒性因动物种类、年龄和染毒途径不同而异。ST 急性中毒的病变特征是肝、肾坏死。

2)慢性毒性

大鼠自由食入含 ST 100mg/kg 的饲料，14～21d 后肝脏有点状坏死和灶状坏死；28d 后病变加重，有明显的肝小叶周围性坏死；56d 后坏死发展至整个肝小叶。翠猴每 14d 口服 20mg/kg 的 ST，4～6 个月内发生了慢性肝炎，部分肝细胞坏死，纤维组织增生；12 个月时出现肝硬化。

3)遗传毒性

ST具有较强的遗传毒性，同时也具有一定的细胞毒性。研究表明，对从小麦试样中分离的杂色曲霉进行产毒培养，产毒培养物提取液的Ames试验结果显示，4株杂色曲霉产毒培养物提取液经微粒体酶代谢系统活化后，毒性作用增强。曹文军等对不同浓度的ST(0.125～3.0mg/L范围共6个浓度)诱导体外培养人外周血淋巴细胞的凋亡进行了研究，结果表明，ST可诱导体外培养的人外周血淋巴细胞发生凋亡，并且在一定时间(2～48h)和剂量(0.125～2mg/L)范围内呈正相关关系。凋亡细胞的典型变化有染色质凝集、凋亡小体形成等，DNA琼脂糖凝胶电泳也出现特征性的DNA梯度条带，说明ST可诱导人外周血淋巴细胞发生凋亡，继而进一步影响机体的免疫机能。该研究小组还发现，每日给小鼠腋部皮下注射0.5mL杂色曲霉培养物，连续5d，结果ST可明显引起微核率升高和非程序DNA合成，而日光照射可消除或降低ST的这一毒性。Ueda的研究结果表明，ST可使大鼠骨髓细胞染色体畸变，在10^{-6}～1mmol/(L·kg)的染毒范围内染毒剂量与畸变率呈正相关关系。

4)致癌性

ST的结构与AF相似，虽然其急性毒性较AF低得多，但致癌能力较强，可导致胆管癌和肝癌。Purchas和Vander Watt于1968年进行了相关试验。给大鼠饲以含ST10～150mg/kg的饲料，42周后78%的大鼠发生原发性肝癌(39/50)，16%的大鼠发生包括肠系膜肉瘤、肝肉瘤、脾血管肉瘤和胃鳞状上皮癌等其他种类的肿瘤。此后该研究小组用含10mg/L、20mg/L和100mg/L的ST饲料喂大鼠1年，结果实验终结时90%～100%的大鼠出现肝细胞癌。Ohtsubo等用含5～10mg/kg ST的饲料喂大鼠100周，结果5mg/kg组的13只大鼠中有11只出现肝癌，10mg/kg组的12只动物全部出现肝癌，其中26%的肝癌有腺样结构。

3.4.5 展青霉素

1. 化学结构及理化特性

展青霉素(Pat)为无色的结晶，分子式为$C_7H_6O_4$，相对分子质量为154，熔点为110℃。展青霉素是一种中性物质，溶于水、乙醇、丙酮、乙酸乙酯和三氯甲烷，微溶于乙醚和苯，不溶于石油醚，其结构见图3-4。在酸性溶液中展青霉素较稳定，而在碱性条件下则丧失活性。

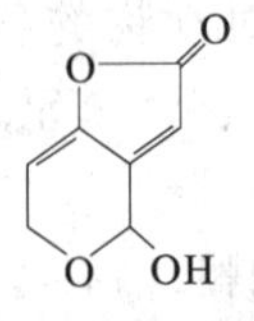

图3-4 展青霉素的化学结构

2. 产毒菌种

可产生 Pat 的真菌有十几种，主要包括青霉属和曲霉属的若干菌种。展青霉(*P. patulum*)是产生展青霉素的主要霉菌，此外，尚有扩展青霉(*P. expansum*)、圆弧青霉(*P. cyclopium*)、木瓜青霉、土曲霉(*Aspergillus terreus*)、棒曲霉(*A. clavatus*)、巨大曲霉(*A. glganteus*)及主要污染水果的雪白丝衣霉等霉菌也可产生展青霉素。

3. 污染食品的情况

展青霉素可在许多水果、谷物和其他食物中存在，但它主要存在于霉烂苹果和用霉变苹果加工的苹果汁中。《苹果和山楂制品中展青霉素限量卫生标准》(GB 14974—1994)规定果汁、果酱中展青霉素≤50 μg/kg。我国于 1991 年检测了部分地区 136 份霉烂苹果和 9 份山楂汁中的展青霉素。136 份霉烂苹果中有 66 份阳性样品，占 48.5%，展青霉素的平均水平为 656.0 μg/kg，范围为 4.0～5150.0 μg/kg。9 份山楂汁中有 8 份展青霉素阳性样品，占 88.9%，含量为 20.0～420.0 μg/kg。英国 1992 年对苹果汁的调查发现，有些样品展青霉素的含量高达 434 μg/kg。1998 年调查了 300 份苹果汁，展青霉素含量小于 5 μg/L 的样品有 152 份，占 51%。

4. 毒性

展青霉素的毒性以神经中毒症状为主要特征，表现为全身肌肉震颤般痉挛、狂躁、跛行、心跳加快、粪便较稀、溶血检查阳性等。

1)急性毒性

啮齿动物的急性中毒常伴有痉挛、肺出血、皮下组织水肿、无尿直至死亡。但有的实验动物并不一定表现出神经系统的中毒症状，如小鼠注射 Pat 后出现皮下组织水肿，腹腔和胸腔积液，肾瘀血及变性，明显的肺水肿，呼吸困难，尿量减少，且注射处出现水肿、感染、组织坏死的现象。

2)亚急性毒性

实验结果表明，高剂量的 Pat 对大鼠的肾及胃肠道有毒性作用。但肾上腺的相对重量和组织病理学没有明显变化，表明胃部基底溃疡是由 Pat 的直接作用而非间接作用引起的。

3)遗传毒性

用哺乳动物进行遗传毒性试验为阳性，而用细菌进行的试验为阴性。有些试验显示展青霉素可致 DNA 损伤。Pat 可诱导 FM_3A 小鼠乳腺癌细胞产生致突变物 8－氮鸟嘌呤，产生的量随 Pat 的剂量增加而增加。Pat 在酿酒酵母菌中可产生前体突变物(一种可能控制线粒体基因突变的物质)。在一些细菌及哺乳动物细胞系中可观察到 Pat 与细胞 DNA 直接结合，通过测定 Pat 对枯草杆菌野生型及缺陷型菌株生成的抑制作用的差别，可以观察到 Pat 可诱导 DNA 重组修复缺陷。

遗传毒性作用可能是，展青霉素具有与硫氢基反应的能力，从而抑制了与遗传物质应答的酶。根据现有资料可以认为展青霉素是一种遗传毒性物质。

4)长期毒性/致癌性试验

将Pat溶解在生油中，给2个月的雄性大鼠皮下注射，每次0.2mg，每周2次，从58周起在皮下注射部位发生了局部肉瘤。

每天经口给予雌雄Wistar大鼠0.1mg/kg、0.5mg/kg或1.5mg/kg(以体重计)展青霉素，每周3次，共24个月，可观察到高剂量组第一代雌雄性大鼠的死亡率增高，所有雄性大鼠在19个月前死亡。在实验结束时，有19%的雌性大鼠存活。中剂量、高剂量组雄性大鼠的体重下降，但雌性大鼠发生肿瘤。根据本实验得出安全系数(NOEL)为0.1mg/kg。

大鼠试验表明展青霉素中毒可导致肝、肾和肠组织中的二磷酸果糖酶浓度降低，说明展青霉素抑制了肝脏中一磷酸果糖酶的生物合成。腹腔注射展青霉素可显著抑制肝、肾和脑中Na，K-ATP酶和Mg-ATP酶。肝、肾和脑的线粒体和微粒体体外试验也显示同样结果。展青霉素可抑制大脑半球、小脑和延髓中的乙酰胆碱酯酶，并伴随胆碱酯酶升高。展青霉素可使妊娠大鼠肝中乳酸脱氢酶升高，胎盘中GPT降低，并使人胎盘线粒体和微粒体升高。给大鼠喂饲含扩张青霉的饲料，可导致空腹血糖增高，糖耐量试验表明葡萄糖含量增高，并使胰岛素分泌减少，说明展青霉素可导致糖尿病。

3.4.6 玉米赤霉烯酮

1. 化学结构及理化特性

玉米赤霉烯酮(ZEA)又称为F2毒素，是一种雷琐酸内酯，该毒素是非固醇类、具有雌性激素性质的真菌毒素。在哺乳动物体内，C－6的酮基降解形成两个ZEA的空间异构体代谢产物(α异构体和β异构体)。这两种代谢产物也能由真菌产生，但含量比玉米赤霉烯酮低得多。另一类结构相似的化合物是玉米赤霉烯醇，一般用作生长促进剂。该化合物和ZEA的区别是在C_1和C_2之间缺少一个双键以及在C_5上羟基代替了酮基。ZEA是一种白色结晶，分子式$C_{18}H_{22}O_5$，相对分子质量318，熔点164～165℃。不溶于水，溶于碱性溶液、苯、二氯甲烷、乙酸乙酯、乙腈和乙醇等；微溶于石油醚(30～60℃)。在长波(360nm)紫外光下，ZEA呈蓝绿荧光，在短波(260nm)下更强。

2. 产毒菌种

ZEA是由镰孢属的若干菌种产生的有毒代谢产物，主要由禾谷镰孢、黄色镰孢、(*P. cerealis*)、木贼镰孢(*F. equiseti*)、半裸镰孢(*F. semitectum*)、茄病镰孢(*F. solani*)等菌种产生。镰孢菌种在玉米上生长繁殖一般需要22%～25%的湿度。在湿度为45%、温度24～27℃下培养7d，或12～14℃下培养4～6周时，ZEA的产量最高。大部分被测菌株需要在较低温度下培养获得高产量的ZEA。

3. 污染食品的情况

ZEA主要污染玉米、大麦、小麦、高粱、小米和大米，在面粉、麦芽、啤酒以及大豆及其制品中也可检出，以玉米最为普遍。中国于1996年对江苏、安徽、甘肃、河南、江西和上海郊县的小麦进行了ZEA的污染调查。用TLC法共检测439份样品，阳性样品140份，占31.9%。ZEA的水平为未检出至0.78mg/kg。与世界上其他一些国家比较，我国小麦中ZEA的污染水平相对轻得多。

4. 毒性

ZEA主要作用于生殖系统，母猪特别是小母猪对该毒素最敏感。ZEA可引起青春期前小母猪的乳房、子宫和阴道肿大以及卵巢萎缩，严重情况下阴道和直肠脱垂。ZEA可致公猪乳腺肥大和睾丸萎缩。ZEA中毒的病理改变主要表现为阴道和子宫颈黏膜间质水肿、细胞退行性变和变形。由于细胞壁成分水肿和肥大，外阴、阴道、子宫内膜也因水肿而变薄，卵巢发育不全，并有许多小囊。母猪的ZEA中毒还可引起不育症，胎仔干性坏疽、胎仔吸收、流产，有胎仔小、仔猪瘦弱、腿外翻等症状。牛对ZEA的敏感性比猪低，但含14mg/kg ZEA的牧草可引起牛的不育症。母牛连续摄食25～200mg/kg ZEA 42d，表现动物的外生殖器肿大和充血。奶牛喂饲含385～1925μg/kg ZEA的饲料共7周，不影响其产奶量，奶、尿、血清和组织中未检出ZEA的残留。据报道，饲喂含500μg/kgZEA的饲料不会影响产奶量。

ZEA对枯草芽孢杆菌的重组缺陷型突变株具有致突变性。但在Ames试验中，ZEA对鼠伤寒沙门菌无致突变性。ZEA对猪和大鼠有弱的致畸作用。未见ZEA引起人类中毒或疾病的报道，但在供人类食用的粮食中可检出ZEA。因此，与雌性激素相关的人类疾病可能和该化合物有关。

在对ZEA潜在的致癌性进行评价时发现，ZEA对实验动物的致癌性的证据有限，因而根据人类致癌性标准，ZEA不属于人类致癌剂。研究发现，单一暴露于ZEA的小鼠检出DNA加合物，在大鼠中未检出。因此，其致癌作用与动物的种属有关。美国国家毒理学规划的一项2年的研究结果显示，雌性小鼠的肝细胞腺瘤发生率显著增加，并有统计学意义。此外，小鼠的脑垂体腺瘤发生率显著增加，并有统计学意义，但小鼠脑垂体瘤的增加无统计学意义。大鼠试验未观察到以上改变，这可能与大鼠的脑垂体瘤的自然发生率高有关。

3.4.7 其他真菌毒素的污染

1. 蕈类毒素

蕈类通称蘑菇或蕈子，属于真菌类，蕈类分为食蕈、条件可食蕈和毒蕈三类。食蕈味道鲜美，有一定的营养价值；条件可食蕈，主要指通过加热、水洗或晒干等处理后方可安全食用的蕈类(如乳菇属 *Lactarius*)；毒蕈系指食用后能引起中毒的蕈类。中国食蕈近300种，毒蕈约80余种，其中含剧毒能将人致死的毒蕈在10种以下。毒蕈虽然所占比例较少，但却常因误食而引起食物中毒。常见的毒蕈类及其毒性作用见表3-3。

表 3-3 几种常见的毒蕈及其毒性作用

名　称	毒　蕈	毒性作用	主要分布地区
毒伞（Amanita. Phal）、白毒伞（A. verna）、鳞柄白毒伞（A. virosa）	毒伞七肽（phallatokin）及毒伞十肽（am atoxins）	使体内的大部分细胞发生变性	江苏、安徽、广东、广西、河北、吉林、江西、河南、四川等
毒蝇伞（A. mscaria）	毒蝇碱（mscarin）、鹅膏氨酸（ibaotenicacid）、毒蝇母（muscimol）	出现副交感神经兴奋幻觉等症状	黑龙江、吉林、四川等
柠檬黄伞（A. citrina）	蟾余素（bufotonine）		江苏等地
野蘑菇（Agarcus. Arvensis）			河北、新疆、青海等
盗孢伞属（Galerina）	毒伞十肽	使体内的大部分细胞发生变性	四川等
褐鳞小伞（Lepiotr. Helveola）	毒伞十肽	使体内的大部分细胞发生变性	北京、江苏、青海等
马鞍菌属（Heloella）	马鞍菌素（gyromitrin）	使体内的大部分细胞发生变性	黑龙江、吉林、河北等
裂丝盖伞（Inocybe. Rimosa）	毒蝇碱等		华北、湖北、江苏等
花褶伞（Panaeolus. Retirugis）	裸盖菇素（psioeybin）	出现幻觉等神经症状	河北、江苏、浙江、四川、青海、海南等
橘黄裸伞（Gymnopilus. spectabilis）			黑龙江、广西、云南等

鹅膏毒素是一类最常见的蕈类毒素，是鹅膏属又称毒伞属(*Phalloides*)中有毒蕈类产生的毒素。根据鹅膏毒素的毒性，将其分为两个族：毒肽和毒伞肽。毒肽由鬼笔肽、鬼笔酐、鬼笔素和制白条蕈组成；毒伞肽包含 α^-、β^-、γ^-、ε^- 的鹅膏素和蝇蕈素。毒肽具有急性毒性作用，小白鼠和大白鼠服用较高剂量后在 1～2h 内即可死亡。毒伞肽是慢性作用，但其毒性比毒肽高 10～20 倍。毒肽和毒伞肽都具有一种含硫桥的环肽，该桥由半胱氨酸的硫基与色氨酸或 γ^- 羟基色氨酸中的吲哚核结合而成。

2. 伏马菌素

伏马菌素(*Fumonisin*，FB)是一种霉菌毒素，是由串珠镰刀菌(*Fusarium moniliforme Sheld*)产生的水溶性代谢产物，是一类由不同的多氢醇和丙三羧酸组成的结构类似的双酯化合物。主要污染粮食及其制品，并对某些家畜产生急性毒性及潜在的致癌性，已成为继黄曲霉毒素之后的又一研究热点。1988 年，Gelderblon 等首次从串珠镰刀菌培养液中分离出伏马菌素。随后，Laurent 等又从伏马菌素中分离出伏马菌素 B1(FB1)和伏马菌素 B2(FB2)。

已发现的伏马菌素有 FA1、FA2、FB1、FB2、FB3、FB4、FC1、FC2、FC3、FC4 和 FP1 共 11 种类型，其中 FB1 是其主要组分。FB1 对食品污染的情况在世界范围内普遍存在，主要污染玉米及玉米制品。FB1 为水溶性霉菌毒素，对热稳定，不易被蒸煮破坏，所以同 AF(黄曲霉毒素)一样，控制农作物在生长、收获和储存过程中的霉菌污染仍然至关重要。有报道指出，伏马菌素对人、畜既是一种促癌物，又是一种完全致癌物。动物试验和流行病学资料已表明，伏马菌素主要损害肝肾功能，能引起马脑白质软化症和猪肺水肿等，并与我国和南非部分地区高发的食道癌有关，现已引起世界范围的广泛注意。但目前国内对于伏马菌素对人体危害性具体情况还不清楚。

对于伏马菌素对粮食的污染状况，国内外学者研究最多的是玉米。Kpodo 等在对来自加纳首都阿克拉四个市场和加工场所的玉米样品进行 FB1、FB2 和 FB3 污染的分析中发现，所有的样品均含有伏马菌素，其中 1 份明显霉变的玉米中总伏马菌素的含量高达 52.670mg/kg，其余 14 份样品总伏马菌素污染水平为 0.070～4.222mg/kg。

伏马菌素对玉米的污染率和污染水平受国家和地区、玉米品种、季节的影响。1995～1996 年，Amra 等对从埃及不同省份收集的 120 份样品进行了检测，结果显示，冬季收集的白玉米和黄玉米 FB1 污染率均为最高。伏马菌素还可以污染其他粮食及其制品，且不同地区污染状况也存在差异。1996 年我国对玉米、小麦等粮食作物中 FB1 污染进行调查. 发现不同地区均有不同程度污染。我国食道癌高发区林县的玉米伏马菌素污染率为 48%。因此，人们怀疑该地区食道癌高发与食用污染此毒素玉米相关。该毒素已被世界卫生组织列为近年来首先进行研究的几种霉菌毒素之一。

3. 节菱孢霉污染

节菱孢霉(arthrinium)是引起甘蔗发生霉变的污涂菌，其产生的毒素为耐热的 3－硝基内酸(3－nitropropionic acid，3－NPA)，占检出霉菌总数的 26%左右，长期贮藏的变质甘蔗是节菱孢霉发育、繁殖、产毒的良好培养基。节菱孢霉最适宜的产毒条件是 15～18℃，pH 为 5.5，培养基含糖量 2%～10%。节菱孢霉产生 3－硝基丙酸(3－NPA)，其产毒株约占 50%，3－NPA 是引起甘蔗中毒的主要物质。3－NPA 的排泄较慢，具有很强的嗜神经性，主要损害中枢神经，也损害消化系统。食后短时间内可发病，毒力强而稳定，加热和消毒剂处理后毒力不减，且没有免疫性，一旦发生神经系统损害，恢复的程度与中毒轻重、毒素含量多少及个体差异、能否及早诊断、洗胃减少毒素吸收等有关，一般难以完全恢复。

霉变甘蔗中毒在我国流行已有 44 年的历史，首次报道是 1972 年 3 月发生于河南郑州的一起食用变质甘蔗中毒，共计 36 人中毒，重症 27 人，死亡 3 人，病死率为 8.33%，霉变甘蔗中毒多发生于北方地区。发病季节多在 2～4 月份，因甘蔗主要是秋季收获，从南方运往北方，需长时间储存、运输，在这个过程中极易被霉菌污染，如果是还未完全成熟的甘蔗，因其含糖量(约为 7.76%)和渗透压低，则更利于霉菌的生长。一般节菱孢霉污染甘蔗后在 2～3 周内即可产生毒素。发病年龄多为 3～10 岁儿童，且重症病人和死亡者多为儿童，但也有大年龄组发病和死亡者，发病特点多为散发。

霉变甘蔗中毒的潜伏期较短，中毒表现潜伏期多在 10min 至 17h，一般为 2～8h。症状出现越早，提示病情越重，愈后越不良。中毒症状最初表现为一时性的消化道功能紊乱，如恶心、呕吐、腹痛、腹泻，随后出现神经系统症状如头晕、头痛、复视或幻视、眩晕至不能睁眼等，症状轻者 24h 后恢复健康，不留后遗症。较重者呕吐频繁剧烈，有黑便、血尿及神志恍惚、阵发性抽搐、瞳孔散大、四肢强直、牙关紧闭、出汗流涎、意识丧失，进而昏迷不醒。严重者可在 1～3d 内死于呼吸衰竭，病死率一般在 10%以下，高者达 50%～100%。重症及死亡者多为儿童。重症幸存者中则多留有严重的神经系统后遗症，如痉挛性瘫痪、语言障碍、吞咽困难、眼睛同向偏视、身体蜷曲状、四肢强直。

对于霉变甘蔗中毒，目前尚无有效的治疗方法，一旦发现中毒，应尽快送医院救治，进行洗胃、灌肠、导泻以促进排除未吸收的毒物。预防措施：甘蔗成熟后再收割，收割后防冻。贮存及运输过程中要防冻、防伤，防止霉菌污染繁殖。贮存期不宜太长，而且要定期对甘蔗进行检查，发现霉变甘蔗立即销毁。

3.5 病毒对食品安全性的影响

病毒是微生物中最小的一个类群，其外形多种多样，大体上呈圆形、椭圆形、砖形或杆状、蝌蚪状等。病毒不同于细菌，没有完整的酶系统，所以它不能独立生活，只能寄生在活细胞内，是专性寄生性微生物。分离培养这类微生物首先要培养细胞(或组织)，比较烦琐；病毒在食品中的数量少，加之检验方法复杂，不易检出，必须通过提取和浓缩的过程，但其回收率低，大约为50%；病毒生长繁殖要求条件很高，尤其是有些食品中的病毒还不能用当前已有的方法培养出来；由于病毒颗粒小，普通显微镜无法观察。

近年来，关于病毒引起食物中毒的报道逐渐增多。在不卫生的条件下可从食品中检测出很多肠道致病性细菌的同时，也可能发现许多病毒。实际上，任何食品都可以作为病毒的载体，病毒性肝炎常常就是通过食物进行传播的。1987年12月底至1988年1月初，上海居民因食用毛蚶中毒，引起了甲型肝炎爆发流行，仅在1周多时间里，发病人数近2万人，震惊全国。病毒性胃肠炎出现的频率仅次于普通感冒，居食源性病毒感染的第二位。因此，有关病毒对食品安全性的影响已引起人们的高度关注。

3.5.1 病毒对食品的污染

1. 污染来源

病毒可以通过粪便、土壤、空气、人体接触等污染食品。

(1)病人是大多数病毒的重要污染源。对于临床症状表现明显的病人，其病毒传播能力最强。此外，有些病毒携带者，多数处于传染病的潜伏期，在一定条件下可向外排毒，由于没有明显的临床症状，因而具有更大的隐蔽性。

(2)受病毒感染的动物。在畜牧业快速发展的今天，一些人兽共患性病毒不仅给养殖业造成了巨大损失，而且可通过各种途径传播给人，其中大多数是通过污染的动物性食品感染给人的，如口蹄疫病毒、禽流感病毒、疯牛病病毒和非典型性肺炎病毒。

(3)水产品中的病毒。一些海洋生物在含病毒的水体中生活时，可将病毒粒子吸收到体内。例如，贝类浓缩海水中肠道病毒的浓度可高达900倍。因此，在食用毛蚶、牡蛎、蛏子、蛤蜊等水生动物时，食前一定要反复冲洗，漂养1～2d，使其吐净污泥和不洁的污物及病毒，烹调时要充分加热，烧熟煮透。进食时应多加米醋、姜末、大蒜等调味品。但这是指在一般的情况下，如果该地区已有病毒病发生，则不要食用附近水域的贝类，因为病毒的数量过多，很难彻底消灭。贝类浓缩海水中肠道病毒的能力非常强，当食用这些贝类时，如果加热不彻底，就会引起食源性病毒病。

2. 污染途径

病毒污染食品的途径主要包括：

(1)港湾被污水污染。污水污染了港湾水就可能污染鱼类和贝类，并且其他港湾生物表面也可被污染。牡蛎、蛤和贝是过滤性进食，水中的病原体通过其黏膜而进入，然后病毒转入消化道。如果整个生吃贝类，那么，病毒就会被人体摄入。但绝大多数贝类不是生食的，它们被烹调时，很可能被厨房器具和某些设备二次污染。

(2)污水灌溉农田。被病毒污染的灌溉用水能够将病毒留在水果或蔬菜表面。

(3)污染饮用水。携带病毒的人和动物通过粪便、尸体直接污染水源。

(4)不良的个人卫生。带有病毒的食品从业人员通过手、生产工具、生活用品等在食品加工、运输、销售等过程中对食品造成污染。即食食品(如面包和熟食)必须引起特别注意。实际上，任何由含有病毒的人类粪便所污染的食物，都可能引起疾病。

(5)蚊、蝇、鼠类、跳蚤等可作为某些病毒的传播媒介，造成食品污染，如乙肝病毒，流行性出血热病毒。

3.5.2 病毒与食品安全

近几十年来，病毒学研究突飞猛进，有关食品污染病毒的报道也越来越多，从污染食品中已经发现了多种病毒，如肝炎病毒、脊髓灰质炎病毒、流感病毒、肠道病毒等。

病毒是专性寄生微生物，只能在寄主的活细胞中复制，不能在人工培养基上繁殖。但是，任何食品都可以作为病毒的运载工具，那些能以食物为传播载体和经粪口途径传播的致病性病毒具有很大危害。目前发现的这类病毒主要有：轮状病毒、星状病毒、腺病毒、杯状病毒、甲型肝炎病毒和戊型肝炎病毒等。此外，乙型、丙型和丁型肝炎病毒虽然主要是靠血液等非肠道途径传播，但也有关于它们通过人体排泄物和靠食品传播的报道。

有些病毒可在自然环境如土壤、水、空气中存在相当长的时间。如脊髓灰质炎病毒可在污泥和污水中存留 10d 以上，可通过污染的蔬菜导致小儿患小儿麻痹症。无论何种病毒污染食品，一旦被适宜的寄主摄入，即可大量繁殖，继而引起相应的病毒性疾病。

由病毒引起的食源性疾病分为两大类：病毒性胃肠炎和病毒性肝炎。在发达国家由食品引起的病毒性肝炎已变得不那么普遍了，但是，在发展中国家它依然有很高的发病率。在世界范围内由食品引起的病毒性胃肠炎则逐渐变成一种更加严重的公共健康危害。美国每年感染轮状病毒出现腹泻的婴幼儿达 350 万例左右。

3.5.3 食品中常见的病毒

1. 甲型肝炎病毒

1)病原学特性

甲型肝炎病毒(hepatitis A virus，HAV)属于微小 RNA 病毒科(Pimmaviridae)的肝

病毒属，颗粒为球形，无包膜结构，为单股 RNA。HAV 对乙醚、60℃加热 1h 及 pH 3.0的环境等作用均有一定的抵抗力，但是，在 100℃加热 5min，或用甲醛溶液或氯处理，均可使之灭活。将 HAV 置于 4℃、−20℃、−70℃条件下，均不能改变其形态或破坏其传染性。

2)食品污染的来源与途径

HAV是通过消化道途径传播的病毒，它可导致爆发性、流行性病毒性肝炎，是通过食品传播最常见的一种病毒。由感染至发病的潜伏期一般为 15～50d(平均 30d)，病人在潜伏期后期及急性期出现 HAV 大量复制，活性也很高。此时，患者血液和粪便均有很高的传染性。患者直接接触食品或以其粪便污染食品、水源，可造成更多的健康者感染 HAV。

HAV 通常由粪便排出体外，通过污染的手、水、食物、食具等经口感染。以日常接触为主要传播途径，呈散发性流行，但亦可通过污染的水和食物引起甲型肝炎的爆发流行。

3)对食品安全的影响

摄入了污染 HAV 的食品、饮用水会导致甲型肝炎的发生。甲型肝炎是世界性的疾病，全世界每年发病人数可超过 200 万人。该病以秋冬季节发生为主，也可在春季发生流行。甲型肝炎病毒感染后，每个人临床表现差别很大，主要与患者年龄有关，也与感染的病毒数量有关。主要分为急性黄疸型、亚临床型和隐性感染三种类型。急性黄疸型大多数病人发病突然，体温升高，常有发热、上消化道和上呼吸道症状，出现黄疸症状。甲型肝炎病毒感染中以亚临床型比例最高，其症状较轻，无黄疸表现，仅有乏力、食欲减退等轻微症状。

2. 轮状病毒

轮状病毒(rotavirus，RV)是引起婴幼儿腹泻的重要病原之一。全世界每年因轮状病毒感染，导致约 1.25 亿婴幼儿腹泻和 90 万婴幼儿死亡。

1)病原学特性

轮状病毒属于呼肠病毒科、轮状病毒属。成熟完整的轮状病毒颗粒在电镜下呈圆球状，为二十面体立体对称，直径为 75～100nm，无包膜，由 11 个单股 RNA 片段组成，拥有三层蛋白质衣壳(外衣壳、内衣壳、核衣壳)，内衣壳的颗粒沿病毒边缘呈放射状排列，形同车轮辐条，外衣壳薄而光滑，包绕内衣壳，形似轮缘，所以称该病毒为轮状病毒。只有具备内外双层衣壳的光滑型病毒才具有传染性，在双层颗粒中含有 RNA 多聚酶和其他一些能产生 mRNA 的酶。有六个血清型，其中 A 型、B 型和 C 型可感染人类。轮状病毒在环境中相当稳定，在蒸汽浴样品中曾检到了病毒颗粒。

2)食品污染的来源与途径

轮状病毒主要存在于肠道内，主要经人－人、粪－口或口－口传播。通过粪便排到外界环境，污染土壤、食品和水源，经消化道途径传染给其他人群。可经饮用或进食受污染的水或食物，或接触受污染的物件表面传播。在儿童及老年人病房、幼儿园和家庭中均可爆发。

3)对食品安全的影响

感染轮状病毒的禽类产品及从业人员在食品加工、运输、销售时可以污染食品。食用被轮状病毒污染的食品(如沙拉、水果)以后，由于该病毒具有抵抗蛋白分解酶和胃酸的作用，所以能顺利通过胃到达小肠，引起急性胃肠炎。感染剂量约为 10～100 个感染性病毒颗粒。据报道，患者在每毫升粪便中可排出 10^8～10^{10} 个病毒颗粒，因此，通过病毒污染的手、物品和餐具完全可以使食品中的轮状病毒达到感染剂量。

A 型的轮状病毒可引起婴儿腹泻、冬季腹泻、急性非细菌性感染性腹泻和急性病毒性胃肠炎，常见于冬季发病，是婴幼儿因腹泻而死亡的主要原因。B 型轮状病毒，也称为成人腹泻轮状病毒或 ADRV，主要是因为饮用了被粪便污染的水而爆发，是导致中国居民患急性腹泻的主要病原体。C 型轮状病毒，也可引起儿童腹泻，但比较少见。

轮状病毒性肠炎的症状表现不同，无症状，或轻微发病，严重时发生致命性胃肠炎、脱水及电解质平衡失调。轮状病毒性肠炎的症状包括发烧、呕吐、腹痛以及无血色水样腹泻，腹泻物为白色米汤样或黄绿色蛋花样稀水便，有恶臭，不含血或黏液，症状可持续 3～9d。除胃肠道症状外，近年的研究发现，轮状病毒可引起许多其他疾病，有些病例可出现不同程度肝功能损害，甚至可通过胃肠道屏障造成病毒血症。

3. 禽流感病毒

1)病原学特性

禽流感是由 A 型流感病毒任何一型引起的传染性疾病综合征。流感病毒按其特异的、不具交叉反应的核糖核蛋白抗原可区分为 A、B、C 三个不同的抗原型。其中 B、C 两型仅能对人致病，A 型对人、猪、马和禽有致病性。这种病毒属于正黏病毒科(orthomyxoviridae family)。A 型流感病毒不仅能引起禽类严重的疾病，而且也能感染人类和低等哺乳动物，易感动物包括鸡、火鸡、珠鸡、野鸡，鹌鹑、鹧鸪、燕鸥、鸽、鸭、鹅等家禽和野禽。在世界各种家禽和野生禽类中，按照血凝素(HA)和神经氨酸酶(NA)表面抗原来区分，已发现了数千种属于许多不同抗原亚型的病毒。

禽流感病毒(avian influenza virus，AIV)至今从世界各地分离到的有 80 多种，其性质基本相似。病毒粒子呈草秆状或球状，直径 80～120nm。病毒对热的抵抗力较低，60℃时 10min、70℃时 2min 即可致弱，普通消毒剂能很快将其杀灭。低温冻干或甘油保存可使病毒存活多年。

2)食品污染的来源与途径

家禽及其尸体是该病毒的主要传染源。病毒存在于病禽的所有组织、体液、分泌物和排泄物中，常通过消化道，呼吸道、皮肤损伤和眼结膜传染。吸血昆虫也可传播病毒。病鸡的肉、蛋可带毒。

3)对食品安全的影响

禽流感病毒流行期间，各种禽类均易被该病毒感染。染毒后，在禽类肌肉、内脏、蛋中可检出大量的禽流感病毒。人可因为食用这些禽类食品而被禽流感病毒感染，产生多方面的危害。患者潜伏期一般为 3～5d。多表现出感冒症状，体温升高，疲倦，消化功能降低，眼睑肿胀，眼结膜发炎，呼吸不畅，呼吸道分泌物增加。该病毒可通过血液进入全身组织器官，严重者可引起内脏出血、坏死，造成机体功能降低。若进一步被细菌感染，有导致死亡的危险。

4. 疯牛病病原

海绵状脑病(transmissible spongiform encephalopathy，TSE)是一类侵袭人类及多种动物中枢神经系统的退行性脑病，潜伏期长，致死率100%。此类疾病患者的中枢神经组织具有对同种甚至异种个体明显的传染性。其感染因子目前认为是一种不含核酸、具有自我复制能力的感染性蛋白质粒子——朊病毒(prion)，因此此类疾病又称之为朊病毒病(prion disease)或朊病毒相关疾病(prion associated disease)，是一种新的人畜共患病，对人类的危害程度不亚于艾滋病，疯牛病是此类疾病中的一种。

疯牛病是1985年4月在英国首次被发现的。其正式名称是“牛海绵状脑病”(bovine spongiform encephalopathy，BSE)，但是根据病牛的表现人们都习惯称其为疯牛病(mad cow disease)

1)病原学特性

关于疯牛病的致病因子，主要有三种假说：第一种认为它是普通病毒，由核酸和自身核酸编码的蛋白质组成；第二种认为它是类病毒，即只有核酸的感染因子；第三种也是最为盛行的观点，认为它是由蛋白质组成的感染因子，即朊病毒学说。朊病毒为小的蛋白质感染颗粒，它能抵抗修饰核酸的灭活方法，抵御对蛋白质水解、修饰或变性的方法。众多资料显示这种具有蛋白酶抗性的蛋白质就算不是感染颗粒的唯一组成成分，也是它的主要组成部分。朊病毒不包含核酸，所以与病毒和类病毒不同。缺乏单元结构是朊病毒与其他病毒在超微结构上的一个重要区别。单个朊病毒体积非常小，最小感染形式的朊病毒体积不到最小病毒体积的1%。此因子能够通过平均孔径小至20～100 μm的滤器，对热、多数化合物和光化学反应的灭活作用有非常强的抗性，但可被强碱溶液灭活。

2)食品污染的来源与途径

大量资料显示疯牛病感染因子可通过消化道进入人体，在局部消化道淋巴组织中增殖，以后进入脾脏、扁桃体、阑尾等淋巴器官，最后定位于中枢神经系统。因此，食用由疯牛病感染因子污染的食品被认为是疯牛病传播给人的重要途径。

疯牛病病牛组织根据其感染因子分布和在实验动物中的感染性的强弱分为强传染性组织(脑、脊髓、脑脊液、眼球)、低传染性组织(小肠、背根神经节、骨髓、肺、肝、肾、脾、胎盘、血、淋巴结)和无传染性组织(肌肉、乳汁、心脏、脂肪)。作为人类食物主要成分的肌肉/脂肪组织虽然不含有可检测到的疯牛病感染因子，但在牛肉加工过程中很难彻底避免有神经组织的污染，同时也不可能将所有的淋巴组织剔除干净，因此作为食品的牛肉也可能成为疯牛病感染因子的携带者。

3)对食品安全的影响

疯牛病的出现对人类造成最大的灾难是证实了动物人源性的TSE可突破种属屏障传播给人，从而引起新型克雅氏病(vCJD)。此病具有很大的危险性，潜伏期长，从两年到几十年。因无自觉症状，难于早期诊断，待发生痴呆时，脑内的进行性淀粉样病变已经形成，难以逆转，死亡率几乎为100%，绝大部分发生于青年人，并且目前无任何特异性预防和治疗手段。尽管已证实的人感染vCJD的病例目前尚不足100例，但该病已引起国际社会的高度重视。疯牛病对人类究竟能产生多大的影响很难准确预测。

3.6 寄生虫对食品安全性的影响

寄生虫(parasites)即专营寄生生活的生物，寄生虫的种类很多，其形态和生理特征也并不相同。根据它们在动物分类系统中的地位，主要有原虫、蠕虫。根据寄生虫在寄主体内的发育阶段，可分为终寄主和中间寄主。有的寄生虫可有多个寄主，以人和动物为寄主的寄生虫可诱发人畜共患病，损害人体健康。另外，通过携带寄生虫的肉类或肉制品也可传染给人类，引起疾病。影响食品安全性的寄生虫主要是食源性寄生虫，以蠕虫中的寄生虫最为常见。

3.6.1 寄生虫对食品的污染

自然界中生物之间的关系复杂而多样。寄生关系是一种生物生活在另一生物的体表或体内，使后者受到危害，受到危害的生物称为宿主或寄主，寄生的生物称为寄生物或寄生体。寄生物从宿主中获得营养，生长繁殖，并使宿主受到损害，甚至死亡。寄生物和宿主可以是动物、植物或微生物。动物性寄生物称为寄生虫。寄生虫能通过多种途径污染食品和饮水，通过食品感染人体的寄生虫称为食源性寄生虫。食源性寄生虫经口进入人体，引起人的食源性寄生虫病的发生和流行。近年来食源性寄生虫病种类不断增加，有些呈地方性流行，发病人数也有增长趋势。

食源性寄生虫病的传染源是感染了寄生虫的人和动物，包括病人、病畜和保虫宿主。寄生虫从传染源通过粪便排出，污染环境，进而污染食品。人体感染常因生食含有感染性虫卵的蔬菜或未洗净的蔬菜和水果所致，或者因生食或半生食含感染期幼虫的畜肉和鱼虾而受感染。

3.6.2 食品中常见的寄生虫

1. 猪囊尾蚴

囊尾蚴是绦虫的幼虫，寄生在宿主的横纹肌及结缔组织中，呈包囊状，故俗称“囊虫”。在动物体内寄生的囊尾蚴有多种，包括猪囊虫、牛囊虫、羊和骆驼的囊虫。除羊囊虫外，猪、牛、骆驼的囊尾蚴均可感染人，以猪囊尾蚴较为常见。囊尾蚴发育形成的成虫为绦虫，在动物分类中属扁形动物门，是一种常见的食源性人兽共患寄生虫。

1)病原体

猪囊尾蚴(*Cysticercus cellulosae*)是猪带绦虫的幼虫，带囊尾蚴的猪肉俗称“米猪肉”，其寄生的部位在臀肌、股部内侧肌、腰肌、肩胛外侧肌、咬肌、舌肌以及膈肌和心肌。肉眼观察，猪囊虫呈白色、绿豆粒大小，是一个半透明的水泡状囊状物，包囊的一端为乳白色不透明的头节，头节有吸盘和钩。猪带绦虫为猪囊尾蚴的成虫，呈链形带状，长达2～4m，共有700～1000个节片，其头节呈球形，直径0.6～1mm，具有4个吸盘和1个顶突。顶突上有许多小钩，可牢牢地吸附于小肠壁上吸取营养物质。

猪囊虫在2℃冷藏中可生存52d。从肌肉中摘出的虫体，加热到48～49℃，即可被杀死，但肉中的虫体则需煮沸到深部肌肉完全变白，才能杀死虫体。因此，误用“米猪肉”包饺子时就不一定能杀死全部虫体，具有潜在的危险。当用盐腌“米猪肉”时，含盐量应不少于12%，当肉中食盐含量达5.5%～7.5%时，虫体即可死亡。

2)食品污染的来源与途径

人是猪带绦虫的终末宿主，中间宿主除猪以外，还有犬、猫、人。成虫寄生于人的小肠，头节深埋于肠黏膜内，孕节可随粪便排出体外。孕节破裂后，虫卵散出，可污染地面或食物，被猪等中间宿主吞食后，虫卵在其十二指肠内经消化液作用，24～72h后胚膜破裂，六钩蚴逸出，钻入肠壁，经血液循环或淋巴系统而到达宿主身体的各部位，到达寄生部位后，虫体逐渐长大。60d后头节出现小钩和吸盘，约经10周囊尾蚴发育成熟，可使感染者表现出囊尾蚴病的症状。

3)对人体的危害

无论是患绦虫病还是囊尾蚴病，对人体健康均可造成危害，尤其是囊尾蚴的危害，远比成虫大。囊尾蚴侵害皮肤时，表现为皮下或黏膜下囊尾蚴结节；侵入人体肌肉，则出现肌肉酸痛、僵硬；如侵入眼中，可影响视力，引起眼底视乳头水肿，甚至导致失明；侵入脑内，则因脑脊液压力增高，脑组织受到压迫而出现精神错乱、幻听、幻视、语言障碍、头痛、呕吐、抽搐、癫痫、瘫痪等神经症状，甚至突然死亡。人患绦虫病时往往出现食欲减退、体重减轻、慢性消化不良、腹痛、腹泻或腹泻与便秘交替发生、贫血、消瘦等症状。

2. 旋毛虫

旋毛虫(*trichina*)是旋毛虫病的病原体，是人畜共患的一种寄生虫病，对人危害很大，能致人死亡。几乎所有的哺乳动物对旋毛虫均易感，现已发现有153多种哺乳动物可自然感染旋毛虫，几乎是遍布全球各国，仅澳大利亚未发现本地病人及动物感染。在肉食动物中旋毛线虫主要感染猪和狗，感染来源可能是鼠类和野兽。猪、猫、狗可成为动物间散布旋毛虫病的重要来源。进食生的或未熟透的旋毛虫病猪肉、狗肉的人也可引发本病。

1)病原体

旋毛虫属于线虫纲，是一种很细小的线虫，愈向前端直径愈小，一般肉眼不易看出。雌雄异体，雌虫较长，大小为(3～4) mm×0.06mm；雄虫较短，大小为(1.4～1.6) mm×(0.04～0.05)mm。成虫寄生在寄主的小肠内，幼虫寄生在寄主的横纹肌内，卷曲呈螺旋形，外面有一层包囊，呈柠檬状。肉眼观察成虫，其外观是短白绒丝状的线虫。

肌肉旋毛虫对低温抵抗力不强，但包囊内的幼虫抵抗力很强，在－12℃能存活57d，－15℃存活20d，－21℃存活8～10d。盐腌、烟熏都不能杀死肉块深部的虫体。盐腌肉块深部的包囊幼虫可保持活力1年以上，腐败的肉中幼虫能活100d以上，甚至肉块明显腐败，分解成糊状，有恶臭时，其包囊仍完好，幼虫仍没死亡。包囊对热的抵抗力较弱，当肉中心温度达60℃时5min即可杀死虫体。

2)食品污染的来源与途径

含有旋毛虫的动物肉或被旋毛虫污染的食物为主要传染源。人发生感染主要因摄入了含旋毛虫包囊的生猪肉或未煮熟猪肉，其次为野猪肉和狗肉，近年来有吃羊肉和马肉引起感染的报道。含有活旋毛虫包囊的腌肉、熏肉、腊肠和发酵肉制品等因其中心温度未能达到杀死虫体的温度，也可引起食用者感染。此外，接触生肉的刀和砧板、容器以及其他食品加工用具，若污染了旋毛虫包囊，也可成为传播因素。

当人误食含旋毛线虫幼虫的食品后，幼虫则从囊内逸出进入十二指肠和空肠，并迅速发育为成虫，在此交配繁殖，每条成虫可产1500个以上幼虫，幼虫穿过肠壁，随血液循环到全身，主要寄生在横纹肌肉内，卷曲成螺旋形，外包包膜。旋毛虫常寄生在膈肌、舌肌、喉肌、咬肌、颈肌、肋间肌和腰肌中，其中膈肌的寄生率最高，被寄生肌肉可发生变性。旋毛虫也可发生钙化，但钙化并不意味着虫体必然死亡，相反，在钙化的包囊内，旋毛虫还能保持活力。据文献报告，旋毛虫可存活10～20年甚至更长时间。

3)对人体的危害

旋毛虫可导致人患旋毛虫病，该病为世界性分布，以欧美人发病率高。我国主要流行于云南、西藏、河南、湖北、广西和东北等地。发生原因与肉品加工方法和食肉习惯有关，云南少数民族地区的菜肴，如白族的“生皮”、傣族的“剁生”和哈尼族的“噢嚅”等均系用生猪肉制成，当地人群感染率较高，屡见有本病暴发流行。

旋毛虫对人体产生的损害有虫体产生的机械性损伤、过敏反应、虫体代谢产物及排泄物毒性作用。成虫寄生于小肠时引起肠炎，患者有厌食、恶心、腹泻、腹痛、出汗及低热等症状1周后消退。幼虫侵入肌肉后，患者出现头痛、出汗、眼睑和面部浮肿、肌肉疼痛、淋巴结肿大，并伴有发热。严重感染时呼吸、咀嚼、吞咽和说话困难，声音嘶哑，嗜酸性粒细胞增多。发病1月后，幼虫在肌肉内形成包囊，急性炎症消退，但肌肉疼痛可持续数月，患者消瘦、虚脱，严重时因心肌炎而死亡。

3. 弓形体

弓形体(*Arch form*)又称弓浆虫、弓形虫，是一种原虫，属孢子虫纲。刚地弓形体(*Toxoplasma gondii*)是一种人畜共患的寄生虫，可寄生于人及多种动物体内，引起弓形体病。

1)病原体

刚地弓形体属于孢子纲、真球虫目、弓形虫科、弓形虫属，对人体致病及与传播有关的发育期为滋养体、包囊和卵囊。滋养体又称速殖子，呈新月形、香蕉形或弓形，大小为(2～4) μm×(4～8)μm，一端稍尖，一端钝圆。滋养体对高温和消毒剂较敏感，但对低温有一定抵抗力，在−8～−2℃可存活56d。包囊呈柠檬状、圆形、卵圆形或正在出芽的不规则形状等。包囊型虫体主要寄生在脑、骨骼肌和视网膜以及心、肺、肝、肾等处，呈卵圆形，有较厚的囊膜，囊中的虫体数目可由数十个至数千个，包囊的直径可达50～

60 μm。包囊的抵抗力较强，在冰冻状态下可存活35d，4℃存活68d，胃液内存活3h，但包囊不耐干燥和高温，56℃加热10～15min即可被杀死。卵囊对外界环境、酸、碱和常用消毒剂的抵抗力很强，在室温下可存活3个月，但对热的抵抗力较弱，80℃加热1min可丧失活力。

2)食品污染的来源与途径

猫是弓形体的终宿主。猫吞食了含有弓形体包囊的动物组织或发育成熟的卵囊后，包囊内的滋养体和卵囊内的孢子，一部分侵入肠上皮细胞进行有性繁殖，一部分进入血液在猫的体内组织的有核细胞内进行无性繁殖。随猫的粪便排出的卵囊在适当的条件下于2～4d内完成孢子化。包囊、滋养体及卵囊污染环境后，易致食用动物的感染，有报道称16000头牛中25%有弓形体抗体；9000只绵羊中31%有抗体；9000头猪中9%有抗体。

3)对人体的危害

带包囊和滋养体的畜禽肉可导致人类弓形体病。弓形体可通过口、皮肤、黏膜和胎盘传播给人，但人体感染的主要原因是食入含有卵囊和包囊的食物，如食用含有弓形体包囊的生肉或未煮熟的肉，少数因饮用弓形体病山羊的乳，或者饮用卵囊污染的水或食入被卵囊污染的蔬菜。

成人感染时，体温可升高到40.6～42.2℃，精神委顿，食欲逐渐减退，胃底部出血，有溃疡，便秘，有时下痢。肝脏有点状出血和灰白色局灶坏死性肝炎。呼吸困难，有咳嗽和呕吐症状，肺出血，有不同程度的间质水肿。肾脏有出血点和坏死灶。心包、胸腹腔有积水。有的四肢和全身肌肉强直。全身淋巴结肿大，充血，出血。身体下部及耳部出现瘀血斑，或有较大面积的发绀。中枢神经系统受侵害时，可表现为非化脓性脑膜炎，也可出现癫痫或精神症状。温暖潮湿地区人群弓形体的感染率较寒冷干燥地区为高，且随年龄的增长而升高。据报道，全世界有1/4人的血清中存在抗体，我国人群感染率为0.1%～47.3%，农村感染率高于城镇，成人高于儿童。

4. 华支睾吸虫

华支睾吸虫为引起人畜共患华支睾吸虫病的寄生虫。成虫寄生于人和哺乳动物的肝内胆管，在人体内可存活20～30年。第一中间宿主为淡水螺，第二中间宿主为淡水鱼或虾。

1)病原体

华支睾吸虫(*Clonorcbis inensis*)又称肝吸虫(*liver fluke*)，属于后睾目、后睾科(*Opisthorchiidae*)、支睾属。华支睾吸虫是一种雌雄同体的吸虫。虫体长、扁平呈叶状稍尖，后端较钝，体表平滑，大小平均为(10～25)mm×(3～5)mm，呈乳白色半透明。成虫呈叶状或葵花子状，体薄而柔软，半透明，活虫为淡红色，死后为灰白色。有口吸盘和腹吸盘，口吸盘大于腹吸盘。卵甚小，虫卵形似芝麻粒，上端有卵盖，后端有一小突起，棕黄色，大小为29 μm×17 μm。卵内含一个毛蚴。

2)食品污染的来源与途径

螺蛳、淡水鱼、虾等为中间宿主。成虫寄生在人、猪、猫、犬的胆管里。虫卵随宿主粪便排出，被螺蛳吞食后，经过胞蚴、雷蚴和尾蚴阶段，然后从螺体逸出，游于水中，附在淡水鱼体上，继而浸入鱼的肌肉、鳞下或鳃部发育为后囊蚴。如果人或动物食用含有囊蚴的生鱼虾或未煮熟的鱼肉或虾后，囊蚴可进入人体消化道，囊壁被溶化，幼虫破囊而出，然后移行到胆管和胆道内发育为成虫。成虫在人体内寄生可达 15～25 年。

3)对人体的危害

人食用生的或没有烧熟煮透的含囊蚴的淡水鱼、虾后即可感染。感染率的高低与生活和饮食习惯以及淡水螺的滋生程度有密切关系。在一些地区流行的关键因素是当地人有吃生的或未煮熟的鱼肉的习惯，如我国朝鲜族人主要因食“生鱼佐酒”而感染，广东人因吃“生鱼”、“生鱼粥”或“烫鱼片”而感染。此外，用切过生鱼的刀具及砧板切熟食，或者用盛放过生鱼的容器盛装熟食，或者加工人员接触过生鱼的手未清洗再触及食品等均可造成食品的交叉污染，也有使人感染的可能。

食入囊蚴的数量少时可无症状，若食入的数量多或反复多次感染，因机械性的刺激，引起胆管和胆囊发炎，管壁增厚，消化机能受影响，造成腹泻。反复严重感染者出现浮肿，消瘦，贫血，黄疸，心悸，眩晕，失眠，肝脾肿大等症状。儿童和青少年感染后，临床症状严重，智力发育缓慢，甚至还可引起侏儒症，死亡率较高。有些患者在晚期并发肝绞痛、胆管炎、胆囊炎和肝癌。

5. 蛔虫

蛔虫(*roundworm*)属于线虫纲、蛔目、蛔科。人的似蚓蛔虫、猪蛔虫，小兔唇蛔线虫、大弓线虫、猫弓首线虫等可引起人兽共患蛔虫病。蛔虫是人体肠道内最大的寄生线虫，所导致的人的蛔虫病是一种常见的寄生虫病，在儿童中发病率相对较高。

1)病原体

蛔虫成虫呈圆柱形，似蚯蚓状，成体略带粉红色或微黄色，体表有横纹。死后为黄白色，头部有 3 片唇，其内缘有细齿。雌虫长 20～35cm，尾端直；雄虫长 15～30cm 尾端向腹面卷曲。虫卵随粪便排出，分受精卵和未受精卵两种。前者因受胆汁染色而呈金黄色，内有球形卵细胞，两极有新月状空隙；后者窄长，内有一团大小不等的粗大折光颗粒。

2)食品污染的来源与途径

蛔虫的发育不需要中间宿主，各种蛔虫的生活史基本相同。成虫寄生于宿主的小肠内，虫卵随粪便排出体外，在适宜的环境中单细胞卵发育为多细胞卵，再发育为第一期幼虫，经一定时间的生长和蜕皮，变为第二期幼虫，再经 3～5 周才能变成感染性虫卵。感染性虫卵一旦与食品、水、尘埃等一起经口被摄入人体，在小肠内可孵出第二期幼虫，通过小肠黏膜及黏膜下层进入淋巴管或微血管，再经胸导管或门静脉到达心脏，随血液循环到达肝脏、肺脏，然后经支气管、气管、咽喉再返回小肠内寄生，并逐渐长大为成虫。成虫在小肠里能生存 1～2 年，有的可长达 4 年以上。

蛔虫病呈世界性分布，一般春夏季节为蛔虫的感染季节。当灰尘、水、土壤或蝇、鼠以及带虫卵的手污染蔬菜及水生生物后，若食用未洗净的污染食物可导致人体感染。

3)对人体健康的危害

人感染蛔虫后发病时，早期危害主要是幼虫在体内移行造成的，幼虫在人体移行中可损害肠壁、肝和肺，引起局部出血和粒细胞浸润、支气管炎、肺炎及哮喘。后期危害主要是成虫在小肠内生活造成的。成虫寄生于小肠，夺取营养，感染者通常无明显症状，儿童和体弱者有营养不良、食欲不振、荨麻疹、畏寒、发烧、磨牙等表现。严重时导致肠梗阻、肠扭转、肠套叠、肠坏死，异位寄生时常引起胆管阻塞、肝脓肿、腹膜炎等，偶尔并发胰腺炎、急性阑尾炎，或引起咽喉和支气管阻塞与窒息。我国农村多以人畜粪便作肥料，蔬菜大多染有蛔虫卵，生吃蔬菜或吃未洗净的果菜都有可能将虫卵食入而致病，感染率农村高于城市，儿童高于成人。

思考题

1. 细菌污染食品的途径有哪些?
2. 食品中有哪些常见的致病菌?
3. 食品中常见的病毒及其危害?
4. 简述霉菌产毒的条件。
5. 常见的真菌毒素有哪些?其主要危害是什么?
6. 食品中常见的寄生虫及其主要危害?

参考文献

包丽娟. 2016. 国内外微生物源食源性疾病监测及其防控进展[J]. 食品安全质量检测学报，7(7)：2990-2994.

何国庆，贾英明. 2009. 食品微生物学[M]. 北京：中国农业大学出版社.

刘桂华，孙武长，赵共和，等. 2000. 吉林省三种主要粮食中杂色、构巢曲霉及杂色曲霉素污染状况调查[J]. 中国卫生检验杂志，(10) ：472-474.

孙月娥，孙远. 2010. 食源性病毒及其预防与控制[J]. 食品科学，(21)：405-408.

王硕. 2016. 食品安全学[M]. 北京：科学出版社.

殷文政，樊明涛. 2015. 食品微生物学[M]. 北京：科学出版社.

Atmar R L，Opekun A R，Gilger M A，et al. 2008. Norwalk virus shedding after experimental human infection[J]. Emerg Infect Dis：14(10)：1553-1557.

Burks A W，Tang M，Sicherer S，et al. 2012. ICON：food allergy[J]. Journal of Allergy and Clinical Immunology，129(4)：906-920.

Grove S F，Lee A，Lewis T，et al. 2006. Inactivation of foodborne viruses of significance by high pressure and other processes[J]. J Food Protect，69(4)：957-968.

Li F Q，Yoshizawa T，Kawamura O，et al. 2001. Aflatoxins and fumonisins in corn from the high-incidence area for human hepatocellular carcinoma in Guangxi，China [J]. Journal of Agricultural and Food Chemistry，49 (8)：4122-4126.

Rzezutka A，Cook N. 2004. Survival of human enteric viruses in the environment and food[J]. Fems Microbiol Rev：28(4)：441-453.

Savage J，Sicherer S，Wood R. 2016. The natural history of food allergy [J]. Journal of Allergy & Clinical Immunology in Practice，4(2).

第 4 章　物理源食品安全问题

食品的物理源危害是指食品在生产加工过程中，杂质超过规定的含量，或食品吸附、吸收外来的放射性核素所引起的食品污染。食品物理源危害包括食品的放射性污染和杂物污染。其中，放射性污染可在人体内长期蓄积，当放射性物质达到一定浓度时，就会对人体产生危害，甚至危及生命，并且消除危害的时间长，往往需要几十年甚至几百年的时间，其危害程度令人心惊。食品的杂物污染是最常见的消费者投诉问题，因为伤害立即发生或吃后不久发生，并且伤害的来源容易确认。杂物污染一般包括食品的掺伪和碎玻璃、木屑、头发及一些昆虫的残体等可见的异物。物理性危害不仅会造成食品污染，还会损坏消费者的健康。

4.1　食品放射性污染

食品的放射性污染是指食品可吸附或吸收外来的放射性核素，当其放射性高于自然界放射性本底时，就称作食品的放射性污染。其主要来自对放射性物质的开采和冶炼、核废物及平时意外核爆炸或核泄漏事故所释放的放射性核素等。

食品放射性污染的种类较多，半衰期一般较长，被人摄取的机会大，有的在人体内可长期蓄积，对人体的危害程度大，并且消除影响的时间长。

4.1.1　食品放射性污染的来源

1. 天然放射性本底

天然放射性本底是指自然界中本身就存在的，未受人类活动影响的电离辐射水平。包括来自于宇宙线和环境中的放射性核素。其中，食品的天然放射性本底由参与外环境和生物体间的物质交换，并存在于动植体内的放射性核素构成。

天然放射性核素分为两大类，一类是宇宙射线的粒子与大气中的物质相互作用产生的，如碳 14、氢 3 等，另一类是在地球的形成过程中存在的核素及其衰变产物，如铀 238、铀 235、钾 40、铷 87 等。

天然放射性核素广泛分布于自然界中，主要存在于矿石、土壤、天然水、大气和动植物的组织中，可以通过食物链进入生物圈。一般来说，食品中的天然放射性物质基本不会对食品安全产生影响，除非其具有很高的含量。

2. 人为的放射性污染

食品中人为的放射性污染主要来源于以下方面。

(1)核试验。核爆炸时会产生大量的放射性裂变产物，随同高温气流被带到不同的高度，大部分在爆点附近地区沉降下来，较小的粒子能进入对流层甚至平流层，绕着地球运行，经数天，数月或数年缓慢地沉降到地面，因此，核试验的污染具有全球性，而且是放射性环境污染的主要来源。

(2)核废物排放不当。从一座核电站排放出的放射性物质，虽然其浓度极微量，几乎检测不出来，但经过水生生物的生物链，被成千上万倍地浓缩，成为水产食品放射性物质污染的一个来源。据调查，厂区邻近的海域及地区所产鱼、牡蛎、农作物、牛奶中均有较高浓度的铯137、锌65、铬51和磷32等。

(3)意外事故的核泄漏。主要引起局部性污染，如英国温茨盖尔原子反应堆事故，由于周围牧草受到污染，牛奶中放射性物质含量也很高；苏联切尔诺贝利的核事故也造成了环境及食品的污染，当时，欧洲许多国家生产的牛奶、肉类和动物肝脏中都发现有超量的放射性核素；由地震及海啸导致的日本福岛第一核电站1号反应堆发生了核泄漏导致日本近海鱼类放射物超标，日本福岛核事故后，北京地区蔬菜样品中的人工放射性核素 I^{131} 活度见表4-1。

(4)放射性矿石的开采和冶炼。在开采和冶炼放射性矿石(如铀、钍矿等)的过程中，会产生放射性粉尘、废水和废渣，造成环境和食品的污染。

(5)照射食品技术的应用。对食品及农作物进行射线照射的技术叫做食品辐照，用射线照射过的食品叫做辐照食品。进行食品辐照的目的是抑制发芽、杀虫、推迟成熟、杀菌等。

(6)其他。放射性核素在工农业、医学和科研上的应用，也会向外界环境排放一定量的放射性物质。如农业上含铀等放射性元素的磷肥，放射性核素在农作物中大量累积，并通过食物链进入畜禽体内，再进入人体。

表4-1 某地区蔬菜样品中的人工放射性核素 I^{131} 活度

样品名称	采样地区	采样时间	I^{131} 核素活度最大值[a] /(Bq/kg 鲜重)	事故后天数
菠菜	昌平	2011-04-04	2.76±0.23	23
	丰台	2011-04-04	1.62±0.26	23
	延庆	2011-04-07	1.38±0.38	26
	门头沟	2011-04-10	1.47±0.20	29
	大兴	2011-04-14	0.95±0.19	33
荠菜	通州	2011-04-02	2.52±0.31	21
莴苣叶	丰台	2011-05-02	1.27±0.33	51
小萝卜叶	丰台	2011-05-02	0.85±0.42	51
野草	海淀	2011-04-02	3.03±0.34	21
野生蒿草	昌平	2011-04-12	2.21±0.26	31

注：a为测定值±不确定度

4.1.2 食品放射性污染的途径

1. 通过食物链

进入大气的放射性尘埃会随着气流和雨水扩散，大部分沉降到江河湖海和大地表面，污染水域和植被，然后通过作物、饲料、牧草等进入畜禽体内，通过水体进入水产动物体内，最终以食品途径进入人体。而各种放射性物质经食物链进入人体的转移过程，会受到诸如放射性物质的性质、环境条件、动植物的代谢情况和人的膳食习惯等因素的影响。

2. 污染水体

放射性物质污染的另一问题是对水体的污染，地球上，水域面积占总面积的 2/3 以上，是核试验放射性物质的主要受纳体，也是核动力工业放射性物质的受纳体。水体中的水生生物对放射性核素有明显的富集作用，浓集系数可达到 103～104。进入水域的放射性核素，一部分被水吸收后消除，一部分被水生生物吸收、富集并随食物链转移。

4.1.3 食品放射性污染的危害

一般来说，放射性物质主要经消化道进入人体。其中食物占 94%～95%，饮用水占 4%～5%。而较少的放射性物质经呼吸道和皮肤进入人体。在核试验和核工业泄漏事故时，放射性物质经消化道、呼吸道和皮肤这三条途径均可进入人体。

进入人体的放射性物质，在人体内继续发射多种射线引起内照射。当放射性物质达到一定浓度时，便能对人体产生损害。自从人类利用核物质以来，发生了不少人为(核爆炸)核污染事故。二十多年前，苏联的切尔诺贝利核电站核泄漏事故是最严重的核污染事故，其危害是令人触目惊心的。

据白俄罗斯政府 1997 年公布的资料，切尔诺贝利核事故所泄漏的放射性粉尘有 70% 飘落在白俄罗斯境内。在事故发生初期，白俄罗斯大部分公民都受到了不同程度的核辐射，大约 $6000km^2$ 的土地无法使用，400 多个居民点成为无人区，政府不得不关闭了 600 多所学校、300 多个企业和 54 个大型农业联合体。到目前为止，还有 200 多万人生活在核污染区，其中包括 48 万儿童。白俄罗斯政府预计，核事故给白俄罗斯带来的直接经济损失在 2350 亿美元以上，相当于白俄罗斯 32 个财政年的总和，政府为了消除危害，每年的拨款要占整个国家预算的 20%～25%。核事故严重影响了人们健康，尤其是对儿童的健康。白俄罗斯儿童甲状腺癌、白血病的数量剧增，新生儿生理残疾者的数量迅速增加。白俄罗斯儿童甲状腺癌的比率，在发生核事故前为 1∶200 万，与其他国家相差无几。但到 1994 年为 1∶1 万，上升了 200 倍，某些地区甚至高达 1∶1000，上升了 2000 倍。1997 年，白俄罗斯卫生部门对距切尔诺贝利约 400km 处的一所学校的数百名学生进行体检，几乎都患有不同程度的慢性疾病。椐专家估计，完全消除事故影响需要 800 年的时间，将经过整整 40 代人。

食品中主要的放射性污染物是碘和锶。碘 131 是在核爆炸早期出现的最突出的裂变产物，可通过牧草进入牛体中造成牛奶的污染；碘 131 通过消化道进入人体，可被胃肠道吸收，并且有选择性地富集于甲状腺中，造成甲状腺损伤甚至可能诱发甲状腺癌。锶 90 在核爆炸过程中大量产生，污染区的牛奶、羊奶中含有大量的锶 90。锶 90 进入人体后参与钙代谢过程，大部分沉积于骨骼中。

某些鱼类能富集金属同位素，如铯 137 和锶 90 等。锶 90 的半衰期较长，多富集于骨组织中，而且不容易排出，对机体的造血器官具有一定的影响。某些海产动物，如软体动物能富集锶 90，牡蛎能富集大量锌 65，某些鱼类能富集铁 55。另外，还有钚 239、镭 226、铈 144、铯 137、钋 216、锶 89、钴 60 和钾 40 等。

放射性对生物的危害是十分严重的。放射性损伤有急性损伤和慢性损伤。如果人在短时间内受到大剂量的 X 射线、γ 射线和中子的全身照射，就会产生急性损伤。轻者有脱毛、感染等症状。当剂量更大时，会出现呕吐等肠胃损伤。在极高剂量的照射下，发生中枢神经损伤直至死亡。放射能引起淋巴细胞染色体的变化，放射照射后的慢性损伤会导致人群白血病和各种癌症发病率增加。表 4-2 为成年人全身短时间内受辐射后症状。放射性元素的原子核在衰变过程放出 α、β、γ 射线的现象，称为放射性。由放射性物质所造成的污染，叫作放射性污染。

动物实验及现场人群调查研究证明，人和动物在大剂量照射情况下，可以发生放射病，并可致死。一次较大剂量或长期小剂量照射，均能引起慢性放射病和长期效应，如血液学变化，生育能力障碍，以及发生肿瘤和缩短寿命等。很早就有放射性物质引起人体肿瘤的报道，如 X 射线引起皮肤癌，接触放射线物质的工人发生肝癌等。

表 4-2 成年人全身短时间内受辐射后症状

受照剂量	放射病程度	症状
100 毫希伏以下	无影响	
100～500 毫希伏	轻微影响	白细胞减少，多无症状表现
1000～2000 毫希伏	轻度	疲劳、呕吐、食欲减退、暂时性脱发、红细胞减少
2000～4000 毫希伏	中度	骨骼和骨密度遭到破坏，红细胞和白细胞数量极度减少，有内出血、呕吐、腹泻现象
4000～6000 毫希伏	重度	造血、免疫、生殖系统以及消化道等脏器受到影响，甚至危及生命

4.1.4 食品放射性污染的防治

食品放射性污染给人体带来的危害是小剂量、长时间的照射作用。为了防止这种污染，必须从预防入手。

1. 加强对污染源的卫生防护和经常性的卫生监督

防止食品的放射性污染，主要在于控制污染源。使用放射性物质时，应严格遵守技术操作规程，定期检查装置的安全性。

放射性防护机构必须对产生放射性“三废”单位周围的农、牧、水产品等进行监测，不能轻易地将这些地区生产的食品供给人们食用，对其周围可能受到污染的地表水和地下水进行定期检验。食品进行辐照保鲜时，应严格遵守照射源和照射剂量的规定，禁止任何能够引起食品和包装物产生放射性的照射。食品加工厂和食品仓库都应设立在产生放射性工作单位的防护监测区之外，并在生产过程中要严防放射性物质污染食品。包装食品的所有材料，必须保证未被放射性物质污染。任何食品都不能和放射性物质混合装在同一车厢、船舱中运输，如用曾经运输过放射性物质的车厢、船舱运送食品时，必须事先对车厢或船舱经过彻底处理，否则不能用来送运食品。各种食品都不能和具有放射性的物品混合储存。绝对禁止把放射性核素作为食品保藏剂。核装置和同位素试验装置的废物排放，必须做到合理、无污染。

2. 适时或定期进行食品卫生监测

食品遭受放射性污染的途径是多方面的，要经常预测，及时掌握污染的动态。

进行核试验之前，要事先做好附近地区生物和食品的预防覆盖工作，事后适时开展放射性沉降物的监测。对应用于工农业、医学和科学实验的核装置及同位素装置附近地区的食品，要定期进行卫生监督。对于辐照处理的食品应严格控制食品的吸收剂量，卫生监督部门随时检查，未经审查批准的辐照食品，一律不得上市。

发生意外事故造成的偶然性放射性污染，要全力进行控制，把污染范围控制到最小。包装密闭的食品因干燥灰尘使外部受到放射性污染时，可用擦洗或吸尘方法除去。如果放射性物质已经进入食品内部或已渗入食品组成成分时，则应予以销毁。

4.1.5 辐照食品的安全性

通过电离辐射的方法，杀灭虫害，消除病原微生物及其他腐败细菌，或抑制某些生物的活性和生理过程，或改变某些化学成分，从而达到保藏、保鲜和改性目的的一类食品，称为辐照食品。随着各国经济的不断发展，辐照食品的种类也逐渐增多，表 4-3 为中国批准允许进行辐照的食品类别及剂量。

用于食品照射的电离射线只限于钴 60 和铯 137 的射线，以及能量在 10MeV 以下的电子射线和能量在 5MeV 以下的 X 射线。电离辐射穿透物质的能力，用能量表示，单位为 MV 或 MeV(百万电子伏特)。

目前，辐照食品逐步进入实用阶段，食品在加工过程中的安全性和有关辐照食品安全性的进一步研究，是食品安全和公共卫生方面不可忽视的问题。

表 4-3 中国批准允许进行辐照的食品类别及剂量

类别	品种	目的	吸收剂量(kGy)≤	产品卫生标准
豆类、谷类食品	绿豆、红豆、大米 面粉、玉米渣、小米	控制生虫	0.2(豆类) 0.4～0.6(谷类)	GB 14891.8—1997

续表

类别	品种	目的	吸收剂量(kGy)≤	产品卫生标准
干果果脯	空心莲、桂圆、核桃、山楂、大枣、小枣	控制生虫	0.4～1.0	GB 14891.3—1997
熟畜禽肉	六合脯、扒鸡、烧鸡、盐水鸭、熟兔肉	灭菌、延长保质期	8.0	GB 14891.1—1997
冷冻包装禽肉类	猪、牛、羊、鸡	沙门氏菌及腐败菌	2.5	GB 14891.7—1997
香辛料	五香粉、八角、花椒	杀菌、防霉	10.0	GB 14891.4—1997
方便面固体汤料	方便面固体汤料	杀菌、防霉	8.0	
新鲜水果蔬菜	土豆、洋葱、大蒜	抑制发芽	0.1-0.2	GB 14891.5—1997
	生姜、番茄、荔枝、苹果	延缓后熟	0.5～1.5	

1. 食品辐照的应用现状

1)辐射杀菌

对香辛料或干蔬菜进行辐照杀菌主要是在荷兰、法国、美国等国家进行，美国、荷兰、法国、南非等国正在对食用禽肉类实施辐射杀菌处理，主要由沙门氏菌引起的污染。另外，美国为了防止因汉堡包中病原性大肠菌引起食物中毒，于 2000 年开始对汉堡包进行照射，对用于零售的汉堡包也实施了照射，并在超市等商场出售。中国也对畜肉类制品实施辐照杀菌。

2)辐射杀虫

射线照射是很有效的谷物杀虫方法，乌克兰正在对苏联时期进口的小麦进行电子射线辐照。美国对用射线为果实杀虫非常感兴趣，已经在夏威夷开始对拟输往本土的热带果实进行辐照。

3)抑制发芽

病人食品、航天食品、野营食品等必须做到干净无菌，有些国家对其实施射线辐照。另外，包装容器也用射线来杀菌。

不只是食品，饲料也可以用射线杀菌，而且这样对其品质的损伤很小。SPF 动物用饲料及部分无菌动物用饲料使用剂量为 20～50kGy 的射线进行杀菌照射。实验动物用饲料的辐照杀菌在以日本为首的多数发达国家长年实施，日本每年在对数百吨的实验动物用饲料进行射线辐照。目前，欧洲发达国家几乎都在对动物用饲料进行辐照杀菌处理。

2. 辐照食品的分类

辐照食品一般分为三类：低剂量，用于抑制产品的代谢和杀虫；中剂量，用于针对性、选择性的杀虫和杀菌、改进品质；高剂量，用于彻底杀虫和长期保存食品。

3. 辐照食品的安全性

20 世纪 50 年代，美国和英国进行辐照食品的健全性试验，后来各国也都陆续实行。日本于 1967 年到 1981 年进行了特定食品照射综合研究(食品照射国际计划)，以洋葱(抑制发芽)、马铃薯(抑制发芽)、大米(杀虫)、小麦(杀虫)、维也纳香肠(杀菌)、水产制品(杀菌)、柑橘(表面杀菌)为对象进行了试验研究。通过试验研究，发现该7种辐照食品的健全性不存在任何问题。依据此结果，1972年日本取得了用γ射线照射马铃薯的许可证，1974年1月，开始了对马铃薯的照射工作。

另外，日本在再次讨论国际性存疑问题的同时，认为有必要用新方法来评价辐照食品的健全性。因此，1986年到1991年期间在日本同位素协会设立“食品照射研究委员会”，分别就感生放射性、食品成分的变化、变异原性、微生物学方面的安全性等，用最新方法进行了再次试验。结果表明，辐照食品的健全性不存在问题。

关于辐照食品的安全性，有以下几方面的问题值得考虑。

1)有害物质的生成

经过辐照处理的食品是否会生成有害成分或带来有害作用，特别是慢性危害和致畸性。过高剂量(大于104Gy)照射时，会产生有害物质，而低剂量(小于104Gy)的照射，目前尚未发现会产生有害物质。

2)营养成分的破坏

照射处理的食品，食品中的营养素会受到影响，蛋白质、脂肪、碳水化合物和纤维素被破坏或变性，营养价值降低，特别是对VA、VE、VK及VC的破坏，同时也涉及感官性状的变化。因此，辐照处理食品时，应使用规定照射剂量，以降低对食品营养物质的破坏。

3)致癌物质的生成

1968年美国曾对高剂量辐照的火腿进行动物实验，观察到受试动物除繁殖能力及哺乳行为下降、死亡率增高、体重增长率下降、血液中红细胞减少外，还观察到肿瘤的发生率比对照动物高。但中剂量(103～104Gy)和低剂量的辐照食品的实验，还未发现致癌物质的产生。目前，研究者们认为，食品在推荐和批准条件下照射时，不会产生具有危害水平的致癌物。

4)诱变物质的生成

食品辐照可能生成具有诱变和细胞毒性的少量分解产物，这些产物可能诱导遗传变化，包括染色体的畸变。实验表明，用经过照射的培养基来饲养果蝇，其突变率增加，数代后死亡率增加。Shaw和Hayes研究发现，对培养物中加入最终浓度大于0.2%的辐射蔗糖后，人体白细胞培养物中有丝分裂速率严重降低，而且染色体的碎块增加。因为蔗糖是许多食品的天然组分，并可加到其他食品中，因此，不管研究者对这一问题有这样或那样的论点，仍然值得引起足够的关注。

5)食品中的诱导放射性

经过照射处理的食品，由于处理过程中不与放射源直接接触，所以，一般不会沾染放射性物质，但是，是否具有感生放射性危险的问题，曾引起了很大的关注。事实上被人食用的食品都是具有一定放射性的，且放射性水平的变化相差很大。对照射食品使用的放射线，要求穿透能力大，以便使食品深处均能受到辐照处理，同时又要求放射能诱导性小，以避免被冲击的元素变成放射性。目前主要使用的食品放射线有γ射线、X射线或电子束。不能排除照射在某一能级时，放射能有被诱导的可能性。从现在食品辐射采用的射线和使用的放射剂量，被认为诱导放射不会引起健康危害。

4.2 食品杂物污染

食品杂物污染指食品在生产、储存、运输和销售过程中受到污染物的污染，以及食品的人为掺假而造成的污染。

4.2.1 食品中的杂物和掺伪污染物

1. 杂物的污染及其来源

(1)生产时的污染：生产车间密闭不好，受到灰尘和烟尘的污染；在粮食收割时常有不同种类和数量的草籽的混入；动物在宰杀时血污、毛发及粪便对畜肉污染；设备的陈旧或故障引起管道中金属颗粒或碎屑的污染。

(2)食品储存过程中的污染：苍蝇、昆虫的尸体和鼠、雀的毛发、粪便等；食品包装容器和材料的污染，如大型酒池、水池、油池和回收饮料瓶中昆虫、动物尸体及脱落物品、承装物品等。

(3)食品运输过程的污染：运输车辆、装运工具、不清洁铺垫物和遮盖物等。

(4)意外污染：头发、指甲、烟头、废纸、杂物的污染及抹布、拖把头、线头等。

2. 食品的掺伪污染物

食品掺伪主要包括掺假、掺杂和伪造，这三者之间没有明显的界线，食品掺伪即为掺假、掺杂和伪造的总称，一般的掺伪特质能够以假乱真。

食品掺假是指人为地、有目的地向食品中非法掺入外观、物理性状或形态相似的非同种类物质，以增加其重量或体积而降低成本，或改变某种质量，以低劣的色、香、味来迎合消费者贪图便宜的行为。如小麦粉中掺入滑石粉，味精中掺入食盐，油条中掺入洗衣粉，食醋中掺入游离矿酸等。

掺杂是指向粮食食品中非法掺入非同一类或同种类的劣质的物质，如大米中掺入沙石，糯米中掺入大米，米中掺不完整米，木耳中掺盐卤等。

伪造是指人为地用一种或几种物质进行加工仿造，而冒充某种食品在市场销售的违法行为，如伪造的山楂片即是淀粉、香精、糖精、酸味剂、色素经加工仿造而成。

食品掺伪主要有以下几种情况。

(1)掺入物理性状与被掺入食品相近似的非同类食品。如小麦面粉中掺入玉米面粉；辣椒粉中掺入胡萝卜粉；牛奶中掺入豆浆等。

(2)掺入物理性状与被掺入食品相近似的非食品物质。面粉中掺入滑石粉、荧光粉；米中掺沙子；辣椒粉中掺入红砖粉等。

(3)向优质食品中掺入同一类或非同一类劣质食品、廉价食品和非食品。如健康畜禽肉中掺入病死畜禽肉；午餐肉、香肠、火腿等肉制品中加入过量淀粉；木耳中掺入盐类、沙子和木块等。

(4)伪造食品。如“假啤酒”是用白酒、砂糖、糖精、柠檬酸、小苏打、洗衣粉和香精等配制；“三精水”冒充果汁，其实是用糖精、香精、色素、柠檬酸和小苏打配制。

(5)用劣质食品冒充优质食品。如精美包装的糕点实质上是发霉食品；酒精兑制酒冒充蒸馏酒；用加标签冒充名牌食品。

(6)掺入有毒甚至剧毒物质。白酒中掺入敌敌畏改变酒的颜色和味道冒充优质酒；茶叶中加入亚铁氰化钾以改善颜色；肉制品中加过量亚硝酸盐。

(7)其他掺假现象。如油条中掺入洗衣粉，使油条更易发泡，减少油炸时间；火锅底料中加入含麻醉药成分的罂粟壳；胖听或变质罐头重新灭菌后出售。

4.2.2 几种常见的杂物污染

1. 金属物

1)来源

金属物造成的食品危害是物理性危害中比较常见的一种，食品中的金属物一般来源于各种机械、电线等，它的产生有多种原因，如食品加工制造工作中由于疏忽引起的，在食品运输过程中造成的，也可能是人为的故意破坏而引起的。

2)危害

消费者食入这些食物中的金属物，可能会对人体造成不同程度的损伤，如口腔的割伤，咽部的划伤。一些进入体内的金属物如不能及时排出，只能通过外科手术取出，这些都将给消费者造成巨大的身心痛苦和折磨，严重的还会危及消费者的生命。

3)预防和控制

对于这类物理危害应该通过适当的工艺来消除这些危害，避免通过运输和储存环节使生产好的食品受到污染和影响，来自员工的有意破坏更可怕，而且难以监测，对于这一点，只能靠良好的管理和提高员工的素质来保证。应要求员工严格按照GMP的要求进行操作。

2. 玻璃物

1)来源

其产生原因和金属物危害产生的原因相似，玻璃危害物的来源主要是瓶、罐等多种玻璃器皿以及玻璃类包装物。

2)危害

玻璃物也会对人体造成不同程度的损伤，如划伤、割伤，一些进入人体的玻璃物也需要通过外科手术取出。

3)预防和控制

和金属物相似，另外需要加强对玻璃材料包装物的检查。

3. 其他异物

如石头、骨头、塑料、鸟粪、小昆虫等，如果不加以控制，都会对人体造成一定程度的伤害。

由于来源众多，对这类危害物的检测手法也不尽相同。通常可以通过视觉方法(最常用也是较有效的方法)、金属探测器、瓶底及瓶边扫描仪、X射线照射等方法进行食品原料中物理危害的检查。

要建立完善的设施设备定检、巡检制度，经常检查及维修用具，确保设备正常运转，避免危害的出现，员工工装要合乎标准，工作时严禁戴饰品，要有良好的工作习惯，不携带不必要的物品进入操作间等。

4.2.3 食品的掺伪污染

1. 几种常见的掺假食物

(1)橄榄油。研究发现，橄榄油是掺假最严重的油脂，常见冒名顶替的油包括：玉米油、花生油、大豆油等。选择橄榄油有四个要点：一是酸性值，可食用的橄榄油酸性值不超过3.3%；二是认准“特级初榨”四个字；三看产地，一般从西班牙、意大利、希腊这3个国家进口的橄榄油质量较好；四看色泽，一般越清亮越好。

(2)牛奶。掺假牛奶中常见的添加成分包括：奶粉、尿素和凝乳。更恶劣的还有用尿素、洗涤剂、苏打和脱脂奶粉制成的“假牛奶”。

(3)蜂蜜。蜂蜜中的掺假成分包括：糖浆、玉米糖浆、葡萄糖等。

(4)咖啡。假冒咖啡中常见成分包括烤玉米粉、大麦粉等。速溶咖啡中的掺假物主要有麦片、淀粉等。真咖啡应具有特殊的咖啡香气。真速溶咖啡冲泡后立即溶解，无漂浮和渣滓。

(5)橙汁。橙汁中掺假成分包括葡萄柚汁、玉米糖浆等。

(6)苹果汁。掺假成分有葡萄柚汁、高果糖玉米糖浆等。对于果汁，专家建议不买过分鲜艳的，选择配料表中食品添加剂较少的。

2. 假冒伪劣食品对人体的危害

(1)添加物属于正常食品或原料、辅料，仅成本较低。降低其营养成分和营养价值，使消费者蒙受经济损失。如：乳粉中加入过量的白糖；牛乳中掺水或豆浆；味精中掺食盐等。这些添加物都不会对人体产生急性损害，但食品的营养成分、营养价值降低，并会干扰经济市场。

(2)添加物为不能食用的杂物。米粉中掺入泥土、面粉中混入沙石等杂物，人食用后可能对消化道黏膜产生刺激和损伤。

(3)添加物具有明显的毒性作用。例如：用化肥浸泡豆芽；用除草剂催发无根豆芽；将添加绿色染料的凉粉当作绿豆粉制成的凉粉等。人食用这类食品后，胃部会受到恶性刺激，还可能对人体产生蓄积毒性，致癌、致畸、致突变等作用。

(4)添加腐败变质的食品或食品原料，引起食物中毒。如因食用变质月饼、糕点等引起的食物中毒，使消费者深受其害。

3. 常见食品掺假案例

(1)毒腐竹。在腐竹加工过程中，将吊白块、硼砂、乌洛托品等工业原料非法用于腐竹的生产加工，主要目的在于让腐竹增重、漂白、防腐、增强韧性，以牟取非法利益。

(2)注水猪肉。注水猪肉是指生猪在屠宰前0.5～1h内被强制性地用塑料水管从口腔处灌注大量的水到其体内，使其体内充满大量的水分，直到其自然孔(耳、鼻、眼、肛门等部位)流出水时宰杀或在宰杀后用塑料水管从猪的心脏内直接高压灌注大量的水，待其尸肉中充满大量水分后再上市销售，以增加重量。被注入的水内往往含有大量的有毒有害物质和各种病原微生物，这种被注入了大量水分的肉类被消费者购买食用后，就可能发生不明原因的食物中毒和各种疾病，严重危害消费者的身体健康。

(3)“僵尸肉”。“僵尸肉”指冰冻多年销往市场的冻肉，多为走私品，质量安全不能保证。用化学药剂加工调味品后变成“卖相”极佳的“美味佳肴”。2015年6月1日，海关总署在国内14个省份统一组织，开展打击冻品走私专项行动，打掉专业走私冻品犯罪团伙21个，共查获42万吨僵尸肉，价值30多亿元，部分走私冻肉已经进入市场。国家食品药品监督管理总局、海关总署、公安部发出通告，查获的走私冷冻肉品中，有的查获时生产日期已达四五年之久。

4. 食品掺伪污染的防范

(1)加强食品的监督管理，把住产品的质量关，执行良好生产规范(GMP)。

(2)改进加工工艺和检验方法。

(3)制定食品卫生标准，如《小麦粉》(GB 1355—2005)标准中规定小麦粉中含沙量小于0.025%，磁性金属物小于0.003g/kg。

(4)严格执行《食品安全法》，加强食品“从农田到餐桌”的质量监督管理，严厉打击食品掺杂掺假行为。

思考题

1. 简述食品放射性污染的来源和途径。
2. 简述放射性污染对人体的危害，如何防治？
3. 食品辐照的作用是什么？简述辐照食品的安全性。
4. 简述食品杂物污染的来源及防治。
5. 简述食品掺伪的方式及对人体的危害。

参考文献

陈彦长，罗祎. 2012. 辐照食品与放射性污染食品[M]. 北京：中国质检出版社.

代振清，周春霞，洪鹏志，等. 2014. 辐照对食品蛋白功能特性的影响研究进展[J]. 食品工业科技，35(24)：396-399.
哈益明. 2015. 现代食品辐照加工技术[M]. 北京：科学出版社.
李丽，王怀忠. 2015. 我国辐照食品现状及发展策略[M]. 中国辐射卫生，24(3)：220-221.
皮里斯奥. 2009. 食品异杂物污染的防范[M]. 许学勤译. 北京：国轻工业出版社.
杨杰，高洁，苗虹. 2015. 论食品欺诈和食品掺假[J]. 食品与发酵工业，(12)：235-240.
郑添添，王君，张立实. 2016. 食品生产加工过程中污染物控制的研究进展[J]. 卫生研究，(4)：691-694.
Malátová，I. 2012. Radioactivity Transfer in Environment and Food[M]. Berlin Heidelberg：Springer.

第5章　食品添加剂与食品安全

随着国民经济的增长、人民生活水平的提高及生活方式的转变，人们对食品质量的改善、食品品种多样化的要求越来越高。食品添加剂在食品工业上的发展，特别是在现代食品工业发展中扮演着至关重要的角色。现代化的食品加工离不开食品添加剂，食品添加剂的使用对食品产业的发展起着重要作用，它可以改善风味、调节营养成分、防止食品变质，从而提高质量，使加工食品丰富多彩，满足不同消费者的各种需求。食品添加剂的发展有力地推动了整个食品工业的发展进程。从某种意义上说，没有食品添加剂就没有现代化的食品工业，也没有色彩斑斓、琳琅满目的美味食品。目前，近97%的食品均使用了食品添加剂。

然而近几年来，从“三聚氰胺奶粉”“瘦肉精猪肉”“红心鸭蛋”事件，到“染色馒头”事件，食品安全问题频频曝光，老百姓的食品安全感愈来愈差，食品安全问题造成了公众严重的心理恐慌，已经到了杯弓蛇影的地步。谈到食品安全，很多人就会想到食品添加剂，误认为食品安全问题就是食品添加剂造成的。消费者调查显示，超过80%的消费者认为食品安全问题就是由于食品添加剂造成的。事实上，迄今为止，我国出现的有重大危害的食品安全事件，没有一件是因为合法合理使用食品添加剂造成的，但是，食品添加剂却成了很多食品安全事件的替罪羊。导致公众对食品添加剂产生误解的主要原因是公众对食品添加剂缺乏准确、科学、系统的认识，加上个别媒体的不实报道，使得公众对食品添加剂的误解越来越深。本章从食品添加剂的定义、分类、作用、标准法规等方面予以介绍，旨在引导人们正确认识食品添加剂的角色，理解食品添加剂与食品安全的关系，促进食品添加剂和食品产业的健康发展。

5.1　食品添加剂的定义

5.1.1　我国对食品添加剂的定义

《中华人民共和国食品安全法》和《食品安全国家标准－食品添加剂使用标准》(GB 2760—2014)中对食品添加剂的定义都进行了规定。

2015年修订的《中华人民共和国食品安全法》中对食品添加剂(Food additives)的定义是：为改善食品品质和色、香、味，以及为防腐、保鲜和加工工艺的需要而加入食品中的人工合成或者天然物质，包括营养强化剂。营养强化剂是为了增加食品的营养成分

(价值)而加入到食品中的天然或人工合成的营养素和其他营养成分。

目前食品添加剂和营养强化剂的使用是分别由两个食品安全国家标准——《食品安全国家标准－食品添加剂使用标准》(GB 2760—2014)和《食品安全国家标准－营养强化剂使用标准》(GB 14880—2012)规范的，但是从概念上讲，营养强化剂也属于食品添加剂，也要遵守食品安全法对食品添加剂所作的规定。

《食品安全国家标准－食品添加剂使用标准》(GB 2760—2014)中具体对食品添加剂的定义是：为改善食品品质和色、香、味，以及为防腐、保鲜和加工工艺的需要而加入食品中的人工合成或者天然物质。食品用香料、胶基糖果中基础剂物质、食品工业用加工助剂也包括在内。GB 2760—2014 还明确了食品用香料、胶基糖果中基础剂物质、食品工业用加工助剂也属于食品添加剂的管理范畴。

根据我国的定义，食品添加剂具有以下三个特征：①食品添加剂为加入到食品中的物质，因此它一般不单独作为食品来食用；②食品添加剂既包括人工合成的物质，也包括天然物质；③食品添加剂加入到食品中的目的是为改善食品品质和色、香、味以及为防腐、保鲜和加工工艺的需要。

5.1.2 国外对食品添加剂的定义

由于世界各国对食品添加剂的理解不同，因此其定义也不尽相同。目前，国际上对食品添加剂的定义和分类尚没有统一标准。

1995 年国际食品法典委员会(CAC)对食品添加剂的定义为：其本身通常不作为食品消费，不用作食品中常见的配料物质，无论其是否具有营养价值。在食品中添加该物质的原因是出于生产、加工、制备、处理、包装、装箱、运输或储藏等食品的工艺需求(包括感官)，或者期望它或其副产品成为食品的一部分，或影响食品的特性。该术语不包括污染物或为了保持或提高营养质量而添加的物质。CAC 所定义的食品添加剂不包括污染物质，或为保持或改善食品营养质量而添加的物质。

欧盟对食品添加剂的定义为：不论其是否具有营养价值，本身通常不作为食品消费，也不是食品特有成分的任何物质，它们在食品的生产、加工、制备、处理、包装、运输或存储过程中，由于技术性目的有意加入食品中会成为或者可合理地预期这些物质或其副产物会直接或间接地成为食品的组成部分。欧盟的食品用香精和香料、添加到食品中的营养素(如矿物质、微量元素、维生素)、食品工业用加工助剂均不属于食品添加剂的范畴。

美国对食品添加剂的定义为：指具有明确的或有理由认为合理预期用途的，直接或间接地成为食品的某种组分或能够影响食品特征的任何物质。用于生产食品容器和包装物质的材料如果直接或间接地成为被包装在容器中食品的成分，或影响其特征的所有物质也符合食品添加剂的定义。

日本对食品添加剂的定义为：一种在食品制造的加工过程中使用的物质，或者是用于以食品加工或防腐为目的的物质。

不同国家或组织对食品添加剂的定义不同，规定的种类和范围也不完全相同。中国、日本和美国规定的食品添加剂均包括了食品营养强化剂。但美国规定的间接使用的添加剂(如包装材料、包装容器及放射线)在中国不列入食品添加剂范畴。

5.2 食品添加剂的分类

许多国家将加入食品中的一些成分分成以下四类：①正常的配料；②食品添加剂；③操作助剂；④污染物。正常的配料一般是指能单独作为食品使用的配料；操作助剂是指保证食品加工能顺利进行的各种物质，与食品本身无关，如助滤、澄清、吸附、脱模、脱色、脱皮、提取溶剂、发酵用营养物质，一般不残留在最终的食品中；污染物是指农药的残留物、加工和包装过程中化学和微生物的污染等。

世界范围内使用的与食品有关的添加剂总数达 14000 种，可直接使用的食品添加剂有 4000～5000 种，香精香料约 3000 多种，除香精香料外，世界上常用的有 1000 多种。为了便于管理，对食品添加剂进行了分类。食品添加剂有多种分类方法，可按照其来源、功能、安全性评价等来分类。

5.2.1 按来源不同分类

国际上食品添加剂按来源可分为三类：第一类是天然提取物，如提取的天然香料、天然色素、防腐剂；第二类是利用发酵等方法制取的物质，如柠檬酸、谷氨酸、乳酸，它们有的虽是化学合成的，但其结构和天然化合物结构相同，在人体中能吸收和代谢，有一定的营养功能和生理活性，国际上也归为天然物；第三类是纯化学合成物，如苯甲酸钠。

在我国，食品添加剂按来源可分为天然食品添加剂和化学合成食品添加剂两类。天然食品添加剂又可细分为两类：①以动植物或微生物的代谢产物等为原料，经提取所获得的天然物质；②采用生物技术方法，如发酵、酶法制取的物质。

化学合成食品添加剂是指通过化学手段，使元素或化合物通过氧化、还原、缩合、聚合、成盐等得到的物质，其中又可以进一步分为一般化学合成品和人工合成天然等同物两类：①一般化学合成品是指天然物中不存在的、通过化学合成而得到的化合物；②人工合成天然等同物是指天然物中存在，但通过化学合成而得到的化合物，如我国使用的 β-胡萝卜素、叶绿素铜钠等就是通过化学方法得到的天然等同物。

天然来源的食品添加剂毒性小、安全性高，但品种相对较少，而通常动植物的生长周期较长，使得该类食品添加剂的价格较高。人工合成食品添加剂的品种比较齐全、价格低廉，但大多数合成食品添加剂的毒性较大，因此使用量较少。利用微生物发酵等生物方法制取而来的食品添加剂同时具有安全性高、生产周期短、生产成本低等优点，因此目前大力提倡发展生物合成食品添加剂。

5.2.2 按功能不同分类

如同食品添加剂的定义，目前还没有公认的根据食品添加剂的功能进行的分类方法。食品添加剂通用法典标准将食品添加剂分为 27 类，分别为酸度调节剂、抗结剂、消泡剂、抗氧化剂、漂白剂、填充剂、碳酸剂、载体、着色剂、护色剂、乳化剂、乳化盐、固化剂、风味增强剂、面粉处理剂、发泡剂、胶凝剂、上光剂、湿润剂、包装充气气体、防腐剂、气雾推进剂、膨松剂、螯合剂、稳定剂、甜味剂和增稠剂。

美国在《联邦法典》中将食品添加剂分为抗氧化剂、抗结剂和自由流动剂、非营养甜味剂、营养性甜味剂、表面活性剂、面粉处理剂、pH 调节剂、着色剂和护色剂、保湿剂、稳定剂和增稠剂、成型助剂、固化剂、乳化剂和乳化盐、表面光亮剂、润滑和脱膜剂、膨松剂、风味增强剂、熏制和腌制剂、抗微生物剂、熏蒸剂、气雾推进剂、充气剂和气体、组织改良剂、面团增强剂、酶类、营养增补剂、香味料及其辅料、加工助剂、螯合剂、溶剂和载体、增效剂、氧化剂和还原剂、干燥剂共 33 类。

欧盟的食品添加剂分为甜味剂、着色剂、防腐剂、抗氧化剂、载体、酸、酸度调节剂、抗结剂、消泡剂、膨松剂、乳化剂、乳化盐、固化剂、增味剂、发泡剂、胶凝剂、抛光剂(包括润滑剂)、水分保持剂、改性淀粉、包装气体、推进气体、膨松剂、螯合剂、稳定剂、增稠剂、面粉处理剂共 26 类。

日本在 2015 年更新的使用标准中将食品添加剂分为酸味剂、抗结剂、消泡剂、防霉剂、抗氧化剂、防黏着剂、漂白剂、胶姆糖基础剂、固色剂、助色剂、膳食补充剂、乳化剂、被膜剂、香料、面粉处理剂、食用着色剂、保湿剂、杀虫剂、非营养甜味剂、防腐剂、品质保持剂、膨松剂、调味剂、溶剂或萃取剂、稳定剂、杀菌剂、增稠剂或稳定剂、其他(吸收剂、酿造剂、发酵调节剂、过滤助剂、加工处理剂、品质改良剂)等 28 大类。

根据我国《食品安全国家标准—食品添加剂使用标准》(GB 2760—2014)中将食品添加剂分为 22 类，具体如表 5-1。每类食品添加剂所包含的种类不同，少则几种(如抗结剂 5 种)，多则达千种(如食品用香料 1027 种)，而且随着科学研究的逐步发展，允许使用的食品添加剂的数量也会越来越多。

表 5-1 我国食品添加剂的功能类别与分类代码

编号	功能类别	编号	功能类别	编号	功能类别
01	酸度调节剂	08	着色剂	15	水分保持剂
02	抗结剂	09	护色剂	16	防腐剂
03	消泡剂	10	乳化剂	17	稳定剂和凝固剂
04	抗氧化剂	11	酶制剂	18	甜味剂
05	漂白剂	12	增味剂	19	增稠剂
06	膨松剂	13	面粉处理剂	20	食品用香料
07	胶基糖果中基础剂物质	14	被膜剂	21	食品工业用加工助剂
				22	其他

5.2.3 按安全性评价分类

食品添加剂还可按照安全性评价来划分。食品添加剂法规委员会(CCFA)在食品添加剂联合专家委员会(JECFA)讨论的基础上将食品添加剂分为A、B、C三类，每类再细分为两类。

A类：JECFA已制定人体每日允许摄入量(ADI)和暂定ADI者。其中，A1类：经JECFA评价认为毒理学资料清楚，已制定出ADI值者，或者毒性有限，无须规定ADI值者；A2类：JECFA已制定暂定ADI值，但毒理学知识不够完善、暂时许可用于食品者。

B类：JECFA曾进行过安全性评价，但未建立ADI值或未进行过安全性评价者。其中，B1类：JECFA曾进行过评价，因毒理学资料不足未制定ADI者；B2类：JECFA未进行过评价者。

C类：JECFA认为在食品中使用不安全或应该严格限制作为某些食品的特殊用途者。C1类：JECFA根据毒理学资料认为在食品中使用不安全者；C2类：JECFA认为应该限制在某些食品中做特殊应用者。

需要说明的是，由于毒理学、分析技术以及食品安全性评价技术的不断进步和发展，食品添加剂的安全性评价也有可能发生变化，因此其所在的安全性评价类别也可能进行调整。某些经JECFA评价认为是安全的食品添加剂，经过再次安全评价，结果可能会发生变化。例如糖精，原曾属A1类，后因报告可使大鼠致癌，经用CCFA评价，暂定ADI为0～2.5mg/kg(bw)，归为A2类。直到1993年再次对其进行评价时，认为对人类无生理危害，制定ADI为0～5mg/kg(bw)，又转为A1类。因此，关于食品添加剂安全性评价分类的情况应随时注意新的变化。

5.3 食品添加剂的作用

食品添加剂是现代食品工业的基础和催化剂，被誉为“现代食品工业的灵魂”。从某种意义上讲，食品添加剂在食品工业的发展中起决定性的作用，没有食品添加剂就没有现代食品工业，它已渗透到食品加工的各个领域，包括粮油加工、畜禽产品加工、水产品加工、果蔬保鲜与加工、酿造以及饮料、烟、酒、茶、糖果、糕点、冷冻食品、调味品的加工，在烹饪行业，家庭的一日三餐中，食品添加剂也必不可少。食品添加剂对于改善食品的色、香、味、形，调整食品营养结构，提高食品质量和档次，改善食品加工条件，延长食品的保存期，发挥着极其重要的作用。近年来食品添加剂已成为一门新兴独立的产业，一方面它直接影响着食品工业的发展，另一方面，食品工业的发展又对食品添加剂提出了更高的要求，两者相互促进。食品添加剂在食品工业中的作用可归纳成以下几个方面。

5.3.1 延长食品的贮藏期限

引起食品品质变化和/或贮藏期限缩短的主要原因是微生物的繁殖代谢、内源酶的催化作用及食品成分之间的化学反应等。

由于绝大多数食品都来自动物、植物，各种采摘或屠宰的生鲜食品，若不能及时得到加工或加工不当，往往会腐败变质，如蔬菜容易霉烂，富含油脂的食品易发生氧化酸败等。而一旦食品腐败变质，就失去了其应有的食用价值而造成经济损失，有的甚至还会产生有毒成分，对人的安全产生威胁。而适当使用食品添加剂可防止食品败坏，延长其保质期，如防腐剂可以防止由微生物引起的食品腐败变质，同时还可以防止由微生物污染引起的食物中毒；抗氧化剂可阻止或延缓食品的氧化变质，抑制油脂的自动氧化反应，抑制水果、蔬菜的酶促褐变与非酶褐变等。

5.3.2 提高食品的营养价值

食品品质与营养价值密切相关。防腐剂等食品添加剂在防止食品腐败变质的同时，对保持食品的营养价值也有一定的作用。食品加工可能会造成一定的营养损失，如粮食在精制过程中会出现维生素 B_1 的大量损失、水果在加工成果汁的过程中维生素 C 很容易被破坏等。因此，在加工过程中通过向食品添加含量不足的营养素、补充食品加工中损失的营养素等，可以大大提高食品的营养价值。

5.3.3 改善食品的组织结构

食品的组织结构直接影响着食品的质构。食品的质构特性反映在视觉和食用口感方面，还与产品质量稳定性密切相关。食品的质构特性(硬度、软度、脆性、湿度、黏稠等)是消费者判断许多食品质量和新鲜度的主要标准之一。增稠剂既可以赋予液态饮料所需的稠度，也可提高肉制品的保水性或持水性；乳化剂可以改善食品体系的稳定性、均一性及产品的口感，如防止面包老化；膨松剂可以使食品(油炸类、面制食品等)产生松软的海绵状多孔组织，口感柔软，具有酥脆和膨松特性。

5.3.4 增强食品的可接受性

食品的可接受性是反映食品质量属性的一个方面，集中表现为食品的感官质量。这是食品被消费者感官上接受程度的性质，可归纳为食品的颜色、滋味和香气。食品的可接受性在一定程度上反映了其新鲜程度、营养质量和加工工艺的优劣。人们选择食品的首要依据就是食品的色、香、味。

食品着色剂和护色剂可以保持原料固有的颜色、模拟天然物质的颜色，使色泽与风味保持一致、满足消费者的“心理意识”、确保食品颜色的均匀性，从而获得良好的食品外观。甜味剂、酸味剂、鲜味剂等食品调味剂不仅可改善食品的感官性状，使食品更加可口，而且还能促进消化液的分泌和增进食欲。食品香料和香精也可增加人们的快感、引起人们的食欲，刺激消化液的分泌，促进人体对营养成分的消化吸收。

5.3.5 方便食品的加工操作

在食品加工过程中使用消泡剂、助滤剂、稳定剂和凝固剂等，往往有利于食品的加工操作。在制糖工业中添加乳化剂，可缩短糖膏煮炼时间，消除泡沫，提高过饱和溶液的稳定性，使晶粒分散、均匀，降低糖膏黏度，提高热交换系数，稳定糖膏，进而提高糖果的产量与质量。采用葡萄糖酸-δ-内酯作豆腐的凝固剂，有利于豆腐生产的机械化和自动化。制造巧克力时，若不添加乳化剂制造时不但费时费力，且制出的巧克力品质差，其结果是产生结晶、变硬、脆而易断，若加入乳化剂不但可简化制作过程，而且品质良好。

5.3.6 增加食品品种和方便性

食品添加剂的使用，极大地丰富了食品的花色品种，提高了传统食品的工业化程度，促进了食品品种的创新。在传统食品加工方面，很多传统食品加工后容易在色泽、风味和质地上发生变化，很难加工成工业产品，难以扩大生产，不能满足更多消费者的需求；当适当使用一些食品添加剂如着色剂、护色剂、食用香精、乳化剂、增稠剂后可明显提高食品质量的感官质量并保留原有传统食品的风味和质量，提高了传统食品的工业化水平，扩大了消费量，提高了知名度，满足消费者的需求。在新产品开发上，很多产品都是依赖食品添加剂的发展而生产的。目前，人们日常常见的食品多达 22 大类 20 万种，食品添加剂的发展和配合起到了重要作用。在现代食品工业里，许多食品工业创新都是通过食品添加剂来实现的，食品添加剂已经成为食品工业创新的重要手段之一，食品添加剂的应用开发为各种食品研发和创新提供了更多的实现手段。食品添加剂在自身创新的同时，影响着整个食品工业的创新速度，对推动食品行业的科技进步起到了重要作用。

食品添加剂的开发使用，可以改革食品加工中传统的生产工艺，给生产过程带来巨大改变，促进产业升级换代。例如新型生物防腐剂乳酸链球菌素应用到肉制品加工和罐头食品中，简化了长时间高温杀菌的工艺，提高了产品质量；又如酶制剂作为加工助剂应用在淀粉深加工产品生产中，改变了以往酸法水解工艺，采用酶法或双酶法，大大简化了工艺流程，提高了产品的质量和产量，降低了生产成本，减少了污染排放，带来了产业革命，极大地提高了产业的市场竞争能力。

5.4 食品添加剂的法规、标准及管理

近年来，随着消费者食品安全意识的提高，我国政府先后颁布、制定和完善了一系列相关食品安全的法律、法规及管理办法。这些法规与标准从制度上为我国的食品安全

提供了保障。

5.4.1 食品添加剂的法律法规

近年来，随着食品安全意识的逐步增强，我国食品添加剂的法规管理体系也日趋完善，主要包括了《中华人民共和国食品安全法》《食品添加剂生产监督管理规定》以及相关规定(表 5-2)。

表 5-2 我国有关食品添加剂的法规及主要内容

	法律法规名称	实施日期	主要内容
法律	《中华人民共和国食品安全法》	2015-10-01	我国唯一一部对食品添加剂及其生产使用过程中有关卫生和安全问题作出规定的国家法律。涉及食品添加剂相关的达二十余项
法规	《中华人民共和国食品安全法实施条例》	2009-07-20	
规范性文件	《食品添加剂新品种管理办法》	2010-03-30	明确规定了食品添加剂新品种申请的要求
	《食品添加剂生产监督管理规定》	2010-06-01	明确了食品添加剂生产、实施生产许可和监督管理的相关规定
	《食品添加剂生产许可审查通则》	2010-09-01	明确了食品添加剂生产企业生产许可审查的相关规定
	《食品安全国家标准食品生产通用卫生规范》	2014-06-01	规定了食品(包括食品添加剂)生产过程中原料采购、加工、包装、贮存和运输等环节的场所、设施、人员的基本要求和管理准则

新《中华人民共和国食品安全法》全面强化了食品添加剂的管理，在很多涉及食品的规定中增加或加强了对于食品添加剂的管理，显示了我国对食品添加剂全面监管的特征，体现了对食品添加剂安全问题的重视，在相当程度上已将食品管理规范类推至食品添加剂范畴。新《中华人民共和国食品安全法》大量新增的规定更多体现了系统整合食品添加剂的现有规定，是对《食品添加剂生产监督管理规定》《食品添加剂生产管理办法》《食品添加剂新品种管理办法》《进出口食品添加剂检验检疫监督管理工作规范》等法律法规中重要条款的重申或细化。

新《中华人民共和国食品安全法》对食品添加剂全面监管的内容包括食品添加剂的含义、安全风险评价、食品添加剂生产经营、食品添加剂使用、食品添加剂进口、食品添加剂监督管理和法律责任等十一个方面。

5.4.2 食品添加剂的相关标准

新《中华人民共和国食品安全法》第二十六条明确了有关食品添加剂的食品安全标准包括：①食品添加剂的品种标准：将食品标准的限量规定类推至食品添加剂，要求食品添加剂产品标准中应制定致病性微生物、农药残留、兽药残留、生物毒素、重金属等污染物质以及其他危害人体健康物质的限量规定。②食品添加剂使用标准：GB 2760 是食品添加剂的食品安全基础标准，要求标准内列明食品添加剂的品种、使用范围、用量，见图 5-1。

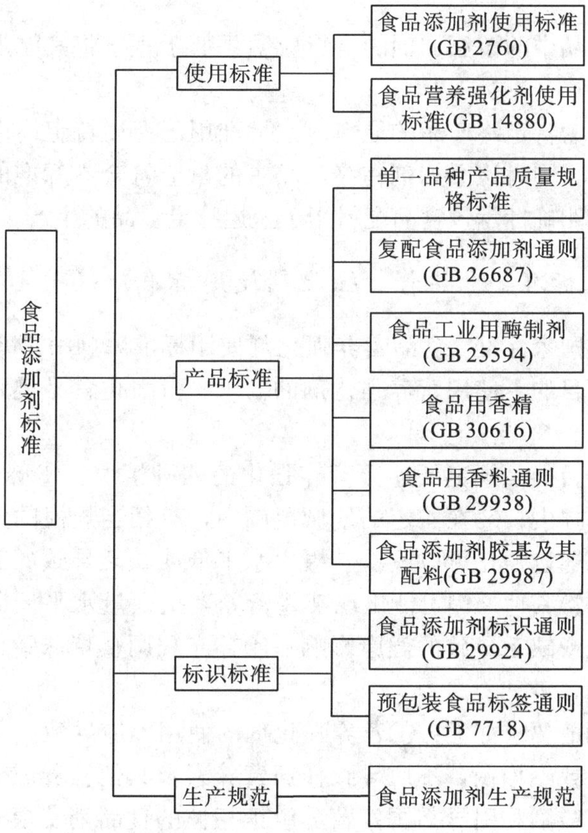

图 5-1 食品添加剂标准体系

1.《食品安全国家标准—食品添加剂使用标准》(GB 2760—2014)

我国《食品安全国家标准—食品添加剂使用标准》(GB 2760—2014)中明确规定了使用原则。

(1)食品添加剂使用时应符合以下基本要求：不应对人体产生任何健康危害；不应掩盖食品腐败变质；不应掩盖食品本身或加工过程中的质量缺陷或以掺杂、掺假、伪造为目的而使用食品添加剂；不应降低食品本身的营养价值；在达到预期效果的前提下尽可能降低在食品中的使用量。

(2)在下列情况下可使用食品添加剂：保持或提高食品本身的营养价值；作为某些特殊膳食用食品的必要配料或成分；提高食品的质量和稳定性，改进其感官特性；便于食品的生产、加工、包装、运输或者贮藏。

(3)按照 GB 2760—2014 使用的食品添加剂应当符合相应的质量规格要求。

(4)带入原则。在下列情况下食品添加剂可以通过食品配料(含食品添加剂)带入食品中。

①根据本标准，食品配料中允许使用该食品添加剂；

②食品配料中该添加剂的用量不应超过允许的最大使用量；

③应在正常生产工艺条件下使用这些配料，并且食品中该添加剂的含量不应超过由配料带入的水平；

④由配料带入食品中的该添加剂的含量应明显低于直接将其添加到该食品中通常所需要的水平。

当某食品配料作为特定终产品的原料时，批准用于上述特定终产品的添加剂允许添加到这些食品配料中，同时该添加剂在终产品中的量应符合本标准的要求。在所述特定食品配料的标签上应明确标示该食品配料用于上述特定食品的生产。

2.《食品安全国家标准—食品营养强化剂使用标准》(GB 14880—2012)

我国《食品安全国家标准—食品营养强化剂使用标准》(GB 14880—2012)中明确规定了营养强化的主要目的、使用营养强化剂的要求、可强化食品类别的选择要求、营养强化剂的使用规定等。

营养强化的主要目的，规定了进行营养强化的四种情况：①弥补食品在正常加工、储存时造成的营养素损失；②在一定的地域范围内，有相当规模的人群出现某些营养素摄入水平低或缺乏，通过强化可以改善其摄入水平低或缺乏导致的健康影响；③某些人群由于饮食习惯和(或)其他原因可能出现某些营养素摄入量水平低或缺乏，通过强化可以改善其摄入水平低或缺乏导致的健康影响；④补充和调整特殊膳食用食品中营养素和(或)其他营养成分的含量。

使用营养强化剂的要求如下：①营养强化剂的使用不应导致人群食用后营养素及其他营养成分摄入过量或不均衡，不应导致任何营养素及其他营养成分的代谢异常；②营养强化剂的使用不应鼓励和引导与国家营养政策相悖的食品消费模式；③添加到食品中的营养强化剂应能在特定的储存、运输和食用条件下保持质量的稳定；④添加到食品中的营养强化剂不应导致食品一般特性如色泽、滋味、气味、烹调特性发生明显不良改变；⑤不应通过使用营养强化剂夸大食品中某一营养成分的含量或作用误导和欺骗消费者。

可强化食品类别的选择要求：①应选择目标人群普遍消费且容易获得的食品进行强化；②作为强化载体的食品消费量应相对比较稳定；③我国居民膳食指南中提倡减少食用的食品不宜作为强化的载体。

营养强化剂的使用规定：①营养强化剂在食品中的使用范围、使用量应符合GB 14880—2012附录A的要求，允许使用的化合物来源应符合GB 14880—2012附录B的规定；②特殊膳食用食品中营养素及其他营养成分的含量按相应的食品安全国家标准执行，允许使用的营养强化剂及化合物来源应符合GB 14880—2012附录C和(或)相应产品标准的要求。

现阶段，我国的食品从业人员只有在遵守新修订《中华人民共和国食品安全法》的前提下，按照我国食品安全国家标准中关于食品添加剂的规定使用食品添加剂才能保障我国的食品安全。

5.4.3 食品添加剂的管理

迄今为止，我国政府已建立了比较完善的食品添加剂管理法规和标准，实行了科学、严格的审批制度，设立了专职机构负责许可工作，充分发挥专家在评审中的作用，加大食品添加剂危险性评估力度，严格审批食品添加剂新品种，明确和规范食品添加剂使用量和适用范围。新修订《中华人民共和国食品安全法》中明确规定：国务院食品药品监督管理部门对食品添加剂生产经营活动进行监督管理，地方食品药品监督管理部门负责监督当地的食品添加剂生产经营活动。我国主要采取以下制度对我国食品添加剂的生产使用进行管理。

目录制管理。目前，国际上对食品添加剂普遍使用目录制或称清单管理，对允许使用的食品添加剂列入目录，并明确其使用范围和用量。没有列入食品添加剂目录的物质，均不属于合法的食品添加剂，不允许在食品生产过程中使用。如果企业申请从事食品添加剂目录之外的食品添加剂新品种的生产或进口，应当向主管部门提出申请，经主管部门进行安全性评估后予以许可。我国对食品添加剂的管理也是采用这种目录制管理。现行食品安全法规定，食品添加剂应当在技术上确有必要且经过风险评估证明安全可靠，方可列入使用的范围。国务院卫生行政部门应当根据技术必要性和食品安全风险评估结果，及时对食品添加剂的品种、使用范围、用量的标准进行修订。申请从事食品添加剂新品种生产活动的单位或者个人，应当向国务院卫生行政部门提交相关产品的安全性评估材料。首次进口食品添加剂新品种，进口商应当向国务院卫生行政部门提出申请并提交相关的安全性评估材料。国务院卫生行政部门依法作出是否准予许可的决定，并及时制定相应的食品安全国家标准。食品生产者应当依照食品安全标准中关于食品添加剂的品种、使用范围、用量的规定使用食品添加剂，不得在食品生产中使用食品添加剂以外的化学物质和其他可能危害人体健康的物质。

生产许可制度。现行食品安全法规定："国家对食品添加剂的生产实行许可制度。申请食品添加剂生产许可的条件、程序，按照国家有关工业产品生产许可证管理的规定执行。"依据《工业产品生产许可证管理条例》规定，质检部门负责工业产品生产许可证的统一管理。因此，在2013年食品监管体系调整以前，一直是由质检部门负责对食品添加剂的生产进行监督管理。申请从事食品添加剂的生产，应当取得质检部门颁发的生产许可证。2013年食品监管体制调整以后，食品添加剂的生产许可改由食品药品监督管理部门负责。

进货查验记录制度。现行食品安全法规定，食品生产者采购食品添加剂，应该查验供货者的许可证和产品合格证明文件；不得采购或者使用不符合食品安全标准的食品添加剂。食品生产企业应当建立食品添加剂进货查验记录制度，如实记录食品添加剂的名称、规格、数量、供货者名称及联系方式、进货日期等内容。

标签管理制度。现行食品安全法规定，食品添加剂应当有标签、说明书和包装。标签、说明书应当载明法律要求载明的事项，以及食品添加剂的使用范围、用量、使用方法，并在标签上载明"食品添加剂"字样。与食品一样，食品添加剂的标签、说明书，不得含有虚假、夸大的内容，不得涉及疾病预防、治疗功能。生产者对标签、说明书上所载明的内容负责。食品添加剂的标签、说明书应当清楚、明显，容易辨识。食品添加剂与其标签、说明书所载明的内容不符的，不得上市销售。

5.5 食品添加剂滥用与非法添加物添加

目前我国已经建立了比较完善的食品安全监管体系，颁布了食品安全的相关法律与法规，制定了较为完善的食品安全国家标准，这些法规与标准从制度上为我国食品安全提供了保障，起到了重要作用。然而，近年来食品安全事件仍有发生，这主要与我国食品生产企业规模小、食品从业人员法律意识薄弱等有关。每当重大食品安全问题发生，食品添加剂就会遭到消费者的质疑。往往将食品添加剂与滥用食品添加剂、非法使用非食用物质混为一谈，不仅让消费者产生了很大的误解，也对食品工业的健康发展造成不良影响。食品添加剂的滥用确实造成了很坏的社会影响，因此必须规范食品添加剂的使用。

5.5.1 食品添加剂、非法添加物和有害添加物的定义与区别

食品添加剂与非法添加物是两类截然不同的物质，食品添加剂是经过充分安全性和工艺必要性评审后，经我国卫生行政部门批准在食品中使用的物质，而非法添加物不是食品原料，也未批准在食品中使用的物质，甚至是在食品中的禁用物质。非法添加物涉及面广，有相当不确定性，部分具有明显毒性和严重危害。

非法添加物，即违法添加的非食用物质的简称，属于法律范畴。凡是相关法律、法规和标准规定允许在食品中使用以外和明确不允许在食品中使用的物质都属于该类物质，是某些不法食品从业人员为达到一定目的，如降低成本、完成某些工艺故意添加到食品中的一类物质。根据相关法律法规和标准规定，可以参考如下原则判断：①不属于传统上认为是食品原料的；②不属于批准使用的新食品原料的；③不属于卫生行政部门公布的食药两用或作为普通食品管理物质的；④未列入我国食品添加剂〔《食品安全国家标准－食品添加剂使用标准》(GB 2760—2014)及卫生行政部门食品添加剂公告〕、营养强化剂品种名单〔《食品安全国家标准－食品营养强化剂使用标准》(GB 14880—2012)及卫生行政部门食品添加剂公告〕的；⑤其他我国法律法规允许使用物质之外的物质。如将我国不允许使用，而欧盟允许使用的亮黑 BN(EE151)用于制作民间小吃乌饭就是违法添加行为；在制作湿面条时添加有明显毒性的甲醛防腐保鲜更是一种严重的非法添加行为。

有害添加物：属于技术范畴，只是非法添加物中的一部分。从食品安全角度考虑，在通常使用剂量就会对人体健康产生危害与风险的物质，如三聚氰胺非法添加到婴幼儿配方奶粉中导致食用的婴幼儿发生肾结石。

食品添加剂滥用：违反 GB 2760、GB 14880 及卫生计生委的新品种增补公告的规定，将批准食用的食品添加剂超范围和超限量使用。这种行为肯定违反了《中华人民共和国食品安全法》、《食品安全国家标准－食品添加剂使用标准》和《食品安全国家标

准-食品营养强化剂使用标准》，但所造成的问题是否具有公共卫生学意义需要具体情况具体分析，如曾经轰动全国的“染色馒头”事件就是一起典型的食品添加剂滥用事件。

食品添加剂、非法添加物和有害添加物的关系见图 5-2。

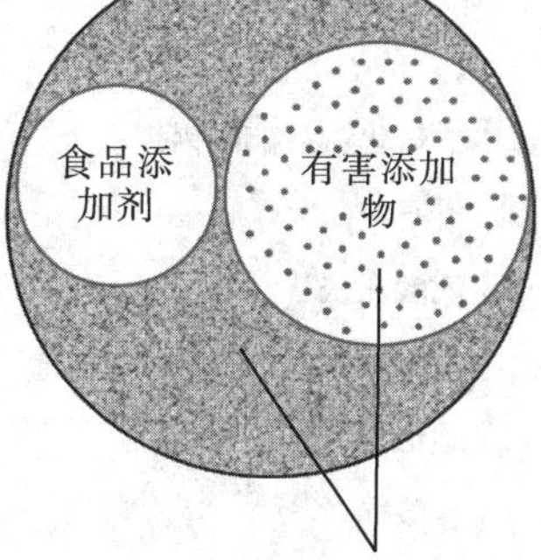

图 5-2 食品添加剂、非法添加物和有害添加物的关系

5.5.2 食品添加剂滥用

常见的食品添加剂滥用包括以下特征：①为了改善食品的组织形态及色、香、味等以适应消费者的需要而超范围、超限量使用食品添加剂；②为了增强食品的营养成分、增加产品的卖点而超范围、超限量使用食品营养强化剂；③为了使食品具有更有效的、更经济的加工条件和更长的货架期和保质期而超范围、超限量使用食品加工助剂及添加剂等；④上游供应商超范围、超限量使用食品添加剂的原辅材料而使下游企业的产品食品添加剂超标；⑤食品生产企业，不清楚哪些添加剂是允许使用的、使用限量是多少，从而随意使用不符合要求的食品添加剂。目前，几乎还没有发现一起真正的食品安全事件是由于合理使用食品添加剂而造成的。

为加强对食品生产加工企业使用食品添加剂的监督管理，2008 年 12 月 12 日至 2011 年 6 月 1 日，卫生部先后六批公布了可能违法添加的非食用物质和易滥用的食品添加剂名单。已发布的食品中可能滥用的食品添加剂 22 种，见表 5-3。

表 5-3 食品中可能滥用的食品添加剂品种名单

序号	食品品种	可能易滥用的添加剂品种
1	渍菜(泡菜等)、葡萄酒	着色剂(胭脂红、柠檬黄、诱惑红、日落黄)等
2	水果冻、蛋白冻类	着色剂、防腐剂、酸度调节剂(己二酸等)
3	腌菜	着色剂、防腐剂、甜味剂(糖精钠、甜蜜素等)
4	面点、月饼	乳化剂(蔗糖脂肪酸酯等、乙酰化单甘脂肪酸酯等)、防腐剂、着色剂、甜味剂
5	面条、饺子皮	面粉处理剂
6	糕点	膨松剂(硫酸铝钾、硫酸铝铵等)、水分保持剂磷酸盐类(磷酸钙、焦磷酸二氢二钠等)、增稠剂(黄原胶、黄蜀葵胶等)、甜味剂(糖精钠、甜蜜素等)

续表

序号	食品品种	可能易滥用的添加剂品种
7	馒头	漂白剂(硫黄)
8	油条	膨松剂(硫酸铝钾、硫酸铝铵)
9	肉制品和卤制熟食、腌肉料和嫩肉粉类产品	护色剂(硝酸盐、亚硝酸盐)
10	小麦粉	二氧化钛、硫酸铝钾
11	小麦粉	滑石粉
12	臭豆腐	硫酸亚铁
13	乳制品(除干酪外)	山梨酸
14	乳制品(除干酪外)	纳他霉素
15	蔬菜干制品	硫酸铜
16	“酒类”(配制酒除外)	甜蜜素
17	“酒类”	安赛蜜
18	面制品和膨化食品	硫酸铝钾、硫酸铝铵
19	鲜瘦肉	胭脂红
20	大黄鱼、小黄鱼	柠檬黄
21	陈粮、米粉等	焦亚硫酸钠
22	烤鱼片、冷冻虾、烤虾、鱼干、鱿鱼丝、蟹肉、鱼糜等	亚硫酸钠

食品添加剂的滥用主要包括超范围使用食品添加剂和超限量使用食品添加剂两种。

1. 超范围使用食品添加剂

所谓超范围使用食品添加剂就是指超出了食品安全国家标准GB 2760、GB 14880所规定的某种食品中可以使用的食品添加剂的种类和范围，多见于用于伪装掺假和掩盖腐败变质食品。例如，《食品安全国家标准—食品添加剂使用标准》(GB 2760—2014)明确规定膨化食品中不得加入糖精钠和甜蜜素等甜味剂，但是在质量抽查时发现不少膨化食品中添加了甜蜜素和糖精钠。以“三精水”勾兑出葡萄酒现象就属于严重超范围使用食品添加剂的案例，“三精水”就是在乙醇和水中添加香精、甜味剂、色素，从而勾兑出来的劣质酒类。而GB 2760—2014要求，山葡萄酒中不允许添加香精、甜味剂、色素，但一些企业将勾兑的“三精水”冠以山葡萄酒名称销售，成本非常低，从而牟取暴利。还有一些食品企业由于技术力量薄弱，对食品添加剂的安全性不了解，误认为食品添加剂可以运用于任何食品中，从而造成了食品的质量问题。

案例一

2014年9月镇江市长江乳业有限公司被媒体曝出超范围使用食品添加剂。随即镇江质监局对镇江市长江乳业公司涉嫌非法使用食品添加剂山梨酸钾情况进行了突击检查。在该公司食堂隔壁房间现场查获宁波王龙科技股份有限公司、大赛璐(南宁)食品添加剂有限公司生产的食品添加剂山梨酸钾空包装袋。镇江市质监局对该公司成品库内的9种液态乳进行了抽样检测，结果显示，9 种液态乳中，8 种检测出含有山梨酸钾成分。

山梨酸钾为国家允许使用的食品添加剂，但禁止在液态奶中使用，一旦使用，即判为不合格产品。此案例属于为企业超范围使用食品添加剂。

案例二

2004 年 2 月，常州市卫生监督所卫生监督员在对市场进行日常监督检查时发现，某超市在售的盐焗鸡爪感官异常，呈非自然黄色，遂监督采样送市疾控中心检测，检测结果柠檬黄色素定性呈阳性。经对超市工作人员询问得知，该产品为常州市某食品加工厂生产后，又于当日上午赶至加工场进行检查，现场发现已开启柠檬黄色素半瓶，待加工鸡爪 54 箱，已着色鸡爪若干。

2011 年 4 月，上海盛禄食品有限公司的生产的玉米馒头被曝检出柠檬黄，并进入华联、乐天玛特等多家知名超市销售。后发现，馒头在制作过程中添加了柠檬黄，即将白面拌入柠檬黄后当做玉米面。

柠檬黄色素是目前我国批准使用的 6 种食用合成色素之一。人工合成色素是指用人工化学合成方法所制的有机色素，主要以煤焦油中分离出来的苯胺染料为原料制成，所以食用合成色素具有一定毒性，我国对在食品中添加合成色素有严格限制。凡是肉类及其加工品，鱼类及其加工品，发酵面制品等都不能使用人工合成色素。即使在适当的品种和范围内，使用剂量也有严格规定，决不允许过量使用。因此，上述案例属于超范围使用食品添加剂的违法行为。

2. 超限量使用食品添加剂

超限量使用食品添加剂就是指食品生产加工过程中所使用的食品添加剂的剂量超出了食品安全国家标准 GB 2760、GB 14880 所规定能够使用的最大剂量。一些企业为了达到保质期长、食品色泽好的目的，超标加入食品添加剂，给消费者健康带来危害。特别是防腐剂、抗氧化剂、面粉处理剂、高倍甜味剂和部分合成色素超标使用问题比较严重。例如，在粉丝等食品中超标使用明矾，在方便面等食品中超标使用山梨酸钾、苯甲酸钠、双乙酸钠等防腐剂，在泡菜等食品中超标使用食用级色素等。

2005 年 9 月 27 日海南省质量技术监督稽查总队出动执法人员，对海口市 5 家生产企业生产的酱腌菜产品进行了抽样检验。这次执法检查，共对这 5 家企业生产的酱腌菜抽取 6 个批次的产品，经省产品质量检验所检验全部不合格，产品质量检验合格率为零。不合格项目主要是防腐剂“苯甲酸钠”严重超标，最为严重的超出国家标准规定值 8 倍之多，最少的也超出国家标准规定值 3 倍。

苯甲酸钠是化学合成的防腐剂，在一定的条件下能抑制霉菌和酵母菌的生长繁殖，但用量过多会对人体肝脏产生危害，因此其属于限量使用品。根据GB 2760—2014规定，苯甲酸钠可在风味冰、冰棍类、果酱、蜜饯凉果、腌制的熟菜、胶基糖果等二十多类食品中使用，且在不同类食品中的使用限量也不尽相同。其中，在酱腌菜产品中最大使用量为 1.0g/kg，而抽检产品中超标最严重的达 4.2g/kg，故上述案例属于超限量使用食品添加剂的违法行为。

5.6 违禁非食用物质添加剂

非食用物质不是食品添加剂。在食品中添加非食用物质是严重威胁人民群众饮食安全的犯罪行为，同时也是阻碍我国食品行业健康发展、破坏社会主义市场经济秩序的违法犯罪行为，诸如苏丹红、孔雀石绿、三聚氰胺等不应该出现在食品中的工业原料，不属于食品添加剂的范畴，不存在使用范围和使用量的问题。长期以来，人们很容易混淆食品添加剂和非食用物质的界限，将从事违法犯罪活动添加的非食用物质都称为食品添加剂，误将添加非食用物质引起的食品安全事件归结为滥用食品添加剂。

5.6.1 违禁添加非食用物质的危害

非法添加非食用物质指在食品中添加没有经过国家卫生行政部门批准并以标准、公告等方式公布的和明令禁止添加的非食用物质。非食用物质添加剂不属于食品添加剂，其使用严重危害了人们的身体健康甚至生命安全。研究发现，违禁添加非食用物质的危害主要集中在两个方面，一是违禁非食用物质破坏食品的营养成分，二是违禁非食用物质的固有毒性，摄入损害人类身体健康。

1. 违禁非食用物质添加剂破坏食品营养成分

一些非法的违禁添加剂也可以导致低营养密度食品的增加，从而影响食品的营养价值。例如一些漂白剂会破坏面粉中的维生素 A、维生素 B_1、维生素 B_2和维生素 E，降低面粉的面筋质含量；一些防腐剂对豆腐中的维生素 B_1和维生素 B_2有一定影响，并能够降低豆腐的蛋白质水平。

2. 违禁非食用物质添加剂的毒性作用

违禁添加剂本身所固有的毒性是影响人类身体健康的主要因素。除偶发事件外，现在的违禁添加剂几乎不再引起急性毒性作用或直接的死亡，而是在长期的食用中表现出潜在的致畸、致癌作用。例如，一些人工合成的色素可引起过敏症，如哮喘、喉头水肿、鼻炎、荨麻疹、皮肤瘙痒及神经性头疼，还可以作用于人的神经系统，影响神经冲动的传导，从而导致一系列的多动症状；可引发过敏、肠道刺激、食物中毒等，长期低剂量食用可能导致癌症的发生；苏丹红具有强烈的致癌作用、遗传毒性、氧化作用和致敏作用。

5.6.2 常见违法添加的非食用物质

自 2008 年以来，卫生部全国打击违法添加非食用物质和滥用食品添加剂专项整治领导小组陆续公布了 6 批《食品中可能违法添加的非食用物质和易滥用的食品添加剂名单》，其中违法添加的非食用物质有 48 种，见表 5-4。

表 5-4 非食用物质名称及可能添加的食品品种

序号	名称	可能添加的食品品种
1	吊白块	腐竹、粉丝、面粉、竹笋
2	苏丹红	辣椒粉、含辣椒类的食品(辣椒酱、辣味调味品)
3	王金黄、块黄	腐皮
4	蛋白精、三聚氰胺	乳及乳制品
5	硼酸与硼砂	腐竹、肉丸、凉粉、凉皮、面条、饺子皮
6	硫氰酸钠	乳及乳制品
7	玫瑰红 B	调味品
8	美术绿	茶叶
9	碱性嫩黄	豆制品
10	工业用甲醛	海参、鱿鱼等干水产品、血豆腐
11	工业用火碱	海参、鱿鱼等干水产品、生鲜乳
12	一氧化碳	金枪鱼、三文鱼
13	硫化钠	味精
14	工业硫黄	白砂糖、辣椒、蜜饯、银耳、龙眼、胡萝卜、姜等
15	工业染料	小米、玉米粉、熟肉制品等
16	罂粟壳	火锅底料及小吃类
17	革皮水解物	乳与乳制品、含乳饮料
18	溴酸钾	小麦粉
19	β-内酰胺酶(金玉兰酶制剂)	乳与乳制品
20	富马酸二甲酯	糕点
21	废弃食用油脂	食用油脂
22	工业用矿物油	陈化大米
23	工业明胶	冰淇淋、肉皮冻等
24	工业酒精	勾兑假酒
25	敌敌畏	火腿、鱼干、咸鱼等制品
26	毛发水	酱油等
27	工业用乙酸	勾兑食醋
28	肾上腺素受体激动剂类药物(盐酸克伦特罗，莱克多巴胺等)	猪肉、牛羊肉及肝脏等
29	硝基呋喃类药物	猪肉、禽肉、动物性水产品
30	玉米赤霉醇	牛羊肉及肝脏、牛奶
31	抗生素残渣	猪肉
32	镇静剂	猪肉
33	荧光增白物质	双孢蘑菇、金针菇、白灵菇、面粉
34	工业氯化镁	木耳
35	磷化铝	木耳

续表

序号	名称	可能添加的食品品种
36	馅料原料漂白剂	焙烤食品
37	酸性橙Ⅱ	黄鱼、鲍汁、腌卤肉制品、红壳瓜子、辣椒面和豆瓣酱
38	氯霉素	生食水产品、肉制品、猪肠衣、蜂蜜
39	喹诺酮类	麻辣烫类食品
40	水玻璃	面制品
41	孔雀石绿	鱼类
42	乌洛托品	腐竹、米线等
43	五氯酚钠	河蟹
44	喹乙醇	水产养殖饲料
45	碱性黄	大黄鱼
46	磺胺二甲嘧啶	叉烧肉类
47	敌百虫	腌制食品
48	邻苯二甲酸酯类物质	乳化剂类食品添加剂、使用乳化剂的其他类食品添加剂或食品等

非食用物质在食品加工中的出现，给人们的身体健康造成了极大的伤害，检测技术的发展为人们避免这种风险提供了坚实的技术保障，但是仍有一部分非食用物质无法检测。现介绍几种典型的非食用物质添加剂。

1. 吊白块

吊白块，化学名称为次硫酸氢钠甲醛，其化学式为 $NaHSO_2 \cdot CH_2O \cdot 2H_2O$，相对分子质量154.11，呈白色块状或结晶性粉末状，易溶于水，常温下较为稳定，遇酸、碱和高温极易分解，因在高温下有极强的还原性，使其具有漂白作用，是一种工业用漂白剂。吊白块在印染工业中被用作拔染剂和还原剂，生产靛蓝染料等；还用作橡胶工业丁苯橡胶聚合活化剂，感光照相材料相助剂，日用工业漂白剂以及医药工业等。吊白块水溶液在60℃以上就开始分解为有害物质，120℃下分解为甲醛、二氧化硫和硫化氢等有毒气体。这些气体可使人头痛、乏力、食欲差，严重时甚至可导致鼻咽癌等，掺入食品中的吊白块会破坏食品的营养成分，所以国家严禁将其作为添加剂在食品中使用。

《小麦粉与大米粉及其制品中甲醛次硫酸氢钠含量的测定》(GB 21126—2007)和卫生部《关于印发面粉、油脂中过氧化苯甲酰测定等检验方法的通知》附件2食品中甲醛次硫酸氢钠的测定方法都给出了食品中吊白块的测定方法。高效液相色谱法是测定食品中吊白块含量最准确的方法之一，其基本原理为在酸性环境中，样品残留的甲醛次硫酸氢钠分解释放出的甲醛被水提取，提取后的甲醛与2,4-二硝基苯肼发生加成反应，生成的2,4-二硝基苯腙，用正己烷萃取后，经高效液相色谱分离，与标准甲醛衍生物的保留时间对照定性，用标准曲线法定量。

2. 苏丹红

苏丹红是一类人工合成的亲脂性偶氮化合物，常作为一种工业原料被广泛用于如溶剂、油脂、蜡、汽油的增色及鞋、地板等增光方面。苏丹红主要分为四类(Ⅰ、Ⅱ、Ⅲ、Ⅳ)，苏丹红Ⅰ为橙红色粉末，化学名称为1-苯基偶氮-2-萘酚，分子式为$C_{16}H_{12}N_2O$，相对分子质量248.28，苏丹红Ⅱ(红色粉末)、Ⅲ(红棕色粉末)、Ⅳ(深褐色粉末)都是苏丹红Ⅰ的衍生物。苏丹红在体内的代谢产物均为有毒的有机化合物，可渗透动物的血红细胞，有极强的穿透能力，偶尔摄入含有少量苏丹红的食品，引起致癌的可能性不大，但如果经常摄入含较高剂量苏丹红的食品就会增加其致癌的危险性。

《食品中苏丹红染料的检测方法高效液相色谱法》(GB 19681—2005)给出了检测食品中苏丹红含量的方法。其方法要点为样品经溶剂提取、固相萃取净化后，用反相高效液相色谱－紫外可见光检测器进行色谱分析，采用外标法定量。

3. 三聚氰胺

三聚氰胺是一种重要的氮杂环有机化工原料，无色至白色晶体，分子式为$C_3H_6N_6$，相对分子质量为126.12。奶制品及饲料企业控制原料时，基于条件所限，常用凯氏定氮法测定粗蛋白的含量，凯氏定氮通过氧化还原反应，把低价氮氧化并转化成为铵盐，再通过铵盐中氮元素的量换算成蛋白质的含量。三聚氰胺等非蛋白质的含氮化合物，在凯氏定氮过程中，会同样被消化成$(NH_4)_2SO_4$，造成蛋白值虚高。三聚氰胺在水中溶解度小，抗氨氮测定，外观与蛋白粉外观相似，很容易混入原料中而不被发现，其含氮量为66.6%，折合成粗蛋白含量为416.2%，少量掺入就可以迅速提高蛋白含量，因此三聚氰胺往往冠以“蛋白精”而被违禁添加到蛋白产品中。目前认为三聚氰胺中毒的机制是肾衰，三聚氰胺进入人体后，发生取代反应，生成三聚氰酸，三聚氰酸和三聚氰胺形成大的网状结构，形成结石。

我国三聚氰胺的检测主要遵照《原料乳与乳制品中三聚氰胺检测方法》(GB 22388—2008)和《原料乳中三聚氰胺快速检测液相色谱法》(GB 22400—2008)规定的方法。标准中给出了高效液相色谱法、液相色谱－质谱/质谱法和气相色谱－质谱联用法三种检测方法，应根据检测对象及其限量的规定，选用与其相适应的检测方法，其基本原理都为使用三氯乙酸溶液－乙腈提取，经阳离子交换固相萃取柱净化后使用以上法测定，外标法定量。

4. 工业用甲醛

甲醛俗称蚁醛，是一种无色气体，具有辛辣刺鼻的气味，对人的眼鼻等有刺激作用，易溶于水、乙醇。甲醛在农业、畜牧业、生物学和医药中普遍用作消毒、防腐、熏蒸剂，在生活中也得到大量使用。用甲醛浸泡水产品可使产品外观漂亮，不易腐败变质，固定海鲜、河鲜形态，保持鱼类色泽等，增加其韧性和脆感，同时也增加了水产品的毒性，降低了其营养价值。甲醛与蛋白质、氨基酸结合后，可使蛋白质变性凝固，严重干扰人体细胞正常代谢，因此对细胞具有极大伤害作用。研究表明，甲醛容易与细胞亲核物质发生化学反应，导致DNA损伤。因此，国际癌症机构已将甲醛列为可疑致癌物物质。

卫生部建议根据《水产品中甲醛的测定》(SC/T 3025—2006)来检测甲醛，此标准适用于水产品中甲醛的定性筛选和定量分析。利用水溶液中游离的甲醛与间苯三酚或亚硝基亚铁氰化钠的特异性反应，形成颜色进行定性筛选。定量分析有分光光度法和高效液相色谱法，其中分光光度法较简单，原理为水产品中的甲醛在磷酸介质中经水蒸气加热蒸馏，冷凝后经水吸收，蒸馏液与乙酰丙酮反应，生成黄色的二乙酰基二氢二甲基吡啶，用分光光度计在413nm处比色定量。

5. 废弃食用油脂

废弃食用油脂俗称“地沟油”，来源为餐厨和食品工业废弃的油脂，其中包括许多洗涤餐具用的洗洁精、剩饭剩菜、宰杀动物时清理出的动物内脏、瓜果蔬菜上残留的农药等，是许多致病菌的主要来源，此外还包含了大量的甲苯、丙醛和磷等化学物质，经常食用会对人体产生严重的危害，如破坏白细胞、消化道黏膜，引起食物中毒，甚至致癌。目前还缺乏成熟的鉴定及检测方法。

6. 孔雀石绿

孔雀石绿，为翠绿色有光泽的结晶，属三苯甲烷类染料。小鼠经口 LD_{50} 0.2g/kg，引起肝细胞混浊肿胀，肾脏细尿管上皮肿胀，心肌纤维肿胀和肺瘀血。孔雀石绿过去常被用于制陶业、纺织业、皮革业、食品着色剂和细胞化学染色剂，1933年其作为驱虫剂、杀虫剂、防腐剂在水产中使用。孔雀石绿在细胞分裂时阻碍蛋白肽的形成，使细胞内的氨基酸无法转化为蛋白肽，细胞分裂受到抑制，从而产生抗菌杀虫作用。孔雀石绿在水体生物体内的主要代谢产物为无色孔雀石绿，无色孔雀石绿由于不溶于水，残留毒性比孔雀石绿更强。20世纪90年代开始，国内外学者陆续发现，孔雀石绿及其代谢产物无色孔雀石绿具有高毒素、高残留、高致癌、高致畸、致突变等副作用。

思考题

1. 食品添加剂的定义、分类方法。
2. 食品添加剂在我国食品工业中的作用。
3. 食品添加剂、非法添加物与有害添加物的区别。
4. 我国食品添加剂的相关法律及法规体系。
5. 我国食品添加剂的使用原则。
6. 如何才能正确、合理地使用食品添加剂？

参考文献

盖钧镒. 2014. 当代食物安全[M]. 南京：江苏科学技术出版社.

黄昆仑. 2013. 食品安全案例解析[M]. 北京：科学出版社.

刘钟栋. 2015. 食品添加剂[M]. 郑州：郑州大学出版社.

秦卫东. 2014. 食品添加剂学[M]. 北京：中国纺织出版社.

任筑山. 2016. 中国的食品安全：过去、现在与未来[M]. 北京：中国科学技术出版社.

上海市食品添加剂行业协会. 2015. 食品添加剂使用标准相关法规、标准汇编[M]. 北京：中国标准出版社.

孙宝国. 2015. 食品原料安全控制技术发展战略研究[M]. 北京：科学出版社.

王利兵. 2011. 食品添加剂安全与检测[M]. 北京：科学出版社.
信春鹰. 2015. 中华人民共和国食品安全法解读[M]. 北京：中国法制出版社.
邹志飞. 2016. 食品添加剂使用标准之解读(第二版)[M]. 北京：中国标准出版社.

第6章　各类食品的安全与卫生

食品在生产、运输、储存、销售等环节中都可能受到不同污染物的污染，出现各种安全卫生问题，威胁人体健康。因此，研究和掌握各类食品的安全卫生问题，有利于采取适当的卫生管理措施，确保食品安全。

6.1　粮谷类食品的安全与卫生

粮谷类食品是膳食的重要组成部分，是我国居民的主食。谷物主要包括原粮和成品粮。原粮一般指未经加工的粮食统称，如稻谷、小麦、大麦、玉米、青稞和莜麦；成品粮主要指将原粮经过加工脱去皮壳或磨成粉状以后，符合一定标准的成品粮食统称，如面粉、大米、小米、玉米面。

6.1.1　粮谷类食品的安全性问题

1. 有毒植物种子的污染

禾本科的粮食作物籽粒是人类粮食的主要来源，它们不含有毒成分，可安全食用。但自然界还存在一些有毒的植物种子，容易误食。

1)毒麦

毒麦属于黑麦属的木本科，一年生草本植物，是混生在麦田中的一种恶性杂草，其繁殖力和抗逆性很强。成熟籽粒极易脱落，通常有10%～20%落于田间。由于其种子含有黑麦草碱、毒麦碱、毒麦灵等多种生物碱，能麻痹人体中枢神经系统，故人畜食用含有4%以上的毒麦面粉即可引起中毒。

2)麦角

麦角来源于麦角菌科麦角菌属的麦角菌，寄生在植物上所形成的菌核。麦角中含有麦角毒碱、麦角胺和麦角新碱等多种有毒生物碱，当人们食用了混杂有大量麦角谷物或面粉所做的食品后，可发生麦角中毒。长期摄入低剂量的麦角也可对人体产生慢性损伤。麦角毒性非常稳定，可保持数年之久，焙烤加工对其毒性影响很小。

此外，若禾本科植物种子籽粒中掺杂有其他有毒植物种子时，当食用面粉类制品后可产生食物中毒现象，例如麦仙翁籽、槐籽、毛果洋茉莉籽均能引起人体肠胃道疾病。

2. 霉菌与霉菌毒素的污染

谷物中富含蛋白质、碳水化合物、脂肪等营养成分，这些营养物质为粮食中微生物的生长、繁殖提供了物质基础。粮食中的微生物主要分布在谷物表面，附着于表皮或颖壳上，有的侵入谷粒内部，分布在皮层、胚乳和胚芽中。粮食上的微生物主要有细菌、酵母菌和霉菌三大类群。就危害粮食的严重程度而言，以霉菌最为突出，细菌次之，酵母较为轻微。

霉菌在自然界分布很广，世界各国由于经纬度、地形、季节、日照、温度、湿度、贮存等的不同，各种粮食被霉菌污染的情况存在差异。对粮食作物危害最大以及对食品安全危害最严重的是霉菌毒素。据联合国粮农组织(FAO)资料，世界上每年约有25%的谷物受到霉菌毒素不同程度的污染。在我国小麦、稻谷和玉米三大粮食作物中，主要的霉菌毒素是黄曲霉毒素和镰刀菌毒素，其次是赭曲霉毒素A和杂色曲霉毒素。此外，粮食中常见的橘青霉、产黄青霉、黄绿青霉和岛青霉等也能在粮食贮藏中产生毒素，如黄变米中毒就是由以上几种真菌产生的毒素引起的。

3. 农药残留的污染

我国常用的农药包括有机磷、氨基甲酸酯类、拟除虫菊酯类、有机氯、有机汞、有机砷等品种。粮谷类食品可通过施用农药和从被农药污染的环境吸收农药等途径受到直接或间接污染。

有机磷农药是目前使用量最大的一类杀虫剂，由于其性质不稳定，在食品中的残留可通过淘洗、加工、烹调等方法使其下降。氨基甲酸酯类农药被广泛用作杀虫剂、杀菌剂和除草剂，拟除虫菊酯类农药常用作杀虫剂和除螨剂，由于二者的理化性质不稳定易于分解，采用合理的施药方法后，在粮食上残留量较低，对人畜毒性也相对较小。

有机氯农药对粮食的污染在20世纪80年代以前较为严重，我国自1983年禁止生产和进口以后，在主要食品的DDT、六六六的残留检出量不断下降。有机汞农药是防治水稻稻瘟病及麦类赤霉病的高效有毒杀虫剂。由于汞的残留毒性很大，我国在20世纪70年代已禁止使用和生产。在国外有用于拌种杀菌使用，由于麦种拌药后保管不严，混进正常粮食而引起误食中毒的报道。有机砷农药主要用于防治水稻纹枯病，由于砷元素可长期残留在土壤中，目前已禁用。除草剂品种较多，不论喷洒或土壤处理，均有部分被植物吸收，并在植物体内积累，对粮食造成污染，但除草剂通常在农作物的生长早期使用，且在土壤中易被微生物分解，粮食中的残留量相对较低。

4. 影响粮谷类食品安全性的其他因素

1)污水灌溉的污染

中国是一个水资源相对匮乏的国家，水资源短缺和污染问题尤为突出。对污水的再生利用是减轻水体污染、改善生态环境、解决缺水问题的有效途径之一，这也是我国许多地方特别是北方地区采用污水灌溉的原因。污水中的多种有害有机成分经过生物、化学以及物理处理，可以减轻甚至消除，而以金属毒物为主的无机有害成分可使农作物受到污染，尤其工业废水不经处理或处理不彻底来灌溉农田，易使土壤遭到严重污染。据不完全统计，目前全国受污染耕地约有1.5亿亩，污水灌溉污染的耕地3250万亩，固体废弃物堆存占地和毁田200万亩，合计约占耕地总面积的十分之一以上，其中多数集中在经济较发达地区。据估算，全国每年因重金属污染的粮食达1200万吨，造成直接经济损失超过200亿元。土壤污染造成有害物质在农作物中积累，并通过食物链进入人体，会引发各种疾病危害人体健康。

2)仓储害虫的污染

仓储害虫为贮藏期间粮食及其产品的害虫和害螨的统称。仓储害虫在原粮、半成品粮中均能生长，若仓库温度、湿度较高，适于虫卵孵化繁殖。谷粒被害虫蛀食后，碎粮增多；此外，虫粪、虫尸和害虫分泌物、排泄物也能污染粮食，或促使粮食霉变。我国的仓储害虫有50多种，其中甲虫损害米、麦、豆类；蛾类损害稻谷；螨类损害麦、面粉、花生等。

3)意外污染和掺伪

粮食意外污染是指粮食因运输工具未清洗消毒或清洗消毒不彻底而被污染，或使用盛放过有毒物质的旧包装物的污染，以及贮存库位、库房不专用被有毒有害物质污染，灭鼠药等药物保管不当的污染。此外，还包括加工粮食制品时误用了有毒有害的非食品添加剂等。谷类食品允许使用的食品添加剂种类较多，如作为面制品的含铝添加剂所引起的金属残留问题不容忽视。粮食熏蒸剂的不合理使用也是导致粮食污染的重要因素之一。

粮食掺假是指为了掩盖劣质粮食或以低质粮冒充高质粮或掺入砂子或使用增白剂等。如在大米中掺入霉变米、陈米；在面粉中掺入滑石粉、石膏、吊白块等。尤其在粮食类食品中掺入非法使用的吊白块(次硫酸氢钠甲醛)等工业增白剂，在全国多个地区都有报道。吊白块漂白食品后会有甲醛残留，可损害肝、肾以及中枢神经系统，影响机体的代谢功能。

6.1.2 粮谷类食品的安全卫生管理

1. 控制粮谷类的水分和贮藏条件

粮谷类食品具有季节生产、周年供应的特点，因而仓储过程对维持粮食的原有质量，减少贮藏损失至关重要。造成粮食贮藏及加工期间变质的主要因素有霉菌、昆虫、酶等。尤其在贮藏期间若水分含量过高，粮食的呼吸代谢活动就会增强且发热，而霉菌、仓虫等也易生长繁殖，造成粮食霉变。因此应将粮食的水分含量控制在安全水分线以下。一般粮谷安全水分含量为12%～14%。还必须对粮仓定期清扫和消毒，严格执行粮库的卫生管理工作。其次，要尽量降低粮食贮藏的温度和湿度，以减少粮食发霉和变质的危险性。还要定期监测粮食的水分含量和温度，一旦发现问题就要及时采取措施。

2. 防止农药和有害金属污染

谷类在种植过程中要合理使用农药，确定用药品种、用药剂量、施药方式及残留量标准。在使用熏蒸剂、杀虫剂、杀菌剂等防治各种贮粮害虫时，也应注意其使用剂量和残留量。要定期检测农田、粮食的金属毒物水平。此外，农田灌溉用水必须符合标准，工业废水和生活污水必须经处理达标后才能使用。

3. 防止有毒种子及无机夹杂物污染

加强选种、田间管理及收获后的清理可减少有毒种子的污染。我国相关标准规定，按重量计毒麦不得大于0.1%，麦角不得大于0.01%。在粮食加工过程中安装过筛、吸铁、风车筛选等设备可有效除去无机夹杂物，有条件时可逐步推广无夹杂物、无污染物的小包装粮。

4. 做好运输、包装、销售的卫生管理

粮食在运输时，铁路、交通、粮食部门要严格执行安全运输的各项规章制度。运粮应有清洁卫生的专用车辆以防止意外污染。粮谷类食品的包装必须专用，并在包装上标明“食品包装用”字样，包装袋口应缝牢固，防止撒漏。在销售过程中应防虫、防鼠、防潮、防霉变等，不符合要求的粮食禁止加工销售。

5. 加强依法监管

在粮谷类食品的生产加工过程中除了执行GMP、HACCP规程以外，还要使产品符合我国的相关安全卫生标准，主要有：《粮食》(GB 2751—2016)、《淀粉制品》(GB 2715—2015)、《食品中农药最大残留限量》(GB 2763—2016)等。

6.2 豆类食品的安全与卫生

豆科是植物学中的一个大科，很多豆科植物都可作为食品或饲料，如大豆、花生、蚕豆等，还有一些著名的药用植物，如甘草、黄芪。我国豆类品种很多，分为大豆类(包括黄豆、黑豆、青豆)和其他豆类(包括绿豆、赤豆、蚕豆、豌豆等)。豆类食品是以豆类为原料经加工制成的食品，分为非发酵性豆制品和发酵性豆制品两大类。非发酵性豆制品包括豆腐类、豆腐干类、腐竹、豆奶及豆粉等。发酵性豆制品主要包括腐乳类和豆豉。大豆是我国以及世界上种植面积最大、加工制品最多、食用最广、营养价值最高的品种，是我国居民优质蛋白质的重要来源。

6.2.1 豆类食品的安全性问题

1. 豆类中常见的天然有毒有害物质

豆类营养价值丰富，但本身含有的一些抗营养成分降低了大豆及其他豆类的生物利用率。如果烹调加工合理，可有效去除这些抗营养因素；然而，由于加热温度或时间不足，使这些有害成分不能彻底破坏，引起人体发生中毒。

1)蛋白酶抑制剂

在豆科植物中，常含有能抑制人体某些蛋白质水解酶活性的物质，称为蛋白酶抑制剂。目前发现的蛋白酶抑制剂有7～10种，主要存在于大豆中，可以对胰蛋白酶、糜蛋白酶、胃蛋白酶等的活性起抑制作用，尤其对胰蛋白酶的抑制作用最为明显。研究表明，蛋白酶抑制剂的有害作用不仅能通过抑制蛋白酶活性以降低食物蛋白质的消化吸收，导致机体发生胃肠道的不良反应，还可通过负反馈作用刺激胰腺，使其分泌能力增强，导致内源性蛋白质、氨基酸的损失增加，对动物的正常生长起抑制作用。

2)植物红细胞凝集素

在豆科植物的种子中普遍含有一种能使红细胞凝集的蛋白质，称为植物红细胞凝集素。凝集素的毒性主要表现在它可与小肠细胞表面的特定部位结合后对肠细胞的正常功能产生不利影响，尤其是影响肠细胞对营养物质的吸收，导致生长受到抑制，严重时可发生死亡。不同豆类凝集素的毒性大小存在差异，大豆中凝集素的毒性较小；而菜豆中的凝集素毒性较大，但不同品种间也存在差异性。

3)脂肪氧化酶

目前在大豆中已发现近30种酶，其中脂肪氧化酶是较为突出的有害酶类。它能将大豆中的亚油酸和亚麻酸氧化分解，产生醛、酮、醇、环氧化物等物质，不仅产生豆腥味，还可产生有害物质，导致大豆营养价值下降。

4)致甲状腺肿素

致甲状腺肿素是硫氰酸酯、异硫氰酸酯、恶唑烷硫酮等物质的总称。在大豆中致甲状腺肿素的前体物质是硫代葡萄糖苷。单个硫代葡萄糖苷无毒，但在硫代葡萄糖苷酶的作用下会产生致甲状腺肿大的一系列小分子物质。致甲状腺肿素是通过优先与血液中的碘结合，致使合成甲状腺素所需碘的来源不足，导致甲状腺代偿性增生肿大。

5)甙类

在豆类中，含有多种甙类，主要是氰甙和皂甙。在豇豆、菜豆、豌豆等多种豆类中均发现有氰甙，水解时可产生氢氰酸，后者对人畜有严重毒性作用。大豆和四季豆主要含有皂甙，是类固醇或三萜类化合物的低聚配糖体的统称，皂甙具有溶血毒性。

6)抗微量元素因子

像其他植物性食物一样，大豆中也含有多种有机酸，如植酸、草酸、柠檬酸。这些有机酸能与铜、锌、铁、镁等矿物元素螯合，使这些营养成分不能被有效利用。

2. 霉菌及霉菌毒素的污染

豆类在田间生长、收获、贮存过程中的各环节都可能受到霉菌污染，豆类中常见的霉菌有曲霉、青霉、毛霉、根霉以及镰刀菌等。当环境湿度较大，温度较高时，霉菌易在豆中生长繁殖，不仅改变豆类的感官特性，降低其营养价值，还可能产生相应的霉菌毒素，对人体健康产生危害。

3. 影响豆类食品安全性的其他因素

豆类可通过直接施用的农药或从被污染的环境中吸收农药，以及在贮存、运输、销售过程中由于防护不当等途径受到农药的直接或间接污染。若采用未经处理或处理不彻底的工业废水或生活污水灌溉农田，可以导致豆类受到有毒金属、酚类和氰化物等的污染。此外，豆类在生长、收割以及加工中可能会受到有毒植物种子、泥土、沙石等的污染，不仅影响感官品质，还能对人体的牙齿、胃肠道造成损伤。

目前豆制品的掺假问题也较为严重。如为了缩短豆芽的生长周期，在豆芽生长过程中加入农药、化肥等催发；在豆制品中添加非食用色素；在豆腐生产中使用工业石膏点制等，这些都可产生多种污染物，当人食用后会对机体带来潜在危害。

6.2.2 豆类食品的安全卫生管理

1. 原料的种植及处理

原料种植时对各种污染的控制与谷类食品原料相同。原料使用前应仔细筛选，去除霉变、虫蚀等变质部分及混有的夹杂物和其他有害物质，要将大豆种子的水分含量降至12%以下。

2. 钝化抗营养因子

通常豆类在加工以后可对抗营养因子起到不同程度的钝化作用。如采用常压蒸汽加热30min可破坏生大豆中的蛋白酶抑制剂；采用95℃以上加热15min，再用乙醇处理后减压蒸发可以钝化脂肪氧化酶；大豆通过加工成豆制品以后，可以有效去除植物红细胞凝集素、致甲状腺肿素、甙类、植酸等抗营养因子。

3. 做好豆类食品的生产、贮存和运输管理

生产车间建造及设施应符合卫生要求，生产过程中，注意个人卫生。使用的管道、容器、用具、包装材料及涂料不得使用对人体有害的材料，经常保持清洁。生产管道、容器、用具(如豆腐屉、豆包布)等，使用前应清洗消毒，如用热碱水洗净后，再通入蒸汽或直接煮沸消毒，做到生熟分开。发酵豆制品所使用的菌种应定期鉴定，防止污染和变异产毒。成品贮存应有防腐措施，逐步做到低温冷藏，还应注意与贮存有关的害虫；运输应严密遮盖，逐步做到专车送货，提倡小包装；销售直接入口食品应设有防蝇、防尘的专用间或设施。

4. 加强安全监管

在豆类食品生产时不得使用变质或未去除有害物质的原料、辅料，生产加工用水应符合《生活饮用水卫生标准》(GB 5749—2006)，使用食品添加剂应符合《食品添加剂使用卫生标准》(GB 2760—2014)。此外，产品还应符合我国的相关安全卫生标准，主要有：《大豆》(GB 1352—2009)、《面筋制品》(GB 2711—2014)、《豆制品》(GB 2712—2014)等。

6.3 蔬菜、水果类食品的安全与卫生

蔬菜、水果在我国居民膳食结构中占有重要地位，不仅可为人体提供丰富的维生素和矿物质，而且还可提供具有特殊生物学作用的植物化学物，如植物固醇、单萜类、硫化物、多酚。然而，蔬菜、水果的可食用部分多为根、茎、叶、花、果实等，在其生长过程中直接暴露在环境中，易受到多种有害物质的污染。

6.3.1 蔬菜、水果类食品的安全性问题

1. 蔬菜、水果中常见的天然有毒有害物质

蔬菜、水果中含有大量的维生素、矿物质、膳食纤维等营养成分，但少量品种也含有一些天然毒素，若食用不当会引起中毒。

1)蔬菜中的亚硝酸盐

蔬菜在生长期间，若过量施用氮肥，易使其受到硝酸盐的污染，尤其叶菜类蔬菜容易累积硝酸盐。当蔬菜采收后在不适当环境中存放，尤其腐烂时或煮熟后放置过久，易导致亚硝酸盐含量明显升高。当机体摄入亚硝酸盐含量较高的蔬菜时，可使人体出现中毒症状。

2)十字花科蔬菜中的有毒成分

十字花科植物中常见的蔬菜包括油菜、甘蓝、芥菜、萝卜等，它们均含有芥子油甙，可对人体的生长产生抑制作用和致甲状腺肿大。由于油菜和甘蓝不仅可供人类食用，部分还可作为牲畜饲料。近年来，国内外有关家畜食用将油菜、甘蓝榨油后的菜籽饼引起中毒的报道也日渐增多。

3)鲜黄花菜中的有毒成分

黄花菜又叫金针菜，是多年生草本植物，通常为干制品。鲜黄花菜含有一种叫秋水仙碱的化学物质，它本身并无毒，但进入机体被氧化后可产生剧毒物质二秋水仙碱。人体若一次摄入50～100g鲜黄花菜即可引起中毒。

4)白果中的有毒成分

白果又名银杏，是我国特产，在其肉质外种皮、种仁和胚中均含有白果二酚、白果酚等有毒物质，尤其白果二酚毒性较大。当人体食用过量或生食白果，以及直接接触种皮层和种仁后均可引起中毒。

2. 细菌污染

新鲜蔬菜、水果的体表易受到微生物污染，环境中的土壤是重要的污染来源。尤其可被土壤中的产芽孢菌群、棒状杆菌及一些其他土壤微生物污染。若土壤采用粪便施肥还可能含有沙门氏菌等致病微生物。其次用未经处理的污水灌溉农田也可造成微生物污染。此外，在收获、搬运、销售过程中，操作人员的手也是导致蔬菜、水果受到微生物

污染的主要因素之一。

3. 霉菌及霉菌毒素污染

多数水果由于其酸度较高，细菌难以生长，但易受到霉菌及霉菌毒素污染。以果汁为例，在变质果汁中以青霉属最为常见，其次是曲霉属。二者均可产生展青霉素，该毒素具有细胞毒性作用，动物实验已证明该毒素还具有“三致”作用。

4. 寄生虫污染

食源性寄生虫病是一类严重危害人类健康的疾病。而生食蔬菜、水果是感染寄生虫的主要途径。生菜类的主要污染来源是含有寄生虫卵而未经无害化处理的人畜粪便、生活污水及土壤；当蔬菜、水果食用前清洗不净或加热不彻底，食用后就易使机体感染肠道寄生虫病。

5. 农药残留污染

随着栽培技术的不断进步，蔬菜、水果的生长周期已日趋缩短，但随着环境污染的加剧，蔬菜、水果的病虫害却不断加重，使得绝大部分蔬菜、水果都需要多次施药后才能成熟上市。同时由于农药品种的增加，销售渠道混乱，指导监管不力，以及农民缺乏科学使用农药的方法或受经济利益的驱动，乱用或滥用农药的情况十分普遍，导致蔬菜、水果中农药残留增多，在诸多食品中受农药污染最为严重，它的直接危害是导致食物中毒。

6. 其他污染

工业“三废”也是污染蔬菜的重要因素，若不经处理直接灌溉菜地，毒物可通过蔬菜进入人体产生危害。通常重金属造成的污染一般很难彻底清除。不同类别蔬菜对重金属的富集能力存在差异，一般规律是叶菜>根茎>瓜茄类>豆类。此外，放射性物质、多环芳烃类化合物、包装材料等也可能对蔬菜、水果造成污染，从而影响人体健康。

6.3.2 蔬菜、水果类食品的安全卫生管理

1. 防止腐败变质

蔬菜、水果含水量较高，组织脆弱，极易受损被细菌或霉菌污染而发生腐败变质。在种植期间加强田间管理是防止蔬菜、水果发生腐败变质的重要措施。不仅在收获期间要尽量避免与土壤接触，而且收获后要剔除有外伤的蔬菜、水果，保持其外形完整，采用低温贮藏、及时食用。低温贮藏是延缓腐败变质，保持新鲜度，防止微生物繁殖的关键手段。对水果也可采用防霉剂，杀灭和抑制产毒霉菌。

2. 防止寄生虫污染

对人畜粪便采用无害化处理可有效防止寄生虫的污染，采用沼气池处理法不仅能有

效杀灭寄生虫卵和肠道致病菌，而且还可提高肥效。生活污水灌溉前应经沉淀处理以去除寄生虫卵，避免污水与蔬菜直接接触，禁止使用未经处理的生活污水进行灌溉。水果和生食蔬菜在食用前应清洗干净，必要时应消毒。推广将蔬菜、水果摘净残叶、去除烂根、清洗干净、包装后上市。

3. 控制农药残留

预防农药污染，确保食用者安全，要切实执行预防为主，综合防治的方针。不仅要选用抗病品种、合理轮作、加强田间管理，最大限度减少病虫害的发生；而且要采用各种有效的非化学方法综合防治病虫害。若使用农药必须严格按照我国农药使用的相关规定执行，不得任意扩大农药使用品种、剂量、次数以及缩短安全间隔期。

4. 控制有害化学物质污染

采用工业废水进行灌溉或经过无害化处理，水质应符合国家工业废水排放标准后才能使用；应尽量使用地下水灌溉。在污染区内应选择对有毒金属富集能力弱的蔬菜品种进行栽培，可以有效减轻污染；也可将蔬菜、水果生产基地转移到郊区或偏远农村。减少硝酸盐和亚硝酸盐污染的主要措施是进行合理的田间管理及采后低温贮藏。

5. 加强安全监管

要严格执行蔬菜、水果的相关卫生标准，包括《果蔬汁类及其饮料》(GB/T 31121—2014)、《酱腌菜》(GB 2714—2015)、《饮料》(GB 7101—2015)等。

6.4 肉类食品的安全与卫生

6.4.1 畜、禽肉及肉制品的安全与卫生

肉是指供人类食用的，或已被判定为安全的、适合人类食用的畜禽的所有部分，包括畜禽胴体、分割肉和食用副产品，主要由肌肉组织、脂肪组织、结缔组织以及骨骼组成。胴体又称为白条肉，是指放血、脱毛、剥皮或带皮、去头蹄(或爪)、去内脏后的动物躯体。食用副产品是指畜禽屠宰、加工后，所得内脏、脂、血液、骨、皮、头、蹄(或爪)、尾等可食用的产品。肉类含有人体所需的多种营养成分，故食用价值较高。但肉类也易受到致病菌和寄生虫的污染发生腐败变质，是导致人体发生食物中毒的重要原因。

1. 原料肉的安全卫生问题

1)肉的腐败变质

宰后的肉从新鲜到腐败变质要经过僵直、成熟、自溶和腐败四个变化。刚屠宰的肉呈中性或弱碱性(pH 7.0～7.4)，由于肉中糖原和含磷有机化合物在组织蛋白酶作用下分解为乳酸和游离磷酸，使肉的 pH 下降(5.4～6.7)，pH 在 5.4 时达到肌凝蛋白等电点，

使肌凝蛋白发生凝固，导致肌纤维硬化出现僵直。此时的肉风味较差，不适宜用作加工原料。僵直后，肉中糖原继续分解产生乳酸，使 pH 持续下降，组织蛋白酶将肌肉中的蛋白质分解为肽、氨基酸等；同时 ATP 分解产生次黄嘌呤核苷酸，此时肌肉组织逐渐变软并具有一定弹性，产生芳香味，肉的横切面有肉汁流出，在肉表面形成干膜，此过程称为肉的成熟。肉的成熟过程可以改进其品质。

宰后的肉若在不合理条件下贮藏，如温度较高，可以使肉中组织蛋白酶活性增强，导致肉中蛋白质发生强烈分解。除产生多种氨基酸外，还产生硫化氢、硫醇等物质，但氨的含量极微。若硫化氢、硫醇与血红蛋白结合，在肌肉表层和深层可形成暗绿色的硫化血红蛋白，并伴有肌纤维松弛的现象，此过程称为肉的自溶。肉发生自溶后为微生物入侵、繁殖创造了条件，微生物产生的酶不仅使肌肉中的蛋白质分解为氨基酸，而且还使氨基酸经过脱氨、脱羧等反应，进一步分解为胺、氨、硫化氢、吲哚、硫醇以及有机酸等具有强烈刺激性气味的物质，使肉完全失去使用价值，这个过程称为肉的腐败变质。通常肉发生腐败变质时，脂肪和糖类也同时受到微生物的分解作用，产生各种低级产物，但脂肪等的变化相对于蛋白质的变化影响较小。

2)人畜共患传染病

人畜共患传染病是指在脊椎动物与人类之间自然传播感染的疫病。病原体包括细菌、病毒、真菌、原生动物和内外寄生虫等，可通过直接接触或以节肢动物、啮齿动物为媒介以及病原污染的空气、水等传播。目前，全世界已证实的人畜共患传染病有 200 多种，已在多个国家流行，我国常见的人畜共患传染病包括炭疽、结核病、布鲁氏菌病、狂犬病、口蹄疫以及旋毛虫病等。人若食用了患有人畜共患传染病的动物组织，可出现由这些病原体引起的传染病和寄生虫病。

3)农药和兽药残留的污染

畜禽饲料中农残可通过食物链在畜禽的肉、内脏中残留；畜禽在养殖期间使用的药物也可能在畜禽的肌肉、内脏等组织中残留。若长期食用农、兽药残留超标的食品将对健康产生危害。

4)掺假

肉类的掺假主要表现在增重和掩盖劣质，目的是为了牟利。通常是在猪、牛等屠宰前进行强制灌水，或在屠宰后向肉中注水，形成“注水肉”。在“注水肉”中，可能添加了阿托品、洗衣粉、明胶、色素和防腐剂等，也可能注入污水，带入重金属、农药残留、病原微生物等有毒有害物质，使肉品失去营养价值，易腐败变质。因此，“注水肉”对人体健康的危害不容忽视。

2. 肉制品加工中的安全性问题

1)原料肉的预处理

原料肉的预处理包括清洗、切分、斩拌、腌制等，在这些过程中可能引起产品质量问题的原因有：清洗不干净留下污秽或病原物入侵；从屠宰分割后未得到即时冷却处理，微生物污染，导致肉的新鲜度降低；腌制时间过长，温度过高，引起肉品变质。

2)辅料

肉制品生产的辅料包括各种调味料、香辛料和食品添加剂。对人体健康有一定不良影响的，如硝酸盐、亚硝酸盐、焦糖色素、姜黄色素等。再者就是辅料的变质或混入杂物，也可带来潜在的安全隐患。

3)热处理

易引起产品质量问题的原因有：热处理的温度、时间、蒸汽压力不足而导致的加热不均、杀菌不彻底，容易在后期引起食品的腐败变质，缩短食品货架期；烟熏、烘烤时间过长，燃料燃烧不完全，或产品被烧焦或炭化，使肉中聚集大量的多环芳烃类、杂环胺类化合物，带来潜在的致癌风险。

4)生产加工卫生

生产车间的环境卫生及布局不合理会造成原料、产品的污染；加工人员自身有传染性疾病如甲肝、结核等，或不注意清洁操作、器械消毒等，会将自身或外界的病原物带入肉制品中，造成病原微生物大量繁殖，影响食品安全。

此外，包装材料或容器中有害物质如金属餐具或陶瓷容器中含有重金属、塑料包装中的残余单体如苯乙烯等，可通过与食品接触而迁移到食品中；包装后的密封性能不好以及在包装过程中由于不洁操作将引起二次污染。贮存的温度、湿度控制不好，易导致微生物在产品中大量繁殖，导致肉品的腐败变质；运输时包装破损将使产品受到污染。

6.4.2 畜、禽肉类食品的安全卫生管理

1)生产场所的卫生要求

根据我国《畜禽屠宰加工卫生规范》的规定，肉类联合加工厂、屠宰厂、肉制品厂应建在地势较高，干燥，水源充足，交通方便，无有害气体、灰沙及其他污染源，便于排放污水的地区；不得建在居民稠密的地区。厂区应划分为生产区和非生产区，活畜禽、废弃物运送与成品出厂不得共用一个大门，场内不得共用一个通道。生产区各车间的布局与设施应满足生产工艺流程和卫生要求，车间清洁区与非清洁区应分隔。屠宰车间、分割车间的建筑面积与建筑设施应与生产规模相适应。车间内各加工区应按生产工艺流程划分明确，人流、物流互不干扰，并符合工艺、卫生及检疫检验要求。屠宰企业应设有待宰圈(区)、隔离间、急宰间、实验(化验)室、官方兽医室、化学品存放间和无害化处理间。屠宰企业的厂区应设有畜禽和产品运输车辆和工具清洗、消毒的专门区域。对于没有设立无害化处理间的屠宰企业，应委托具有资质的专业无害化处理场实施无害化处理。应分别设立专门的可食用和非食用副产品加工处理间，食用副产品加工车间的面积应与屠宰加工能力相适应，设施设备应符合卫生要求，工艺布局应做到不同加工处理区分隔，避免交叉污染。

2)宰前检验和管理

待宰动物必须来自非疫区，健康良好，并有产地兽医卫生检验合格证书。动物到达屠宰场后，须经充分休息，在临宰前停食不停水静养12～14h，再用温水冲洗动物体表以除去污物，防止屠宰中污染肉品。宰前检验是指屠宰动物通过宰前临床检查，初步确定

其健康状况，尤其是能够发现许多在宰后难以发现的人畜共患传染病，从而做到及早发现，及时处置，减少损失。通过宰前检验挑选出符合屠宰标准的动物，送进待宰圈等候宰杀。同时剔出患病的动物分开屠宰。患有严重传染病或恶性传染病的动物禁止屠宰，采用不放血的方法捕杀后予以销毁。

3)屠宰加工卫生

畜禽屠宰工艺分为致昏、放血、剥皮或脱毛、开膛与净膛、酮体修整、冷却等。在屠宰过程中，可食用组织易被来自体表、呼吸道、鬃毛或羽毛、呼吸道、消化道、加工用具、烫池水中(大型屠宰企业已采用蒸汽烫毛可有效降低该环节的微生物污染)的微生物污染。因此，应注意卫生操作，宰杀口要小，严禁在地面剥皮。宰杀后尽早开膛，防止拉破肠管。屠宰加工后的肉必须经冲洗后修整干净，做到胴体和内脏无毛、无粪便污染物、无伤痕病变。必须去除甲状腺、肾上腺和病变淋巴腺。胴体与内脏统一编号，以便发现问题后及时查处。肉的剔骨和分割应在较低温度下进行，分割车间温度控制在12℃以下。只有经过检验合格、充分冷却后的肉才能出厂。

4)宰后检验和处理

宰后检验是指对屠宰动物生命终止后的检验，是宰前检验的继续和补充。特别是对于那些病程还处于潜伏期，临床症状还不明显的屠畜尤为重要。要求同一屠畜的胴体和内脏进行统一编号，同步检验，防止漏检或误判。宰后检验常采用视检、嗅检、触检和剖检的方法，对每头动物的胴体、内脏及其副产品进行头部检验、皮肤检验、胴体检验、内脏检验、寄生虫检验和复检，检查受检组织器官有无病变或其他异常现象。在动物屠宰过程中，必须加强传染病的检验，防止疫病传播，经检验不合格的动物产品应按照《病害动物和病害动物产品生物安全处理规程》(GB 16548—2006)规定进行处理。根据宰前、宰后检疫检验结果，合格肉被加盖兽医验讫印章作为检疫合格标识。

5)农药和兽药残留及其处理

为防止药物在动物组织中残留后导致人体中毒，要严格遵守农业部颁布的《动物性食品中兽药最高残留限量》公告，合理使用兽药，遵守休药期，加强兽药残留量的检测。国务院也颁布了《饲料和饲料添加剂管理条例》，要求严禁在饲料和饲料添加剂中添加盐酸克伦特罗等物品。

6)加强对“注水肉”的监管

我国《生猪屠宰管理条例》中明确规定，对生猪、生猪产品注水或者注入其他物质的，由商务主管部门没收注水或者注入其他物质的生猪、生猪产品、注水工具和设备以及违法所得，并处罚款；构成犯罪的，依法追究刑事责任。该条例还规定国家对生猪实行定点屠宰、集中检疫、统一纳税、分散经营的制度。未经定点屠宰，任何单位和个人不得屠宰生猪，但农村地区个人自宰自食者除外。

此外，在制作熏肉、腊肉、火腿时，应注意降低多环芳烃的污染；加工腌肉或香肠时应严格限制硝酸盐或亚硝酸盐用量。对肉与肉制品要严格执行相关的安全卫生标准，如《鲜(冻)畜禽产品》(GB 2707—2016)、《熟肉制品》(GB 2726—2016)、《腌腊肉制品》(GB 2730—2015)、《食品添加剂使用标准》(GB 2760—2014)等标准。

6.5 乳类食品的安全与卫生

乳是哺乳动物怀孕分娩后从乳腺分泌出的一种白色或稍带微黄色的不透明液体，利用乳可以加工乳酪、酸乳、冰激凌等多种乳制品。乳及乳制品营养丰富，易受到微生物的污染，降低其食用价值和安全性。

6.5.1 乳及乳制品的安全与卫生

1. 原料乳的安全性问题

原料乳的安全性问题包括：在养殖过程中，若奶牛患有乳房炎、结核等疾病，所产乳不得食用；在收购环节，挤奶操作不规范，对挤奶、贮奶、运奶设备的冲洗不彻底及冷藏设施落后等造成原料乳质量的下降。乳的变质过程常始于乳糖被分解、产酸、产气，形成乳凝块；随后蛋白质被分解，凝固的乳发生溶解，最后蛋白质和脂肪被分解后产生硫化氢、吲哚等物质，可使乳具有臭味，不仅影响乳的感官性状，而且失去食用价值。若乳牛(羊)的饲料中有农药残留及其他有害物质，可成为影响乳品安全的重要隐患。

2. 乳制品加工中的安全性问题

乳品在加工过程中，如果不注意管道、加工器具、容器设备的清洗、消毒，很容易影响产品质量。同时生产设备和工艺水平是否先进、新产品配方设计是否符合国家相关标准，包装材料是否合格也将影响产品的质量。由于乳品的易腐性和不耐储藏性，其在贮藏、运输、销售过程中可能发生变化。此外，掺杂掺假也是影响乳品质量的重要因素，如“三聚氰胺奶粉事件”“阜阳劣质奶粉事件”。

6.5.2 乳类食品的安全卫生管理

1)原料乳的安全管理

个体饲养乳牛必须经过检疫，领取有效证件。乳牛应定期预防接种并检疫，如发现病牛应及时隔离饲养观察。对各种病畜乳必须经过卫生处理。挤乳操作要规范。挤乳前1h停喂干料并消毒清洗乳房，防止微生物污染。挤乳人员、容器、用具应严格执行卫生要求。开始挤出的一、二把乳汁、产犊前15d的胎乳、产犊后7d的初乳、兽药使用期间和停药5d内的乳汁、乳房炎乳及变质乳等应废弃。挤出的乳立即进行净化处理，除去乳中的草屑、牛毛等杂质，净化后的乳应及时冷却。乳品加工过程中各生产工序必须连续生产，防止原料和半成品积压变质。要逐步取消手工挤乳。加强对生鲜乳收购环节控制，避免掺杂作假发生。

2)乳品加工环节的安全控制

在原料采购、加工、包装及贮运等过程中，关于人员、建筑、设施、设备的设置以及卫生、生产及品质等管理必须达到《乳制品良好生产规范》(GB 12693—2010)的条件和要求，全程实施HACCP和GMP。鲜乳的生产、加工、贮存、运输和检验方法必须符合《生乳》(GB 19301—2010)的要求。乳制品的生产要严格执行相关的安全标准，如《乳粉》(GB 19644—2010)、《发酵乳》(GB 19302—2010)等。

3)乳品流通环节的安全控制

乳的流通环节要有健全的冷链系统，销售环节需控温冷藏。在贮存过程中应加强库房管理，根据产品的贮存条件贮存产品。贮乳设备要有良好的隔热保温设施，最好采用不锈钢材质，以利于清洗和消毒并防止乳变色、变味。运送乳要有专用的冷藏车辆且保持清洁干净。市售点应有低温贮藏设施，每批消毒乳应在消毒36h内售完，不允许重新消毒再销售。

6.6 蛋类食品的安全与卫生

禽蛋含有人体所需要的多种营养成分，而且其消化吸收率很高，可以被人体充分利用。我国是农业大国，禽蛋资源丰富，在居民日常生活和食品加工中，蛋及蛋制品消费量较大。禽蛋在满足人们营养需要的同时，若在生产、加工、贮存、运输等方面受到污染而变质，也可能危害人体健康。

6.6.1 蛋类食品的安全性问题

1)微生物污染

鲜蛋具有良好的防御结构和多种天然的抑菌杀菌物质。首先，蛋壳具有天然屏障作用，可起到机械阻挡微生物入侵的作用；其次，蛋内含有溶菌酶、伴清蛋白等杀菌和抑菌因子，对微生物起抑制和杀灭作用。但蛋类含有丰富的营养物质，是微生物生长繁殖的良好基质，污染多来自养殖环境(如不洁净的产蛋场所、饲料)、卵巢、生殖腔和贮运等环节。鲜蛋的主要生物性污染问题是致病菌(沙门菌、空肠弯曲菌和金黄色葡萄球菌)和引起腐败变质的微生物污染。通常鲜蛋的微生物污染途径主要来自以下3个方面。

(1)卵巢的污染。若禽类感染沙门氏菌及其他微生物后，特别是水禽类，生殖器官的生物杀菌作用较弱，来自肠道的致病菌可通过血液循环进入卵巢，使卵黄在卵巢内形成时被致病菌污染。

(2)产蛋时污染。禽类的排泄腔和生殖腔是合一的，蛋壳在形成前，排泄腔里的细菌可以向上污染输卵管，从而导致蛋受到污染。蛋从泄殖腔排出后，由于外界空气的自然冷却，引起蛋的内容物收缩，空气中的微生物可通过蛋壳上的气孔进入蛋内。

(3)蛋壳的污染。蛋壳可被禽类自身、产蛋场所、人手以及装蛋容器中的微生物污染。当鲜蛋处于温暖、潮湿条件下，微生物可逐渐通过蛋壳气孔侵入内部。此外，蛋因搬运、贮藏受到机械损伤使蛋壳破裂时，极易受到微生物污染，发生变质。

2)农残、兽残及其他污染

蛋的化学性污染与禽类的化学性污染关系密切。饲料若受农残、兽残(如抗生素、生长激素)、重金属污染，以及饲料本身含有的有害物质(如棉饼中游离棉酚)向蛋内转移和蓄积，就会造成蛋的污染。

3)违法、违规加工蛋类

我国曾发生过使用化学物质人工合成假鸡蛋事件。假鸡蛋的蛋壳由碳酸钙、石蜡及石膏粉构成，蛋清则主要由海藻酸钠、明矾、明胶、色素等构成，蛋黄主要成分是海藻酸钠液加柠檬黄类色素。假鸡蛋无任何营养价值，长期食用可造成过量摄入明矾中的铝而导致记忆力衰退、痴呆等严重后果。我国还发生过为生产高价红心鸭蛋，违法在饲料中添加具有致癌作用的化工染料“苏丹红”的事件。

6.6.2 蛋类食品的安全卫生管理

1)安全管理

为防止微生物对禽蛋的污染，提高鲜蛋卫生质量，应加强对禽类饲养过程的安全卫生管理，确保禽体和产蛋场所的清洁卫生，确保科学饲养禽类和加工蛋制品。

2)蛋的贮藏、运输和销售卫生

气温是影响禽蛋腐败变质的重要因素，鲜蛋在较高温度下贮存容易发生腐败变质。所以鲜蛋最适宜在1～5℃、相对湿度87%～97%的条件下贮藏或存放。当鲜蛋从冷库中取出时，应在预暖间放置一定时间，以防止因温度升高产生冷凝水而引起出汗现象，导致微生物对禽蛋的污染。若无冷藏条件，鲜蛋也可保存在米糠、稻谷或锯末中，以延长保存期。运输过程应尽量避免蛋壳发生破裂。装蛋容器和铺垫的草、谷糠应干燥、无异味。鲜蛋不应与散发特异气味的物品同车运输。运输途中要防晒、防雨，以防止蛋的变质和腐败。鲜蛋销售前必须进行安全卫生检验，符合鲜蛋要求方可在市场上出售。

3)蛋制品的安全管理

加工蛋制品的蛋类原料须符合鲜蛋质量和卫生要求，要严格遵守相关国家安全卫生标准，如《蛋与蛋制品》(GB 2749—2015)。皮蛋制作过程中须注意碱的含量，禁止加入氧化铅，严格执行《皮蛋》(GB/T 9694—2014)标准。目前以硫酸铜或硫酸锌代替氧化铅加工皮蛋，可显著降低皮蛋中的铅含量。

6.7 水产品的安全与卫生

水产品包括海水、淡水产品及其相应的加工品。鲜活水产品主要分为鱼、虾、蟹、贝四大类。根据加工工艺，可分为水产冷冻、盐腌、干制、烟熏、罐头等几类制品。

6.7.1 水产品的安全性问题

1)微生物的污染

由于生活、工业污水以及养殖废弃物的排放，使养殖环境中的微生物大量繁殖。微生物污染主要包括如下3类。

(1)细菌。海水鱼类机体上常见并可引起其腐败变质的细菌主要有假单孢菌属、无色杆菌属、黄杆菌属和摩氏杆菌属的细菌；而淡水鱼类机体上除上述细菌外，还存在产碱杆菌属和短杆菌属等属的细菌。这些微生物绝大多数在常温下生长、发育很快，能引起鱼类的腐败变质。甲壳类、贝壳类水产品多数生活在近海或淡水中，其表面或体内易携带多种致病菌；淡、海水中的水产品均有感染沙门氏菌、霍乱弧菌、副溶血性弧菌等的可能。从速冻鱿鱼、冻海螺肉中分离出了副溶血性弧菌、沙门氏菌；从冻海鱼中检出溶藻性弧菌、变形杆菌、星状诺卡氏菌等。尤其即食生鲜水产品被致病菌污染的风险较大。

(2)病毒。容易污染水产品的病毒有甲肝病毒、诺瓦克病毒、星状病毒等。这些病毒主要来自病人、病畜或带毒者的肠道，污染水体或与手接触后污染水产品。目前已报道的与水产品有关的病毒感染事件中，绝大多数是由于食用了生的或加热不彻底的贝类所引起。最典型的是 20 世纪 80 年代后期发生在上海的因食用毛蚶而引起的甲肝大流行，患病总人数逾 30 万。

(3)寄生虫。鱼类、贝类水产品是多种寄生虫的中间宿主，常见的有华支睾吸虫、异形吸虫等。这些寄生虫被摄入后易使人感染人畜共患寄生虫病。2006 年北京发生了因食用未煮熟的福寿螺肉而导致 100 多人患广州管圆线虫病的事件。

2)天然毒素和过敏源

许多水产品中都含有天然毒素，被人误食后可能引起食物中毒。如河豚鱼含有河豚毒素，鲨鱼、旗鱼、鳕鱼等肝脏含有毒素。

水产品中主要有鱼类及其制品、甲壳类及其制品以及软体动物及其制品引起食物过敏。过敏源比较复杂，主要存在于鱼肉中，鱼皮和骨头制成的鱼胶制品也可能含一定的过敏源。

3)水环境污染

水环境受到污染不仅直接危害水生生物的生长繁殖，而且污染物通过生物富集与食物链传递可危害人体健康，日本曾经发生的“水俣病”“骨痛病”就是水环境受到汞、镉的污染而引起。

4)鱼药残留

在鱼病防治过程中，滥用药物，如盲目使用抗菌药物、促生长剂以及不遵守休药期等都是导致鱼药在水产品中残留的主要原因。根据近年来数据调查显示，虽然水产品中药物残留超标率有所下降，但四环素类等残留量超标，以及红霉素、孔雀石绿、睾酮等违禁药物屡禁不止的现象依然存在。

5)水产加工中掺杂使假

部分水产品生产、销售人员在水产品中非法添加违禁物以谋取暴利，如贝类、虾制品滥用添加剂、掺水增重；水发、冰鲜水产品使用甲醛等也被报道。

6.7.2 水产品的安全卫生管理

1)养殖环境的卫生要求

加强水域环境的管理，控制工业废水、生活污水的污染。控制施药防治水产养殖动物病害。保持合理的养殖密度，开展综合防治，健康养殖。

2)保鲜措施

水生动物死亡后，受各种因素影响发生与畜肉相似的变化，包括僵直、自溶和腐败。鱼的保鲜就是要抑制鱼体组织酶的活力，防止微生物污染并抑制其繁殖，延缓自溶和腐败的发生。低温、盐腌是有效的保鲜措施。

3)运输销售过程的卫生要求

生产运输渔船(车)应经常冲洗，保持清洁卫生；外运供销的鱼类及水产品应达到规定鲜度，尽量冷冻运输。鱼类在运输销售时应避免污水和化学毒物的污染，提倡用桶或箱装运，尽量减少鱼体损伤，不得出售和加工已死亡的黄鳝、甲鱼、乌龟、河蟹以及各种贝类；含有天然毒素的鱼类，不得流入市场。有生食鱼类习惯的地区应限制食用品种。

水产品的生产要严格执行相关的卫生标准，如《鲜、冻动物性水产品》(GB 2733—2015)。

6.8 食用油脂的安全与卫生

食用油脂是日常膳食的主要组成部分，包括植物油和动物脂肪两大类。植物油来源于油料作物，不饱和脂肪酸含量较高，常温下一般呈液态，如菜籽油、花生油、豆油等；动物脂肪来源于动物的脂肪组织和奶油，饱和脂肪酸含量较高，常温下一般呈固态，如猪油、牛油、羊油等。

6.8.1 食用油脂的安全性问题

1. 油脂中常见的天然有毒有害物质

1)霉菌毒素

油料作物的种子在高温、高湿条件下贮存，易被霉菌污染而产生毒素，导致榨出的油中含有霉菌毒素。最常见的霉菌毒素是黄曲霉毒素。在各类油料种子中，花生最容易受到污染，其次是棉籽和油菜籽。黄曲霉毒素具有脂溶性，若采用污染严重的花生为原料榨出的油中黄曲霉毒素按每公斤计可高达数千微克。

2)棉酚

棉酚是棉籽色素腺体内含有的多种毒性物质，在棉籽油加工中常带入油中。棉酚有游离型和结合型之分，具有毒性作用的是游离棉酚。棉籽油中游离棉酚的含量因加工方法不同而存在差异性。通常冷榨生产的棉籽油中游离棉酚含量较高，而热榨生产的棉籽油中游离棉酚含量较低。因为棉籽经蒸炒加热后游离棉酚与蛋白质作用形成结合棉酚，在压榨时多数残留在棉籽饼中。游离棉酚是一种原浆毒，对生殖系统有明显损害。

3)芥子甙

芥子甙普遍存在于十字花科的植物，在油菜籽中含量较多。芥子甙在植物种子中葡萄糖硫苷酶作用下可水解为硫氰酸酯、异硫氰酸酯、噁唑烷硫酮和腈。腈的毒性很强，能抑制动物生长和致死；而硫化物具有致甲状腺肿大作用。

4)芥酸

芥酸是一种二十二碳的单不饱和脂肪酸，在菜籽油中含量为20%～55%。经动物实验证实，芥酸可对动物的心肌细胞造成损伤，还可导致动物的生长发育受阻和生殖功能下降，但芥酸对人体健康的危害还缺乏直接证据。

2. 油脂酸败

当油脂含有杂质或在不适宜条件下贮藏可发生一系列化学变化，并对感官品质产生不良的影响，称为油脂酸败。油脂酸败的原因包含生物性和化学性两方面因素，一是油脂的酶解过程，即由动植物组织的残渣和微生物产生的酶等使甘油三酯水解为甘油和脂肪酸，随后进一步氧化生成低级的醛、酮和酸等，因此也把酶解酸败称为酮式酸败。二是油脂在空气、水、阳光等作用下发生的化学变化，包括水解过程和不饱和脂肪酸的自动氧化，一般多发生在含有不饱和脂肪酸的甘油酯。不饱和脂肪酸在光和氧的作用下，双键被打开形成过氧化物，再继续分解为低分子的脂肪酸以及醛、酮、醇等物质。某些金属离子如铜、铁、锰等在油脂氧化过程中可起催化作用。在油脂酸败过程中，生物性的酶解和化学性的氧化常同时发生，但油脂的自动氧化占主导地位。

3. 多环芳烃类化合物

油脂中多环芳烃类化合物的来源主要有四个方面：烟熏油料种子时产生的苯并芘；采用浸出法生产食用油时，若使用不纯溶剂，而不纯溶剂中多含有多环芳烃类化合物等有害物质；在食品加工时，油温过高或反复使用导致油脂发生热聚合和热分解，易形成多环芳烃类化合物；油料作物生长期间若受到工业污染，也可使油中多环芳烃类化合物含量增高。

4. “地沟油”的安全性问题

“地沟油”是一个泛指的概念，是人们对日常生活中各类劣质油的统称。狭义的“地沟油”是指将下水道中的油腻漂浮物或者将宾馆、酒楼的剩饭、剩菜(通称泔水)经过简单加工、提炼出的油。此外，劣质、过期及腐败的动物皮、肉、内脏等经过简单加工提炼后产出的油；以及油炸食品过程中重复使用的油，或往其中添加一些新油后重新使用的油也属于“地沟油”的范畴。“地沟油”是一种质量极差、极不卫生的非食用油。一旦食用，它会破坏人体的白细胞和消化道黏膜，引起食物中毒，甚至有致癌的严重后果。

6.8.2 食用油脂的安全卫生管理

1. 原料的卫生要求

食用油脂质量的优劣与来自植物或动物的原料关系密切。因此，动物性油脂的原料要求来源于健康动物，且原料组织无污秽、无其他组织附着、无腐败变质现象，原则上当天的原料应在当天加工完成。而植物性油脂的原料要求油料果实应完整，不能有损伤，不得含有杂草籽及异物，而且不能使用发霉、变质、生虫、出芽或被有毒有害物质污染的原料。油料种子在贮存期间也应采取相应措施避免发生霉变。

2. 浸出溶剂

目前在采用浸出法生产植物油时，抽提溶剂多采用沸点范围在61～76℃的低沸点石油烃馏分。若沸点过低会造成工艺上的不安全而且溶剂的消耗过大，沸点过高则会增加溶剂残留。

3. 防止油脂酸败

油脂生产中最易发生的变质是酸败，而油脂酸败与本身纯度、加工及贮藏过程中各环节的环境因素关系密切。防止油脂酸败，首先，在油脂加工过程中应保证油脂纯度，去除动植物残渣，避免微生物污染并且抑制或破坏酶的活性；其次，由于水能促进微生物繁殖和酶的活动，因此油脂水分含量应控制在0.2%以下；第三，高温会加速不饱和脂肪酸的自动氧化，而低温可抑制微生物活动和酶的活性，从而降低油脂自动氧化，故油脂应低温贮藏；第四，由于阳光、空气对油脂酸败有重要影响，因此油脂若长期贮存则应采用密封、隔氧、避光的容器，同时也应避免在加工和贮藏期间接触到金属离子。此外，应用抗氧化剂也可有效防止油脂酸败，延长贮藏期，常用抗氧化剂包括丁基羟基茴香脑、二丁基羟基甲苯、特丁基对苯二酚、没食子酸丙酯、维生素E等，目前多将不同的抗氧化剂混合使用，但要控制其用量。

4. 加强安全监管

为了保证食用安全，应严格执行食用油脂的相关卫生标准和检验方法。包括：《食用植物油及其制品生产卫生规范》(GB 8955—2016)、《食用植物油料》(GB 19641—2015)、《植物油脂透明度、气味、滋味鉴定法》(GB/T 5525—2008)等。此外，监管部门要严厉打击生产“地沟油”的违法犯罪行为，主要以源头管理和现场监督检查为主，检验手段为辅，并注意充分发挥社会监督和群众投诉举报的作用。

6.9 酒类食品的安全与卫生

在现代社会中，酒类已成为日常生活不可缺少的饮料，在部分国家和地区饮酒已成为一种独特的饮食文化。酒类在生产过程中从原料到加工各环节若达不到卫生要求，就可能产生或混入多种有毒有害物质，对饮用者产生危害。酿酒的基本原理是将原料中的糖类在酶的催化作用下分解为寡糖和单糖，再由乙醇发酵菌种转化为乙醇。酒类按其生产工艺一般分为蒸馏酒、发酵酒和配制酒三类。我国的蒸馏酒称白酒或烧酒，一般是以粮谷、薯类、水果等为主要原料，经发酵、蒸馏、陈酿、勾兑而成，乙醇含量一般在60%以下。发酵酒是以粮谷、水果、乳类等为原料，主要经酵母发酵等工艺酿制而成，乙醇含量一般在20%以下，包括啤酒、果酒和黄酒等。配制酒是以蒸馏酒、发酵酒或食用酒精为酒基，加入可食用的辅料(糖、色素、香料、果汁等)配成，或以食用酒精浸泡植物的根、茎、叶、果实等配制而成。

6.9.1 酒类的安全性问题

1. 乙醇

乙醇是酒的重要成分，除供能外，无其他营养价值。血中乙醇含量一般在饮酒后1～1.5h达到最高，但其在体内清除速度较缓慢，若一次过量饮酒后24h内也能在血中检出。肝脏是乙醇代谢的主要器官，如果过量饮酒将使肝功能受到损伤。如一次大量摄入酒类，血中乙醇浓度为2.0～9.9mg/L时，将造成急性酒精中毒，表现为肌肉运动不协调、感觉功能减弱以及情绪、行为改变等症状；当乙醇浓度达到40～70mg/L时，可出现昏迷、呼吸衰竭、甚至死亡。长期过量饮酒可导致酒精依赖症，使患高血压、脑卒中以及消化道癌症等疾病的风险增加。

2. 甲醇

酒中的甲醇来源于酿酒原料中植物细胞壁和细胞间质的果胶。原料在蒸煮过程中，果胶中半乳糖醛酸甲酯分子中的甲氧基可分解产生甲醇。此外，酒曲中的微生物也含有甲酯水解酶，能将半乳糖醛酸甲酯分解为甲醇。通常，糖化发酵温度过高、时间过长都会使甲醇含量增加。

甲醇具有神经毒性，主要侵害视神经，导致视网膜损伤、视力减退以及双目失明。甲醇经氧化后可产生甲醛和甲酸，其毒性远大于甲醇，并可使机体出现代谢性酸中毒。甲醇一次摄入4g以上可引起急性中毒，临床症状为头痛、恶心、呕吐、视力模糊等表现，严重者可出现呼吸困难、昏迷甚至死亡。长期少量摄入可引起慢性中毒，主要损伤视神经，导致不可逆的视力减退。

3. 杂醇油

杂醇油是酒在酿酒过程中原料和酵母中的蛋白质、氨基酸以及糖类分解和代谢产生的含3个以上碳原子的高级醇类，包括丙醇、异丁醇、异戊醇等。杂醇油中碳链越长，毒性越大，尤其以异丁醇、异戊醇的毒性为主。杂醇油在体内氧化分解缓慢，可使中枢神经系统充血。因此饮用杂醇油含量较高的酒常造成饮用者头痛和醉酒。

4. 醛类

醛类包括甲醛、乙醛、丁醛和糠醛等，主要在发酵过程中产生。醛类毒性比相应的醇类高，其中以甲醛的毒性较大，乙醛能引起脑细胞供氧不足而产生头痛。乙醛也被认为是使饮酒者产生酒瘾的重要原因之一。糠醛主要来自糠麸酿酒原料，其毒性仅次于甲醛。

5. 氰化物

以木薯或果核为原料制酒时，原料中的氰甙经水解后可产生氢氰酸。由于氢氰酸分子量低，又具有挥发性，因此能随水蒸气一起进入酒中。氰化物可以导致组织缺氧，使呼吸中枢及血管中枢麻痹而死亡。

6. 锰

采用非粮食原料(薯干、薯渣、糖蜜等)酿酒时，会使酒产生不良气味，常使用高锰酸钾进行脱臭处理。若使用不当或不经过复蒸馏，可使酒中残留较高的锰。锰虽然是人体必需的微量元素之一，但长期过量摄入可引起慢性中毒。

7. 其他

酒类也可能受到黄曲霉毒素、展青霉毒素以及其他微生物毒素的污染。啤酒、果酒和黄酒是发酵后不经蒸馏的酒类，如果原料受到黄曲霉毒素和其他非挥发性有毒物质的污染，它们将全部保留在酒体中。展青霉素主要来自水果原料受到扩展青霉、巨大曲霉等污染后产生的有毒代谢产物，是果酒的主要安全问题之一。发酵酒由于乙醇含量低，若在生产过程中管理不严，从原料到成品的各个环节都可能被微生物污染，不仅影响产品质量也给消费者健康带来危害。葡萄酒和果酒生产过程中常加入二氧化硫以达到抑菌、澄清和护色等作用，但若用量过大或发酵时间过短，可产生二氧化硫残留，危害人体健康。

此外，白酒中塑化剂的问题引起了广泛关注。塑化剂又称为增塑剂，是添加到塑料聚合物中增加塑料可塑性的物质。可用作增塑剂的物质很多，如邻苯二甲酸酯类、脂肪酸酯类、聚酯、环氧酯等，以邻苯二甲酸酯类化合物常用，如邻苯二甲酸二(2-乙基己基)酯(DEHP)、邻苯二甲酸二丁酯(DBP)、邻苯二甲酸二异壬酯(DINP)等。白酒中塑化剂既可来自环境污染，也可来自包装材料的迁移，特别是塑料管道、密封垫和容器中的DEHP和DBP容易迁移至酒中，是白酒中塑化剂的主要来源。DEHP和DBP急性毒性较低。动物实验表明，DEHP和DBP具有内分泌干扰作用，啮齿类动物长期摄入该类物质可造成生殖和发育障碍，但目前尚缺乏它们对人体健康损害的直接证据。

6.9.2 酒类食品的安全卫生管理

1. 原辅料

酿酒原料包括粮食类、水果类、薯类以及其他代用原料等，所有原辅料均应具有正常的色泽和良好的感官性状，无霉变、无异味、无腐烂。原料在投产前必须经过检验、筛选和清蒸处理；发酵使用的纯菌种应防止退化、变异和污染。用于调兑果酒的酒精必须符合《食用酒精》(GB 31640—2016)的要求；配制酒使用的酒基必须符合《蒸馏酒及配制酒》(GB 2757—2012)和《发酵酒及其配制酒》(GB 2758—2012)，不能使用工业酒精或医用酒精作为配制酒原料；生产用水必须符合《生活饮用水卫生标准》(GB 5749—2006)。

2. 生产工艺

1)蒸馏酒

要定期对菌种进行筛选、纯化以防止菌种退化和变异。清蒸是降低酒中甲醇含量的重要工艺，在以木薯、果核为原料时，清蒸还能使氰甙类物质提前释放。白酒蒸馏过程中，酒尾中甲醇含量较高，而酒头中杂醇油含量高。因此，在蒸馏工艺中多采用“截头去尾”以选择所需要的中段酒，可以大量减少成品酒中甲醇和杂醇油含量。对使用高锰酸钾处理的白酒，需要经过复蒸后除去锰离子。发酵设备、容器及管道还应经常清洗保持卫生。

2)发酵酒

啤酒的生产过程主要包括制备麦芽汁、前发酵、后发酵、过滤等工艺。在原料经糊化和糖化后过滤制成麦芽汁，须添加啤酒花煮沸后再冷却至添加酵母的适宜温度(5～9℃)，该过程易受到污染。因此，整个冷却过程中使用的各种容器、设备、管道等均应保持无菌状态。为防止发酵中杂菌污染，酵母培养室、发酵室及相关器械均需保持清洁并定期消毒。酿制成熟的啤酒在过滤处理时使用的滤材、滤器应彻底清洗消毒。在果酒生产中不能使用铁制容器或有异味的容器。水果类原料应防止挤压破碎后被杂菌污染。黄酒在糖化发酵中不得使用石灰中和以降低酸度。

3)配制酒

配制酒应以蒸馏酒或食用酒精为酒基，浸泡其他材料如药食两用食物时，必须严格按照卫生部公布的既是食品又是药品的物品目录，以及可用于保健食品的物品作为原料进行选择，不得滥用中药作为配制酒的生产原料。目前有报道，部分配制酒生产企业存在违法向酒中添加西地那非等化学物质的行为。

此外，成品酒的质量必须符合《浓香型白酒》(GB/T 10781.1—2006)、《清香型白酒》(GB/T 10781.2—2006)、《啤酒》(GB 4927—2008)、《葡萄酒》(GB 15037—2006)等相关标准和规范。

3. 包装、贮藏和运输

成品酒的包装必须符合《预包装食品标签通则》(GB 7718—2011)规定，应存放在干燥、通风良好的地方，运输工具应清洁干燥，严禁与有毒、有腐蚀的物品混运和贮藏。改善生产工艺和减少塑料包装材料的使用能够降低白酒中塑化剂的污染。

6.10 其他食品的安全与卫生

6.10.1 调味品的卫生及管理

调味品是指赋予食物咸、甜、酸、鲜、辛辣等特定味道或风味的一大类天然或加工的食品，包括咸味剂、甜味剂、酸味剂、鲜味剂、辛香剂。

1. 酱油类

酱油按生产工艺分酿造酱油和配制酱油。酿造酱油是以富含蛋白质和淀粉的豆类、谷类为主要原料，经曲制、发酵酿制而成的以鲜、咸味为主要特点的调味品；配制酱油是以酿造酱油为主体，与酸水解植物蛋白调味液、食品添加剂等混合配制而成的液态调味品。酱分为酿造酱和配制酱，是以粮食为主要原料经发酵酿造而成的各种酱类食品。以鱼、虾、蟹、牡蛎等为原料生产的调味品也称水产调味品，如虾酱或虾油、蟹酱或蟹油、鱼露、蚝油，这些调味品广泛用于调味及餐桌佐餐。由于酱油类食品可经加热食用或作为烹调的佐料，有时不经加热直接食用，其安全性问题值得重视。

1)酱油类食品的安全性问题

食品工业利用富含氨基酸的酸水解植物蛋白液作为一种增鲜剂，将其添加到酱油、蚝油等调味品中，但酸水解植物蛋白液中可能含有氯丙醇，可以造成食品污染。单纯利用传统微生物发酵工艺生产的酿造酱油通常不含有该种污染物。

此外，也有不法商贩违法使用国家禁止的工业盐制作酱油和酱类调味品的报道。工业盐含有强致癌物和大量的亚硝酸钠、碳酸钠、铅、砷等有害物质。

2)酱油类食品的安全卫生管理

(1)注意原辅料卫生。不得使用变质或未去除有毒物质的原料加工制作酱油类调味品，大豆、脱脂大豆、小麦、麸皮等必须符合《粮食》(GB 2715—2016)的规定；生产用水须符合《生活饮用水卫生标准》(GB 5749—2006)。用于生产水产调味品的原料，如鱼、虾、牡蛎，必须新鲜，禁止使用不新鲜甚至腐败的水产品生产调味品。

(2)合理使用食品添加剂。酱油等生产中使用的色素主要是焦糖色素，我国传统焦糖色素的制作是用食糖加热聚合生成一种深棕色色素，食用安全。如果采用加胺法生产焦糖色素，不可避免将产生可引起人和动物惊厥的物质4-甲基咪唑。因此，必须严格禁止以加胺法生产焦糖色素。化学酱油生产时用于水解大豆蛋白质的盐酸必须是食品工业用盐酸，并限制酱油中砷、铅的含量。

(3)严格选用曲霉菌种。用于人工发酵酱油生产的曲霉菌是不产毒的黄曲霉。为防止菌种退化和变异产毒或污染其他杂菌，必须定期对其进行纯化与鉴定，一旦发现变异或污染应立即停用。

(4)防腐与消毒。酱油等调味品易被微生物污染，因此，在生产过程中消毒和灭菌极为重要。可采用高温巴氏消毒法(85～90℃)消毒；所有管道、设备、用具、容器等都应严格按规定定期进行洗刷和消毒；提倡不使用回收瓶而使用一次性独立小包装。

(5)保证食盐含量。生产过程中加适量食盐不仅具有调味作用，并可抑制有害微生物的生长繁殖。所用食盐必须符合《食用盐》(GB 2721—2015)规定。

(6)控制总酸。酱油和酱多为发酵食品，均具有一定酸度。当酱油和酱受到微生物污染时，其中糖分被分解为有机酸而使其酸度增加，发生酸败，导致产品质量下降甚至失去食用价值。因此，为保证产品质量，必须限制酱油酸度在一定范围内。

此外，要严格执行《预包装食品标签通则》(GB 7718—2011)规定，酱油产品标签中要标明酱油的制作工艺是“酿造酱油”或“配制酱油”。

2. 食醋

食醋是酸性调味品，分为发酵醋和配制醋。食醋含有3%～5%的醋酸，有芳香味。各类食醋加工工艺不同，其特点也不相同。普通米醋以谷类(大米、谷糠)为原料经蒸煮冷却后，按比例接种曲菌，再经淀粉糖化、酒精发酵后，利用醋酸杆菌进行有氧发酵，形成醋酸，普通米醋陈酿一年为陈醋。由于发酵进程中形成的低级脂肪酸酯及有机酸的共同作用，使得不同食醋具有不同芳香味。以酿造食醋为主体，与冰醋酸(食品级)、食品添加剂等混合配制而成的为配制醋。

1)食醋的安全性问题

由于食醋具有一定的酸度，与金属容器接触后可使其中的铅、砷等有毒金属溶出迁移到食醋内，导致重金属含量超标，影响食用者健康；耐酸微生物和其他生物也易在其中生长繁殖，形成霉膜或出现醋虱、醋鳗、醋蝇等。

2)食醋的安全卫生管理

(1) 注意原辅料卫生。生产食醋的粮食类原料必须干燥、无杂质、无污染，各项指标均符合《粮食》(GB 2715—2016)的规定。生产用水必须符合《生活饮用水卫生标准》(GB 5749—2006)。

(2) 合理使用食品添加剂。食醋生产过程中为了抑制耐酸霉菌在醋中生长并形成霉膜，以及防止生产过程中醋虱、醋鳗、醋蝇等的污染，允许添加防腐剂。添加剂的使用剂量和范围应严格执行《食品添加剂使用标准》(GB 2760—2014)。

(3) 严格选用发酵菌种。必须选择蛋白酶活力强、不产毒、不易变异的优良菌种，并对发酵菌种进行定期筛选、纯化及鉴定；为防止种曲霉变，应将其贮存在通风、干燥、低温、清洁的专用贮藏室。

(4) 加强容器和包装材料的管理。食醋具有一定的腐蚀性，不应贮存于金属容器或不耐酸的塑料包装中，以免溶出有害物质而污染食醋。盛装食醋的容器必须无毒、耐腐蚀、易清洗、结构坚固。

(5) 去除醋鳗、醋虱和醋蝇。在正发酵或已发酵的醋中，如发现醋鳗或醋虱，可将醋加热至72℃并维持数分钟，然后过滤去除。

此外，食醋生产的卫生及管理按《食醋生产卫生规范》(GB 8954—2016)执行。成品必须符合《食醋卫生标准》(GB 2719—2003)方可出厂销售。

3. 食盐

食盐的主要成分是氯化钠，按照来源不同可分为海盐、湖盐、矿物盐和以天然卤水制成的井盐；按生产工艺不同，可分为精制盐、粉碎洗涤盐和日晒盐等。

1)食盐的安全性问题

(1)矿盐、井盐中的杂质。矿盐中硫酸钠含量通常较高，使食盐有苦涩味道，并可在肠道内影响食物吸收。此外，矿盐、井盐中还含有钡盐，钡盐具有肌肉毒性，长期少量摄入钡盐可引起慢性中毒，临床表现为全身麻木刺痛、四肢乏力，严重时可出现弛缓性瘫痪。

(2)精制盐中的抗结剂。食盐常因水分含量较高或遇潮而结块，传统的抗结剂是铝剂，现已禁用。目前食盐的抗结剂主要是亚铁氰化钾、碱式碳酸镁或碳酸钠、铝硅酸盐等，以亚铁氰化钾效果最好。亚铁氰化钾虽属低毒类物质，若添加过量也可对人体产生危害。

2)食盐的安全卫生管理

(1)纯化。矿盐、井盐的成分复杂，生产中必须将硫酸钙、硫酸钠和钡盐等杂质分离，通常采用冷冻法或加热法除去硫酸钙和硫酸钠。

(2)抗结剂。食盐的固结问题一直困扰着食盐生产、贮运和使用，抗结剂的使用为解决这一难题提供了有效措施。抗结剂的使用应严格按照我国相关规定要求，如亚铁氰化钾用于食盐抗结时的最大添加量为0.01g/kg。

(3)营养强化盐。我国营养强化食盐除了全民推广的碘盐，还有铁、锌、钙、硒、核黄素等强化盐。营养强化盐的卫生管理应严格依据《食盐加碘消除碘缺乏危害管理条例》、《食品添加剂使用标准》(GB 2760—2014)及《食品营养强化剂使用卫生标准》(GB 14880—2012)等执行。我国《食用盐碘含量》(GB 26878—2011)标准中规定食用盐产品(碘盐)中碘元素含量的平均水平为20～30mg/kg，允许各地行政部门有权在标准范围内，根据当地人群实际的碘营养水平选择最适合本地情况的加碘值。

此外，食盐的生产和产品要符合《食用盐》(GB 2721—2015)的要求方可出厂销售。

6.10.2 食糖、蜂蜜、糖果的卫生及管理

1. 食糖

食糖的主要成分为蔗糖，是以甘蔗、甜菜为原料经压榨取汁制成的。食糖按生产工艺和产品感官性状的不同可分为白砂糖、绵白糖和赤砂糖等品种。

1)食糖的安全性问题

食糖的安全问题主要是存在SO_2，尤其在冰糖最为常见。食糖生产过程中为了降低糖汁的色值和黏度，需要用SO_2漂白。人体若大量摄入SO_2可出现头晕、呕吐、腹泻等症状，严重时会损伤肝、肾功能。部分小型食品生产企业在生产食糖过程中为了节约成本，违法使用吊白块（次硫酸氢钠甲醛）进行漂白，会出现SO_2残留超标的现象。

2)食糖的安全卫生管理

制糖原料如甘蔗、甜菜必须符合《食品中农药最大残留限量》(GB 2763—2016)规定，不得使用变质或发霉的原料，生产用水和食品添加剂应符合相应的卫生标准或规定。用于食糖漂白的SO_2残留量要符合《食糖》(GB 13104—2014)的规定。食糖必须采用二层包装袋(内包装为食品包装用塑料袋)包装后方可出厂，包装材料应符合相应的食品用包装材料的要求。

2. 蜂蜜

蜂蜜是蜜蜂从植物花的蜜腺所采集的花蜜与自身含丰富转化酶的唾液混合酿制而成

的。蜂蜜在常温下呈透明或半透明黏稠状液体，温度较低时可析出部分结晶，具有蜜源植物特有的色、香、味。其主要成分是葡萄糖和果糖。此外还含有少量蔗糖、糊精、矿物质、有机酸、芳香物质和维生素等。

1)蜂蜜的安全性问题

部分蜂农常用抗生素防治蜜蜂疾病，因此，蜂蜜中可能出现抗生素残留。蜂蜜因含有机酸而呈微酸性，若存放于镀锌铁皮桶中，可将锌溶出，导致蜂蜜通常味涩、微酸、有金属味，不可食用。食用某些植物的毒花为蜜源的蜂蜜常可引起中毒，表现为头昏、呕吐、腹泻，皮下出血、肝脏肿大等症状，严重可导致死亡。

蜂蜜是极易掺假的食品。由于利益驱动，有些个体商家及厂家，向蜂蜜中搀入水、蔗糖、转化糖、饴糖、羧甲基纤维素钠、糊精或淀粉等物质，制造掺假蜂蜜。这些假蜂蜜以天然蜂蜜的名义投放市场，不仅损害了消费者利益，也扰乱了市场秩序。

2)蜂蜜的安全卫生管理

蜂蜜食品要符合《蜂蜜》(GB/T 18796—2012)中的规定，不得掺杂、掺假。要加强与毒蜂蜜有关的宣传教育，放蜂点应远离有毒植物，避免蜂蜜采集有毒花粉。接触蜂蜜的容器、用具、管道和涂料以及包装材料，必须符合相应的卫生标准和要求。要提高养蜂生产者、经营者素质和认识，做到不使用抗生素，不销售、不收购含有抗生素残留的蜂蜜及蜂产品。

3. 糖果

糖果是指以白砂糖、淀粉糖浆(或其他食糖)、糖醇或允许使用的其他甜味剂为主要原料，经相关工艺制成的固态、半固态或液态甜味食品。包括硬质糖果、酥质糖果、焦香糖果、凝胶糖果、奶糖糖果等种类。

1)糖果的安全性问题

糖果类食品的安全性相对较高，但私人作坊生产的糖果涉嫌掺杂、掺假、滥用食品添加剂，或违法使用有毒、有害物质制造糖果；市售散装糖果无标签、标识现象普遍，更无卫生防范措施，致使糖果中大肠菌群超标。此外，由于过期糖果中的油脂酸败引起食用后发生食物中毒的事件也有报道。

2)糖果的安全卫生管理

生产糖果的所有原料、食品添加剂均要符合相应的卫生标准和有关规定，如《糖果》(GB 17399—2016)。糖果包装纸应符合《食品接触用纸和纸板材料及制品》(GB 4806.8—2016)的规定，油墨应选择含铅量低的原料，不能直接接触糖果；若印在内层，必须在油墨层外涂塑，或加衬纸包装，衬纸应略长于糖果，使包装后的糖果不直接接触到外包装纸，衬纸本身也应符合卫生标准，没有包装纸的糖果及巧克力应采用小包装。生产糖果中不得使用滑石粉做防黏剂，使用淀粉做防黏剂应先烘(炒)熟后才能使用，并用专门容器盛放。

6.10.3 糕点、面包类食品的卫生及管理

糕点、面包类食品是指以粮食、油脂、食糖、蛋等为主要原料，加入适量的辅料，并

经配制、成型、熟制等工序制成的食品。按加工方式不同分为热加工糕点、面包和冷加工糕点、面包。前者是指加工过程中以加热熟制作为最终工艺的糕点、面包类食品；后者则指加工过程中在加热熟制后再添加奶油、人造黄油、蛋清、可可等辅料而不再经过加热的糕点、面包类食品。糕点、面包类食品通常是不经加热直接食用，因此，这类食品的加工过程中，从原料选择到销售等诸环节的卫生管理尤为重要。

1. 糕点、面包类食品的安全性问题

糕点、面包类食品营养丰富，微生物易于在其中生长繁殖。由于通常不经加热直接食用，而且大多数糕点、面包是以销定产或前店后场的加工模式来生产，病原微生物污染是其安全的重要问题。

1)原辅料是微生物污染

糕点、面包类食品的原料有面粉、糖、奶、蛋、油脂、食用色素、香料等。特别是以奶、蛋为主的糕点，微生物容易生长繁殖。如作为糕点、面包原料的奶及奶油未经过巴氏消毒，奶中可污染较高数量的细菌及其毒素；含蛋品的糕点则易受到沙门氏菌污染。蛋类在打蛋前未洗涤蛋壳，不能有效地除去微生物。已有霉变和酸败迹象的花生仁、芝麻、核桃仁和果仁等也能对糕点、面包产生污染。

2)加工过程灭菌不彻底

各种糕点、面包在食品生产时，都要经过高温处理，既是食品熟制又是杀菌的过程。在这个过程中大部分的微生物都能被杀死，但抵抗力较强的细菌芽孢和霉菌孢子易残留在食品中，遇到适宜条件，仍能生长繁殖，引起糕点、面包类食品变质。

3)包装、贮藏不当

糕点、面包在生产过程中，由于包装及环境等方面的原因会使其污染许多微生物。而且糕点、面包中的含水量较高(20%～30%)，很容易发生霉变。当其烘烤又未烤透时，则霉变更易发生。霉变的程度还与生产工艺、包装和存放有关。在通风不良的条件下存放，霉变现象特别容易出现。

此外，生产、销售人员如果不讲究卫生，用不清洁的手接触食品、打喷嚏、咳嗽，甚至谈话都可能带进细菌使食品受到污染。

2. 糕点、面包类食品的安全卫生管理

1)原辅料

生产糕点、面包的粮食类原料应无霉变、无杂质、无粉螨，符合粮食卫生标准要求。糖类原料应有固有的外形、颜色、气味、滋味，无昆虫残骸和沉淀物，油脂类原料应符合相应的卫生标准。加工中使用的各类食品添加剂和生产用水应符合相关标准，为了防止糕点、面包的霉变以及油脂酸败，应对生产糕点、面包的原料进行消毒和灭菌。

2)加工过程

糕点、面包加工过程中，粮食原料及其他粉状原辅料使用前必须过筛，以去除金属杂质等大颗粒物质。糖浆应煮沸后经过滤再使用。煎炸油的最高温度不得超过250℃，每次使用后的油应过滤除渣并补充新油后才能再用。为防止含乳糕点受到葡萄球菌污染，

乳类原料须经巴氏消毒并冷藏存放，临用前从冰箱或冷库取出。蛋类易污染沙门氏菌，因此，制作糕点用蛋需剔除变质蛋和碎壳蛋，再经清洗消毒才能使用。糕点、面包加工过程中，要求以肉为陷心的糕点、面包，中心温度应达到90℃以上，一般糕点、面包的中心温度应达到85℃以上，以防止外焦内生，成品加工完毕后，须经彻底冷却再包装，否则易使其发生霉变、氧化酸败等。产品必须符合《糕点、面包》(GB 7099—2015)、《糕点通则》(GB/T 20977—2007)、《饼干》(GB 7100—2015)等相关标准。

3)贮存、运输及销售

糕点、面包所使用的包装材料应无毒、无味，含水量高的糕点、面包不宜用塑料材料包装。糕点、面包的包装材料应符合《食品接触材料及制品通用安全要求》(GB 4806.1—2016)和《食品接触用纸和纸板材料及制品》(GB 4806.8—2016)的规定。贮存糕点、面包的成品库应专用，并设有各种防止污染的设施和温控设施。奶油裱花蛋糕须冷藏；散装糕点、面包应用专用箱盖严存放。运输糕点、面包的车辆要专用。销售场所须具有防蝇、防尘等设施；销售散装糕点、面包的用具要保持清洁，销售人员不能用手直接接触。

6.10.4 冷饮食品的卫生及管理

冷饮食品通常包括冷冻饮品和饮料。冷冻饮品是指以饮用水、甜味料、乳品、果品、豆品、食用油脂等为主要原料，加入适量的香精、着色剂、稳定剂、乳化剂等食品添加剂经配料、灭菌、凝冻而制成的冷冻固态饮品。包括冰激凌类、雪糕类、风味冰、冰棍类、食用冰和其他冷冻饮品。饮料是指经过定量包装，供直接饮用或用水冲调后饮用，乙醇含量不超过质量分数0.5%的制品，不包括饮用药品，主要原料为水、糖及各种食品添加剂。包括碳酸饮料类、果汁和蔬菜汁类、蛋白饮料类、包装饮用水类、茶饮料类、咖啡饮料类、植物饮料类、风味饮料类、特殊用途饮料类、固体饮料类、其他饮料类等共11个类别。

1. 冷饮食品的安全性问题

1)原料用水

水是冷饮食品生产中的主要原料，一般取自自来水、井水、泉水等，无论是地表水还是地下水均含有一定量的无机物、有机物和微生物，这些物质若超过一定范围就会影响到冷饮食品的质量和风味，甚至引起食源性疾病。

2)原料污染

冷饮食品中含有较多的乳、蛋、糖及淀粉类物质，适宜于微生物的生长繁殖，从配料、生产制作、包装到销售等各个环节中均易受到微生物的污染。由于冷饮食品上市的旺季正是急性胃肠道疾病的流行季节，原料污染也就促使冷饮食品成为夏季胃肠道疾病的一个重要传播途径。此外，乳、蛋等作为生产冷饮食品中的重要原料，若乳畜和蛋禽在养殖过程中患有某些传染病或被饲喂含有农药、兽药、有毒金属污染的饲料，则其产品也可产生相应的危害。

3)滥用食品添加剂

冷饮食品使用的食品添加剂主要有食用色素、食用香料、酸味剂、甜味剂、防腐剂等，若超范围使用或过量使用都可对产品的安全性产生影响。

4)容器和盛具污染

冷饮食品多是含酸较高的食品，当与某些金属容器或管道接触时，可将某些有毒重金属溶出后，迁移到食品内部，导致食品受到污染，危害消费者的健康。

2. 冷饮食品的安全卫生管理

1)原料

冷饮食品生产中的原料用水必须经沉淀、过滤、消毒，达到《生活饮用水卫生标准》(GB 5749—2006)方可使用。饮料用水还必须符合加工工艺要求，如水的硬度应低于8°(以碳酸度计)，才能避免钙、镁等离子与有机酸结合形成沉淀物而影响饮料的风味和质量。贮水设施应有防污染措施，并应定期清洗消毒。

冷冻饮品和饮料所用的各种原辅料，如乳、蛋、果蔬汁、豆类、茶叶、甜味料以及各种食品添加剂等，均必须符合国家的相关卫生标准。

2)加工、贮存、运输过程

各种冷冻饮品、饮料的生产工艺不同，其具体的安全管理也不相同。液体饮料的生产工艺因产品不同而有所不同，但一般均有水处理、容器清洗、原辅料处理和混料后的均质、杀菌、罐装等工序。对其卫生要求是原料必须符合食品原料的卫生要求和管理规定；保证陶瓷滤器滤水的效果，充加纯净的二氧化碳；生产设备采用不锈钢材质，以免有毒金属铅、锌、镉等从容器中溶出污染食品；回收的旧瓶，应用碱水浸泡、洗刷、冲净和消毒。固体饮料因含水分少，尤其多以开水冲溶后热饮，不易受到微生物污染。冷冻饮品的工艺为配料、熬料、消毒、冷却和冷冻，加工过程中的主要卫生问题是微生物污染，原料配制后的杀菌与冷却是保证产品质量的关键。为防止微生物污染和繁殖，不仅要保持各个工序的连续性，而且还要尽可能缩短每一工序的时间间隔，完工后的成品必须检验合格后方可出厂。

此外，要严格执行相关卫生标准，如《冷饮食品卫生标准的分析方法》(GB/T 5009.50—2003)、《冷冻饮品和制作料》(GB 2759—2015)、《饮料通则》(GB 10789—2015)等。

思考题

1. 简述粮谷类食品的安全卫生问题及预防措施。
2. 简述豆类食品的安全卫生问题及预防措施。
3. 简述果蔬类食品的安全卫生问题及预防措施。
4. 简述原料肉的安全性问题包括哪些方面?
5. 简述水产品的安全卫生问题及预防措施。
6. 简述食用油脂的安全卫生问题及预防措施。
7. 简述酒类安全卫生问题及预防措施。
8. 糕点、面包类食品的安全卫生管理有哪些主要内容?

参考文献

丁晓雯，柳春红. 2016. 食品安全学(2版)[M]. 北京：中国农业大学出版社.

柳春红，刘烈刚. 2016. 食品卫生学[M]. 北京：科学出版社.

柳春红. 2013. 食品营养与卫生学[M]. 北京：农业出版社.

汪龙，田明慧，林亲录，等. 2013. 白酒中塑化剂的检测方法及控制策略[J]. 食品工业科技，34(11)：384-387.

吴永宁. 2006. 现代食品安全科学[M]. 北京：化学工业出版社.

谢明勇，陈绍军. 2016. 食品安全导论(2版)[M]. 北京：中国农业大学出版社.

Allen G，Halsall C J，Ukpebor J，et al. 2015. Increased occurrence of pesticide residues on crops grown in protected environments compared to crops grown in open field conditions[J]. Chemosphere，119：1428-1435.

Bearth A，Cousin M E，Siegrist M. 2014. The consumer's perception of artificial food additives：Influences on acceptance，risk and benefit perceptions[J]. Food Quality and Preference，38：14-23.

Buckley J A. 2015. Food safety regulation and small processing：A case study of interactions between processors and inspectors[J]. Food Policy，51：74-82.

Cobbina S J，Chen Y，Zhou Z X，et al. 2015. Interaction of four low dose toxic metals with essential metals in brain，liver and kidneys of mice on sub-chronic exposure[J]. Environmental Toxicology and Pharmacology，39：280-291.

Dasenaki M E，Thomaidis N S. 2015. Multi-residue determination of 115 veterinary drugs and pharmaceutical residues in milk powder，butter，fish tissue and eggs using liquid chromatography - tandem mass spectrometry[J]. Analytica Chimica Acta，880：103-121.

Hu Q Q，Xu X H，Fu Y C，et al. 2015. Rapid methods for detecting acrylamide in thermally processed foods：A review[J]. Food Control，56：135-146.

LeBlanc D I，Villeneuve S，Beni L H，et al. 2015. A national produce supply chain database for food safety risk analysis[J]. Journal of Food Engineering，147：24-38.

Masood M，Iqbal S Z，Asi M R，et al. 2015. Natural occurrence of aflatoxins in dry fruits and edible nuts[J]. Food Control，55：62-65.

Oz F，Zikirov E. 2015. The effects of sous-vide cooking method on the formation of heterocyclic aromatic amines in beef chops[J]. LWT-Food Science and Technology，64：120-125.

Rozentāle I，Stumpe-Vīksna I，Začs D，et al. 2015. Assessment of dietary exposure to polycyclic aromatic hydrocarbons from smoked meat products produced in Latvia[J]. Food Control，54：16-22.

第 7 章　食源性疾病与预防

食源性疾病(foodborne disease，FBD)是指通过摄入食物进入人体的各种致病因子，引起具有感染或中毒性质的一类疾病，即指通过食物摄入的方式和途径，致使病原物质进入人体并引起的中毒性或感染性疾病。包括常见的食物中毒、肠道传染病、人畜共患传染病、寄生虫病以及化学性有毒有害物质所引起的疾病。食源性疾患的发病率居各类疾病总发病率的前列，是当前世界上最突出的公共卫生问题。根据 WHO“全球食源性疾病负担的估算报告”，全球每年有 6 亿人因食用受到污染的食品而生病，造成约 42 万人死亡，其中包括 12.5 万名五岁以下儿童。食源性疾病的风险在中低收入国家最为严重，与不安全的水制备食物，卫生条件差和食品生产及储存条件不够等相关。

7.1　食源性疾病

食源性疾病从广义上讲，就是“由食物和摄食而引起的疾病”，其涵盖了由食物和摄食而引发的各类疾病，包括传染性、非传染性及营养代谢性疾病等。食源性疾病在发达国家和发展中国家都是一个普遍和日益严重的公共卫生问题。WHO 的资料显示，仅 2012 年就有 150 万人死于腹泻病，大部分可归因于食品和饮用水污染引起的腹泻病。此外，腹泻是婴幼儿营养不良的重要原因之一。美国疾病控制和预防中心(Centers for Disease Control and Prevention，CDC)估计，仅在 2011 年就有 1/6 的美国人(4800 万)患食源性疾病，12.8 万人住院治疗，3000 人死亡。食源性疾病在发展中国家的危害可能会更加严重。

食源性疾病包括食源性传染病和食源性非传染病(食物中毒)，食物中毒是食源性疾病的暴发形式。食源性传染病的显著特点是致病因素来自食品、通过食品介导和具有传染性。

7.1.1　食源性疾病

WHO 定义食源性疾病为“食源性疾病是指通过摄食进入人体内的各种致病因子引起的、通常具有感染性质或中毒性质的一类疾病，并将致病因素归纳为细菌及毒素、寄生虫和原虫、病毒和立克次体、有毒动物、有毒植物、真菌毒素、化学污染物、不明病原因子等八大类。”因此，食源性疾病包括了传统上的食物中毒，还有已知的肠道传染病(如伤寒、病毒性肝炎)、寄生虫病、食物过敏、暴饮暴食引起的急性胃肠炎以及慢性中毒。

1. 食源性疾病概述

WHO认为，凡是通过摄食进入人体的各种致病因子引起的一类疾病，都称之为食源性疾病，即指通过食物传播的方式和途径致使病原物质进入人体并引发的中毒或感染性疾病。从这个概念讲应当不包括一些与饮食有关的慢性病、代谢病，如糖尿病、高血压，然而国际上有人把这类疾病也归为食源性疾病的范畴。顾名思义，凡与摄食有关的一切疾病(包括传染性和非传染性疾病)均属食源性疾病。

1984年WHO将“食源性疾病”(foodborne diseases)一词作为正式的专业术语，以代替历史上使用的“食物中毒”一词，并将食源性疾病定义为“通过摄食方式进入人体内的各种致病因子引起的通常具有感染或中毒性质的一类疾病。”对食物中毒和食源性疾病病因认识和名称变化，反映了人类对食物传播引起的一类疾病的从感性到理性的长期认识过程。

2. 食源性疾病的范畴

食源性疾病的三个基本特征：传播疾病的媒介——食物；致病因子——食物中的病原体；临床特征——急性中毒性或感染性表现。食源性疾病主要包括六个方面的范畴：①食物中毒；②食源性肠道传染病；③食源性寄生虫病；④人畜共患传染病及食物过敏；⑤食物营养不平衡所造成的某些慢性非传染性疾病、食物中某些有毒有害物质引起的以慢性损害为主的疾病；⑥暴饮暴食引起的急性胃肠炎以及酒精中毒等。

3. 引起食源性疾病的因素

1)不健康的饮食行为

生食：沿海地区常有生吃海产品的习惯，容易引起肠道疾病及传染病。腌制食品：经常食用泡菜、腊肉等腌制食品可导致亚硝酸盐在体内蓄积。烧烤：煎炸烧烤类食物和没有烤熟的肉类，不仅没有杀灭致病微生物和寄生虫，还增加了致癌物质。

2)个人卫生习惯差

如饭前便后不洗手，喝生水，吃已污染的剩饭菜，直接采食未洗的蔬菜水果，吃没有卫生保障的街头小吃等。这些不健康的卫生行为可直接导致各种感染性腹泻及寄生虫病的发生。

3)不当的烹调方式

生、熟食混放，或混用菜板、菜刀造成生熟食交叉污染；凉拌菜放置过久受到污染；剩饭菜低温保存不够或食用前未充分加热，也会导致食源性疾病。

4)误食有毒的动植物

食用来历不明的动植物，或加工不当，造成食物中毒。

5)摄食受到化学品污染的食物

农药兽药残留、有毒重金属、环境激素、有害的食品添加剂等，都会造成身体慢性中毒甚至急性中毒。

6)宣传普及不到位

由于我国居民受教育水平虽然有较大的进步，但关于食品安全和食源性疾病的认识较低，对造成食源性疾病的危害及预防措施缺乏了解。

4. 食源性疾病的预防

1)改变不良饮食习惯

不生食肉类及蔬菜，特别是不新鲜的肉类、海产品、鱼、虾、蟹、贝类等食物。各种动物性食品应煮透后食用。尽量不吃或少吃腌制及烧烤食品。不吃未洗净水果和没有卫生保障的街头食品。

2)养成良好的个人卫生习惯和饮食习惯

养成饭前便后洗手的卫生习惯。剩饭剩菜在低温下存放，食用前必须充分加热。各种食品，尤其是肉类及各种熟制品应低温贮藏。不购买、不食用来历不明的食物、调味品和添加剂。不应该把食物贮存在冰箱内太久。不混用砧板、菜刀，注意生熟食分开存放。不吃病死的禽畜肉和腐败变质的食物。

7.1.2 食物中毒

食物中毒是指摄入了含有生物性、化学性有毒有害物质的食品或误把有毒有害物质当作食品摄入后，出现的非传染性急性、亚急性疾病，以急性感染或中毒为主要临床特征。食物中毒是最常见的食源性疾病，但不包括因暴饮暴食而引起的急性胃肠炎、食源性肠道传染病和寄生虫病，也不包括因一次大量或者长期少量摄入某些有毒有害物质而引起的以慢性毒性为主要特征(如致畸、致癌、致突变)的疾病。

1. 食物中毒的原因

食物中毒的发生是消费者经口摄入了受致病因素污染的食品。食品污染主要有五个方面的来源：①食品在采购、储藏、加工、运输、烹饪等环节被某些病原微生物污染，并且在适宜条件下急剧繁殖或产生毒素；②食品因物理、化学、生物因子的作用腐败变质产生毒素；③食品被已达中毒剂量的有毒化学物质污染；④误食外形与食品相似含有有毒成分的物质；⑤食品本身含有有毒物质，且该物质达到中毒剂量水平。

2. 食物中毒的分类及流行特点

1)食物中毒分类

一般按病原分为微生物性(包括细菌和真菌)食物中毒、有毒动植物食物中毒、化学性食物中毒及其他食物中毒4类，其中微生物性食物中毒的发生率最高。表7-1显示几种食物中毒的发生情况。2010～2014年国内食物中毒事件数据显示，微生物性食物中毒事件的报告起数和中毒人数最多，分别为332起和20657人；有毒动植物及毒蘑菇引起的食物中毒事件的死亡人数最多，达到418人。

表 7-1 2010～2014 年全国食物中毒分类

中毒原因	报告起数	中毒人数	死亡人数	常见中毒源
微生物性食物中毒	332	20657	58	致病性大肠埃希菌、沙门菌、副溶血弧菌、肉毒梭菌、黄曲霉毒素、青霉素、单枯青霉等
有毒动植物食物及毒蘑菇中毒	324	5182	418	河豚鱼毒素、贝类毒素、生物碱、毒苷、毒酸、毒蘑菇等
化学性食物中毒	124	2306	166	有机磷、亚硝酸盐、砷化物、酒精、瘦肉精等
其他食物中毒	115	5463	44	
合计	895	33608	686	

2)流行特点

尽管引起食物中毒的原因多样，但各类食物中毒具有一些共同特点：①季节性。夏秋季是食物中毒的高发期，气候潮湿，适于细菌生长繁殖，食品易于腐败变质，一旦食品储存、加工不当，极易被细菌污染，为食物中毒提供了机会和条件。②群发性。因人为地使用腐败变质甚至已被致病原污染的劣质原料，生熟食交叉污染，食品加工、烹饪过程中违反卫生要求，致使病菌大量繁殖，导致集中用餐人群集体中毒。③不具有传染性。食物中毒病人对健康人不具有传染性。④突发性。发病突然，潜伏期短，发病曲线突然上升，在停止供应污染食物后发病曲线呈突然下降趋势。⑤临床症状的相似性。表现为急性胃肠炎的常见症状，如恶心、呕吐、腹痛、腹泻等。

7.1.3 食物过敏

人类对食物过敏的认识经历了一个漫长的过程，直到 20 世纪 80 年代末食物过敏仍然被认为是食品安全领域的一个次要问题。近年来由于过敏性疾病发病率增加的事实和转基因技术的发展、转基因农作物商品化，人们开始重新评价食物过敏的问题，食物过敏对大众健康的影响才开始受到重视，成为全球关注的公共卫生问题之一。流行病学研究显示，约 33%的过敏反应由食物诱发，危及生命的过敏反应中有 1/5 是由花生引起的。

1. 食物过敏的概念

食物过敏也称为食物变态反应或消化系统变态反应、过敏性胃肠炎等，是由于某种食物或食品添加剂等引起的 IgE 介导和非 IgE 介导的免疫反应，而导致消化系统内或全身性的变态反应。实际是指某些人在吃了某种食物之后，引起身体某一组织、某一器官甚至全身的强烈反应，以致出现各种各样的功能障碍或组织损伤。它是免疫系统对某一特定食物产生的一种不正常的免疫反应，免疫系统会对此种食物产生一种特异型免疫球蛋白，当此种特异型免疫球蛋白与食物结合时，会释放出许多化学物质，造成的过敏症状，严重者甚至可能引起过敏性休克。食物过敏反应可以发生在任何食物上，某些严重食物过敏的人，甚至可能因为吃 1/2 颗花生或牛奶洒在皮肤上就会造成过敏反应。

2. 食物过敏流行情况及其特征

临床上诊断食物过敏的方法包括：食物过敏病史、皮肤针刺试验、排除性膳食实验、血清特异性 IgE 水平测定和食物激发试验(开放和双盲对照)。其中双盲对照食物激发实验为诊断食物过敏的金标准，能确定暴露于过敏食物与临床症状的因果关系。但该诊断方法不能确定具体的过敏源，费用昂贵且耗时，因此较少用于人群调查研究。由于诊断方法不同，各国报道的人群研究的食物过敏率差异较大。

食物过敏的流行特征包括：①婴幼儿及儿童的发病率高于成人。婴幼儿(3 岁以下)过敏性疾病以食物过敏为主，4 岁以上儿童对吸入性抗原的敏感性增加。②发病率随年龄的增长而降低。一项对婴儿牛奶过敏的前瞻性研究表明，56%的患儿在 1 岁、70%在 2 岁、87%在 3 岁时对牛奶不再过敏，但对花生、坚果、鱼虾则多数为终生过敏。③人群中的实际发病率较低。由于临床表现难以区分，人们误将各种原因引起的食物不良反应均归咎于食物过敏，人群自我报告的患病率明显高于真实患病率。

3. 常见的食品过敏性疾病

由食品过敏源引起的过敏性疾病主要涉及个别组织，如皮肤、呼吸道、胃肠道和血循环系统，目前研究相对比较清楚的有特应性皮炎、荨麻疹、过敏性紫癜、血管性水肿、变应性哮喘、过敏性结肠炎等。食品过敏性疾病具有反复性、间歇性、可逆性及特异性等特点，临床症状表现复杂。

1)特应性皮炎

特应性皮炎是婴儿时期常见的慢性、复发性、炎症性皮肤性疾病，主要症状有剧烈的瘙痒、湿疹样皮损、干皮症等。瘙痒是特应性皮炎患者的最主要特征，除常见的皮肤症状外，约有 30%的患者伴发哮喘，另有 35%的患者伴有过敏性鼻炎。特应性皮炎的病理和生理机制还不十分清楚，血清 IgE 抗体参与这类变态反应性疾病的发生。特应性皮炎的瘙痒症状可能与组胺、细胞因子、神经递质、蛋白酶以及特异性激素等多种化学物质的共同作用有关。引发特应性皮炎的食物主要有牛奶、鸡蛋、大豆、花生和小麦，其中以鸡蛋最为常见。大约有 70%的患者在出生 5 年内发病；60%儿童期发病的患者进入青春期或成年后，对牛奶、鸡蛋、大豆和小麦的过敏性会自然消失，但花生、坚果、鱼和贝类对敏感个体可能终生致敏。检测血清中特异性 IgE、IgG 水平可为该病的诊断提供帮助。

2)荨麻疹

荨麻疹是临床上常见的由 IgE 抗体和非 IgE 抗体共同介导的皮肤黏膜过敏性疾病。受致敏原的影响，荨麻疹患者的皮肤黏膜血管会发生暂时性炎性充血，并渗出大量液体，造成局部组织水肿性损害。临床症状为局部或全身性皮肤上突然出现大小不等的红色或白色风团，数分钟至几小时或几十小时内消退，一天内反复多次发生，有时在皮肤表面可出现水泡，其出现和消退迅速，有剧痒，可能伴有发烧、腹痛、腹泻或其他全身症状。根据病程的不同，荨麻疹可分为急性和慢性两型。急性荨麻疹发作数日至 1～2 周即可停发，部分病例反复发作，病期持续在 1～2 个月以上，有的经年不断，时轻时重，从而转为慢性荨麻疹。慢性荨麻疹临床表现主要以皮肤瘙痒和风团为主，病程长达几个月甚至几年，使用常规抗组胺药物难以治疗，一般不威胁生命。食物引起的荨麻疹以急性为主，鱼、虾、蛋、奶类为主要致敏食物，其次是肉类和某些植物性食品，如草莓、可可、番茄。此外，腐败食物、食品中的色素、防腐剂和调味剂等也可诱发荨麻疹。目前没有特别有效的药物预防荨麻疹的发生，只有避免与含有过敏源成分的食物接触。

3)血管性水肿

血管性水肿又称巨大荨麻疹，是一种发生于皮下疏松组织或黏膜的局限性水肿，可分为获得性血管性水肿和遗传性血管性水肿两种类型。食物诱发的血管性水肿为获得性水肿，IgE 参与变态反应。临床症状表现为单个或多个突发的皮肤局限性肿胀，边界不清楚，多发生于眼睑、口唇、舌、外生殖器、手和足等组织疏松部位，常伴有荨麻疹，偶可伴发喉头水肿引起呼吸困难，甚至窒息导致死亡；消化道受累时可有腹痛、腹泻等症状。

4)过敏性紫癜

过敏性紫癜又称为亨诺-许兰综合征，是儿童期常见的一种以 IgA 免疫复合物沉积于全身小血管壁而导致的系统性血管的变态反应性炎症，涉及呼吸、消化和泌尿等多个系统。临床表现以皮肤紫癜为特征，伴有恶心、呕吐、腹泻、便血、关节肿痛等症状，多发于冬春季节，最常见于儿童，成人患者仅占 5%，多在 40 岁以下，部分病人发病前有发热、咽痛、乏力等症状。有 30%～60%的患儿肾脏受到损害，称为过敏性紫癜肾炎，临床表现为单纯性尿检异常(血尿和蛋白尿最常见)或典型的急性肾炎综合征、肾病综合征、甚至肾功能衰竭。海鲜发物和辛辣刺激食物都有可能诱发过敏性紫癜。

5)过敏性哮喘

过敏性哮喘是由 IgE 介导的，涉及皮肤、呼吸道、胃肠道乃至全身的变态反应性疾病，临床表现为反复发作的喘息、气促、胸闷和咳嗽等症状，可以是单纯性哮喘，但多数情况下伴有全身过敏症状，多在夜间或凌晨发生，症状可自行或经治疗缓解。近年来，美国、英国、澳大利亚、新西兰等国家哮喘患病率和死亡率有上升趋势，全世界约有 1 亿哮喘患者，已成为严重威胁公众健康的一种主要慢性疾病。我国哮喘的患病率约为 1%，儿童可达 3%，据测算全国约有 1000 万以上哮喘患者。食物诱发性哮喘多见于婴幼儿，成人发病率较低。蛋白含量高的食品通常具有较高的变应原性，例如牛奶、鸡蛋、大豆。诱发婴幼儿哮喘的主要食物是牛奶及奶制品，对牛奶过敏的儿童中有 26%出现哮喘。

6)过敏性结肠炎

过敏性结肠炎是一种原因不明的肠道疾病。一般认为可能与高级神经功能失调有关，一部分也可能是变态反应在结肠的表现。婴儿过敏性结肠炎，是由过敏源引起的胃肠道功能紊乱性变态反应性疾病，以结肠、直肠炎性改变为特征。过敏性结肠炎患儿占全部婴儿结肠炎发病人数的 20%。牛奶、大豆及其配方制品为引发婴儿过敏性结肠炎主要过敏食物。婴儿过敏性结肠炎，是一种暂时性，预后良好的疾病。治疗方法，主要是清除食物中的致敏原。出生 2 个月左右的婴儿食入牛奶后易发过敏性结肠炎，大多数的患儿在 1～2 岁即可耐受牛奶。

4. 常见的致敏食物

对人类健康构成威胁的食物过敏源主要来自食物中含有的致敏蛋白质、食品加工贮藏中使用的食品添加剂和含有过敏源的转基因食品。

1)食物过敏蛋白质

食物中90%的过敏源是蛋白质，但并非所有蛋白质都会引起过敏。具有抗原特性的蛋白质大多数为具有酸性等电点的糖蛋白，其分子量在10～80kDa，通常能耐受食品加工、加热和烹调，并能抵抗肠道的消化作用。由蛋白质引起的过敏反应多为IgE介导的Ⅰ型变态反应。植物性食物中过敏蛋白主要是醇溶谷蛋白家族的非特异性脂肪转运蛋白、a-淀粉酶或胰岛素抑制剂、双子叶植物种子2S储存蛋白等。牛奶里含有20多种蛋白质，其中有5种可引起过敏反应，包括酪蛋白、乳白蛋白、乳球蛋白、牛血清蛋白和球蛋白。1999年国际食品法典委员会第23次会议公布了常见致敏食品的清单，包括8种常见的和160种较不常见的过敏食品。临床上90%以上的过敏反应由8类高致敏性食物引起，这些食物包括：蛋、鱼、贝类、奶、花生、大豆、坚果和小麦。其他食品如猪肉、牛肉、鸡、玉米、番茄、胡萝卜、芹菜、蘑菇、大蒜、甜辣椒、橘子、菠萝、猕猴桃、芥末、酵母诱发的过敏反应较少。

2)食品添加剂

食品添加剂包括防腐剂、色素、抗氧化剂、香料、乳化剂、稳定剂、松软剂和保湿剂等，其中以人工色素、香料引起过敏反应较为常见。为了延长食品的货架期、改善感官性状和口感，这些化学物质被广泛用于各类食品中，但由于食品标签中标注不明确或没有标注，如果不特别注意往往难以觉察。食品添加剂引起的过敏反应通常为非IgE介导的免疫反应，采用皮肤针刺实验和特异性IgE测定常为阴性反应，临床诊断只能通过双盲对照食物激发实验来确诊。

3)转基因食品

近年来，随着生物技术的迅速发展，转基因食品不断进入人类社会。以番茄、南瓜、酵母、玉米、马铃薯、大豆等许多基因工程植物为原料制成的食品已经或即将在超市中出售。这些食品包括面包、果酱、糖果、饼干、面饼、干酪、黄油、人造黄油和肉制品等。在美国大约70%的食物包含用转基因技术生产的原料，因此美国的消费者几乎全部曾经食用过转基因食品。转基因生物中有些含有来自致敏性物种和人类不曾食用过的生物物种的基因，由于基因重组能够使宿主植物产生新的蛋白质，这些新蛋白质有可能对人体产生包括致敏性在内的毒性效应。因此，检查食物的致敏性是转基因食品安全检查的一项主要内容，任何新的转基因食品商业化之前，都需要对其进行包括致敏性在内的安全性评估。

5. 食物过敏的防治措施

由于引起食物过敏的因素和引发的症状都呈现差异性，那么，防治食物过敏的方法也各不相同。目前，比较可行的方法主要有：

(1)避免疗法。即完全不摄入含致敏物质的食物，这是预防食物过敏最有效的方法。

也就是说在经过临床诊断或根据病史已经明确判断出过敏源后，应当完全避免再次摄入此种过敏源食物。比如对牛奶过敏的人，就应该避免食用含牛奶的一切食物，如添加了牛奶成分的雪糕、冰激凌、蛋糕等。

(2)对食品进行加工。通过对食品进行深加工，可以去除、破坏或者减少食物中过敏源的含量，比如可以通过加热的方法破坏生食品中的过敏源，也可以通过添加某种成分改善食品的理化性质、物质成分，从而达到去除过敏源的目的。在这方面，大家最容易理解、也最常见的就是酸奶。牛奶中加入乳酸菌，分解了其中的乳糖，从而使对乳糖过敏的人不再是禁忌。

(3)替代疗法。简单地说就是不吃含有过敏源的食物而用不含过敏源的食物代替。比如说对牛奶过敏的人可以用羊奶、豆浆代替等等。

(4)脱敏疗法。脱敏疗法主要就是针对某些易感人群来说营养价值高、想经常食用或需要经常食用的食品。在这种情况下，可以采用脱敏疗法。具体步骤是：首先将含有过敏源的食物稀释 1000 至 10000 倍，然后吃一份，也就是说首先吃含有过敏源食物的千分之一或万分之一，如果没有症状发生，则可以逐日或者逐周增加食用的量。

7.1.4 食源性细菌性传染病

细菌是引发食源性传染病最常见的致病因素，多是由于人食用了患病动物或受病原性细菌污染的动物性产品而引起。常见的食源性细菌性致病菌有沙门菌、致病性大肠埃希菌、霍乱弧菌、副溶血弧菌、变形杆菌、志贺菌、小肠结肠炎耶尔森菌、空肠弯曲菌和单增李斯特菌等。食源性传染病患者的粪便和呕吐物也是重要的传染源，而造成第二代、第三代患者。

1. 沙门菌病

沙门菌病在大多数国家是一个重大食源性传染病，主要涉及动物性食品，如畜禽肉品、生鲜奶和禽蛋，也有其他食品引起的病例的报道，如巧克力、水产品。本病的病原为沙门菌，在自然界分布广泛，其中肠道沙门菌肠道亚种是引起人类细菌性食物中毒的主要致病因素，沙门菌鼠伤寒血清型(*Salmonella Typhimurium*)是一种重要的食源性细菌和人畜共患病病原菌，其感染发病率居沙门菌感染的首位，约占人源沙门菌感染的 40%～80%。由该血清型沙门菌引起的疾病称为鼠伤寒，主要是通过污染的食物和饮水而引起的食源性肠道传染病，多见于婴幼儿。沙门菌鼠伤寒血清型可以通过多种途径侵入人体，传染源主要是受感染的畜禽和鼠类，病人及带菌者也是重要的传染来源。通过污染食物或水经口传播，婴幼儿和新生儿的感染主要是接触带菌的母体和保育人员。所有年龄段的人群均对本菌易感，但以 2 岁以下的婴幼儿发病为主。从本病的分布情况来看，其流行广泛，在世界范围内都有发生，在地域分布上以温带及热带地区为主，特别是在发展中国家卫生条件较差的地区呈现较高的发病率。全年均可发病，以夏秋季为多。

本菌的致病因子主要是具有较强毒力的细菌内毒素。细菌经口进入人体后在肠道增殖，黏附于肠黏膜上皮细胞，进而侵入固有层，释放出内毒素，导致肠壁充血、水肿、点状出血等急性炎症反应。如果细菌仅限于肠黏膜及肠系膜淋巴结组织，临床表现胃肠炎型，以起病急、畏寒发热，伴恶心、呕吐、乏力及全身酸痛，数小时或数日后出现腹痛、腹泻为特征；如果细菌破坏肠黏膜及淋巴屏障入血，或细菌随血流在身体其他部位形成感染灶，则出现败血症及其他症状，如以不规则热、弛张热或稽留高热为主要表现，中毒症状严重；婴幼儿多有高热、腹痛、腹泻及脓血便，并可有皮疹或出血点、肝脾肿大，常伴惊厥或昏迷；细菌裂解后释放出内毒素，则引起发热等全身症状，出现畏寒、高热及全身严重的中毒症状。

由于沙门菌食源性疾病的发生和动物性食品的摄入有密切的关系，所以在预防和控制本病方面，要根据沙门菌污染食品的方式的不同，采取不同的措施。在动物饲养、屠宰、运输、储藏、销售等环节避免沙门菌的污染是首要的问题。在食品加工方面，充分的加热是消灭沙门菌的有效措施，沙门菌对热敏感，普通的巴氏消毒和烹饪条件就足以将其杀死；此外，加工过程中也可采用降低食品的水分活性和酸化，也可将病原消灭。良好的个人卫生习惯、避免病原携带者接触食品、良好的食品保藏条件等也是预防沙门菌污染的重要方面。

2. 大肠埃希菌病

大肠埃希菌病是由致病性大肠埃希菌(*pathogenic Escherichia coli*)肠产毒性大肠埃希菌(*enterotoxigenic E. coli*，ETEC)、肠致病性大肠埃希菌(*enteropathogenic E. coli*，EPEC)、肠侵袭性大肠埃希菌(*enteroinvasive E. coli*，EIEC)、肠出血性大肠埃希菌(*enterohemorrhagic E. coli*，EHEC)，也有新近报道的能引起腹泻的肠黏附(集聚)性大肠埃希菌(*enteroaggregative E. coli*，EAggEC)和散布性黏附性大肠埃希菌(*diffuse-adhering E. coli*，DAEC)引起的以肠炎为主要临床特征的疾病。

由肠出血性大肠埃希菌(EHEC)引起的食源性疾病，是近年来对人类造成的危害较为严重的细菌性传染病之一。EHEC 最主要的血清型为 O157∶H7，其他常见的还有 O26、O111 及无动力的 O157 菌株 O157NM 等。O157∶H7 自 1982 年从美国一起出血性结肠炎暴发疫情中被首次发现分离以来，一直是各地区 EHEC 感染暴发疫情中最常见的血清型，其流行已成为全球性的公共卫生问题之一。目前，EHEC 大约有 450 个 O∶H 血清型，其中 200 多个与人感染有关，O157∶H7 是引起欧洲大陆以外全球其他国家和地区暴发的主要血清型。O157∶H7 感染除包括无症状感染、轻度腹泻、出血性肠炎(HC)外，还继发溶血性尿毒综合征(HUS)、血栓性血小板减少性紫癜(TTP)等并发症。

EHEC O157 的宿主主要是牛，其他反刍动物均被认为是重要宿主，偶见其他哺乳动物感染。O157∶H7 主要通过食用污染的食物，受粪便污染的水和其他食物以及食物制备期间的交叉污染而传播。导致 EHEC O157∶H7 疫情的食物包括未煮熟的汉堡包、风干肠、未施行巴氏消毒的新鲜压榨苹果酒、酸奶、由生鲜奶制作的奶酪，种植或处理期间接触到家畜或野生动物的粪便而污染的水果和蔬菜。水体(池塘、溪水)、井和水槽中也分离出 EHEC，且该菌在粪便和水槽沉淀物中能够存活数月。人与人接触是通过粪口途径传播的一个重要方式。由于 EHEC O157 能够长时间定殖肠道，经常接触动物的人很容易被传染，即动物源性传播。从世界范围的疾病暴发情况来看，EHEC O157 感染发病有明显的季节性，夏季和秋季是高峰季节。此外，雨季也是感染的好发季节。

目前，在世界范围对 EHEC O157 缺乏有效的控制手段，抗生素不仅对 EHEC O157∶H7 感染性腹泻的疗效不佳，还可间接诱导 HUS，从而释放大量的志贺样毒素，使腹泻症状加重。因此，用抗生素治疗需要筛选和选择有效的抗生素，有研究者发现，利卡霉素和罗红霉素在抑制 EHEC 的同时还可抑制志贺样毒素的释放，因此，是否抑制志贺样毒素的释放也是研究抗 EHEC O157 剂的要点。目前，EHEC O157 感染治疗中主要强调早期诊断，对症治疗，预防致命性并发症的发生。疫苗预防是保护易感人群的有效手段。另外，从食品链的所有阶段采取控制措施，从农场的农业生产、食品加工、个人卫生等各个环节入手来降低或杜绝病原的污染，也是预防本病的有效措施。

3. 霍乱

霍乱(cholera)是由霍乱弧菌(*Vibrio cholera*)引起的一种急性肠道传染病，临床表现为病急骤、剧烈泻吐、排泄大量米泔水样肠内容物、脱水、肌痉挛少尿和无尿，严重者可因休克、尿毒症或酸中毒而死亡。根据菌体(O)抗原的不同，可将霍乱弧菌分为 155 个血清群，其中仅 O1 群和 O139 群引起霍乱。霍乱弧菌的两个生物型均能与抗菌体抗原的血清抗体产生凝集，均属于 O1 群。凡不属 O1 群的其他弧菌皆为不凝集，统称非 O1 群弧菌。1980 年 WHO 将霍乱弧菌分为 O1 群霍乱弧菌、O1 群不典型霍乱弧菌及非 O1 群霍乱弧菌。O139 群霍乱弧菌是 1992 年在印度等地发生由非 O1 群霍乱弧菌引起的典型霍乱样疾病中分离并命名的。非 O1、非 O139 霍乱弧菌可引起轻度腹泻，但不会造成疾病流行。

受霍乱弧菌污染的食品或饮水是引发本病的重要原因。本菌对胃酸十分敏感，多数被胃酸杀死，只有少数弧菌通过胃酸屏障穿过小肠黏膜表面的黏液层黏附于小肠上皮细胞表面并繁殖，同时产生外毒素性质的霍乱肠毒素，引起肠液的大量分泌，结果出现剧烈的腹泻和反射性呕吐。当前，霍乱仍然是一个全球性威胁，特别是在得不到基本卫生标准的食品和饮水的国家和地区，仍然是一个重大的公共卫生问题。据 WHO 数据显示，全球近年来有多个国家有霍乱发生的报告，2004～2008 年病例较 2000～2004 年上升了 24%。仅在 2008 年，全球 56 个国家就总共通报了 190130 个病例，其中包括 5143 例死亡。2010 年 11 月 20 日统计，海地累计发生了 60240 例霍乱病例，其中 1415 例死亡；2011 年 6 月 14 日至 7 月 20 日，在刚果共和国发生的疫情中有 4 个病例被确诊为霍乱。由于监测系统的限制或者担心受到贸易和旅行制裁，有更多的病例并没有计算在内。真实的疾病负担估计为每年 300 万～500 万例病例，以及 10 万～12 万例死亡。

对于霍乱的预防最重要的还是杜绝病原对饮水和食品的污染，搞好环境卫生和形成良好的个人卫生习惯。政府方面也要加强监测和预警的水平和力度。疫苗免疫是预防本病的一种有效方式，但通过服用抗生素来进行预防的措施对遏制霍乱传播毫无作用，反而可能因增加抗生素耐药性而产生不良后果，造成一种虚假的安全感。

4. 空肠弯曲菌肠炎

空肠弯曲菌肠炎(campylobacter jejunienteritis)是由空肠弯曲菌(*Campylobacter jejuni*)

引起的急性肠道传染病，是引起肠道腹泻的最常见的食源性致病菌之一，是WHO确定的27种新发传染病之一，在国内为法定丙类传染病之一。患者的主要临床症状为腹痛、腹泻、头痛、发热等肠炎症状。多数患者一周内自愈，少数免疫缺陷疾病患者可发展为血便和更严重后果。目前，空肠弯曲菌也是在世界各地导致肠胃炎的最常见细菌。在发达国家和发展中国家，该菌引起的腹泻病例比食源性沙门菌还要多。空肠弯曲菌高发病率高，及其病程长以及可能出现后遗症这些情况，致使该病从社会经济的角度具有很高的重要性。在发展中国家，未满2岁的儿童感染空肠弯曲菌的情况尤为常见，有时会造成死亡。

弯曲菌在诸如家禽、牛、猪、羊、鸵鸟和贝类等食用动物，以及在包括猫和狗在内的宠物中十分普遍。动物是本菌重要的传染源和储存宿主。病菌通过动物粪便污染环境，经粪口传播是本病的主要传播途径，人与这些动物密切接触或食用被污染的食品时，如未煮熟的肉类产品，以及生鲜奶或者受到污染的奶都可传播；受污染的水也是一个感染源。统计发现，发展中国家5岁以下的儿童本病的发病率最高，尤其1岁以内的婴儿病率更高，发病率随年龄升高而下降。而在发达国家和卫生条件较好的发展中国家，空肠弯曲菌分离率以10～29岁年龄最高。本病全年均可发病，但在温暖季节多发。以散发病例为多见，但如果原因食品集中，就会造成暴发流行。

空肠弯曲菌其传播途径主要是通过食物链传播，所以在制定防控措施时要以在食物链的所有阶段采取控制措施为基础，从农业生产，一直到从商品加工以及在家里对食品进行处理、加工和制备进行全方位预防：①加强对传染源的管理。受空肠弯曲菌感染的人和动物是重要的传染源，因此控制动物的感染，防止动物排泄物污染水、食物至关重要。对于腹泻患者要早发现，早治疗。②切断传播途径。良好的卫生屠宰规范可减少粪便对动物肉品造成的污染，加强肉品加工环节的卫生管理。同时，良好的饮食习惯也是切断传播途径的重要方面，如不吃生的及半生肉食品；牛奶彻底消毒；不喝没有经卫生处理的生水；不吃生冷蔬菜、饮食；不吃不洁瓜果；不吃未经处理的剩饭剩菜等。③保护易感人群。培养良好的个人卫生习惯，注意个人卫生。加强体育锻炼，增强体质，提高人体抗病能力，尤其在夏秋季节及旅游时节，更要注意个人饮食卫生。

7.1.5 食源性病毒性传染病

在人类食源性疾病的病原体中，病毒也是一个重要的致病因素。这类病毒一般可通过粪口传播，主要临床表现为病毒性胃肠炎和甲型、戊型病毒性肝炎。由于病毒的传播途径、感染途径和部位以及排泄途径的不同，导致的感染症状也不同。已经证实可引起食源性病毒性传染病的有：脊髓灰质炎病毒、轮状病毒、星状病毒、甲型肝炎病毒、戊型肝炎病毒、杯状病毒等。由于技术限制，确认食品的病毒污染及其引发的食源性疾病还存在困难。

1. 轮状病毒肠炎

轮状病毒是引起全世界新生儿死亡的最重要的一个原因。全球因急性肠胃炎而住院的儿童中，50%～60%是人轮状病毒感染。随着次数增加感染，免疫力会逐渐增强，成人就很少受其影响。

轮状病毒感染小肠绒毛细胞，破坏钠离子和葡萄糖的运输。急性感染发病快，伴有水样腹泻、发热、腹痛和呕吐，可发展成脱水和酸中毒，处理不当可导致死亡。轮状病毒肠炎的自然病程一般为7～10天，临床表现有发热、排水样便，每日5～10多次，伴轻度呕吐，呕吐常发生在发病前1～2天，随后出现腹泻。吐泻严重者多伴有脱水、酸中毒，40%～50%的患儿伴有咳嗽等呼吸道症状。本病的预后一般较好，但有少数患儿可合并心肌炎而猝死。

对于轮状病毒肠炎的防控，主要是控制传染源、切断传播途径和严格消毒可能污染的物品。在食品处理方面，在加工过程中要充分加热和避免污染，对冷藏食品在食用前最好进行加热处理。养成良好的个人卫生习惯也是防控本病的重要措施。

2. 腺病毒性肠炎

腺病毒科(Adenoviridae)分哺乳动物腺病毒属(*Mastadenoviurs*)和禽腺病毒属(*Aviadenoviurs*)。腺病毒(adenovirus)在自然界分布广泛，可感染鸟、哺乳动物和两栖动物，共约100多个血清型，目前人类腺病毒共有51个血清型。依据物理、化学和生物学性质的不同，人类腺病毒分为A至F共6个组。腺病毒一般会造成呼吸系统的不适，对啮齿类动物有致癌能力，或能使体外培养的啮齿类动物细胞发生转化，但对人体不出现致癌性。腺病毒性肠炎广泛分布于全世界，检出率为5%～14%，其中Ad-40和Ad-41占70%左右。腺病毒性肠炎的绝大多数发生于3岁以下的婴幼儿，最小发病年龄为1月龄。Ad-40主要感染1岁左右婴儿，Ad-41则感染稍大的幼儿，全年均可发病，但一般呈散发性。WHO已确证肠腺病毒为引起儿童病毒性腹泻的第二重要病原。

人粪便中腺病毒的含量高，可引起饮水、食物、用具等的污染，人与人接触传染是腺病毒性肠炎最主要的传播方式，包括粪－口，口－口和手－眼接触传染，也包括通过污染的表面或共用用具而间接传染。在医院、部队、幼儿园和学校，发生很多疾病暴发。污染的食物和水是引起肠道疾病的重要原因。本病的潜伏期约10天，主要表现为腹泻，量少或多，呈水样便或稀便，少数患者可排出黏液，病程4～8天，常伴呕吐。部分患者有呼吸道症状，少数患者发热，病程多为自限性，排毒时间约1周。某些患者失水较严重，个别重度失水者可死亡。诊断本病可采用DNA限制性内切酶检测法，但此法有一定局限性，不易推广。采用聚丙烯酰胺凝胶电泳法既能检测腺病毒，又可检测粪便中轮状病毒。

对于腺病毒性肠炎的防控，也是要从控制好传染源、切断传播途径、加强易感人群的抵抗力等方面入手。因为食品在本病的传播中具有明显的作用，所以在食品加工、储藏、运输、销售、食用的各个环节，要遵从食品安全原则，避免污染，杜绝食源性疾病的发生。

3. 甲型病毒性肝炎

甲型病毒性肝炎(甲型肝炎)是由甲型肝炎病毒(hepatitis A virus，HAV)引起的一种急性传染病，与卫生条件差和不良个人卫生习惯有紧密联系，粪－口传播是其主要传播途径，受污染的水、食品是主要的传染源，日常生活接触是散发病例的主要传播途径。甲型肝炎属偶发疾病，在世界各地流行，有循环复发的趋势。据WHO估计，每年世界各地甲型肝炎感染者有140万例。

HAV属微小RNA病毒科，新型肠道病毒72型。人类感染HAV后，病毒首先在消化道中增殖，在短暂的病毒血症中，病毒又可继续在血液白细胞中增殖，然后进入肝脏，在肝细胞内复制繁殖。在甲型肝炎潜伏末期和黄疸出现前数日是病毒排泄高峰。处在这个时期的患者，尤其是无症状的亚临床感染者，是最危险的传染源。感染者大多表现为亚临床或隐性感染，仅少数人表现为急性甲型肝炎。一般可完全恢复，不转为慢性肝炎，也无慢性携带者。临床上表现为起病急，有畏寒、发热、食欲减退、恶心、疲乏、肝肿大及肝功能异常。部分病例出现黄疸，无症状感染病例较常见，一般不转为慢性和病原携带状态。甲型肝炎没有特异治疗方法，感染后症状消失过程可能很缓慢，需要几周或数月的时间。治疗的目的是保持身体舒适和适当的营养均衡，包括补充因呕吐和腹泻丢失的水分。

甲型肝炎患者的粪便、尿液、呕吐物，如果未经过很好的消毒处理，就会污染周围环境、食物、水源或健康人的手；另外患病者的手及带甲型肝炎病毒的苍蝇，也能污染食物、饮水和用具。一旦易感者吃了含有被甲肝病毒污染的食品和未经煮沸或煮熟的污染饮水和食物，或生食用粪便浇灌过的蔬菜、草莓、瓜果等均可患甲型肝炎，引起甲型肝炎暴发或散发感染。甲型肝炎病毒感染可以在注射和非注射性毒品过程中传播。

甲型肝炎感染率具有高、中、低不同的地域特征。①高感染率。在卫生条件差和卫生习惯不良的发展中国家，一生中受感染的危险大于90%。大多发生在儿童早期，受感染者无任何明显症状。发病率较低，鲜有疫情发生。②中感染率。在发展中国家、经济转型国家和卫生条件好坏不定的地区，儿童在早期没有受到感染。经济和卫生状况得到改善后，有可能导致较高的发病率，因为感染多发生在较高年龄的人群中，并可能发生大的疫情。③低感染率。在卫生条件和卫生习惯良好的发达国家，感染率较低。

加强饮食卫生、保护水源是预防病毒感染和传播的主要环节。同时，加强对食品行业从业人员的健康检查，注意个人卫生和良好的卫生环境也是预防感染的重要方面。

7.1.6 食源性寄生虫病

食源性寄生虫病是指进食生鲜的或未经彻底加热的含有寄生虫虫卵或幼虫的食品而感染的一类疾病的总称。主要病原有原虫(如隐孢子虫)、吸虫(如华支睾吸虫)、绦虫(如猪带绦虫)、线虫(如蛔虫)。寄生虫或其卵可通过多种途径污染食品和饮水，经口进入人体，引起人的食源性寄生虫病的发生和流行。国内最早常见的人寄生虫病绝大多数是通过人类粪便传播的，以土源性寄生虫为主，近年通过饮食传播的寄生虫的感染率却不断上升，食源性寄生虫比土源性寄生虫对人类健康的危害性更大，其多寄生在人体各个器官内，造成严重危害。按照食源性寄生虫食物宿主的不同，可将其分为肉源性寄生虫、螺源性寄生虫、鱼源性寄生虫、淡水甲壳动物源性寄生虫和植物源性寄生虫。

1. 肉源性寄生虫病

肉源性寄生虫常寄生于畜肉中，常通过烧、烤、涮做法的带血丝未煮熟的猪、牛、羊、鸡、鸭、鹅等和野生动物的肉感染人。常见的有弓形虫病、旋毛虫病、带绦虫病、囊虫病。

2. 鱼源性寄生虫病

人由于食入了生的或半生不熟的含有寄生虫幼虫的淡水鱼虾而感染鱼源性寄生虫病。常见的有华支睾吸虫病(肝吸虫病)、棘鄂口线虫病、异型吸虫病、棘口吸虫病、阔节裂头绦虫病等。其中以华支睾吸虫病最为常见，其病原体为华支睾吸虫，因寄生部位为肝胆管，故又称肝吸虫。华支睾吸虫病主要分布在中国、日本、朝鲜、韩国、越南、俄罗斯等。在国内，华支睾吸虫病流行于22个省、市、自治区，是当前对人类健康危害最严重的食源性寄生虫病之一。人或动物的感染是由于食入含有活囊蚴的鱼虾，华支睾吸虫轻度感染可无症状，重者有腹痛、腹泻、消化不良、营养不良、疲倦乏力、肝区隐痛、肝肿大等临床表现，晚期可出现肝硬化、腹水和侏儒症，还可并发胆囊炎、胆管炎和胆管阻塞等。

3. 螺源性寄生虫病

螺源性寄生虫病最常见的为广州管圆线虫病(angiostrongyliasis cantonensis)，是由广州管圆线虫幼虫在人体内移行，侵犯中枢神经系统引起以急性剧烈头痛为主要表现的嗜酸性粒细胞增多性脑膜炎或脑膜脑炎。本病主要分布于热带和亚热带地区。人首例广州管圆线虫病于1944年在我国台湾省被发现。自1979年至今，广州、香港、浙江、天津、黑龙江、辽宁、福建、台湾等地相继有病例报道。各种鼠类能够排出广州管圆线虫第一期幼虫的均为传染源，终末宿主以褐家鼠和黑家鼠较多见。人的感染主要是由于生吃含有广州管圆线虫幼虫的螺类而引起，生吃瓜果、蔬菜或喝生水也会导致感染。

本病以脑脊液中嗜酸性粒细胞显著升高为特征，最明显的症状为急性剧烈头痛，头痛部位多发生在枕部或双颞部。头痛一般胀裂乃至不能忍受，起初为间歇性，以后发作渐频或发作时间延长；其次为颈项僵直，可伴有颈部运动疼痛、恶心、呕吐、低度或中度发热。在本病流行地区，不吃生的和半生的螺肉，在加工淡水螺时防止幼虫污染厨具或食物是预防本病的主要措施。

4. 淡水甲壳动物源性寄生虫病

主要指并殖吸虫病(paragonimiasis)，包括卫氏并殖吸虫病和斯氏狸殖吸虫病。卫氏并殖吸虫主要寄生于肺部，也称肺吸虫。人群对肺吸虫病普遍易感主要是由于生食或半生食含有并殖吸虫囊蚴的淡水蟹和蝲蛄。肺吸虫病在我国流行范围十分广泛，在24个省、市、自治区的农村有病例报告。猪、野猪、兔、鸡、棘腹蛙、鼠、鸟等多种动物可作为肺吸虫的转续宿主，如生吃或半生吃这些转续宿主的肉，也可能被感染，生饮含有肺吸虫囊蚴的溪水也有可能感染。

卫氏并殖吸虫病的主要症状为咳嗽咯血、呼吸困难、腹痛、腹泻、血便等，应注意与结核、肺炎、肝炎等鉴别；寄生于脑部患者出现头痛、癫痫、共济失调等症状。斯氏狸殖吸虫病主要表现为全身游走性皮下包块或结节。

预防肺吸虫病和肺吸虫感染的关键措施主要是防止食入生或半生的淡水蟹、蝲蛄以及野生动物的肉类。

5. 植物源性寄生虫病

包括布氏姜片虫病、肝片形吸虫病等。姜片虫病(fasciolopsiasis)是由布氏姜片吸虫(fasciolopsis buski)寄生于人、猪肠内引起的一种人畜共患寄生虫病，临床以腹痛、腹泻等胃肠道症状为主，重者可继发肠道或肺部感染而导致死亡。受姜片虫感染的人和猪均为本病的传染源，其感染方式主要是由于生食了含有姜片虫囊蚴的水生植物如荸荠、菱角、茭白，也可因喝生水而感染。肝片形吸虫病(fascioliasis)多见于家畜，人的发病呈散发性流行于世界各地。牛、羊肝片吸虫感染率为20%～60%。在我国，人群感染率为0.002%～0.171%，散发于15个省市，其中以甘肃省的感染率为最高。人可因生吃水生植物(如水芹、茭白)、喝生水、生食或半生食含肝片形吸虫童虫的牛、羊内脏(如肝)而获得感染。引起的损害主要表现为童虫移行期对各脏器特别是肝组织的破坏，引起肝的炎症反应及肝脓疡，出现急性症状如高热、腹痛、荨麻疹、肝肿大及血中嗜酸性粒细胞增多等；成虫对胆管的机械性刺激和代谢物的化学性刺激而引起胆管炎症、胆管上皮增生及胆管周围的纤维化。

由于食源性寄生虫病是近年来才较多发生的寄生虫病，很多临床医生对其缺乏了解、认识，加之寄生虫病患者临床表现多样化等原因，常造成误诊或漏诊。多数食源性寄生虫病防治难度大，对人类健康危害大，甚至危害生命，所以要高度重视，积极防控。绝大多数食源性寄生虫病的发生与饮食方式有明显关系，所以在搞好环境卫生、个人卫生的同时，树立健康饮食方式，不食用未充分加工的食品或生食动物性产品等，是杜绝或减少食源性寄生虫感染的重要途径。

7.1.7 新发食源性疾病

新发现的食源性疾病是相对于常见的食源性疾病而言的，目前它们很多已被人们熟知或进行了较为深入的研究，如阪崎肠杆菌感染症、诺如病毒(norovirus)急性胃肠炎、戊型肝炎、人肠道病毒71型感染。

1. 阪崎肠杆菌感染症

阪崎肠杆菌(*enterobacter sakazakii*，又称阪崎氏肠杆菌)是肠杆菌科的一种，是人和动物肠道内寄生的一种革兰阴性无芽孢杆菌，属肠杆菌科肠杆菌属，是肠道正常菌中的一种，在一定条件下可引起人和动物致病。阪崎肠杆菌是乳制品中近几年新发现的一种致病菌，能引起严重的新生儿脑膜炎、小肠结肠炎和菌血症，并且可引起神经系统后遗症和死亡，该菌感染引起的死亡率高达50%以上。截至2011年，在一些新生儿阪崎肠杆菌感染事件的调查中发现婴儿配方粉是主要的感染渠道。2004 年 FAO 和 WHO 经过风险性评估将阪崎肠杆菌和沙门菌共同列为婴幼儿配方奶粉 A 类致病菌。2005 年 10 月，国家《奶粉中阪崎肠杆菌检测方法》行业标准实施，对奶粉严查此菌。

2. 人肠道病毒 71 型感染

人肠道病毒 71 型(human enterovirus 71，EV71)是引起婴幼儿手足口病(hand-foot and mouth disease，HFMD)主要病原体之一。EV71 型于 1969 年首次从加利福尼亚患有中枢神经系统疾病的婴儿粪便标本中分离出来，被命名为肠道病毒 71 型。肠道病毒属于微小病毒科(Picornaviridae)中的肠病毒群(Enterovirus)。EV 71 为目前肠道病毒群中最晚发现的病毒，其感染性强且致病率高，尤其是神经系统方面的并发症。同属于肠病毒群的病毒还有脊髓灰质炎病毒(Polio virus)、柯萨奇病毒(Coxsackievirus)、伊科病毒(Echovirus)及肠道病毒(Enterovirus 68～72 型)。EV71 感染疾病多发生于婴幼儿，可引起手、足、口腔等部位的疱疹，个别患者可引起心肌炎、肺水肿、无菌性脑膜脑炎等并发症，手足口病和中枢神经系统感染是 EV71 感染而引起的两大常见临床症状。

人类是肠道病毒唯一的传染源，主要经肠胃道(粪－口、水、食物污染)或呼吸道(飞沫、咳嗽或打喷嚏)传染，也可经接触病人皮肤水泡的液体而受到感染。人群对 EV71 普遍易感，感染后可获得免疫力。由于不同病原型感染后抗体缺乏交叉保护力，因此，人群可反复感染发病。成人大多已通过隐性感染获得相应抗体，因此，EV71 感染疾病的患者主要为学龄前儿童，尤以 3 岁以下年龄组发病率最高。我国自 1981 年在上海发现该病以来，在北京、河北、天津、福建、吉林、山东、湖北、广东、安徽等十几个省(市)均有报道。2008 年疫情在多个省市爆发，2009 年手足口病死亡 31 例。

目前肠病毒感染除了小儿脊髓灰质炎病毒有疫苗外，其余肠病毒感染并无特殊治疗药物，故临床上对无并发症患者的治疗只能采取支持性疗法，而有并发其他症状的病患，因考虑到重症病例的急性恶化主要与心脏衰竭有关，故治疗准则建议避免给予大量静脉输液，应优先选择加强心脏输出功率与降脑压的药物。对本病的预防除了对患儿进行隔离、强化公共卫生外，还要把住病从口入关，防止密切接触。

3. 诺如病毒(norovirus)急性胃肠炎

人类杯状病毒(human calicivirus，HuCV)是引起急性胃肠炎的主要病原之一，其可通过水、食物等途径在儿童和成人中引起急性胃肠炎暴发和散发。杯状病毒科现有四个属，其中诺如病毒(*Norovirus*)属(诺瓦克样病毒，norwalk-like virus，NLVS)和札幌病毒(*Sapovirus*)属[札幌样病毒(Sapporo-like firm，SLVS)]是引起成人和儿童非细菌性急性胃肠炎的主要病原体，此两个属合称人类杯状病毒(human caliciviruses，HuCVs)。扎幌病毒具有典型的杯状病毒形态，诺如病毒的形态则不典型。

诺如病毒是引起急性病毒性肠胃炎的主要病原，通过粪口传播，污染的食品和饮水，生食海贝类及牡蛎等水生动物也是该病毒的主要传播途径，也会从患者的呕吐物及粪便，或者干燥之后通过尘埃感染。一般症状为呕吐、腹泻、腹痛、低烧等，症状一般维持12～60 小时后自行消退，但病毒的排泄会延续 2 星期左右，如腹泻严重，容易发生脱水、休克等症状。诺如病毒的感染全年均可发生，尤以冬季较多。人诺如病毒感染事件近年来逐渐增多。

诺如病毒感染大多源于食品或是饮水，再因人传人而流行，所以在制定预防措施时要全面考虑。除注意公共卫生和个人卫生外，在流行地区避免进食生冷食物，注意饮水卫生；对可能受污染的牡蛎、蛤等贝类水产品应进行充分加热，将其中的诺如病毒彻底杀死。诺如病毒急性胃肠炎没有特别的医治方法，患者需注意保暖并大量饮水。

7.2 细菌性食物中毒

细菌性食物中毒是指进食被细菌或细菌毒素污染的食品，而引起的急性感染性中毒性疾病，是最常见的一类食物中毒。

7.2.1 细菌性食物中毒的特点

1. 地区差异

不同国家或地区由于环境因素、饮食习惯、食品种类、加工方法、贮藏、运输、厂房条件和个人卫生等有所不同，引起食物中毒的类型也有较大的差异。如美国人主食肉、蛋、奶和糕点，金黄色葡萄球菌引起的食物中毒最多；日本人喜食生鱼片，副溶血性弧菌引起的食物中毒最多；我国东南沿海地区居民有生食海鲜的习惯，导致副溶血弧菌、河弧菌、霍乱弧菌等弧菌属细菌引起的食物中毒较多；而内陆地区因经济因素制约，卫生条件较差，葡萄球菌、蜡样芽孢杆菌、大肠埃希菌引起的食物中毒较多。

2. 季节性明显

细菌性食物中毒随气温的变化而变化，一般发生于夏秋季，5～10月较多。因为夏秋季节气温高，细菌在食物中容易生长繁殖。值得注意的是，随着全球气温的逐年变暖、近几年的异常气候以及全球性自然灾害的增多，一些新的病菌引起人类细菌性食物中毒报道也在增加，并且无明显季节差别。

3. 病原菌模式已发生变化

以往统计居首位的沙门菌、副溶血性弧菌、志贺菌、葡萄球菌现在呈下降趋势，而过去报道较少的变形杆菌属、大肠埃希菌则呈上升趋势。近年来还出现了许多新的病原菌致食物中毒的报道，如“O157”大肠埃希菌、“O139”霍乱弧菌等。

4. 急性胃肠炎为主要临床症状

急性胃肠炎主要表现为呕吐、腹痛、腹泻、发热等，起病急、病程短、恢复快、预后良好、死亡率低，发病者常有集体共餐经历。

7.2.2 细菌性食物中毒的发病机制

根据临床表现，可将细菌性食物中毒分为胃肠型和神经型两类。

1. 胃肠型食物中毒

主要发生在温暖潮湿的季节，特点为潜伏期短，集体发病，大多数伴有恶心、呕吐、腹痛、腹泻等急性胃肠炎症状。根据腹泻发生机理的不同，大体可分为感染型和毒素型两种。①感染型。病原菌大量进入胃肠道后，可侵入肠黏膜上皮细胞，并在其中繁殖，进而侵入固有层，或者先激活上皮细胞将其摄入并形成吞噬泡，然后再离开细胞侵入固有层引起炎症反应，抑制水及电解质的吸收而产生腹泻，且病菌大量死亡后释出的内毒素亦可继续作用于人体产生胃肠症状。如痢疾杆菌、变形杆菌、致病性大肠埃希菌的某些菌株、粪链球菌。②毒素型。各种微生物的肠毒素主要作用于肠壁上皮细胞，与小肠黏膜上皮细胞膜的受体结合，使细胞膜上腺苷酸环化酶活力增强，将细胞质中的三磷腺苷转化为环磷酸腺苷，促进细胞质内蛋白质磷酸化过程并激活细胞有关酶系统，改变细胞分泌功能，使氯离子的分泌亢进，并抑制肠壁上皮细胞对钠离子和水的吸收，导致腹泻，如致病性大肠埃希菌耐热或不耐热肠毒素、韦氏梭菌肠毒素、志贺菌肠毒素、蜡样芽孢杆菌肠毒素、副溶血弧菌肠毒素、霍乱弧菌肠毒素。

2. 神经型食物中毒

又称肉毒中毒，是由于进食含有肉毒梭菌外毒素的食品而引起的食物中毒。肉毒梭菌毒素是目前已知的化学毒物与生物毒素中毒性最强烈的一种神经毒，经消化道吸收进入人的血液循环后，作用于神经肌肉接点和植物神经末梢，尤其对运动神经与副交感神经有选择性作用，抑制神经末梢传导的化学介质即乙酰胆碱的释放，从而引起肌肉麻痹。在临床表现上以中枢神经系统症状为主，眼肌或咽部肌肉麻痹，重症者亦可影响颅神经，若抢救不及时，死亡率很高，但对知觉神经和交感神经无影响。

7.2.3 常见细菌性食物中毒病原体

细菌性食物中毒主要是由于致病菌污染食品而引发的，常见的细菌性食物中毒病原体主要包括：沙门菌、副溶血弧菌、葡萄球菌、致病性大肠埃希菌、肉毒梭菌等，具体的参见本书第 3 章中 3.3 的介绍。

除上述常见细菌性食物中毒外，近年来由李斯特菌、变形杆菌、蜡样芽孢杆菌、链球菌、空肠弯曲菌、假单胞菌、结肠炎耶尔森菌等引起的食物中毒，在发达国家和发展中国家不断爆发，也当引起食品安全工作者的高度重视。

7.3 真菌性食物中毒

真菌性食物中毒是指食用被产毒真菌及其毒素污染的食品而引起的急性疾病，发病率较高，病死率因菌种及其毒素种类而异。真菌广泛存在于自然界中，多数对人体有益，只有自身具有毒性或可以产生毒素的真菌才能引发食物中毒。产毒真菌污染食品后，既可以使食品发生变质而产生各种有毒有害物质，也能在食品中产生真菌毒素，不仅降低了食品的可食用性，造成巨大的经济损失，同时也直接引起机体中毒，严重威胁人类健康。

7.3.1 真菌性食物中毒的特点

1. 与进食某种被真菌及其毒素污染的特定食品有关

各种食品中出现的霉菌以一定的菌种为主。如玉米、花生以黄曲霉为主，小麦以镰刀菌为主，大米以青霉为主。

2. 无传染性和免疫性

真菌毒素一般都是小分子化合物，一次暴露机体不产生抗体，因此机体对该类毒素无免疫性，中毒可反复发生。

3. 有明显的季节性和地区性

真菌生长繁殖及产生毒素需要一定的温度和湿度，因此中毒往往有明显的季节性和地区性。例如，我国南方气候湿润，温度适中，是真菌性食物中毒的常发地区。

4. 真菌毒素性质稳定

采用一般的烹调方法很难破坏和除去污染食物中的真菌毒素。在检测过程中时常发生被真菌毒素污染的食品中检测不出产毒菌株的现象，这是因为真菌毒株在适宜的条件下产生毒素，当条件改变(如食品经过储藏和加工)导致产毒菌株死亡，但毒素相对稳定，不易破坏所致。

7.3.2 真菌毒素的分类

引起真菌性食物中毒的主要诱因是污染食品中产生了真菌毒素。真菌毒素是某些丝状真菌产生的具有生物毒性的次级代谢产物，一般分为霉菌毒素和蕈类毒素。霉菌可以产生有毒代谢物，常见的产毒霉菌主要包括曲霉属(如黄曲霉、杂色曲霉、赭曲霉)、青霉属(如展开青霉、桔青霉、黄绿青霉)、镰刀酶属(如单端孢霉烯族化合物、玉米赤霉烯酮、丁烯酸内酯)、交链孢酶属等；有毒蕈类在形状上与食用菌相似，俗称野生蘑菇，人们一旦误食就会引起严重的中毒症状。蕈类的毒性主要是由其含有的毒素所致，包括毒肽(主要为肝脏毒性，毒性强、作用缓慢)、毒伞肽(肝肾毒性，毒性强)、毒蝇碱(作用类似于乙酰胆碱)、光盖伞素(引起幻觉和精神症状)、鹿花毒素(导致红细胞破坏)等毒素单独或联合作用所致，引起复杂的临床表现。

7.3.3 引起真菌性食物中毒的常见真菌毒素

引起真菌性食物中毒的常见真菌毒素包括黄曲霉毒素、杂色曲霉素、赭曲霉毒素、展青霉素、单端孢霉烯族毒素、玉米赤霉烯酮、桔霉素等，在本书第3章的3.4中已作详细介绍。

7.3.4 霉变甘蔗中毒

1. 病原学

霉变甘蔗是受真菌污染所致，其中毒的病原菌是节菱孢霉(arthrinium)，其产生的毒素为耐热的3-硝基丙酸(3-nitropropionic acid，3-NPA)，占检出霉菌总数的26%左右，长期贮藏的变质甘蔗是节菱孢霉发育、繁殖、产毒的良好培养基。节菱孢霉最适宜的产毒条件是15～18℃，pH为5.5，培养基含糖量为2%～10%。节菱孢霉产生3-硝基丙酸(3-NPA)，其产毒株约占50%(48.8%)，3-NPA是引起甘蔗中毒的主要物质。3-NPA的排泄较慢，具有很强的嗜神经性，主要损害中枢神经，也累及消化系统，食后短时间内可发病，毒力强而稳定，加热和消毒剂处理后毒力不减，且没有免疫性，一旦发生神经系统损害，恢复的程度与中毒轻重，毒素含量多少及个体差异，能否及早诊断，洗胃减少毒素吸收等有关，一般难以完全恢复。

霉变甘蔗中毒在我国流行已有40多年的历史，首次报告是1972年3月发生于河南郑州的一起食用变质甘蔗中毒，共计36人中毒，重症27人，死亡3人，病死率为8.33%，霉变甘蔗中毒多发生于北方地区，如河北、河南省最多，其次是山东、辽宁、山西、内蒙古、陕西等地。发病季节多在2～4月，因甘蔗主要是秋季收获，从南方运往北方，需长时间储存、运输，在这个过程中极易被霉菌污染，如果是还未完全成熟的甘蔗，因其含糖量(约为7.76%)和渗透压低，则更利于霉菌的生长。运到北方后，遇到寒冷天气而受冻，待初春气温回暖，也到了细菌、霉菌等微生物生长繁殖的理想时期，甘蔗中的霉菌就会大量产毒。一般节菱孢霉污染甘蔗后在2～3周内即可产生毒素，发病年龄多为3～10岁儿童，且重症病人和死亡者多为儿童，但也有大年龄组发病和死亡者，发病特点多为散发。

霉变甘蔗质地较软，颜色比正常甘蔗深，一般呈浅棕色，闻起来有霉坏味或酒糟味、呛辣味，截面和尖端有白色絮状或绒毛状霉菌菌丝体，组织结构发糟发糠，若切成薄片在显微镜下观察，便可见到有大量真菌菌丝的侵染。

2. 中毒表现

霉变甘蔗中毒的潜伏期较短，中毒表现潜伏期多在10min至17h，一般为2～8h，而最短仅十几分钟即可发病。症状出现越早，提示病情越重，愈后越不良。中毒症状最初表现为一时性的消化道功能紊乱，如恶心、呕吐、腹痛、腹泻，随后出现神经系统症状如头晕、头痛、复视或幻视、眩晕至不能睁眼或无法站立。24h后恢复健康，不留后遗症。较重者呕吐频繁剧烈，有黑便、血尿及神志恍惚、阵发性抽搐、两眼球偏向一侧凝视(大多向上)、瞳孔散大、手呈鸡爪状、四肢强直、牙关紧闭、出汗流涎、意识丧失，进而昏迷不醒。其他如体温，心肺、肝、眼底检查，血、尿、大便常规化验，脑脊液化验均未见异常。严重者可在1～3天内死于呼吸衰竭，病死率一般在10%以下，高者达50%～100%。重症及死亡者多为儿童。重症幸存者中则多留有严重的神经系统后遗症，如痉挛性瘫痪、语言障碍、吞咽困难、眼睛同向偏视、身体蜷曲状、四肢强直等，少有恢复而导致终身残疾。

对于霉变甘蔗中毒，目前尚无有效的治疗方法，一旦发现中毒，应尽快送医院救治，进行洗胃、灌肠、导泻以促进排除未吸收的毒物。后续治疗以吸氧、脱水剂、脑细胞营养药、维生素C、输液、利尿等以减少毒素的吸收，保护脑，肝肾功能为主，控制抽搐发作及防止并发症。恢复期可给予脑复康，抗癫痫药及加强肢体功能锻炼等。

3. 预防

(1)甘蔗成熟后再收割，收割后防冻。

(2)贮存及运输过程中要防冻、防伤，防止霉菌污染繁殖；贮存期不宜太长，而且要定期对甘蔗进行检查，发现霉变甘蔗立即销毁。

(3)加强食品卫生监督检查，严禁出售霉变甘蔗，亦不能将霉变甘蔗加工成鲜蔗汁出售。

(4)食品卫生监督机构、甘蔗经营者和广大消费者应会辨认变质甘蔗。变质甘蔗外观无光泽，质软，结构疏松，表面可无霉点，颜色比正常甘蔗略深，呈浅棕色或褐色(正常为乳白色)，可嗅见霉味或酒糟味。样品切成薄片在显微镜下观察，正常的甘蔗细胞结构清晰，无异物；变质甘蔗的细胞结构模糊。

(4)宣传变质甘蔗中毒的有关知识，使广大消费者提高警惕，以减少或杜绝霉变甘蔗中毒。

7.4 有毒动物食物中毒

有毒动物食物中毒为误食有毒动植物或食入因加工、烹调、贮存方法不当而未除去有毒成分的动物食品引起的中毒。自然界中有毒的动物所含的有毒成分复杂，常见的动物食物中毒主要有河豚鱼中毒、含高组胺鱼类中毒等。

7.4.1 河豚鱼食物中毒

河豚鱼(globfish)是暖水性海洋底栖鱼类，我国各大海区均有分布。河豚鱼是一种味道鲜美但含有剧毒物质的鱼类，引起中毒的主要物质是河豚毒素(tetrodotoxin，TTX)。TTX系无色针状结晶，无嗅，微溶于水。该毒素理化性质稳定，一般加热烧煮、日晒、盐腌均不被破坏；对低pH稳定，但在pH为7以上易于降解；100℃、24h或120℃加热20～30min才可使其完全破坏。TTX主要作用于神经系统，抑制神经细胞对钠离子的通透性，从而阻断神经冲动的传导，使神经末梢和神经中枢发生麻痹，同时引起外周血管扩张，血压下降，最后出现呼吸中枢和血管运动中枢麻痹。

河豚鱼的含毒情况比较复杂，其毒力强弱随鱼体部位、品种、季节、性别及生长水域等因素而异。概括地说，在鱼体中以卵、卵巢、肝、皮的毒力最强，肾、肠、眼、鳃、脑髓、血液等次之，肌肉和睾丸毒力较小。春季为雌鱼的卵巢发育期，卵巢毒性最强，再加上肝脏毒性也在春季最强，所以春季最易发生河豚中毒，夏、秋季雌鱼产卵后，卵巢即退化而令其毒性减弱。多数养殖的新鲜洗净的鱼肉可视为无毒。

河豚鱼中毒主要发生在日本、东南亚各国和我国。多为误食，也有因喜食河豚鱼但未将其毒素除净而引起中毒。

1. 中霉表现

TTX极易从胃肠道吸收，也可从口腔黏膜吸收，因此，中毒的特点是发病急速而剧烈，潜伏期很短，短至10～30min，长至3～6h发病。发病急，来势凶猛。初有恶心、呕吐、腹痛等胃肠症状，口渴，唇、舌、指尖等发麻，随后发展到感觉消失，四肢麻痹，共济失调，全身瘫痪，语言不清、瞳孔散大和体温下降。重症因呼吸衰竭而死。病死率为40%～60%。

2. 预防

预防河豚鱼中毒应从渔业产销上严加控制，同时也应向群众反复深入宣传：①凡在渔业生产中捕得的河豚鱼均应送交水产收购部门并送指定单位处理，新鲜河豚鱼不得进入市场或混进其他水产品中。②经批准加工河豚鱼的单位，必须严格按照规定由专业人员进行“三去”加工，即去内脏、去皮、去头；洗净血污，再盐腌晒干。剖割下来的内脏、皮、头及经营中剔出的变质河豚鱼等应妥善处理，不得随意丢弃。③产销加工单位在存放、调运河豚鱼等过程中必须妥善保管，严防流失。④加强卫生宣教，提高消费者对河豚鱼识别能力及对TTX的认识能力，防止误食。

7.4.2 鱼类引起的组胺中毒

高组胺鱼类中毒是由于食用含有一定数量组胺(*histamine*)的某些鱼类而引起的过敏性食物中毒。组胺是组氨酸的分解产物，因而鱼类组胺的产生与其含组氨酸多少有关。青皮红肉的鱼类(如鲐鱼、鲣鱼、鲭鱼、金枪鱼、沙丁鱼、秋刀鱼、竹荚鱼)肌肉中含血红蛋白较多，因此组氨酸含量也较高。当鱼类受到富含组氨酸脱羧酶的细菌如组胺无色杆菌、埃希氏大肠杆菌、葡萄球菌、链球菌等污染，并在适宜的环境条件下，产生脱羧酶，使组氨酸被脱羧而产生组胺。环境温度在10～37℃特别是15～20℃下、鱼体含盐3%～5%、pH为弱酸性条件下易于产生组胺。成人摄入组胺超过100mg(相当于每千克体重1.5mg)就有中毒的可能。若鱼组胺量为1.6～3.2mg/g计算，食用50～100g鱼肉即可中毒。日常以鱼类组胺含量<100mg作为评价能否食用的卫生指标。

中毒的机制是组胺可刺激心血管系统和神经系统，促使毛细血管扩张充血和支气管收缩，使血浆大量进入组织，血液浓缩、血压下降，引起反射性的心率加快，刺激平滑肌使之发生痉挛。

1. 中毒表现

组胺中毒特点为发病快，症状轻，恢复快。潜伏期一般为0.5~1h，短者只有5min，主要表现为面部、胸部及全身皮肤潮红、刺痛、灼烧感，眼结膜充血，并伴有头痛、头晕、心动加速、胸闷、呼吸急速、血压下降，有时出现荨麻疹，个别有哮喘表现。体温正常。一般多在1~2d恢复健康。预后良好，未见死亡。

2. 预防

(1)防止鱼类腐败变质。在鱼类生产、储运和销售等各环节进行冷冻冷藏，保持鱼体新鲜，并减少污染途径。鱼类腌制加工时对体形较厚者应劈开背部，以利盐分渗入，用盐量不应低于25%。

(2)加强对青皮红肉鱼类中组胺含量的监测。凡含量超过100mg/100g者不得上市销售，同批鱼货应改作盐腌加工，使组胺含量降至安全量以下时才得上市。

(3)做好群众的宣传工作。消费者购买青皮红肉鱼类时要注意其鲜度质量，并及时烹调。烹调时加醋烧煮和油炸等可使组胺减少(可使组胺含量下降2/3左右)。

7.4.3 有毒贝类中毒

有毒贝类中毒系由于食用某些贝类如贻贝、蛤贝、螺类、牡蛎引起，中毒特点为神经麻痹，故称为麻痹性贝类中毒(paralytic shellfish poisoning)。

贝类之所以有毒与海水中的藻类有关。海洋浮游生物中的双鞭毛藻类(*di-noflagellts*)有多种含有剧毒，当某些本来无毒而一贯供食用的贝类摄食了有毒藻类后，即被毒化。已毒化了的贝体，本身并不中毒，也无生态和外形上的变化，但当人们食用以后，毒素可迅速从贝肉中释放出来，呈现毒性作用。被毒化的贝类所带毒素统称麻痹性贝毒(PSP)，其中包括多种毒素。较重要的一种是石房蛤毒素(saxitoxin，STX)，分子质量较小的非蛋白质毒素。纯STX为白色，亦溶于水，耐热，80℃、1h毒性无变化，100℃、30min毒性减少1/2；对酸稳定，对碱不稳定，胃肠道易吸收。石房蛤毒素为神经毒，主要的毒性作用为阻断神经传导，对人的经口致死量0.5~0.9mg。

贝类中毒的发生，往往与“赤潮”有关，赤潮发生时，海中毒藻密度增加，贝类被毒化。中毒多发生于沿海国家和地区，我国的浙江、福建、广东等地均曾多次发生，导致中毒的贝类有蚶子、花蛤、香螺、织纹螺等常食用的贝类。由于贝类的毒素主要积聚于内脏，因此有的国家规定贝类要去除内脏才能出售，或规定仅留下白色肌肉供食用。

1. 中毒表现

贝类中含有的毒素不同，中毒表现也各异，一般有以下3种类型。

(1)神经型。即麻痹性贝类中毒，引发中毒的贝类有胎贝、扇贝、蛤仔、东风螺等，它们的有毒成分主要是蛤蚌毒素。潜伏期为 5min 至 4h，一般为 0.5～3h。早期有唇、舌、手指麻木感，进而四肢末端和颈部麻痹，直至运动麻痹、步态蹒跚，并伴有发音障碍、流涎、头痛、口渴、恶心、呕吐等，严重者因呼吸麻痹而死亡。

(2)肝型。引起中毒的贝类有蛤仔、巨牡蛎等，有毒部分为肝脏。潜伏期 12h 至 7d，一般 24～48h。初期有胃部不适、恶心、呕吐、腹痛、疲倦，亦可有微热，类似轻度感冒。皮肤还常常可见粟粒大小的出血斑，红色或暗红色，多见于肩胛部、胸部、上臂、下肢等。重者甚至发生急性肝萎缩、意识障碍或昏睡状态，预后不良，多有死亡发生。

(3)日光性皮炎型。由于吃了泥螺而引起，潜伏期 1～14 天，一般 3 天。初期面部和四肢的暴露部位出现红肿，并有灼热、疼痛、发痒、发胀、麻木等感觉。后期可出现瘀血斑、水疱或血疱，破后引发感染，可伴有发热、头痛、食欲不振。

2. 预防

(1)建立疫性报告及定期监测制度。监测、预报海藻生长情况。有毒贝类中毒的发生与“赤潮”有关，因此许多国家规定在藻类繁殖季节的 5～10 月，对生长贝类的水样进行定期检查，当发现海藻密度大于 2×10^4mg/mL 时，即发出可能造成贝类中毒的报告，甚至禁止该海域贝类的捕捞和销售。根据赤潮发生地域和时期的规律性对海贝类产品中的 PSP 含量进行监测，贝类从不带毒到突然带毒，或从持续带低毒到普遍升高，都是危险的信号。

(2)对作为商品供应的贝肉规定 PSP 限量，美国 FDA 规定，新鲜、冷冻和生产罐头食品的贝类中，石房蛤毒素最高允许限量不超过 80ug/100g，可做借鉴。

(3)做好卫生宣传针对 PSP 耐热、水溶及在贝体内脏部分积聚较多等特点，指导群众安全的食用方法。如食前清洗漂养，去除内脏，食用时采取水煮捞肉弃汤等方法，使摄入的毒素降至最低程度。

7.4.4 其他动物性食物中毒

1. 雪卡鱼中毒

雪卡鱼中毒泛指食用热带和亚热带海域珊瑚礁周围的鱼类而引起的中毒(ichthyosarcotoxism)现象。雪卡鱼中毒广泛分布于热带地区。雪卡鱼栖息于热带和亚热带海域珊瑚礁附近，因食用有毒藻类而被毒化，目前有超过 400 多种的鱼被认为是雪卡鱼，其种类随海域不同而有所不同，实际含毒的有数十种，其中包括几种经济价值较重要的海洋鱼类如梭鱼、黑鲈和真鲷。但在外观上与相应的无毒鱼无法区别。

雪卡鱼中毒的毒素称雪卡毒素(ciguatoxin)，雪卡中毒主要影响人类的胃肠道和神经系统。中毒的症状有恶心、呕吐、口干、腹痉挛、腹泻、头痛、虚脱、寒颤，口腔有时金属味和广泛肌肉痛等，重症可发展到不能行走。症状可持续几小时到几周，甚至数月。在症状出现的几天后可有死亡发生。

由雪卡鱼中毒症状的广泛性也可看出雪卡中毒可能是由几种不同来源的毒素所造成

的。目前已从雪卡鱼中分离到至少有 4 种毒性物质。它们的分子量和化学性质都不同，其中包括雪卡毒素(*Ciguatoxin*)、刺尾鱼毒素(*Maitotoxin*)和鹦嘴鱼毒素(*Scaritoxin*)，但是还没有弄清这些化合物的结构。雪卡毒素对小鼠的 LD50 为 0.45 μg/kg 体重，毒性比河豚毒素强 20 倍。刺尾鱼毒素对小鼠的 LD50 为 0.17 μg/kg 体重。同一种群中体形较大者通常毒性更强，说明雪卡毒素在鱼体中有累积效应，可导致累积性中毒。由于加热和冷冻均不能破坏雪卡鱼的毒性，因此，预防雪卡鱼中毒主要以不食用含毒鱼类和软体动物为主。目前对雪卡鱼毒素的预防尚缺乏行之有效的方法。

2. 动物甲状腺中毒

动物甲状腺中毒一般皆因牲畜屠宰时未摘除甲状腺而使其混在喉颈等部碎肉中被人误食所致。

甲状腺所分泌的激素为甲状腺素，其毒理作用是使组织细胞的氧化率突然提高，分解代谢加速，产热量增加，过量甲状腺素扰乱了人体正常的内分泌活动，使各系统、器官间的平衡失调，则出现类似甲状腺功能亢进的症状。

误食甲状腺中毒一般多在食后 12～21h 出现症状，如头晕、头痛、烦躁、乏力、抽搐、震颤、脱皮、脱发、多汗、心悸。部分患者于发病后 3～4d 出现局部或全身出血性丘疹、皮肤发痒，间有水泡、皮疹，水泡消退后普遍脱皮。少数人下肢和面部浮肿、肝区痛，手指震颤。严重者发高热、心动过速，从多汗转为汗闭、脱水。个别患者全身脱皮或手足掌侧脱皮，也可导致慢性病复发和流产等。病程短者仅 3～5d。长者可达月余。有些人较长期遗有头晕、头痛、无力、脉快等症状。

甲状腺素的理化性质非常稳定，在 600℃以上的高温时才能被破坏，一般的烹调方法不可能做到去毒无害。因此预防甲状腺中毒的方法，主要是在屠宰牲畜时严格摘除甲状腺，以免误食。

3. 鱼胆中毒

鱼胆中毒是食用鱼胆而引起的一种急性中毒。我国民间有以鱼胆治疗眼病或作为“凉药”的传统习惯，但因服用量、服用方法不当而发生中毒者的现象也不少。所用鱼胆多取自青、草、鳙、鲢、鲤等淡水鱼。因胆汁毒素不易被热和乙醇(酒精)所破坏。因此，不论生吞、熟食或用酒送服，超过 2.5g，就可中毒，甚至导致死亡。

鱼胆的胆汁中含胆汁毒素，此毒素不能被热和乙醇所破坏，能严重损伤人体的肝、肾，使肝脏变性、坏死，肾脏肾小管受损、集合管阻塞、肾小球滤过减少，尿液排出受阻，在短时间内即导致肝、肾功能衰竭，也能损伤脑细胞和心肌，造成神经系统和心血管系统的病变。

据资料报道，服用鱼重 0.5kg 左右的鱼胆 4 或 5 个就能引起不同程度的中毒；服用鱼重 2.5kg 左右的青鱼胆 2 个或鱼重 5kg 以上的青鱼胆 1 个，就有中毒致死的危险。

鱼胆中毒潜伏期一般为 2～7h，最短半小时，最长约 14h。初期恶心、呕吐、腹痛、腹泻，随之出现黄疸、肝肿大、肝功能变化，尿少或无尿，肾功能衰竭；中毒严重者死亡。肾脏损害表现常发生在食用鱼胆 3 天以后。

由于鱼胆毒性大，无论什么烹调方法(蒸、煮、冲酒等)都不能去毒，预防鱼胆中毒的唯一方法是不要滥用鱼胆治病，必需使用时，应遵医嘱，并严格控制剂量。

7.5 有毒植物食物中毒

有毒植物食物中毒是指食入植物性中毒食品引起的食物中毒。植物中含有各种不同的有毒植物，稍有不慎，就会引起中毒。特别是一些有毒植物的外形和我们日常食用的蔬菜、香料等非常相似，有的野生果子外形极其鲜艳，而内部却含有毒质，很容易被人们，尤其是儿童当作普通蔬菜或水果采食。因此，应当正确地辨别哪些植物有毒，做好安全防毒工作，避免发生中毒事故。

7.5.1 毒蕈中毒

蕈类又称菇类，属于真菌植物，子实体通常肉眼可见。毒蕈是指食后可引起食物中毒的蕈类。我国目前已鉴定的蕈类中，可食用蕈 300 种，有毒蕈类约 100 种。对人生命有威胁的有 20 多种，其中含有剧毒可致死的约有 10 种：褐鳞环柄菇、肉褐麟环柄菇、白毒伞、鳞柄白毒伞、毒伞、秋生盔孢伞、鹿花菌、包脚黑褶伞、毒粉褶菌、残托斑毒伞等。

毒蕈中所含有的有毒成分很复杂，一种毒蕈可含有几种毒素，而一种毒素又可存在于数种毒蕈之中。毒蕈中毒多发生于高温多雨的夏秋季节，往往由于个人采摘野生鲜蘑菇，又缺乏识别有毒与无毒蘑菇的经验，将毒蘑菇误认为无毒蘑菇食用。

1. 毒蕈毒素与中毒表现

毒蕈种类繁多，其有毒成分和中毒症状各不相同。因此，根据所含有毒成分的临床表现，一般可分为以下几个类型。

1)胃肠毒型

误食含有胃肠毒素的毒蕈所引起，常以胃肠炎症状为主。中毒的潜伏期比较短，一般为 0.5~6h。主要症状为剧烈的腹痛、腹泻、恶心、呕吐，体温不高，病程短，一般经过适当对症处理可迅速恢复，病程 2~3d，死亡率低。引起此型中毒的毒蕈代表为黑伞蕈属和乳菇属的某些蕈种，毒素可能为类树脂物质(resinlike)。

2)神经、精神型

误食毒蝇伞、豹斑毒伞等毒蕈所引起。导致此型中毒的毒蕈中含有引起神经精神症状的毒素。此型中毒潜伏期为 1~6h。临床表现除有胃肠症状外，尚有副交感神经兴奋症状，如多汗、流涎、流泪、大汗、瞳孔缩小、脉搏缓慢，少数病情严重者可有出现谵妄、精神错乱、幻视、幻听、狂笑、动作不稳、意识障碍等症状，亦可有瞳孔散大、心跳过速、血压升高、体温上升等症状。如果误食牛肝蕈属中的某些毒蕈导致中毒时，还有特有的“小人国幻觉”，患者可见一尺高，穿着鲜艳的小人在眼前跑动，经及时治疗后症状可迅速缓解，病程一般 1~2d，死亡率低。引起此类型中毒的毒素主要有以下几种。

毒蝇碱(muscatin)：为一种生物碱，溶于酒精和水，不溶于乙醚。存在于毒蝇伞蕈、丝盖伞蕈属、杯伞蕈属及豹斑毒伞蕈等中。这几种蕈在我国北方许多省市均有生长。

蜡子树酸(ibotenicacid)及其衍生物：毒蝇伞蕈属的一些毒蕈含有此类物质。这种毒素可引起幻觉症状，色觉和位置觉错乱，视觉模糊。

光盖伞素(psilocybin，裸盖菇素)及脱磷酸光盖伞素(psilocin)：存在于裸盖菇属及花褶伞属蕈类，一般食入1～3g干蕈即可引起中毒。这种毒素可引起幻觉、听觉和味觉改变，发声异常，烦躁不安。

幻觉原(hallucinogens)：主要存在于橘黄裸伞蕈中，我国黑龙江、福建、广西、云南等均有此蕈生长。摄入此蕈15min即出现幻觉，表现为视力不清，感觉房间变小，颜色奇异，手舞足蹈等，数小时后可恢复。

3)溶血型

误食鹿花蕈等引起。其毒素为鹿花毒素(gyromitrin)，属甲基联胺化合物，有强烈的溶血作用，可使红细胞遭到破坏，可出现贫血、黄疸、血尿、肝脏肿大，严重的有生命危险。此毒素具有挥发性，对碱不稳定，可溶于热水。此类中毒潜伏期一般6～12h，多于胃肠炎症状后出现溶血性黄疸、肝脾肿大，少数病人出现蛋白尿。有时溶血后有肾脏损害。严重中毒病例可因肝、肾功能受损和心衰而死亡。

4)脏器损害型

误食毒伞、白毒伞、鳞柄毒伞等所引起。有毒成分主要为毒肽类(phallotoxins)和毒伞肽类(a-manitoxins)，存在于毒伞蕈属、褐鳞小伞蕈及秋生盔孢伞蕈中。此类毒素剧毒，对人致死量为0.1mg/kg体重，可使体内大部分器官发生细胞变性。含此毒素的新鲜蘑菇50g即可使成人致死，几乎无一例外。发生中毒如不及时抢救死亡率很高，可达50%～60%，其中毒伞蕈属中毒可达90%。

5)光过敏性皮炎型

误食胶陀螺菌引起。中毒时身体裸露部位如颜面出现肿胀、疼痛，特别是嘴唇肿胀、外翻。还有指尖疼痛、指甲根部出血等。

2. 预防

(1)广泛宣传毒蕈中毒的危险性，有组织的采集蕈类在采菇时应由有经验的人指导，不采不认识或未吃过的蘑菇，特别是要教育儿童尤为重要。

(2)提高鉴别毒蕈的能力，熟悉和掌握各种毒蕈的形态特征和内部结构，再根据当地群众的经验来鉴别有毒蕈类，防止误食中毒。

(3)有毒野生菇(菌)类常具备以下特征：色泽鲜艳度高；伞形等菇(菌)表面呈鱼鳞状；菇柄上有环状突起物；菇柄底部有不规则突起物；野生菇(菌)采下或受损，其受损部流出乳汁。

7.5.2 含氰甙类食物中毒

许多植物中都含有氰甙，含氰甙类食物有苦杏仁、桃仁、李子仁、枇杷仁、樱桃仁、亚麻仁及木薯等，其中以苦杏仁及木薯中毒最常见。在木薯、亚麻仁中含有的氰甙为亚麻苦甙(linamarin)，苦杏仁、桃仁、李子仁、枇杷仁、樱桃仁中含有的氰甙为苦杏仁甙(amygdalin)，二者的毒性作用及中毒表现相似。

苦杏仁甙引起中毒的原因是由于苦杏仁甙在酶或酸作用下水解释放出具有挥发性的氢氰酸。苦杏仁甙溶于水，食入果仁后，其所含有的苦杏仁甙在口、食道、胃和肠中遇水，经本身所含有的苦杏仁酶水解释放出氢氰酸，迅速被胃肠黏膜吸收进入血液。氰离子可抑制体内许多酶的活性，其中细胞色素氧化酶最敏感，它可与线粒体中的细胞色素氧化酶的三价铁离子结合，形成细胞色素氧化酶-氰复合物，从而使细胞的呼吸受抑制，组织窒息，导致死亡。同时，氢氰酸还能作用于呼吸中枢和血管运动中枢，使之麻痹，最后导致死亡。苦杏仁甙为剧毒，氢氰酸的最低致死口服剂量为每千克体重 0.5～3.5mg。小孩吃 6 粒苦杏仁，大人吃 10 粒就能引起中毒；小孩吃 10～20 粒，大人吃 40～60 粒即可致死。

亚麻苦甙水解后也释放出氢氰酸，但亚麻苦甙不能在酸性的胃中水解，而要在小肠中进行水解。因此，木薯中毒病情发展较缓慢。

苦杏仁中毒多发生于杏熟时期，多见于儿童因不了解苦杏仁毒性，生吃苦杏仁；或不经医生处方自用苦杏仁治疗小儿咳嗽而引起中毒。

木薯中毒原因主要是木薯产区(特别是新产区)群众，不了解木薯的毒性，食用未经合理加工处理的木薯或生食木薯造成。

1. 中毒表现

苦杏仁中毒者的体温一般正常，中毒的潜伏期为 0.5～12h，病程为数小时或 1～2d。主要症状为口中苦涩、流涎、头晕、头痛、恶心、呕吐、心悸、四肢无力等。重者胸闷、呼吸困难，呼吸时有时可嗅到苦杏仁味。严重者意识不清、呼吸微弱、昏迷、四肢冰冷，常发生尖叫；继之意识丧失、瞳孔散大、对光反射消失、牙关紧闭、全身阵发性痉挛，最后因呼吸麻痹和心跳停止而死亡；此外，亦有引起多发性神经炎的。

木薯中毒的潜伏期稍长些，一般 6～9h。临床症状与苦杏仁中毒的表现相似。

2. 预防措施

(1)加强宣传教育工作，尤其是向儿童宣传苦杏仁中毒的知识，不吃苦杏仁、李子仁、桃仁等。

(2)合理的加工及食用方法。氰甙有较好的水溶性，水浸可除去含氰甙食物的大部分毒性。类似杏仁的核仁类食物在食用前均需较长时间的浸泡和晾晒，充分加热，使其失去毒性。

不生食木薯且食用木薯前必须去皮(木薯所含氰甙 90%存于皮内)，洗涤切片后加大量水于敞锅中煮熟，换水再煮一次或用水浸泡 16h 以上弃去汤、水后食用。尽管如此，木薯中仍含有一定量的氰化物。因此，不能空腹吃木薯且一次不能吃太多，老、幼、体弱者及孕妇均不宜食用。

(3)用苦杏仁作药物治疗小儿咳嗽时，不能自行下药，要遵医嘱，且必须经过去毒处理后方可食用。

(4)推广含氰甙低的木薯品种。

7.5.3 发芽马铃薯中毒

马铃薯(*solanum tuberosum*)俗称土豆或洋山芋，含有龙葵素(solanine)，也称茄碱。龙葵素是一种难溶于水而溶于薯汁的生物碱。马铃薯的龙葵素含量随品种和季节不同而有所不同，一般不超过0.01%，在成熟的马铃薯块茎中，龙葵素含量极微，含量一般每千克新鲜组织20--100mg，主要集中在芽眼、表皮和绿色部分，正常食用不会引起中毒。但在未成熟的马铃薯块茎中，或在存放不当表皮发绿、发芽的马铃薯块茎的绿皮部位、芽及芽孔周围，龙葵素含量较高，可达0.06%，有时甚至高达0.43%，食用时未妥善处理就会中毒，而一般人只要食进200～400mg龙葵素就会引起中毒。

龙葵素对胃肠道黏膜有较强的刺激作用，对呼吸中枢有麻痹作用，并能引起脑水肿、充血，此外对红细胞有溶血作用。

中毒原因主要是由于马铃薯贮存不当导致发芽或变青时，其中龙葵素大量增加，烹调时未能将其除去或破坏，食后发生食物中毒，尤其是春末夏初季节多发。

1. 中毒表现

潜伏期一般1～12h。先有咽喉抓痒感及烧灼感，上腹部烧灼感或疼痛，其后出现胃肠炎症状。此外可有头晕、头痛、瞳孔散大、耳鸣等症状，严重者出现抽搐，可因呼吸麻痹而死亡。

2. 预防

改善马铃薯的贮存条件：马铃薯宜贮存于无直射阳光照射、通风、干燥的阴凉处，防止发芽、变绿。近年来采用辐照处理马铃薯对抑制发芽获得了满意的效果。

已发芽的马铃薯在食用时应去皮、去芽、挖去芽周围组织，经充分加热后食用。因龙葵素遇醋易分解，故烹调时放些食醋，可加速龙葵素的破坏，对发芽多者或皮肉变黑绿者不能食用。

7.6 化学性食物中毒

化学性食物中毒是指食用了被化学性有毒物质污染的食品引起的中毒。引起食源性化学性中毒的常见原因有4个，即被有毒化学物质污染的食品；误将有毒化学物质当作食品、食品添加剂或营养强化剂加入食品中食用的；食用添加非食品级或禁止使用的食品添加剂、食品营养强化剂以及超量滥用食品添加剂的食品；食用食品成分或营养素发生了变化的食品等。污染食品的化学性有毒物质主要包括有毒金属、非金属及其化合物、化学农药及亚硝酸盐等其他化学物质。化学性食物中毒的特点是：潜伏期短，发病快；中毒程度较为严重，病程较长，发病率和死亡率高；季节性和地区性不突出，偶然性较明显。

7.6.1 亚硝酸盐中毒

1. 中毒原因

亚硝酸盐食物中毒近年来时有发生，归纳起来主要有以下几方面原因。

(1)亚硝酸盐的外观及口感与食盐相似，易被当做食盐加入食品中而导致中毒。此类中毒多发生于建筑工地。

(2)大量食用不新鲜的蔬菜(特别是叶菜类蔬菜)而引起的亚硝酸盐中毒。许多蔬菜中(如菠菜、小白菜、甜菜叶、萝卜叶、韭菜)都含有较多的硝酸盐，特别是土壤中大量施用氮肥及除草剂或缺乏钼肥时，蔬菜中硝酸盐的含量更高。如果蔬菜储存温度较高，时间过久，特别是发生腐烂时，则菜内的硝酸盐可在硝酸盐还原菌(如大肠杆菌、沙门菌、产气荚膜杆菌、枯草杆菌)的作用下转化为亚硝酸盐，大量食用后则可引起中毒。

(3)煮熟的蔬菜置不洁的容器中放置在较高的温度下且存放时间过长时也会使其中的亚硝酸盐含量升高。

(4)腌制不久的蔬菜中含有大量的亚硝酸盐(特别是食盐浓度低于15%时)，食后易引起食物中毒。一般蔬菜腌制2～4d时，亚硝酸盐含量即升高；7～8d时，亚硝酸盐含量最高；变质腌菜中亚硝酸盐含量更高，如变质腌萝卜叶中可高达2296mg/100g。

(5)有些地区的井水中含有较多的硝酸盐及亚硝酸盐，一般称为苦井水。如用这种水烹调食物并在不卫生的条件下存放过久，由于细菌的作用，使硝酸盐转变成亚硝酸盐，导致食物中亚硝酸盐的含量增高而引起中毒；如果用隔夜的温锅水煮粥，也可造成中毒。

(6)肉类食品加工时，常用硝酸盐和亚硝酸盐作为发色剂，使用过量时亦可引起中毒。

(7)在某些疾病状态下如胃肠道功能紊乱、儿童营养不良、贫血、肠道寄生虫病及胃酸浓度降低时，可使胃肠道内硝酸盐还原菌大量繁殖。此时如果大量食用含硝酸盐较高的蔬菜，可在体内形成大量亚硝酸盐，从而引起亚硝酸盐中毒，这种中毒称肠源性青紫症。

2. 中毒表现

亚硝酸盐为强氧化剂，经消化道吸收进入血液后，可使血液中的低铁血红蛋白氧化成高铁血红蛋白，从而失去携带氧的功能，造成组织缺氧，产生一系列相应的中毒症状。亚硝酸盐的中毒剂量为0.3～0.5g，致死量为1～3g。亚硝酸盐中毒潜伏期的长短与摄入的亚硝酸盐量和中毒的原因有关。由于误食纯亚硝酸盐而引起的中毒一般在食后10min左右发病，而大量食用含亚硝酸盐蔬菜或其他原因引起的中毒多在食后1～3h发病，潜伏期也可长达20h。中毒的主要症状有：由于组织缺氧引起的发绀现象，如口唇、舌尖、指(趾)甲及全身皮肤青紫；并有头晕、头痛、乏力、心率加快、恶心、呕吐、腹痛、腹泻等症状，严重者昏迷、惊厥、大小便失禁，常死于呼吸衰竭。

3. 预防

(1)加强管理。妥善保管亚硝酸盐，包装或存放亚硝酸盐的容器应有醒目标志，防止误食。对亚硝酸盐要有专人保管，专用容器存放，健全领发登记手续等。

(2)不食用变质蔬菜。各种蔬菜以鲜食为主如需贮藏时要注意贮存条件并避免存放过久及腐烂变质；食剩的蔬菜不宜在较高温度下存放长时间后再食用；盐腌的蔬菜应腌透后再食用(至少腌 20d 以上)，腌菜时选用新鲜蔬菜。

(3)改良水质，注意饮水安全。对饮水中硝酸盐含量较高的地区要进行水质处理，必须使用苦井水时，勿用于煮粥，烹调后的熟食品在室温下存放尽量不过夜。不喝反复烧开的开水。

(4)严格执行食品添加剂的卫生管理，控制作为食品添加剂的亚硝酸盐的使用范围、使用剂量及食品中的残留量。

(5)改善土壤环境。如合理地施用钼肥，可降低蔬菜及粮食中硝酸盐的含量。

(6)采用合理的加工、烹调方法降低蔬菜中硝酸盐的含量，如蔬菜在烹调食用前先焯水、弃汤后再烹炒可大大降低其中的硝酸盐含量；将蔬菜放在浓度为 1%的食盐水或维生素 C 的溶液中浸泡一昼夜，其中的硝酸盐含量可减少 90%。

7.6.2 锌中毒

锌是人体必需微量元素，保证锌的营养素供给量对于促进人体的生长发育和维持健康具有重要意义。正常人体内含锌量为 2～2.5g。但锌过量摄入人体内也会导致中毒。锌的供给量和中毒剂量相距很近，即安全带很窄，如人的锌供给量为 10～20mg/天，而中毒量为 80～400mg。锌中毒(zinc poisoning)主要由于应用镀锌的器皿制备或储存酸性饮料，此时酸性溶液可分解出较多的锌以致中毒。其他原因为误服药用的氧化锌(常用为收敛剂)或硫酸锌(常用于治疗结膜炎)或大面积创面吸收氧化锌(常为轻度收敛或防腐的扑粉)等。误用锌盐后出现口、咽及消化道糜烂，唇及声门肿胀，腹痛，泻、吐以及水和电解质紊乱。重者可见血压升高、气促、瞳孔散大、休克、抽搐等危象。吸入大量锌蒸气可引起急性金属烟雾热。慢性锌中毒极少见。

1. 中毒原因

锌中毒常与以下原因有关。

(1)空气、水源、食品被锌污染以及电子设备的辐射均可造成锌过量进入人体。

(2)临床误治，若大量口服、外用锌制剂或长期使用锌剂治疗，都可以引起锌中毒。

(3)意外口服氧化锌溶液，其腐蚀性强，出现急性锌中毒。

(4)吸入氧化锌烟雾引起的锌中毒，多见于铸造厂工人。

(5)长期过量摄取含锌食物，会造成体内锌蓄积，造成慢性食物中毒。

2. 中毒表现

(1)大量服用锌制剂等引起的中毒，临床表现为腹痛、呕吐、腹泻、消化道出血、厌食、倦怠、昏睡等。

(2)服用氧化锌溶液中毒，临床表现为出现急性腹痛、流涎、唇肿胀、喉头水肿、呕吐、便血、脉搏增快、血压下降。严重者由于胃肠穿孔引起腹膜炎，甚至休克而死亡。

(3)吸入氧化锌烟雾中毒，临床表现为患者工作后口中有甜味、口渴、咽痒、食欲不振、疲乏无力、胸部发紧、有时干咳。工作后 3～6 小时发病，先发冷后寒战，继后高热，同时伴有头痛、耳鸣、乏力、四肢酸痛，有时恶心、呕吐、腹痛，脉搏、呼吸增快，肺部可听到干性啰音。发作时血糖暂时上升，白细胞增多，淋巴细胞增多；尿中有叶啉、尿胆素。体温下降时可出现大汗，症状逐渐消退，2～3 日后才好转。经排锌治疗 2 周后可痊愈。

(4)慢性锌中毒临床表现为顽固性贫血，食欲下降，合并有血清脂肪酸及淀粉酶增高，同时可影响胆固醇代谢，形成高胆固醇血症，并使高密度脂蛋白降低 20%～25%，最终导致动脉粥样硬化、高血压、冠心病等。

3. 预防

(1)不要用镀锌容器盛煮酸性食品，因盛放较久而引起锌中毒。如镀锌桶盛放酸梅汤等清凉饮料，饮用后即可引起中毒，也有因食用镀锌容器盛装的醋而引起中毒者，另外用镀锌器皿煮制海棠、苹果、山里红等，食后亦可引起中毒。

(2)妥善管理好锌制剂，科学合理地服用锌制剂，避免大剂量长期摄入锌制剂引起食物中毒。特别要避免服用氧化性强的氧化锌溶液。

(3)改革工艺，如平面及直线电焊可用无光电焊。气割要在通风的环境中进行，装设局部排烟设备，并戴送风式面罩或头盔。

(4)注意个人卫生，保护皮肤，防止可溶性锌盐污染皮肤。

(5)锌矿铸烧、精炼过程装备吸尘回收设备，防止烟尘和有害气体逸散。

7.6.3 砷化合物中毒

砷化合物及其毒性砷广泛分布于自然界中，几乎所有的土壤中都存在砷。砷元素本身毒性很小，但砷的化合物则具有显著毒性。砷化合物在工农业生产及医药上用途很广，特别是在农业上作为杀虫剂而被广泛应用。常见的砷化合物有三氧化二砷、砷酸钙、亚砷酸钙、砷酸铅、砷酸钠、亚砷酸钠等。一般来说，三价砷化合物的毒性大于五价砷化合物，亚砷酸化合物的毒性大于砷酸化合物。砷化合物中毒，最常见的是三氧化二砷。三氧化二砷俗称砒霜、白砒或信石，为白色粉末，无臭无味，较易溶于水。三氧化二砷经口服 10～50mg 即可中毒，60～300mg 即可致死，除个体敏感性外，三氧化二砷的颗粒大小对经口毒性有明显影响，粒度越细、毒性愈大。敏感者 1mg 可中毒，20mg 致死；亦有可耐受较高剂量者。三价砷的无机化合物是细胞原浆毒物，此类砷化合物被吸收至体内后，可与细胞酶蛋白的巯基结合，从而抑制酶的活性，使细胞代谢发生障碍，造成细胞死亡；也可使神经细胞代谢障碍，引起神经系统功能紊乱；麻痹血管运动中枢并直接作用于毛细血管，导致毛细血管扩张、麻痹和渗出性增高，使胃肠黏膜和其他脏器出现充血和出血，甚至全身出血，并可引起肝细胞变性、心脏脂肪变、脑水肿等。此外，三价砷对消化道呈现直接的腐蚀作用，引起口腔、咽喉、食道、胃的溃疡、糜烂及出血等，进入肠道可导致腹泻。

1. 引起砷化合物中毒的主要原因

(1)由于误食是引起砷化合物中毒的常见原因。因纯的三氧化二砷外观与食盐、淀粉、碱面，小苏打等很相似，因此易造成误食而中毒；或误食含砷农药拌过的种子引起中毒。

(2)盛放过砷化合物的容器、用具或运输工具等又用来盛放、加工或运送食物而造成食品的砷污染而引起中毒。

(3)滥用含砷杀虫剂(如砷酸钙、砷酸铅)喷洒果树和蔬菜，造成水果、蔬菜中残留量过高。

(4)食品加工时所使用的加工助剂(如无机酸、盐、碱)或添加剂中砷含量过高。

2. 中毒表现

砷化合物中毒的潜伏期为数十分钟至数小时，平均1～2h出现症状。口服急性砷中毒早起常见消化道症状，如口及咽喉部尤干、痛、烧灼、紧缩感，声嘶、恶心、呕吐、咽下困难、剧烈腹痛及腹泻等，同时还可见眼睑水肿、皮肤显著发红、头痛、头晕、烦躁不安等，症状加重时可出现严重脱水、电解质失衡、腓肠肌痉挛、体温下降、四肢发冷、血压下降，甚至休克。重症患者可出现神经系统症状，有剧烈头痛、头昏、烦躁不安、惊厥、昏迷等，如抢救不及时可因呼吸衰竭于发病1～2d而死亡。砷化合物中毒会造成肾脏损害，可出现尿闭、尿蛋白、血尿、尿中毒，还可造成肝脏、心肌损害，严重的砷化合物中毒还可引起皮肤黏膜的损伤。

3. 预防

(1)严格砷化物的管理。砷化物应有专库储存，严密加锁，并由专人管理；储存库要远离食堂、水井、住房；在盛装砷化物的包装上必须做“有毒”标记。

(2)严禁砷化物与粮食及其他食品混放、混装、混运；盛放或处理砷化物的器具不能用于盛放或处理食品。

(3)严禁食用拌过农药的粮种及含砷农药中毒死亡的家禽，并对其进行妥善处理。

(4)使用含砷化合物的农药防治果树、蔬菜害虫时，要确定安全施用期，以减少水果蔬菜中的残留量。有的国家规定用含砷杀虫剂喷雾的苹果中残留砷不得超过1.4mg/kg。

(5)食品企业和食堂严禁使用含砷杀虫剂及灭鼠剂。

(6)加强食品添加剂的卫生管理。食品生产过程中使用的各种添加剂及加工助剂(酸、碱等)含砷量不能超过国家标准。

7.6.4 其他化学性食物中毒

1. 甲醇中毒

甲醇又称木醇、木酒精，为无色、透明、略有乙醇味的液体，是工业酒精的主要成分之一。甲醇经呼吸道和消化道吸收，皮肤也可部分吸收。甲醇经吸收后分布于脑脊液、血、胆汁和尿中且含量极高，骨髓和脂肪组织中最低。甲醇在体内氧化和排泄均缓慢，故有明显蓄积作用。甲醇的主要毒性机理为。

(1)对神经系统有麻醉作用。

(2)甲醇经脱氢酶作用，代谢转化为甲醛、甲酸，抑制某些氧化酶系统，致需氧代谢障碍，体内乳酸及其他有机酸积聚，引起酸中毒。

(3)由于甲醇及其代谢物甲醛、甲酸在眼房水和眼组织内含量较高，致视网膜代谢障碍，易引起视网膜细胞、视神经损害及视神经脱髓鞘。

急性中毒主要见于大量吸入甲醇蒸气或误作乙醇饮入所致。潜伏期为8～36h。中毒早期呈酒醉状态，出现头昏、头痛、乏力、视力模糊和失眠。严重时谵妄、意识模糊、昏迷等，甚至死亡。双眼可有疼痛、复视，甚至失明。慢性中毒可出现视力减退、视野缺损、视神经萎缩，以及伴有神经衰弱综合征和植物神经功能紊乱等。

预防措施：生产过程中尽量使用乙醇代替甲醇；加强密闭、通风排毒设施，佩戴防护口罩和手套；加强管理，防止误服。

2. 食品添加剂过量食用或使用不当引起的食物中毒

食品添加剂是指为改善食品品质和色、香、味，以及为防腐和加工工艺的需要而加入食物中的化学合成或者天然物质。随着食品工业的迅速发展，食品添加剂的品种和产量不断增加，尤其是复合食品添加剂，已成为食品工业化生产不可缺少的原辅材料之一，但食品添加剂如果不恰当使用，可直接影响食品的卫生质量，甚至可能造成食物中毒。

中毒原因：食品中使用了未经国家批准使用或禁用的添加剂品种；食品中添加剂超出了规定使用剂量和使用范围；食用工业级添加剂替代食品级添加剂。

预防措施：使用的食品添加剂经食品毒理学安全性评价证明，在其使用限量内长期使用对人体安全无害；使用的食品添加剂不影响食品自身的感官性状和理化指标，对营养成分无破坏作用；食品添加剂在使用中应有明确的检验方法；使用食品添加剂不得以掩盖食品腐败变质和掺杂掺假、伪造为目的；不得经营和使用无卫生许可证、无产品检验合格证及污染变质的食品添加剂；严格按照国家标准批准使用食品添加剂。

3. 油脂酸败食物中毒

油脂贮存不当，会发生酸败。食用酸败油脂或用其制作含油脂高的食品均会引起中毒；含油脂高的食品如糕点、饼干、油炸方便面、油炸小食品等，贮存时间过长，其中的油脂酸败，食用这种油脂酸败的食品亦可引起食物中毒。

油脂酸败食物中毒的发生主要是油脂酸败后产生的低级脂肪酸、醛、酮及过氧化物等引起的。这些有害物质或对胃肠道有刺激作用，中毒后出现胃肠炎症状如恶心、呕吐、腹痛、腹泻；或具有神经毒，出现头痛、头晕、无力、周身酸痛、发热等全身症状。病程1～4d。

预防油脂酸败食物中毒可采用以下措施：加强油脂和含油脂高的食品的保管，改善贮存条件，避免酸败；长期贮存的油脂宜用密封、隔氧、避光的容器，在较低温度下贮存并避免油脂接触金属离子如铁、铜、锰；在油脂中加入抗氧化剂，防止酸败发生；禁止销售与食用酸败油脂；严禁用酸败油脂加工制作食品。

思考题

1. 什么是食源性疾病？引起食源性疾病的因素有哪些？
2. 食物过敏的流行特征包括哪些？常见的过敏性疾病有哪些？
3. 分析旋毛虫食物中毒的原因及其如何预防？
4. 分析亚硝酸盐食物中毒的原因及其如何预防？
5. 发芽马铃薯中毒的发病机制是什么？
6. 生吃或食用未经彻底煮熟的肉类可能会引起哪些食肉感染？

参考文献

包丽娟．2016．国内外微生物源食源性疾病监测及其防控进展[J]．食品安全质量检测学报，7(7)：2990-2994.
付萍．2004．食物过敏与营养健康[J]．环境卫生学杂志，31(2)：111-115.
侯红漫．2014．食品安全学[M]．北京：中国轻工业出版社.
雷世鑫．2016．我国食源性寄生虫感染特点及防控探讨[J]．中国农村卫生事业管理，36(3)：352-354.
卢开华．2016. 2010-2014年我国食物中毒情况浅析[J]．高校后勤研究，(2)：48-50.
王硕．2016．食品安全学[M]．北京：科学出版社.
纵伟．2011．食品卫生学[M]．北京：中国轻工业出版社.
Burks A W，Tang M，Sicherer S，et al. 2012. ICON：food allergy[J]. Journal of Allergy and Clinical Immunology，129(4)：906-920. .
Langiano E，Ferrara M，Lanni L，et al. 2012. Food safety at home：knowledge and practices of consumers[J]. Journal of Public Health，20(1)：47-57.
Newell D G，Koopmans M，Verhoef L，et al. Food-borne diseases-the challenges of 20years ago still persist while new ones continue to emerge[J]. International journal of food microbiology，2010，139：S3-S15.
Savage，J.，Sicherer，S.，& Wood，R. 2016. The natural history of food allergy[J]. Journal of Allergy & Clinical Immunology in Practice，4(2).
Shao D，Shi Z，Wei J，et al. 2011. A brief review of foodborne zoonoses in China[J]. Epidemiology and infection，139(10)：1497-1504.

第 8 章　食品安全检测技术

食品安全检测技术是保障食品安全的关键环节。随着人们生活水平的提高，食品生产加工过程的复杂化和食品贸易的迅猛增长，人们对食品安全的期望也越来越高，对食品安全检测提出了更为迫切的要求。

近年来，食品安全检测技术得到了快速的发展，引入了大量的先进技术，如自动化检测技术、分子生物学检测技术、芯片检测技术、生物传感器检测技术，这些快速、高通量检测技术在食品安全检测领域中得到了广泛的应用，解决了食品安全检测领域的诸多难题。但是，仍然难以满足日益增长的食品检测需求。确保检测结果的准确、可靠，依然是我们面临的严峻挑战。

8.1　食品安全理化检测技术

食品理化检验是指应用物理的、化学的检测方法，运用相关的实验技术手段来检测食品的组成成分及含量。目的是对食品的某些物理常数(密度、折射率、旋光度等)、食品的一般组分(水分、灰分、矿物质、酸度、脂类、碳水化合物、蛋白质、维生素)、食品添加剂、食品中功能性成分及有毒有害物质进行检测。

8.1.1　物理检测法

根据食品的相对密度、折光率、旋光度等物理常数与食品的组成及含量之间的关系进行检验的方法称为物理检验法，物理检测法是食品分析及食品工业生产中常用的检测方法之一。

密度是指物质在一定温度下，单位体积的质量(g/cm^3)。相对密度是指某一温度下物质的质量与同体积水的质量之比。密度是物质的一种物理指标，它可帮助了解物质的纯度情况。正常的液态食品，其相对密度都有一定的范围。如全脂牛乳为 1.028～1.032，植物油(压榨法)为 0.9090～0.9295。当掺杂、变质等原因引起这些液体食品的组成成分发生变化时，均可出现相对密度的变化。测定相对密度可初步判断食品是否正常以及纯净程度。当食品的相对密度异常时，可以肯定食品的质量有问题，当相对密度正常时，并不能确定食品质量无问题，必须配合其他理化分析，才能确定食品的质量有无问题。密度的测定通常采用密度计，食品工业中常用的密度计按其标度方法的不同，可分为普通密度计、锤度计、乳稠计、波美计等。

折射率是物质的一种物理性质，是食品生产中常用的工艺控制指标之一，通过测定液态食品的折射率可以鉴别食品的组成，确定食品的浓度，判断食品的纯净程度及品质。通过测量物质的折光率来鉴别物质的组成，确定物质的纯度、浓度及判断物质的品质的分析方法称为折光法。均一物质的折射率，跟密度、熔点、沸点一样，是物质的重要物理常数之一。

蔗糖溶液的折射率随浓度增大而升高。通过测定折射率可确定糖液的浓度及饮料、糖水罐头等食品的糖度，还可以测定以糖为主要成分的果汁、蜂蜜等食品的可溶性固形物的含量。

正常情况下，某些液态食品的折射率有一定的范围，当这些液态食品因掺杂、浓度改变或品种改变等原因而引起食品的品质发生了变化时，折射率常常会发生变化。所以测定折射率可以初步判断某些食品是否正常。如正常牛乳乳清的折射率为1.34199～1.34275，牛乳掺水，其乳清折射率降低，故测定牛乳乳清的折射率即可了解乳糖的含量，判断牛乳是否掺水。

旋光度和比旋光度是旋光性物质的主要物理性质。通过旋光度和比旋光度的测定，可以检查光学活性化合物的纯度，也可以定量分析有关化合物溶液的浓度。应用旋光仪测量旋光物质(光学活性物质)的旋光度以确定其含量的分析方法即为旋光法。

8.1.2 化学分析法

化学分析法是以物质的化学反应为基础，主要包括滴定法和比色分析法。滴定分析是将已知准确浓度的标准溶液滴加到被测物质的溶液中直至所加溶液物质的量按化学式计量关系恰好反应完全，然后根据所加标准溶液的浓度和所消耗的体积，计算出被测物质含量的分析方法。主要包括酸碱滴定法、氧化还原滴定法、络合滴定法和沉淀滴定法，如白酒中总酸、总酯的测定、葡萄酒中总酸的测定、肉制品中蛋白质的测定常用到酸碱滴定法；还原糖、维生素C的测定常用氧化还原滴定法；牛奶及其制品中钙的测定常用络合滴定法；盐分的测定则常用沉淀滴定法。

化学比色分析法是根据食品中待测成分的化学特点，使待测成分与特定试剂发生特异性显色反应，通过与标准品比较颜色或在一定波长下与标准品比较吸光度值得到最终结果。它是目前应用比较普遍与成熟的方法，被广泛应用于各类食品分析中(表8-1)。化学比色分析法测定样品，主要是通过与标准比色卡比较，进行目视定性或半定量分析。目前常用的化学比色法包括各种检测试剂和试纸，随着检测仪器的不断发展，与其相配套的微型检测仪器也相应出现。化学比色分析法与一般的仪器分析方法相比，具有价格便宜、操作相对简便、结果显示直观、一次性使用、不需检修维护、具有一定的灵敏度和专一性等优点。

表 8-1 化学比色分析法在食品污染物快速检测中的应用

检测项目	基本原理	应用介质
有机磷或氨基甲酸酯农药	胆碱酯酶可催化靛酚乙酸酯(红色)水解为靛酚(蓝色)，有机磷或氨基甲酸酯类农药对胆碱酯酶有抑制作用，使催化、水解、变色的过程发生变化	蔬菜、水果中农药残留
二氧化硫	采用半微量蒸馏，半导体制冷技术简化样品前处理方法，盐酸副玫瑰苯胺比色法测定	面粉等常见食品
甲醛	甲醛与 AHTM 在碱性条件下发生加成反应并显色	食品、水产品中的甲醛含量快速测定
吊白块	在加热或蒸馏条件下，样品中的甲醛分解出来，在过量铵盐存在下，与乙酰丙酮作用，生成黄色的 3，5－二乙酰基－1，4－二氢卢剔啶	面粉、腐竹
亚硝酸盐	亚硝酸盐在弱酸性条件下与对氨基苯磺酸重氮化后，和 N－1－盐酸萘乙二胺偶合形成紫红色染料	火腿肠、香肠
硝酸盐	选用简便高效的超声提取技术提取蔬菜中的硝酸盐，镉柱还原法还原硝酸盐后，N－1－萘基乙二胺分光光度法测定亚硝酸盐含量	蔬菜
敌鼠	敌鼠或其钠盐在酸性介质中能与三氯化铁作用发生反应，生成砖红色物质	污染食品
亚硫酸盐	三乙醇胺吸收法，盐酸副玫瑰苯胺比色	食糖、饼干、白葡萄酒
镉	在中性溶液中，镉与镉试剂结合显色	大米
铅	样品经消化后，在 pH 8.5～9.0 时，铅离子与双硫腙生成红色络合物	蔬菜、水果、谷物
大肠菌群、大肠埃希菌	绝大多数大肠埃希菌能产生 8－葡萄糖苷酸酶，与培养基中的指示剂反应，产生蓝色沉淀环绕在大肠埃希菌菌落周围；大肠菌群菌落在测试片上产酸，pH 指示剂使培养基变为暗红色，在红色菌落周围有气泡者为大肠菌群	餐具、食品
细菌总数	TTC(氯化三苯四氮唑)接受氢后可形成非水溶性的红色三苯甲脂，形成红色点状物出现在滤纸之上，计数红点的多少，即为细菌总数	餐具、食品

8.2 食品安全谱学检测技术

8.2.1 样品前处理技术

样品的前处理技术包括样品提取、分离、纯化、浓缩等技术，其目的就是最大限度地提取目标物，把干扰降到最低、误差降到最小。在农药残留检测中，50％的误差来源于样品前处理过程。大部分样品的前处理工作量超过整个分析的 70％。样品前处理是目前农药残留检测工作中的瓶颈和国内外研究的薄弱环节。自 20 世纪 90 年代以来，为了提高提取或净化效率，减少样品用量和提高自动化水平，一些新技术和新方法不断被引入到前处理过程，如加速溶剂提取系统、ASE 固相萃取系统、SPE 超临界萃取系统、SPF 免疫亲和层析柱、IAC 固相微萃取系统、MAE 分子印迹合成受体、MISR 在线 HPLC 萃取技术和自动液－液分配技术等样品的处理浓缩技术的应用能够对食品中很多痕量级成分进行提取纯化。样品前处理技术正向着节约、环保、低成本、微型化和自动化方向发展。

1. 液–液萃取

液–液萃取是最常用的经典萃取方法之一，利用样品中不同组分在两种不同的溶剂中溶解度或分配系数的差异进行分离、提取并消除基体干扰。液–液萃取常用于以水为基质的样品中非极性组分的提取，在提取过程中，需要考虑多种因素，如有机溶剂的性质、水相 pH。当前样品前处理技术不断出新，液–液萃取由于其本身的优点，在食品安全样品前处理中有着不可替代的作用，液–液萃取技术本身也在不断地发展。逆流分步萃取、自动化液–液萃取、连续液–液萃取都是在液–液萃取的基础上发展而来，它们具有提取效率高、萃取周期短、自动化程度高等优点。

2. 液–固萃取

液–固萃取就是将固体样品放入萃取溶剂中，振荡一定时间，同时也可以加热，然后离心或过滤，使液固分离，待测组分进入溶剂的一种提取方法。常见的有索氏提取、振荡提取等。索氏提取法被称为经典提取法，也叫完全提取法，为国际上的标准方法，操作简便，不需要转移样品，不受样品基质的影响，提取效果好。但采用索氏提取需要考虑组分的热稳定性。保证组分在长时间回流过程中不分离，该方法提取时间过长，需耗用较多的溶剂，干扰物质较多。

3. 固相萃取

固相萃取(solid-phase extraction，SPE)是 20 世纪 70 年代发展起来的一项样品前处理技术，主要用于目标化合物的分离、净化和浓缩。其原理是利用固体吸附剂选择性吸附液体样品中化合物(目标化合物)，然后用适当的溶液淋洗固体吸附剂，淋洗掉干扰化合物，再利用洗脱液将吸附的目标化合物洗脱下来。固相萃取根据吸附剂的性质，可分为以下几种。

(1)正相固相萃取。萃取所用的固相吸附剂是极性的，如氨基、氰基、双醇基键合硅胶、氧化铝、硅镁吸附剂，流动相为中等极性到非极性样品基质。主要用来萃取极性化合物。

(2)反相固相萃取。萃取所用的固相吸附剂是非极性或弱极性的，如硅胶键合 C_{18}、C_8、C_4、C_2、苯基。流动相为极性(水溶液)或中等极性样品基质。萃取的目标化合物通常是中等极性，弱极性及非极性的化合物。

(3)离子交换型固相萃取。萃取所用的固相吸附剂为带电荷的离子交换树脂(包括强阳离子和强阴离子交换树脂)，如氨基柱，流动相为中等极性到非极性样品基质。所萃取的化合物是带电荷的化合物，用于萃取分离带有电荷的化合物。

固相萃取采用高效、高选择性的吸附剂，能有效地将分析物与干扰组分分离；萃取过程简单快速，费用低，易于实现自动化及与其他分析仪器连用；重现性好，回收率和浓缩倍数高；有机溶剂消耗量低，可减少对人体和环境的影响。目前市场上固相吸附剂种类丰富，基本能够满足药物残留检测的需求。

4. 固相微萃取

固相微萃取(solid-phase microextraction，SPME)技术是由 Pawliszyn 及其合作者在 1990 年首次提出，是一项集采样、萃取、浓集、进样于一体的样品前处理技术。SPME 是利用待测物在基体和萃取相间的非均相平衡，使待测组分扩散吸附到石英纤维表面的固定相涂层上，待吸附平衡后取出进样，利用气相色谱进样器的高温，液相色谱、毛细管电泳的流动相将吸附的组分从固定相中解吸下来，由色谱仪进行分析。

该项技术由固相萃取发展而来，在保持传统固相萃取的优点同时，还克服了以往萃取技术的不足。SPME 无须使用填充物而且无须使用溶剂进行解吸，使操作程序简化、省时；样品不需净化，既能节省时间又能避免样品的损失；易于实现自动化等。SPME 在食品药物分析、环境保护等领域中发挥着重要作用，被广泛用于食品安全检测领域，如蔬菜中有机氯农药检测，肉制品中挥发性物质检测，新鲜蔬菜中沙门菌的检测，食品中丙烯酰胺检测，婴幼儿食品中己烷、戊烷的检测，鱼肉中甲醛的检测，食用油中溶剂残留的检测等。然而，由于 SPME 固相涂层种类有限，因此在一定程度上限制了该技术的应用范围及联用技术。

5. 基体分散固相萃取

基体分散固相萃取(matrix solid-phase dispersion，MSPD)是一种样品快速处理技术，其原理是将涂渍有 C_{18} 等多种聚合物的单体固相萃取材料与样品一起研磨，得到半干状态的混合物并将其作为填料装柱，然后用不同的溶剂淋洗柱子，将各种待测物洗脱下来，其优点是浓缩了传统的样品前处理中的样品匀化、提取、过滤、净化等过程，避免了样品均质、离心、转溶等步骤带来的被测物的损失，提高了方法的准确度和精密度。

6. 凝胶渗透色谱

凝胶渗透色谱(gel permeation chromatography，GPC)是利用有机溶剂和疏水凝胶大分子(主要是交联二乙烯基苯-聚苯乙烯共聚物)从样品中提取分离不同分子量干扰物的一种常用有效分离技术。由于具有自动化程度高、较好的净化效率以及较好的回收率，柱子可以重复使用，被广泛用于纯化含类脂、色素、聚合物、蛋白质等的复杂基体组分。GPC 分离方法已经被广泛应用于食品、环境的农残分析。近年来全自动凝胶净化系统解决了馏分的不间断收集和大量使用有机溶剂等问题，使 GPC 技术得到了进一步的发展。

7. 超临界流体萃取

超临界流体萃取(supercritical fluid extraction，SFE)是以超临界状态下的流体为溶剂，利用该状态下的流体所具有的高渗透能力和高溶解能力分离混合物的过程。超临界流体是温度与压力均在其临界点之上的流体，性质介于气体和液体之间，有与液体相接近的密度，与气体相接近的黏度及高的扩散系数，故具有很高的溶解能力及良好的流动、传递和渗透性能，可代替传统的有毒、易燃、易挥发的有机溶剂。最常用的超临界流体

为 CO_2，它的临界温度和临界压力低，具有对大部分物质呈化学惰性、无溶解污染等优点，特别适用于热敏性、易挥发和易氧化成分的分离萃取。

8. 加速溶剂萃取

加速溶剂萃取(accelerated solvent extraction，AES)是1995年Richter等提出的一种全新的萃取方法，其基本原理是利用高温、高压条件增加物质溶解度和溶质扩散速度以提高萃取效率。该方法具有有机试剂用量少、萃取快速、回收率高等优点，是美国环保局推荐的标准方法(USEPA-3545)，也用于我国国家标准(GB/T 19649－2006《粮谷中372种农药及相关化学品残留量的测定》)。目前常用于食品中有毒有害物质、农药残留检测及食品中脂肪含量分析等，为食品分析提供了高效、简便、安全的前处理方法。

9. 微波辅助萃取

微波技术开始主要是用于无机分析的样品预处理即微波消化，从1986年起微波能开始应用到有机分析中的样品预处理即微波辅助萃取(microwave assisted extraction，MAE)。MAE是指利用微波能强化溶剂萃取效率，即利用微波加热来加速溶剂对固体样品中目标萃取物(主要是有机化合物)的萃取过程，具有快速、高效、省溶剂、环境友好等优点，是很有发展前途的样品前处理技术，但目前对其机理的研究还不够，远不如微波消解完善，研究其机理不仅可以更好地了解MAE，也为进一步开发研制仪器提供理论基础，为建立完善的分析方法如微波消解奠定了基础。

10. QuEChERS法

QuEChERS为Quick、Easy、Cheap、Effective、Rugged和Safety六个单词的缩写，于2002年首次被提出。主要是针对谷物、水果、蔬菜等低脂类食品所建立的快速、低成本的多农药残留检测的样品前处理方法。其基本原理是将固相萃取吸附剂分散至样品提取液中，吸附干扰物，而保留目标分析物，净化液直接进行色谱分析。

QuEChERS采用的固相萃取剂有PSA(primary secondary amine，仲胺)、石墨化炭黑和 C_{18}。PSA能有效除去样品中的糖类、脂肪酸等极性基质杂质，而 C_{18} 可以除去部分非极性脂肪及脂溶性杂质，石墨化炭黑则可以除去色素及固醇类杂质。在实际应用中，为了有效萃取对pH较为敏感的化合物，减弱其在萃取过程中的降解程度，扩大QuEChERS方法的检测范围，缓冲盐被加入进来。目前，已经形成的标准方法有加入醋酸盐缓冲体系的“AOAC Official Methods 2007.01”和加入柠檬酸盐缓冲体系的“European Standard EN 15662”。

QuEChERS方法具有突出的优点，如：灵活多变，可以根据所分析样品不同特性进行调整；适用于多种类、多残留的分析；采用该方法处理后的样品可以直接用于检测。

除以上介绍的几种样品前处理技术外，目前应用的还有膜分离技术、吹扫捕集技术和超声波辅助提取等技术，它们在食品安全检测中有着自己独特的优点。

8.2.2 食品安全色谱检测技术

色谱法是一种分离和分析方法，利用不同物质在不同相态的选择性分配，以流动相对固定相中的混合物进行洗脱，混合物中不同的物质会以不同的速度沿固定相移动，最终达到分离效果。色谱类型按照流动相的状态分为两大类：即以气体为流动相的气相色谱和以液体为流动相的液相色谱。由于色谱技术具有技术成熟易掌握、检测灵敏度高、分离效能高、选择性高、检出限低、样品用量少、方便快捷等特点和优势已被广泛应用于食品工业的安全检测中。由于高效能色谱柱、高灵敏检测器及微处理机的使用，使得色谱法已成为一种分析速度快、灵敏度高、应用范围广的分析方法。

1. 薄层色谱法

薄层色谱(thin-layer chromatograph，TLC)作为一种平面色谱技术应用于食品中真菌毒素的检测已有多年，该法最大的优点是操作简单、成本低，对设备和操作人员的要求不高；缺点是特异性不强、干扰因素较多、准确性较差，灵敏度低、检出限较高，只能半定量分析，操作人员要直接接触大量毒素及有机试剂，安全性较差，操作步骤多，试剂用量大，不适合大量样品的检测。高效薄层色谱和薄层色谱扫描仪的发展和应用，提高了 TLC 的分离效率和检测精确度，由此也扩展了 TLC 技术在食品安全检测领域的应用。

目前该方法是检测食品和饲料中真菌毒素，特别是检测某些本身能够发荧光的毒素(如黄曲霉毒素和赫曲霉毒素 A)的常规方法，也是我国目前检测粮油食品中的黄曲霉毒素 B_1、黄曲霉毒素 M_1、赫曲霉毒素 A 和玉米赤霉烯酮的国标方法。TLC 也适用于分析花生及其制品中的总黄曲霉毒素，可可豆、椰子汁、椰子肉、玉米、棉籽、鲜咖啡豆和鸡蛋中的黄曲霉毒素 B_1，奶制品中的黄曲霉毒素 M_1，谷物中的玉米赤霉烯酮和杂色曲霉素，苹果汁中的展青霉素等。

2. 气相色谱法

气相色谱法(gas-chromatography，GC)是以惰性气体(N_2或 He)为载体将样品带入气相色谱仪进行分析的色谱法，气相色谱检测器示意图见图 8-1。

GC 法为 Martin 和 James 于 1952 年首次报道，现已成为所有色谱法中最广泛使用的一种分析方法，它特别适于气体混合物或易挥发性的液体或固体检测，即便对于很复杂的混合物，其分离时间也很短。其分辨率高、分析迅速和检测灵敏等显著优点使之成为每个分析检测实验室已采用的常规检测方法。

目前，GC 技术在食品安全检测方面的应用主要包括：蔬菜、水果及烟草中的农药残留分析；畜禽、水产品中兽药残留及瘦肉精、三甲胺含量分析；饮用水中的农药残留及挥发性有机物污染分析；熏肉中的多环芳烃分析；食品中添加剂种类与含量分析；油炸食品中的丙烯酰胺分析；白酒中的甲醇和杂醇油含量分析；啤酒、葡萄酒和饮料的风味组分及质量控制分析；食品包装中有害物质及含量的检测分析；食用植物油中的脂酸组成分析等。但气相色谱不能直接分析难挥发、热不稳定、强极性、较大分子量的物质，其应用只能涵盖食品安全分析对象的有限部分。

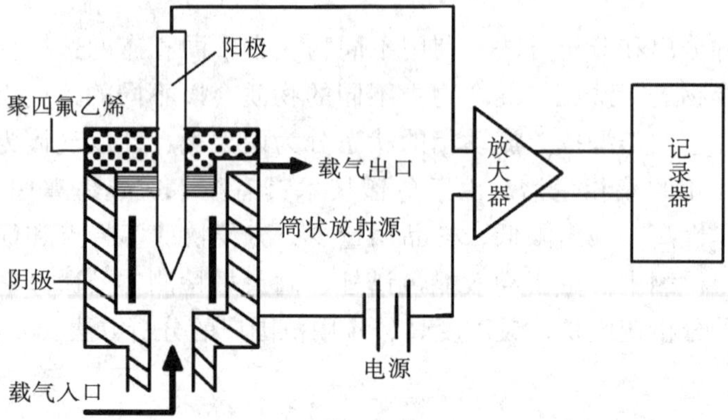

图8-1　气相色谱检测器示意图

3. 高效液相色谱法

高效液相色谱(high performance liquid chromatography，HPLC)是指以液体为流动相，采用高压输液系统，将具有不同极性的单一溶剂或不同比例的混合溶剂、缓冲液等流动相泵入装有固定相的色谱柱，在柱内各成分被分离后，进入检测器进行检测，从而实现对试样的分析。HPLC主要分为吸附色谱、分配色谱、离子色谱、体积排阻色谱和亲和色谱(表8-2)。

表8-2　不同类型高效液相色谱特点比较

	吸附色谱	分配色谱	离子色谱	体积排阻色谱	亲和色谱
固定相	全多孔固体吸附剂	固定液载带在固相基体上	高效微粒离子交换剂	具有不同孔径的多孔性凝胶	多种不同性能的配位体键联在固相基体上
流动相	不同极性有机溶剂	不同极性有机溶剂和水	不同pH的缓冲溶液	有机溶剂或一定pH的缓冲溶液	不同pH的缓冲溶液，可加入改性剂
分离原理	吸附与解吸	溶解与挥发	可逆性的离子交换	多孔凝胶的渗透或过滤	具有锁匙结构络合物的可逆性离解

20世纪90年代后期，HPLC法逐步成为检测食品中的营养成分、添加剂、有害物质等的国标方法。相比较气相色谱而言，HPLC不仅能够弥补气相色谱的局限性，且从分离模式到仪器装置上的创新发展都更具有生命力，已经占据了食品安全分析的绝大多数领域。HPLC在食品添加剂、霉菌毒素、农兽药残留的检测中得到了广泛的应用(如食品中黄曲霉毒素的测定参照《食品中黄曲霉毒素的测定免疫亲和层析净化高效液相色谱法和荧光光度法》(GB/T 18979—2003))。

4. 色谱联用技术

气相色谱法和液相色谱法是物质分离和定量分析的有效手段，但在未知物质的结构鉴定方面始终存在困难，仅靠保留指数定性未知物或未知组分非常不可靠，随着色谱研究工作的迅猛发展，各种新的色谱方法和检测技术日趋成熟，色谱联用技术随之应运而生，因其具有高速、高效、高分辨、微量检测及分析自动化的性能和技术优势，而显示出广阔的应用前景。

1)气相色谱－质谱联用技术

气相色谱－质谱联用技术(gas chromatography-mass spectrometry，GC-MS)发展最早，技术最完善。目前，从事有机物分析的实验室几乎都把GC-MS作为主要的定性确认手段之一。GC-MS联用仪主要由气相色谱系统、质谱仪、连接接口和数据处理系统四部分组成。从质谱仪离子源角度来分类，GC-MS联用仪主要包括电子轰击电离源(electron impact ionization source，EI)、正化学源(positive chemical ionization，PCI)和负化学源(negative chemical ionization，NCI)三种模式。由于EI要求被测样品必须汽化，故GC-MS联用仪使用EI较为合适。

欧盟和日本等国家对食品中有机磷、有机氯和拟除虫菊酯等农药残留制定了严格的残留限量标准，很多农药的最大残留限量值是0.01mg/kg。由于样品基质复杂，用普通的气相色谱法经常达不到检测要求，而气相色谱－质谱联用分析则可以较好地提高灵敏度。例如，运用固相萃取－气相色谱－质谱联机分析已能较好地分析肉样中盐酸克伦特罗残留量。

2)液相色谱－质谱联用技术

液相色谱－质谱联用技术(liquid chromatography-mass spectrometry，LC-MS)的研究开始于20世纪70年代，与GC-MS不同的是其发展似乎经历了一个更长的实践研究过程，直到90年代才出现了被广泛接受的商品接口及成套仪器。与GC－MS联用仪类似的是LC-MS联用仪，主要由液相色谱系统、质谱仪、连接接口和数据处理系统四部分组成，从质谱的离子源角度来划分，包括电喷雾离子源(electrospray ionization，ESI)、大气压化学电离源(atmospheric pressure chemical ionization，APCI)、大气压光电离源(atmospheric pressure photoionization，APPI)和基质辅助激光解吸电离源(matrix auxiliary laser analytical ionization，MALDI)等操作模式。ESI、APCI和APPI三种离子源大多与四极杆和离子阱质谱联用，是目前应用最广泛的几种液质联用仪。

LC-MS技术集高效液相色谱技术的高分离能力与质谱技术的高灵敏度、高专属性于一体，已广泛应用于食品安全检测的研究中。高效液相色谱与大气压化学电离质谱联用(HPLC-APCI-MS)检测玉米食品和玉米种子中的玉米烯酮霉素，与用荧光检测器检测比较，用APCI-MS作为检测器比前者灵敏度提高了很多，对玉米烯酮霉素的检测限下降为0.12μg/kg。

3)毛细管电泳－质谱联用技术

在毛细管电泳(capillary electrophoresis，CE)中，由于没有分子纵向扩散和质量转移，所以其峰形比液相色谱更敏锐，灵敏度也更好，被认为是一种高速、高效的分离技术，再加之样品用量少、溶剂用量少和自动化程度高的优点，得到迅速发展。质谱作为检测器的突出特点是能够提供分子量信息和结构信息，具有非常强的定性能力，毛细管电泳与质谱联用技术(capillary electrophoresis-mass spectrometry，CE-MS)在复杂成分的分离分析中发挥重要作用。毛细管电泳有许多模式，如毛细管区带电泳(capillary zone electrophoresis，CZE)、胶束电动毛细管色谱(micellar electrokinetic chromatography，MEKC)、毛细管等速电泳、毛细管凝胶电泳、亲和毛细管电泳以及毛细管电色谱等，以上都能与质谱检测器连接使用，尤以CZE-MS联用较为常见。胶束电动毛细管色谱虽然在CE中经常使用，但因为需要添加胶束形成剂(如十二烷基硫酸钠)，会抑制样品离子信号，所以MEKC-MS使用不太多，除非应用一些特殊技术。与CE相连的MS最常用的电离方式是ESI及与之相关的离子喷雾电离(ISI)。这是因为ESI可以直接把样品分子从液相转移到气相，而且可以测定分子量较大的样品。

CE-MS在分离分析领域具有很大的优势，适用于小分子或大分子的分析，及热不稳定、强极性分子乃至离子型化合物的分离和分析。

4)色谱-色谱联用技术

色谱-色谱联用一般多指2种色谱方法的联用，将分离机制不同而又相互独立的2支色谱柱以串连方式结合起来，目的是用一种色谱法弥补另一种色谱法分离效果上的不足。常见的联用方法有气相色谱-气相色谱(GC-GC)联用法、高效液相色谱-气相色谱(HPLC-GC)联用法和高效液相色谱-高效液相色谱(HPLC-HPLC)联用法等。其中HPLC-HPLC联用法亦称柱切换技术(column switching，CS)，是指用切换阀来改变流动相走向和流动相系统，从而使洗脱液在特定时间内从预处理柱进入分析柱的在线固相分离技术。

8.2.3 光谱分析法

各种结构的物质都具有自己的特征光谱，光谱分析法就是利用特征光谱研究物质结构或测定化学成分的方法。该方法是由德国化学家本生和物理学家基尔霍夫于1858～1859年创建的一种化学分析方法，分为原子发射光谱分析、原子吸收光谱分析、荧光光谱分析和散射光谱分析。根据电磁辐射的本质，光谱分析又可分为分子光谱和原子光谱。

1. 红外光谱技术

红外光谱是利用物质对红外光区的电磁辐射的选择性吸收来进行结构分析及对各种吸收红外光的化合物进行定性和定量分析的方法。被测物质的分子在红外线照射下，只吸收与其分子振动、转动频率相一致的红外光谱。通过对红外光谱的解析，可对物质进行定性分析。化合物分子中都存在着许多原子团，各原子团被激发后都会产生特征振动，其振动频率也会反映在红外吸收光谱上。据此，可以对各化合物中的原子团进行鉴定，也可以进行定量分析。

红外光谱法分析特征性强、测定速度快、不破坏试样、试样用量少、操作简单可用于各种状态的试样分析，但这种方法的灵敏度较低、用于定量分析误差较大，因此目前多用于食品内在品质的检测。可用于肉类食品中挥发性氨基态氮，食品中蛋白质、脂肪、淀粉等组分的无损检测和分析。此外，也可用于农产品中有害成分的分析检测，如菜籽油中芥酸和硫苷的检测。

2. 分子荧光光谱技术

荧光光谱技术是近年发展起来的新型分析检测技术，可用于控制食品质量、鉴别食品真伪、分析食品种类、追溯产品来源、检测药物残留等。

荧光是受光激发的分子从第一激发单重态的最低振动能级回到基态所发出的辐射，通常发生于具有刚性结构和平面结构 π 电子共轭体系的分子中。随着 π 电子共轭度和分子平面度的增加，荧光强度随之增大，光谱相应红移，其荧光光谱的形状和强度也相应发生变化，因此荧光光谱是提供具有共轭结构的分子的组分分布与浓度大小的有效测试手段之一。食品中含有很多具有荧光特性的物质，如芳香族氨基酸蛋白质中色氨酸残基、多酚类物质、黄酮类物质、叶绿素、维生素、核黄素以及美拉德产物(美拉德反应是广泛存在于食品中的一种非酶褐变，是氨基化合物和羰基化合物之间发生的非酶促反应，最终生成棕色甚至是黑色的大分子物质：类黑精或拟黑素)等，一些食品添加剂、农药和工业污染物也具有内源性荧光，这些物质的荧光图谱为食品定性定量技术提供基本信息。

荧光光谱方法灵敏度高，检测下限可达到 0.001～0.1mg/L，选择性好，线性范围宽，为微量及痕量物质的分析提供了新手段。同时所需试样量少，最少可以测定 500 μL 的样品，方法简单，所需时间短；可以对乳浊液固体样品直接检测，仅需少量或无须样品前处理，不产生环境污染，成本低；可以在波长范围内提供待测物的三维信息，结合化学计量学手段进行定性定量分析。荧光光谱技术在食品安全检测领域得到越来越多的应用。代表性的如肉制品在加工储藏过程中存在脂质氧化和蛋白质氧化问题。随着蛋白质氧化，会产生一些具有荧光特性的物质，而这可以成为很好的荧光光谱检测靶标。例如在研究鱼制品在不同激发发射波长下的荧光特性时发现，随着加工时间的延长，温度的升高，脂质氧化加深，荧光峰向长波方向移动。此外，采用前表面技术获得饮料的总荧光光谱和同步荧光光谱，结合主成分分析和聚类分析技术也可对饮料中掺假物质进行鉴别。

3. 原子吸收光谱法

原子吸收光谱法是基于原子对特征光吸收的一种相对测量方法，其基本原理是将光源辐射出的待测元素的特征光谱通过样品的蒸气时，被待测元素的基态原子所吸收，在一定条件下，入射光被吸收而减弱的程度与样品中待测元素的含量呈正相关，由此可得样品中待测元素的含量。此方法具有灵敏度高、选择性强、分析范围广、精密度好和准确性好等特点。所用的仪器为原子吸收分光光谱仪，其中原子化系统是关键组成部件，其作用是将样品中的待测元素转化为自由态原子蒸气。原子化装置一般包括火焰原子化系统、石墨炉(无火焰)原子化系统和氢化物发生器三种类型。

原子吸收光谱主要用于食品中重金属污染的检测，传统对样品的前处理主要采用湿法消化和干法灰化。对于酒和饮料等食品多采用石墨炉原子吸收光谱法对其中锰、锡等微量元素进行测定，样品不必进行前处理，即可用标准曲线法或标准加入法直接测定，无基体干扰和背景吸收，避免了样品消化、转移、定容、萃取、分离等化学处理过程，从而简化了试验程序，提高了分析效率，测定结果准确可靠。原子吸收光潽仪结构如图 8-2 所示。

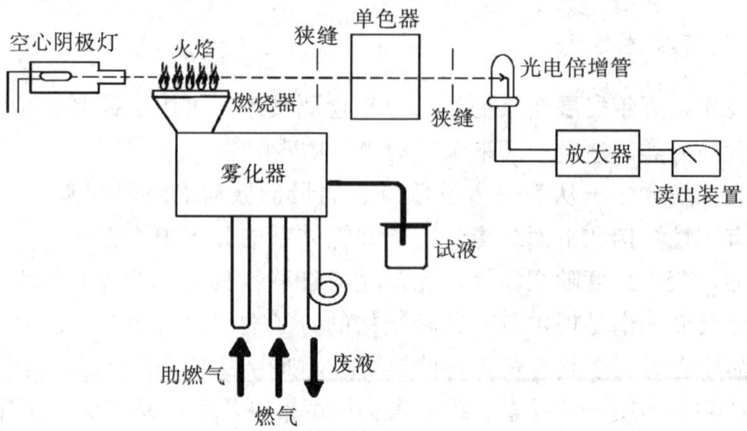

图 8-2 原子吸收光谱仪器结构图

4. 原子发射光谱法

原子发射光谱(atomic emission spectrometry，ES)法，是依据各种元素的原子或离子在热激发或电激发下，发射特低的电磁辐射，而进行元素定性与定量分析的方法，是光谱学各个分支中最为古老的一种。在外界能量的作用下，处于基态的原子被激发，跃迁回基态时，释放能量，发射出特定频率的电磁辐射，其频率与能级的差有关，由于不同的原子有唯一的能级图，所以每个原子都有唯一的特征光谱，据此可以进行原子发射光谱的定量分析。谱线的强度与处于基态的原子数成正比，即与物质组成中原子的浓度呈正比，据此可进行原子发射光谱的定量分析。

5. 电耦合等离子体原子发射光谱

电耦合等离子体原子发射光谱(inductively couples plasma-atomic emission spectrometry，ICP-AES)工作原理是以高频电磁感应产生的高温，电磁耦合等离子火焰(ICP)为激发光源，使样品在高温下气化、原子化并被激发，不同的元素具有不同的特征谱线，据元素的特征谱线和谱线的强度进行定性和定量分析的一种仪器分析技术。ICP-OES 具有快速、简单、检出极限低、灵敏度和精密度高、线性范围宽、稳定性好、选择性高、基体效应小且可以有效校正，可同时进行多元素分析、易于实现分析自动化等特点。主要用于农作物、畜禽肉、水产品和食品在生产、加工、运输、贮存、销售等环节有害微量元素汞、铅、镉、砷等金属元素污染的检测。中华人民共和国国家标准 GB/T 23545－2009《白酒中锰的测定电感耦合等离子体原子发射光谱法》，规定了白酒中锰的测定方法，适用于各种白酒中锰的测定，本标准的检出限为 0.002 μg/mL，检出范围 0.002～10 μg/mL。

对于食品中大多数元素分析，ICP-AES 的检出限可达到几个μg/L，完全可以满足实际分析要求，但对于一些有害元素，如 Hg、As、Pb、Se、Sn 等，由于本身在食品中的含量很少，ICP-AES 则显得有些力不从心，需要借助其他的分析手段。近年来出现了电感耦合等离子体质谱(ICP-MS)，由于在检测功能上的巨大改进，使得该技术直接测定固体试样中μg/g 至 mg/g 级痕量元素成为可能，因此该法在食品微量元素分析中的应用受到人们的重视。

8.3 食品安全核酸检测技术

随着现代分子技术的快速发展，新的分子生物学技术和方法不断涌现，并广泛应用于食品安全快速检测。在致病微生物检测方面，以核酸杂交、核酸扩增、基因芯片等代表的核酸检测技术初步形成了完整的技术框架，这些方法具有快速、简便、特异、敏感且自动化程度高等优点，能够满足现在对于食品中病原微生物的检测需求。

8.3.1 聚合酶链式反应技术

聚合酶链式反应技术(polymerase chain reaction，PCR)技术也称无细胞克隆系统，是一项DNA体外扩散技术，该技术自1985年问世以来，发展十分迅速，应用也日趋多元化，广泛地应用于生命科学等众多领域。PCR技术检测食品中致病菌的方法有很多种，如常规PCR、荧光定量PCR、多重PCR等，也可以将几种方法结合使用。目前，PCR在致病微生物检测、转基因食品的检测等食品领域中的应用也越来越受关注。

1. PCR技术原理

1)反转录PCR

目前，基于核酸水平的检测方法主要是PCR检测。反转录PCR(reverse transcription PCR，RT-PCR)是常规PCR。该技术是利用DNA变性与复性原理，在体外利用DNA聚合物酶活性，在引物的引导和脱氧核糖核苷酸(dNTP)等参与下，将模板DNA在数小时内进行百万倍扩增。该技术是利用两段寡核苷酸作为反应的引物，以dNTP、DNA聚合物酶作为反应物，将提取到的DNA(称为模板DNA)片段精确扩增。该酶促反应最基本的3个环节是：①模板DNA的变性：即在94℃下模板双链DNA或经PCR扩增形成的双链DNA解离成为单链，以便它与引物结合，为下轮反应作准备；②模板DNA与引物的低温退火(复性)：模板DNA经加热变性成单链后，温度降至55℃左右，引物与模板DNA单链的互补序列配对结合；③引物的适温延伸：由TaqDNA聚合酶催化引物引导DNA链由5′向3′延伸，从而完成一个变性—退火—延伸的PCR循环，然后反复进行这个过程，从而使扩增DNA产量呈指数上升。由于检测对象为DNA，因而它不受样品所处生长期及产品形式的影响。

2)实时荧光定量PCR

实时荧光定量PCR(real-time quantitative PCR，RT-PCR/RT-qPCR)是在常规定性技术基础上发展起来的核酸定量技术，由美国Applied Biosystems公司于1996年推出。RT-PCR是指在常规PCR反应体系中加入荧光染料或荧光基团，利用特定仪器检测荧光信号积累的强弱，进而实现监测每一轮PCR反应产物，最后通过标准曲线对未知模板浓度进行定量分析。RT-PCR方法以特异性强、灵敏度高、重复性好、定量准确、速度快、全封闭反应等优点成为分子生物学研究中的重要工具。PCR过程示意图如图8-3所示。

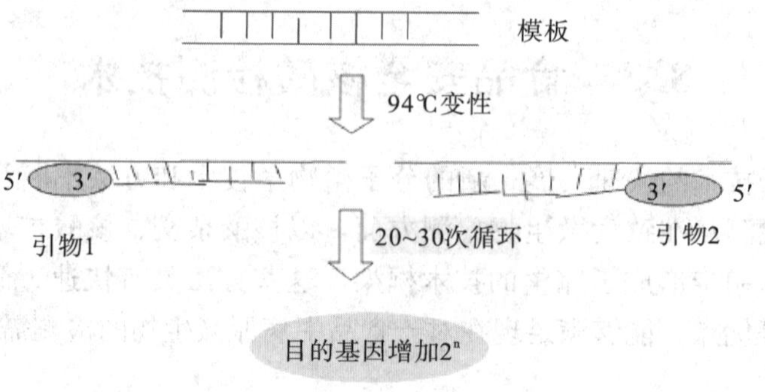

图8-3 PCR过程示意图

3)多重PCR

多重PCR(Multiplex PCR)是指在反应体系中加入两对或是两对以上引物，同时扩增多个目的基因或DNA序列，可以扩增一个物种的一个片段或是同时扩增多个物种的不同片段。它是在常规PCR基础上改进并发展起来的一种新型PCR扩增技术，其原理、反应设计和操作过程与常规PCR相同。多重PCR技术具有高效性、系统性及经济简便性等特点，它可以在同一个试管内同时检出多重病原菌或是对多个目的基因进行扩增分析，适宜对症状相同或易污染相同食品的一组病原菌进行分析，可对多种病原菌同时检出，大大节省了检测时间和试剂。

2. PCR检测食品安全的主要流程

1)引物设计

PCR引物对扩增特异性起着关键的作用，引物的优劣直接关系到PCR扩增特异性和成功与否。引物设计的准确性取决于对检测对象遗传背景的了解。随着分子生物学的迅速发展，各种微生物的基因序列逐渐明了，使得引物设计变得较为容易。同时，靶序列的选择也是决定PCR结果的关键因素，引物不同扩增物不同，如果引物设计不当，则直接影响对关键靶序列的选择，降低PCR检测的灵敏度和特异性，甚至完全失败。因此，通常要求引物位于待分析基因组中的高度保守区域，长度以18～30个碱基为宜。

2)模板的制备

模板的量和纯度是影响PCR实验结果的重要因素，大多数PCR检测仍要求富集步骤。研究结果表明，如果在检测前，细菌可以从食品原样中进行分离、浓缩、纯化，会使检测结果得以改善。目前，选择性培养增殖、离心、过滤、阴阳离子交换树脂、固定化凝集素和免疫磁性分离法等分离纯化方法已报道用于食品体系中细菌的浓缩。

3)基因扩增

扩增DNA片段要根据序列的不同选择合适的PCR参数，如退火、温度、时间、引物。另外，还可以采用多重PCR、定量PCR、巢式PCR、不对称PCR、反向PCR等多种PCR衍生技术。

4)PCR产物分析

将扩增产物进行凝胶电泳、染色，在紫外光照射下可见扩增特异区段的DNA带，根据该带的不同即可鉴定不同的DNA。为进一步确认扩增产物，还可以通过序列测定等手段对其进行序列分析。

3. PCR技术在食品安全检测中的应用

1)在食源性致病菌检测中的应用

(1)大肠杆菌检测。肠出血性大肠杆菌已经成为世界性的食品安全问题，目前应用多重 PCR 的方法检测肠出血性大肠杆菌已经非常成熟。经过增菌后，与传统细菌检测方法相比，多重 PCR 具有特异、快速、灵敏和简便的特点。O157∶H7 是肠出血性大肠杆菌(EHEC)最常见的血清型，能引起人的出血性肠炎和溶血性尿毒综合征。应用荧光 PCR 方法检测冻牛肉产品中的 O157∶H7，结果准确、操作简便，在检测过程中可以进行实时监控，而且从增菌到出结果可以在 10h 内完成，比传统的细菌分离和生活鉴定节约了 62h。除了肠出血性大肠杆菌外，采用 PCR 也成功检测出大肠杆菌肠毒素基因。

(2)单核细胞增多性李斯特菌检测。单核细胞增多性李斯特菌是一种重要的人畜共患病致病菌，过去对食品中李斯特菌进行检测时，克隆培养的标准方法需要 3~4 周时间才能得出结果，血清学检测方法(如 ELISA)也存在着特异性、灵敏性差等问题，PCR 技术的出现给检测带来了曙光。目前该菌的 PCR 诊断方法已经比较成熟，并有成功检测的案例。用 PCR 法检测比传统的检测方法更快速、更敏感、特异性更强。

(3)金黄色葡萄球菌检测。对于金黄色葡萄球菌肠毒素的检测，以往主要采用免疫学检测方法，常出现假阳性或假阴性的结果，而且这种鉴定主要依赖于免疫学技术，该技术需要细菌培养和制备肠毒素，实验周期长、步骤繁多，使其在食品卫生学鉴定时受到限制。近年来 PCR 技术的发展为食品病原微生物的鉴定提供了新的途径。由于 PCR 技术是在基因水平上对靶细菌进行的鉴定，引物高度的特异性使鉴定也具有高度的特异性，实验证实，在杂菌比靶细菌高万倍的情况下，也不会影响对靶细菌的鉴定。采用 PCR 技术检测食品中金黄色葡萄球菌肠毒素既快速、准确、特异性强，又可以提高检出率，节省检测时间、人力、物力。

(4)沙门菌检测。传统沙门菌的检测方法耗时、费力，易受干扰或产生假阳性，因此急需一些快速、特异、敏感的检测方法。分子生物学技术的发展，使得许多食品微生物学者使用 PCR 技术来检测病原菌。PCR 技术检测沙门菌的特异性，取决于所选择的扩增靶序列是否为沙门氏菌高度保守的特异性片段并能否忠实地扩增靶序列，这又由人工合成的一对寡核苷酸引物序列决定。反之，引物设计又取决于沙门菌是否具有显著特征的属特异性或种特异性靶序列，显然靶序列的选择和引物的设计是试验成功与否的关键。目前基本上是根据沙门菌的一段已知序列设计引物，并且大多数引物是根据属特异性靶序列设计。近年来，用 PCR 技术检测沙门菌得到了迅速发展，产生了许多种 PCR 检测方法，如常规 PCR、套式 PCR、多重 PCR；也可将几种方法结合使用，如将常规 PCR 与半套式 PCR 相结合。此外，还可将 PCR 与微孔板检测、ELISA 技术、探针杂交有机结合起来检测沙门菌。

(5)多种病原菌的同时检测。在同一 PCR 反应管中同时加入多种病原细菌的特异性引物进行多重 PCR 扩增，可快速实现多种病原细菌的同时检测和分析。大多数病原菌对人感染剂量很低，1~10CFU 的菌体细胞就足以使人致病。传统的检测手段需要一一对病原菌进行检测，耗时较长、检测成本较高，造成实际使用时的不方便，多重 PCR 的出现很好地解决了这一问题。分别通过针对沙门菌侵袭基因 *invA*、大肠杆菌 O157∶H7 肠溶血素 A 基因 *HlyA*、金黄色葡萄球菌耐热性核酸酶基因 *nuc*、单核细胞增生李斯特菌李氏溶血素 O 基因 *hlyA* 和蜡样芽孢杆菌肠毒素 FM 基因 *entFM* 序列设计引物，进行 PCR 扩增及电泳检测，初步建立了可用于 5 种致病菌同时检测的多重 PCR 检测方法，该方法具有快速、简便、灵敏的特点，整个检测过程少于 30h，且检测灵敏度均可达 10^2 CFU/mL。段朝标等人将金黄色葡萄球菌、单核细胞增生李斯特菌、沙门氏菌和志贺氏菌的序列设计引物，扩增片段为 284bp，利用引物设计软件进行设计，建立了多重 PCR 检测系统，实现了对四种病原菌的检测，证实该方法具有检测速度快速、检测结果准确、操作简单、特异性强的特点。有研究根据基因库中沙门氏菌、空肠弯曲杆菌、单核细胞增生李斯特菌和大肠杆菌 O157∶H7 的 *invA*、*MapA*、*hlyA* 和 *O gene cluster* 基因分别设计了 4 对引物，通过对反应条件的优化，建立了同时检测 4 种病原菌的多重 PCR 方法。结果表明，该多重 PCR 方法可扩增出四条特异性条带，并且任意两条产物片段长度相差大于 20%。多重 PCR 反应体系检测四种病原菌混合模板最低含量为 100 CFU。该多重 PCR 检测方法具有快速、准确和特异性强的优点，可用于快速检测食品中的病原菌。

2)转基因食品检测中的应用

目前针对转基因食品的检测方法主要有外源基因检测法和外源蛋白检测法两大类。其中外源基因检测法是在核酸水平上进行的，主要采用以 PCR 技术为核心的技术体系，一般检测启动子与终止因子、报告基因和目的基因。由于 PCR 技术灵敏度高、操作方便、适用范围广已成为转基因食品检测的主要方法。利用 PCR 技术可以实现对外源基因的定性和定量检测及品系鉴定。采用实时荧光定量 PCR 技术，可以实现对大豆中的内源基因 *Lectin* 和转基因大豆中 Roundup Ready 的外源基因 *Epsps* 进行定量检测，建立了商品化转基因大豆定量检测方法，其方法的灵敏度可达 0.01%转基因成分。

3)在真伪鉴别检测中的应用

当前食品的真伪鉴别成为一个热点问题，PCR 技术以其高特异性、高灵敏度和快速高效的特点，在肉类掺假检测、动植物源检测等方面显示出很好的应用前景和价值。用于肉类鉴定的基因通常位于线粒体上，采用 PCR 技术，从猪肉、羊肉、牛肉等不同生鲜肌肉细胞线粒体中提取 DNA，设计合成引物，进行 PCR 扩增得到目的 DNA 片段，根据 DNA 片段的大小可以判断肉种。国外 PCR 技术已经成为鉴别肉类物种最成熟的方法，国内对于肉制品的掺杂、掺假鉴别主要集中在牛肉、羊肉、猪肉、鸡肉上。

4. PCR 技术在实际检测中存在的问题

PCR 技术灵敏度高、速度快、特异性强、简便、高效的特点对食品检测提供了有力的技术支持，但在实际应用中还存在一些问题。

(1)污染问题。食品中一些糖类、酸类物质以及油脂会干扰 Taq 聚合酶的作用，影响 PCR 反应的正常进行；PCR 是一种极为灵敏的反应，一旦有极少量外源性 DNA 污染，就可能出现假阳性结果，所以在操作时必须加以注意。

(2)假阴性问题。食品基质复杂，如果不能有效排除影响 PCR 反应的各项因素，则很容易出现假阴性结果。另外，如果在操作中各种因素控制不当，很容易造成产物的基因突变而导致假阴性结果。

(3)引物设计及靶序列选择。引物设计和靶序列的选择是决定PCR结果的关键因素，如果引物设计不当，则直接影响对关键靶序列的选择，降低PCR检测的灵敏度和特异性。因此必须对扩增序列有充分的了解，并规范PCR实验室操作技术。

(4)PCR技术只能检测微生物的存在与否，有些微生物产生的毒素并不能检测出来，因此，在检测结果中一些阴性食品并不能排除存在毒素的可能。

8.3.2 核酸探针检测技术

以研究和诊断为目的，用来检测特定序列核酸的DNA或RNA片段，称为核酸探针。作为核酸探针的片段可以较短(20bp)也可以较长(5kb)。一般有DNA探针、cDNA探针、RNA探针、寡核苷酸探针等。一般来说，作为探针的核酸片段的性质或序列均已清楚，而且预先用放射性核素标记或非放射性核素标记法，使之带上可以识别的标志。进行核酸检测时就是利用核酸在一定条件下可以变形，双链分开成两条单链，在碱基配对的前提下，给予一定的条件，两条单链又可以复性变成一条双链的特性，从而确定待测核酸是否与探针的序列具有同源性，达到鉴定靶核酸性质的目的。一般把待测的单链靶核酸固定在载体上，置于适当的溶液中，加入已标记好的核酸探针，这时给予合适的退火条件，如果靶核酸和探针核酸的序列具有同源性，它们就会缔合成双链结构即核酸杂交。把未能与靶核酸杂交的探针核酸的序列通过洗涤去掉，再经过相应措施，使探针结合的部位显示出来，就可以判断靶核酸是否与探针核酸具有同源性、同源性的片段的大小及位置等。

1. 核酸探针原理

生物体含有相对稳定的DNA序列，不易受外界环境因素的影响。一般来说，同种生物的DNA序列相同，不同种生物体DNA序列不同，生物个体都有自己独特的DNA序列。根据中心法则，DNA双链的核苷酸分子是通过碱基之间的氢键互补配对结合在一起。核酸探针就是根据核酸分子之间的互补配对原则设计的一种检测目标DNA序列是否存在的一段核酸序列，探针与目标序列的这种结合称为杂交。一般先将核酸探针分子用某种可检测的物质标记，然后用探针去和待测序列杂交，如果探针与被检测的核酸分子之间存在互补性，则探针就会与目标序列形成杂交分子。通过检测是否存在标记物信号就可以知道是否存在目标序列。

2. 核酸探针种类

核酸探针一般分为克隆探针和寡核苷酸探针两种。克隆探针一般是通过分子克隆获得，包括基因组DNA探针、cDNA探针、RNA探针3种。寡核苷酸探针是人工合成的碱基数较少的DNA片段，属于短链探针。克隆探针一般较长，可标记的位点比寡合核苷酸探针多，可获得较强的杂交信号，因此灵敏度较高；但是，当靶序列存在个别碱基与探针错配时杂交仍可能发生，因此存在个别碱基差异的核苷酸序列不易被区分开。寡核苷酸探针的优点是对靶序列变异的识别能力较弱、杂交时间短、可一次大量合成和成本低廉等；但是由于寡核苷酸探针序列较短，随机遇到互补序列的可能性较大，所以特异性不如克隆探针。研究者可根据自己的具体情况选择合适的探针。

根据探针分子结构，探针又可以分为单链探针(包括单链 DNA 探针、RNA 探针和 cDNA 探针)和双链探针(双链 DNA 探针)。

3. 核酸探针在食品安全检测中的应用

核酸探针是指带有标记的特异 DNA 片段。根据碱基互补原则，核酸探针能特异性地与目的 DNA 杂交，最后用特定的方法测定标记物。探针标记方式分为放射性标记和非放射性标记。放射性标记是用放射性同位素作为标记物，常用的同位素有 ^{32}P、^{3}H、^{35}S，其中以 ^{32}P 应用最为普遍。放射性标记核酸探针的灵敏度高，可以检测到 Pg 级，检测病原微生物速度比常规方法快得多；但容易造成放射性污染；同位素半衰期短、不稳定、成本较高。因此，放射性标记探针不易实现商品化。目前，许多实验室都致力于发展非放射性标记的探针，应用较为普遍的是生物素蛋白系统标记的非放射性核酸探针，该探针已在沙门菌、产肠毒素大肠杆菌等方面的检测中得到应用。

4. 核酸探针技术存在的问题

虽然核酸探针在检测方面发挥着重要作用，但同时也存在一些问题。

(1)检测一种菌就需要制备一种探针，目前尚未建立所有致病菌的探针，还有待于新的分析理论和手段的出现。

(2)DNA 探针检测还不能够完全取得常规检验提供的细菌特性信息，如在菌株生物型鉴定，血清型、抗药基因的筛选上就有不足之处。

(3)核酸探针只分析基因序列，对毒素污染的食品有时因样品不含毒素而无法检测。

随着计算机芯片技术的不断发展和样品制备技术的改进，这些问题在不久的将来会得到解决。

8.4 免疫学技术

免疫学方法是基于抗原、抗体的特异性识别和结合反应的分析方法，通过对抗原或抗体进行标记(酶、荧光物质、放射性同位素标记等)，利用标记物的信号放大作用，与现代测试技术相结合，对样品中特定的目标物进行定性定量检测。

免疫分析法具有特异性强、灵敏度高、方法简捷、分析容量大、检测成本低等优点，一般不需要贵重仪器，可简化或省去前处理步骤，并且可以提供系列商业化的技术产品，具有常规理化分析技术无可比拟的选择性和较高的灵敏度，非常适宜于复杂基质中痕量组分的分析。免疫分析的种类较多，根据分析原理不同可分为均相免疫分析和异相免疫分析；根据检测形式的不同，免疫分析方法包括酶联免疫分析、胶体金免疫分析法、发光免疫测定、荧光免疫分析、放射免疫分析法、仿生免疫分析法等。食品中小分子残留物、污染物的免疫分析方法的建立主要包括待测物选择、半抗原的设计与合成、人工抗原的合成、抗体制备、测定方法的建立、样品前处理方法的优化选择以及对所建立的方法进行评价等步骤。

8.4.1 半抗原的设计与合成

1. 半抗原设计的基本原则

建立免疫分析方法的第一个步骤就是半抗原以及免疫原的设计与合成，这也是一个非常关键的步骤，因为半抗原是决定抗体识别特性的首要因素。

作为一个完全抗原必须同时具备 T 细胞和 B 细胞表位，应包括两方面的基本性质：①免疫原性，即诱导刺激免疫系统产生抗体或致敏淋巴细胞的能力；②免疫反应性，指与相应抗体或致敏淋巴细胞发生特异性结合，引起免疫反应的性能。按是否完全具备免疫原性和免疫反应性分类，抗原可分为完全抗原和半抗原。半抗原只具有免疫反应性而没有免疫原性。半抗原通常不能引起免疫应答，却能与抗体反应，相当于抗原分子上的一个抗原决定簇。通常，具有免疫原性的物质相对分子量应大于 10000Da，食品中的农兽药等残留物及其他污染物通常都是些小分子物质，一般为半抗原，因其分子太小而难以同时拥有两个表位，不具备刺激机体产生针对上述小分子抗原决定簇的特异性抗体的能力，所以必须将其连接到一些大分子蛋白质载体上，形成偶联物，借助大分子的 T 细胞表位间接诱导 B 细胞激活、分化增殖，才能产生针对上述小分子半抗原的特异性抗体。

要实现与大分子物质的偶联，半抗原分子上必须具备能共价结合到载体上的活性基团(如氨基、羧基、羟基和巯基)。如果待分析物分子结构中含有此类适合与载体蛋白连接的官能团，就可以直接用作半抗原与载体蛋白联接。对多数不具备活性基团的残留物或污染物则通常进行衍生化制备或由原料合成，也可以用其他代谢及降解产物作为半抗原。

免疫半抗原一般需有几个结构组成，待测物特征结构、用于连接特征结构和载体的间隔分子和末端的活性基团。间隔分子又称为“间隔臂”，一般为 4～6 个碳链长度，目的是突出与载体结合后抗原分子表面上具有特征立体结构和免疫活性的化学基团，突出抗原决定簇。间隔臂应为非极性，除供偶联的活性基团外不能具有其他高免疫活性的结构(如苯环等杂环)。还应尽量避免连接臂在功能团上或者非常靠近功能团，这可能会减少与抗体作用的潜在位点。由于免疫系统通常对载体远端的结构识别能力最强，而对连接位点部分特异性较弱，因此间隔臂应远离待测物的特征结构部分和官能团，这样有利于高选择性和高亲和性抗体的产生，所以在待测物衍生化制备半抗原时，对某些活性基团进行选择性保护和去保护是常用的合成手段。另外，半抗原的设计应考虑到残留物亲体和有毒理学意义的代谢物，针对被测定对象是单一的药物或某一类药物，设计中应相应地突出特定药物的结构或一类药物中共有的结构部分，制成单一的特异性抗体或族特异性抗体。

2. 分子模拟方法在半抗原设计中的应用

分子模拟是近年来开始应用于广谱性抗体制备中的新技术，其主要优势在于指导半抗原的合成。分子模拟技术可以从三维角度提供分析物的物理化学性质，如三维构象、疏水特性和电子特性等能影响氢键、疏水键、范德华力和静电作用形成的因素。基于对这些因素的分析，可以更好地理解抗原抗体之间的结合作用，合成更为理想的半抗原。目前成功地利用分子模拟技术制备出理想抗体的药物有三氯苯酚和抗球虫药物尼卡巴嗪。

8.4.2 半抗原与载体蛋白连接制备免疫原

1. 常用载体蛋白种类

免疫原制备中用作载体的物质较多，主要包括以下几类。

(1)蛋白质类载体：如牛血清白蛋白(BSA，分子量68 000 Da)、血蓝蛋白(KLH，分子量约为360 000 Da)，卵清蛋白(Ovalbumin，OVA，分子量45 000 Da)等，这些载体免疫活性较强，有商品供应，容易获得，操作也较方便，而且蛋白质上有可以与半抗原结合的游离氨基、游离羧基、酚基、巯基、咪唑基、吲哚基和胍基等活性基团。

(2)多肽类聚合物：这类聚合物是人工合成的多肽聚合物，主要有多聚赖氨酸、多聚谷氨酸、多聚混合氨基酸等，可与半抗原结合，所形成的免疫原可获得高滴度、高亲和度的抗血清。

(3)大分子有机化合物和某些粉末：如聚乙烯吡咯酮、淀粉、硫酸葡聚糖、羧甲基纤维素、聚甲基丙酸酯微粒、乳胶和炭末，可吸附半抗原，也可用来作为载体，但用这类载体合成的免疫原免疫动物，所获抗血清的质量不稳定。

2. 常用化学连接方法

1)含羧基(—COOH)半抗原分子的偶联方法

(1)碳化二亚胺法。碳二亚胺是一种化学性质非常活跃的交联剂，常用的有两种，即水溶性EDC和脂溶性DCC。脂溶性的二环己基碳二亚胺(DCC)适用于多肽合成领域，其反应必须在有机溶剂中进行，不适用于蛋白质的偶联。水溶性的1-乙基-3-(3-二甲基氨基丙基)-碳化二亚胺盐酸盐(EDC)等则可用于蛋白质偶联中。碳化二亚胺使羟基和氨基间脱水形成酰胺键，本偶联反应条件温和，即使在较低的温度(0℃)条件下，也能于中性溶液中进行。

(2)混合酸酐法。半抗原上的羧基在正丁胺存在下与氯甲酸异丁酯反应，形成混合酸酐中间体，再与蛋白质的氨基反应，形成半抗原与蛋白质的结合物。半抗原或药物及其衍生物分子中的羧基可以在三级胺存在下与氯甲酸异丁酯反应，生成活泼中间体混合酸酐，然后与蛋白载体上的伯氨基反应，形成酰胺偶联键，在反应中不需要制备中间产物。

(3)活化酯法。含有羧基的小分子半抗原在二环基碳化二亚胺(DCC)的作用下，与N—羟基琥珀酰亚胺反应，生成活化酯衍生物，后者与载体蛋白上的氨基反应，形成以酰胺键连接的偶合物。本法是对碳化二亚胺法的改进：由于避免了碳化二亚胺对蛋白的直接作用，从而避免了蛋白分子间的交联。活化酯法在导向药物的研究中得到广泛的应用。

(4)碳基二咪唑法。N,N′-碳基二咪唑是引入碳基的高活性剂，在肽合成中首次表明了是形成良好的酰胺键试剂。含羧基的分子同碳基二咪唑反应，形成咪唑基甲酯，它能和氮亲核试剂反应，得到氮烷基化的甲酸酯键，通常蛋白质通过 α-氨基和赖氨酸侧链相侧的(ε-氨基)和分子形成不带电的类似尿烷的衍生物，具有极好的化学稳定性。

(5)物理直接合成方法。将抗生素和载体蛋白在适宜的 pH 和离子浓度范围内直接作用，不需联接剂就可合成完全抗原。Parser 等综合了多人的经验，用物理方法合成青霉素类抗生素和载体蛋白的复合物。

2)含氨基($-NH_2$)半抗原分子的偶联方法

(1)重氮化法。重氮化法用于活性基团是芳香氨基的半抗原，芳香胺基与 $NaNO_2$ 和 HCl 反应得到一个重氮盐，它可以直接连接到蛋白质酪氨酸羟基的邻位上，形成一个偶氮化合物(图 8-4)。安清聪等采用重氮化法合成土霉素-牛血清白蛋白及土霉素-鼠血清白蛋白人工抗原。

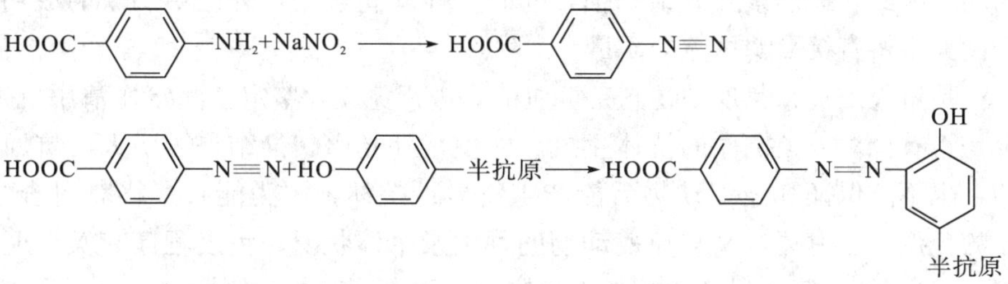

图 8-4 重氮化法连接半抗原与载体蛋白的反应

(2)戊二醛法双功能试剂戊二醛的两个醛基分别与半抗原和蛋白质上的氨基形成 Schiff 键(—N═C—)，在半抗原和蛋白质间引入一个五碳桥，反应可在 4～40℃，pH 6.0～8.0条件下进行，操作简便，因此应用广泛。戊二醛受到光照、温度和碱性的影响，可能发生自聚，减弱其交联作用，因此最好使用新鲜的戊二醛。

3)含羟基(—OH)半抗原分子的偶联方法

琥珀酸酐法：半抗原的羟基与琥珀酸酐在无水吡啶中反应得到一个琥珀酸半酯(带有羧基的中间体)，再经碳化二亚胺法或混合酸酐法与蛋白质氨基结合，在半抗原与蛋白质载体间插入一个琥珀酰基。

琥珀酸酐是琥珀酸的脱水产物，遇水又可恢复。如果将带有羟基而缺乏羧基的半抗原化合物先和琥珀酸酐在无水的吡啶中反应，就可得到带有羧基的半抗原琥珀酸衍生物。再经氯甲酸异丁酯或碳二亚胺法制备载体半抗原。制备衍生物载体半抗原的反应如图 8-5 所示。

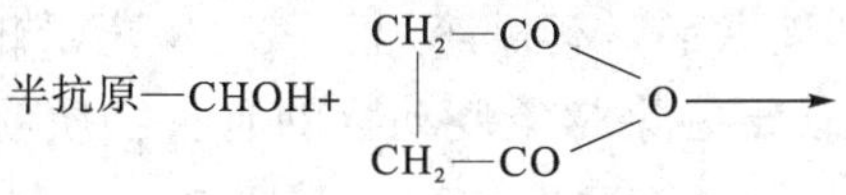

半抗原－CH_2－OOC－CH_2－CH_2－COOH

半抗原－COOH＋CL－COO－$CH_2CH(CH_3)_2$

半抗原－COO－COO－$CH_2CH(CH_3)_2$＋蛋白质载体－NH_2

半抗原－CO－NH－蛋白质＋HO－$CH_2CH(CH_3)_2$

图 8-5　琥珀酸酐法连接半抗原与载体蛋白的反应

如半抗原以苯酚基为活性基团，则首先将半抗原上的苯酚基与一氯乙酸钠反应得到一个带羧基的衍生物，再用碳化二亚胺法或混合酸酐法与蛋白质的氨基结合。

3. 人工免疫原的合成效果及鉴定方法

目前，检测抗原是否偶联成功的主要方法有两种：一种是紫外光谱扫描，通过直接分析半抗原、蛋白质载体及两者结合产物的紫外吸收光谱来进行判断。在 200～400nm 波长的近紫外区，含有有机共轭分子或某些羰基的物质由于分子组成与空间构型不同，在此区域有吸收，各具有其特征性的紫外光谱，而偶联物中分子组成及空间构型发生了一定的变化，其紫外吸收光谱也发生变化，其光谱不会与半抗原和载体蛋白质中任何一方的光谱相同，因此，通过紫外光谱扫描，同时，计算偶联比，可证明偶联的成功，偶联物的结合比大小将直接影响抗体的质量。

另一种是将人工抗原免疫动物制备抗血清，进行免疫学鉴定。测定血清中抗体效价，以此确定是否有针对人工抗原的抗体生成。即使紫外光谱扫描结果表明人工抗原的合成是成功的，也不能保证其免疫动物后能产生特异性抗体，因为能否最终获得合格抗体，既与抗原的免疫原性有关，又与免疫动物的种类及个体状况、免疫程序有关。通过采用间接 ELISA 检测抗血清，得到的结果表明抗血清中含针对抗原的抗体，表明人工免疫抗原合成成功。

4. 免疫原的纯化及保存方法

半抗原偶联蛋白得到的免疫原是不均一的混合物，在大分子－小分子偶联反应产物中，常伴有蛋白质聚合物、游离蛋白质、游离半抗原、偶联剂、偶联副产物、有机溶剂、缓冲液成分等。这些复杂成分严重影响抗原抗体的结合反应，甚至有的产物毒性很强，注射到动物体内可干扰免疫应答反应，严重者会引起动物的死亡。此外，对偶联物质量进行评价以及对偶联物进行长期保存时，也要求偶联物达到一定的纯度。因此，为了保证 ELISA 技术的顺利进行，提高测定的灵敏度和精密度，必须对偶联反应的产物进行纯化。对这些物质进行纯化的基本原理，就是根据混合物的相对分子质量大小和理化性质以及对偶联物纯度的要求选择适宜的分离方法。常用的分离方法有离心、透析、盐析、凝胶层析、亲和层析等。

透析方法操作简单，只要将偶联物装入透析袋内，投入另一种溶液中，便可将偶联反应产物中的小分子物质(如偶联剂、有机溶剂、酸、碱离子)分离掉。对于免疫原来说，其偶联物的纯度要求不严，只要去除对免疫动物的有害物质就可以了，所以使用透析方法即可。但对于包被原来说，其纯度要求较高，需要将其他杂质(如蛋白聚合物、游离蛋白质)分离掉。

8.4.3 抗体的制备

1. 动物免疫

1)实验动物的选择

用于抗体生产的实验动物包括哺乳类的鼠、兔、羊、马、驴、豚鼠、猪、猴、狗、驼和禽类的鸡、鸭、鸽子以及两栖类的蛙等，其中最为常用的是鼠、兔和羊等。在选择实验动物时首先应考虑抗原的来源和免疫动物的亲缘关系，另外还有实验动物的年龄和营养状况。选择好实验动物后，在注射抗原前应采集少量的动物血清(阴性血清)和抗原进行血清学反应，选择不和抗原反应的动物进行免疫实验。

2)佐剂的选择

半抗原与载体蛋白质连接而成的抗原是可溶性抗原，其免疫原性差，需要加入佐剂(adjuvant)以增强其免疫性。佐剂是指自身不能刺激机体产生抗体，在加入免疫抗原中能增强机体对抗原的免疫应答能力，延长抗原在机体内的半衰期，降低抗原毒副作用，以使机体产生高效价抗血清的物质。目前，最常用的佐剂有弗氏佐剂(freund adjuvant)、氢氧化铝佐剂、短小棒状杆菌、脂多糖、细胞因子、明矾等。

3)免疫剂量及途径

抗原需求量多，时间间隔长，剂量可适当加大。大动物抗原剂量(以蛋白抗原为准)为0.5～1mg/只，小动物为0.1～0.6mg/只。

抗原的免疫途径很多，不同的注射途径对抗原的吸收、机体的免疫应答、抗原的毒副作用和抗原的注射量等都有影响。常用的抗原注射途径包括静脉、脾脏、淋巴结、腹腔、肌肉、皮下和皮内等，它们对抗原的吸收速度为静脉＝脾脏＝淋巴结＞腹腔＞肌肉＞皮下＞皮内。抗原吸收越快，分解代谢越快，对机体的影响时间越短，单位时间内有效抗原的量越大，机体的免疫应答越强，抗原的毒副作用也越强。

4)免疫间隔时间

第一次免疫后，因动物机体正处于识别抗原和B细胞增殖阶段，如果很快进行第二次免疫，极易造成免疫抑制。一般以间隔10～20天为好。第二次以后每次的间隔一般为7～10天，不能太长，以防刺激变弱，抗体效价不高。对于半抗原的免疫间隔则要求较长，有的报告1个月，有的长达40～50天，这是因为半抗原是小分子，难以刺激机体发生免疫反应。免疫的总次数多，一般为5～8次。如为蛋白质抗原，第8次免疫未获得抗体，可在30～50天后再追加免疫一次；如仍不产生抗体，则应更换动物。半抗原需经长时间的免疫才能产生高效价抗体，有时总时间为一年以上。

2. 抗血清的制备纯化、效价及特异性测定

1)抗血清效价的监测

免疫动物过程中，需定期采血，对抗血清的效价进行监测，并对抗体特异性进行粗略考察，以此为依据选择较好的抗体进行下一步实验。抗血清效价的测定一般采用间接

酶联免疫法。

2)抗体的纯化

选择效价较高、特异性较好(抑制率较高)的抗血清进一步进行纯化。以IgG为例，纯化的方法主要有：①粗提法，大多用硫酸铵盐析法或硫酸钠盐析法；②离子交换层析法，常用的离子交换剂有DEAE纤维素或QAE纤维素；③亲和层析法；④酶解法制备F(ab)$_2$片段。

提纯后抗体的保存有三种方法：第一种是在4℃下保存，将纯化后液体状态保存于普通冰箱，可以存放3个月到半年。保存时如加入防腐剂则保存期还可延长。第二种方法是低温冷冻保存，放在−70～−20℃，一般保存5年效价不会有明显下降，但应防止反复冻融，反复冻融几次则效价明显降低。因此低温冻存前应根据抗体的用量进行分装，以备取出后在短期内用完。第三种方法是冰冻干燥，最后制品内水分不应高于0.2%，封装后可以长期保存，一般在冰箱中5～10年内效价不会明显降低。

3)抗体浓度的测定

一般采用紫外分光光度法测抗体浓度，测定方法为：抗体用PBS稀释20倍后，在280nm测吸光度值，以PBS为空白对照。

$$抗本浓度(mg/mL)=\frac{A_0-A}{1.35}\times 20$$

式中：A_0为抗体蛋白在280nm的吸光度值；A_1为空白对照的吸光度值。

3. 杂交瘤抗体的制备

动物免疫后，无菌操作取出脾脏，制备脾细胞悬液。首先，将准备好的同系骨髓瘤细胞与小鼠脾细胞按一定比例混合，在聚乙二醇的作用下，各种淋巴细胞可与骨髓瘤细胞发生融合，形成杂交瘤细胞；然后，在选择培养基中筛选融合的杂交瘤细胞；最后，采用有限稀释法进行杂交瘤细胞的克隆化培养。采用灵敏、快速、特异的免疫学方法，筛选出能产生所需单克隆抗体的阳性杂交瘤细胞，并进行克隆扩增。

4. 基因工程抗体的制备

基因工程抗体主要包括嵌合抗体、人源化抗体、完全人源抗体、单链抗体、双特异性抗体等，主要是应用DNA重组及蛋白工程技术对编码抗体的基因按不同的需要进行改造和装配，经导入适当的受体细胞后重新表达的抗体。

8.4.4 酶联免疫分析法

1. 酶联免疫吸附分析方法的基本原理

酶联免疫吸附分析方法(enzyme linked immunosorbent assay，ELISA)是20世纪70年代初期由荷兰学者Weeman与Schurrs和瑞典学者Engvall与Perlman几乎同时提出的。它的提出及发展是20世纪以来在生物分析化学领域所取得的最伟大的成就之一。最初，ELISA主要用于病毒和细菌的检测，随后广泛应用于抗原、抗体的测定，范围涉及一些药物、激素、毒素等半抗原分子的定性定量检测。

ELISA的基础是抗原或抗体的固相化及抗原或抗体的酶标记。结合在固相载体表面的抗原或抗体仍保持其免疫学活性，酶标记的抗原或抗体既保留其免疫学活性，又保留酶的活性。在测定时，待检样品(测定其中的抗体或抗原)与固相载体表面的抗原或抗体起反应；用洗涤的方法使固相载体上形成的抗原抗体复合物与液体中未反应的其他物质分开；再加入酶标记的抗原或抗体，也通过反应而结合在固相载体上；此时固相上的酶量与样品中待检物质的量呈一定的比例；加入酶反应的底物后，底物被酶催化成为有色产物，产物的量与样品中待检物质的量直接相关，故可根据呈色的深浅进行定性或定量分析。由于酶的催化效率很高，间接地放大了免疫反应的结果，使测定方法达到很高的敏感度。

2. ELISA的常见类型

ELISA属于异相免疫分析。异相免疫测定是必需分离结合抗原抗体复合物和游离抗体才可进行的测定方法。ELISA包括双抗体夹心法、间接法、竞争法、捕获法等类型。

双抗体夹心法用于检测大分子抗原，它是利用待测抗原上的两个抗原决定簇A和B分别与固相载体上的抗体A和标记抗体B结合，形成“抗体A－待测抗原－标记抗体B”复合物，复合物的形成量与待测抗原含量成正比。

间接法用于测定抗体，它的原理是将已知抗原连接在固相载体上，待测抗体与抗原结合后再与标记二抗结合，形成“抗原－待测抗体－标记二抗”复合物，复合物的形成量与待测抗体量成正比。

竞争法既可用于检测抗原又可用于检测抗体，它是用标记抗原(抗体)与待测的非标记抗原(抗体)竞争性的与固相载体上的限量抗体(抗原)结合，待测抗原(抗体)多，则形成非标记复合物多，标记抗原与抗体结合就少，也就是标记复合物少，因此，显色程度与待测物含量成反比。

捕获法用于测定IgM类抗体，固相载体上连接的是IgM的二抗，先将标本中的IgM类抗体捕获，防止IgG类抗体对IgM测定的干扰，然后再加入特异抗原和标记抗体，形成“IgM抗抗体－IgM抗体－特异抗原－标记抗体”的复合物，复合物含量与待测IgM成正比。

8.4.5 胶体金免疫层析分析法

1. 胶体金免疫层析分析法的基本原理

胶体金免疫层析分析法(colloidal gold immunochromatographic assay，GICA)是以胶体金作为示踪标志物应用于抗原或抗体检测的一种新型的免疫检测技术。其原理是以硝酸纤维素膜为载体，利用微孔膜的毛细管作用，滴加在膜条一端的液体慢慢向另一端渗移，通过抗原抗体结合，并利用胶体金呈现颜色反应，检测抗原或抗体。GICA包括双抗体夹心法、间接法、竞争法三种类型。此技术具有特异性强、操作简便快捷、检测成本低、无需特殊仪器设备等优点，特别适用于广大基层检验人员的现场检测需要，已在医学检验、毒品监控、食品安全等领域得到广泛应用。

2. GICA技术分类

(1)斑点免疫金银染色法(Dot-IGS/IGSS)是将斑点ELISA与免疫胶体金结合起来的一种方法。将蛋白质抗原直接点样在硝酸纤维膜上，与特异性抗体反应后，再滴加胶体金标记的第二抗体，结果在抗原抗体反应处发生金颗粒聚集，形成肉眼可见的红色斑点，此称为斑点免疫金染色法(Dot-IGS)。此反应可通过银显影液增强，即斑点金银染色法(Dot IGS/IGSS)。

(2)斑点金免疫渗滤测定法(dot immune-gold filtration assay，DIGFA)此法原理与斑点免疫金染色法完全相同，只是在硝酸纤维膜下垫有吸水性强的垫料，即为渗滤装置。在加抗原(抗体)后，迅速加抗体(抗原)，再加金标记第二抗体，由于有渗滤装置，反应很快，在数分钟内即可显出颜色反应。

8.4.6 化学发光免疫分析

1. 化学发光免疫分析法的基本原理

化学发光免疫分析(chemiluminescence immunoassay，CLIA)属于异相免疫分析，它既具有免疫反应的特性，又具有化学发光反应的高敏感性。CLIA是一种利用具有化学发光反应的物质标记抗原或抗体，标记后的抗原或抗体与待测物经过一系列的免疫反应或理化步骤(离心分离、洗涤等)，最后通过发光强度来判断待测物质的含量的免疫分析技术。

2. 化学发光免疫分析法的主要类型

化学发光免疫分析按标记物的不同，可分为如下几类。

(1)化学发光免疫分析法(CLIA)：其标记物为氨基酰肼类及其衍生物，如鲁米诺(Luminol)、异鲁米诺(Isoluminol)、吖啶酯(Acridinium ester)等。

(2)化学发光酶免疫分析法(CLEIA)：标记物主要是辣根过氧化物酶(horseradish peroxidase，HRP)和碱性磷酸酶(alkaline phosphatase，ALP)。先用HRP或ALP标记Ag或Ab，在反应终点时再用鲁米诺测定发光强度。

(3)微粒子化学发光分析：标记物为二氧乙烷、磷酸酯等。

(4)电化学发光分析：发光试剂标记物主要是三联吡啶钌NHS酯。

(5)生物发光免疫分析法(bioluminescent immunoassay，BLIA)：荧光素酶标记抗原或抗体，使其直接或间接参加发光反应。

常用的化学发光免疫分析是以化学发光物质或酶为标记物，直接标记在抗原或抗体上，先进行抗体-抗原的免疫反应，免疫反应结束后，加入氧化剂或酶的发光底物，化学发光物质经催化剂的催化和氧化剂的氧化，形成一个激发态的中间体，当这种激发态的中间体回到稳定的基态时，发射出光子，利用发光信号检测仪(如光电倍增管)测量发光强度，根据化学发光标记物与发光强度的关系，利用标准曲线计算出被测物的含量。

8.4.7 荧光免疫分析

荧光免疫标记技术始创于20世纪40年代。1942年，Coons等首次报道用异氰酸荧光素标记抗体，检查小鼠组织切片中的可溶性肺炎球菌多糖抗原。当时由于异氰酸荧光亲标记物的性能较差，未能推广使用。直至1958年，Riggs等合成了性能较为优良的异硫氰酸荧光黄(fluorescein isothiocyanate，FITC)。Marshall等又对荧光抗体标记的方法进行了改进，从而使免疫荧光技术逐渐推广应用。

荧光免疫标记技术的基本原理是将抗原抗体反应的特异性和敏感性与显微示踪的精确性相结合。以荧光素作为标记物，与已知的抗体(或抗原，但较少用)结合，但不影响其免疫学特性。然后将荧光素标记的抗体作为标准试剂，用于检测和鉴定未知的抗原。在荧光显微镜下，可以直接观察呈特异荧光的抗原抗体复合物及其存在部位。

荧光抗体技术常用于测定细胞表面抗原和受体，各种病原微生物的快速检查和鉴定，组织抗原的定性和定位研究，主要用于可溶性抗原或抗体的检测。常用的分析方法有荧光偏振免疫分析和时间分辨荧光免疫分析。

8.4.8 放射免疫分析法

放射免疫分析法(radioimmunoassay，RIA)属于异相免疫分析。RIA能够测定半抗原或抗原，其分析原理是抗体与待测样品中带放射性标记的抗原与未标记的待测抗原之间的竞争。待测样品中的未标记待测抗原的数量越多，所能结合的标记抗原量就越少。待测样品中的待测抗原浓度与标准曲线比较后就可得到。此项技术具有灵敏度高(可检测出ng至pg级，甚至fg级的超微量物质)、重复性好、样品和试剂用量少、测定方法易规范化和自动化等诸多优点。因此，在医学和其他生物学科的研究领域和临床实验诊断中得以广泛开展，并应用于各种微量蛋白质、激素、小分子药物及肿瘤标志物等的分析与定量测定。

在RIA中，常用的核素包括^{3}H、^{125}I和^{32}P等。^{3}H是弱β衰变，能量弱，易于防护，由于其衰变周期长，因而在一次标记后可在较长时间内使用；但其缺点是标记条件高，需在真空条件下标记，并需要一定的设备。因此，^{125}I和^{32}P标记较为常用。

虽然RIA有灵敏度高、重复性好等优点，但是由于放射性物质的使用限制，短半衰期的限制以及标记物灵敏度最低值的限制等，在以后的研究中逐步被其他免疫分析方法所取代。

8.4.9 仿生免疫分析

传统生物抗体产生过程的复杂性及其固有的理化性质限制了它的广泛应用：首先，

生物抗体制备过程相当烦琐，周期长，并存在诸多难以预测的生物因素；其次，生物抗体理化性质不稳定，对一些分析条件如酸/碱、有机溶剂、温度等耐受性差。因此人们一直积极探索改进的方法，提高生物抗体的稳定性，降低生产成本。合成性能稳定的人工抗体成为国内外免疫分析研究的热点。

仿生免疫分析是利用分子印迹技术制备对目标分子具有高选择识别性能的分子印迹聚合物作为人工抗体(仿生抗体)取代生物抗体建立的免疫分析方法。人工抗体具有一定的机械稳定性和热稳定性，且比生物抗体易制备和保存。人工抗体代替生物抗体建立仿生免疫分析(biomimetic immunosorbent assay)引起了国内外研究学者的极大兴趣，已成为分子印迹技术和免疫分析领域一个重要方向。目前国内外有少量的相关研究报道，已被用于药物、杀虫剂、皮质类固醇、激素等的检测。

分子印迹仿生免疫分析应用中需要解决的关键问题：①痕量残留分析中分析物和复杂的基质对印迹聚合物的亲和性和选择性有很高的要求，而目前印迹聚合物对模板分子的亲和性明显低于天然抗体或受体，检测的灵敏度不高，这是限制印迹聚合物作为“人工抗体”在免疫检测中应用的关键因素之一。②分子印迹聚合物骨架的非特异性吸附使得仿生免疫分析中交叉反应很大。③标记物的选择和标记方式。比较而言，酶标记的应用前景要广阔得多。④酶标记分子印迹仿生免疫分析涉及化学和生化反应两个体系的协同问题，同时印迹聚合物具有的疏水性和高度交联的刚性结构限制了酶等大分子物质进入聚合物的结合位点。因此将分子印迹聚合物应用于免疫检测技术的研究存在许多技术性挑战。

仿生免疫分析是近几年才发展起来的新型分析方法，在痕量物质分析特别是酶联免疫分析方面还处于起步阶段，从理论到方法都缺乏系统、深入的研究，但分子印迹吸附检测技术在环境、食品、分析化学领域有着广阔的应用前景，特别是随着分子印迹技术和免疫分析技术的不断发展和完善，将在食品安全快速检测方面发挥重要作用。

8.5 新型检测技术与动态

随着科学技术的发展进步以及食品安全检测的新要求，利用无损检测、高通量筛选技术，实现快速、实时检测已成为新的研究发展方向。

8.5.1 无损检测技术

无损检测就是在不破坏待测物原来状态、化学性质等前提下，为了获取与待测物的品质有关的内容、性质或成分等物理、化学情报所采用的检测方法。无损检测的食品品质主要包括：①外表品质，包括颜色、光泽、形状、大小等；②物理品质，包括质量硬度、黏度、弹性等；③内部性质，包括安全性、新鲜度、营养、口感等。无损检测是一种理想的检测方法，可以对目标物进行快速、准确、无损的检测，具有经济环保、简便易行、在线检测、连续检测、现场检测、信息量大等特征，可以应用于生产过程的质量控制、成品的质量控制以及产品流通和贮藏过程中的品质检测等。

食品无损检测的主要方法有力学方法、电学方法、光学方法、化学方法、生物方法等。

1. 利用力学特性的检测技术

食品种类繁多，组成复杂，但对于不同形态的食品应用于其品质检测的常用力学特性主要包括以下内容。

(1)固体食品：质量、密度应力-应变规律、冲击、振动、屈服强度、硬度、蠕变、松弛、流变模型等。

(2)散立体食品：摩擦、黏附、变形、漏洞、离析等。

(3)液体食品：流体力学特性、流变特性、黏性、黏弹性等。

(4)此外，还有适用于各种形态食品的声学特性和超声波特性等。

利用农产品的力学特性进行品质检测时无损检测是最常用的方法之一，例如可以用冲击力检测法和振动频率分析法来检测果蔬的坚实度，而果蔬坚实度的研究对果蔬按成熟度分级和果蔬贮存过程的检测又有着很大的实用价值；利用蜂蜜的黏度特性可以检测其品质：由于蜂蜜和糖蜜在流变力学(黏度)上存在明显差异，蜂蜜的黏度要大于糖蜜，因此可以用蜂蜜的含水量和黏度指标来迅速准确的评价蜂蜜品质；利用冲击振动方法检测西瓜的成熟度：果品的声波特性随内部果肉的性质不同而变化，未成熟西瓜的打击声波为非对称性，据此 MAKL 公司已经研制生产出西瓜选果系统，该装置测定一个西瓜只需 4 秒。

2. 利用声学特性的检测技术

食品的声学特性是指食品在声波作用下的反射特性、散射特性、透射特性、吸收特性、衰减系数和传播速度及其本身的声阻抗与固有频率等，它反映了声波与食品相互作用的基本规律。食品的声学特性会随内部组织的变化而变化，不同食品的声学特性不同，同一种类不同品质的食品声学特性也往往存在差异，根据食品的声学特性可以判断其内部品质，然后进行分类和分级。例如，利用测定共振频率来确定苹果的硬度；利用测定声波传播速度确定甜瓜的成熟度；利用声学特性检测西瓜的成熟度；利用测定声压确定谷物中的水分；利用声学冲击特性检测禽蛋品质。

3. 利用超声波的检测技术

在各种无损检测中，超声波检测技术是一条有效可行的途径。超声波探测技术是利用高频声波与物质之间的相互作用以获取被测物内部的化学性质。超声波通过介质时有三种形式，压缩波、表面波和切变波，其中压缩波是常见的超声波形式。因为压缩波在介质中的传递时是通过介质的压缩和膨胀进行的，介质的结构在声波传递过程中不会发生任何根本性的变化。例如，可以利用超声波检测食用油的品质，食用油在多次烹调或加工过程中发生化学变化会导致其品质下降，黏度是衡量油品质的常用指标，随着使用次数的增多，会导致油的黏度增大，品质降低。超声波的速度会随着油黏度增大而增加，因此可以通过测定超声波在油中的传播速度来确定油的质量，进而判定其黏度和品质，决定是否丢弃；利用超声波检测马铃薯空心；以及利用超声波检测受蛀虫侵扰的树等。

4. 利用电学特性的检测技术

食品的电学特性变化主要表现在电流密度、磁导率、绝对介电常数、电导率等方面。利用电学特性检测实例：①利用生物电特性鉴别受精蛋：目前国内蛋孵化场都是用传统的人工照法剔除无精蛋和死胚蛋，在孵化的第 5 天进行光照，剔除无精蛋。新鲜蛋孵化 72h 就不适合加工成蛋制品，这样会浪费大量食用蛋，消耗无用的能量，同时还会对正常蛋造成污染。生物电现象是生物组织普遍存在的一种生理现象，凡有生命的细胞都会产生生物电流。研究发现，受精蛋和无精蛋的生物电信号的波形有较大的差异，无精蛋生物电信号的波幅很小，其时域信号大多近乎直线；受精蛋的生物信号较为丰富，大部分受精蛋发育 48h 后直流电位发生特征性变化，其波形呈现方形；在检测过程中始终未测到电信号的蛋为无精蛋；开始能检测到但经过一定时间后信号消失的为弱精蛋和死胚蛋。②利用谷物电特性，可以进行谷物品质的快速检测，如利用谷物含水率及介电常数存在着指数关系的特征，研制出了电阻型和电容型水分快速测定仪，大大方便了谷物的收购、贮藏和运输；采用介电常数测量技术，开发出的快速测量大豆、向日葵种子含油率的方法。③此外，还可利用电特性无损检测西红柿成熟度、检测茶叶的品质及利用介电常数检测酵母浓度等。

5. 利用光学特性的检测技术

光学特性可以反映食品的表面颜色、内部颜色、内部组成结构及某种特定物质的含量，进而反映某些重要的品质指标。

1)近红外光谱检测

近红外光谱(near infrared spectrum instrument，NIRS)的波长为 780～2526nm，该光区的吸收谱带主要是由低能电子跃迁、含氢原子基团伸缩振动的倍频吸收谱带及伸缩、摇摆振动的合频吸收光谱构成。因此不同的化学成分对应着不同的基团频率，从而产生吸收峰的强度也不同，据此原理 NIRS 技术可用于物质的定量和定性分析。近红外光谱技术用于分析农牧产品和食品中的蛋白质、水分、脂肪纤维素、淀粉等营养成分，农牧产品品质评价，食品品质和加工过程控制在国外已十分成熟，如美国官方检测机构在谷物市场采用近红外光谱仪 Infratec Models 1225 和 1226 作为检测麦蛋白、豆蛋白和油脂含量的标准仪器，替代了传统的凯氏定氮和油脂抽提分析方法。我国 20 世纪 80 年代开始进行近红外光谱技术的研究，已有如：应用傅立叶变换近红外漫反射光谱仪测定小麦面粉的沉淀值和单粒小麦的蛋白质含量；用于茶叶及其茶制品中化学成分的多组分快速测定茶叶等级的快速评定、茶树育种和栽培、茶制品生产过程在线检测以及茶叶真假伪劣识别等。

2)拉曼光谱检测

拉曼光谱(raman spectroscopy)，是一种基于拉曼散射效应的光谱分析技术，是 1928 年印度物理学家 Raman 发现，常被作为物质成分及结构分析的测试手段，具有分析速度快、灵敏度高、操作简单、无须预处理等优点，在无损快速检测方面已有广泛的应用。

拉曼光谱可以提供分子的振动或转动信息，对对称结构分子检测非常有效，与红外光谱在分析分子结构中相互补充，一些基团(如C=C，C—C，N=N，S—S等)的红外吸收很弱，但拉曼散射却很强。另外，其光谱对水等极性物质极其不敏感，所以在食品检测中具有很好的优势。随着光学仪器的发展，激光技术和纳米技术的成熟，拉曼光谱产生了多种不同的分析技术，其目的是获取特定的拉曼信息、提高检测灵敏度和空间分辨率等。近年来，如激光共振拉曼光谱(RRS)、表面增强拉曼光谱(SERS)、傅里叶变换拉曼光谱(FT-Raman)、空间偏移拉曼光谱(SORS)和共焦显微拉曼光谱等技术被广泛用于食源性病原菌污染检测、果蔬中农药残留的检测、谷物类食品中组成成分分析、乳制品中三聚氰胺等非法添加剂检出、油类产品品质检测及掺伪鉴别等领域。

3)太赫兹时域光谱技术

太赫兹辐射位于远红外与微波之间，太赫兹时域光谱技术是目前应用太赫兹辐射研究物质的主要技术之一。太赫兹(THz)辐射频率对应着物质分子间的弱相互作用，如氢键、范得华力和偶极子的振转跃迁以及晶体中晶格的低频振动等。大多数极性分子对THz辐射吸收强烈，分析其特征光谱可以研究物质的内部组成。许多有机分子在THz波段呈现出强烈的吸收和色散特性，利于THz光谱进行物质分子结构的研究。氨基酸和短肽链分子在THz波段具有许多特征吸收峰，可用来反映分子内部的低频振动模式信息，用做“指纹特征”进行探测和识别。THz技术在食品安全领域的应用主要包括：①食品中杂质检测和质量控制，如食品生产和售前进行食品异物(金属、石头和塑料)等的检测、利用水分对THz辐射吸收强烈通过测量食物的水分含量来检测食物腐败情况、通过测量植物油样品的太赫兹脉冲时域波形鉴别不同油品的掺假；②农药及环境污染物的检测；③DNA、蛋白质等生物大分子的检测。

6. 气体传感检测技术

电子鼻是指由多个性能彼此重叠的气敏传感器和适当的模式分类方法组成的具有识别单一和复杂气味能力的装置，主要由多个金属氧化物传感器、一个温度传感器、一个湿度传感器组成的阵列，并应用多层传输网络和误差反向传播算法进行自动化采样。研究表明，电子鼻可以区别几种真菌和不同类型的细菌，在预测食物和饲料是否含有真菌毒素方面有应用潜力；电子鼻还用来检测环境中有害气体成分，检测爆炸物TNT；电子鼻可以直接检测患者呼出的气体用于疾病(如肾脏疾病、癌症)的医疗诊断。

8.5.2 快速检测技术

基于当前食品安全检测技术的特点及各自存在的问题，食品快速检测技术的总体发展有以下趋势：①对检测灵敏度、速度和集成化程度要求越来越高；②分析系统向微型化、便携化、智能化方向发展；③通过新型检测技术开发来满足检测需求；④缩短样品前处理时间、提高检测通量。

目前常见的快速检测技术主要有以下几种。

1. 生物芯片技术

生物芯片技术是一种最广泛应用于食品安全检测工作的高新生物检测技术，它是根据生物分子间特意相互作用的原理，将生化分析过程集成于芯片表面，从而实现对DNA、RNA、多肽、蛋白质以及其他生物成分的高通量快速检测。生物芯片技术的优势在于，其能够进行批量的广泛检测，这就很好地解决了传统检测中技术复杂、工作实效长、效率查、成本高、对工作人员要求高等问题。生物技术芯片由于具有高通量、自动化、微型化、高灵敏度、参数同步分析、快速等传统方法不可比拟的优点，在食品安全检测领域有着广泛的应用和发展前景。例如：①在转基因检测方面，通过设计不同的探针序列，使用特定的分析方法，生物芯片技术可以检测出食品中是否含有转基因以及有何种转基因。②在食源性致病微生物检测方面，基因芯片技术可以广泛用于各种导致食品腐败的致病菌的检测。与传统细菌检测方法相比，该技术具有快速、准确、灵敏等优点，可以及时反映微生物污染情况。除此之外，该技术经过改进与完善，还可用于食物中毒的快速诊断、临床样品中致病菌的快速诊断及分子流行病学调查等，因此该技术具有广阔的应用前景和较大的经济与社会效益。③在食品毒理学研究中的应用。基因芯片技术可通过基因对表达分析，免除许多不必要的动物实验，降低消耗。④在食品兽药残留检测方面，蛋白芯片检测平台已经开发，可用于对猪肉、猪肝、鸡肉、鸡肝等组织中多种兽药残留进行定量检测，具有前处理简单、灵敏度高、特异性好、检测速度快、检测通量高等诸多优点，可广泛用于进出口检验、常规筛检等领域。

2. 生物传感器

生物传感器是对生物物质敏感并将其浓度转换为电信号进行检测的仪器，是由识别原件(酶、抗体、抗原、微生物、细胞、组织、核酸等生物活性物质)与适当的理化换能结构器(如氧电极、光敏管、场效应管、压电晶体)及信号方法装置构成的分析工具或系统。生物传感器具有接收器与转换器的功能。与传统的化学传感器和离线分析技术相比，生物传感器有着许多不可比拟的优势，如高选择性、高灵敏度、较好的稳定性、低成本、可微型化、便于携带、可以现场检测。目前生物传感器在食品分析中的应用包括食品成分分析、食品添加剂、有害毒物及食品鲜度等的测定。生物传感器作为一种新的检测手段正迅猛发展，各种新技术如纳米、分子印迹为其提供了丰富的发展空间，随着检测仪器和检测方法的不断成熟，生物传感技术在食品现场快速检测领域将有更广阔的应用前景。

思考题

1. 简述气相色谱–质谱联用技术的原理及应用。
2. 简述液相色谱–质谱联用技术的原理及应用。
3. 简述毛细管电泳–质谱联用技术的原理及应用。
4. 简述红外光谱技术的原理及应用。
5. 简述聚合酶链式反应技术的原理及应用。

6. 简述酶联免疫分析法的原理及应用。
7. 简述胶体金免疫层析分析法的原理及应用。
8. 简述利用光学特性检测技术的原理及应用。

参考文献

陈斌，黄星奕. 2004. 食品与农产品品质无损检测新技术[M]. 北京：化学工业出版社.

陈辉. 2010. 近红外光谱技术在农产品和食品安全检测中的应用研究进展[J]. 畜牧与饲料科学，31(8)：88-90.

陈智理，杨昌鹏，郭静婕. 2011. 色谱技术在食品安全检测中的应用研究[J]. 化工技术与开发，40(7)：24-26.

段朝标，朱劫，李刚文. 2013. 同时检测四种病原菌的PCR方法分析[J]. 中国医学工程，(1)：78-79.

李月娟，吴霞明，王君，等. 2012. 食品分析及安全检测关键技术研究[J]. 中国酿造，31(12)：13-17.

刘宸，黄文倩，王庆艳，等. 2015. 拉曼光谱在食品无损检测中的应用[J]. 食品安全质量检测学报，6(8)：2982-2985.

桑华春，王覃，王文珺. 2015. 食品质量安全快速检测技术及其应用[M]. 北京：北京科学技术出版社.

沈飞，应义斌. 2009. 太赫兹光谱和成像技术在食品安全检测中的应用[J]. 光谱学与光谱分析，29(6)：1445-1449.

谭贵良，赖心田. 2014. 现代分子生物学及组学技术在食品安全检测中的应用[M]. 广州：中山大学出版社.

万宇平. 2011. 快速检测技术在食品安全监管中的应用及发展新方向[J]. 北京工商大学学报(自然科学版)，29(4)：1-5.

王金花，张朝晖. 2010. 食品安全检测培训教材：理化检测[M]. 北京：中国标准出版社.

张小莺，赵津子，陈琛，等. 2010. 半抗原免疫分析在食品安全检测中的应用[J]. 食品科学，31(17)：397-401.

Dzantiev B B，Byzova N A，Urusov A E，et al. 2014. Immunochromatographic methods in food analysis[J]. TrAC Trends in Analytical Chemistry，55：81-93.

Fei X U，Kang R E N，Yang Y，et al. 2015. Immunoassay of chemical contaminants in milk：A review[J]. Journal of Integrative Agriculture，14(11)：2282-2295.

Hao N，Wang K. 2016. Recent development of electrochemiluminescence sensors for food analysis[J]. Analytical and Bioanalytical Chemistry，408(25)：7035-7048.

Li C，He J X，Ren H，et al. 2016. Preparation of a chicken scFv to analyze gentamicin residue in animal derived food products[J]. Analytical Chemistry，88(7)：4092-4098.

第 9 章　转基因食品的安全性

转基因食品(genetically modified food，GMF)是利用现代生物技术手段将非同种的外源基因插入目标物种基因组中，使其出现原物种不具有的性状或产物，以此为原料加工生产的食品，包括转基因植物食品、转基因动物食品、转基因微生物食品和转基因特殊食品。转基因食品作为一种新兴的食品类型，它的出现受到人们的广泛关注，对解决人类面临的食品短缺、能源危机及传统农业对环境的污染等问题提供了新的思路和途径，但由于转基因技术的不成熟和不确定性，使得人们对转基因食品的安全性产生担忧，并引起了广泛的争论。

9.1　生物技术与转基因食品

9.1.1　生物技术的概念

生物技术(biotechnology)是指以现代生命科学为基础，结合其他学科的科学原理，采用先进的工程技术手段，按照人们的预先设计改造生物体或加工生物原料，来生产人们所需要的产品或达到某种目的。也就是说，生物技术是利用生物体及其体系或它们的衍生物来制造人类所需要的各种产品的跨学科技术体系，是一门新兴的、综合性的学科。从本质上看，生物技术是利用微生物、动植物细胞或酶来合成、分解或转化某些物质。从广义上讲，生物技术指的是有机体的操作技术，凡是用有机体或其产物开发产品的技术，都是生物技术。从这个意义上讲，生物技术不完全是一门新兴学科，而是在原有技术的基础上不断发展和壮大的技术，包括传统生物技术和现代生物技术。

9.1.2　生物技术的发展

生物技术从被人们无意识地使用，到有意识地开发，历经了数千年的历史。生物技术的迅猛发展，给人类生活带来了巨大的影响。从人类对生物技术的开发利用层次和技术类型上看，生物技术的发展历程可大致分为传统生物技术、近代生物技术和现代生物技术 3 个阶段。

1. 传统生物技术(20 世纪 50 年代以前)

传统生物技术的应用可以追溯到史前时代，其主要技术特征是酿造发酵技术。是通过微生物的初级发酵来生产商品，如酱、醋、啤酒、抗生素。在旧石器时代后期，我国先民就会利用谷物造酒，这是最早的发酵技术。苏美尔人和巴比伦人在公元前六千年就已开始啤酒发酵，埃及人则在公元前四千年就开始用发酵的面团制作面包，公元前25世纪巴尔干地区的人开始制作酸奶。但很长时间内，人们对这些技术的本质并不了解。19世纪，人类开始有意识地利用酵母进行大规模发酵生产，当时的产品有乳酸、酒精、面包酵母、柠檬酸及蛋白酶等初级代谢产物。1857年，法国微生物学家巴斯德证明酵母菌的发酵作用可以产生酒精。随后科赫建立了微生物的纯培养技术，从而为发酵技术的发展提供了基础，使发酵技术进入了科学的发展阶段。19世纪中后期，酶学和酶生物技术开始萌芽，1876年德国L. Kunne创造了“Enzyme”一词，即“酶”；1897年，德国有机化学家毕希纳进一步发现酵母菌具有发酵能力的物质是酶。进入20世纪，生物技术得到了快速发展。1913年，德国的L. Michaelis和M. L. Mentem利用物理化学原理提出了酶反应动力学的表达式；1917年，匈牙利农业工程师Karl Ereky首次使用了“生物技术”一词，其实际含义是用甜菜作为饲料大规模养猪，即利用生物将原材料转变为产品；1926年美国的生物学家萨姆纳证明了结晶脲酶、胃蛋白酶和过氧化氢酶是蛋白质；1929年英国的医生弗莱明发现青霉素，并开始了对其进行长达10多年的不懈研究，1937年马摩里和维赛龙提出了微生物转化法，20世纪40年代，抗生素工业成为生物技术的支柱产业，标志着发酵工程的开始。

这阶段的技术特点是产量低、微生物的诱变和选择方法烦琐、耗时长、费用高，且只能利用微生物中已有的遗传物质，不能赋予微生物其他遗传特性。

2. 近代生物技术(20世纪50~70年代)

这一阶段的技术特点体现在，产品类型多、生产设备规模巨大、生产技术要求高、技术发展快。随着微生物培养方法的改进和发酵过程控制的成功，以及发酵罐的发明，发酵工业逐步进入近代化学工业的行列，主要是一些厌氧发酵和表面固体发酵产生的初级代谢产物，如酵母、酒精、丙酮，使酶工程、发酵工程及细胞工程得到初步应用。20世纪50年代，氨基酸发酵工业又成为生物技术产业的一个新成员，发酵工程得到了较大发展。1953年，DNA双螺旋结构的发现，奠定了现代分子生物学的基础，也标志着分子生物学和遗传学的开始。1954年，细胞培养技术的产生，带动了细胞工程的发展。20世纪60年代，酶制剂工业兴起，标志着酶工程的崛起。

3. 现代生物技术(20世纪70年代以来)

现代生物技术以基因工程为首要标志，是在现代分子生物学等生命科学的基础上发展起来的新兴技术领域，即以现代生命科学为基础，结合其他基础学科的科学原理，采用先进的工程技术手段，按照预先的设计改造生物体或加工生物原料，为人类生产出所需产品或达到某种目的的技术。20世纪70年代，随着DNA重组技术等分子生物学技术的出现和发展，传统的生物技术发生了革命性的变化，并迅速进入了崭新的现代生物技术时代。1973年Boyer和Cohen建立了DNA体外重组技术，标志着生物技术的核心技术——基因工程技术的开始。发酵工程、酶工程和细胞工程等被广泛应用，基因工程和蛋白质工程也日益走向成熟，并逐步应用到人类生活的各个方面。20 世纪 80 年代，PCR 技术的创立使基因工程得到了长足的发展，被称为第二代基因工程的蛋白质工程也随之诞生，并逐步走向应用。1982 年美国礼来药厂将第一个基因工程产品——胰岛素投入市场。进入 20 世纪 90 年代，生物技术及其产品逐渐进入到人们的日常生活，对人类生活产生了重要影响，如利用现代生物技术生产转基因农作物、利用高技术含量的酶制剂、基因工程菌株制取化工产品、良种快速繁育技术、基因工程育苗技术及环境治理等。1997 年英国科学家成功地克隆了“多莉”羊；1990 年开始世界主要国家联合实施的人类基因组计划(HGP)于 2001 年提前完成，确定了人类基因组 30 亿对碱基、近 4 万个基因的全部序列。近年来，现代生物技术领域的研究与开发所取得的丰硕成果为人类更多地制造和创造有用的商品提供了条件。迄今为止，大量与人类健康密切相关的基因已经得到克隆和表达，胰岛素、生长激素、多种细胞因子、多种单克隆抗体、多种重组疫苗等几十种医药产品已经被批准上市。现代农业生物技术在提高农作物抗虫、抗病、抗逆和改良农作物品质等方面已经发挥了重要作用。总而言之，现代生物技术已经在医药、农业、食品、轻工、环保、能源、海洋等诸多方面得到日益广泛的应用；与此同时，医药生物技术、农业生物技术、家畜生物技术、海洋生物技术等一批新型产业已经形成和正在迅速形成。现代生物技术产品有基因工程药物、基因治疗、转基因植物、克隆动物、诊断试剂、DNA 芯片、生物传感器等，涉及工、农、医、信息和基础生物的各个方面。

随着现代生物技术的发展，利用生物技术可以生产出符合人类需要的产品或服务，以解决人类面临的食物、健康、资源、能源、环境等重大问题，现代生物技术将对人类生活和社会进步产生全面而深刻的影响。

9.1.3 生物技术的发展趋势

现代生物技术作为一门综合性的跨学科技术，把自然界提供的产品进行选择和优化，对于人类所面临的环境、健康、资源等问题都能提供极其有效的解决途径。生物技术的发展也将进一步加快，呈现综合性、多样性的发展趋势。主要表现在：①基因重组操作技术将进一步完善。高效、定位更准确的基因操作技术、高效表达系统、定时、定位表达技术等新技术的研究将会推动生物技术的发展。②基于生物技术的高度综合学科的形成。蛋白质工程、食品酶工程、食品发酵工程将在食品转基因技术的基础上得到长足的发展，它们将会把分子生物学、结构生物学、计算机技术、信息技术、现代工程技术等有机地结合起来，形成一个相互包含、相互依赖的高度综合的学科。③食品转基因技术将飞速发展。随着现代生物技术的发展，将会有更多的新食品和新技术出现，不仅可以丰富人们对食品多样化的要求，而且还将对解决由于人口“爆炸”带来的食品短缺的问题作为现代生物技术重要分支的食品生物技术为人类做出更大的贡献：解决食品短缺，缓解由于人口增长带来的压力；丰富食品种类，满足不同层次消费人群的需求；开发新型功能性食品，保障人类健康；生产环保型食品，保护环境；开发新资源食品，拓宽人类食物来源。

9.1.4 转基因食品

1. 转基因食品的定义

转基因生物(genetically modified organism，GMO)，又称遗传修饰生物体，一般是指用遗传工程的方法将一种生物的基因转入到另一生物体内，从而使接受外来基因的生物获得它本身所不具有的新特征，这种获得外源基因的生物称为转基因生物。

转基因食品(genetically modified food，GMF)，也称基因改造食品或基因改良食品，可以理解为含有转基因生物成分或者利用转基因生物(如转基因植物、动物或微生物)生产加工的食品。

2. 转基因食品的分类

1)按生物种类不同分

(1)转基因植物食品。目前已被批准商业化生产的转基因食品中90%以上为转基因植物及其衍生产品。当前在转基因食品植物的研究方面研究重点包括，培育延缓成熟、耐极端环境、抗虫害、抗病毒、抗枯萎等性能的作物；培育不同脂肪酸组成的油料作物、多蛋白的粮食作物等。已有昆虫毒素基因、外源凝集素基因、抗原基因(食用疫苗)、功能蛋白基因(酶/酶抑制基因)相继被克隆和转入相应的植物，主要产品有转基因小麦、玉米、大豆、水稻、土豆、番茄等。如将某些病原体的抗原基因转入香蕉或马铃薯研制可食疫苗；把含β-胡萝卜素(维生素A前体)基因导入稻谷(黄金大米)，能增加人体对维生素A的摄入量，但是截至2016年1月黄金大米尚未在任何国家进行商业化种植。

(2)转基因动物食品。就是通过转入适当的外源基因或修饰自身的基因以培育有优良性状(如生长速度快、抗病性强、营养价值更高)的转基因动物(如牛、兔、猪、鸡和鱼类)。Devlin在1994年将红大麻哈鱼生长激素基因转入银大麻哈鱼中，得到了比正常对照组的鱼要大3~11倍的“超级转基因鱼”；我国科研人员也将大马哈鱼的生长激素基因导入黑龙江野鲤，选育出超级鲤。2015年11月，美国FDA批准一种转基因三文鱼(*aquadvantage salmon*)用于人类食用，这种转基因三文鱼能够比非转基因三文鱼更快地达到市场要求，其将在加拿大及巴拿马特定的陆地饲养池中进行饲养。

(3)转基因微生物食品。就是将编码动植物活性蛋白和营养功能成分的基因或调控基因导入微生物细胞中，利用微生物的快速繁殖来改造有益微生物，用以生产食用酶和天然活性物质等。如将人类母乳中存在的微量活性蛋白——乳铁蛋白的基因克隆到工程菌酵母中使之稳定表达，获得人乳铁蛋白。美国的BioTechnica公司曾将黑曲霉的葡萄糖淀粉酶基因克隆入啤酒酵母，用以生产低热量啤酒。转基因微生物作为各种加工食品的酶的来源，如来自细菌的α-淀粉酶，用于将淀粉转化为单糖；来自细菌或真菌的凝乳酶，用于干酪的制造；来自真菌的果胶酯酶，用于提高果汁的澄清度。

2)按功能不同分

(1)增产与抗逆型。农作物增产与其生长分化、肥料、农药、抗虫、抗旱、耐寒、耐热、耐盐碱等因素密切相关，通过转移或修饰相关的基因可以达到增产及抗逆效果。以增加产量为目的的转基因技术，可使人类食品的产量大幅度增加，有可能解决世界人口剧增带来的天然食物缺乏的问题。

(2)控熟型。通过转移或修饰与控制成熟期有关的基因使转基因生物的成熟期延迟或提前，以适应市场需求。目前已经培育出成熟速度慢、不易软化和腐烂、耐贮存的番茄、甜椒、草莓、荔枝等果蔬。

(3)高营养型。许多食品缺少人体必需的氨基酸和脂肪酸以及蛋白质、维生素等营养物质，或者营养素配比不合理。为了改变这种状况，可以利用转基因技术，从改造动植物的蛋白质入手，使其表达的蛋白质具有合理的氨基酸组成或含有必需的不饱和脂肪酸。现已培育成功的有转基因玉米、马铃薯和菜豆等。

(4)保健型。通过转移病原体抗原基因或毒素基因至粮食作物、果蔬及动物体内，使其产生相应的抗体。人们食用此类食品，相当于在补充营养的同时服用了疫苗，起到预防疫病的作用。

(5)新品种型。通过不同品种间的基因重组形成新品种，使其在品质、口味、色泽、香气等方面具有新的特点。

3. 转基因食品的产业化

自古以来，人们就从不断繁衍的动物、植物群体中有选择地获取自己所需要的食物，通过有性杂交、观察和选择具有优良性状的动物、植物品种进行扩大繁殖、改良，以满足人们摄取更高水平食物的需要。转基因技术可以定向改造作物，从而大大加速优良作物的筛选和培育过程。自1983年世界上第一例转基因植物——对抗生素产生抗体的烟草问世以来，转基因植物的研究得到了迅速发展。1990年第一例转基因棉花种植试验成功；1994年延熟保鲜转基因番茄在美国批准上市；1996年美国人将部分转基因食品(大豆、玉米、油菜、马铃薯和番茄)推上商业化的进程。截至2016年8月19日，美国共有19个品种的基因工程食品(genetically engineered foods)通过FDA评估，分别为：大豆、西红柿、棉花、土豆、南瓜、玉米、油菜、甜菜、木瓜、菊苣、亚麻、哈密瓜、大米、匍匐剪股颖(*creeping bentgrass*)、小麦、苜蓿、李子、粉用马铃薯以及苹果；世界上众多国家也都紧随其后开始对转基因食品进行研究并有部分研究成果已经商业化。

自1996年以来，全球转基因作物的种植面积持续增长，从1996年的170万公顷增长至2014年的1.815亿公顷。2014年全球种植转基因作物的国家达到28个，其中20个为发展中国家，8个为发达国家。种植转基因作物居于前三位的为美国、巴西、阿根廷，2014年种植面积为：美国7310万公顷，巴西4220万公顷，阿根廷2430万公顷，至2016年美国的种植面积达7400万公顷。转基因作物主要涉及大豆、棉花、油菜和玉米，这四种转基因作物达到全球转基因作物种植面积的99%，不同转基因作物的种植比例见图9-1。目前市场上的转基因作物几乎都是抗除草剂转基因、抗虫型转基因和既抗虫又抗除草剂转基因作物，其种植比例见图9-2。近几年转基因作物商业化生产步伐加快，转基因作物的类型在趋向多样化，已有超过10种粮食作物和纤维作物获批进行商业化种植，其中包括玉米、大豆、棉花等主要经济作物和木瓜、茄子、南瓜等水果及蔬菜作物，抗除草剂、抗虫的转基因大豆、玉米、棉花等已实现大规模商业化。

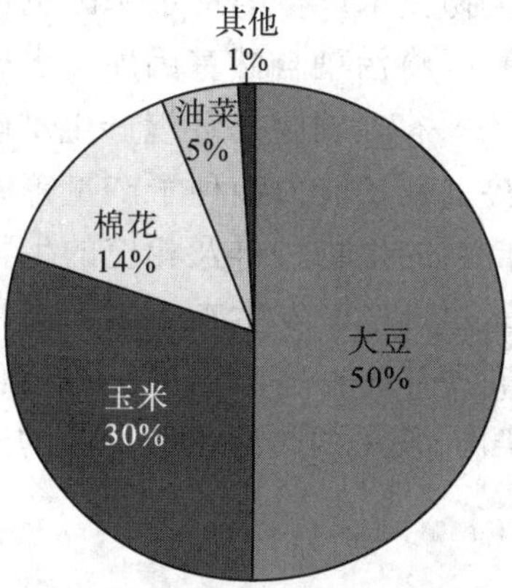

图 9-1 全球转基因作物的种植比例

主要转基因作物
1. 大豆(50%)
2. 玉米(30%)
3. 棉花(14%)
4. 油菜(5%)

次要转基因作物
5. 苜蓿
6. 甜菜
7. 木瓜
8. 南瓜
9. 茄子

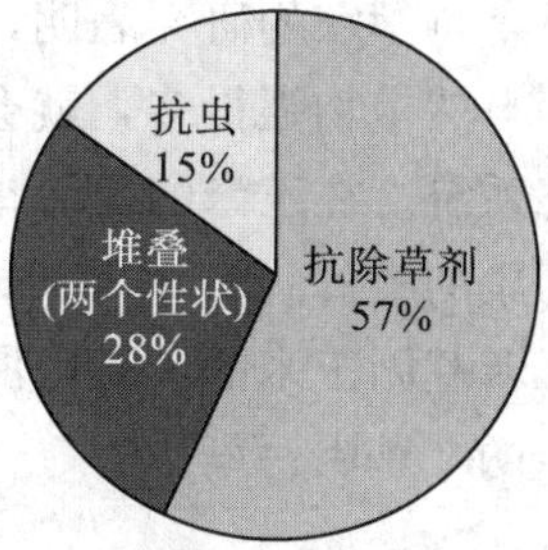

图 9-2 不同特性转基因作物的种植比例

转基因作物的主要特性	转基因作物的次要特性
抗除草剂	抗病毒
抗虫	抗旱

9.2 转基因食品的安全性

9.2.1 转基因生物安全问题

可把由转基因操作和转基因生物带来的生物安全问题统称为转基因生物安全问题，其既包括生态环境安全问题，也包括食品安全问题。转基因生物安全性问题主要表现在以下方面。

1. 对宿主生物的影响

大多数转基因生物在制备中都引入了标记基因和目的基因，它们均可能对受体生物产生一定的影响；同时应用的基因载体也可能对宿主生物产生不良影响。制备转基因生物时，外源基因的插入位点及拷贝数是不确定的，因此可能导致转基因的失活或沉默，也可能使受体生物的基因出现插入失活。如果这种失活发生在主要基因上，则可能会改变生物代谢或引起代谢紊乱而导致有害物质蓄积，从而对宿主生物产生不良影响，使之失去控制，对生物安全造成危害，但由于高等生物的基因组十分庞大，因此理论上出现这种现象的可能性极小。

2. 对宿主生物的驯化物种、野生物种或近缘物种的基因污染

天然的“基因漂流”本来仅限于同种之间或者近缘物种之间。由于人为的转基因生

物技术(实施非同种属之间的基因嫁接)，转基因生物可能激励或催化诱导“基因漂流”。这样，基因不仅会漂流到野生品种，而且通过转基因生物技术产生的特定基因也可能将自身扩散到自然界中去。转基因生物在自然界中释放基因将污染自然基因库，出现“基因污染”，将会打破原有的生物种群结构以及原有的生态平衡，对生态环境产生难以预料的冲击。丹麦科学家的研究表明，若转基因植物在长势、越冬能力和种子产量等方面比非转基因的自然植物强得多，就会演化成杂草，改变自然的生物种群及相应的生物群落结构与生态系统。在玉米的发源地和多样性中心——墨西哥也曾发生本土玉米品种被转基因玉米污染的事件。20世纪90年代后期以来，在墨西哥的一些山区推广种植转基因玉米，由于转基因玉米的“基因漂移”造成“基因污染”，使墨西哥野生和原生的玉米种子受到严重的“基因污染”。

3. 超级杂草的产生

转基因操作过程中会用到很多病毒载体，它们可能携带相应基因，与其他物种的基因组发生重组，把相应性状转入其他生物中。如转基因水稻的花粉漂移到杂草水稻，使其后代获得转基因的一些性状(如抗虫、抗除草剂)后生成超级杂草。加拿大在1996年引入转基因油菜，1999年在11块田间试验地中发现拥有三种抗除草剂基因(抗草甘膦、抗固杀草、抗咪唑啉)的超级植物，并发现有2种抗除草剂基因的油菜与杂草杂交的植物。无论是在人为控制的转基因过程中，或者在自然发生的基因转移过程中，外来基因的转入都是随机的，这可能使宿主生物及其驯化物种、野生物种或近缘物种产生异常。

4. 对靶标生物和非靶标生物的影响

现有转基因抗虫作物大多是只含一种抗性基因的单价转基因生物，在整个生命周期持续表达，对于其靶标生物形成持续生存压力，使其尽快适应此生存压力，产生针对该基因的抗性。已有证据表明，转基因抗虫棉对第一代、第二代棉铃虫有很好的抵抗作用，但第三代、第四代棉铃虫已对转基因棉产生抗性。如果这种具有转基因抗性的害虫变成具有抵抗性的超级害虫，就需要喷洒更多的农药，而这将会对农田和自然生态环境造成更大的危害。另外，转基因过程中应用的载体、转基因生物本身或其产品(包括由转入基因产生的毒蛋白)等，也会对其他非靶标生物如蝴蝶、蜜蜂、瓢虫和土壤生物(包括微生物)产生影响。

5. 产生新重组病毒

目前，抗病毒的转基因作物多是应用病毒基因组的结构蛋白或非结构蛋白的基因作为目标基因如常用的外壳蛋白(coat protein)基因。但不同的植物病毒可进行异源重组，如通过在一种蛋白外壳中包裹另一种病毒的DNA或RNA的方式，就可重组产生致病力和宿主范围不同的新病毒，会对生态系统造成危害。

6. 原生态系统中的食物链可能被破坏

完整的食物链是维系自然界万物共生、生态平衡极为重要的一环，一旦食物链遭到破坏，生态环境将会受到严重的威胁。转基因农作物的大量种植是否会破坏千万年来自然选择所形成的食物链，引起了国际社会广泛而高度的关注。如具有抗虫性状的转基因作物可直接影响其靶标昆虫的种群，进而影响靶标昆虫的天敌动物的生存。转基因作物和超级杂草等作为引入原生态系统的新物种，可能突破原有物种限制，具有原物种不具备的生存优势，成为强势的外来侵入物种，在短期内成为优势物种，改变原有物种间的竞争与合作关系，打破原有生态平衡，破坏原有食物链，由此带来弱势物种灭绝，降低生物多样性，带来生态环境安全问题，这些行为都是通过影响或破坏食物链或食物网的方式进行的，可能具有叠加、偶联、级联或放大效应，从而引发严重的生态失衡，造成生物多样性减少，带来生物安全问题。

7. 转基因作物对其他作物的直接“污染”

“转基因植物新品种”带着人工造成的非天然强势，一旦释放到环境里，就是天然作物的杀手，它会迅速污染周围的作物和环境。转基因作物携带的异源基因和病毒片段对土壤和环境造成的破坏——基因污染，人类现在还没有任何手段去修复、消除，连检测的手段是否适用都很难说。基因污染，用人的肉眼是根本无法看出来的。人可能生活在高度基因污染的环境里，却浑然不觉。

2000年在美国曾发生“星联”玉米污染事件。星联玉米是美国安万特公司开发的转基因玉米品种，转入的是Bt杀虫基因，其产品可能引起少数人在食用后出现皮疹、腹泻或呼吸系统的过敏反应并有潜伏效应。1998年美国环保局批准“星联玉米”时，就明确规定只允许动物饲料之用，不能作为食品。2000年9月发现美国市场的玉米面饼等300多种产品中含有微量“星联玉米”，引发大风波。为回收被“星联”污染的玉米食品，安万特公司花费了约10亿美元。在加拿大也曾发生转基因油菜污染非转基因作物的事件，为此加拿大政府建议生物技术公司使用非食品植物(如烟草)作为生产医药或工业用产品的转基因植物，以更为容易地控制转基因作物对于非转基因作物的污染问题。

2006年，转基因大米刚进行了一年的区域性试验，就造成了美国大面积大米供应源污染和种苗污染，被污染的大米甚至出现在遥远的非洲、欧洲和美国中部。2007年3月，路透社报道，美国出口大米的销售量比上一年锐减20%，原因就在于转基因污染。在加拿大，转基因油菜的污染使得有机油菜无法栽培。美国法院最近在公众压力下否决了已经批准的转基因紫苜蓿(动物饲料)，因为它通过交叉花粉传播威胁到非转基因苜蓿。由于扩大了转基因玉米种植面积，西班牙的有机玉米产量显著下降，这也是交叉花粉传播造成的。2009年，由于发现未经批准的转基因变种所带来的污染，加拿大亚麻种子的欧洲出口市场垮掉了。在14年的转基因工程实践中，仅2007年，就在23个国家发生了39例新的转基因污染事件；2005年以来报道的基因污染事件已达到216起。

8. 对食品安全的潜在风险

在食品安全方面，转入的外源基因编码的蛋白质可能是一种新蛋白，食用后可能引起消费者的过敏反应或毒理作用，对其生理活动产生影响，如转入的生长激素基因的表达就可能加快人体生长。另外，转基因操作中广泛应用的抗生素标记基因，可能使相应的抗性基因逃逸到环境中，让致病微生物获得该基因，进而对所涉抗生素产生抗性，带来公共卫生隐患。

以上所列举的转基因生物安全问题有的已经有明确证据证明存在此种风险，有的尚属基于分子生物学原理的推断，或者说虽然有部分证据，但证据尚不足以证明相应风险确实存在。这与生物安全涉及因素复杂且其本身具有不确定性、生物安全评价跨越时间尺度较大以及评价具有主观性等有关。

9.2.2 世界各国对转基因食品的态度

自从转基因技术问世以来，关于转基因技术对环境、物种的进化是否有影响等一直就争论不休。转基因食品的安全性问题更是越来越引起人们的广泛关注。

国际社会对转基因技术和转基因产品安全性问题的态度主要有三种：一是持肯定和赞成的态度；二是持反对态度；三是持谨慎的态度。

1. 以美国为代表的食品输出国对转基因食品持较积极和开放的态度

美国是转基因技术的发祥地，也是转基因技术研究最为先进、应用最为广泛的国家。美国的转基因产业在世界上占据主导地位，并从转基因产品中获取巨额的商业利润。因此，尽管美国有些环保组织反对转基因食品，但美国的转基因食品开发商坚持认为，转基因食品是科技创新，转基因的本质是运用生物科技来加速自然选择过程，因而转基因食品是安全的。

(1)传统的作物改良也是通过基因变异，与转基因的原理相同，因此对转基因食品的安全性不必担忧。严格说来，现有的食品都不是自然的，因为所有的农产品、畜产品都是人类培育的。通过转基因技术人类可以把培育新品种的过程进行得更快、更有效，如果人类束手束脚就会永远停留在采果子和打猎的时代。

(2)现有的转基因作物被食用后并未出现对人体有害的报道。每一样转基因食品上市前，都要经过严格审批。生产商必须拿出充足实验数据，表明它们的产品是安全的。在转基因食品政策最宽松的美国，审批过程也要 5 个月时间，欧洲更是长达 2 年。总之，市面上现有的转基因大豆、玉米、油菜籽等都可以说基本没有问题，至少目前还未发现。

(3)摄入的基因最终都会被消化系统分解。摄入人体的外源基因最后都要被人的消化系统所分解，不会对人体造成毒害。

2. 以欧盟为代表的食品进口国对转基因食品持反对态度

在欧洲，由于 20 世纪 90 年代后半期发生了若干次食品卫生和安全事件，使消费者对食品安全性的信心下降。欧洲有关政府认为转基因食品不安全。认为转基因食品不安全的理由如下。

(1)转基因修改了自然界的基本规则，与传统的作物育种有着本质的区别。传统作物改良的原理是从自然产生的变异中筛选有用的性状，从而培养出更优良的品种，这类基因变异只在同类物种间发生。但转基因食品中被转移的基因可以来自于另一个不同的物种，例如将北极鱼的抗冻基因移植到番茄上，这显然是传统的物种杂交技术无法实现的。此外，传统作物改良只是加速了某种自然演变的进程，转基因却修改了自然界的基本规则，前者仅仅将对人类有益的自然产生的变异收集起来，其变异产生的过程与自然界遗传变异现象并无区别，而后者在自然界里原本不存在。

(2)转基因食品的中长期影响还没有足够的时间显现出来，不能确认转基因食品对人体无害。对于基因的人工提炼和添加，可能在达到某些人想达到的效果的同时，也增加和积聚了食物中原有的微量毒素。1994 年美国在世界上才首次批准第一种转基因食品进入市场，因此转基因食品的中长期影响还没有足够的时间显现出来。而且，针对转基因食品安全性的调查研究并不充分，许多国家甚至没有任何评估控制机制。

(3)基因是遗传物质的载体，可以说生物体的一切构造和组成都是由基因决定的。基因改变了，生物体相应的部分就会改变。人们食用转基因食品时，被改变的基因连同被改变的生物体其他部分一起被摄入体内，虽然基因本身可被分解，但受基因控制的其他成分不一定会被完全分解，例如某些蛋白质，很可能成为导致不良反应的过敏源(变态反应原)。

3. 大多数发展中国家认为转基因食品的安全性需要进一步探讨

大多数发展中国家持该种态度。印度国内对转基因作物的安全性有很大争议，环保组织和其他一些非政府组织认为转基因作物将会极大地破坏自然生态系统。一些发展中国家担心，一些发达国家很可能将本国不能接受的转基因食品出口到经济不发达或转基因食品研究能力弱的国家和地区。我国鼓励转基因食品的研究开发，对转基因食品是否会对人体产生影响需进行科学的探讨。

9.3 转基因食品潜在的安全性问题

转基因食品与传统食品相比至少存在两点差别。其一，转基因食品中含有导入的外源基因；其二，由于转基因技术是一种新的生物工程技术，转基因食品自身或因其转基因技术的不完善以及安全管理制度的不完善，确实存在对人类健康形成威胁的可能。转基因食品的安全性问题可能涉及以下方面。

1. 潜在毒性

许多食品生物本身就能产生和积累某些毒性物质和抗营养因子，如蛋白酶抑制剂、溶血剂、神经毒素，以抵抗病原菌和害虫的入侵。转基因食品中导入的外源基因本身或外源基因所表达的蛋白若具有毒性，则可引起人体急性或慢性中毒；导入的外源基因可能导致原有基因中的其他基因突变或促使一些有害基因的表达，可能引起致癌、致畸作用。一些植物的天然毒素基因，如豆类中的蛋白酶抑制剂、木薯中的氰苷、低芥子酸菜籽油的致甲状腺肿物质、香蕉中的胺类物质等有可能通过转基因的表达而使其毒素水平增加，对消费者造成危害。外源基因(特别是来自细菌、病毒等生物的基因)及其表达产物的毒性作用研究目前只有一些相关的动物实验报道，尚无人体的研究报告。

2. 潜在致敏性

转基因可能将供体过敏源的特性转移到受体动植物体内，此外，许多转基因植物以微生物为基因供体，这些供体是否具有过敏性尚不清楚。一些非食物源的基因或新的基因组合所激发某些人的过敏反应，以及转基因食品中含有的一些过敏源(如花生、小麦、鸡蛋、牛奶、坚果及沙丁鱼等所含有的蛋白质)均会激发一些易感消费者出现过敏反应。在下列情况下转基因食品可能产生过敏性：已知所转外源基因能编码过敏蛋白；外源基因转入后能产生过敏蛋白；转基因产生的蛋白与已知过敏蛋白的氨基酸序列有明显的同源性；转基因表达蛋白为过敏蛋白的家族成员。为增加大豆含硫氨基酸的含量，将巴西坚果中的清蛋白基因转入大豆中，而清蛋白具有过敏性，导致原本没有过敏性的大豆对某些人群产生过敏反应，最终该转基因大豆被禁止商品化生产，这是迄今为止转基因植物未被批准商业化的唯一例子。

基于以上考虑，有关国际组织和很多国家规定，任何一种转基因食品均需经过过敏安全性评价，确定新食品是否含有与已知过敏源相同的蛋白成分，以分析其是否具有潜在的过敏性。如果转基因食品具有过敏性，则应在标签上标明以提醒消费者，另外转基因食品上市后还需对食用人群进行跟踪监测。

3. 抗生素抗性

转基因食品安全性的另一方面是，引入的基因是否有可能转移到胃肠道的微生物中整合和表达。转基因操作中常用抗生素抗性基因作为标记基因，致使抗生素抗药性被引入到转基因生物中，可能会对环境、动物及人类产生不良作用。抗生素抗性基因有可能通过转基因食品传递给人肠道内正常的微生物，并在其中表达，引起菌群失调，影响人的正常消化功能；或者导致体内微生物产生耐药性，加剧微生物抗药性对公众健康的影响，对疾病治疗造成不同程度的影响。

4. 食品营养成分的改变

外源基因可能以无法预期的方式改变食物的营养价值和营养素的含量，引起抗营养因子的改变，对人群膳食营养产生影响，造成体内营养素平衡紊乱。有关食用植物和动物中营养成分改变对营养的相互作用，营养基因的相互作用，营养素的生物利用率，营养的潜能和营养代谢等方面的作用，目前介绍的资料很少。

5. 外源基因的安全性

转基因植物性食品中的外源基因主要包括目的基因和标记基因。目的基因是人们期望宿主生物获得的某一或某些性状的遗传信息载体。常用的目的基因有除草剂抗性基因、病虫害抗性基因及品质改良基因等。标记基因是帮助对转基因生物工程体进行筛选和鉴定的一类外源基因，包括选择标记基因和报道基因。一般来说，外源基因不会对人体产生毒性。为确保转基因食品安全，在构建用于食品的转基因微生物时，要求不能使用目前治疗中有效的抗生素的抗性基因做标记基因。本身是活菌或含有活菌的转基因食品，需保证菌株纯净，未发生突变。

6. 其他潜在危害

转基因食品的外源基因通过食物链传递，及在微生物之间可以通过转导、转化、接合进行基因转移，转基因作物及转基因食品中的“有害”基因是否会逃逸到人或动物体内、环境中，增加抗药性等问题，仍有待深入研究。

9.4 转基因食品的安全性评价与检测

9.4.1 转基因食品安全性评价的必要性

以重组DNA技术为代表的转基因技术，在为农业生产、人类生活和社会进步带来巨大利益的同时，也可能对生态环境和人类健康产生潜在的危害，安全性评估是分析潜在风险并加以避免。

1. 外源基因目标性状以外的其他表型

转基因生物中导入的外源基因通常来源于非近缘物种，甚至是人工合成的基因。由于基因互作、基因多效性等因素存在，外源基因在新的遗传背景中除了可能表达预期的原有性状之外，还可能产生其他表型效应和副作用，对人类健康和环境产生影响。

2. 外源基因的不稳定性

在长期自然选择和生物进化过程中，生物体内各基因之间能协调地组合和相互控制地精确表达，使生物的生长发育得到有序地进行。转基因生物中的外源基因在新的遗传背景中则脱离了原有的表达调控体系，而进入了一个新的控制体系，其表达规律便可能发生变化，如转基因生物中的“基因沉默”和“基因消失”便是例子。此外，基因控制体系的改变，某些外源基因是否会转变为一种类似转座子那样的活跃DNA片段，也是另一个隐患。一旦外源基因转变成具有自我转移能力的活性DNA片段，生物的稳定性就会遭到破坏，生物有害的突变就有可能发生。

3. 转基因生物大量环境释放后的效应

转基因生物在环境中大量释放，有可能使原本在小范围内不可能发生的潜在危险得以表现，如通过基因流破坏生态平衡。

4. 完善转基因生物安全的管理法规需要更充分的科学依据

目前虽然已经出台了一些有关转基因生物安全的管理法规，但还不完善，因此有必要客观的、全面的对转基因生物进行安全评估，为相关法规的制定和执行提供明确的依据。

5. 回答公众疑问

部分公众对生物技术产品持保留态度，并提出了各种各样与安全性有关的疑问，有必要通过科学的安全性评估资料，向社会证明转基因生物建立在坚实的科学基础之上并在严格的管理监督下有序、安全地进行。

9.4.2 转基因食品安全性评价的内容

转基因食品的安全性评价应遵循逐步评估的原则，涉及新品种的描述、生物及其被用于食品的描述、供体的描述、遗传修饰的描述、遗传修饰的特性等。安全性评价包括：所表达的物质(非核酸物质)、重要组分的组成分析、代谢评价、食品加工、营养的改变等。安全性评价应考虑到任何物质的潜在蓄积，如毒性代谢物、污染物或可能由于基因修饰而产生的害虫控制剂等。

1. 引入物质的安全性评价

转基因食品中的转入物可能是食品的常规组分(如蛋白质、脂肪、碳水化合物、维生素)，但对于转基因生物来说可能是新的成分。考虑到暴露水平等原因，当一种物质或一种密切相关的物质作为食品可安全食用时，则不需考虑传统的毒理学试验。在其他情况下，对引入的新物质有必要进行传统的毒理学试验。从转基因生物中分离出新物质，或从其他途径合成或产生该物质，其必须在结构、功能和生化等方面与DNA生物所产生的物质具有实质等同性。引入物质的安全性评价应确定此物质在转基因生物可食用部分的含量，包括其变异范围和均值；也应考虑到其在不同人群当前膳食中的暴露和可能产生的效应。以蛋白质为例，对其潜在毒性的评价应集中于待测蛋白与已知蛋白毒素和抗营养因子的氨基酸序列相似性，对热加工的稳定性以及对适宜、典型的胃肠模型降解的稳定性。

2. 毒性评价

对于转基因食品应判断其与现有食品是否为实质等同，对于关键营养素、毒素及其他成分应进行重点比较。若受体生物具有潜在毒性，还应检测其毒素成分有无变化，插入基因是否导致毒素含量的增加或产生了新的毒素。首先应分析比较新食品及产品与现有食品(成分)的化学组分，进一步使用的检测方法包括 mRNA 分析、基因毒性和细胞毒素分析，对食品进行安全性评价最直接的方法是动物试验或其他毒性测试。

3. 致敏性评价

当食品中含有插入基因所产生的蛋白质时，应对新表达蛋白的致敏性进行评价，评估其在所有情况下的潜在致敏性。对过敏反应的安全性评价首先是了解被转基因的来源特征(过敏源是否常见、过敏史是否明确)。如果这样的评价程序仍不能提供潜在的过敏性证据，则要进一步应用物理或化学试验确定该蛋白质对消化及加工的稳定性。尽管通过食物试验确认的过敏性食物在市场上销售量可能很低，但在销售时仍应对这种食物加以明确的标签标识，指出该食品在皮肤试验和食物试验中确认含有的过敏性蛋白质。

9.4.3 转基因食品安全性评价的原则

尽管对转基因生物的安全性评价存在着许多不确定因素，但仍应在现有科技水平的基础上尽最大可能保证转基因产品的安全性，以使其发挥最大的经济与社会效益，更好地为人类服务。对转基因食品安全性评价的主要依据是科学原则、实质等同性原则、预先防范原则、个案评价原则、逐步评估原则、熟悉性原则等。

1. 科学原则

科学原则是指在对转基因食品进行安全评价中应该以科学的态度，采用科学的方法，利用科学实验获得的数据和结果来对其安全性进行科学和客观的评价，而不是采取臆断的或没有科学数据支撑的主观评价。

2. 实质等同性原则

实质等同原则是世界经济合作与发展组织(Organization for Economic Co-operation and Development，OECD)于1993年在重组DNA的安全考虑文件中提出的，主要用于转基因生物及其产品的食品安全评价。它的含义是，若某一转基因食品和传统食品具有实质等同性，即该转基因食品的特性与其非转基因亲本生物或同类传统产品，除转基因所导致的性状以外，在营养成分、毒性以及致敏性等食品安全方面没有实质性差异，则认为是安全的；否则便需进行严格的安全性评价，包括对转基因产物的结构、功能和专一性的评价及由转基因产物催化产生的其他物质(脂肪、碳水化合物或小分子化合物)的安全性评价。若某一转基因食品和传统食品不具有实质等同性，则需要从营养性和安全性等各方面进行更全面的评价和分析。

3. 预先防范原则

预先防范原则(precautionary principle)也称为“预防原则”“警惕原则”或“预防和预警原则”，均是指对于转基因食品可能带来的生物安全及风险应该给予充分的重视，并对其可能带来的风险有充分的预见性而采取必要的安全评价和防范措施，即使目前没有确实的证据证明该危害必然发生，也应该采取必要的评价和预防措施。在目前无法充分证明转基因食品安全性时，通过预防性措施将可能的风险消除或降至可接受的程度之内，这种不待相关科学知识的发展而先行采取措施的决定，即属“预防原则”。

4. 个案评价原则

个案评价原则即个案分析原则，是指对不同的转基因生物(材料)应进行逐个评估的一种原则，这意味着，不能将某一类特定转基因生物或产品进行生物安全评价的结果和结论任意、无原则地拓展到其他类型的转基因生物及其产品上。由于转基因生物的受体生物(材料)种类不同，转入的外源基因其来源、功能、表达的产物，以及转基因操作的方式均不相同。同时，转基因生物释放的环境也可能存在较大的差异，对不同的转基因生物个案评价的结果并不能完全代表所有转基因生物在不同释放环境下会产生的结果。因此，必须对不同的转基因生物以及在不同的释放环境中的生物安全性进行逐个评价，即使是相同的基因转入相同的受体生物种类，如果采用了不同的基因操作方法，也会导致不同转基因事件的基因插入位点不同，从而引起转基因表达以及对受体原基因组的影响等可能会导致不同生物安全结果的因素发生变化，因此，转基因生物安全评价决不能一概而论。

5. 逐步评价原则

转基因生物及其产品的释放带来的生物安全后果在时空方面有较大的差异。因此，在转基因生物的评价过程中，需要在不同的时空水平上进行，即转基因生物在实验室、中间实验、环境释放和生产性实验水平的生物安全评价几个环节。逐步评价原则要求对转基因生物及其产品依次在每个环节上进行风险评价，并以每一步实验累积的相关数据和结果作为是否进入下一步安全评价的基准。根据逐步评价的原则，每一步的生物安全评价均可能有三种结果：①转基因生物可以进入下一阶段的评价；②转基因生物暂不能进入下一阶段的评价，需要进一步在本阶段补充必要数据和信息；③转基因生物由于生物安全性问题不能继续进行评价。

6. 熟悉性原则

所谓“熟悉”是指对转基因食品受体种类的有关生物学性状、食用历史等背景知识，以及与其他生物种类或环境的相互作用等方面情况的熟悉和了解程度，同时也要求对转入的目的基因在上述各方面有相当程度的了解。这样才能在安全评价过程中对其转基因食品是否会导致风险进行有效及合理的预测。由于对转基因生物及其产品的生物安全风险评价可以在相对较短的时间内完成，但可能需要进行长时间安全监测，这主要取决于对转基因生物的相关背景信息的熟悉程度。熟悉原则并不表示所评价的转基因生物完全无害，而是表明在生物安全评价之前应该对被评价的对象充分的熟悉和了解，以便对该转基因生物可能导致的风险有合理的预测。“熟悉”也是一个动态的过程，不是绝对的，随着人们对转基因生物及其产品的知识和经验的不断积累，对其熟悉性也会逐步加深。

9.4.4 转基因食品安全性评价的方法

国际生命科学学会欧洲分会提出采用等同性和相似性定标法(Safety Assessment of Food by Equivalence and Similarity Targeting，SAFEST)将转基因食品与相应的传统食品比较，然后根据其差别大小，分为三类，再分别进行评价。Ⅰ类转基因食品(SAFEST Ⅰ)，与传统食品极其相同或相似，相同与相似系指与传统食品相比两者生物化学特性一致，差异仅在传统食品自然变异范围之内；对成分复杂的食品来说，相同与相似指两者在食物成分、营养价值、体内代谢途径、在人体膳食中的作用、杂质水平等指标的差异在传统食品已知的变异范围之内。这一类食品则不需进一步进行更多的营养和毒理学评价。Ⅱ类转基因食品(SAFEST Ⅱ)，与传统食品极其相似，但存在某个新成分或新特性或缺乏某一个原有的成分或特性。这一类食品需要对其不同的成分与特性作进一步的分析评价。Ⅲ类转基因食品(SAFEST Ⅲ)，与传统食品既不相同也不相似，这一类食品需要做广泛的毒理学评价。

转基因食品的安全性评价过程可参见图 9-3。

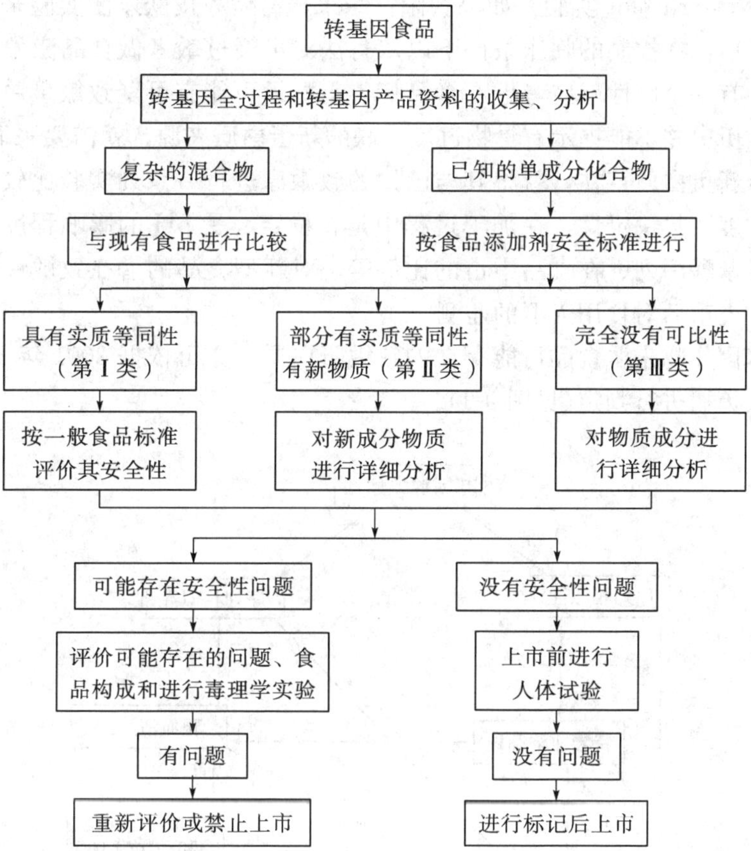

图 9-3 转基因食品的安全性评价过程

在对一种转基因食品进行安全性评估时，应首先了解其背景资料，包括食品名称、来源(动物、植物或微生物)、基因改造方法(宿主、载体、插入基因、重组生产体的特性)、人体摄入量、使用目的及食品成分等，同时确定待评估的实验样品与实际生产的和人类实际消费的食品是否一样。一般从以下几方面的实验来进行安全性评估。

1. 食品毒理学评价方法

国家卫生计生委于 2014 年 12 月发布了食品安全国家标准《食品安全性毒理学评价程序和方法》(GB 15193—2014)，并于 2015 年 5 月 1 日开始实施，其中所规定的内容也适用于转基因食品的安全性评价。食品毒理学评价程序包括：急性经口毒性试验、遗传毒性试验、28 天经口毒性试验、90 天经口毒性试验、致畸试验、生殖毒性试验和生殖发育毒性试验、毒物动力学试验、慢性毒性试验和致癌试验。现在使用的转基因食品安全毒理评价主要是利用动物喂饲试验，同时，转基因食品的毒性评价还需考虑实验动物的广泛性和环境生态效应等内容。

2. 潜在致敏性实验

致敏性实验目的是检测出引起过敏反应的蛋白质。从经证实对可疑食品过敏的病人取血清进行 Western blot 实验，如果获阳性结果，需做人皮肤刺激实验来确认是否存在致敏成分；然后，在控制的临床条件下以双盲法对可疑过敏者做食品激发实验；如果上述三种实验中有一个阳性就应考虑在食品标签上标示可能有可疑致敏蛋白质；如果新型食品或原料的历史并不能提示有食物过敏关联的新蛋白质来源，就需要采取另外的方法。如果检查出有新蛋白质存在，就将其与已知的致敏原进行一系列实验比较，包括分子质量、血浆中浓度、热稳定性、在加工过程中是否稳定、受 pH 的影响程度、受胃肠蛋白酶消化性、氨基酸序列、在食品中占的比例等。对新型食品的潜在致敏性要进行严格的上市前实验和上市后对食用人群的监测。

对于转基因作物来源食品可能存在的致敏蛋白质，亦可依据 2001 年 FAO/WHO 的致敏性评估决策树进行判定(见图 9-4)。

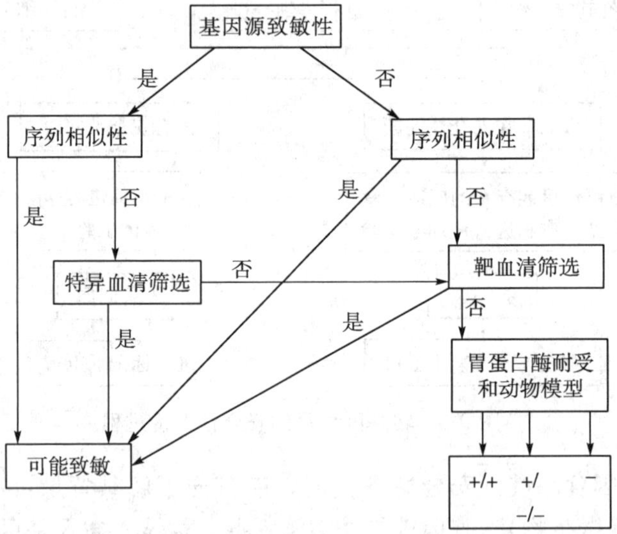

图 9-4　FAO/WHO 用于评估转基因作物来源食品中蛋白质潜在致敏性的决策树(2001)

3. 微生物实验

微生物实验包括微生物定植实验和微生物致病性实验。微生物定植能力通过检测粪便微生物含量来评价，对于本身是活菌或含有活菌的新型食品要对这项指标进行评价，要对已有特定的微生物或人肠道微生物群定植的啮齿类和/或无菌动物进行稳定性和亚急性实验与评价，以便于进行下一步的毒理学实验。微生物致病性实验是针对本身是活菌或含有活菌的新型食品，在生产中要保证菌株没有发生突变产毒且预防其受污染。

4. 对人类的安全性验证实验

对人类的安全性验证实验包括耐受量、对肠道菌群谱和数量的作用以及对生物标记的效应等方面。新型食品和原料上市一定时间后研究其在消费者中产生不良反应的原因，可以进行新型食品安全性的再评价工作，在这方面可以借鉴药品再评价的经验。日本政府对转基因食品进行安全性评估时的试验资料，包括急性毒性、亚急性毒性、慢性毒性、生殖毒性、肠道毒性和致变异、致癌试验结果。

9.4.5 转基因食品的检测

由于转基因物质有可能在耕种、收获、运输、储存和加工过程中混入食品中，造成偶然污染。因此，不论是对转基因食品贴标签，或是对转基因与非转基因原料进行分别输送，对转基因原料和转基因食品的检测都是必不可少的；要区分转基因与非转基因食品，对转基因食品进行选择性标记、对食品中转基因含量的多少加以限制，也需要准确有效的检测技术。

转基因食品的检测是对转基因食品进行确定、生产和管理的必要手段，实质是检测转基因产品中是否存在外源 DNA 序列或重组蛋白产物。转基因农作物的种类多、数量大，检测难度很大。与庞大的植物基因组相比，转基因作物中外源 DNA 的含量很低，要求更高灵敏度的检测技术。

目前国际上对植物性转基因食品的检测采用的技术路线有两条，一是检测插入的外源基因，主要应用 PCR 法、Northern 杂交、Southern 杂交和生物芯片技术、X 射线荧光分析法等；二是检测表达的重组蛋白，主要采用 ELISA 法、Western blot 及生物学活性检测等。

9.5 转基因食品的管理与法规

9.5.1 转基因食品管理的主要内容

转基因食品管理体系包括安全性认证、品种管理和强制性标签三部分。

1. 安全性认证

在转基因食品中进行外源基因的鉴定并不困难，但由于转基因产品的复杂性和多样性，进行安全性认证并不是简单地进行基因鉴定或者进行毒理试验，食品安全性毒理学评价也不能完全排除潜在危害的可能性。因此，不能把安全评估认为是单纯的检验问题，更不要期望经过检验就能够有效地进行安全性控制。对转基因食品的安全性评估是一项综合性的管理措施，对它们的进出口管理则更为复杂，一般可以从以下三个方面来考虑。

(1)生产商提供证明。转基因产品必须通过所在国政府的安全性评估，并经所在国主管部门正式批准，在本国进行过商业性销售。生产商应提供足够的证据来证明该转基因食品是安全无害的，这些证明可以由生产厂商提供，也可以由国际认可的科学研究部门或其他有资格的检验机构提供。

(2)国际上的接受程度。转基因食品在世界各国被接受的程度是一个比较重要的参考因素。一般情况下，被广泛接受的产品较为可信，其安全性方面的风险较小。

(3)进口国官方机构的评估。由于转基因食品的安全性关系到消费者的安全和健康，进口国官方的主管部门应该对进口转基因食品实行强制性的安全性评估。

2. 品种管理

品种管理是转基因食品管理的基础，具有十分现实的意义。转基因生物作为原料通过食品加工体系迅速地扩散，如果对原料品种没有进行必要的管理，就无法确定最终产品中是否含有转基因成分。

(1)品种划分。从遗传学的角度来看，DNA序列在一定程度上具有差异的动植物就可以认为是不同的品种；对于来源于同一母体，但经不同的基因重组方式导入具备不同特性或者不同序列的异源DNA片段后也可以认为是不同的品种。导入异源DNA片段的特性以及在受体中的位置是划分品种的基础。

(2)品种命名。为了有效地对转基因生物进行品种管理，有必要对传统商品名称的命名方式进行改进。例如，经过基因重组具备抗病毒特性的美国加州小麦，就不能再称为美国加州小麦，也不能笼统地称为抗病毒美国加州小麦，应该将经过基因重组所具备不同DNA特征作为品种名称的一部分，或者在品种名称中缀以品种代号，当然这些品种代号必须有唯一性，代号及所代表的意义必须事先向管理当局备案并获得认可。

(3)品种纯度验证。对转基因农作物，生产商应提供品种的特征资料，包括该DNA特征描述、序列谱、验证方法，并具体说明品种改良的目的。有些出于商业上的考虑不愿意提供DNA序列谱的，也可以只提供验证品种纯度的检验方法，或者提供验证品种的试剂盒。

3. 强制性标注

针对各类转基因食品或含转基因成分的食品，应实行标签制度，标签内容应包括：转基因生物的来源、过敏性、伦理学考虑、不同于传统食品(如成分、营养价值、效果)。如我国现行的标识制度将转基因动植物(含种子、种畜禽、水产苗种)和微生物，转基因动植物、微生物产品、含有转基因动植物、微生物或者其产品成分的种子、种畜禽、水产苗种、农药、兽药、肥料和添加剂等产品，直接标注为“转基因××”；将转基因农产品的直接加工品，标注为“转基因××加工品(制成品)”或者“加工原料为转基因××”；将用农业转基因生物或用含有农业转基因生物成分的产品加工制成的产品，但最终销售产品中已不再含有或检测不出转基因成分的产品，标注为“本产品为转基因××加工制成，但本产品中已不再含有转基因成分”或者标注为“本产品加工原料中有转基因××，但本产品中已不再含有转基因成分”。而根据巴西2003年颁布的联邦标签法，由转基因有机物超过1%的原料生产的食用油，尽管不能测得转基因DNA，也须在产品标签上标注代表转基因产品的黄色 T 字形标志(图 9-5)。截至 2015 年，包括欧盟、俄罗斯、中国、巴西、澳大利亚、土耳其和南非在内的 64 个国家执行消费者对转基因食品的知情权，要求在其产品标签上标注转基因成分(具体国家见附表 2)，而美国在这方面则相对宽松，对转基因食品实行自愿标识制度。

图 9-5 转基因产品的黄色 T 字形标志

9.5.2 国外对转基因食品的管理

基于转基因食品安全的潜在不确定性，世界各国政府都加强对转基因食品的管理。根据管理方法的区别可以分为 3 种类型：①以美国和加拿大为首的对转基因食品采取实用、以科学为依据的管理办法；②以欧盟为首的采取十分严格、警惕的管理办法；③日本、澳大利亚以及新西兰等国的管理办法居于前两种之间。国际经济合作与发展组织成员国家对转基因生物体及食品的管理办法也是不一样的，特别是美国和欧盟之间存在很大的差异。目前有关转基因食品管理的国际性法规主要有《生物多样性公约》(1992 年在巴西联合国环境与发展大会上通过)、《生物安全议定书》(2003 年 9 月生效)、《国际食品法典》及《WTO 协议》。

1. 美国

美国对转基因食品的管理较为宽松，采用以产品为基础的管理模式，其指导思想是认为转基因技术和生产普通食品技术并无本质区别，对于任何食品都只应考察其本身是否危害人类健康，而不论其是否为转基因技术产品。美国生物技术食品主要由美国食品与药物管理局(FDA)、美国环境保护署(EPA)和美国农业部(USDA)负责检测、评价和监控。其中，FDA 负责植物新品种的加工食品和饲料的安全性，进行转基因食品和食品添加剂以及转基因动物、饲料、兽药的安全性管理，确保转基因食品对人类健康的安全。除此之外，FDA 还需要对植物新品种(包括转基因作物)生产的食品(包括动物饲料)的安全性以及营养价值进行咨询与评价，负责转基因生物和含有转基因成分的食品上市前审批管理，也对转基因食品标识提供指导；EPA 通过建立杀虫剂容许量标准来管理转基因食品作物杀虫剂的使用和安全，任何含有杀虫剂的转基因食品农作物都必须经过环保局的审批；USDA 主要由其下属的动植物卫生检验检疫局和食品安全检查局对转基因产品进行管理，分别负责田间释放和商业化释放许可证的发布与保证转基因肉类、家禽和蛋类作为食品的安全卫生、有益健康及准确标识等消费安全。

美国对转基因食品安全管理的基本办法和主张基于1986年美国国会科技政策办公室颁布的《生物工程产品管理框架文件》。该文件强调转基因作物或产品与非转基因作物或传统产品没有本质区别，此类产品的管理应该不是在其生产过程，而是应以最终产品和个案分析为基础。1992年FDA颁布了《食品安全和管理指南》，以保证FDA对那些通过现代生物技术所生产的食品和食物成分进行管理的权利。这与联合国粮农组织(FAO)、世界卫生组织(WHO)和美国国家科学院(NAS)对新食物管理的原则是一致的，即一种新食物的研制方法，例如生物技术，并不能作为决定这种新食物安全性的因素，安全性的评价应根据"实质等同性"原则来进行。转基因食品要接受FDA的食物销售法规的管理，加入食物中的物质应按食品添加剂的要求进行上市前审批。FDA同时认为，由于重组DNA技术等的快速发展，管理方针应具有足够的灵活性，以便允许随着技术革新而做必要的修改。1997年FDA重申并公布了转基因食品咨询程序指南，要求开发商向FDA提交基于实验数据的安全性及营养性评估报告，报告内容包括转基因食品或农作物的名称，引入基因的来源、身份、功能等信息，引入基因所表达的产物身份、功能等信息，基因修饰的预期目的及在该食品中表现的特性，针对物质已知或可疑的过敏性和毒性，得出判断该产品安全的证据资料，该转基因食品与原来未经转基因化的同类食品在成分、特性上的比较，尤其是重要的营养成分、毒性等方面，然后要组织企业与FDA的专家们讨论这些支持评估的实验数据和信息。2000年1月7日美国政府对转基因玉米的种植颁布了限令，以防止害虫对转基因玉米中毒素形成耐药性。2001年1月出台了《转基因食品管理草案》，规定来源于植物且被用于人类或动物的转基因食品在进入市场之前至少120天，生物工程制造商必须向FDA提出申请，并提供此类食品的相关资料，以确认此类食品与相应的传统产品相比具有等同的安全性。2004年出台了企业利用新植物作为食品的指南草案。2006年FDA又颁布了关于非抗虫性转基因植物的蛋白质用做食品的早期安全性评价草案。对于使用转基因技术的企业，美国也出具了一些指南，以此帮助企业安全使用转基因技术以及转基因技术生物体。

美国采取转基因食品自愿标识的管理办法，如果与健康有关的特性(如食品用途、营养价值)发生改变时，或以转基因原料生产的该食品的原有名称已无法描述该食品的新特性时，也就是不具备和传统食品的实质等同性，需要进行标识。

2. 欧盟

欧盟国家对转基因食品的管理较为严格，采用以工艺过程为基础的管理模式，其指导思想是认为重组DNA技术有潜在危险，凡是由此获得的转基因生物，都要接受安全性评价和监控。对转基因食品采取预防原则，对包括转基因食品在内的整个重组DNA技术进行监督管理。对转基因食品进行标识管理也是由欧盟最早提出的。

欧盟在1990年颁布的转基因生物管理法规(220/90号指令)，确定了转基因食品标识管理框架。1997年《新食品法》规定，如果经基因工程修饰使得新食品或食品成分不再等同于已经上市的食品，则应对该基因工程食品加贴特殊标签，据该法规，所有含有可以检测到的转基因成分(DNA或蛋白质)的食品都必须加贴标签。标签内容应包括转基因生物的来源、过敏性、伦理学考虑、不同于传统食品（成分、营养价值、效果等）。1998年欧盟增补了“标签指南”，规定来自于转基因豆类和玉米的食品必须附上标签。1998年通过有关由转基因生物制成的特定食品的强制性标签条例1139/98号指令，在2000年得到进一步修正和补充，称为49/2000号条例。2000年通过了有关含有转基因生物体或经基因改变制成的添加剂和调味品的食品和食品成分的标识50/2000号指令。2002年生效的2001/18号《转基因生物环境释放指示》规定了对转基因生物体和包含转基因生物体的产品进行的试验、商业化种植、上市销售必须具备的条件。一种转基因食品要想在欧盟上市销售，要经过成员国和欧盟两个层次的批准。申请者首先要向某成员国的主管机构提出申请，由该国主管机构对其进行风险评估。欧盟议会于2003年通过了有关转基因食品和动物饲料的新法规，强制对所有转基因食品进行标识。欧盟成员国的农民被允许播种转基因作物用于商业销售，欧盟将简化和统一转基因产品的上市审批程序，还规定转基因物质含量在0.9%以上的所有转基因产品，包括农作物、食品、动物饲料和植物油等，必须清楚地表明“本产品为转基因产品”。如果混入了欧盟食品安全局认为不具有风险但尚未批准上市销售的转基因材料，则只有含量低于0.5%且已经存在检测手段时，才可以不进行标识，但需要通过欧盟委员会通知其他成员国。2004年1月14日，欧委会发布的65/2004号法规，建立了制定和分配转基因生物唯一标识的系统。欧洲议会和理事会2009年5月6日发布的2009/41/EC号指令，是关于旨在保护人体健康和环境的转基因微生物封闭使用的一般措施。2015年3月11日发布的2015/412号指令，修正了关于成员国限制或禁止在其领土上种植转基因生物的2001/18/EC号指令，让成员国自行决定是否限制或者彻底禁止在它们国土上种植转基因植物。

尽管欧洲各国政府对转基因食品的态度比较谨慎，但并没有妨碍他们在生物工程技术领域的研究。无论是科研投入还是科研成果，欧洲都走在世界前列。欧洲市场上难以见到转基因食品主要与消费者对转基因食品的谨慎态度有关。

3. 日本

日本政府对转基因食品参考欧盟和美国的管理模式，采用了介于两者之间的既不过分严格也不过于宽松的管理方式，采取了基于生产过程的管理措施。1998年日本宣布对含有转基因食品加贴标签的初步计划。1999年农林水产省出台了以进口大豆和玉米为主要原料的24种产品标签标示的规范标准，对转基因和非转基因食品原料进行分别运输的管理系统，控制转基因原料的混入率为5%以下。从2000年起日本以玉米为原料的大型食品企业全部使用非转基因的原料，并且用非转基因饲料生产牛肉和牛奶。

按照转基因生物体的特性和用途，日本把生物安全管理分为实验室研究阶段的安全管理、环境安全评价、饲料安全评价和食用安全评价。科学技术局制订的《重组DNA实验指南》对实验室和封闭温室内转基因生物体的研究进行规范管理，从源头上避免转基因生物带来的潜在风险。日本的农林水产省主要负责转基因生物体的环境安全性评价，厚生省和内阁办公室安全委员会依据《转基因食品和食品添加剂安全指南》对转基因食品和转基因食品添加剂是否安全进行评价。评价内容主要有受体植物的安全性、外源基因的特性、新表达蛋白的特性、新表达蛋白的安全性、转基因食品的营养变化和加工过程。

日本《转基因食品标识法》于2001年4月1日正式生效，该标识法对已经通过日本转基因安全性认证的大豆、玉米、马铃薯、油菜籽、棉籽5种农产品及以这些指定农产品为主要原料，加工后仍然残留重组DNA或由其编码的蛋白质食品，制定了具体标识方法。日本对转基因农产品采取强制标识和自愿标识共存的制度，对转基因农产品及其加工食品、不区分转基因与非转基因的农产品及其加工食品进行强制标识，分别表示为“××(转基因)”“××(转基因不区分)”，非转基因农产品及其加工食品进行自愿标识，可表示为“××(非转基因)”。对于食品中含有批准的转基因成分达到5%以上需要强制性标识，而对于未批准的转基因成分，则标识阈值为0。

2000年联合国生物多样性组织(Convention on Biological Diversity)为保护生物多样性不受基因改造生物的潜在风险的危害，针对基因改造生物的跨境移动，制定《卡塔赫纳生物安全议定书》(The Cartagena Protocol on Biosafety)，议定书于2003年9月11日生效。日本于2003年11月21日成为缔约国，为与该议定书接轨，2003年日本国内制定颁布《基因改造生物使用规范之生物多样性确保法》，以此法律作为议定书相关事项最高的规范依据，并以单一立法的方式对所有基因改造生物加以管理。2004年2月19日议定书对日本生效，同时本法在日本国内正式施行，称之为《卡塔赫纳法》。

9.5.3 我国对转基因食品的管理

中国政府在1990年就制定了《基因工程产品质量控制标准》，成为我国第一个有关生物安全的标准和办法；1992年，卫生部颁布了《新资源食品卫生管理办法》(已废止)，规定了转基因食品生产的审批和标识方法；1993年，原国家科学技术委员会发布了《基因工程安全管理办法》(已废止)，对基因工程的定义、安全等级及安全性评价的划定、申报及审批程序等作了规定；1996年，农业部制定了《农业生物基因工程安全管理实施办法》，就农业生物基因工程的安全等级和安全性评价、申报、审批、安全控制措施及法律责任均作了规定，规定生物技术农产品的商品化生产要报农业部批准；2000年国家环保总局组织编制了《中国国家生物安全框架》，提出了生物安全管理体制、法规建设和能力建设方案；2001年国务院颁布实施《农业转基因生物安全管理条例》；2002年1月，农业部发布施行《农业转基因生物安全评价管理办法》、《农业转基因生物进口安全管理办法》和《农业转基因生物标识管理办法》3个配套管理规章，并要求从2002年3月20日起，含有转基因成分的大豆、番茄、棉花、玉米、油菜5种及其产品(如大豆油)需要标明转基因成分才能加工和销售；2002年4月，卫生部颁布的《转基因食品卫生管理办法》(已废止)，就转基因食品的食用安全性和营养质量评价、申报与批准、标识、监督等进行了管理；2002年8月，我国正式核准加入联合国《卡塔赫纳生物安全议定书》，推动了我国的生物安全管理；2004年，国家质检总局发布了《进出境基因产品检验检疫管理办法》；2006年1月16日农业部为了进一步加强转基因生物的审批管理，发布了《农业转基因生物加工审批办法》，明确了从事农业转基因生物加工应具备的条件，提出从事农业转基因生物加工的单位和个人应当取得加工所在地省级人民政府农业行政主管部门颁发的农业转基因生物加工许可证；2015年新修订并实施的《食品安全法》对食品安全的风险检测与评估、许可、记录、标签以及跟踪、召回制度和法律责任等都作了详细规定，也对转基因食品标示及法律适用等问题进行了明确规定，为我国转基因食品安全的监管和保障提供了宏观依据。

我国也建立了转基因生物安全管理技术支撑体系，设立国家农业转基因生物安全委员会，负责转基因生物安全评价和开展转基因生物安全咨询工作。农业部负责制定农业转基因生物安全评价标准和技术规范，认定农业转基因生物技术检测机构。另外，我国还建立了转基因生物安全监管体系。国务院建立了由农业、科技、环保、卫生、食品药品、检验检疫等 12 个部门组成的农业转基因生物安全管理部际联席会议制度，负责研究和协调农业转基因生物安全管理工作中的重大问题。农业部设立了农业转基因生物安全管理办公室，负责农业转基因生物安全评价管理工作。县级以上地方各级人民政府农业行政主管部门负责本行政区域内的农业转基因生物安全的监督管理工作。县级以上各级人民政府有关部门依照《食品安全法》的有关规定，负责转基因食品安全的监督管理工作。

1. 管理范围

农业转基因生物的安全管理包括从实验研究到市场销售全过程，即在实验研究、试验、生产、加工、经营和进出口活动的每一个环节，都必须根据条例及其配套管理办法的规定对农业转基因生物实施安全管理。

2. 主要管理制度

1)安全评价制度

凡在中国境内从事农业转基因生物的研究、试验、生产和进出口活动，都必须进行安全性评价。安全性评价按照动物、植物和微生物三个类别，根据安全等级Ⅰ(该转基因活生物体及其产品的开发工作对生物多样性、生态环境和人体健康尚不存在危害)、Ⅱ(该转基因活生物体及其产品的开发工作对生物多样性、生态环境和人体健康具有低度危险)、Ⅲ(该转基因活生物体及其产品的开发工作对生物多样性、生态环境和人体健康具有中度危险)、Ⅳ(该转基因活生物体及其产品的开发工作对生物多样性、生态环境和人体健康具有高度危险)的不同以及实验研究、中间试验、环境释放、生产性试验和申请安全证书 5 个不同的阶段进行报告和审批。国家农业转基因生物安全委员会负责农业转基因生物的安全评价，并对农业转基因生物安全管理的政府决策提供技术咨询。该办法还规定了申报与审批程序、安全评价与技术监测规范以及各级农业行政主管部门的监管责任。该制度适用于所有农业转基因生物的安全性评价，只有经过批准后才能开展相应的工作。

2)生产许可证制度

所有研发单位在开展转基因植物种子、种畜禽、水产苗种的生产应用时，只有在安全评价的基础上，获得了相应转基因生物的生物安全证书，并申请取得农业部颁发的种子、种畜禽、水产苗种生产许可证，才能开展相应的生产活动。

在 2001 年 5 月 23 日(2011 年修订)国务院发布实施的《农业转基因生物安全管理条例》第十六条中规定了农业转基因生物安全证书的申请程序：从事农业转基因生物试验

的单位在生产性试验结束后，可以向国务院农业行政主管部门申请领取农业转基因生物安全证书。试验单位提出前款申请，应当提供下列材料：农业转基因生物的安全等级和确定安全等级的依据；农业转基因生物技术检测机构出具的检测报告；生产性试验的总结报告；国务院农业行政主管部门规定的其他材料。国务院农业行政主管部门收到申请后，应当组织农业转基因生物安全委员会进行安全评价；安全评价合格的，方可颁发农业转基因生物安全证书。

3)经营许可证制度

转基因植物种子、种畜禽、水产苗种经过安全性评价获得了相应的生物安全证书后，所有从事这类转基因生物经营的单位和个人，必须申请并取得农业部颁发的种子、种畜禽、水产苗种经营许可证，才能从事相应的转基因生物经营活动。

4)标识制度

凡在中国境内销售列入农业转基因生物标识目录的农业转基因生物，必须实行标识，未标识和不按规定标识的，不得进口或销售。标识目录由农业部会同国务院有关部门制定、调整并公布。出于对食品安全的考虑，中国政府对转基因食品上市的态度十分慎重。

2002年，农业部发布了《农业转基因生物标识管理办法》，制定了首批标识目录，包括大豆、油菜、玉米、棉花、番茄5类17种转基因产品。国内批准商业化生产仅有棉花和番木瓜，批准进口用作加工原料的有转基因大豆、玉米、棉花、油菜和甜菜，这些是在国内市场能见到的转基因农产品，与首批标识目录基本一致。2015年新修订的《食品安全法》规定生产经营转基因食品应当按照规定显著标示，并赋予了食品药品监管部门对转基因食品标示违法违规行为的行政处罚职能。

5)进出口管理制度

对进口农业转基因生物按照用于研究试验、用于生产、用作加工原料三种类型实施安全管理，根据不同的类型制定了相应的管理措施和规定。例如，境外公司向中国出口农业转基因生物用作加工原料的，首先由境外研发商提出申请，经农业部委托的技术检测机构进行环境安全和食用安全检测，并经过国家农业转基因生物安全委员会评价合格后，由农业部颁发农业转基因生物安全证书，在采取一定安全控制措施的情况下，可以出口到我国。

虽然已经颁布和实施了相关管理制度，我国在转基因食品管理上仍需要加强的方面，如对转基因食品的风险分析研究还很不够，检测技术不能满足转基因食品增长的需要；有关转基因食品管理的法律法规众多，各个法规之间的协调性不足；在转基因食品的管理上，我国转基因食品安全管理主要由农业部负责，农业部颁布条例、办法等对转基因食品安全进行规定，并对新的转基因食品进行审批，但是卫生部、科技部以及国家环保局都介入了转基因食品安全管理，存在部门分割、政出多门、多头管理的局面，且各个部门协调性不足，使转基因食品安全管理没有形成一个统一协调、全面有效的管理机制。在今后，健全转基因食品检测、评估体系；加快制定我国的《生物安全法》以及相应的转基因标识管理法规；加大执法力度，提高转基因食品管理法规的效率。

9.6 转基因食品的伦理问题

在人类的科技发展史上，也许除了克隆人技术，还没有哪一种技术的发展像转基因技术那样，引起人们如此广泛的关注和争议。随着人类社会步入乌尔里希·贝克所说的"风险社会"，可以想见，这种类似的争论将会越来越多；人们围绕那些有可能带来巨大利益、同时又具有不可预料的巨大风险的尖端技术而展开的争论，将主要不是一种技术上的争论，而更多的是一种伦理、政治和决策方面的争论。

2012 年 8 月一篇发表在《美国临床营养学杂志》上的论文指出，在针对中国 25 名 6~8 岁儿童的人体试验后，得出的结论是黄金大米与维生素 A 胶囊的效果相当。此次"黄金大米"事件再次引发了社会各界对转基因食品伦理问题的反思。

1. 转基因食品的主要伦理问题

1)转基因食品是自然的还是非自然的问题

自然和生态系统都具有整体性，转基因作物/转基因食品对生态整体性的影响将是一个突出的问题。一旦自然的整体性被打破，人类可能面临不可预知的灾难。而且，人类对自然的干预要遵循自然本身进化的规律。

2)转基因食品的安全性问题

安全性问题是转基因食品伦理问题的核心，争论也最激烈，分歧也很大，其他伦理问题如标识问题、人体实验问题、商业化问题都同其密切相关。虽然转基因食品安全性问题讨论得最充分，解决得也较好，但用伦理学的基本理论或原则进行全面、深入的分析还很欠缺。

3)人体实验问题

人体实验问题主要是考虑对人体健康的安全，即食品的安全性。转基因食品安全性的核心问题是对人类健康的影响。为了弄清转基因食品对人类健康的影响尤其是长期影响和累积效应，更需要对转基因食品进行人体实验，但又涉及伦理问题。

4)标识问题和知情选择问题

对转基因食品进行标识是为了尊重消费者的知情选择权，对转基因食品的标识在伦理上的分歧并不大。

5)基因专利、利益分配和国际合作问题

基因专利中的核心问题是，是否应该给基因授予专利权，是否应该给转基因作物和转基因动物的品种授予专利权，如何解决基因专利中的利益分配不公问题。

6)商业化问题

上述的五个伦理问题，都同这一问题密切相关，或最终的目的是来分析和判断转基因食品是否应该商业化。商业化的两个核心问题是风险-收益的权衡问题和利益的公正分配问题。

2. 转基因食品研究和商业化的伦理原则

由于转基因食品可能具有潜在的危险，转基因食品商业化会涉及各方的利益，因此，转基因食品研究和商业化应遵循一定的伦理原则。

1)安全性原则(不伤害原则)

对转基因食品的管理应当把确保人类健康和生态安全放在第一位。目前虽然没有足够的科学证据表明个别的转基因作物或转基因食品对人类健康和环境有不利影响，但也没有证据表明长期食用转基因食品对健康没有任何积累和间接的负面影响，尤其是大量种植转基因作物对野生生物产生不良影响的可能性更不能排除。对转基因食品的研究和经营活动，首先要进行安全性审查，并对研究和经营过程进行监测，随时根据监测结果调整对研究和经营活动的管理。

2)风险收益原则

转基因食品商业化有一定的风险性，在获得收益的同时，尽量将风险降到最低，实现效益最大化，危害最小化。

3)公正原则

政府在增进转基因食品给国家、社会和个人带来利益的过程中，还应当努力促进利益分配的公正。如对和转基因有关的专利，既要保护知识产权，又要有利于先进技术的推广与应用；要注意平衡各阶段研究者之间的相对利益，避免造成严重的利益冲突；尤其要慎重考虑农民、农业、农村的利益；在涉及转基因技术的国际关系上，还应在发达国家与发展中国家之间建立平等、公平和公正的关系。

4)尊重原则

政府对转基因食品的管理活动应当尊重民众对转基因技术的不同态度，尊重他们的知情选择权。政府在对转基因食品的管理活动中应当要求转基因食品的销售者、提供者公开有关转基因食品的真实和全面的信息，明确告知消费者食品是否含有转基因成分，这种成分来源于微生物、植物还是动物，使公众和消费者可以根据自己的信念和偏好自主选择。

5)参与原则

应当鼓励和安排有关的专家学者和公众参与对转基因食品的管理活动，制定有关转基因食品的公共政策和法律法规；和转基因食品的利益相关者进行讨论、协商，包括研究者、生产者、资助者、医生、植物学家、动物学家、环境学家、环境保护工作者、消费者、农民代表、哲学家、伦理学家、法学家等；对转基因食品的具体管理过程也要有专家、公众和消费者参与。

我国应当逐步完善在食品、药品领域进行科学研究、科学试验的伦理制度建设及其法制化进程，使我国在这一领域的管理工作能够充分保障公众食品药品安全，并与这一领域的国际管理制度接轨。而这一系列制度建设的核心就是建立我国的《生命伦理法》，使伦理委员会在法律框架下实践这一领域的伦理审查，对违法者追究法律责任，真正做到对受试者和公众的保护。

转基因食品作为一种不同于“天然食品”的新产品，在解决人类由于人口急剧膨胀、环境恶化、能源危机引起的重大问题方面具有积极作用，但同时也引发了人们对其安全性的担忧。这些都是很正常的现象，任何新生事物都有一个被逐步认识的过程。由于当前转基因技术自身的不完善性，利用该技术生产的转基因食品也面临着诸多需要解决的问题，如技术问题、安全性问题、伦理问题，但毋庸置疑，利用转基因技术生产食品将对人们的生活产生巨大而深远的影响。

思考题

1. 简述转基因食品的定义及分类。
2. 简述转基因生物的安全问题。
3. 转基因食品潜在的安全性问题主要有哪些?
4. 转基因食品安全性评价的必要性?
5. 如何对转基因食品进行安全性评价?
6. 简述我国如何对转基因食品进行管理。
7. 转基因食品存在哪些伦理问题?

参考文献

白新鹏. 2009. 食品安全热点问题解析[M]. 北京：中国计量出版社.

顾秀林. 2011. 转基因战争：21世纪中国粮食安全保卫战[M]北京：知识产权出版社.

李久辉，王磊. 2015. 从"黄金大米"事件到西方伦理委员会制度建设的思考[J]. 山东社会科学，1：164-167.

林影，石磊，杜红丽. 2008. 食品与基因工程. 北京：化学工业出版社.

毛新志. 2006. 转基因食品研究与发展的哲学反思——从不可持续发展向可持续发展的转换[J]. 中国医学伦理学，19(5)：20-22.

史贤明. 2003. 食品安全与卫生学[M]. 北京：中国农业出版社.

台湾经济研究院生物科技产业研究中心. 2013. 主要国家基因改造作物管理体系研究报告[R]. 台北：台湾经济研究院生物科技产业研究中心.

许文涛，贺晓云，黄昆仑，等. 2011. 转基因植物的食品安全性问题及评价策略[J]. 生命科学，23(2)：179-185.

杨玉珍，刘开华. 2012. 现代生物技术概论[M]. 武汉：华中科技大学出版社.

赵兴绪. 2009. 转基因食品生物技术及其安全评价[M]. 北京：中国轻工业出版社.

Alison V E，Bruce C，Nicholas K，et al. 2014. The Potential Impacts of Mandatory Labeling for Genetically Engineered Food in the United States. Council for Agricultural Science and Technology (CAST). 54 (April). ISSN 1070-0021.

FDA takes several actions involving genetically engineered plants and animals for food. www. fda. gov. Retrieved，2015-11-19

Leon B. 2011. Chemical Food Safety[M]. Wallingford：CAB International.

Michelini E，Simoni P，Cevenini L，et al. 2008. New trends in bioanalytical tools for the detection of genetically modified organisms：an update[J]. Analytical and bioanalytical chemistry，392(3)：355-367.

Where in the world are GM crops and foods? Canadian Biotechnology Action Network (CBAN)'s report. Published March 19，2015.

第 10 章　食品毒理学与安全性评价

食品毒理学(food toxicology)是研究食品中外源化学物质的性质、来源与形成，以及它们的不良作用与可能的有益作用及其机制，确定这些物质的安全限量和评定食品安全性的一门科学。食品毒理学的目的就是从毒理学的角度，研究食品中可能含有的外源化学物质对食用者健康的危害，检验和评价食品(包括食品添加剂)的安全性或安全范围，从而达到确保人类健康的目的。食品毒理学是食品安全性的基础，可为食品安全性评估和监控提供详细和确凿的理论依据。

10.1　食品毒理学基本原理

10.1.1　毒理学基本概念

1. *毒物*

一般认为，在一定条件下，较小剂量即能够对机体产生损害作用或使机体出现异常反应的外源化学物质称为毒物(toxicant)。毒物可以是固体、液体和气体，在与机体接触及其他途径进入机体后，主要通过化学损伤使生物体受到损害，干扰或破坏机体的正常生理功能，导致暂时性或永久性的病理损害，甚至死亡。

“毒物”一词的概念实际上很模糊，因为毒物与非毒物之间并无绝对界限，二者之间常常可以互换。例如，铜和锌是体内的必需微量元素，但摄入过量的铜或锌可引起呕吐或生理功能紊乱；摄入适量维生素 A 可预防夜盲症，过量摄入则会引起中毒；蛇咬伤人后蛇毒通过伤口进入机体，使人中毒，甚至死亡，而对于消化道无损伤的人其经口饮下蛇毒后则不会发生中毒。正如瑞士医师 Paracelsus(1493～1541 年)所说：“所有物质都是毒物，不存在任何非毒物质，剂量决定了一种物质是毒物还是药物；另外一个重要条件是接触方式”。化学物质的毒性决定于化学物质的种类、接触途径、接触时间、接触频率和化学物质发生作用的环境条件等。按用途和分布范围可将毒物分为以下 9 种。

(1)工业毒物，包括生产时使用的原料、辅助剂以及生产中产生的中间体、副产品、杂质、废弃物和成品等。

(2)食品有毒物质，包括天然的或食品变质后产生的各种毒素，以及各种食品添加剂，如发色剂、防腐剂、护色剂。

(3)环境污染物，如生产过程产生的废水、废气和废渣。

(4)日用化学品，如洗涤用品、家庭卫生防虫杀虫用品等。

(5)农用化学品，包括化肥、农药、植物生长调节剂、兽药和饲料添加剂等。

(6)医用化学品，包括用于诊断、预防和治疗的化学物质，如血管造影剂、医用消毒剂。

(7)生物毒素(biotoxin)，也称为毒素，是由活的生物体如微生物、动物或植物产生的一种特殊毒物。根据来源不同可分为动物毒素、植物毒素、霉菌毒素、细菌毒素等。动物产生的毒素如蛇毒、蜂毒、蟾蜍毒、蝎毒；植物产生的毒素如生物碱、毒肽与毒蛋白；霉菌毒素如黄曲霉毒素；细菌产生的毒素如伤寒杆菌毒素、结核杆菌毒素、痢疾杆菌毒素与肉毒杆菌毒素。

(8)军事毒物，如芥子气、沙林、路易氏气。

(9)放射性核素，如^{40}K、^{131}I。

此外，还可按毒物毒性作用的靶部位、毒性作用性质和化学结构或理化性质进行分类。

2. 毒性

毒性(toxicity)是指外源化学物质与机体接触或进入人体易感部位后引起损害作用的相对能力。毒性是物质的一种内在的、不变的性质，它取决于物质本身的性质，尤其是化学结构。毒性越强的物质，导致机体损害所需要的剂量或浓度越小，而毒性越弱的物质，则导致机体损害所需剂量或浓度越大。由此可见，毒性反映的是毒物的剂量或浓度与机体反应之间的关系。因此，毒理学的一个基本原则和首要目的就是要对毒性进行定量。

除接触的剂量外，接触方式的不同也会影响外源化学物质的毒性，如接触途径、接触期限和频率。

(1)接触途径。外源化学物质可经多种途径与机体接触，如经口、皮肤、呼吸道以及各种注射途径，不同途径的吸入系数(即入血量与接触量之比)不同。例如，经静脉注射的外源化学物质直接入血而被完全吸收，此时吸收系数为1，通常表现出来的毒性也最高；经静脉外途径，吸收系数一般都小于1，因此表现出的毒性也相对较小；经口染毒时，外源化学物质经胃肠道消化吸收后经门静脉系统到达肝脏被代谢，称为首过效应，此时外源化学物质对机体的损害能力与其代谢产物的毒性有关。

(2)接触期限和频率。毒理学一般将动物试验按染毒期限的长短分为急性、亚急性、亚慢性和慢性毒性试验。外源化学物质的急性染毒与较长时间染毒的毒性一般表现不同，前者迅速而剧烈，后者相对缓慢，除此之外动物中毒的本质也不同，如黄曲霉毒素急性中毒时动物主要病变在肝脏，表现为肝细胞变性、坏死、出血、胆小管增生等；长期连续摄入黄曲霉毒素后，可造成动物生长发育迟缓、体重下降以及诱发原发性肝癌等。

3. 损害作用与非损害作用

外源化学物质与机体接触进入机体，可引起一定的生物学效应，包括损害作用(adverse effect)和非损害作用(non-adverse effect)。外源化学物质毒性具体表现为损害作用，因此外源化学物质的损害作用是毒理学研究的主要对象。在许多情况下，损害作用和非损害作用的区别比较困难，尤其在临床症状出现之前更是如此。

1)损害作用

外源化学物质导致影响机体行为的生物化学改变、功能紊乱或病理损害，或者降低对外界环境应激的反应能力称为损害作用。损害作用会导致机体功能容量的各项指标改变、对额外应激状态的代偿能力降低以及对其他环境有害因素的易感性增高、维持体内稳态的能力下降，使机体正常形态、生长发育过程受到影响、寿命缩短，其所导致的机体生物学改变往往是持久的或不可逆的。

2)非损害作用

一般认为非损害作用造成的机体生物学变化应在机体适应代偿能力范围之内，不降低机体维持稳态的能力和对额外应激状态代偿的能力，不影响机体的功能容量，不造成机体形态、生长发育过程及寿命的改变，同时也不引起机体对外界不利因素的易感性增高，其所导致的机体发生的一切生物学变化都是暂时的和可逆的。

非损害作用经过量变达到一定程度后可发生质变，转变为损害作用。随着外源化学物质的毒作用机制不断被阐明，对损害作用和非损害作用的认识也在不断加深，过去认为是非损害作用的生物学改变将来可能会被判定为损害作用。

4. 毒效应谱

外源化学物质吸收进入机体内引起的毒效应，包括机体对外源化学物质的负荷增加、各种脏器实质性损伤、内分泌紊乱、免疫抑制、神经行为改变、致癌、致畸和致突变等多种形式。效应的范围从微小的生理生化正常值的异常改变到明显的临床中毒表现，直至死亡。毒效应的这些性质与强度的变化构成了外源化学物质的毒效应谱(spectrum of toxic effects)。

在毒理学研究中，通常使用两类不同毒性作用终点来检测外源化学物质引起的各种毒效应。一类为死亡指标，在急性毒性评价中，死亡是常用的主要指标，具有简单和易于观察等优点，缺点是不能反映毒性作用的本质。该指标可作为衡量不同作用部位和作用机制的外源化学物质毒性大小的标准。另一类是特异指标，例如河豚毒素对神经细胞膜的 Na^+ 通道有专一性作用，能阻断神经冲动的传导，使神经末梢和中枢神经发生麻痹，中毒初期表现为感觉神经麻痹，全身不适，恶心、呕吐、腹痛、口唇、舌尖及指甲刺疼发麻，同时引起外周血管扩张，使血压急剧下降，最后出现语言障碍，瞳孔扩大，最终因呼吸和血管运动中枢麻痹而引起死亡。优点是该指标的出现与特定外源化学物质之间有着明确的因果关系，常有助于中毒机制的阐明；缺点是在完成系统的毒理学研究之前，对于一些化学物质尤其是新出现的化学物质常难以确定该指标，而且由于该指标的多样性，难以对不同外源化学物质的毒性大小进行比较。

5. 毒性作用

毒性作用是指当化学物质进入机体后，经过生物转化，化学物质或其代谢产物与生物体发生相互作用，导致生理、病理、生化功能异常而产生的不良或有害的生物效应。

毒性作用一般可分为：

1)毒性作用按化学物质与实验动物的接触时间分

急性接触：化学物质与实验动物的接触时间在24h内，通常为单次给药，接触途径为腹腔注射、静脉注射、皮下注射，灌胃或皮肤涂敷。某些毒作用较轻的化学物质可以在24h内多次给药；亚急性染毒：化学物质与实验动物的接触时间在1个月内；亚慢性染毒：化学物质与实验动物的接触时间在1至3个月范围；慢性染毒：化学物质与实验动物的接触时间在3个月以上。

2)毒性作用按发生时间分

急性毒作用：化学物质与实验动物的接触时间在24h内，毒效应发生时间在2周内。例如，各种腐蚀性化学物质、许多神经性毒物；慢性毒作用：指长期接触小剂量化学物质缓慢产生的毒作用。例如，职业接触的化学物质者多数表现出这种作用；迟发性毒作用：指在接触当时不引起明显病变，或者在急性中毒后临床上可暂时恢复，但经过一段时间后，又出现一些明显的病变和临床症状，这种作用称为迟发性毒作用。例如，许多有机磷农药，具有迟发性神经毒作用。重度一氧化碳中毒，经救治恢复神志后，过若干天又可能出现精神或神经症状；远期毒作用：指化学物质作用于机体或停止接触后，经过若干年，而后发生不同于中毒病理改变的毒作用，例如致癌作用。

3)毒性作用按发生的效应分

局部毒作用：指化学物质引起机体直接接触部位的损伤。多表现为局部腐蚀和刺激作用。例如，腐蚀性物质作用于皮肤和胃肠道，刺激性气体作用于呼吸道都可直接引起局部的正常细胞广泛损害。氯气作用于肺部接触部位，引起肺组织的损伤和肿胀，并可造成死亡，这时，氯气被吸收进入血液很少。

全身毒作用：指化学物质经吸收后，随血液循环分布到全身而呈现的毒作用。大多数化学物质都引起全身毒效应。也有些物质两种类型毒效应都有。许多具有全身作用的毒物，不一定能引起局部作用；能引起局部作用的毒物，则可能通过神经反射或进入血液而引起全身反应。例如，一氧化碳引起机体的全身性缺氧。四乙基铅在皮肤吸收部位对皮肤发生作用，随后进行全身转运，对中枢系统及其他器官产生毒作用。毒物被吸收后的全身作用，其损害一般主要发生于一定的组织和器官系统。受损伤或发生改变的可能只是个别器官或系统，此时这些受损的器官称为靶器官。靶器官并不一定是毒物或其活性代谢产物浓度最高的器官，而是对毒物及代谢产物反应较敏感的器官。例如，铅浓集在骨骼中，但铅的毒性却是由于铅对软组织，特别是对脑影响的结果。有些杀虫剂主要在脂肪中蓄积，但并未发现对该组织产生毒效应。

4)毒性作用按毒作用的性质分

(1)一般毒作用：指化学物质在一定的剂量范围内经一定的接触时间，按照一定的接触方式，均可能产生的某些毒作用，例如，急性作用、慢性作用。

(2)特殊毒作用：接触化学物质后引起不同于一般毒作用规律或出现特殊病理改变的毒作用。特殊毒作用包括：

a. 过敏反应：是机体对外源化学物质产生的一种病理性免疫反应。引起这种过敏性反应的外源化学物质称为过敏源。过敏源可以是完全抗原，也可以是半抗原。

许多外源化学物质作为一种半抗原，当其进入机体后，首先与内源性蛋白质结合形成抗原，然后再进一步激发抗体的产生。当再次与该外源化学物质接触后，将产生抗原-抗体反应，引起过敏症状。例如，青霉素、花粉等过敏。

过敏性反应的产生与发病者的个体敏感性有关。一旦造成致敏状态，再次接触极少量(阈剂量)的化学物质就可能引起过敏反应，因此，引起过敏反应的化学物质没有典型的剂量-反应曲线。过敏损害表现是多种多样的。可以涉及不同的器官系统，其严重程度不等，轻者仅有微弱的皮肤症状，重者出现过敏性休克，甚至死亡。不同生物物种过敏反应的方式不同。人类最常见的是皮肤症状(皮炎、荨麻疹、瘙痒)和眼睛的症状(如结膜炎)，严重时出现哮喘(以细支气管收缩为特征)。豚鼠则以细支气管收缩性窒息最常见。

b. 特异体质反应：是指由遗传决定的特异体质对某种化学物质所产生的异常反应。

特异体质反应包括高反应性和高耐受性，其方式表现为或是对低剂量化学物质异常敏感，或是对高剂量化学物质极不敏感。高敏感性与过敏性反应不同，只要机体接触一次小剂量的该化学物质即可产生毒性作用，不需要预先接触，也不产生抗原-抗体反应。如果以人群作为研究对象，这部分个体称为易感人群。与此相对应的是，有少数个体对某种外源化学物质不敏感，能够耐受远远高于大多数个体所能耐受的剂量，即这些个体具有高耐受性。

c. 致癌作用：指化学物质能引发动物和人类恶性肿瘤，增加肿瘤发病率和死亡率的作用。

d. 致畸作用：指化学物质作用于胚胎，影响器官分化和发育，出现永久性的结构或功能异常，导致胎儿畸形的作用。

e. 致突变作用：也称诱变作用，指化学物质使生物遗传物质DNA发生可遗传性的改变。例如，DNA分子上单个碱基的改变、细胞染色体的畸变。

f. 内分泌干扰作用：指化学物质造成的类似、模拟或拮抗内分泌激素的作用。

5)毒性作用按毒作用损伤的恢复情况分

(1)可逆性毒作用：是指在停止接触毒物后，所受损害可以逐渐恢复的毒性作用。接触的毒物浓度低，时间很短，所产生的毒作用多是可逆的。

(2)不可逆性毒作用：是指在停止接触毒物后，毒作用继续存在，甚至其损害可进一步发展的毒性作用。某些毒作用显然是不可逆的，如致突变、致癌、神经元损伤、肝硬化。

毒效应是否可逆，在很大程度上取决于该中毒损伤组织的再生修复能力。肝脏等组织再生能力很强，因此大部分损伤是可逆性毒效应。而中枢神经系统的损伤，则多数是不可逆性的，因为已分化的中枢神经细胞，不再分裂也无法替换。化学物质的致癌与致畸毒作用，通常一旦发生，则被视为是不可逆性的。

6. 靶器官

外源化学物质进入机体内对各器官的毒作用并不一样，往往具有选择毒性。选择毒性是毒作用的普遍特点，可以发生在物种之间、个体内和群体间。外源化学物质可以直接发挥毒性作用的器官称为该物质的靶器官(target organ)，如脑是甲基汞的靶器官，肾脏是镉的靶器官。毒作用的强弱主要取决于该物质在靶器官中的浓度，然而浓度最高的场所不一定是该物质靶器官，如摄入的铅经消化道吸收后，大部分沉积于骨骼中，但其毒性则是对造血系统、肾脏及神经系统等的作用所致。在全身毒作用中常见的靶器官有神经系统、心血管系统、肝、肾、肺等。某个特定的器官成为毒物的靶器官可能与多种原因有关：该器官的血液供应；器官的功能和在体内的解剖位置；存在特殊的酶或生化途径；对损伤的修复能力；对特异性损伤的易感性；具有特殊的摄入系统；毒物与特殊的生物大分子结合；代谢毒物的能力和活化/解毒系统平衡等。

7. 生物学标志

生物学标志(biomarker)是指研究各种环境(化学的、物理的和生物学的)因子对生物体作用所引起机体器官、细胞、亚细胞的生化、生理、免疫和遗传等任何可测定的改变。可将其分为接触生物学标志，效应生物学标志和易感性生物学标志(图 10-1)。

接触生物学标志(biomarker of exposure)是测定组织、体液或排泄物中吸收的外源化学物质、代谢物或其与内源性物质的反应产物，作为吸收剂量或靶剂量的指标，提供关于接触外源化学物质的信息。接触生物学标志包括反映内剂量和生物效应剂量两类标志物(如化学物质原型、代谢物、血红蛋白加合物等)，用以反映机体生物材料中外源化学物质及其代谢物与某些靶细胞或靶分子相互作用产物的含量。这些接触生物学标志如果与外剂量相关或与毒作用效应相关，可评价接触水平或建立生物阈限值。

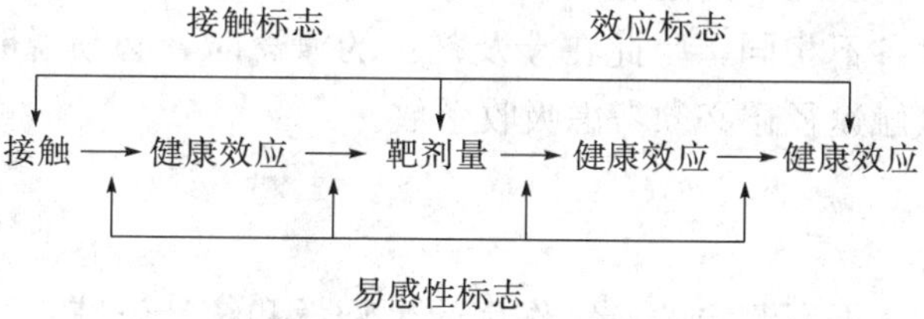

图 10-1 从接触到健康效应的模式图和与生物学标志的关系

效应生物学标志(biomarker of effect)指机体中可测出的生化、生理、行为或其他改变的指标，包括反映早期效应生物学标志、结构和(或)功能改变效应生物学标志及疾病效应生物学标志，提示与不同靶剂量的外源化学物质或其代谢物有关联的对健康有害效应的信息。

易感性生物学标志(biomarker of susceptibility)是关于个体对外源化学物质的生物易感性的指标，即反映机体先天具有或后天获得的对接触外源性物质产生反应能力的指标。如外源化学物质在接触者体内代谢酶及靶分子的基因多态性，属遗传易感性标志物。环境因素作为应激原时，机体的神经、内分泌和免疫系统的反应及适应性，亦可反映机体的易感性。易感性生物学标志可用以筛检易感人群，保护高危人群。

通过动物体内试验和体外试验研究生物学标志并推广到人体和人群研究，生物学标志可能成为评价外源化学物质对人体健康状况影响的有力工具。接触标志用于人群可定量确定个体的接触量；效应标志可将人体接触与环境引起的疾病提供联系，可用于确定剂量–反应关系和有助于在高剂量接触下获得的动物实验资料外推人群低剂量接触的危险度；易感性标志可鉴定易感个体和易感人群，应在危险度评价和危险度管理中予以充分的考虑。

10.1.2 剂量、剂量-效应关系和剂量-反应关系

1. 剂量

剂量(dose)是指给予机体或与机体接触的毒物的数量，是决定外源化学物质对机体损害作用的最主要因素。剂量的概念较为广泛，包括以下几种：

(1)给予剂量：又称潜在剂量，是指机体实际摄入、吸收或应用于皮肤的外源化学物质的量。

(2)应用剂量：是指直接与机体的吸收屏障接触可供吸收的量。

(3)内剂量：又称吸收剂量，是指已被吸收进入体内的量。

(4)送达剂量：是指内剂量中可到达所关注的器官组织的部分。

(5)生物有效剂量：又称靶剂量，是指送达剂量中到达毒作用部位的部分。

虽然外源化学物质对机体损害作用的性质和强度直接取决于其在靶器官中的剂量，但要准确测定体内这些外源化学物质的量是非常复杂的，通常情况下，机体接触或摄入的剂量越大，靶器官中的量也越大，故一般多以暴露剂量作为剂量的概念，通常是用单位体重接触的外源性化学物质的量来表示，如 mg/kg 体重。

同一种外源化学物质经不同途径(胃肠道、呼吸道、皮肤及静脉)与机体接触时，其吸收系数与吸收速度各不相同，因此在涉及剂量的概念时，必须说明其接触的途径。除静脉注射外，其他接触途径还必须考虑吸收系数。

2. 效应和反应

在毒理学研究中根据所测定的有害作用的生物学和统计学特点，将终点分为效应和反应两类。效应(effect)是量反应(graded response)，是指一定剂量的外源化学物质与机体接触后所引起的生物个体、器官或组织的生物学变化，此种变化的程度可以用某种测量数值来表示，如可用乙酰胆碱酯酶活性单位的测量值来表示有机磷农药抑制血液中乙酰胆碱酯酶活性的程度。反应(response)是质反应(quantal response)，是指一定剂量的外源化学物质与机体接触后，引起群体中呈现某种效应并达到一定的比率，如死亡率、致畸率。该效应没有强度的差别，不能以具体的数值表示，而只能以“阴性或阳性”“有或无”等计数资料来表示。

3. 剂量-量反应关系和剂量-质反应关系

剂量-量反应关系(graded dose-response relationship)表示外源化学物质的剂量变化与生物个体中发生的量反应强度变化之间的关系。剂量-质反应关系(quantal dose-response relationship)表示外源化学物质的剂量变化与一个生物群体中质反应发生率高低之间的关系。剂量-量反应关系和剂量-质反应关系是毒理学中的重要概念，两者统称为剂量-反应关系。外源化学物质的剂量增大，其对机体的量反应强度也增加，或出现的质反应发生率也增高，如在急性吸入毒性实验中，随着苯的浓度的增高，各试验组小

鼠死亡率也相应增高。在毒理学研究中，剂量－反应关系的存在被视为受试物与机体损伤之间存在因果关系的证据。剂量－反应关系的得出应有 3 个条件：①该反应是由接触的化学物质所引起的；②反应强度与剂量相关；③有定量测定毒性的方法和准确表示毒性大小的手段。

4. 剂量－反应关系曲线

剂量－反应关系可用曲线表示，即以剂量为横坐标，以表示效应强度的计量单位或表示质反应的百分率或比值为纵坐标，通过绘制散点图所得到的曲线。剂量－反应关系曲线反映了人体或实验动物对外源化学物质毒作用易感性的分布。不同外源化学物质在不同条件下所产生的剂量－反应关系类型有所不同，因而用曲线进行描述时可呈现不同形式的曲线。常见的剂量－反应关系曲线有直线形、抛物线形和 S 形曲线。如果人体或实验动物对外源化学物质易感性完全相同，则在某一个剂量下全部个体都出现相同的毒作用(图 10-2 中 1A)，剂量－反应曲线为图 10-2 中 2A 的形状。S 形曲线是剂量－质反应关系曲线的基本类型，可反映个体对外源化学物质毒作用易感性的不一致性(图 10-2，1B)，少数个体对某种外源化学物质特别易感或特别不易感，则整个群体对此化学物质的易感性呈正态分布，更为常见的剂量－反应曲线是非对称 S 形曲线(图 10-2，1C)，非对称 S 形曲线反映个体对某种化学物质的毒作用易感性成偏态分布(图 10-2，2C)。S 形剂量－反应曲线的特点是在低剂量范围内，反应率增加较为缓慢，当剂量继续增加时，反应率开始迅速增加，但当剂量达到某一较高水平时，反应强度增加又趋向缓慢。曲线开始平缓，继之陡峭，然后又趋平缓，成为 S 形(图 10-2，2B)。在 S 形曲线中间部分，即 50%反应率附近的斜率最大，在此剂量范围内，剂量略微变动，反应即有较大增减。剂量与反应率的关系是相对恒定的，因而常用反应率为 50%的剂量来表示外源化学物质的毒性大小，如半数中毒剂量(TD_{50})、半数致死剂量(LD_{50})和半数效应剂量(ED_{50})。

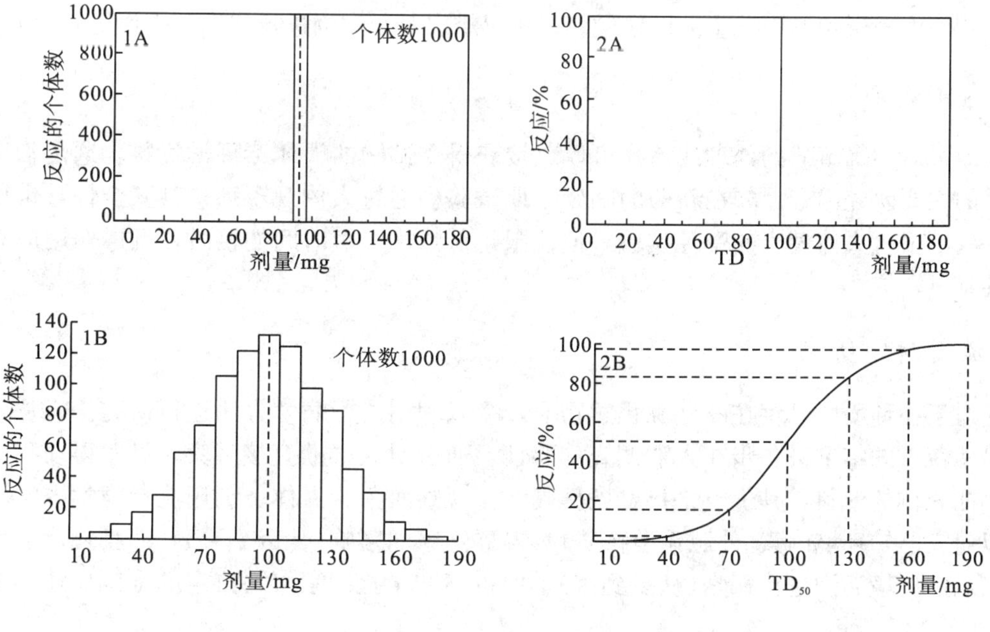

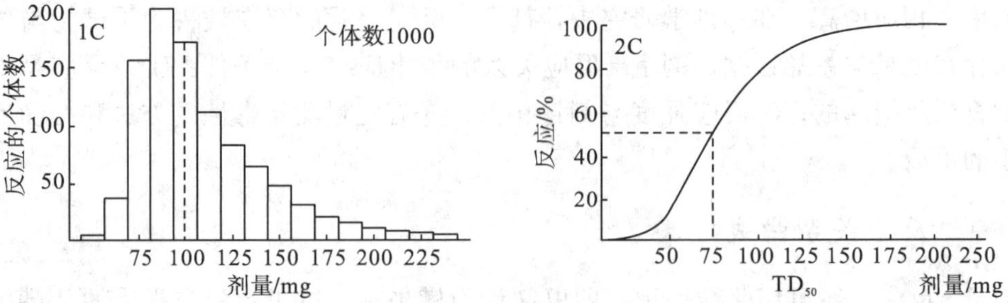

图 10-2　实验动物个体对外源化学物质的易感性分布和剂量－反应关系的模式图个体易感性：A. 完全相同；B. 成正态分布；C. 成偏态分布

10.1.3　毒理学的主要研究方法

1. 体外试验

体外试验是利用游离器官、培养的细胞或细胞器进行毒理学研究，多用于外源化学物质对机体急性毒性作用的初步筛选、作用机制和代谢转化过程的深入研究。体外试验具有易于控制，耗费较小等优点，但由于研究对象的限制其结果不能全面反映研究对象的毒作用，且难以对慢性毒性作用进行研究。

2. 体内试验

体内试验又称为整体动物试验，多用哺乳动物，如小鼠、大鼠、豚鼠、家兔和猴作为研究对象。实验动物易于控制，可通过严格控制接触条件对多种类型的毒作用进行研究。有特殊需要时还可用鸟类、昆虫、鱼类或其他水生动物为研究对象。多采用体内试验研究外源化学物质的一般毒性，如急性毒性试验、亚急性毒性试验、亚慢性毒性试验和慢性毒性试验。哺乳动物体内试验是毒理学标准的研究方法，其结果原则上可以外推至人；但由于影响体内试验的因素较多，所以难以对受试物进行代谢和作用机制研究。

3. 人体观察

通过对中毒事故的处理或治疗可以直接获得受试物的人体毒理学资料，这是临床毒理学的主要研究内容，如在新药的临床Ⅰ期试验中通过人体观察评价其安全性，也可设计一些不损害人体健康的受控实验，但仅限于低浓度、短时间的接触，且毒作用应有可逆性。

4. 流行病学研究

对于在环境中已存在的外源化学物质，可以利用流行病学方法进行研究。将从动物实验中获得的结果进一步在人群调查中验证，通过对人群的直接观察，可取得动物实验所不能获得的资料，其优点是接触条件真实，观察对象为人体。利用流行病学方法不仅可以研究已知环境因素（外源化学物质）对人群健康的影响（从因到果），而且还可以对已知疾病的环境病因进行探索（从果到因），但也存在干扰因素多，测定的毒效应还不够深入，有关的生物学标志还有待发展的不足。

体内试验和体外试验各有优势和局限性，工作中应根据研究目的，采用适当方法并互相验证。此外，还必须将体内和体外实验的结果外推到人，并与人体观察和流行病学研究的结果综合起来，以对目标外源化学物质做出全面的危险度评价。

10.1.4 表示毒性的常用指标

剂量是外源化学物质对机体造成损害作用的最主要因素，外源化学物质进入机体达到一定的剂量，才能引起毒作用效应。同一种外源化学物质对机体作用的性质和程度不同，为了定量描述或比较外源化学物质的毒性大小，根据实验动物体内试验得到的毒性参数可以分为毒性上限参数和毒性下限参数。毒性上限参数是在急性毒性试验中以死亡为终点的各项毒性参数，毒性下限参数是观察到有害作用最低水平及最大无有害作用剂量，可以从急性、亚急性、亚慢性和慢性毒性试验中得到。

1. 致死剂量或浓度

指在急性毒性试验中某种外源化学物质能引起机体死亡的剂量或浓度，通常以引起机体不同死亡率所需的剂量来表示。

1)绝对致死剂量或浓度(absolute lethal dose or concentration，LD_{100}或LC_{100})

指能引起一群受试实验动物全部死亡的最低剂量或浓度。由于一个群体中不同个体之间对外源化学物质的耐受性的不同，可能存在个别个体耐受性过高或过低，因而造成100%死亡的剂量或浓度显著增加或减少，所以表示每一种外源化学物质的毒性高低或比较不同外源化学物质毒性强弱时，一般不采用绝对致死剂量LD_{100}而采用半数致死剂量(LD_{50})，因为LD_{50}较少受到个体耐受性差异的影响，比LD_{100}更为准确。

2)半数致死剂量或浓度(median lethal dose or concentration，LD_{50}或LC_{50})

指能引起一群受试实验动物50%死亡的剂量，LD_{50}的常用单位为mg/kg体重。LD_{50}不是实验测得的某一剂量，而是根据不同剂量组而求得的数据，是经统计处理计算得到的数值，常用于表示急性毒性的大小，LD_{50}数值越小，表示外源化学物质的毒性越强；反之LD_{50}数值越大，则毒性越弱。由于动物种类、机体接触途径和方式都会影响LD_{50}值，因此在表示LD_{50}时必须注明实验动物的种类和接触途径，如果存在性别差异，还应注明实验动物的性别。例如，1，1-双(2-羟基-3，5-二甲基苯)-2-甲基丙烷的LD_{50}为119mg/kg体重(雄性Wistar大鼠，经口)，103mg/kg体重(雌性Wistar大鼠，经口)。此外，实验室环境、饲喂条件、染毒时间、受试物浓度、溶剂性质、实验者操作技术的熟练程度等均可影响LD_{50}，由于LD_{50}波动性较大，因此还应注明95%的可信限。例如，有机磷杀虫剂杀螟松对肥尾袋小鼠和大尾袋小鼠经口急性毒性的LD_{50}分别为129mg/kg体重(95%置信区间为74.1～159.0mg/kg体重)和97mg/kg体重(95%置信区间为88.3～120.0mg/kg体重)。

与LD_{50}相似的毒性参数，还有半数致死浓度(LC_{50})，是衡量存在于水中的毒物对水生生物或存在于空气中的毒物对哺乳动物乃至人类的毒性大小的重要参数。LC_{50}是指在一定暴露时间内，使一群受试水生生物或实验动物死亡50%的毒物浓度。毒物的致死效应与暴露时间密切相关，因此在使用LC_{50}表示水中毒物对水生生物的急性毒性时应标明时间，如24h LC_{50}、48h LC_{50}和96h LC_{50}。如氰化钠对罗非鱼的96h LC_{50}为44.33μg/L，而对于实验动物一般是指经呼吸道吸入毒物2h或4h后的试验结果，可不必标明吸入时间，但某些时候应标明时间参数。

环境毒理学中，还有半数耐受限量(median tolerance limit，MTL)用于表示一种环境污染物对某种水生生物的急性毒性，即一群水生生物(例如鱼类)中50%个体在一定时间(48h)内可以耐受(不死亡)的某种环境污染物在水中的浓度(mg/L)，一般用MTL48表示。

3)最小致死剂量或浓度(minimum lethal dose or concentration，MLD，LD_{01}或MLC，LC_{01})

指在一群受试实验动物中，仅引起个别动物发生死亡的最低剂量或浓度，低于此剂量或浓度则不能引起受试实验动物出现死亡。

4)最大非致死剂量或浓度(maximum non-lethal dose or concentration，LD_0或LC_0)

指在一群受试实验动物中，不引起受试实验动物出现死亡的最高剂量或浓度。接触此剂量的个体可以出现严重的毒性作用，但不发生死亡。

2. 观察到有害作用的最低水平

观察到有害作用的最低水平(lowest observed adverse effect level，LOAEL)指在一定时间内，某种外源化学物质以一定方式或途径与机体接触后，可引起机体出现某种损害作用的最低剂量或浓度，此种有害改变与同一物种、品系的正常(对照)机体是可以区别的。LOAEL应具有统计学意义和生物学意义。

3. 未观察到有害作用水平

未观察到有害作用水平(no observed adverse effect level，NOAEL)指在一定时间内，某种外源化学物质以一定方式或途径与机体接触后，根据现有认识水平，用最为灵敏的试验方法和观察指标未能观察到对机体造成任何损害作用或使机体出现异常反应的最高剂量或浓度，也称为最大无作用剂量(maximal no-effect level，MNEL)。在具体的实验研究中，比NOAEL高一个剂量组的实验剂量组就是LOAEL。在理论上，NOAEL与LOAEL应该相差极小，任何微小甚至无限小的剂量增加，对机体造成的损害作用也应该有相应的增加，但由于观察指标和检测方法灵敏度的限制，不可能检测出机体细微的异常变化，而只有当两种剂量的差别达到一定量时，才能明显检测出两者损害作用程度的不同，所以NOAEL与LOAEL之间实际上存在有一定的剂量差距。应用不同物种品系的动物、接触时间、接触方式或途径以及观察损害作用的指标时，可以得出不同的NOAEL和LOAEL。在表示一种外源化学物质的NOAEL和LOAEL时，必须说明试验动物的物种品系、接触方式或途径、接触持续时间和观察指标等，如雌性Wistar大鼠经口连续18个月摄入1,1-双(2-羟基-3,5-二甲基苯)-2-甲基丙烷，以诱导肾小管透明管型为依据的NOAEL为4.26mg/kg(bw)；而以肾小管基膜变厚为依据，雄性Wistar大鼠的LOAEL为3.84mg/kg(bw)。

NOAEL 是根据亚慢性毒性试验或慢性毒性试验的结果来确定的，是评定外源化学物质对机体造成损害作用的主要依据，以此为基础可制定出某种外源化学物质的每日容许摄入量。

4. 观察到作用的最低水平

观察到作用的最低水平(lowest observed effect level，LOEL)指在一定接触条件下，通过实验和观察，某种外源化学物质引起机体出现某种非损害作用的最低剂量或浓度。

5. 未观察到作用水平

未观察到作用水平(no observed effect level，NOEL)指在一定接触条件下，通过实验和观察，某种外源化学物质不引起机体出现任何作用(包括损害作用和非损害作用)的最高剂量或浓度。

6. 阈剂量

阈剂量(threshold dose)也称最小有作用剂量，指在一定时间内，某种外源化学物质以一定方式或途径与机体接触后，使某项灵敏的观察指标开始出现异常变化或使机体开始出现损害作用所需的最低剂量或浓度。一种化学物质对每种效应(损害作用和非损害作用)都可以分别有一个阈剂量，而易感性不同的个体对于某种效应也可有不同的阈剂量。同一个体对于某种效应的阈剂量也可以随时间而改变。损害作用的阈剂量应介于NOAEL 和 LOAEL 之间，而非损害作用的阈剂量应介于 LOEL 和 NOEL 之间，在进行危险性评价时通常采用 NOAEL 或 NOEL 作为阈剂量的近似值。阈剂量包括急性阈剂量(acute threshold dose，Limac)和慢性阈剂量(chronic threshold dose，Limch)，急性阈剂量是机体与外源化学物质一次接触所得，慢性阈剂量是机体长期反复多次与外源化学物质接触获得。确定阈剂量是毒理学研究的重要内容，也是制定卫生标准的主要依据，特别是慢性阈剂量是制定空气中受试物最高允许浓度时不可缺少的参数。

7. 毒作用带

毒作用带(toxic effect zone)指阈剂量作用下限与致死毒作用上限之间的距离，是一种根据毒性和毒性作用特点综合评价外源化学物质危险性的常用指标，可分为急性毒作用带(acute-toxic effect zone，Zac)与慢性毒作用带(chronic toxic effect zone，Zch)。急性毒作用带(Zac)用半数致死剂量与急性阈剂量的比值表示(LD_{50}/Limac)，比值越大，表明毒物的急性毒作用带越宽，说明该化学物质从产生轻微损害到引起急性致死性中毒的剂量的差距越大，引起死亡的危险性越小；反之，比值越小，则说明引起急性致死性中毒的危险性就越大。慢性毒作用带(Zch)用急性阈剂量与慢性阈剂量的比值表示(Limac/Limch)，比值越大，表明毒物的慢性毒作用带越宽，说明该化学物质引起轻微的慢性毒效应到较为明显的急性中毒之间剂量的差距越大，易被忽视，故发生慢性中毒的危险性越大；反之，比值越小，则说明引起慢性中毒的危险性越小，而引起急性中毒的危险性则相对越大。

10.1.5 安全限值

安全限值即卫生标准，是对各种环境介质(空气、水、土壤、食物等)中与人群健康状况有关的化学、物理和生物有害因素所规定的浓度和接触时间的限量要求，在低于此浓度和接触时间时，根据现有知识，不会观察到任何直接和(或)间接的有害作用。安全限值是国家颁布的卫生法规的重要组成部分，是政府管理部门对人类生活和生产环境实施卫生监督和管理的依据，对于保护人类健康和环境质量具有重要意义。食品中存在的各种化学物质的安全限值包括每日容许摄入量、最高容许浓度、参考剂量等。

1. 每日容许摄入量

每日容许摄入量(acceptable daily intake，ADI)指正常成人终生每日摄入特定的外源化学物质，不会对人体健康造成任何可测量出的危害的剂量(单位 mg/kg 体重)。

2. 最高容许浓度

最高容许浓度(maximum allowable concentration，MAC)指环境中存在的某种外源化学物质不会对人体造成任何损害作用的浓度。在此浓度条件下，即使最敏感的个体即刻接触或终生接触，也不会对其本人或后代产生有害影响。由于在生活和生产劳动中具体接触的条件有很大不同，即使是同一化学物质，其生活和生产环境中的 MAC 也不相同。

3. 参考剂量

参考剂量(reference dose，RfD)是由美国环境保护局(EPA)在对非致癌物质的危险性评价时提出的。RfD 是环境中外源化学物质的日平均接触剂量的估计值。人群(包括敏感亚群)在终生接触该剂量水平外源化学物质的条件下，预期在一生中发生非致癌或非致突变性有害效应的危险度可低至检测不出的程度。

10.2 外源化学物质在体内的生物转运

外源化学物质的剂量越大，对机体的毒性作用也就越强。剂量包括外剂量、内剂量和靶剂量等，化学物质对机体的损害作用强度和性质取决于其在靶器官中的剂量和时间，剂量越大，停留时间越长，所产生的毒效应也越强。相同剂量的不同化学物质到达靶器官的数量可能相差悬殊，停留时间也可能相差很大，根本原因在于机体对外源化学物质的处置过程不同。机体对外源化学物质的处置包括吸收(absorption)、分布(distribution)、代谢(metabolism)及排泄(excretion)四个过程，又称 adme 过程(图 10-3)，每个过程都会受到诸多因素的影响，进而影响外源化学物质在作用部位的存在形式、数量及停留时间等。吸收、分布和排泄都是外源化学物质穿越生物膜的过程，其本身的结构和性质不会发生改变，故称为生物转运(biotransportation)，而代谢是外源化学物质在体内经各种酶类的催化作用转化为新的衍生物以及分解产物的过程，形成的产物结构和性质均发生了改变，故称为生物转化(biotransformation)。由于代谢和排泄过程均会使原物质在体内的数量减少，故代谢与排泄过程合称为消除(elimination)。ADME各过程相互关联又相互影响，可以同时发生。

外源化学物质对机体的毒性作用主要取决于两个因素：一是外源化学物质的固有毒性和接触量；二是外源化学物质或其活性代谢物在靶器官内的浓度及停留时间；后者与外源化学物质在体内的ADME过程有关，因此研究外源化学物质的ADME过程是毒理学的重要内容。

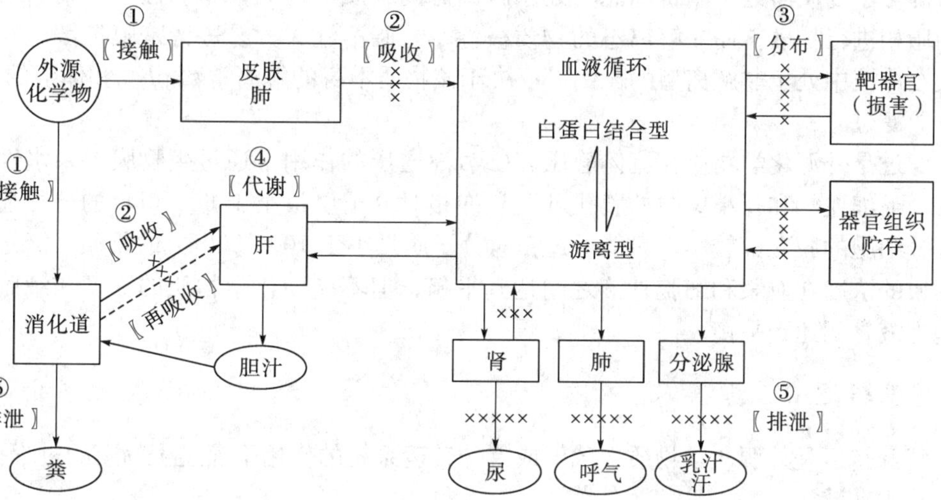

图 10-3 外源化学物质在体内的动态变化过程

10.2.1 生物转运

生物膜(biomembrane)是细胞膜(cell membrane，也称质膜)和细胞器膜(内质网膜、线粒体膜和核膜等)的总称。生物膜主要由脂质和蛋白组成，其表面还含有少量的糖。生物膜的基本结构是连续排列的磷脂双分子层，蛋白质或镶嵌于磷脂双分子层中或附着在其表面，这些蛋白质可以是载体蛋白、受体蛋白、酶以及结构蛋白等。生物膜主要有3个功能：①隔离功能，包绕和分隔内环境；②进行多种重要生化反应和生命现象的场所；③内外环境物质交换的屏障。许多外源化学物质可以作用于生物膜，通过破坏其结构或影响其功能而发挥毒性。外源化学物质通过生物膜的转运方式可以分为被动转运(passive transport)和特殊转运(special transport)。被动转运可分为简单扩散(simple diffusion)和滤过(filtration)，特殊转运可分为主动转运(active transport)、易化扩散(facilitated diffusion)和膜动转运(cytosis)。

1. 被动转运

被动转运是外源化学物质顺浓度差通过生物膜的过程。

1)简单扩散

外源化学物质主要通过简单扩散的方式通过生物膜，该转运方式不需载体的参与，不需要能量，不受饱和限速与竞争性抑制的影响。简单扩散的条件有：①外源化学物质在膜两侧存在浓度差。在相同条件下浓度差越大其扩散速率也就越大。②外源化学物质必须具有脂溶性。脂溶性的高低可用脂/水分配系数(lipid/water partition coefficient)表示，即当一种物质在脂相和水相之间的分配达到平衡时，其在脂相和水相中溶解度的比值。一般来说，外源化学物质的脂/水分配系数越大，经简单扩散转运的速率也就越快；但脂/水分配系数极高时，只能溶解于脂肪的外源化学物质易存留在膜内，不易通过膜。③外源化学物质需处于非解离态。处于解离态的物质极性大，脂溶性小，难以通过生物膜的脂相进行扩散；而非解离态的物质极性小，脂溶性大，易进行跨膜扩散。外源化学物质在体液中处于非解离型的比例，取决于该物质本身的解离常数 pK_a 和体液的 pH。

2)滤过

滤过是外源化学物质在流体静压和(或)渗透压的作用下通过生物膜上亲水性孔道的过程。毛细血管和肾小球中的膜孔可以允许相对分子质量小于 60000Da 的分子通过，而大部分细胞的膜孔都较小，只能通过相对分子质量小于 100～200Da 的物质。滤过可使化学物质的浓度在血浆和细胞外液之间达到平衡，但不能使化学物质的浓度在细胞内液和细胞外液之间达到平衡。

2. 特殊转运

特殊转运是外源化学物质在载体或特殊转运系统的作用下通过生物膜的过程。

1)主动转运

主动转运是在载体的作用下，外源化学物质逆浓度差通过生物膜的过程。主动转运具有下列特点：①需有载体参与。外源化学物质可被载体进行逆浓度差转运；②载体对转运的外源化学物质有特异选择性；③需消耗能量。因此代谢抑制剂可以阻断此转运过程；④转运系统具有一定的转运极限。当化学物质达到一定浓度时，载体可被饱和；⑤由同一转运系统转运的外源化学物质之间可发生竞争性抑制。主动转运对外源化学物质在胃肠道中的吸收与分布，以及通过肝肾将化学物质从体内排出具有重要意义。

2)易化扩散

易化扩散是外源化学物质在载体的作用下顺浓度差通过生物膜的过程。该转运方式不需要消耗能量，但载体对转运的外源化学物质有特异选择性，载体可被饱和与竞争性抑制。

3)膜动转运

膜动转运是颗粒物和大分子物质在细胞与外界环境之间进行交换的过程，以转运过程中细胞膜形态发生改变为特征。膜动转运可分为胞吞作用和胞吐作用，对固态颗粒物的胞吞称为吞噬(phagocytosis)，对液态微滴或大分子物质的胞吞称为胞饮(pinocytosis)。

10.2.2 吸收

吸收是指外源化学物质从机体的接触部位通过生物膜屏障进入血液循环的过程，主要的吸收部位是呼吸道、消化道和皮肤。在毒理学实验研究中有时还采用某些特殊的途径给药，如皮下注射、肌内注射、腹腔注射和静脉注射。吸收部位的组织可能对外源化学物质有不同的屏障作用，也可能是外源化学物质直接作用的靶组织。外源化学物质在吸收部位的组织内代谢活化也可能是局部毒效应的机制之一。

1. 经消化道吸收

消化道是外源化学物质的主要吸收部位之一，水和食物中的有害物质主要通过消化道吸收。外源化学物质的吸收可发生于整个消化道，甚至是在口腔和直肠中，但主要吸收部位是小肠，其次是胃。

多数外源化学物质通过简单扩散的方式经消化道吸收，主要取决于化学物质本身的脂溶性、解离常数 pK_a 和消化道内的 pH。消化道不同部位的 pH 相差很大，因而对外源化学物质的吸收有很大差异，如胃液中的 pH 约为 2，弱酸性物质(如苯甲酸)易被胃和十二指肠所吸收；小肠内的 pH 在 6 以上，因而弱碱性物质(如苯胺)易被小肠吸收。由于小肠吸收面积很大，而且血流又将吸收的弱酸性物质不断地从小肠固有层移除，从而保持一定的浓度差，因此在小肠也可以吸收相当数量的弱酸性物质。

除简单扩散外，部分物质还可通过吸收营养素或内源性化合物的主动转运系统所吸收，如 5-氟尿嘧啶可以通过嘧啶转运系统吸收，铅可通过钙转运系统吸收，铊、钴和锰可通过铁转运系统吸收，甲基汞(methyl mercury，MM)在肠道主要和半胱氨酸(CySH)形成结合体(CySMM)通过氨基酸的转运载体吸收。此外，经口摄入的部分铅、锰、镉、铬的盐可经膜孔滤过被吸收，某些微生物、偶氮色素和聚苯乙烯乳胶等颗粒物可通过吞噬作用或胞饮作用被吸收。

消化道内容物的数量和性质、肠道菌群、胃肠的蠕动和排空速度等也对吸收有一定的影响，如某些外源化学物质受胃肠道中的消化酶或菌群的作用后，形成了新化学物质而影响其吸收或改变毒性；胃肠道中内容物减少、胃肠蠕动减缓以及排空时间延长均会增加外源化学物质的吸收。

除口腔和直肠外，从胃肠道吸收到局部血管的外源化学物质都要汇入肝门静脉到达肝脏之后再进入体循环，由于肝脏具有代谢外源化学物质的功能，未被代谢的原型和代谢产物离开肝脏随体循环分布到全身，这种现象称为首过效应(first pass effect)。现在将在吸收部位发生代谢后再进入体循环的现象也称为首过效应，如乙醇被胃黏膜的醇脱氢酶氧化，吗啡在小肠黏膜和肝内与葡萄糖醛酸结合。首过效应可以减少经体循环到达靶器官的外源化学物质数量或可能降低其毒效应的强度与性质。外源化学物质在吸收部位引起的消化道黏膜、肝脏和肺脏的损伤也与首过效应有关。

2. 经呼吸道吸收

空气中存在的外源化学物质以气态(气体、蒸汽)和气溶胶(雾、烟、粉尘)的形式存在，呼吸道是它们吸收的主要途径。呼吸道从鼻咽腔到肺泡各部分结构不同，对外源化学物质的吸收情况也不同。呼吸道中由于肺内肺泡数量众多、表面积大、肺泡中气体与血液之间距离短以及肺内血液灌注量大等解剖学特点，因而肺泡是呼吸道中外源化学物质的主要吸收器官，且吸收速度相当快，仅次于静脉注射。鼻腔的表面积较小，但鼻黏膜具有高度通透性，化学物质经鼻腔吸收也很重要。

气态物质的脂溶性和浓度决定其在呼吸道中吸收与作用的部位。鼻咽腔和上呼吸道气管、支气管黏膜层内的黏液腺较为丰富，可以分泌水溶性黏液覆盖黏膜表面，故低浓度但易溶于水的气体如氨气、氯气可被这些部位的黏膜层吸收，如果浓度过大，则有可能深入到下呼吸道甚至肺泡而造成肺的损伤；而对于脂溶性较好的气体如氯仿、二氧化硫不易被上呼吸道吸收，但可以轻易深入肺泡，并由肺泡吸收。肺泡吸收气态物质的主要方式为简单扩散，其吸收速度的快慢受多种因素影响，其中最主要的是肺泡气中和肺毛细血管血液中物质的浓度(分压)差。浓度(分压)差越大，吸收的速度也就越快，随着吸收的进行，当肺泡气中和肺毛细血管血液中物质的分压差为零时，吸收不再进行。此时气态物质在血液中的浓度(mg/L)与在肺泡气中的浓度(mg/L)之比称为血/气分配系数(blood/gas partition coefficient)，系数越大的物质，在血液中的溶解度越高，越容易被血液吸收。

影响气态物质的吸收速率的因素还有肺通气量和经肺血流量。血/气分配系数低的气态物质经肺吸收的速率主要取决于经肺血流量(灌注限制)，该流量越大则越易被吸收；而血/气分配系数大的气态物质经肺吸收的速率主要取决于呼吸的深度和频率(通气限制)，故肺通气量越大越利于被吸收。

气溶胶中雾的吸收与气态物质相似，影响因素主要是雾的脂溶性和吸入浓度。粉尘和烟中颗粒的直径大小影响其在呼吸道中吸收的部位。直径为5μm及以上的颗粒物通常在鼻咽部沉积，沉积在无纤毛的鼻前庭处的颗粒物可经擦拭或打喷嚏清除；沉积在有纤毛的鼻表面黏液层的不溶性颗粒物，可通过纤毛运动的推动和经口吸入的颗粒物在数分钟内被咽下，而对于可溶性的颗粒物则溶解于黏液层中并被转移至咽部或经鼻上皮细胞吸收。直径为2～5μm的颗粒物主要沉积在气管和支气管等区域，并通过纤毛逆向推动至口腔，最终被吞咽进入消化道吸收或咳嗽清除。直径为1μm及以下的颗粒物可到达肺泡并被吸收入血，或通过巨噬细胞吞噬后随黏液排出，或进入淋巴系统。

3. 经皮肤吸收

皮肤主要由表皮层和真皮层构成，是外源化学物质的天然屏障。化学物质必须通过皮肤的多层上皮细胞才能进入真皮小血管，而位于表皮最上层的角质层是外源化学物质经皮肤吸收的限速屏障。尽管少量化学物质可以经皮肤附属物(毛囊、汗腺和皮脂腺)快速地被吸收，但由于总截面积占皮肤总面积的比例非常小，故化学物质主要还是通过占皮肤总面积比例大的表皮吸收。外源化学物质经皮肤吸收的过程可分为穿透和吸收两阶段。

穿透阶段是外源化学物质通过被动扩散透过角质层的过程，极性物质似乎是通过含水的角质层蛋白细丝的外表面扩散，非极性物质则是溶解于蛋白细丝间的脂质基质并扩散。一般来说，非极性物质的扩散速度与其脂溶性成正比，与相对分子质量成反比。人体不同部位皮肤对外源化学物质的通透性不同：阴囊>腹部>额部>手掌>足底，即角质层越厚，通透性就越差。不同物种动物皮肤通透性也有所不同，大鼠及兔的皮肤较猫的皮肤具有更高的通透性，而豚鼠、猪和猴子的皮肤通透性则与人相似。

吸收阶段是外源化学物质通过表皮深层(颗粒层、棘层和生发层)和真皮并经静脉或毛细淋巴管进入体循环的过程，此阶段影响外源化学物质扩散速度的因素包括血流、细胞间液体运动，以及与真皮成分之间的相互作用。

一般来说，具有较好脂溶性的外源化学物质易经皮肤吸收，而脂溶性高或水溶性高的物质则难以经皮肤吸收，相对分子质量大于 300Da 的物质不易通过无损的皮肤。皮肤角质层受损时其通透性就会增加，皮肤在高温高湿以及在酸、碱和皮肤刺激物对皮肤产生损伤后其通透性也会显著提高。

4. 经注射吸收

作为特殊的吸收途径，皮下注射、腹腔注射、肌内注射和静脉注射是毒理学实验中常采用的染毒途径。静脉注射可使外源化学物质直接进入体循环，不存在吸收过程，毒效应最为迅速和显著；外源化学物质经腹腔注射进入体内后，可以迅速地被吸收经首过效应后再进入体循环；皮下注射和肌内注射虽然吸收速度较慢，但可直接进入体循环。

10.2.3 分布

分布是指外源化学物质被吸收进入血液和体液后，随血液和淋巴液分散到全身组织器官的过程。外源化学物质在体内各组织器官的分布往往不一样，到达各组织器官的速度也不相同。组织器官的血流量和对外源化学物质的亲和力是影响外源化学物质分布的最重要因素。在外源化学物质分布的初始阶段主要取决于组织器官的血流量，随后则取决于外源化学物质与各组织器官的亲和力。一般情况下，在外源化学物质吸收的初始数分钟内，血液灌注量高的组织器官外源化学物质浓度高。随着时间的延长，外源化学物质的分布则主要受到转运速率和组织器官对外源化学物质亲和力影响，引起外源化学物质的再分布，如铅一次经口染毒后 2h，约 50%剂量的铅分布在肝内，1 个月后，体内约 90%的铅转移到骨骼沉积。外源化学物质以相对较高的浓度富集于某些组织器官的现象称为蓄积(accumulation)，毒物蓄积的部位被称为贮存库。在机体应激的情况下，贮存库中的毒物可大量释放进入血液中，引起明显的毒效应。

某些组织器官由于具有特殊形态学结构和生理学功能的生物膜，可以阻止或延缓某些外源化学物质由血液的进入，这种特殊的生理保护机制称为屏障，主要的生理屏障有血-脑屏障和胎盘屏障，但这些屏障都无法有效地阻止亲脂性物质的转运。

10.2.4 排泄

排泄是指外源化学物质及其代谢产物经不同途径排出机体的过程，是生物转运的最后一个过程。外源化学物质及其代谢产物排出机体的最重要的途径是经肾脏随尿排泄，其次是经肝脏和胆汁随粪便排泄。除此之外，还可以随乳汁、汗液、唾液等分泌液以及毛发和指甲等附属物排出，易挥发性外源化学物质还可经肺排出。

10.3 外源化学物质在体内的生物转化

生物转化又称代谢转化，是指外源化学物质在体内经多种酶催化反应并形成衍生物及分解产物的过程。生物转化是机体对外源化学物质处置的重要环节，是机体维持稳定的主要机制。由于被机体吸收的大多数外源化学物质均具有良好的脂溶性，如果没有生物转化过程，它们的排泄速度将会变得极其缓慢，以至于在体内大量蓄积造成机体中毒甚至死亡。一般情况下，外源化学物质经生物转化后极性增强，形成水溶性更强的化合物，使其易于由体内排泄，同时也形成一些毒性较低的代谢物，但有些外源化学物质的代谢产物毒性反而增强，甚至经代谢转化后，其代谢产物产生致癌、致突变和致畸作用。

10.3.1 生物转化概述

1. 生物转化的意义

肝脏是最重要的生物转化器官，外源化学物质的生物转化过程主要在肝脏中进行。其他器官，如肺脏、胃肠道、睾丸、肾脏、皮肤以及血液也具有一定的生物转化能力。肠道菌群对某些外源化学物质的代谢起重要作用。

生物转化过程主要包括氧化、还原、水解和结合4种反应。外源化学物质在氧化、还原和水解反应中，其分子上往往会出现一些极性反应基团，不仅增加了反应产物的极性，而且使其更易于进行结合反应。大多数外源化学物质，无论是先经过氧化、还原还是水解反应，最终都必须经过结合反应然后再被排出体外。氧化、还原和水解反应是生物转化的第一阶段反应，称为Ⅰ相反应；Ⅰ相反应产物与某些内源性辅助因子反应，形成结合物的结合反应是第二阶段反应，称为Ⅱ相反应。Ⅱ相反应包括葡萄糖醛酸化、硫酸化、乙酰化、甲基化、与谷胱甘肽、氨基酸结合，大多数Ⅱ相反应的结果是使外源化学物质的水溶性显著增加，并加速其排出体外。

大多外源化学物质可经过生物转化形成低毒或无毒的代谢产物，这一过程称为代谢解毒；但某些外源化学物质经过生物转化后，其毒性非但没有降低，反而明显增大，甚至产生致畸、致癌和致突变作用，这一生物转化过程称为代谢活化或生物活化。由于生物活化的产物多数不稳定，故称为活性中间产物，可以分为四类：①亲电子剂，如苯并(a)芘的代谢活化产物；②自由基，如百草枯、多柔比星和呋喃妥因经还原可形成自由基；③亲核剂，如苦杏仁苷经肠道菌群酶的催化作用生成亲核剂氰化物；④氧化还原剂，如 Cr^{6+} 被抗坏血酸还原为 Cr^{5+} 后，可以催化生成羟自由基。

代谢解毒：化学物质(毒性)→中间产物(低毒性或无毒性)→产物(无毒性)

代谢活化：化学物质(无毒性)→活性中间产物(毒性)→产物(无毒性)

2. 生物转化酶

1)生物转化酶的基本特征

生物转化酶通常都有广泛的底物特异性，一类或一种酶可代谢几种外源化学物质或内源化学物质。生物转化酶包括结构酶和诱导酶，前者可在体内持续少量表达，后者则需在外源化学物质的刺激或诱导下合成。生物转化酶具有多态性，其结构(氨基酸序列)在个体间有所差异，造成了个体间生物转化酶活性的差异。生物转化酶中氨基酸的改变对其催化活性的影响通常存在底物特异性。生物转化酶对某些手性外源化学物质具有立体选择性，即生物转化酶对底物中的一种对映体或立体异构体的代谢速度要快于另外一种，或受到某些对映体或立体异构体的选择性抑制，或者是选择性地生成某种占优势的对映体或立体异构体。

2)生物转化酶的分布

生物转化酶广泛分布于机体各组织中，脊椎动物的肝脏、皮肤、肺脏、鼻黏膜、眼、胃肠道、肾脏、肾上腺、胰脏、脾脏、心脏、胎盘、卵巢、睾丸、血浆、血小板、淋巴细胞、血细胞及大动脉等组织都有生物转化酶存在，其中以肝脏中生物转化酶含量最为丰富，因此肝脏是外源化学物质生物转化的主要器官。在肝脏等大多数组织中，生物转化酶主要分布于亚细胞组分中，如内质网(微粒体)和胞液中，而在细胞核、线粒体和溶酶体中则分布较少。生物转化酶的亚细胞分布与外源化学物质的溶解性是相适应的，如脂溶性高的物质易溶解于内质网脂质双分子层中进行生物转化，而水溶性高的物质则易溶解于胞液中进行生物转化。

10.3.2 生物转化类型

1. Ⅰ相反应

生物转化的Ⅰ相反应(phase Ⅰ biotransformation)主要包括氧化、还原和水解反应，(表 10-1)。

1)氧化反应

(1)氧化反应通常是外源化学物质生物转化的第一步，主要发生在微粒体内，如细胞色素 P450 酶系及黄素单加氧酶催化的氧化反应；该反应还可发生在微粒体外，如乙醛脱氢酶、醇脱氢酶和单胺氧化酶等催化的氧化反应。催化氧化反应的生物转化酶主要有：细胞色素 P450 酶系(cytochrome P450 enzyme system)，又称为混合功能氧化酶(mixed function oxidase，MFO)或单加氧酶(monoxygenase)，广泛存在于各种组织中，其中以肝细胞内质网(微粒体)中含量最为丰富，滑面内质网中的含量又多于粗面内质网。此酶系主要有 3 种成分构成，即血红蛋白类(细胞色素 P450 和细胞色素 b5)、两种黄素蛋白(还原型烟酰胺腺嘌呤二核苷酸磷酸-细胞色素(NADPH-CYP)和烟酰胺腺嘌呤二核苷酸磷酸-细胞色素 b5 还原酶(NADP-细胞色素 b5 还原酶))和磷脂，其中以细胞色素 P450 最为重要。由于细胞色素 P450 在还原态时与 CO 结合形成的复合物在波长为 450nm 处有最大吸收峰，由此而得名。细胞色素 P450 酶系催化的基本反应是单加氧反应，即该反应需要 1 个氧分子，其中 1 个氧原子被还原为水，另一个氧原子与底物结合。其总反应为：

$$\text{底物(RH)}+NADPH+O_2+H^+\rightarrow\text{产物(ROH)}+NADP^++H_2O$$

细胞色素P450酶系催化的主要反应类型有：脂肪族和芳香族碳的羟基化、脂肪族和芳香族分子中两碳原子间双键的环氧化作用、杂原子(S、N、I)的氧化和N-羟基化、杂原子(S、O、N)脱烷基作用、氧化基团的转移、酯的裂解、脱氢作用。

(2)黄素单加氧酶(flavin-containing monooxygenase，FMO)。主要存在于肝脏、肺脏、肾脏等组织的微粒体中，以黄素腺嘌呤二核苷酸(FAD)为辅酶，同时需要NADPH和O_2参与反应。该酶可氧化多种外源化学物质的亲核氮、硫和磷杂原子。FMO催化的反应与细胞色素P450之间有交叉重叠，即两种酶之间有共同的催化底物，但催化反应的机制并不相同。两酶系的不同之处是FMO不能在碳位上催化氧化反应，但可以催化叔胺、仲胺、伯胺、N-乙酰芳香胺、肼、硫醇、硫醚、硫代酰胺、膦等外源化学物质中N-、S-和P-杂原子的氧化。

(3)微粒体外的氧化反应。主要有醇脱氢酶、乙醛脱氢酶、钼水解酶、单胺氧化酶和二胺氧化酶等酶催化的氧化反应。

醇脱氢酶(ADH)是一种含锌酶，存在于细胞质，在肝脏、肾脏、肺脏及胃黏膜等处均有分布，以肝脏的含量最高。根据组成ADH亚单位的不同，可将ADH分为4种类型：Ⅰ型包括ADH1、ADH2和ADH3三种同工酶，主要分布在肝脏和肾上腺等，催化乙醇和其他短链脂肪醇的氧化；Ⅱ型为ADH4，主要表达在肝脏中，催化长链脂肪醇和芳香醇的氧化；Ⅲ型为ADH5，普遍存在于全身组织，催化长链脂肪醇(戊醇及更长链的脂肪醇)和芳香醇的氧化，同时在甲醛的解毒过程中也起重要作用；Ⅳ型为ADH6，主要表达于胃肠道上部，参与乙醇和维生素A的代谢，可使乙醇转变为乙醛，乙醛可能导致胃肠道上部肿瘤，与慢性乙醇中毒导致肿瘤有关。

乙醛脱氢酶(ALDH)以NAD^+为辅基，可将乙醛氧化成乙酸。ALDH存在遗传多态性，而且其遗传缺陷可损害其他醛类的代谢，引起机体的不适甚至导致某些疾病的发生。如在中国人、日本人、韩国人和越南人中，有45%～53%的人属于ALDH2缺陷型，这些人在饮酒后所产生的红晕综合症是摄入体内的乙醇被转化为乙醛后，难以转变为乙酸，以致乙醛迅速堆积，造成局部血管因释放儿茶酚胺而扩张所致。

钼水解酶包括醛氧化酶和黄嘌呤氧化酶。醛氧化酶主要存在于肝脏中，能氧化多种取代基团如吡咯、吡啶、嘧啶、蝶啶、嘌呤及碘离子，同时还可将芳香醛氧化成为羧酸。黄嘌呤氧化酶主要催化嘌呤衍生物的氧化，如6－巯基嘌呤和2，6－二硫代嘌呤，同时还可催化芳香醛的氧化。

单胺氧化酶(MAO)存在于肝脏、肾脏、肠道和神经等组织的线粒体中，可催化单胺类化合物氧化生成相应的醛，对伯胺的催化作用最强。MAO有MAO-A和MAO-B两种形式。MAO的缺陷可导致以失明、失聪和智力迟钝为特征的X隐性遗传性神经疾病Norrie病的发生。二胺氧化酶是含铜离子的磷酸吡哆醛依赖的酶类，存在于肝、肾、小肠和胎盘等组织的细胞质中，能催化组胺和具有4或5个碳链的烷基二胺反应。

过氧化物酶依赖的共氧化反应，是指过氧化物酶催化氢过氧化物的还原反应和其他底物氧化为脂质氢过氧化物的过程。催化共氧化的酶类包括前列腺素H合成酶、乳过氧化物酶和髓过氧化物酶等，其中前列腺素H合成酶存在于肾脏髓质、血小板、血管内皮细胞、胃肠道、脑、肺及尿道膀胱上皮细胞中，乳过氧化物酶存在于乳腺上皮细胞中，髓过氧化物酶存在于白细胞中。

2)还原反应

哺乳动物体内参与还原反应的酶主要是细胞色素 P450 和黄素蛋白酶，其还原反应活性较低。肠道菌群内还原酶活性较高，在外源化学物质的还原反应中起着重要作用。含有硝基、偶氮基和羰基(醛、酮)的外源化学物质及亚砜、烯烃、卤代烃、二硫化物等化合物可在体内被还原酶催化还原。

(1)硝基还原和偶氮还原，主要由肠道菌群催化，某些肝脏酶也可催化这两种反应，如细胞色素 P450、醛氧化酶和 NADPH 醌氧化还原酶。

(2)羰基还原，是依赖 NADPH 的单聚体酶，分布在血液及肝脏、肾脏、大脑等组织的细胞质中，主要催化某些醛类或酮类的还原反应。

(3)醌还原，NADPH 醌氧化还原酶可催化醌发生双电子还原生成无毒的氢醌。此外，醌还可由 NADPH-细胞色素 P450 还原酶催化发生单电子还原生成半醌自由基，后者经自氧化而发生氧化应激，生成过氧化氢、超氧阴离子、羟基自由基等，进而引起脂质过氧化导致组织损伤，这是某些含醌或经生物转化可形成醌的物质毒作用的重要机制之一。

(4)脱卤反应，脂肪族化合物脱卤反应涉及三种机制，其中还原脱卤和氧化脱卤的反应是由细胞色素 P450 所催化，而脱氢脱卤则是由细胞色素 P450 和谷胱甘肽-S-转移酶所催化。

3)水解反应

外源化学物质在机体内的水解反应主要由酯酶、酰胺酶、肽酶和环氧化物水化酶所催化，这些酶广泛分布于血浆、肝脏、肾脏、肠及神经组织中。

(1)酯酶和酰胺酶，可水解含羧酸酯、酰胺、硫酯、磷酸酯及酸酐等基团的外源化学物质。酯类被酯酶催化水解为醇和酸，酰胺类被酰胺酶催化水解为酸和胺，硫酯被催化水解为酸和硫醇。

(2)肽酶，广泛分布于血液和各组织中，可水解各种肽类，其水解的是肽链中相邻氨基酸之间的酰胺键，故在功能上属于酰胺酶。

(3)环氧化物水化酶(epoxide hydrolase，EH)，广泛分布于全身各组织中，可催化由环氧化物水解产生的具有反式构型的邻位二醇。

表 10-1 生物转化 I 相反应简表

反应类型	简式举例
一、氧化作用	
1. P450 催化氧化	
(1)脂肪族和芳香族羟化	$RCH_3 \longrightarrow RCH_2OH$； 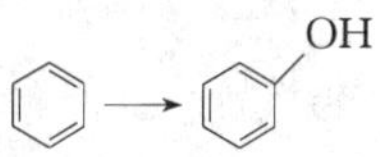
(2)双键的环氧化	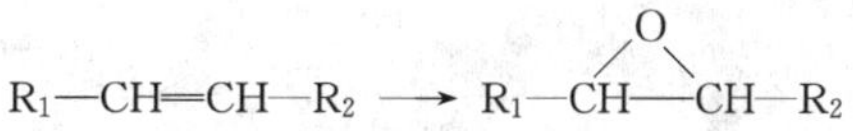

续表

反应类型	简式举例
(3)杂原子(S－，N－，I－)氧化和N−羟化	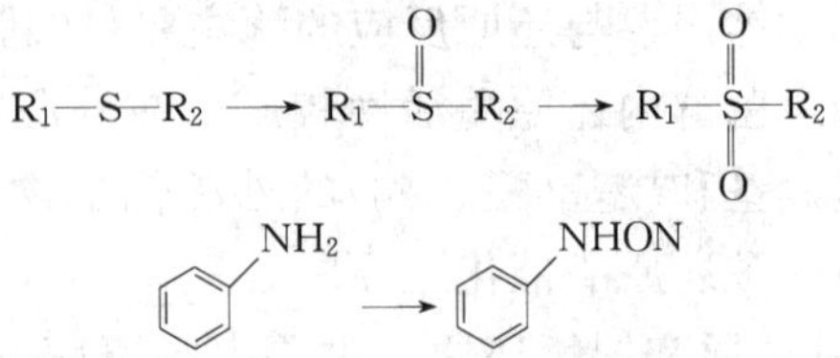
(4)杂原子(O－，S－，N－)脱烷基	$R{-}N(CH_3)_2 \longrightarrow R{-}NH(CH_3) + HCHO$
(5)氧化基团转移(氧化脱氨、脱硫、脱卤素)	$R{-}CH(CH_3){-}NH_2 \longrightarrow R{-}C(=O){-}CH_3 + NH_3$
(6)酯裂解(羧酸酯、磷酸酯)	$R_1COOCH_2R_2 \longrightarrow R_1COOH + R_2CHO$
(7)脱氢	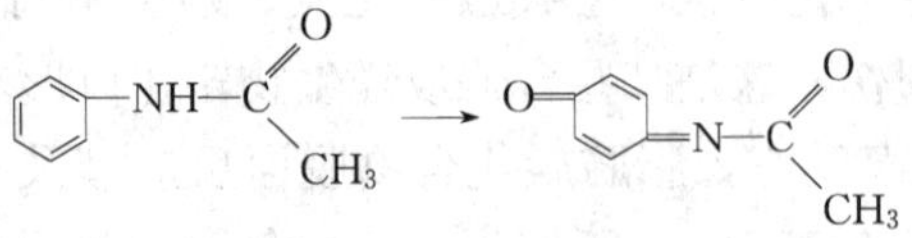
2. 微粒体含黄素加单氧酶(氧化亲核性N−，S−，P−)	$CH_3{-}CO{-}NH{-}NH_2 \longrightarrow CH_3{-}CO{-}NH{-}NHOH$
3. 醇、醛、酮氧化和胺类氧化	$R{-}CH_2OH \longrightarrow R{-}CHO \longrightarrow R{-}COOH$ $R{-}CH_2{-}NH_2 \xrightarrow[MAO]{} R{-}CH{=}NH \xrightarrow[MAO]{} RCHO + NH_3$
4. 过氧化物酶依赖性共氧化	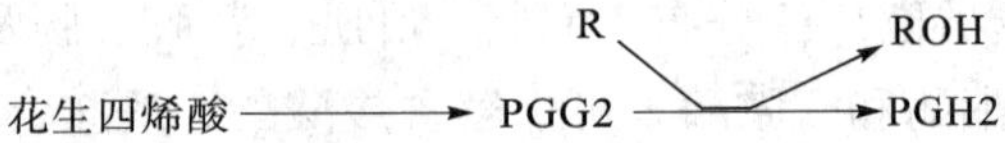
二、还原作用	
1. 硝基和偶氮还原	$R{-}NO_2 \longrightarrow R{-}NO \longrightarrow R{-}NHOH \longrightarrow R{-}NH_2$
2. 羰基还原	$R{-}CHO \longrightarrow RCH_2OH$
3. 含硫基团还原	$XSSX + 2GSH \longrightarrow 2XSH + GSSG$
4. 醌还原	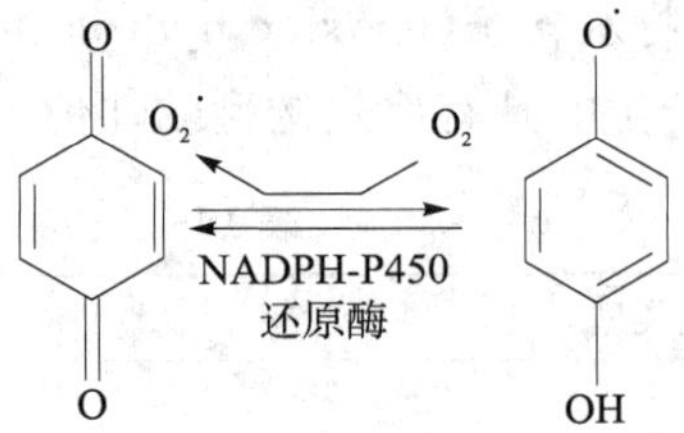
5. 脱卤反应	$CCl_4 \xrightarrow[P450]{} Cl_3C \cdot HCl?$
三、水解作用	
1. 酯酶	$R_1{-}COO{-}R_2 \longrightarrow R_1{-}COOH + R_2OH$
2. 酰胺酶	$R_1{-}CO{-}NH{-}R_2 \longrightarrow R_1{-}COOH + R_2NH_2$
3. 环氧化物水化酶	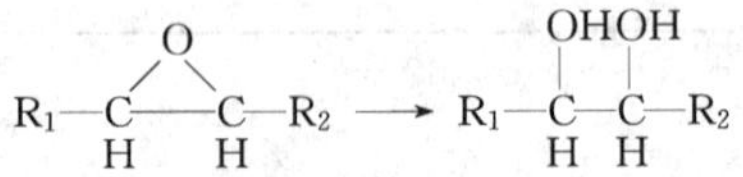

2. Ⅱ相反应

Ⅱ相反应(phase Ⅱ biotransformation)又称结合作用(conjugation)，是外源化学物质原有的或经Ⅰ相反应引入(暴露)的功能基团，如羟基、氨基、巯基、羰基和羧基基团与内源性辅因子在酶催化作用下发生的生物合成反应，结合反应生成的产物称为结合物，除了甲基化和乙酰化结合反应形成的结合物水溶性相比母体降低外，其他结合反应形成的结合物水溶性显著增加，更易于排泄。结合反应主要发生在肝脏、肾脏、肺脏、脾脏、肠道和脑等组织器官中。

相对于Ⅰ相反应类型众多，Ⅱ相反应类型数量却有限。在人和大多数哺乳动物中最常见的结合反应有葡萄糖醛酸结合、氨基酸结合、谷胱甘肽结合、硫酸结合、甲基化和乙酰化等。对于一种先后经历Ⅰ相反应和Ⅱ相反应进行代谢的外源化学物质，其清除速度受限于Ⅰ相反应。

1)葡萄糖醛酸结合

葡萄糖醛酸结合(glucuronidation，GA)是体内Ⅱ相反应中最主要的结合反应。凡是含有—OH、—COOH、—NH_2、—SH 等功能基团的外源化学物质或经Ⅰ相反应的产物都可被 UDP-葡萄糖醛酸基转移酶(uridine diphosphate glucuronyl transferase，UDPGT)催化发生葡萄糖醛酸结合反应，该反应对外源化学物质的代谢具有重要作用。催化该反应的 UDP-葡萄糖醛酸基转移酶是一组可诱导的同工酶，主要存在于肝细胞内质网和核膜中。由于葡萄糖醛酸含有 4 个羟基和 1 个羧基，所以亲水性非常强，外源化学物质与之结合后形成的β-葡萄糖醛酸苷水溶性大幅增加，易于经尿和胆汁排泄，但经胆汁排泄的部分在肠道下段又可被肠道菌群的β-葡萄糖醛酸酶催化水解，外源化学物质又可被重新吸收入血进行肠肝循环。

2)硫酸结合

硫酸结合(sulfation)是指含—OH、—NH_2和—SH 的外源化学物质在磺基转移酶的催化作用下，与 3′-磷酸腺苷-5′-磷酰硫酸(3′-phosphoadenosine-5′-phosphosulfate，PAPS)提供的—SO_3生成硫酸酯化合物。外源化学物质的硫酸结合物作为一种水溶性高的物质，主要随尿排泄，少部分经胆汁排泄。

催化硫酸结合反应的磺基转移酶主要存在于肝脏、肾脏、肺脏、血小板及脑等组织的细胞质中，由于其前体物质游离半胱氨酸的浓度有限，致使 PAPS 的浓度显著低于 UDPGA 和谷胱甘肽(glutathione，GSH)。硫酸结合与葡萄糖醛酸结合相比，硫酸结合亲和力较高但结合容量较低。在两者的共同底物浓度较低时主要与硫酸结合，随着浓度的增加，与葡萄糖醛酸结合的比例将随之增加。

3)谷胱甘肽结合

谷胱甘肽结合(glutathione conjugation)是指谷胱甘肽(glutathione，GSH)中的亲核基团巯基在谷胱甘肽 S-转移酶(glutathione s-transferase，GST)的催化作用下与含亲电原子(C、N、S、O)的化合物反应，生成结合物的过程。该结合物具有极性和水溶性，可经胆汁排泄，同时也可以经体循环被转运至肾脏，在肾脏内经一系列酶催化反应生成硫醚氨酸衍生物并随尿排泄。

催化谷胱甘肽结合反应的谷胱甘肽 S−转移酶几乎遍布全身各组织中，以肝脏含量最高。该酶所催化的底物具有一些共同的特点，即具有一定疏水性，并含亲电原子，同时也可与 GSH 发生非酶反应。

谷胱甘肽结合反应是机体内亲电子剂解毒的一般机制，同时在自由基解毒中也起着重要作用。

4)氨基酸结合

氨基酸结合(amino acid conjugation)是羧酸和芳香羟胺的主要代谢途径。羧酸的氨基酸结合反应是解毒反应，该反应需要 ATP 和乙酰辅酶 A，羧酸首先由酰基辅酶 A 合成酶催化生成酰基辅酶 A 硫酯，再由 N-乙酰转移酶催化将酰基转移至甘氨酸、谷氨酸、牛磺酸的氨基上，形成酰胺键。芳香羟胺由 ATP 供能，在氨酰基—tRNA 合成酶催化作用下与丝氨酸和脯氨酸等氨基酸的羧基反应生成 N-酯，后者可进一步分解为亲电子的氮宾离子或碳宾离子，因此是活化反应。

5)甲基化反应

甲基化反应(methylation)是甲基供体 S-腺苷甲硫氨酸在甲基转移酶的催化作用下与外源化学物质中的 O、N、S 等富含电子的原子反应形成结合物的反应。甲基化反应不是外源化学物质结合的主要方式。内源性底物如组胺、氨基酸、蛋白质、糖和多胺的甲基化才对细胞的正常调节有重要意义。甲基化反应产物的水溶性比母体有所降低，不利于排泄，但一般会使外源化学物质的毒性降低，然而某些金属的甲基化会使毒性增大(如汞甲基化形成的甲基汞)。

6)乙酰化作用

乙酰化作用(acetylation)是含芳香胺或阱基团的外源化学物质的主要生物转化途径，在 N−乙酰转移酶的催化作用下，与乙酰辅酶 A 提供的乙酰基结合，分别生成芳香酰胺或酰阱的反应。

3. 毒物代谢酶的诱导、激活、抑制和阻遏

外源化学物质在机体内的代谢受生物转化酶的诱导、激活、阻遏和抑制的影响。许多外源化学物质有多种可能的代谢途径，产生多种生物学活性不同的代谢物，这些不同途径之间的平衡和竞争对外源化学物质的毒效应有重要影响。

1)毒物代谢酶的诱导和阻遏

许多外源化学物质可使某些生物转化酶的合成增加并伴有活力增强的现象称为酶的诱导(enzyme induction)，具有诱导效应的外源化学物质称为诱导剂(inducer)。诱导剂可分为双功能和单功能诱导剂，双功能诱导剂既可诱导Ⅰ相酶，又能诱导Ⅱ相酶，如苯巴比妥可诱导 NADPH-细胞色素 P450 还原酶、EH、GST 及 UDPGT 等酶。酶的诱导可促进外源化学物质的生物转化过程，具有重要毒理学意义。

毒物代谢酶的阻遏是指某些外源化学物质代谢酶诱导的同时也阻遏了另一些代谢酶的合成的现象，较为少见。

2)毒物代谢酶的激活和抑制

毒物代谢酶的激活(activation)是指外源化学物质直接作用于酶蛋白，使其活性增加，

但不涉及酶诱导的现象，较为少见。

许多外源化学物质对代谢酶有抑制作用(inhibition)。抑制作用可分为竞争性抑制和非竞争性抑制。竞争性抑制指参与生物转化的酶系一般不具有高度底物专一性，两种不同的外源化学物质可受同一酶系催化，在同一酶的活性中心发生竞争性抑制，这种抑制并不影响酶的活性与含量，而非竞争性抑制包括：①抑制物与酶的活性中心发生可逆或不可逆性结合；②破坏酶；③减少酶的合成；④变构作用；⑤缺乏辅助因子。

10.4 外源化学物质毒作用机制

外源化学物质对机体的毒性作用主要取决于机体接触的途径和程度，其毒效应的强度则主要取决于终毒物在靶器官的浓度和持续时间，对外源化学物质所造成的毒作用进行定性和定量研究是评价外源化学物质潜在危害的基础。

由于潜在毒物的数目巨大和生物机体结构的复杂性，目前只有极少数可能的毒作用已阐明。据现有知识，毒物进入机体后产生毒性可能的途径(图 10-4)有三种：①化学毒物在机体重要部位出现，而不与靶分子作用；②化学毒物进入机体后，抵达靶部位与靶分子相互作用，导致毒作用；③毒物分布到靶部位后与内源性靶分子相互作用，引起细胞功能和域结构的紊乱，启动分子、细胞或组织水平的修复机制，当毒物所致紊乱超过修复能力，使修复功能失调或丧失时，毒作用就此发生。

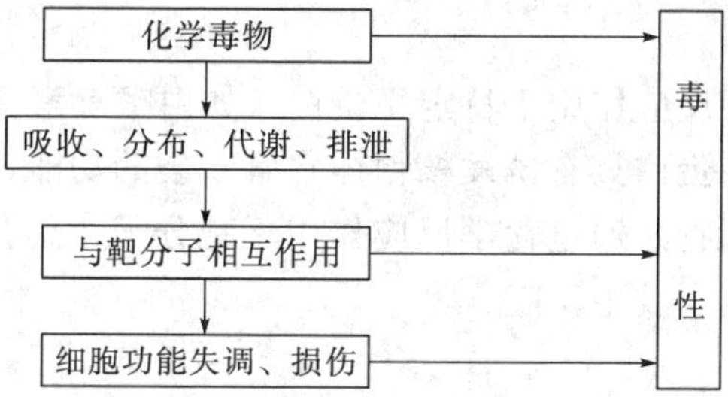

图 10-4 产生毒性可能的途径示意图

10.4.1 终毒物与靶分子的反应

终毒物是指直接与生物靶分子(受体、酶、DNA、微丝蛋白、脂质)反应或引起机体生物学微环境的改变、导致机体结构和功能紊乱并表现毒物毒性的物质。终毒物主要可分为亲电子剂、亲核剂、自由基及活性氧化还原反应物 4 类。

靶分子可以是所有的内源性分子，如一些生物大分子(核酸和蛋白质)及小分子(膜脂质)。作为靶分子的内源性分子必须具备一定的空间构型和(或)反应性，才能与终毒物发生共价或非共价反应。通常情况下与终毒物邻近或接近其形成部位的内源性分子更易成为靶分子。

1. 靶分子反应的类型

终毒物与靶分子的反应有 5 种类型，即非共价结合、共价结合、去氢反应、电子转移和酶促反应。

1)非共价结合

非共价结合是终毒物与靶分子，如膜受体、细胞内受体、离子通道和某些酶，通过非极性交互作用或氢键、离子键等非共价的结合。由于其键能相对较低，此种结合通常是可逆的。

2)共价结合

共价结合是终毒物以共价键的形式与靶分子的结合，此种结合是不可逆的，可持久改变靶分子。某些亲电剂(如阳离子亲电剂、阳离子自由基及非离子亲电剂)通常与生物大分子(如蛋白质和核酸)中的亲核原子反应，中性自由基(如·OH、·NO_2)也能与靶分子发生共价结合。亲核剂易与体内亲电生物分子反应，但由于体内亲电生物分子较为罕见，因此只有少数亲核剂可与体内亲电生物分子反应。如CO、H_2S、氰化物以及叠氮化物能与各种血红素蛋白中的铁形成共价结合，而其他亲核剂则通过电子转移与血红蛋白反应。

3)去氢反应

自由基可使内源化学物质去氢而产生新的内源性自由基。自由基攻击脱氧核糖使其去氢并产生C-4，自由基是DNA链断裂的最初步骤，而自由基导致脂肪酸去氢并产生脂质自由基并启动脂质过氧化。

4)电子转移

某些化学物质可将血红蛋白分子中的Fe^{2+}氧化为Fe^{3+}，导致高铁血红蛋白血症。

5)酶促反应

少数毒素可通过酶促反应作用于特定靶蛋白，如白喉毒素具有阻断蛋白质合成过程中延伸因子的功能，蓖麻蛋白具有诱发核糖体水解断裂的功能，蛇毒含有能破坏生物分子的水解酶。大多数终毒物是通过化学反应作用于靶分子，具有多种反应性的终毒物可通过不同机制与不同靶分子发生反应。

2. 毒物对靶分子的影响

化学物质主要通过作用于靶分子使其功能失调及破坏靶分子结构对靶分子造成影响。

1)靶分子功能失调

化学物质可以通过活化和抑制机制使靶分子功能失调。在活化机制中化学物质通过模拟内源性配体而活化靶蛋白分子。多数情况是化学物质通过多种不同途径抑制靶分子的功能，主要有：①干扰离子通道的功能；②阻断离子转运蛋白；③抑制线粒体电子转移复合物；④抑制酶的活性；⑤损害细胞骨架蛋白的组装或拆装过程；⑥改变蛋白质结构和功能；⑦改变DNA模板等。

2)靶分子结构破坏

化学物质可通过以下几种途径对靶分子的结构造成破坏：①与靶分子形成加合物、发生交联和断裂而改变靶分子的结构；②与靶分子反应而引起靶分子自发性降解；③与DNA分子反应引起DNA链断裂。

3)新抗原产生

在某些个体中，一些外源化学物质或代谢物可与体内蛋白质等生物大分子共价结合，引起自身免疫性疾病。如青霉素降解产物与红细胞结合，可引起溶血性贫血。

10.4.2 细胞调节功能障碍

多细胞生物体的每个细胞都执行着特定的程序。某些程序决定着细胞是增殖、分化还是凋亡，有些则控制着已分化细胞的瞬息活动。细胞的正常生长受控于这些程序，细胞通过可被外部信号分子激活或失活的信号网络来调节这些程序。毒物与靶分子反应所造成的细胞功能障碍主要取决于靶分子在细胞中的作用。如果靶分子参与细胞信号调节，就会首先发生基因表达和(或)细胞瞬息活动的调节障碍；如果靶分子与维持细胞自身的功能有关，就会影响细胞的存活；如果靶分子参与细胞的外部功能，其他细胞和整个器官系统就会受到影响。

1. 毒物引起细胞调节功能障碍

1)基因表达调节障碍

毒物可通过与顺式作用元件或细胞内信号转导通路分子作用或干扰细胞外信号分子的合成、贮存或释放过程，而导致基因表达调节障碍。基因表达调节障碍包括基因转录调节障碍、信号转导调节障碍和细胞外信号产生的调节障碍。

2)细胞瞬息活动的调节障碍

特定细胞正常运行的控制是通过作用于膜受体的信号分子来完成的，这些受体通过调控细胞外液 Ca^{2+} 进出细胞质而完成信号传递循环，因此 Ca^{2+} 称为体内第二信使。Ca^{2+} 负责将刺激信号传递给细胞内各种酶反应系统或功能蛋白，引起其活性的改变，进而导致细胞功能的变化。毒物干扰信号转导过程中的任何一个步骤都将影响细胞的瞬息活动。毒物引起细胞瞬息活动障碍可由以下几种途径实现：①受体功能；②神经递质浓度；③细胞内信号传递；④信号终止。

2. 毒物引起细胞维持功能改变

多细胞生物体内的细胞不仅需要维持其自身结构和功能的完整性，还要对其他细胞提供各种支持。某些外源化学物质通过破坏细胞维持功能而对机体造成毒性反应。

1)细胞内部维持的损害

细胞损伤是外源化学物质或其他因素破坏了正常细胞的自稳态机制而导致的病理性过程。细胞损伤到细胞死亡的过程需要经历几个不同的时相，在致死性损伤作用下细胞先经历致死前时相，再经历坏死时相而发生死亡。如果在致死前时相中损伤性刺激消除，那么细胞损伤可恢复；否则越过某一特殊时点(不可复时点或细胞死亡点)，即使损伤性刺激被消除，细胞损伤也不可恢复，细胞步入坏死时相。

细胞在生存过程中需要合成各种内源性分子来组装大分子复合物、膜和细胞器等，同时还需要维持细胞内环境的稳定及产生细胞活动所需的能量。凡能干扰这些功能，特别是干扰线粒体能量产生功能和基因组功能蛋白合成的毒物均可造成细胞毒性和细胞死亡，主要表现在以下几个方面。

(1)危害细胞存活的原发性代谢紊乱。主要有ATP耗竭、Ca^{2+}稳态紊乱、活性氧和活性氮生成。

ATP作为体内生物合成的重要原料及生化反应能量的主要来源，对于细胞内部维持起着核心作用。一些化学物质可通过干扰氢向电子传递链、电子传递、氧向电子传递链、ATP磷酸化作用、线粒体基因的转录翻译表达过程等过程干扰线粒体中ATP的合成；还可通过直接抑制ATP合酶、干扰ADP的传递、干扰无机磷的传递、破坏ATP合酶的驱动力等方式来干扰ATP合成。

细胞内外存在着离子钙和结合钙，只有离子钙才具有生理活性。在细胞处于静息状态下，细胞内Ca^{2+}浓度(10^{-7}mol/L)与细胞外Ca^{2+}浓度(10^{-3}mol/L)相差10^4倍；当细胞处于兴奋状态时，细胞内Ca^{2+}浓度最高可达10^{-5}mol/L，此后便再下降至10^{-7}mol/L，这种稳态状的变化过程称为细胞钙稳态。化学物质可通过造成细胞钙稳态的紊乱而导致细胞损伤和死亡。细胞内Ca^{2+}浓度不可控制地持续升高会对细胞造成严重危害，如抑制ATP的合成，微丝功能障碍，水解酶活化而引起蛋白质、磷脂以及核酸等生物大分子的水解，活性氧和活性氮生成等。

许多外源化学物质可通过多种不同的途径产生活性氧和活性氮，最主要的途径是氧化还原反应，如醌类、硝基化合物和双吡啶化合物等可直接产生活性氧和活性氮。此外细胞内钙稳态失调也可引起活性氧和活性氮的过度产生。

细胞生化过程中发生的ATP耗竭、Ca^{2+}稳态紊乱、活性氧和活性氮过度产生的原发性代谢紊乱不是孤立的，而是交互影响的，可能加剧生化紊乱最终导致细胞死亡。

(2)线粒体渗透性转变。是线粒体的一种跨膜蛋白质孔开放而引起的，该膜孔对相对分子质量小于1500Da的溶质是可通透的。线粒体渗透性转变会导致细胞坏死和凋亡。细胞坏死过程中所涉及的多种代谢紊乱的发生在次序上是随机的，但又是互为因果的。细胞凋亡过程是有序的，导致细胞凋亡的途径有线粒体途径、死亡受体途径和内质网应激途径。多种外源化学物质既可引起细胞坏死，又可引起细胞凋亡。在机体接触外源化学物质的早期阶段，倾向于发生诱发凋亡，在接触高剂量外源化学物质的后期则会引起细胞坏死。决定细胞死亡形式的关键是ATP的利用度，研究表明ATP耗竭时会发生细胞坏死，当提供ATP生产的基质使ATP耗竭得以缓解时，细胞则发生凋亡。

2)细胞外部维持的损害

化学物质也能损害那些为其他细胞、组织或整个机体专门提供支持的细胞。如肝细胞产生并释放进入血液循环的多种蛋白质和营养素，在循环中可转化血液中的胆固醇和胆红素，将其分别转化为胆汁酸和胆红素葡萄糖醛酸酯，干扰这些过程则可能会使机体和肝脏受到损害。

3. 化学损伤的修复与毒性

机体对外源化学物质引起的不同类型损伤有多种修复机制，以确保机体的稳定。但是机体的修复机制是有限的，不可能对所有损伤进行完全修复，机体修复过程也可能引起一些毒性作用。

1)损伤修复机制

损伤修复在分子、细胞和组织水平有不同的机制。

(1)分子修复。不同受损分子可通过不同方式进行修复，如蛋白质巯基被氧化可通过酶催化作用与内源性还原剂(如硫氧还蛋白和谷氧还蛋白)反应而还原。此外，受损的蛋白质分子也可通过水解而被清除。对于过氧化脂质的修复，则需要通过酶的作用用正常脂肪酸取代过氧化的脂肪酸而修复。DNA分子极易受到亲电子剂和自由基的攻击。分裂间期DNA分子被核蛋白包裹而相对稳定，但在细胞分裂期的DNA分子易遭受攻击。细胞存在着多种DNA修复机制以保证遗传物质的相对稳定，如直接修复、切除修复及重组修复等。线粒体DNA分子由于其没有有效的修复和保护机制，更易受到损害。

(2)细胞修复。机体大多数组织的细胞受损死亡时，可通过存活细胞的分裂增殖来取代受损死亡细胞的方式进行修复，但哺乳动物中枢神经元的损害是不可逆的。

(3)组织修复。机体某些具有细胞增殖能力的组织，其受损组织可以通过细胞分裂增殖和再生被修复，受损细胞则通过细胞坏死或凋亡而被清除。

2)修复障碍及其引起的毒作用

(1)修复障碍。生物体内的分子修复、细胞修复和组织修复的保真度不是绝对的。当损伤程度超过其修复能力时，修复将失效；如果修复过程所必需的辅因子等被过度消耗时，修复也将停止。此外，某些化学物质造成的毒性损伤也不能被有效地修复，如机体对与外源化学物质共价结合的蛋白质不能被有效地修复。

(2)修复障碍引起的毒性。机体的修复过程也可能引起毒性作用，如DNA的损伤修复过程中消耗了过量的NAD^+，就会损害氧化磷酸化过程，造成或加剧ATP耗竭而导致细胞损害。修复障碍所引起的毒性主要有炎症、组织坏死、纤维化及致癌作用。

10.5 食品安全性毒理学评价程序

毒理学安全性评价是指利用规定的毒理学程序和方法评价化学物质对机体产生有害作用效应(损伤、疾病或死亡)，并外推和评价在规定条件下化学物质暴露对人体和人群的健康是否安全。

毒理学安全性评价遵循分阶段试验的原则，即各种毒性试验按一定顺序进行。各毒理学试验之间是有关联的，某些试验是其他试验的基础。如急性毒性试验是绝大多数毒理学试验的基础，LD_{50}是致畸试验、亚慢性毒性试验和某些致突变试验剂量设计的参考依据；慢性毒性试验观察指标和各组剂量的选择要参考亚慢性毒性试验的结果。此外，为尽量减少各种消耗，应对试验周期短、费用低、预测价值高的试验予以优先安排，以最短时间，用最经济的办法，获得最可靠的结果。

在进行毒理学安全性评价时，还应根据受试物质的种类来选择相应的程序，不同化学物质所选用的程序不同，可根据化学物质的种类和用途来选择国家标准、部委和各级政府发布的法规、规定和行业规范中的相应程序。不同的评价程序对毒性试验划分的阶段性有不同的要求，有些程序要求进行人体或人群试验。如《食品安全性毒理学评价程序》(GB 15193.1—2014)明确指出毒性试验分四个阶段；《农药安全性毒理学评价程序》

根据一般毒性试验和特殊毒性试验划分为四个阶段；《化妆品安全性评价程序和方法》对毒理学试验要求分五个阶段进行，第五阶段为人体激发斑贴试验和试用试验。

10.5.1 食品安全性毒理学评价对受试物的要求和处理方法

1. 食品安全性毒理学评价对受试物的要求

(1)对于单一的化学物质，应提供受试物(必要时包括其杂质)的物理、化学性质(包括化学结构、纯度、稳定性)。对于配方产品，应提供配方组成，必要时应提供受试物各组成成分的物理、化学性质(包括化学名称、结构、纯度、稳定性、溶解度等)有关资料。

(2)提供原料来源、生产工艺、人体可能的摄入量等有关资料。

(3)受试物必须是符合既定配方的规格化产品，其组成成分、比例及纯度应与实际应用相同，在需要检测高纯度受试物及其可能存在的杂质的毒性或进行特殊试验时可选用纯品，或以纯品及杂质分别进行毒性检测。

2. 食品安全性毒理学评价受试物的处理方法

对受试物进行不同的试验时应该针对试验的特点和受试物的理化性质进行相应的样品处理。

(1)介质选择。介质应选择适合于受试物的溶剂、乳化剂或助悬剂。所选介质本身不产生毒性作用，与受试物各成分之间不发生化学反应，且保持其稳定性。一般可选用蒸馏水、食用植物油、淀粉、明胶、羧甲基纤维素等。

(2)人体推荐量较大的受试物。如果受试物推荐量较大，在按照其推荐量设计试验时，往往会超过动物的最大灌胃剂量或超过掺入饲料中的规定限量(10%重量)，这种情况可允许去除既无功效作用又无安全问题的辅料部分(如淀粉、糊精)，再进行试验。

(3)袋泡茶类受试物。可用该受试物的水提取物进行试验，提取方法应与产品推荐饮用方法相同。

(4)膨胀系数较高的受试物。应考虑受试物的膨胀系数对受试物给予剂量的影响，依此来选择合适的受试物给予方法，选择灌胃或掺入饲料。

(5)液体受试物。液体受试物需要进行浓缩处理时，采用不破坏其中有效成分的方法，可使用温度60～70℃蒸发浓缩、冷冻干燥等方法。

(6)含乙醇的受试物。推荐量较大的含乙醇的受试物，在按其推荐量设计试验剂量时，如超过动物最大灌胃容量时，可以进行浓缩。

(7)含有毒性较大的人体必需营养素的受试物。如产品配方中含有某一毒性较大的人体必需营养素，在按其推荐量设计试验时，如该物质的剂量已达到已知的毒作用剂量，在原有剂量的基础上，再增加去除该物质或降低该物质剂量的受试物剂量组，以便评价受试物中其他成分的毒性作用及该物质与其他成分的联合毒性作用。

(8)益生菌等微生物类受试物。益生菌类或其他微生物类等受试物在进行Ames试验或体外细胞试验时，应将微生物灭活后进行。

10.5.2 食品安全性毒理学评价试验的内容

1. 急性经口毒性试验

1)试验目的

测定 LD_{50}，了解受试物的急性毒性强度、性质、可能的靶器官，为进一步进行毒性试验的剂量和毒性观察指标的选择提供依据，并根据 LD_{50} 进行急性毒性剂量分级。

2)试验结果的判断

(1)如 $LD_{50}<100\times ADI$，则放弃该受试物用于食品，不再继续其他毒理学试验。

(2)如 $LD_{50}\geqslant 100\times ADI$，则可进入下一阶段毒理学试验。

2. 遗传毒性试验

遗传毒性试验具体包括：细菌回复突变试验、哺乳动物红细胞微核试验、哺乳动物骨髓细胞染色体畸变试验、小鼠精原细胞或精母细胞染色体畸变试验、体外哺乳类细胞HGPRT 基因突变试验、体外哺乳类细胞 TK 基因突变试验、体外哺乳类细胞染色体畸变试验、啮齿类动物显性致死试验、体外哺乳类细胞 DNA 损伤修复试验、果蝇伴性隐性致死试验。

遗传毒性试验的组合应该考虑原核细胞与真核细胞、体内试验与体外试验相结合的原则。

组合一：细菌回复突变试验；哺乳动物红细胞微核试验或哺乳动物骨髓细胞染色体畸变试验；小鼠精原细胞或精母细胞染色体畸变试验或啮齿类动物显性致死试验。

组合二：细菌回复突变试验；哺乳动物红细胞微核试验或哺乳动物骨髓细胞染色体畸变试验；体外哺乳类细胞染色体畸变试验或体外哺乳类细胞 TK 基因突变试验。

其他备选遗传毒性试验：果蝇伴性隐性致死试验、体外哺乳类细胞 DNA 损伤修复试验、体外哺乳类细胞 HGPRT 基因突变试验。

1)试验目的

了解受试物的遗传毒性以及筛查受试物的潜在致癌作用和细胞致突变性。

2)试验结果的判断

A. 如遗传毒性试验组合中两项或以上试验为阳性，则表示该受试物很可能具有遗传毒性和致癌作用，一般应放弃该受试物用于食品。

B. 如遗传毒性试验组合中一项试验为阳性，则再选择两项其他备选遗传毒性试验(至少一项为体内试验)。

如在选的两项其他备选遗传毒性试验均为阴性，则可继续进行下一阶段的毒性试验。如在选的两项其他备选遗传毒性试验中有一项试验阳性，则应放弃该受试物应用于食品。

C. 如三项遗传毒性试验均为阴性，则可继续进行进一步的毒性试验。

3. 28 天经口毒性试验

1)试验目的

在急性毒性试验的基础上，进一步了解其毒性作用性质、剂量–反应关系和可能的靶器官，得到 28 天经口未观察到有害作用剂量，初步评价受试物的安全性，并为下一步较长期毒性和慢性毒性试验剂量、观察指标、毒性终点的选择提供依据。

2)试验结果的判断

对只要求进行急性毒性、遗传毒性和 28 天经口毒性试验的受试物。

(1)若试验未发现有明显毒性作用，综合其他各项试验结果可做出初步评价。

(2)若试验发现有明显毒性作用，尤其是有剂量–反应关系时，则考虑进行进一步的毒性试验。

4. 90 天经口毒性试验

1)试验目的

观察受试物以不同剂量水平经较长期喂养后对实验动物的毒性作用性质、剂量–反应关系和靶器官，得到 90 天经口未观察到有害作用剂量，为慢性毒性试验的剂量选择和初步制定人群安全接触限量标准提供科学依据。

2)试验结果的判断

根据试验未观察到有害作用剂量进行评价，原则是。

(1)NOAEL≤100×ADI，表示毒性较强，应放弃该受试物用于食品。

(2)100×ADI<NOAEL<300×ADI，应进行慢性毒性试验。

(3)NOAEL≥300×ADI，则不必进行慢性试验，可进行安全性评价。

5. 致畸试验

1)试验目的

了解受试物是否具有致畸作用和发育毒性，并可得到致畸作用和发育毒性的未观察到有害作用剂量。

2)试验结果的判断

根据试验结果评价受试物是不是实验动物的致畸物。若致畸试验结果阳性则不再继续进行生殖毒性试验和生殖发育毒性试验。在致畸试验中观察到的其他发育毒性，应结合 28 天和(或)90 天经口毒性试验结果进行评价。

6. 生殖毒性试验和生殖发育毒性试验

1)试验目的

了解受试物对实验动物繁殖及对子代的发育毒性，如性腺功能、发情周期、交配行为、妊娠、分娩、哺乳和断乳以及子代的生长发育。得到受试物的未观察到有害作用剂量水平，为初步制定人群安全接触限量标准提供科学依据。

2)试验结果的判断

根据试验所得的未观察到有害作用剂量进行评价，原则是：

(1)NOAEL≤100×ADI，表示毒性较强，应放弃该受试物用于食品。

(2)100×ADI<NOAEL<300×ADI，应进行慢性毒性试验。

(3)NOAEL≥300×ADI，不必进行慢性毒性试验，可进行安全性评价。

7. 毒物动力学试验

毒物动力学试验可以了解受试物在体内的吸收、分布和排泄速度以及蓄积性；为选择慢性毒性试验的合适实验动物种、系提供依据；了解代谢产物的形成情况。

8. 慢性毒性试验和致癌试验

1)试验目的

了解经长期接触受试物后出现的毒性作用以及致癌作用，最后确定未观察到有害作用剂量，为受试物能否应用于食品的最终评价提供依据。

2)试验结果的判断

根据慢性毒性试验所得的NOAEL进行评价的原则是：

(1)NOAEL≤50×ADI，表示毒性较强，应予放弃。

(2)50×ADI<NOAEL<100×ADI，经安全性评价后，再决定该受试物可否用于食品。

(3)NOAEL≥100×ADI，则可考虑允许使用于食品。

根据致癌试验所得的肿瘤发生率、潜伏期、多发性等进行致癌试验结果判定的原则是：凡符合下列情况之一，可认为致癌试验结果呈阳性。若存在剂量-反应关系，则判断阳性更可靠。

(1)肿瘤只发生在试验组动物，对照组中无肿瘤发生。

(2)试验组和对照组均发生肿瘤，但试验组发生率高。

(3)试验组动物中多发性肿瘤明显，对照组中无多发性肿瘤，或只是少数动物有多发性肿瘤。

(4)试验组和对照组动物肿瘤发生率虽然无明显差异，但是，试验组发生时间较早。

10.5.3 对不同受试物选择毒性试验的原则

凡属我国首创的物质，特别是化学结构提示有潜在慢性毒性、遗传毒性或致癌或该受试物产量大、适用范围广、人体摄入量大，应进行系统的毒性试验，包括急性经口毒性试验、遗传毒性试验、90天经口毒性试验、致畸试验、生殖发育毒性试验、毒物动力学试验、慢性毒性试验和致癌试验(或慢性毒性和致癌合并试验)。

凡属与已知物质(指进行安全性评价并允许使用)的化学结构基本相同的衍生物或类似物，或在部分国家和地区有安全食用历史的物质，则可先进行急性经口毒性试验、遗传毒性试验、90天经口毒性试验、致畸试验，根据试验结果判定是否需要进行毒物动力学试验、生殖毒性试验、慢性毒性试验和致癌试验等。

凡属已知的或在多个国家有食用历史的物质，同时申请单位又有资料证明申报受试物的质量规格与国外产品一致，则可先进行急性经口毒性试验、遗传毒性试验和28天经口毒性试验，根据试验结果判定是否进行进一步的毒性试验。

食品添加剂、新食品原料、食品相关产品、农药残留及兽药残留的安全性毒理学评价试验的选择。

1)食品添加剂

(1)香料。鉴于食品中使用的香料的品种很多，化学结构很不相同，而用量很少，在评价时可参照国际组织和国外的资料和规定，分别决定需要进行的试验。

a. 凡属世界卫生组织(WHO)已建议批准使用或已制定日容许摄入量者，以及香料生产者协会(FEMA)、欧洲理事会(COE)和国际香料工业组织(IOFI)四个国际组织中的两个或两个以上允许使用的，一般不需要进行试验。

b. 凡属资料不全或只有一个国际组织批准的先进行急性毒性试验和遗传毒性试验组合中的一项，经初步评价后，再决定是否需进行进一步试验。

c. 凡属尚无资料可查、国际组织未允许使用的，先进性急性毒性试验、遗传毒性试验和28天经口毒性试验，经初步评价后，决定是否需进行进一步试验。

d. 凡属用动、植物可食部分提取的单一高纯度天然香料，如其化学结构及有关资料并未提示具有不安全性的，一般不要求进行毒性试验。

(2)酶制剂

a. 由具有长期安全食用历史的传统动物和植物可食用部分生产的酶制剂，世界卫生组织已公布日容许摄入量或不需规定日容许摄入量者或多个国家批准使用的，在提供相关证明材料的基础上，一般不要求进行毒理学试验。

b. 对于其他来源的酶制剂，凡属毒理学资料比较完整，世界卫生组织已公布日容许摄入量或不需规定日容许摄入量者或多个国家批准使用的，如果质量规格与国际质量规格标准一致，则要求进行急性经口毒性试验和遗传毒性试验。如果质量规格标准不一致，则需要增加28天经口毒性试验，根据试验结果考虑是否进行其他相关毒理学试验。

c. 对于其他来源的酶制剂，凡属新品种的，需要先进行急性经口毒性试验、遗传毒性试验、90天经口毒性试验和致畸试验，经初步评价后，决定是否需要进行进一步试验。凡属一个国家批准使用的，世界卫生组织未公布日容许摄入量或资料不完整的，进行急性经口毒性试验、遗传毒性试验、28天经口毒性试验，根据试验结果判定是否需要进一步的试验。

d. 通过转基因方法生产的酶制剂按照国家对转基因管理的有关规定执行。

(3)其他食品添加剂

a. 凡属毒理学资料比较完整，WHO公布日容许量或不需规定日容许量者或多个国家批准使用的，如果质量规格与国际质量规格标准一致，则要求进行急性经口毒性试验和遗传毒性试验。如果质量规格标准不一致，则需要增加28天经口毒性试验，根据实验结果考虑是否进行其他相关毒理学试验。

b. 凡属有一个国际组织或国家批注使用，但WHO未公布日容许量，或资料不完整者，在进行第一、二阶段毒性试验后，初步评价，以决定是否需进行进一步的毒性试验。

c. 对于由动植物或微生物提取的单一组分，高纯度的添加剂，凡属新品种需进行第一、二、三阶段毒性试验。凡属国外有一个国际组织或国家已批准使用的，则进行第一、二阶段毒性试验，经初步评价后，决定是否需进行进一步试验。

2)新食品原料

按照《新食品原料申报与受理规定》(国卫食品发〔2013〕23号)进行评价。

3)食品相关产品

按照《食品相关产品新品种申报与受理规定》(卫监督发〔2011〕49号)进行评价。

4)农药残留

按照《农药登记毒理学试验方法》进行。

5)兽药残留

按照《兽药临床前毒理学评价试验指导原则》(中华人民共和国农业部公告第1247号)进行评价。

10.5.4 进行食品安全性评价时需要考虑的因素

1. 试验指标的统计学意义和生物学意义

在分析试验组与对照组指标统计学上差异的显著性时，应根据其有无剂量反应关系、同类指标横向比较及与本实验室的历史性对照值范围比较的原则等来综合考虑指标差异有无生物学意义。此外如在受试物组发现某种肿瘤发生率增高，即使在统计学上与对照组比较差异无显著性，仍要给予关注。

2. 生理作用与毒性作用

对实验中某些指标的异常改变，在结果分析评价时要注意区分是生理学表现还是受试物的毒性作用。

3. 人的可能摄入量较大的受试物

应考虑给予受试物量过大时，可能影响营养素摄入量及其生物利用率，从而导致动物某些毒理学表现，而非受试物的毒性所致。

4. 时间－毒性效应关系

对由受试物引起的毒性效应进行分析评价时，要考虑在同一剂量水平下毒性效应随时间的变化情况。

5. 人的可能摄入量

除一般人群的摄入量外，还应考虑特殊和敏感人群(如儿童、孕妇及高摄入量人群)。对孕妇、乳母或儿童使用的食品，因特别注意其胚胎毒性或生殖发育毒性、神经毒性和免疫毒性。

6. 人体资料

由于存在着动物与人之间的种属差异，在评价食品的安全性时，应尽可能收集人群接触受试物后的反应资料，如职业性接触和意外事故接触。志愿受试者的体内代谢资料对于将动物试验结果推论到人具有很重要的意义，在确保安全的条件下，可以考虑遵照有关规定进行人体试食试验。

7. 动物毒性试验和体外试验资料

本程序所列的各项动物毒性试验和体外试验系统虽然仍待有完善，却是目前水平下所得到的最重要的资料，也是进行评价打分的主要依据，在试验得到阳性结果而且结果的判定涉及受试物能否应用于食品时，需要考虑结果的重复性和剂量-反应关系。

8. 安全系数

有动物毒性试验结果推论到人时，鉴于动物、人的种属和个体之间的生物学差异，一般采用安全系数的方法，以确保对人的安全性。安全系数通常是100倍，但可根据受试物的理化性质、毒性大小、代谢特点、接触的人群范围和人的可能摄入量、食品中的使用量及使用范围等因素，综合考虑增大或减小安全系数。

9. 代谢试验的资料

代谢研究是对化学物质进行毒理学评价的一个重要方面，因为不同化学物质剂量大小，在代谢方面的差别往往对毒性作用影响很大。在毒性试验中，原则上应尽量使用与人具有相同代谢途径和模式的动物种系来进行试验。研究受试物在实验动物和人体内吸收、分布、排泄和生物转化方面的差别，对于将动物试验结果比较正确地推论到人具有重要意义。

10. 综合评价

在进行最后评价时，必须综合考虑受试物的理化性质、毒性大小、代谢特点、蓄积性、接触的人群范围、食品的使用量与使用范围、人的可能摄入量的因素，在受试物可能对人体健康造成的危害以及其可能的有益作用之间进行权衡。评价的依据不仅是科学试验的结果，而且与当时的科学水平、技术条件以及社会因素有关。因此，随着时间的推移，很可能结论也不同，随着情况的不断改变，科学技术的进步和研究工作的不断进展，有必要对已通过评价的化学物质进行重新评价，做出新的结论。

对于已在食品中应用了相当长时间的物质，对接触人群进行流行病学调查具有重大意义，但往往难以获得剂量—反应关系方面的可靠资料；对于新的受试物质，则只能依靠动物试验和其他实验试验研究材料，然而，即使有了完整和详尽的动物实验资料和一部分人类接触者的流行病学研究资料，由于人类的种族和个体差异，也很难做出能保证每个人都安全的评价。所谓绝对的安全实际上是不存在的。根据上述材料，进行最终评价时，应全面权衡和考虑实际可能，在确保发挥该受试物的最佳效益，以及对人体健康和环境造成最小危害的前提下做出结论。

思考题

1. 毒性作用按毒作用的性质分包括哪些？
2. 什么是靶器官？什么是生物学标志？
3. 生物转化的类型及其主要反应有哪些？
4. 食品安全性毒理学评价试验主要包括哪些试验？
5. 进行食品安全性评价时需要考虑的因素有哪些？

参考文献

李建科. 2007. 食品毒理学[M]. 北京：中国计量出版社.
李云. 2008. 食品安全与毒理学基础[M]. 成都：四川大学出版社.
刘宁，沈明浩. 2009. 食品毒理学[M]. 北京：中国轻工业出版社.
王心如，周宗灿. 2012. 毒理学基础[M]. 北京：人民卫生出版社.
谢明勇，陈绍军. 2011. 食品安全导论[M]. 北京：中国农业大学出版社.
徐海滨，徐丽萍. 2008. 食品安全性评价[M]. 北京：中国林业出版社.
朱坚，等. 2009. 食品安全与控制导论[M]. 北京：化学工业出版社.
Prashanth M S. 2012. Acute toxicity，behavioral and nitrogen metabolism changes of sodium cyanide affected on tissues of Tilapia mossambica (Perters)[J]. Drug and Chemical Toxicology，35(2)：178-183.
Pucaj K，Rasmussen H，Møller M. 2011. Safety and toxicological evaluation of a synthetic vitamin K2，menaquinone-7[J]. Toxicology Mechanisms and Methods，21 (7)：520-532.
Story P，Hooper M J，Astheimer L B，et al. 2011. Acute oral toxicity of the organophosphorus pesticide fenitrothion to fat-tailed and stripe-faced dunnarts and its relevance for pesticide risk assessments in Australia [J]. Environmental Toxicology and Chemistry，30 (5)：1163-1169.
Taju G，Abdul Majeed S，Nambi K S，et al. 2012. Comparison of in vitro and in vivo acute toxicity assays in Etroplus suratensis (Bloch，1790) and its three cell lines in relation to tannery effluent[J]. Chemosphere，87(1)：55-61.

第 11 章　食品安全风险分析与控制

食品安全风险管控是世界各国普遍面临的共同难题。近年来，食品安全问题越来越严重地威胁着人类的健康，特别是随着食品生产的工业化和新技术、新原料、新产品的采用，造成食品污染的因素日趋复杂化。全世界范围内的消费者普遍面临着不同程度的食品安全风险问题，全球每年仅因摄入受污染的食品和饮用水导致死亡的人数约有 1800 万。食品安全问题越来越受到广泛关注。食品安全风险分析是针对食品安全性问题而提出的一种宏观管理模式，是现代科学技术最新成果在食品安全管理方面的实际应用，被认为是制定食品安全标准的基础，对保证食品的安全性具有重要意义。食品安全风险分析包括风险评估、风险管理和风险交流三部分，旨在通过风险评估选择适合的风险管理措施以降低风险，同时通过风险交流达到社会各界的认同或使得风险管理措施更加完善。

11.1　食品风险分析概述

风险分析(risk analysis)是对风险进行评估，根据评估结果制定相应的风险管理措施，以便将风险控制在可接受的范围内，并且保证风险各相关方能够顺畅地交流风险信息的一个过程。风险分析最早出现于环境科学危害控制领域，随着近年食品安全事件的爆发和食品国际贸易的增长，20 世纪 80 年代，食品安全领域开始引进并日益完善分析制度。

开展食品风险分析是十分必要的。首先，风险分析对保证食品安全具有重要作用。随着食品安全事件的频繁发生，仅局限于对食品中有害物质的限量以及食品安全事件发生后的应急处理已经远远无法满足人们的期望。食品风险分析立足于“预防”的理念，通过风险评估，风险管理，风险交流等一系列措施使得人们面对食品安全问题时化被动为主动。这种转变对于进一步提升食品安全意义重大；其次，风险分析对国际食品贸易影响越来越大。一方面，《实施卫生和植物卫生措施协议》(SPS 协议)通过之后，建立在风险分析基础之上的 CAC(国际食品法典委员会，Codex Alimentarius Commission)的标准(包括推荐和导则)的性质已经发生了实质性的变化，也就是说，由原来的推荐性标准演变成一种为国际社会所广泛接受和普遍采用的食品安全性管理的措施，成为国际食品贸易中变相的强制性标准。另一方面，来自于已经开展风险分析国家的压力越来越大。目前，不仅一些发达国家，而且很多发展中国家也在食品风险分析方面已经开展了许多工作。这些开展风险分析的国家必定在食品风险分析方面出台一系列的规定和措施，这虽然是针对食品安全性采取的管理措施，但肯定会对国际食品贸易产生深刻的影响。他们的积极行动，对我国形成了一定的压力。如果我们还是在强调作为发展中国家的特殊性，观望或者等待，那将有可能丧失发展时机，拉大与已经开展此项工作的发达国家、甚至某些发展中国家的差距。

食品风险分析贯穿于“从农田到餐桌”整个食品供应链，各环节的食源性危害均列入风险评估的范围。风险分析包括风险评估、风险管理和风险交流3个方面的内容。其中，风险评估是整个风险分析体系的核心和基础，也是有关国际组织今后工作的重点。食品安全风险分析是风险分析在食品安全领域的应用，保证消费者在食品安全性风险方面处于可接受的水平。风险分析在食品安全管理中的目标是：分析食源性危害，确定食品安全性保护水平，采取风险管理措施，使消费者在食品安全性风险方面处于可接受的水平。风险分析的根本目标在于保护消费者的健康和促进公平的食品贸易。

11.1.1 风险分析基本概念

国际食品法典委员(CAC)会对风险分析的相关术语的定义如下。

(1)危害(hazard)：食品中潜在的将对人体健康产生不良作用的生物/化学或物理性因子。

(2)风险(risk)：将对人体健康或环境产生不良效果的可能性和严重性称为风险，这种不良效果是由食品中的一种危害所引起的。

(3)风险源(risk source)：主要指具有潜在的引发不良效果的药剂、媒介物、商业/工业加工过程、加工步骤或加工场地。

(4)风险分析(risk analysis)：指对可能存在危害的预测，并在此基础上采取规避或降低危害影响的措施，是由风险评估、风险管理和风险交流三部分共同构成的一个过程。

(5)风险评估(risk assessment)：在特定条件下，当风险源暴露时，将评估对人体健康和环境产生不良效果的事件发生的可能性。风险评估过程包括：危害识别、危害描述、暴露评估和风险描述。

(6)风险描述(risk characterization)：在危害识别、危害描述和暴露评估的基础上，定量或定性估计(包括伴随的不确定性)在特定条件下相关人群发生不良影响的可能性和严重性。

(7)风险管理(risk management)：根据风险评估的结果，对备选政策进行权衡，并且在需要时选择和实施适当的控制，包括管理和监控过程。

(8)风险交流(risk communication)：在风险评估人员、风险管理人员、消费者和其他有关的团体之间就与贯穿风险分析整个过程中与风险有关的信息和意见进行相互交流。

11.1.2 风险分析框架

风险分析是一个结构化的过程，主要包括风险评估、风险管理和风险交流三个方面。在一个食品安全风险分析过程中，这三部分看似独立存在，但其实三者是一个高度统一融合的整体，在解决具体的食品安全问题上，具有非常密切的相互关系，在食品安全风险分析过程中缺一不可。在这一过程中，包括风险管理者和风险评估者在内的各个利益相关方通过风险交流进行互动，由风险管理者根据风险评估的结果以及与利益相关方交流的结果制定出风险管理措施，并在执行风险管理措施的同时，对其进行监控和评估，随时对风险管理措施进行修正，从而达到对食品安全风险的有效管理。

风险评估指对人体接触食源性危害而产生的已知或潜在的对健康的不良作用的可能性及其严重程度所进行的一个系统的科学评估程序。风险管理是指在风险评估的科学基础上，为保护消费者健康、促进国际食品贸易而采取的预防和控制措施。风险交流是指在风险评估者、危险性管理者、消费者、企业、学术团体和其他组织间就危害、风险，与风险相关的因素和理解等进行广泛的信息和意见沟通，包括风险评估的结论和风险管理决策。三者在开展工作时是相互独立的，但是在任何一项食品安全任务中，只有三个部分的工作都得到了开展，才能称之为运用了风险分析(图 11-1)。风险评估是一个纯粹的专家行为，是独立评估，即专家在工作中不受任何政治、经济、文化、饮食习惯等的影响，但风险评估专家与风险管理者(政府)在工作中密切相关。一方面风险评估专家的任务来自于风险管理者，另一方面，风险评估专家也要发挥积极主动性，向风险管理者建议评估对象的选择；风险评估所得到的结果要报告给风险管理者。

风险管理是一个纯政府行为。政府接到专家的评估报告以后，根据当时当地的政治、经济、文化、饮食习惯等因素来制定政府的管理措施，如法律、法规、标准、检验技术等。

风险交流就是把所有的管理信息和评估信息都告诉与食品安全相关的利益相关者，包括专家、政府、消费者(最大的利益相关者)、媒体、食品生产经营者(包括养殖、种植产品生产者)以及消费者权益保护组织和行业协会等。风险交流是食品安全风险分析的三大组成部分之一，贯穿于整个风险分析的过程之中，也是食品安全管理的重要内容和目的所在。

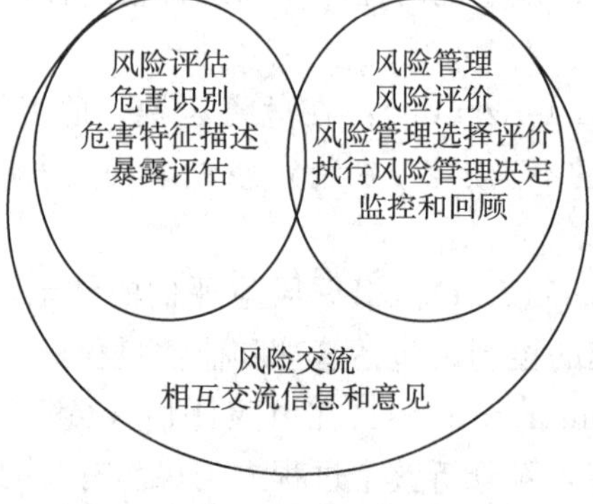

图 11-1 食品安全风险分析框架

11.2 食品风险评估

风险评估是风险分析过程的关键和核心，以科学研究为基础，系统地、有目的地评价已知的或潜在的一切与食品有关的对人体产生负面影响的危害。世界贸易组织(WTO)

在《实施卫生和植物卫生措施协议》(SPS 协议)附件 A 第 4 条将风险评估定义为:"在食品贸易中,进口国根据可能采用的 SPS 措施,评价某些害虫或疾病进入其领土或存在、传播的可能性,以及潜在的生物学影响和经济影响,或对食品、饮料和饲料中的添加剂、污染物、毒素或致病菌的存在对人体和动物的健康可能造成的不良作用进行评估。"

国际食品法典委员会将风险评估定义为一个以科学为依据的过程,并在其程序手册中规定了明确的步骤:①危害识别:识别是否存在已知的或潜在的危害,证据是什么,并描述危害的程度等相关因素。②危害特征描述:定量、定性地评估食品中化学性、物理性和生物性风险,对于化学性因素进行剂量—效应的评估。如果能够获得相关数据,对生物性因素进行剂量—效应评估。③暴露评估:描述某种危害的暴露途径,并估计其摄入总量。④风险特征描述:通过危害因素识别、危害描述和暴露评估,评估对特定人群可能产生的危害及其不确定性(图 11-2)。风险评估的具体方法很多,使用较多的是四阶段法,即危害识别、危害特征描述、暴露评估和风险特征描述。

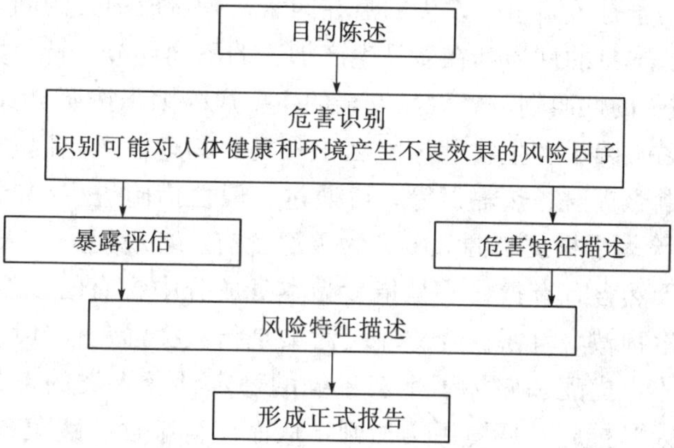

图 11-2　风险评估基本流程图

2015 年 4 月我国修订后的《中华人民共和国食品安全法》公布,其中第十八条规定,有下列情形之一的,应当进行食品安全风险评估:①通过食品安全风险监测或者接到举报发现食品、食品添加剂、食品相关产品可能存在安全隐患的;②为制定或者修订食品安全国家标准提供科学依据需要进行风险评估的;③为确定监督管理的重点领域、重点品种需要进行风险评估的;④发现新的可能危害食品安全因素的;⑤需要判断某一因素是否构成食品安全隐患的;⑥国务院卫生行政部门认为需要进行风险评估的其他情形。

11.2.1　风险评估的基本过程

1. 目的陈述

风险评估的目的陈述是清楚地说明风险评估的特定目的,定义风险评估的输出形式和可能的替代形式。主要对风险评估的原因、目标、广度与重点等做出规定,还应包括所要求的数据,因为这些数据可能会因评估的重点、评估的运用和需要解决的相关不确定问题的不同而有所变化。风险评估的输出可能采用不同的形式，如对每年发生疾病的估计，对每年每10万人中疾病发生率的估计，或对每次摄入不同的食物时疾病发生概率的估计。

2. 危害识别

危害识别(risk identification)是识别可能对人体健康和环境产生不良效果风险源，可能存在于某种或某类食品中的生物、化学和物理风险因素，并对其特性进行定性、定量描述的过程。危害识别的关键是获得有效的公众健康数据和对特定条件下的危害来源、频率和媒介数量的预测。这些信息将用于随后的暴露评估，即食品的加工、储藏及分销(包括从加工到消费)等过程对所评估的风险因子的影响。

1)风险因子

风险因子是促使或引起风险事件发生的条件，以及风险事件发生时，致使损失增加、扩大的条件。风险因子是风险事件发生的潜在因素，是造成损失的间接的和内在的原因。对风险因子可以按照本身的性质和在食品生产加工的不同环节进行分类。

(1)按照风险因子的性质划分。食品安全的主要风险因子按照自身性质可分为物理性风险因子、化学性风险因子和生物性风险因子三类。物理性风险因子主要包括噪声、振动、光、核辐射、电磁辐射、热辐射等，可通过一般性措施进行控制，如良好操作规范(GMP)。化学性风险因子根据来源大致分为天然含有、环境污染、人为添加和食品加工过程产生四大类。天然含有有毒物质是指食品本身成分中含有的天然有毒有害物质，如一些植物中含有的生物碱，氢氰糖苷。环境污染是指人类活动使环境要素或其状态发生变化，环境质量恶化，扰乱和破坏了生态系统的稳定性及人类的正常生活条件的现象。由于大量工业“三废”排放，环境污染加剧，从而使得粮食、蔬菜、水果、动物性产品受到污染。人为添加的化学性危害因子是食品中化学风险因子的主要来源，如在种植、养殖、加工、包装、储藏等环节加入的各种化学物、农药、兽药、化肥，防腐剂。食品加工过程中也可能产生一些有害物质，如烟熏、烧烤加工时产生的多环芳烃和腌制时的亚硝酸铵都有很强的致癌性；用于水果、蔬菜或加工设备的清洁剂和消毒剂也会残留在食品中；食品烹饪时，因高温而产生杂环胺等也是毒性极强的致癌物质；食品加工过程中使用的机械管道、容器及各种包装材料等，也有可能将有毒物质带入食品，如聚苯乙烯材料中的单体苯乙烯、聚碳酸酯材料中的单体双酚A、增塑剂或胶黏剂中的邻苯二甲酸酯类。生物性风险因子是食品安全的重要危害因素，如食品中人兽共患病病原(细菌、病毒、寄生虫)、中毒性微生物病原体、生物体有害组织器官。

(2)按照食品生产加工的环节可将食品风险因子分为三类。①食品农产品本身携带的风险因子。一般由农产品源头种植、养殖过程中因工业三废、施肥、施药等原因造成的污染，包括物理、化学、生物等风险因子。②生产企业加工过程形成的风险因子。一般由企业加工工艺存在问题造成的风险因子，主要表现在出口食品农产品加工企业未能按照工艺要求操作；违规使用食品添加剂，甚至使用非法添加物；应用新技术、新工艺、新原料带来的问题，如转基因技术、现代生物技术、益生菌和酶制剂等技术在食品中的应用。③跟国际要求、社会关注度等有密切关联，需要引起出口生产企业和检验检疫部门重视的风险因子。

2)危害识别的方法

危害识别的方法很多，主要包含一般调查估计与数学方法的几种不同组合分析方法，随着科学技术的发展与经验的逐渐丰富，分析的方法和手段将更加完善和合理。目前主要的食品危害识别方法包括宏观领域中的决策分析(食品供应链分析、市场环境分析等)、微观领域的具体分析(食品生产流程分析、食品风险追溯分析等)。

(1)食品供应链分析。食品生产、经营过程是一个复杂的过程，它贯穿于整个食品供应链，因此，食品危害识别就应该贯穿于“从农田到餐桌”的整个食品供应链。从每一个食品供应链成员中采集和分析食品风险信息，准确地描述食品安全状况，描述存在的潜在的食品风险因子。

(2)市场环境分析。由于许多食品风险直接来自于消费者，在给消费者带来健康危害后才被发现。因此，面向市场环境的食品危害识别非常重要。食品风险分析者经过实际的市场调研，对相关食品在市场环境中的状况进行检测、分析，发现其潜在风险，并及时做出预警。

(3)食品生产流程分析法(流程图法)。

食品生产流程又称为工艺流程或加工流程，是指在食品生产工艺中从食品原料投入到成品产出，通过一定的设备按顺序连续地进行加工的过程。食品生产流程分析法强调根据不同的流程，对每一阶段和环节，逐个进行调查分析，找出食品风险存在的原因；从中发现潜在的风险因子，分析食品风险发生后可能造成的损失和对全部食品生产过程造成的影响。

(4)食品风险追溯分析。许多国家开始构建食品风险追溯体系，实现“从农田到餐桌”的追踪和“从餐桌到农田”的溯源。食品风险追溯体系的建立，更加强调食品安全的全过程管理，以及依赖于关键环节的管理。食品风险追溯分析需要以标准化和信息化为基础，从而进行潜在风险因子的识别。

(5)食品风险专家调查列举法。由食品风险管理人员对食品企业或食品供应链可能面临的风险因子逐一列出，并根据不同的标准进行分类，可以将食品风险分为系统性风险和非系统性风险。

(6)背景分析法。通过对食品生产和经营过程中获得的各类食品检测数据，采用食品微生物预测技术，应用曲线和图表的形式描述食品状态的变化趋势，以研究引起有关风险的关键因子及其后果。如当温度或时间等因素发生变化时，将出现怎样的风险，其后果如何。背景分析法主要在于考察食品风险的范围及事态的发展，并对各种情况做对比研究，选择最佳的食品风险管理方案。

(7)分解分析法。指将一复杂的事物分解为多个比较简单的事物，将大系统分解为具体的组成要素，从中分析可能存在的食品风险及潜在损失的威胁。食品风险可以分解为经济风险、技术风险、资源风险、人员风险、环境风险等不同要素，然后对每一种食品风险做进一步的分析。

(8)失误树分析方法。指以图解表示的方法来调查损失发生前各种失误事件的情况，或对各种引起事故的原因进行分解分析，具体判断哪些失误最可能导致损失风险发生。

食品危害的识别还有环境分析、事故分析等方法。

(9)证据加权分析法。由于以上分析方法所获得的资料往往不足，因此，进行危害识别的最好方法是证据加权。此法需要对来源于适当的数据库、经同行专家评审的文献及诸如企业界未发表的研究报告的科学资料进行充分的评议。此方法对不同研究的重视程序有如下顺序：流行病学研究、动物毒理学研究、体外试验以及最后的定量结构－反应关系。

①流行病学研究。如果能获得阳性的流行病学研究数据，应当将它们应用于危险性评估。对于大多数化学物，临床和流行病学资料是难以得到的。此外，阴性的流行病学资料难以在危险性评估方面进行解释，因为大部分流行病学研究的统计学力度不足以发现人群中低暴露水平的作用。食品风险管理决策不应过于依赖流行病学研究而受耽搁，而且风险评估采用的流行病学研究必须按照公认的标准程序进行。危害识别一般以动物和体外试验的资料为依据，因为流行病学研究费用昂贵，而且提供的数据很少。

②动物试验(毒理学实验)。用于食品风险评估的绝大多数毒理学数据来自动物试验，这就要求这些动物试验必须遵循国际广泛接受的标准化试验程序。尽管存在这类程序，如联合国经济合作发展组织(OEcD)、美国环境保护局(EPA)等，但没有适用于食品安全危险性评估的专用程序。无论采用哪种程序，所有试验必须实施良好实验室规范(GLP)和标准化质量保证/质量控制(QA/QC)方案。长期(慢性)动物试验数据至关重要，包括肿瘤、生殖/发育作用、神经毒性作用、免疫毒性作用等。短期(急性)毒理学试验资料也是有用的。动物试验应当有助于毒理学作用范围的确定。对于人体必需微量元素，如铜、锌、铁，应该收集需要量与毒性之间关系的资料。动物试验的设计应考虑到找出未观察到的作用剂量值(NOEL)、可观察的无副作用剂量水平(NOAEI)或者临界剂量，应选择较高剂量以尽可能减少产生假阴性。

③体外试验。体外试验是指动物体外观察药物作用的实验方法。包括用各种体外器官、组织、细胞或细菌、病毒等病原体进行的试验。体外试验可以作为作用机制的资料补充，但其数据不能作为预测对人体危险性的唯一资料来源。主要原因有以下三点：部分与整体的差异；体外毒性试验难以预测慢性毒性；某些体外系统难以达到长期维持生理状态的要求。

④结构－反应关系。结构－反应关系对于加强识别人类健康危害的加权分析是有用的。在对化学物作为一类(如多环芳烃化合物、二噁英及其类似物)进行评价时，此类化学物的一种或多种有足够的毒理学资料，可以采用毒物当量的方法来预测人类摄入该类化学物中其他化学物对健康的危害。

3. 暴露评估

暴露评估(exposure assessment)是对可能通过食品和其他相关的暴露途径摄入的生物、化学和物理因素的定性和/或定量评估。它描述了风险因子进入食物链的途径和在随后的食品生产、分销和消费过程中的分布和造成危害的情况。主要根据膳食调查和各种食品中化学物质暴露水平调查的数据进行。通过计算，可以得到人体对于该种化学物质的暴露量。暴露评估的最终目标是评价食品在被消费时风险因子的水平，可能会包括对实际的或预期的暴露的评估。按照风险评估的范围，暴露评估可包括：原料的初始污染，生产、加工、处理及分销过程的影响以及消费者食用前制备过程的影响(即每一步对所涉及的风险因子的影响)，食品包装、分销和储藏的方法或条件(如储藏温度，环境的相对湿度，大气中的气体组成)，不同条件(包括恶劣条件，如 pH、湿度或水活性、营养成分含量、抗菌物质的存在、微生物群的竞争)下影响食品中风险因子的食品特性。

(1)暴露剂量的类型。可分为给予剂量、吸收剂量、终生平均剂量和有效剂量。给予剂量指外界给予动物及其他生物体的剂量(给予剂量=介质中危害物的浓度×每日摄入量/体重)。吸收剂量指危害物质通过生物屏障到达血液或其他组织的浓度(吸收剂量=给予剂量×吸收率)。终生平均剂量指考虑介质摄入量与体重等因素，在一生中各年龄阶段的变化而计算出的剂量。有效剂量指以化学伤害的程度来表示的剂量。

(2)暴露评估准则。由于暴露评估需要进行的工作项目极多，若无可依循的准则常导致评估结果有极大的差异，为此，需要制定暴露评估准则。完整的暴露量应该包括以下几个方面：①单一化学危害物或混合物的基本特性；②污染源；③暴露路径及对环境的影响；④通过测量或估计的危害物浓度；⑤暴露人群的情况；⑥整体暴露分析。

食品添加剂、农药和兽药规定的使用范围和使用量可以通过膳食摄入量来进行估计。然而，食品中食品添加剂、农药和兽药残留的实际水平远远低于最大允许量，因为仅有部分农作物或家畜使用了农药和兽药，因此食品中或食品表面有时完全没有农药和兽药残留。食品中添加剂含量的数据可以从生产商那里取得，计算膳食污染物暴露量需要知道它们在食品中的分布情况，只有通过采用敏感和可靠的食品安全与风险管理的分析方法对有代表性的食物进行分析来得到。食品中食品添加剂、农药和兽药的理论摄入量必须低于相应的每日允许摄入量(ADI 值)。通常，实际摄入量远远低于 ADI 值。确定污染物的限量会遇到一些特殊的问题，通常在数据不足时制定暂行摄入限量。污染物水平偶尔会比暂行摄入限量高。在此情况下，限量水平往往根据经济或技术方面而定。根据测定的食品中化学物含量进行暴露评估时，必须要有可靠的膳食摄入量资料。评估时，平均/中位数居民和不同人群详细的食物消费数据很重要，特别是易感人群。另外，必须注重膳食摄入量资料的可比性，特别是世界上不同地方的主食消费情况。

(3)暴露评估模拟模型。

①结合食品消费量及化学物浓度的暴露评估模型。当分别获得某种食品的消费量数据和该食品中某化学物浓度系列数据时，使用以下三种方法中的一种来整合这些数据并提供暴露评估。

a. 点评估。点评估或决定论模型包括在一个模型中对每一个评估参数使用一个单一的“最佳猜想”以决定模型的结果。“点评估”方法中有以下的假定，从各种来源的摄入量等于一个食品消费量如平均的或较高的消费量数据)的固定值乘以一个残留物质含量威浓度(通常是平均残留量水平或耐受或法规允许值的上限)。在一些饮食暴露点评估的实例中包括食品添加剂的理论最大日摄入量(TMD1)(FAO/WHO)和调料(TAMD1)的理论附加最大日摄入量。“人均×10”方法可以认为是点评估方法中的一个小方法，因为这个方法提供单独的暴露评估是假定进入食品供给中的化学物由一个群体中有10%的消费者分配。点评估通常被用作是基于食品消费调查中暴露评估的第一步，因为它们相对而言比较简单，并且执行起来比较经济。点评估模型的实质是假定所有的个体对某一特定食品的消费水平一样，食品成分(添加剂、农药与营养成分)总是存在于食品中，且总是处于一个平均或较高的浓度，因此这一方法并不能对在一个群体中可能发生或影响评估结果的主要因素等所有可能的暴露提供一个预警。当高水平的值用于代表食品消费量或化学物浓度数据时，把多种食品中的摄入量综合起来就会导致摄入量评估过高甚至常常不切实际。这会使习惯于决定哪些方案代表易于发生风险从而需要告知管理者、工业和消费者的风险评估者都感到很模糊。点评估被认为是进行暴露筛选的最合适的方法，为了精确评估暴露，需要有能够整合食品消费量与化学物浓度的更为复杂的方法，这样才能够更切合实际地反映出真实的暴露情况。

b. 单一分布。暴露评估中的“单一分布”表示的是食品摄入量的分布，但对于化学物残留量或浓度却使用一个固定参数值的方法，通常包括使用消费量调查的数据库系统，结果比点评估更具有信息价值，因为考虑了食品消费模式中所存在的变量，但仍保留了很多保守的假设(如个人消费的饮料，其中通常含有超标的糖分；100％的农作物都用农药处理过)，因此经常只考虑作为暴露评估的上限。对于营养成分来说，每种食品中所含的每种营养成分分别用一个值来代表，因为营养成分通常仅存在一个慢性的影响，即这一平均浓度在长时期中是有危险的，而在某一特定的时刻并不会变化。单一分布分析法在当选择的目标产品存在系统的偏高或偏低时就会发生偏差。

c. 概率分析。与点评估的方法相反，概率分析包括对于各参数变化性与不确定性参数分布的描述，通过发生的概率对模型的每一个参数可能引发的各种结果进行考虑。概率分析可被用于食品中化学物的风险评估，用来描述食品化学物的暴露风险分布，如对某一特定的健康影响发生的概率；也可用于描述最终可能用于概率风险评估的暴露分布。概率分析或叫概率评估在这里仅表示概率暴露评估。在食品化学物的膳食暴露概率分析的模型中，食品消费数据及残留量，或浓度数据均使用分布，并且依据每一个输入的分布，找出与暴露过程相一致的数学模型，用随机生成的一些数值来模拟膳食暴露，即一旦模型和输入的数据被选择了，运用合适的软件系统就可以设置所需的模拟和重复数据，并利用这个模型对所有可能的结果进行分析和判断；也可对一些与暴露评估相关的不确定性因素进行定性，数据的局限性越大，结果的可信度就越低。

②膳食暴露的决定论与概率论模型。概率分析在暴露评估中有两个最主要的优点：一是，允许模型考虑所有暴露的分布情况，从最小到最大，所有的模式和百分数；二是，包括了对暴露结果不确定性参数灵敏性的一个综合分析。灵敏性结果分析允许风险管理者当暴露高到让人无法接收的程度时考虑不同风险管理措施的相对优点来减少暴露。因为概率分析所提供的信息是暴露全部分布，暴露模型能够推断出不同方案是如何对各部分分布产生影响的。例如，不同的营养供给可用于评估这种影响对于分布来说可能营养的摄入量不足还是可能产生营养过剩产生毒性。概率分析能促进某些风险－利益分析，对于食品中存在急性毒性的化学成分，如农药残留，概率分析可能非常有用，因为摄入量的点评估会经常不切实际地过高，也不能给暴露模型或风险管理者提供摄入量在整个群体中是如何发生的。

概率模型可以对于变化和不确定性进行全面的分析，可靠性可从分析过程和结果中得到；容易理解关键物质的变化和不确定性以及它们对于分析的影响；容易理解重要的假设以及其对于分析和结果的重要性；容易理解不重要的假设以及知道其为何不重要；容易理解实际选择的假设或者模型可能产生的结果。

概率分析模型与决定性模型依赖于所输入数据的有效性和质量。概率论方法在多种食品化学物的评估中具有潜在的广泛用途，但只有充分认识了暴露路径、食物链中不同阶段的浓度变化、食品的消费模式和其他的适当的暴露因素后，许多潜在的用途才能得以实现。概率分析结果的可靠性依赖于模型的有效性、软件的使用和模型输入的质量。模型输入的质量主要反映在两个方面，模型所依赖的输入数据和在模型中选择具有数据代表性的分布。在概率分析以前，暴露模型必须具备良好的信息来源并做好处理定量暴露评估的不确定性，这是建立模型和选择合适的分布所必备的。意识不到各个分布之间的依赖性与相关性是风险评估模型失败的关键所在，因此应该具有相互依赖的参数信息，同时也应具备模型软件。目前在市场上有很多风险分析软件产品，如，Hampshire 研究所设计的 LifeLineTM，它主要用于为聚积和累积的暴露及风险评估；Harry Reid 环境研究中心和 EPA 研究和发展办公室建立的 THERdbASE(Total human Exposure Relational Data-base and Advanced Simulation Environment)，主要用于提高人对于环境污染物的暴露评估(如多种溶剂、通过多种介质、通过多种途径进入等)水平。

③急性与慢性摄入量模型。是否将单个数据或分布作为代表数据输入模型中可以区别点评估、单一分布或概率分析的膳食暴露模型。在考虑参数和模型结构时，必须对程序所构建模型的暴露状态做详细说明。当考虑到急性毒性作用终点时(如农药残留物)，利用安全标准来处理短期暴露的方法是不恰当的，因为在急性作用时间里(通常指一餐或一天)不应超过急性参考剂量，即在理论上食品消费量的数据必需基于一餐或一天的消费量。急性摄入量模型必须使用代表每一种食品、每一餐饮食、每一天和每一单个物质调查的数据，必须首先设计好记录每一餐详细数据的调查方法。高含量急性膳食暴露可以用一个保守的浓度值乘以单餐或单日消费量的上限百分数来评估(如“最差情况”点评估方法)。这种方法在对不作为重点的化学危害物进行暴露筛选时很重要，但在高消费量食品中具有高水平浓度的暴露发生时，这一方法提供不了什么信息。虽然存在大量的残留物数据，但点评估却利用不上这些数据。在个体消费食品中某种化学物的浓度变化很大的情况下进行急性暴露评估时，概率分析很快就成了首选。

当使用概率分析方法进行急性暴露评估时，可运用很多的方法对食品消费量和化学物浓度的数据进行整合。这些方法可能有差别，如考虑到单个个体的饮食在一天中发生时就作为一天的单点概率。当涉及慢性毒性时，长期暴露的评估就很必要。很显然，测量长时期或一个人一生中的食品消费量是不可行的。考虑到由于在暴露评估中引入短时间的调查数据造成的不确定性，在食品消费量调查过程中，个体或群体的营养摄入量会发生较大的影响。短期调查的影响因素包括摄入量评估的低精密度，习惯于对较高或较低摄入量的高估和对个体中营养成分摄入量的错误分类。许多的方法都建议利用短期的摄入量来推断长期的摄入量，因为短期的摄入量在不断地重复。将这些数据推行到一般化，从饮食和个体日摄入量的平均数和变化规律就可能评估出通常摄入量的百分数。目前已有相关的分析软件可供应用。

4. 危害特征描述

危害特征描述(hazard characterization)是对食品中可能存在的物理、化学和生物等对健康不良的因素性质的定性或定量评价。危害特征描述的目的是评价食品中有害因子引起副作用的特征、严重性和持续性，通过使用毒理数据、污染物残留数据分析、统计手段、接触量及相关参数的评估等系统科学的步骤，对影响食品安全卫生质量的各种风险因子进行评估，定性或定量地描述风险特征，提出安全限值。对化学性因素应进行剂量－反应评估；对生物或物理因素，如可得到数据时，也应进行及时的剂量－反应评估。评估方法一般是由毒理学试验获得的数据外推到人，计算人体的 ADI 值。

1)剂量－反应评估。

剂量－反应评估是描述暴露于特定化学物造成的可能危险性的前提，也是安全性评价的起点。剂量－反应评估典型的要求是从高剂量到低剂量、从动物到人类的类推。而这种高剂量到低剂量的外推过程，在量和质上皆存在不确定性。危害的性质或许会随剂量而改变或完全消失。如果动物与人体的反应在本质上是一致的，则所选的剂量－反应模型可能有误。人体与动物在同一剂量时，药代谢动力学作用有所不同，而且剂量不同，代谢方式也不同。化学物在高剂量或低剂量时，代谢特征可能不同。因此，毒理学家必须考虑到将高剂量的不良影响外推到低剂量时，这些和其他与剂量有关的变化存在哪些潜在影响。

2)遗传毒性和非遗传毒性致癌物

在传统上，毒理学家认同不良作用存在阈值，但致癌作用除外。在理论上，少数几个分子，甚至一个分子都有可能诱发人体或动物的突变而最终演变为肿瘤。因此，在理论上通过这种机制作用的致癌物没有安全剂量可言。致癌物可分为遗传毒性致癌物和非遗传毒性致癌物，前者能间接或直接地引起靶细胞遗传改变的化学物，其主要作用的靶是遗传物质；非遗传毒性致癌物作用于非遗传位点，可导致靶细胞增殖、持续性的靶位点功能亢进或衰竭。研究表明，遗传毒性和非遗传毒性致癌物存在种属间致癌效应差别。非遗传毒性致癌物可用阈值方法进行管理，可用观察的无作用剂量水平－安全系数法。对遗传毒性致癌物应当采用非阈值法进行管理，一是禁止该种化学物质的使用，二是制定一个极低的可忽略不计的，对健康影响甚微或社会可接受的风险水平。

5. 风险特征描述

风险特征描述(risk characterization)在危害识别、危害描述和暴露评估的基础上确定事件暴发的概率和严重性，或对健康产生潜在不良影响的定性和/或定量评估的过程。风险特征描述将前面步骤中的所有信息进行整合，对给定人群或特定消费群的风险进行评价，最终风险评价的可信度取决于前面所有步骤中已确认的可变性、不确定性和假设。①有阈值的化学危害物。对于化学物质风险评估，如果是有阈值的化学物，则对人群风险可以用摄入量与 ADI 值(或其他测量值)比较作为风险描述。如果所评价物质的摄入量比 ADI 值小，则对人体健康产生不良作用的可能性为零，即安全限值(margin of safety, MOS)＝ADI/暴露量，MOS≤1 时表示该危害物对食品安全影响的风险是可以接受的；

MOS>I 时表示该危害物对食品安全影响的风险超过了可以接受的限度，应当采取适当的风险管理措施。②无阈值的化学危害物。如果所评价的化学物质没有阈值，对人群的风险是摄入量和危害程度的综合结果，即食品安全风险=摄入量×危害程度。对于微生物危害的风险描述依据危害识别、危害特征描述、暴露评估等数据。风险描述提供特定菌体对特定人群产生损害作用能力的定性或定量估计。

在风险描述时必须说明风险评估过程中每一步所涉及的不确定性其反映了前几个阶段评价中的不确定性。在实际工作中依靠专家判断和额外的人体研究以克服各种不确定性。

6. 形成正式报告

风险评估应有完整而系统的记录。为确保风险评估的透明性，最终报告应特别指出所有与风险评估有关的限制条件和假设。

11.2.2 风险评估的方法

1. 主观估计法

主观估计法就是用主观概率对风险进行估计，主观概率是根据对某事件是否发生的个人观点，取一个 0～1 的数值来描述事件发生的可能性和发生后所带来的后果。主观估计法常表现为某人对风险事件发生的概率和带来的后果做出的判断，这种判断比客观全面的显性信息判断所需的信息量要少。虽然主观估计是由专家或风险决策者利用较少的统计信息做出的估计，但它是根据个人或集体的合理判断加上经验和科学分析所得，因此在应用中有一定的成效。

(1)适用范围。主观估计法主要适用于资料严重不足或根本无可用资料的情况。对于那些不能进行多次实验的事件，主观估计法常常是一种可行的方法，使用这种方法关键是要有经验丰富的风险分析人员。

(2)具体操作步骤。①选择对风险进行主观估计的相关人士；②确定被选相关人士的权重系数；③各被选相关人士分别对风险进行评估；④综合各被选相关人士的评估结果；⑤确定风险水平。

(3)主观估计法优缺点。主观估计决策速度快，无须太多的信息资料，但容易出现偏差，即估计的风险偏差较大，所以一般需要多人、多次对风险进行估计，如采用德尔菲法。

2. 模糊数学法

风险的不确定性常常是模糊的，模糊数学方法可用于风险分析和风险评估。在风险评估过程中，有很多影响因素的性质和活动无法用数字来定量描述，其结果也是含糊不清的，无法用单一的准则来判断。模糊数学从二值逻辑的基础上转移到连续逻辑上来，把绝对的“是”与“非”变为更加灵活的东西。在相当的限度上去相对地划分“是”与

“非”，这并不意味着数学放弃了它的严格性去造就模糊性，相反是以严格的数学方法去处理模糊现象。

(1)适用范围。风险具有不确定性，而不确定性常常是模糊的。模糊数学方法普遍适用于各种风险的分析和评估。

(2)具体操作步骤。①确定模糊集合和模糊关系；②确定集合中各元素对应于模糊关系的隶属度；③运用模糊运算确定被评估对象的程度大小。

(3)模糊数学法优缺点。模糊理论给不清晰的问题提供了一种充分的概念化结构，并以数学的语言去分析和解决它们，使模糊问题可以量化，以致风险评估更加科学化和准确化，但是，在确定模糊集合中各元素对应于模糊关系的隶属度时仍然需要根据专家的经验。

3. 蒙特卡罗模拟法

蒙特卡罗方法是由法国数学家 Johnyon Neumann 创立，由于该方法与轮盘掷色子等赌博原理类同，所以采用欧洲著名的赌城摩纳哥首都 Monte Carlo 命名。该方法又称随机抽样技巧或统计试验方法，是估计经济风险和工程风险常用的一种方法。蒙特卡罗风险模拟法的基本思想是将待求的风险变量当做某一特征随机变量，通过分析某一给定分布规律的大量随机数值，解算出该数字特征的统计量，作为所求风险变量的近似解。具体方法是通过随机变量函数发生器产生一定随机数的概率模拟，理论上试验次数越多，分布越接近真实值，但实际中达到 50300 次后分布函数便趋于稳定，不再有显著变化。

(1)适用范围。具有许多风险因素的风险事件评估，尤其在大型的、复杂的食品安全与风险管理中使用极为合理。

(2)具体操作步骤。①编制风险清单；②采用专家调查法确定风险因素的影响程度和发生概率；③建立数学模型；④用随机数发生器产生随机数序列；⑤将随机抽样的数据进行模拟试验，取得计算结果后从中找出规律；⑥分析与总结，用标准差检验结果，确定模拟可靠性程度，并根据可靠性确定是否另行试验。

(3)优缺点。蒙特卡罗风险模拟法全面考虑风险事件的风险因素，可以直接处理每一个风险因素的不确定性，使决策更加合理和准确。它是一种多元素变化的方法，在模拟过程中可以编制计算机软件对模拟过程进行处理，节约了时间。此方法较注重对风险因素相关性的识别和评价，也给应用带来了难度，通常费用也比较高，但它对概率的分析偏差一般最小，从整个工程项目的经济性上来说，将是最节省的方法之一。

4. 故障树分析法

故障树分析法(fault tree analysis，FTA)是美国贝尔电话实验室的维森于 1962 年首先提出。FTA 是一种演绎的逻辑分析方法，遵循从结果找原因的原则，分析项目风险及其产生原因之间的因果关系，即在前期预测和识别各种潜在风险因素的基础上，运用逻辑推理的方法，沿着风险产生的路径，求出风险发生的概率，并能提供各种控制风险因素的方案。

(1)适用范围。具有清晰的风险事件结构以及新的、复杂系统的风险评估。

(2)故障树分析步骤。①选取顶事件；②建立故障树；③求故障树的最小交割集；④求系统故障概率。因为故障树的完善与否将直接影响分析结果的准确性，所以正确建立故障树是关键的一步。

(3)故障树分析方法的优缺点。表达直观，逻辑性强，不仅可以分析单一系统的风险，而且还可用于多重系统及人为因素、环境因素、控制因素及软件因素等引起的风险分析；既能用于定量分析，又能用于定性分析，同时能找出系统的薄弱环节；对于新的、复杂的、系统的风险分析结果可信度高。故障树的建造及计算过程复杂，限制了底事件的数量，因此复杂系统的 FTA 难以做到对事件详细研究，假定所有底事件之间相互独立，所有事件仅考虑正常和失效两种状态。

5. 敏感性分析法

敏感性分析法是针对潜在的风险性，研究食品供应链体系中各种不确定因素，当其变化有一定幅度时，计算主要的食品安全性指标变化率及敏感程度的一种方法。一般是分析食品供应链体系中的食品安全性随不确定因素变化的情况，从中找出对食品供应链影响较大的因素，然后绘出敏感性分析图，分析敏感度，找出不确定因素变化的临界值，即最大允许的变化范围。

(1)适用范围。在存在不确定因素的确定环境中，用于分析各种不确定因素的敏感性(贡献率)、寻找影响最大的不确定因素。

(2)敏感性分析步骤。①选定不确定因素，并设定这些因素的变动范围；②确定分析指标；③进行敏感性分析；④绘制敏感性分析图；⑤确定变化的临界点。

(3)敏感性分析法的优缺点。敏感性分析就各种不确定因素的变化对食品供应链安全性的影响进行定量分析，并且找出最敏感的不确定性因素，求出不确定性因素的临界值，有助于决策者了解食品供应链的风险情况，确定在决策过程中及食品供应链运营过程中需要重点研究与控制的因素。敏感性分析过程没有考虑各种不确定因素在未来发生变动的概率。在食品供应链运营过程中可能有这样的情况，通过敏感性分析得到的某个最敏感的不利因素对食品供应链影响十分严重，但在食品供应链运营过程中发生的可能性很小，也就是说实际的风险并不大；而不敏感的因素在未来发生不利变化的可能性却很大，它给食品供应链安全性所带来的风险就可能比那个最敏感因素更大。可见，敏感性分析无法解决风险的动态变化问题。

6. 影响图

影响图(influence diagrams，ID)是表示决策问题中决策、不确定性和价值的新型图形工具，是一个由终点集和弧集构成的有向图。只有随机结点的影响图称为概率影响图，是影响图的一种特殊形式，其将概率论和影响图理论相结合，专门处理随机事件间的相互关系，对随机事件进行概率推理，并在推理过程中对事件发生的概率及其依赖于其他事件发生的概率做出完整的概率评估。影响图是复杂不确定性决策问题的一种新颖而有效的图形表征语言，数学概率完整，概率估计、备选方案、决策者偏好和状态信息完备。

(1)适用范围。影响图作为处理含有不确定性问题的工具，可广泛应用于决策分析、不确定性建模、工业控制、投资风险分析和人工智能等领域。

(2)具体操作步骤。①对流程的每一阶段、每一环节逐一进行调查分析，从中发现潜在风险；②找出导致风险发生的因素；③分析风险产生后可能造成的损失及对整个组织可能造成的不利影响。

(3)影响图的优缺点。影响图是决策分析模型的网络表示，图形直观明了、概念明确、表达力强；影响图能清晰地表示变量之间的时序关系、信息关系和概率关系；对于事件的状态描述不仅限于正常和失效两种方式，还可以描述事件的各种可能存在的状态。在分析问题方面，可以利用一个概率影响图进行多种顺序的评估过程，可以克服传统分析方法中分析顺序单一性的局限。目前还没有一种描述影响图的规范化的方法和程序，描述影响图方法有较大的主观因素。

7. 贝叶斯推断(bayesian inference)原理

贝叶斯一词源于 18 世纪英国的一名牧师 Tomas Bayes，由于他的发现，使带有主观经验性的知识信息被用于统计推断和决策中。当未来决策因素不完全确定时，必须利用所有能够获得的信息，包括样本信息和先于样本的所有信息(其中包括来自经验、直觉、判断的主观信息)，来减少未来事物的不确定性，这就是贝叶斯推断原理。贝叶斯定理的实质就是根据先验概率和与先验概率相关的条件概率，推算出所产生后果的某种原因的后验概率。

(1)适用范围。用于众多风险因素引起风险事件的情况，并且在各种风险因素发生的概率和在每个风险因素条件下风险事件发生的概率均可以确定，由此在可确定各种风险因素影响程度的情况下进行风险事件评估。

(2)具体操作步骤。①确定被评估的风险事件和引起风险事件发生的所有风险因素，且使各风险因素互不相关；②确定先验概率和条件概率；③根据有关公式计算，计算结果即为各种风险因素对风险事件的影响程度；④根据计算结果对所有风险因素进行分析和评估。

(3)贝叶斯推断原理优缺点。贝叶斯推断原理用于风险评估时，可在众多的风险因素中抓住主要因素，提高风险分析的效率，但运用这种方法时，先验概率和条件概率确定难度较大。

11.2.3　风险评估原则

风险评估应遵循以下原则，但在实施时需要根据评估任务的性质作具体调整。

(1)风险评估应该是客观的、透明的、记录完整的和接受独立审核查询的。

(2)尽可能地将风险评估和风险管理的功能分开。即使是在人力资源不足的国家，有些人既是风险评估者又是风险管理者的情况下，也要做到两者的功能分开。一方面要强调功能分开，但另一方面也要保持风险评估者和风险管理者的密切配合和交流，使风险分析成为一个整体，而且有效。

(3)风险评估应该遵循一个有既定架构的和系统的过程，但不是一成不变的。

(4)风险评估应该基于科学信息和数据，并要考虑从生产到消费的全过程。

(5)对于风险估算中的不确定性(uncertainty)及其来源和影响以及数据的变异性(variability)，应该清楚地记录，并向管理者解释。

(6)在合适的情况下，对风险评估的结果应进行同行评议。

(7)风险评估的结果需要基于新的科学信息而不断更新。风险评估是一个动态的过程，随着科学的发展和/或评估工作的进展而出现的新的信息有可能改变最初的评估结论。

11.2.4 风险评估的应用举例

2002年，联合国粮农组织和世界卫生组织对鸡蛋携带沙门菌的问题进行了风险评估，根据其最后整理形成的说明性概要，我们可以更好地来理解风险评估的实际应用。

1. 目的陈述

鸡蛋沙门菌风险评估的目标是：

(1)为所有现存的有关鸡蛋沙门菌风险评估的信息建立资源文件，同时确定当前在资料方面需要填补的空缺，以便更加全面地处理这一问题。

(2)开发样板风险评估框架和可供全球应用的模型。

(3)运用本项风险评估工作，来衡量风险管理中处理与鸡蛋沙门菌有关问题若干干预措施的效能。

虽然对潜在的缓解措施进行成本-效益分析将有助于风险管理人员决定实施哪些措施，但这不属于本项研究工作的范畴。

2. 危害识别

沙门菌病是全世界报道最频繁的食源性疾病之一，其临床表现复杂，可分为胃肠炎型、类伤寒型、败血症型、局部化脓感染型，亦可表现为无症状感染。感染后出现发热、腹痛、腹泻、里急后重、脓血便等症状。国际上已有的数据表明沙门菌病的估计发病率1997年为每100 000人14到120例，其中美国14例，荷兰16例，澳大利亚38例，日本73例，德国129例。沙门菌病潜伏期为8～72h不等。症状可能长达一个星期，程度由轻度到严重，偶尔也可致死。死亡病例多见于易感染人群，包括婴儿、老人和免疫系统缺损者。

自20世纪70年代以来，沙门菌肠炎已经成为南、北美洲和欧洲主要的沙门菌疾病。南斯拉夫、芬兰、瑞典、挪威和英国也报告沙门菌肠炎发病率有了大幅度的提高。鸡蛋已经成为病原体的主要来源。肠炎沙门菌在许多国家之所以成为人类沙门菌疾病的主要病因，是由于这种血清型病菌具有定殖于母鸡卵巢组织的能力，并且能够存在于蛋壳完整的蛋黄和蛋清里。

许多食物引起的肠炎沙门菌感染与食用生鸡蛋和含有生鸡蛋的食品有关，如家庭自制的蛋奶酒、面包蛋糊、冰淇淋、蛋黄酱等。事实上77%到82%的沙门菌肠炎暴发与A

级带壳鸡蛋或含鸡蛋食品、未完全煮熟鸡蛋和含有未完全煮熟鸡蛋的食品相关，如软蛋奶糕、法式吐司、嫩煎鸡蛋和荷包蛋，这些也是沙门菌肠炎的重要来源。

沙门菌通过两种途径传入鸡蛋：通过卵巢传播(纵向传播)或通过蛋壳传播(横向传播)。在纵向传播过程中，沙门菌在蛋壳形成之前从被感染的卵巢或输卵管组织传入鸡蛋。而横向传播则一般来自于排泄物对蛋壳的污染，其中也包括环境中通过带菌媒介的污染，如农民、宠物和啮齿动物。纵向传播被认为是沙门菌污染的主要途径，而且较难控制，而横向传播则能通过对环境的清洁和消毒得到有效的抑制。

3. 危害特征描述

1)资料来源

粮农组织和世界卫生组织通过法典通报函请各成员国提供资料。关于沙门菌病暴发的资料是通过各种途径获取的，包括发表的文献，国家报告和未公布的资料。日本厚生省提供了其从 1997 年以来通过调查所取得的 16 次暴发的未公布资料。这些资料特别有用，因为其中包含了致人患病食物中所含微生物数量的数据。

2)关于数据库的说明

在粮农组织和世界卫生组织所收到的 33 份有关暴发情况的报告中，23 份包含充分的数据说明受影响人群的数量、患病人数和所涉及食品里微生物的数量，使计算剂量反应关系成为可能。23 次暴发中有 3 次被排除在外，因为受影响人员的免疫状况无法确定。余下的 20 次就构成了数据库，用来计算剂量反应关系。在数据库所存的 20 次暴发情况中，11 次发生在日本，9 次发生在美国。在日本的 11 次暴发中，受影响的人数(约 14 037人，占数据库总人数的 52%)与美国 9 次的受影响人数(约12 728人，占 48%)大致相当。这些数字都是近似值，因为在某些情况下受影响的人数只能根据暴发报告进行估计。数据库里的总发病率为 21.8%(在26 765受影响人员中有5 636人发病)。日本的发病率(27.4%)高于美国(15.6%)，这部分是由于美国的一次大暴发(8 788人受影响)的发病率只有 11.7%，而日本的一次大暴发(5 102人受影响)的发病率为 26.9%。这些暴发与几种血清类型相关，包括肠炎型(12 次)，鼠伤寒型(3 次)，海得尔贝格型，库伯纳型、婴儿型、新港型和奥拉宁堡型。其中涉及几种媒介物，包括食品(肉类、鸡蛋、奶制品及其他)、水和医用染色胶囊(胭脂红染色剂)。

由日本厚生省提供的报告是很有价值的信息来源，它们提供了基于现实生活的剂量反应关系并且在很大程度上扩大了沙门菌致病性的数据库。这些报告里的数据产生于对日本一次由食物引起的暴发后所作的流行病学调查。根据日本的一份通知(于 1997 年 3 月生效)，建议大规模的食品加工点(每天准备 750 以上人次的饭菜或一餐 300 道以上食品)留出部分食品，以便应对将来疾病暴发时可供分析使用。这一通知也适用于规模较小但负有社会责任的厨房，如学校、日托中心和其他儿童和社会福利机构的厨房。每一种未加工食品原料和已烹饪食品须保留 50g，在−20℃的环境中冷冻保存两周。虽然这一通知不是强制性的，但却得到了很大程度的遵守。日本一些地方政府也通过地方法规要求保留食品，但对保存时间和储存温度的要求各不相同。

3)剂量反应关系的说明

因为拥有相当大量、反映对暴露于沙门菌引起疾病可能性(关于暴发的数据)所作实际观察的数据集，这为确立以数据为依据的剂量反应关系提供了独特的机会。使用了β一泊松模型作为这一关系的数学形式，并且把它拟合进了疾病暴发的数据。运用了极大似然技术，以使所生成的曲线能最好地与数据相符。并运用了以双名假设为基础的使统计偏差最小化的迭代法，以优化相符性。

通过复核暴发数据和把不确定因子分布到所观察到的具有潜在不确定性的变量上，把暴发数据集里的不确定因子拟合进了相应的程序。说明了与每次暴发相关各种假设的详细汇总和对每一种变量之不确定因素的估计范围。表 11-1 提供了数据集的汇总，其中含有各种变量的不确定因子。

为了剂量一反应模型适合不确定的暴发数据，根据不确定性的分布对数据作了重新取样，在每一样本的基础上又产生出了一套新的数据集。然后把剂量一反应模型拟合进每一个重新取样所生成的数据集。这个过程重复了大约5 000次，生成了5 000个剂量一反应数据集，向其中拟合了5 000条剂量一反应曲线。就疾病暴发所影响的人群而言，所使用的拟合程序更加强调通过数量较大人群把曲线拟合，这主要是双名假设的结果，并且与数量较大的人群相比，对数量较小人群观察所取得数据的偏差就比较大。

表 11-1 在所报告暴发数据中赋予变量的不确定性范围

暴发	血清	对数剂量(不确定性)		反应[发病率/%](不确定性)	
		最小	最大	最小	最大
1	鼠伤寒型	1.57	2.57	11.20	12.36
2	海得尔贝格型	1.48	2.48	28.29	36.10
3	库伯纳型	4.18	4.78	60.00	85.71
4	婴儿型	6.06	6.66	100.00	100.00
5	鼠伤寒型	3.05	4.05	52.36	57.64
7	纽波特型	0.60	1.48	0.54	2.59
11	肠炎型	4.00	5.00	100.00	100.00
12	肠炎型	1.00	2.37	6.42	7.64
13	鼠伤寒型	8.00	8.88	100.00	100.00
18	肠炎型	5.13	5.57	60.00	60.00
19	肠炎型	6.03	6.48	87.70	103.51
20	肠炎型	2.69	3.14	18.61	36.41
22	肠炎型	6.02	6.47	52.17	61.32
23	肠炎型	5.53	5.97	84.62	84.62
24	肠炎型	1.45	1.89	12.19	23.96
25	肠炎型	3.36	3.80	39.85	39.85
30	肠炎型	3.53	3.97	60.14	70.90

续表

暴发	血清	对数剂量（不确定性）		反应[发病率/%]（不确定性）	
		最小	最大	最小	最大
31	肠炎型	2.37	2.82	25.62	30.04
32	肠炎型	1.11	1.57	26.92	26.92
33	奥拉宁堡型	9.63	10.07	100.00	100.00

注："暴发"是指报告主体中所列的暴发数。

不可能获得在统计学上显著的单个"最恰当的"、适合所有暴发数据点预期值的曲线。然而，对所观察到的暴发数据与拟合剂量－反应模型的相符要优于其他已发表剂量－反应模型的描述。有一点很重要，需要加以说明：图 11-3 背景中所示任何一个已定剂量的可能反应范围并不表示剂量－反应适合性的统计置信度范围，而是β－泊松模型在考虑到不确定性的前提下对被观察数据在不同情况下实现的最佳适合。

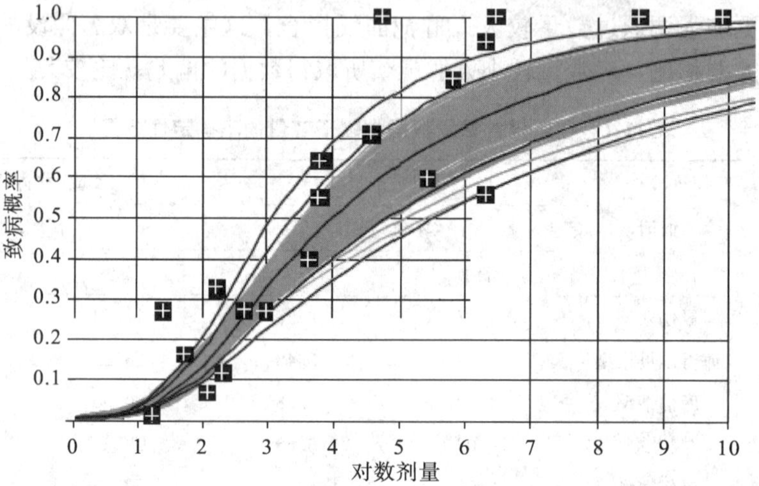

图 11-3　剂量—反应曲线的不确定性范围与不确定爆发观察样本拟合，叠置于所生成的剂量—反应曲线之上。

图 11-3 比较了拟合曲线和预期值，也显示了上界、下界、预期值、符合5 000个数据集的剂量－反应第 97.5 和第 2.5 的百分位。拟合剂量－反应范围很好地契合了观察到的暴发数据，特别是在较低和中等剂量的范围内。高剂量的范围比较大，这是因为曲线通过几次低剂量和中等剂量的大范围暴发，而两个高剂量数据点所代表的是规模较小的暴发，从而就允许有比较大的拟合"弹性"。

因为这个拟合程序为5 000个数据集中的每一个产生一条剂量－反应曲线，所以也就有了5 000个β－泊松剂量－反应参数（α 和 β）。为了把剂量－反应关系应用于风险评估，理想的方法是在所生成的参数集中随机取样，由此画出所示剂量－反应曲线。作为另一种选择，也可能运用上界、下界、预期值、第 2.5 百分位或第 97.5 百分位来表示剂量－反应关系的不确定性范围，这与参数集取样得出的充分说明不同。

在进行剂量—反应分析时，关键的区域是低剂量区，因为这些是现实生活中最可能存在的剂量，遗憾的是这也是现有实验数据最少的区域。暴发数据所包括的范围要远远低于实验性饲养试验常用的量，从而给暴发剂量—反应模型所生成的剂量近似值提供更大的可信度。

(4)剂量—反应关系的分析

沙门菌肠炎的一些菌种，特别是近年来从有所增加的与鸡蛋相关的暴发中分离出来的噬菌体型菌种，可能比其他血清型沙门菌的感染性更强。针对肠炎沙门菌评价了 12 个数据集，而对其他的血清型只评价了 8 个。根据用来研究剂量—反应关系的暴发数据，不能得出肠炎沙门菌有可能导致与其他血清型沙门菌病不同的疾病的结论。然而一旦感染病情会日益严重的情况未被评价。曾经试图发现不同的剂量—反应曲线是否适用于以年龄和“易感染性”为基础划分的不同人群。把五岁以下儿童沙门菌的发病率与人口的其余部分做了比较，但是并没有显示这一部分人群的风险更大一些。需要说明的是可能暴发数据库还没有大到足以显示所存在的真正差异。病况的严重程度可能潜在地受到病人的年龄和沙门菌种血清类型的影响。但是以现有数据库的信息还不足以获得这些因素的定量估计值。

与暴发数据拟合的剂量—反应模型为摄取某一剂量沙门菌后的发病概率提供了一个合理的估计值。这个模型建立在观察到的实际数据基础之上，所以不存在运用纯粹实验数据所不可避免的缺陷。然而，现有的暴发数据也存在与相关的不确定性，并且有些暴发数据点还需要对之作出推测。但从总体上考虑，本项工作所生成的剂量—反应模型可以用于风险评估，而且所得出的估计值符合从暴发中所观察到的数据。

4 暴露评估

鸡蛋沙门菌的暴露评估由生产单元、带壳鸡蛋加工和分销单元、蛋制品加工单元和烹饪、食用单元组成。生产单元预测鸡蛋被肠炎沙门菌污染的概率。带壳鸡蛋加工和分销单元以及烹饪、食用单元预测人类由于被污染的鸡蛋而暴露于各种剂量肠炎沙门菌的概率。该工作所开发的模型结合了已经在国家一级开发出来的各种模型。一般把暴露评估的结果输入风险危害特征鉴定，由此得出风险特性鉴定的最终结果，此结果即为人类食用一份含鸡蛋食品患病的概率。图 11-4 为鸡蛋沙门菌风险评估的分阶段图解表。

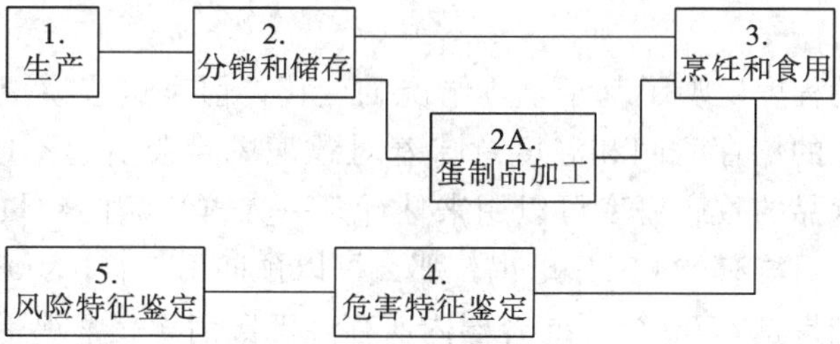

图 11-4 鸡蛋沙门菌风险评估的分阶段图解表

5. 风险特征描述

本风险特征描述是经专门研究而形成的，有意使它不代表任何一个具体的国家和地区。然而若干模型的输入数据是以源于具体国家情况的事实或假设为依据的，所以在用此模型推断其他国家的具体情况时需要谨慎。

暴露评估考虑了蛋黄遭污染鸡蛋和在加工成蛋制品前沙门菌在鸡蛋内增殖的情况，而这些问题是以前鸡蛋沙门菌暴露评估所没有处理的。与蛋黄未遭污染的鸡蛋相比，蛋黄遭污染鸡蛋内部的沙门菌或许会增殖得更快。带壳鸡蛋模型得出的结果是食用一份鸡蛋菜肴致人患病的概率。这个概率是人群所食用所有(已污染和未污染的)鸡蛋菜肴的加权平均值。显然，如果我们对各鸡蛋菜肴分别加以考虑，那么每一份所引起的风险是可变的(例如，一份含有 100 个微生物的菜肴比仅仅含有一个微生物菜肴的致病性要大得多)，但是有意义的数值是人群患病的可能性。这种每份食品的风险可以解释为一个人食用了一份随机的食品后患病的可能性。

本模型所预测患病风险的范围从至少 0.2 病例/1 000 000 份带壳鸡蛋到 4.5 病例/1 000 000。所考虑的情况代表了近似于世界若干国家和地区的各种现实。然而本模型的输入和输出数据没有特意反映某个具体国家。考虑了鸡群带菌率的三个数值(5%，25%和 50%)和鸡蛋储存的三种时间和储存温度(低，基本水平，高)。当鸡群的带菌率为 5%和储存时间与温度为低水平时(表 11-2)，预测的患病风险最低。在这种情况下，计算得出的风险是 1 000 万份食品引起 2 个病例(0.00002%)。当鸡群的带菌率为 50%和储存时间与温度为高水平时，预测的患病风险最高。在这种情况下，计算得出的风险是 100 万份食品引起 4.5 个病例(0.00045%)。

表 11-2 每份鸡蛋食品致病概率预测，其中反映鸡群的带菌率不同和鸡蛋储存时间和温度不同的情况。

鸡群的带菌率/%	储存时间、温度情况/%		
	低	基本水平	高
5	0.00002	0.00002	0.00004
25	0.00009	0.00012	0.00022
50	0.00017	0.00024	0.00045

风险的变化大致与鸡群带菌率的变化成比例。例如，鸡群 5%的带菌率是 25%的五分之一，相应地 5%带菌率情况下的发病风险也是 25%带菌率情况的五分之一。同样在其他输入数据稳定的条件下，把鸡群 25%带菌率翻倍到 50%，发病风险也大致增加一倍。

虽然风险变化的程度反映了基于基本情况的变化，但是这些模拟显示，例如，改变从农场到餐桌过程中的储存时间和温度意味着对致病风险会引起不成比例的巨大影响。此外，得出的每份食品的致病概率可以用来估计某一人群患病的数量。例如，一个地区有 100 群产蛋母鸡，每群有10 000只母鸡，那么可以预期每年有1 300个病例。

蛋制品模型的结果是 4500 个 1kg 容器内所存经巴氏消毒完整鸡蛋液中残余沙门菌数量的分布。这一结果所考虑的仅仅是由鸡蛋内部污染引起的沙门菌。这一结果所代表的人类健康风险并不包括模型扩展到分销、储存、烹饪，包括后续加工直到蛋制品的食用等情况。图 11-5 显示了鸡群的带菌率为 25%、基本水平情况下的结果。估计 97%经巴氏消毒的批量不再有沙门菌，平均值是每批残留有大约 200 个沙门菌。

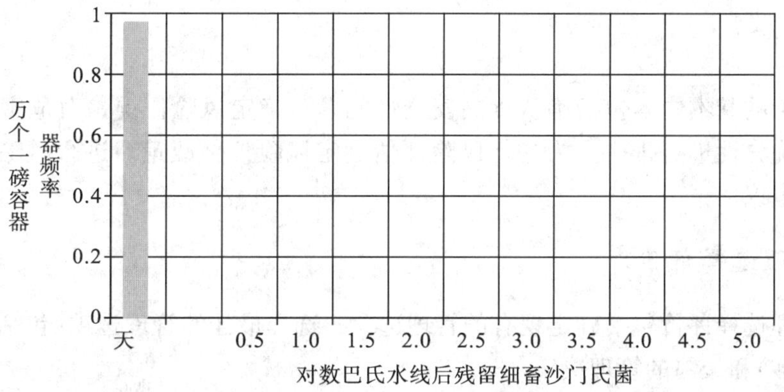

图 11-5　对 4500 个 1 公升容器内液态整蛋中由内部污染引起沙门菌残留的预测分布。预测的基础是假设的 25％鸡群带菌率和本模型所使用的基本水平鸡蛋储存时间和温度。

每份食品的人类发病风险似乎与产蛋时被污染鸡蛋中沙门菌的数量范围关系不大。例如，无论假设所有被污染鸡蛋原来含的沙门菌是 10 个还是 100 个，所预测的每份食品引起的发病率大致相同。这可能是由于在本模型所考虑的储存条件下沙门菌增殖的影响大于鸡蛋原来的受污染水平。

应该注意作为本风险评估基础的现有数据是有限的。对于鸡蛋内含微生物计数的依据仅仅是 63 个被沙门菌污染的鸡蛋，而且部分是对被污染鸡蛋中微生物密度的估计值。因为数据有限，难以反映不确定性和可变性。此外，对于统计不确定值和模型不确定值都没有充分地加以探索。

11.3　食品风险管理

风险管理是根据专家的风险评估结果权衡可接受的、减少的或降低的风险，并选择和实施适当措施的管理过程，包括制定和实施国家法律、法规、标准以及相关监管措施。风险管理的目标是根据风险评估的结果，选择和实施适当的管理措施，尽可能有效地控制食品风险，从而保障公众健康。风险评估是一个单纯的科学技术，评价结果适用于任何国家和社会。风险管理要受不同政治、文化、经济因素的影响，它的目的是选择管理上述风险的必要措施，具有政策性的功能。当监测数据显示某种食品对消费者的健康可能造成危害时，即需要进行风险管理。政府风险管理者必须采取适当的控制措施来管理这种风险，为了使消费者能更清楚地理解风险，风险管理者必须邀请食品科学专家进行风险评估。

11.3.1　风险管理的程序

风险管理的程序可分为四个部分：风险评价、风险管理选择评价、执行风险管理决定以及监控和回顾。

1. 风险评价

风险评价的基本内容包括确认食品安全性问题、确定风险概况、对危害的风险评估和风险管理优先性进行排序、为进行风险评估制定风险评估政策、进行风险评估、风险评估结果的审议。

2. 风险管理选择评价

风险管理选择评价包括确定现有的管理选项、选择最佳的管理选项(包括考虑一个合适的安全标准)和最终的管理决定。

3. 执行风险管理决定

指的是有关主管部门，即食品安全风险管理者执行风险管理决策的过程。

4. 监控和回顾

指的是对实施措施的有效性进行评估，以及在必要时对风险管理和(或)评估进行回顾。

11.3.2 风险评估政策

风险评估政策是指价值的判断准则和可能用于风险评估过程中特定决策点的政策选择。确定风险评估政策是风险管理的一部分，是风险管理者与风险评估人员共同制定的，并要确保风险评估的科学完整性。这些准则应当文件化，以保证连续性和透明性，如建立暴露于风险的群体、建立危害等级划分标准以及安全因子应用准则等都属于风险评估政策确定的范围。

11.3.3 风险概括

风险概括是描述食品安全问题及其原因的过程，是为了识别与各种风险管理决策相关的危害或风险因子。风险概括包括了对与优先排列和确立风险评估政策相关的各种危害的识别，也包括了对与安全标准和管理选择有关的风险的识别。典型的风险概括可能包括：情况简介；涉及的产品或商品；风险预期值，如人类健康、经济发展；潜在的结果；消费者对风险的洞察以及风险与利益的分布。

11.3.4 风险管理原则

(1)风险管理具有一个基本的程序，包括风险评价、风险管理选择评估、执行管理决定、以及监控和回顾。通常情况下，完整的风险管理过程要依照上述程序进行，但该程序也不是严格确定的，要根据具体情况加以选择应用。

(2)在风险管理决策中要坚持以人为本的原则。保护人类健康应当是首先考虑的因素，风险的可接受水平应主要取决于对人体健康的影响，同时可适当考虑如经济费用、效益、技术可行性、对风险的认知程度等因素。

(3)要正确处理风险评估和风险管理之间的关系。首先，为了保证风险评估的科学性，风险评估人员的评估活动必须是独立自主的，不能受到风险管理者或者是企业的干扰。其次，风险管理是在风险评估结果的基础上，结合当时当地的政治、经济、文化、饮食习惯等等因素来制定政府的管理措施。

(4)风险评估政策的确定是风险管理的一个重要组成部分。风险评估政策是为价值判断和政策选择制定准则，这些准则将在风险评估的特定决定点上应用，因此最好在风险评估之前，与风险评估人员共同制定。从某种意义上讲，决定风险评估政策往往成为进行风险分析实际工作的第一步。

(5)对于未知风险的预防性原则。由于科学发展水平的限制，某些风险往往不能被完全估

计或及时发现。在这种情况下，为了使风险降至最低，风险管理可采纳预防性原则。一方面要根据当前最新最可靠的科学研究成果作出判断，同时也要考虑将要采取的风险管理措施对社会及经济发展的影响。

(6)在确定风险管理决策时应当充分考虑风险评估结果的不确定性。风险评估本身就是对某种事件发生的可能性的估计，因此，风险评估结果并非是确定无疑的。在风险管理者制定合适的风险管理政策时，要与风险评估专家进行密切联系，以减少评估结果的不确定性带来的限制。

(7)风险管理的交流，决策以及执行都要坚持透明性的原则。只有公开、透明的风险管理过程才能赢得风险利益链上相关人员的理解和认可，才能争得消费者的信心，最大限度满足消费者的需求，确保食品安全管理的效果。同时，公开透明的交流可以更加有效地综合考虑各方的意见和建议，减少不必要的误解和由此带来的风险管理上的阻力。

(8)重视风险管理的监控和回顾。执行管理决定之后，应当对控制措施的有效性以及对暴露消费者人群的风险的影响进行监控，以确保食品安全目标的实现，同时对于食品风险管理的后续发展打下良好的基础。

11.4 风险交流

风险交流(risk communication)是在风险评估人员、风险管理人员、消费者和其他有关的团体之间就与风险有关的信息和意见进行相互交流。也包括通过适当的工具和渠道将决策形成过程的结果与消费者进行交流。无论是专家的风险评估结果，还是政府的风险管理决策，都应该通过媒体或政府渠道向所有与风险相关的集团和个人进行通报，而与风险相关的集团和个人也可以并且应该向专家或政府部门提出他们所关心的食品安全问题和反馈意见，这个过程就是风险信息交流。交流的信息应该是科学的，而交流的方式应该是公开和透明的。交流的主要内容包括危害的性质、风险的大小、风险的可接受性以及应对措施。食品安全风险交流并不是食品安全风险分析的最后一步，而是自始至

终贯穿于评估者、管理者和利益相关方信息交流过程中。

11.4.1 风险交流目的

人们希望通过风险交流达到以下目的：①提高风险分析的效果和效率，使得各风险分析机构间可以更好地进行沟通和互动，共享掌握的信息和数据，提高评估结果的可靠性；②通过有效的风险交流消除消费者对潜在危害的误解，消费者通过深入参与风险评估和风险管理过程，从更科学的角度审视食品质量安全问题，增强了风险防范的意识和能力，也必然会增强对食品质量安全的信心，从而形成良性的循环；③确保各利益相关方对风险分析全过程信息的了解，使得风险分析的局限性能够被公众所理解和接受，进而使风险管理决策的制定、选择和执行能够被广大消费者和食品行业从业者所认同。

11.4.2 风险交流原则

(1)在制作风险交流的信息资料时，应分析交流对象，了解他们的动机和观点，倾听所有有关各方的意见。

(2)交流过程中风险评估者必须有能力解释风险评估的概念和过程。使风险管理者和其他有关各方能清楚地了解其所处风险。

(3)风险交流工作者应当具有向各方传达容易理解的信息的专门技能，包括培训等，同时应确保信息来源可靠。

(4)参与风险交流的各方(如：政府、企业、媒体)尽管职能不同，都应对交流的结果负有共同的责任。即管理措施必须以科学为基础，所有参与风险交流的各方，均应了解风险评估的基本原则、内容以及作出风险管理决策的政策依据。

(5)在考虑风险管理措施时，有必要将“事实”与“价值”分开。风险交流者应能够对公众说明设定可接受风险水平的理由。许多人将“安全的食品”理解为零风险的食品，但众所周知零风险通常是不可能达到的。在实际中，“安全的食品”通常意味着食品是“足够安全的”。解释清楚这一点，是风险交流的一个重要功能。

(6)为了使公众接受风险分析过程及其结果，要求这个过程必须是透明的。除因为合法原因需保密(比如：专利信息或数据)，风险分析中的透明度必须体现在其过程的公开性和可供有关各方审议这两方面。

(7)所有各方都应正确认识风险。

11.5 食品风险控制概述

针对产生的食品风险，政府和食品供应链成员应建立有效的食品安全管理体系进行食品风险控制。风险控制是食品安全管理的核心，在全球经济一体化的背景下，食品安全已经不再是某一个国家和地区的问题，任何一个国家或地区的食品安全问题，都会对全球的食品生产与食品贸易带来深远影响。加强食品安全的风险控制尤为紧要。

11.5.1 食品风险控制的定义

食品风险控制是指依据在食品风险识别、评估和预测的基础上获得的风险信息而制定预防性对策，并采取一定方法控制食品风险的过程，包括食品风险规划制定、食品风险解决方案编制、食品风险监控计划生成、食品跟踪和纠正等活动。食品风险控制对整个食品供应链、个人乃至对整个社会都会产生重要影响。食品风险等级的建立，使风险管理者能够针对不同的食品风险等级，采用不同的控制措施。

1. 食品的风险等级

根据食品的高风险、中风险和低风险分类，应采取相应的对策。对于高风险食品应实时监测食品供应链全过程，并对风险及时做出反应；对于中风险食品应定期监测食品供应链的关键环节，并对风险做出有效反应；对于低风险食品应采取一定的措施对食品生产和经营的关键环节进行监测，进行风险控制。

2. 食品风险的等级划分

通常将食品风险分为四级：食品风险等级为一级的是不可承受的，极其危险的，必须果断地采取控制措施加以控制；风险等级为二级的是高度危险，必须立即采取措施进行风险控制；风险等级为三级的是显著风险，应尽可能采取措施降低风险程度；风险等级为四级的是可接受的风险，不必采取另外的控制措施，需要监测来确保控制措施的有效性得以维持。

11.5.2 食品风险控制数学模型

食品风险控制的核心问题是实现对风险发生的自然因素及人为因素等的合理调控。从理论上讲，食品风险控制是一个自然控制论的具体工程技术问题。因此，可以描述食品风险控制的数学模型。目前国内外关于食品安全评价的模型已有不少，主要包括综合指数法和整体状态评估法。综合指数法最具有代表性，首先筛选出能够评价食品安全的指标，建立综合评价指标模型并对需要评价的问题进行评价。设欲利用或调控的自然因素的一部分变量及与之有相互作用的变量全体为集合 $\boldsymbol{X}(P, t)$，它是随空间点 P 和时间点 t 而变化的。设 $\boldsymbol{X}$ 由 m 个分量 $X_i(i=1, 2, \cdots, m)$组成，即 $\boldsymbol{X}$ 为依赖于 P 和 t 的 m 维向量：

$$\boldsymbol{X}(P,t) = [X_1, X_2, \cdots X_m]^{\mathrm{T}} \tag{11-1}$$

又设与之有关的人类活动或人为变量为 $\boldsymbol{Y}(P, t)$，它是一个 n 维向量，其分量为 $Y_j(j=1, 2, \cdots, m)$，则有

$$\boldsymbol{Y}(P,t) = [Y_1, Y_2, \cdots Y_n]^{\mathrm{T}} \tag{11-2}$$

这些变量直接事项间接地作用于自然因素变量 $\boldsymbol{X}(P, t)$上，从而改变着或扰动着 $\boldsymbol{X}(P, t)$的演变过程，于是自然因素 X 的演变，同时由其自身及人为因变量 Y 所决定，这种演

变过程的规律性由偏微分方程所制约，即

$$\frac{\partial X}{\partial t} = L(X,Y,t) \tag{11-3}$$

初始条件 $X|_{t=t0} = X^{(0)}(P)$ 以及边界条件$(X, Y, t)|\ \partial\Omega = G$。其中，$t_0$ 为研究该自然因素过程的起始时刻，$\partial\Omega$ 为所研究的自然因素空间 Ω 的边界，$X^{(0)}$ 和 G 为已知函数，而 L 和为某些算子。

显然，人类对自然因素的实际调控活动受其自身的能力，如技术、经费所限制，因此，Y 受其某些范函或范数 $\|\cdot\|$ 所限，即

$$\|Y\| \leqslant C \tag{11-4}$$

其中：C 为限制常数或者人类要求改变后的自然因素与人们期望的自然因素条件 X_p 之间的差距较小，即 $X-X_p$ 的某种范数 $\|\cdot\|$ 要满足一定的限制条件

$$\|X - X_p\| \leqslant D \tag{11-5}$$

其中：D 为限制常数。

食品风险控制就是要在满足式(11-4)和式(11-5)或式(11-4)或式(11-5)的限制条件下，寻找一种合理或最优的人为活动 Y，使得风险控制效益最优，这个效益自然是由改变后的自然因素变量 X 和人为因素变量 Y 决定的，即要求某种范函数最优。这“最优”的意义可以是“最大”，也可以是“最小”。

11.5.3 食品安全风险控制

1. 食品安全风险控制模式的设计

食品安全风险控制模式是指通过一定的技术手段、方式、方法及管理制度，对食品供应链从源头到消费的各环节实施系列方案的集合，目的在于消除食品链各环节的潜在危害，防范食品安全风险或降低风险程度。食品安全风险控制模式设计的思路是：根据食品安全风险管理的基本流程，以食品安全风险因素及风险形成机理分析为基础，综合确定食品供应链关键控制环节及各环节风险控制方式。影响食品安全风险的因素主要体现在源头供应、食品加工、食品物流及分销、餐饮等四个环节，每个环节都存在多个导致食品风险发生的危害源。从本质上看，致使这些危害因素存在和产生影响的根本原因在于食品供应链的不协调和信息不共享，因此，食品安全风险控制必须以食品供应链的协调和信息共享为前提，从食品链的关键环节进行风险控制。

另外，由于食品供应链的多环节特性，在设计风险控制模式时还应遵循以下两条原则：一是层次可分性，由于影响因素涉及从宏观到微观、从外部环境到食品链内部环节的诸多因素，利用系统的层次性特点，将食品安全风险按照其危害源进行分解，相应的风险控制模式也表现出层次可分的特点，每一具体环节将采取不同的防范、控制措施，使控制方式可操作和有效。二是集成性，影响食品安全风险的因素除技术层和管理层的因素外，供应链节点的组织模式、人员素质也是非常重要的因素，因此，应将技术、管理与组织模式和员工管理进行综合考虑。

2. 食品安全风险控制总体模式

根据食品安全风险控制模式的设计可建立食品安全风险控制总体模式(图 11-6)。

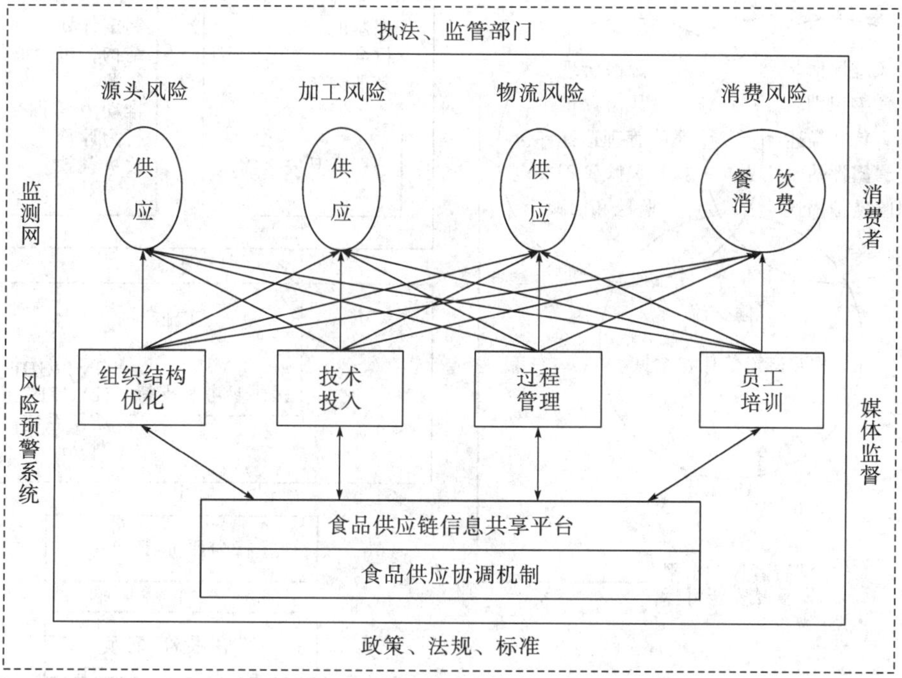

图 11-6 基于供应链的食品安全风险控制模式示意图

(1)从食品供应链层面看，在从农田到餐桌的食品供应链中，源头供应、食品加工、物流/分销、餐饮消费对食品安全风险有显著影响，因此，在基于供应链的食品安全风险控制模式示意图协调和信息共享的基础上，通过“组织模式优化”“技术投入”“过程管理”“员工培训”等方式，实行对食品链各环节的风险控制。对食品供应链整个过程同时进行重点控制，必须以各环节之间的协调及各环节控制主体之间的合作为前提，以供应链范围共享的信息平台为基础。食品供应链的协调、信息共享平台是风险控制模式的重要组成。

(2)从宏观环境来看，国家政策法规、标准、食品安全检测条件、消费者需求及媒体监督作用等，对食品安全风险亦具有重要影响，而且风险控制微观措施的实施也需要这些外部条件的支撑，因此，政策法规标准、执法监管部门、国家范围的风险监测网及食品安全风险预警系统、消费者和媒体的监督等，对于食品安全风险防范具有积极的作用，应纳入到风险控制模式的宏观层面(图 11-7)。

3. 食品供应链关键环节风险控制

1)食品链源头供应环节风险控制策略。

小规模的、分散的农产品种植方式使一些先进的农业生产技术和安全管理规范难以推广应用，导致农产品质量、数量的不稳定，难以从根本上保证农产品质量安全。因此，源头农产品供应环节风险控制既复杂又重要。

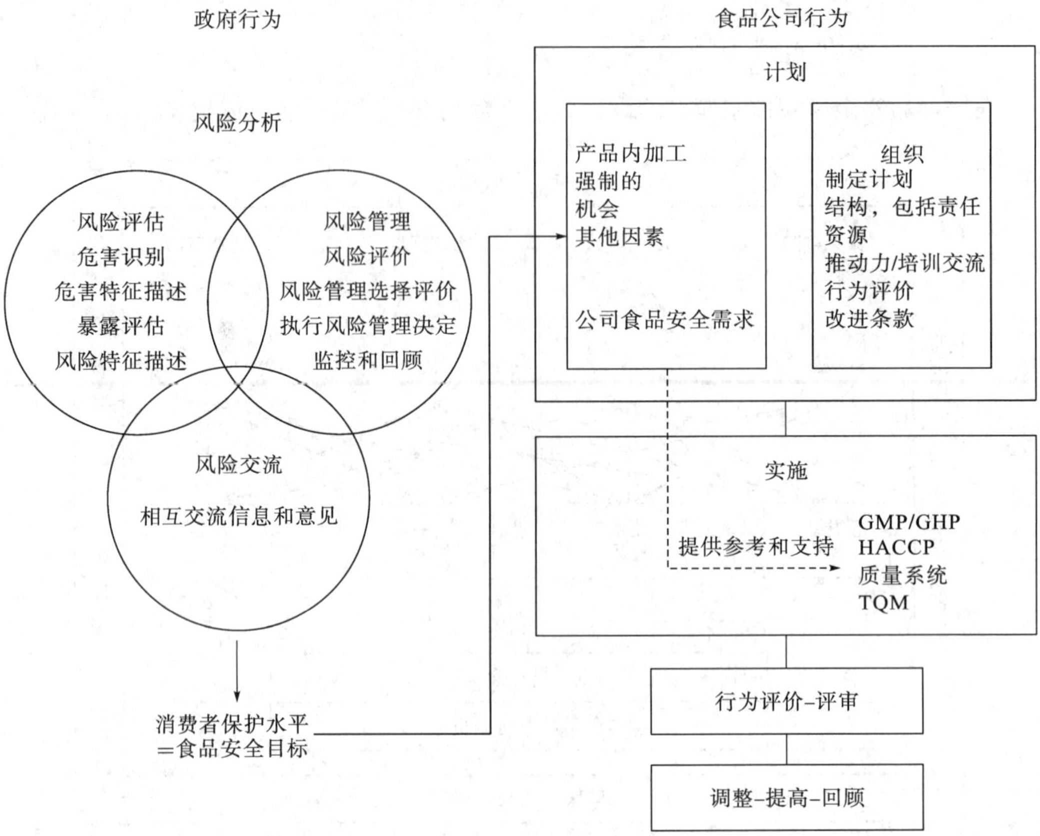

图 11-7 政府和公司食品安全行为的相互作用(选自 Jouve 等，1998)

(1)优化农产品供应组织模式。打破农产品分散种植、完全凭经验管理的模式，建立便于集约化管理和规范化操作的先进农产品生产供应组织模式，有利于推广良好农业规范(GAP)，对农药、化肥、饲料等生产要素本身的质量和施用方式进行监控管理，从而控制农产品残留物风险。我国农产品生产的主体是广大分散的小农户，农业发展相对比较滞后。但近年来，整合分散生产的新模式被引入，最为典型的就是农业专业合作组织，合作组织对分散的农户进行整合，减少了投机行为，同时也提高了农户的议价能力和食品质量安全保障能力。但总体上来看，合作组织的发展还处于初级阶段，规模普遍偏小，也缺乏有效的运行规范和管理体系，能够有实力组建食品供应链的合作组织还非常少，在组织协调供应链和保证食品质量安全等方面的作用还比较有限，对供应链下游的影响力很小。该模式不仅能将分散的农户组织起来，对农田种植过程进行科学的监控管理，还能通过农产品供应商对其上游生产要素供应商进行管理，控制机会主义行为，防止不合规定的农(兽)药、化肥、饲料添加剂等造成的源头污染和危害。

(2)通过技术投入提升源头风险控制能力。提高农产品种植过程的科技水平，对于改善食品安全问题具有长远意义。通过对科技创新项目的投入，可有效提高农产品供应环节风险控制能力。可在以下方面加强投入和管理，为改善土壤酸碱度和长期施用化肥的不利影响，进行土壤改良剂的研发；产地环境监测技术及手段；适应不同地区气候及土质特点的科学的种植/养殖技术，例如品种培育及优选、农药/兽药和肥料/饲料的施用方案及其他技术；现代化的设施及设备，例如：自动化的农机设备、标准化仓库、清洁无菌的畜舍建设等；农产品检测技术及手段；种植/养殖过程信息管理技术及信息系统的建设。

(3)严格实施规范的过程管理。对农产品种/养殖过程实施科学的、规范的管理的最佳途径是推行GAP。根据联合国粮农组织(FAO)的定义，GAP是指应用现有知识来处理农场生产及生产过程中的环境、经济和社会可持续问题，从而获得安全、健康的食物和非食用农产品。GAP以能持续改进农作物体系的先进技术为载体，以HACCP基本原理为指导，对农产品的种植、采收、清洗、摆放、包装和运输等过程进行综合管理和微生物危害控制，可从根本上解决农产品源头的污染问题。目前我国农产品生产中GAP应用尚处于起步阶段，相关机构应结合我国不同地区的发展水平、生产方式和技术水平，研究制定具有可操作性的GAP标准，并在农产品生产企业推广。

(4)加强农业生产者的教育培训。农业生产者作为食品链源头的实施主体，其文化程度和安全意识的高低直接影响到农业发展进程和食品安全风险程度。首先，政府应重视对农业科技人才的培养教育，为农业现代化发展提供智力支撑；其次，通过各种方式，对农户开展农业生产技术培训，提高农业生产者和管理者的技术水平，养成良好农业生产习惯；另外，还要加强对农业生产者的食品安全意识教育和社会责任道德教育，减少人为因素产生的农产品安全危害。

2)食品加工环节风险控制。

在目前分段监管体制下，食品生产加工企业既承接上游农产品作为加工原辅料，又是流通领域中食品来源之一。食品加工过程中导致食品安全风险的危害源较多，是食品安全风险控制的又一个关键环节，相应的风险控制方式及策略如下。

(1)构建基于风险控制的组织模式。对于食品加工企业来说，成立一个以食品安全为核心的领导机构和职责明确的组织结构是进行食品安全风险控制的前提。食品加工环节的危害源主要包括原料、辅料中存在的有害物污染，场所环境不卫生和设备不卫生所致的污染，生产过程不规范所致的危害等。根据这些危害源特点，并参照ISO22000：2005标准体系要求，可建立以食品安全风险控制为目标的加工企业组织模式，从而为有效控制加工环节的风险提供保障。

(2)食品加工技术的创新。科学的、先进的食品加工技术能为食品安全提供技术支撑。针对我国目前的食品安全主要问题，应优先对食品冷藏技术、食品包装技术、加工技术、检测技术进行创新研究。在冷藏技术方面，主要有食品制冷技术(设备与系统设计)、解冻技术(高湿度下空气解冻、喷淋冲击解冻、隔热层(保温板)技术、全程冷链管理技术及系统等。在食品包装技术方面，应重点开展能延长食品货架期、减少食品渗透性危害的包装材料和包装方式的研制。在食品加工技术方面，研究开发能耗低、使用安全、食品质量可控的加工工艺及设备，例如超临界CO_2萃取技术、脱水蔬菜加工技术、水力切割技术、冷杀菌技术、膜分离技术、栅栏技术、超高压处理及辐照技术等，既能提高食品质量安全度，又能提高食品附加值，是促进我国食品加工企业发展的关键。在食品检测技术方面，将现代检测技术引入食品安全检测过程中，开展食品有害残留物的检测技术研究，严格执行食品检测过程，是降低食品安全风险、保护公众健康的重要措施。

(3)完善食品加工过程管理。实施食品加工的过程控制与管理，全面贯彻食品安全管理体系，才能确保食品安全风险最小化。ISO 22000：2005是国际标准化组织制定的食品安全管理体系标准，该标准整合了HACCP原理与ISO9001：2000标准模式，对食品安全管理体系、管理者职责、资源、安全食品的策划与实现、食品安全管理体系的验证与更新等五个方面进行了明确规定，是目前最为完善的食品安全管理标准，适合食品链上的任何组织。食品加工企业首先应依据该标准体系进行管理，并将其融入企业全面质量管理战略框架中。另外，良好操作规范(GMP)、良好卫生规范(GHP)、卫生标准操作程序(SSOP)等规范是食品加工企业保证食品安全的基础，也是HACCP体系实施的前提，这样可构建一个完整的食品加工企业质量安全管理体系。

(4)加工环节人员培训。“培训教育”是ISO22000标准对人力资源的基本要求。培训的对象涉及所有其活动对食品安全有影响的人员，包括食品生产线上的操作人员、原/辅料采购等各部门的管理人员、检测人员以及食品安全小组的成员。对全体员工进行全面质量安全意识培训，使员工了解从事食品相关活动必要的健康知识、基本卫生知识和卫生操作知识；对采购、检测等部门管理人员和安全小组成员进行专业知识培训，如HACCP原理、危害评价及控制措施识别、食品安全检测方法；对生产操作人员展开GMP、SSOP等基本知识和技术措施的培训。通过全方位的人员培训，提高所有相关人员的食品安全意识和风险防范意识，杜绝人为因素所致的风险。

4. 建立食品安全追溯体系进行风险控制

食品安全追溯体系是一种旨在加强食品安全信息传递、控制食源性疾病危害、保障消费者利益的食品安全信息管理体系，目的是解决食品自生产到消费过程的质量安全问题。所谓可追溯性(traceability)，又称为溯源，ISO 8042标准中定义为“通过登记的识别码，对商品或行为的历史和使用或位置予以追踪的能力”。欧盟《通用食品法》(EC 178/2002)对食品可追溯性的定义是“食品、畜产品、饲料及其原料在生产、加工，以及流通等环节所具备的跟踪、追溯其痕迹的能力”，认为“食品可追溯系统”是追踪食品从生产到流通全过程的信息系统，目的在于食品质量控制和出现问题时召回。食品标准委员会对食品可追溯性的定义是“追溯食品在生产、加工、储运、流通等任何过程的能力，以保持食品供应链信息流的完整性和持续性”。在我国，《质量管理体系基础和术语》(GB/T 19000—2008)将可追溯性界定为：追溯所考虑对象的历史、应用情况或所处场所的能力。产品的可追溯性包括原材料和零部件的来源，加工过程的历史，以及产品交付后的分布和场所。

食品安全可追溯系统需充分涵盖食品原材料生产、产品加工、储运、销售等食品供应链各个环节，通过对整个链条、各环节业务流程的分析，采用HACCP原理及方法，研究提出食品追溯链各环节的质量安全要素及关键控制点，采用国家及行业的相关编码标准，设计食品安全追溯链编码体系，并利用信息采集、数据交换等技术获取食品追溯链上的相关信息，构建食品生产过程、加工过程、储运过程、消费过程质量安全信息管理系统，并在此基础上构建食品安全可追溯平台，除满足企业日常管理及内部追溯的需要外，开发基于网站、短信、电话的服务接口，研发移动溯源终端，提供面向消费者、监管部门的服务。

与此同时，食品安全可追溯系统还可从信息采集、信息处理、信息服务三个层面对整体架构进行分解。信息采集层次的主要功能是依据HACCP原理及方法确定的食品追溯链各环节质量安全要素，采用生产环境信息实时在线采集技术、生产履历信息现场快速采集技术、冷链设施环境实时采集技术等，实现对食品生产、产品加工、储运及消费环节的相关质量安全信息获取，为实现食品安全溯源提供数据支持；信息处理层面主要通过信息编码技术、信息交换、数字化技术，构建食品生产、加工、储运、消费环节质量安全信息管理系统，实现食品安全信息自产地至销售的有序、规范管理；在信息服务层，通过构建食品安全可追溯平台，通过短信、电话、网络平台、移动溯源终端等多种方式为消费者、监管者提供质量安全信息查询服务(如图11-8)。

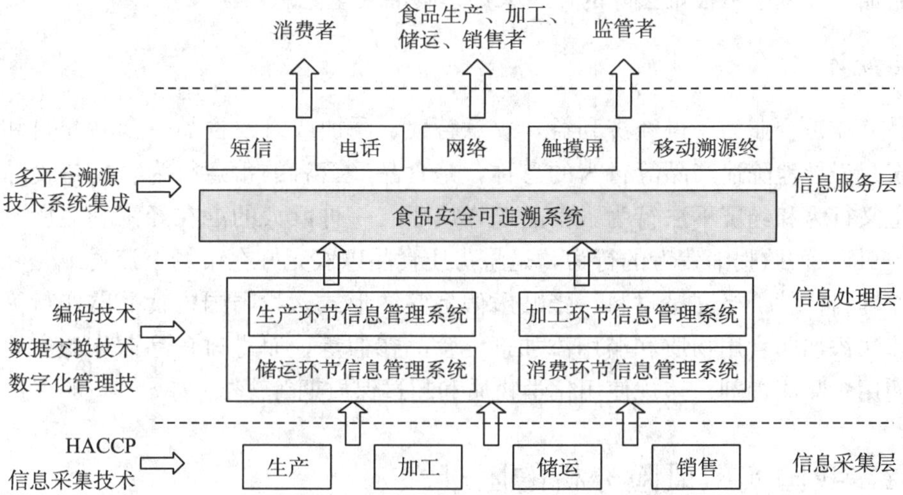

图11-8 食品安全可追溯系统构架图

11.6 我国风险分析和风险控制概述

11.6.1 我国食品安全的主要风险源

1. 致病性微生物引起的食源性疾病

全国食源性疾病监测网的数据显示，在病因清楚的事件中，致病性微生物引起的食性疾病的爆发占全国食源性疾病暴发总数的48.3%。据统计，在食源性疾病中，由肠道致病菌(如沙门菌、副溶血性弧菌、大肠埃希菌、单核细胞增生李斯特菌、伤寒沙门菌、霍乱弧菌、痢疾杆菌)污染食品而引起的发的食物中毒是食品安全的主要问题。食源性致病微生物引起的食品安全问题已日益成为一个引起关注的全球性问题。我国目前疾病预防控制部门所掌握的仅仅是集体发生的食物中毒，对散发的食源性疾病缺少严格的报告制度。根据WHO估计，发达国家食源性疾病的漏报率在90%以上，发展中国家则为

95%以上。以此推论，我国目前掌握的食物中毒数据仅为实际发病的食源性疾病的“冰山一角”，而存在如此高的漏报率，除了管理上的问题外，致病微生物(包括细菌、病毒、寄生虫)的检测和追查传染源手段的限制也是一个重要因素。

2. 化学污染

我国的农业结构是以分散的种植及养殖结构为主，科学技术水平不高，食品安全意识较差，造成我国农产品源头污染问题日益严重。如为了追求利益最大化，用未达到排放标准的污水进行灌溉，造成污水中的大量污染物进入食物链；为了达到防治虫害的目的而违规使用高毒高残留农药，由于虫害抗药性的增加，使得农药种类越来越多；为追求养殖业效益非法使用生长激素、滥用抗生素的现象日益严重。这些原因造成的化学污染在食品加工过程中是很难去除的，带来诸多食品安全隐患。

3. 食品欺诈

食品欺诈是企业为获得经济利益，故意替代、添加或篡改食品、食品配料和食品包装或错误、误导地陈述产品等行为的总称，是食品经营者的蓄意行为，也是食品经营者的机会主义行为和经济不法行为。食品欺诈属于“一种巨大的潜在经济利益所驱使的重要问题”，是一种欺骗消费者的行为，是将劣质食品以次充好在市场上流通或是在食品中以劣质原辅料代替价格高昂材料、张贴虚假标签的形式。我国国内食品欺诈行为的主要模式是违法添加非食用物质和滥用添加剂、食品掺假等，而进口食品欺诈的主要模式有超范围使用食品添加剂、违规使用化学物质和超过保质期等。

11.6.2 我国实施风险分析的困难性

1. 资源上的困难

在理想状态下，进行风险分析的主管机构应当掌握该国食源性危害的等风险因素的全部资料，而我国进出口食品和内销食品的安全性管理是分别由几个不同的行政部门来进行的，这种条块分割和各自为政的管理体制使得我们不但极度缺乏风险分析的必要资料，而且在现行的管理体制下这些有限的信息又很难做到资源共享，就无法进行风险因素调查等工作。上述问题将成为我国应用风险分析进行食品安全性管理的重要的制约因素。

2. 舆论导向和消费者对风险的认知

风险情况交流强调了消费者和新闻媒介的参与，但由于发展中国家的消费者和新闻媒介对于食品安全性问题的认识水平不高，过分强调其作用很可能导致政府在决策时，将有限的管理资源投入到消费者更加关注的“热点”问题上，而实际上这些问题可能并不是真正最急需解决或者在科学意义上并不是最严重的食品安全性问题，这必将造成管理资源的巨大浪费，同时也将给消费者造成潜在的危害。消费者要正确地认识和理解风险，尽管风险每时每刻都在我们的日常生活中，人们并没有因为它们的存在而减少自己的社会活动。食品安全性风险也是如此，“零风险”的食品是不存在的，风险始终伴随着食品。进行风险分析的目的不是要实现、实际上也不可能实现食品安全性“零风险”，而是要通过有效的风险管理，将风险控制在可以接受或承受的范围之内。

3. 风险管理措施带来的额外风险

目前的风险分析，基本上是对单个危害的风险进行研究，较少同时考虑多种不同危害的综合风险情况，也缺乏进行不同风险之间比较的具有可操作性的方法。在这种情况下，不排除所选择的风险管理决定有可能造成更大的或者其他的危害，如使用高氯消毒水进行清洗消毒过程中，在减少致病菌危害的同时，产生了氯胺的化学性危害；在肉制品中不使用亚硝酸盐，可以减少因亚硝酸盐转变为亚硝胺而带来的致癌的风险，但却增加了由于肉毒梭菌增殖及其代谢物引起食物中毒的风险。

4. 技术法规和标准滞后使得安全性风险增大

世界贸易组织贸易技术壁垒协议(Agreement on Technical Barriers to Trade of The World Trade Organization，WTO/TBT)推荐缔约国尽可能地采用国际标准。在采用国际标准方面，20 世纪 80 年代初，英、法等国家采用国际标准已达到 80%，日本新制定的国家标准有 90%以上是采用国际标准，而中国的国家标准只有 40%左右采用了国际标准，还有相当一部分标准与国际标准不一致，甚至有部分是抵触的。就食品安全性的保护水平来讲，除了添加剂标准之外，我国其他控制食源性危害方面的标准与国际标准一致或者接近的不多，大部分处于较低的保护水平，使得我国的消费者在食品消费时不得不承受较大的风险。在国际食品贸易中，由于我国在控制食品安全性管理方面的技术法规和标准过低，甚至空缺，在其他国家认定的安全性风险较高的产品，甚至是不合格的产品，因为符合了我国的规定就可以堂而皇之地进入中国市场，给中国的消费者带来不可预测的风险。

5. 新技术的应用使得风险管理难度增加

现代生物技术在农作物的基因改良方面取得了突破性的进展，当采用转基因技术进行基因改良的产品进行商业性种植，转基因产品投放到市场后，围绕转基因产品在安全性方面所具有的不确定性而引起的争论引起广泛关注。以美国为代表的国家认为转基因产品是安全的，以欧盟为代表的国家认为转基因产品的安全性尚不确定，必须进行长期观察。这种认识上的差异使得在对转基因产品的管理上采取了不同的风险管理措施。我们从中也可以认识到新技术在食品生产领域实际应用的情况下，风险分析的外延正在根据国际食品贸易的需要而拓展，有被滥用的可能。风险分析并非仅仅是用来控制食源性危害，作为食品安全性管理的工具，实际上完全可以、并且已经成为国际食品贸易中进行贸易保护的工具。

11.6.3 我国的食品安全风险分析展望

20世纪90年代中后期，我国开始开展食品安全风险分析，我国的食品安全风险分析理论主要是参考美国食品风险分析和监管的模式。因此，我国食品安全风险分析起步较晚，在相当长的时期内主要是卫生部下属个别单位自发地在一些食品安全事故处理中开展一些风险评估工作，缺乏全国性的制度、体系、专业队伍和计划，技术水平也十分有限。2009年起实施的《中华人民共和国食品安全法》有力地推动了我国食品风险评估工作的开展。2009年底卫生部牵头成立了国家食品安全风险评估专家委员会及其秘书处，制定了年度工作计划和一系列工作制度。2015版修订后的《食品安全法》对食品安全风险评估及其结果利用作出了明确规定，规定“国家建立食品安全风险评估制度，运用科学方法，根据食品安全风险监测信息、科学数据以及有关信息，对食品、食品添加剂、食品相关产品中生物性、化学性和物理性危害因素进行风险评估。”表明建立食品安全风险评估制度已经成为国家需要。为了执行《食品安全法》，卫生部已于2011年建立食品安全风险评估中心。《食品安全法》同时规定，“国务院卫生行政部门负责组织食品安全风险评估工作，成立由医学、农业、食品、营养、生物、环境等方面的专家组成的食品安全风险评估专家委员会进行食品安全风险评估。食品安全风险评估结果由国务院卫生行政部门公布”。《食品安全法》颁布实施及修订，表明我国已经把风险评估纳入法制轨道，已开始用法律的形式来保证风险评估的实施。但是，与发达国家相比，我们还有很多工作要做。

1. 改革食品安全质量管理体制和运作机制

食品产业对整个国民经济的发展起着至关重要的作用。科学、合理的食品安全质量控制和管理体系对于确保消费者健康和安全以及国际贸易至关重要。食品质量安全管理体系庞大，不仅涉及生产条件、生产资料、生产过程、包装标识、储存运输、经营销售、使用消费等诸多环节，而且涉及标准制定、标准实施、检测检验、认证鉴定、监督执法等诸多领域。我国食品质量安全管理权限分属不同部门，多头管理，权责不清，在很大程度上存在管理职能错位、缺位、越位和交叉分散现象，难以形成协调配合、运转高效的管理体制。

国内目前尚缺乏国家层面的风险评估实体，需要尽快建立国家风险评估中心。通过实施以科学为基础的协调一致的立法、检测、监控、执法、科研、教育计划，对食品的各个环节(从原材料生产、加工、包装、贮运，直到销售)进行严格监管，从源头抓起，最大限度地减少由食品引起的危害和风险，以保护消费者的健康，促进我国食品产业的发展。

2. 加强食品安全队伍的建设

在食品安全监管中必须建立以食品安全为主导的统一的国家检验检测体系，采用循序渐进的方式，从战略上逐步让以检验检测技术能力为核心的社会化检验检测资源达到共享；要制定相应的政策，鼓励社会资金投入检验检测体系的建设中，检验检测机构对所检验检测的项目，应从食品源头开始实施全过程的监管、行业分段负责及属地管理的原则，发挥地方政府的作用，对当地食品检验检测机构的技术能力实施监管；要建立国家统一的食品检验检测从业人员注册管理制度，实施工作岗位资质认定制，从人力资源的角度全面提高检验检测人员的技术水平。

食品安全监管队伍是监管主体，是确保食品安全的主要力量之一，加强食品安全监管队伍建设具有重要意义。食品安全监管队伍的数量、质量以及职能设置共同决定了监管质量。数量是指监管人员数，监管人员数可根据实际工作量、地方经济水平、被监管对象数目、被监管对象性质以及人口数量等多方面影响因素共同确定。监管队伍质量主要指监管人员的执法能力与效率、对食品安全相关法律法规及标准的掌握程度、专业知识水平等。

3. 广泛应用风险分析原则

在中国食品安全控制体系中应广泛应用风险分析原则并在国家和有条件的省市实施风险分析行动计划，包括建立健全化学、微生物、有害生物和新的病原体的专家评价机构，分析与消费者健康有关的各种因素，并在风险管理中应用这些因素来保护我国人民的健康(对内)和我国合法的经济权益(对外)等，积极参与国际风险评估活动。

4. 政府做好协调者

政府应致力于食品安全法规的建立和实施，在法律的框架范围内改进国家食品安全管理机构的组织形式和管理模式；同时协调与国际组织，尤其是国内涉及食品安全的各行政机构的信息收集、交换和整合工作。收集国内外的有关信息，尽早掌握事态的发展，协调有关行政机关迅速应对。建立系统高效的科学监测体系，对食品安全性、环境影响和社会经济效果等进行有效的综合评价，提高监测能力。这些都为风险管理提供了保证。

5. 充分发挥企业和行业协会的作用

危害分析和关键控制点(HACCP)体系是一种以风险分析为基础的用于食品安全质量的控制措施，也是迄今为止控制食源性危害最经济有效的手段。我国许多食品企业已经在生产过程中引用了 HACCP 管理。HACCP 是通过对整个食品链，包括原辅材料的生产、食品加工、流通乃至消费的每一环节中的物理性、化学性和生物性危害进行分析、控制以及控制效果验证的完整系统。风险分析是对 HACCP 管理体系的进一步补充和完善，也是实行 HACCP 管理体系的基础。作为主体的企业自律行为和实践经验，行业协会的监督约束，均为进行风险管理提供了宝贵的经验。

6. 消费者参与

食品安全与消费者的健康息息相关，消费者对风险分析的认知程度是实施风险分析的基础。随着社会发展和人们对食品安全的了解程度及关注程度的不断提高，借助行业协会和团体会议的交流、网络、公开发行的刊物等媒体的作用，加强信息交流，消费者积极参与，一方面使消费者了解影响食品安全的各种危害、危害的特征、危害的严重程度、危害的变化趋势、最高风险人群、风险人群的特点和规模、风险人群对风险的接受程度、风险人群的利益等信息；另一方面可促进政府综合考虑各种信息，提高决策的透明度和科学性，制定更加合理的食品安全政策，将食源性风险减少到最低限度，实现食品安全水平的不断提高。

思考题

1. 何为风险分析？简述开展食品风险分析的必要性？
2. 风险评估常用方法有哪些？并试述它们各自优缺点及适用范围。
3. 风险管理概念及风险管理程序有哪些？
4. 风险交流目的及原则分别是什么？
5. 结合我过国情谈谈如何有效加强食品安全风险控制？

参考文献

陈君石. 2011. 食品安全风险评估概述[J]. 中国食品卫生杂志，23(1)：4-7.

陈孟裕，梁启平，毛唯君，等. 2011. 出口食品农产品检验检疫风险管理系统中的风险要素处理机制研究[J]. 检验检疫学刊，21(5)：60-63.

崔春晓，王凯，邹松岐. 2013. 食品安全可追溯体系的研究评述[J]. 世界农业，(5)：27-32.

葛宇，赵敏，巢强国. 2010. 风险评估在国内外食品安全控制领域中的应用分析及建议[J]. 粮油加工，(11)：102-105.

孔运生，彭婧，徐恒秋，等. 2016. 我国食品安全监管的现状、挑战与思考[J]. 中国农村卫生事业管理，36(5)：545-548.

世界卫生组织，联合国粮食及农业组织. 2005. 微生物风险评估丛书：鸡蛋和肉鸡沙门菌风险分析说明性概要[M]. 日内瓦：世界卫生组织，罗马：联合国粮食及农业组织.

王瑞萍. 2011. 食品安全监管的风险源筛查与风险等级确定[J]. 工商行政管理，8：50-51.

王小强，黎渊，杨子煜，等. 2008. 我国食品卫生安全风险评估模型[J]. 数学的实践与认识，38(14)：42-49.

吴林海，徐玲玲，尹世久，等. 2015. 中国食品安全发展报告[M]. 北京：北京大学出版社.

袁婷，陈原. 2016. 我国食品欺诈模式及其治理分析[J]. 食品安全导刊，(27).

张勤. 2013. 食品监管风险点和食品安全生产关键控制点防控体系[M]. 广州：华南理工大学出版社.

张微，崔红秀. 2014. 我国食品质量安全管理体制的现状和改革建议[J]. 民营科技，(11)：240-240.

中华人民共和国食品安全法(主席令第21号).

Luning P A，Devlieghere F，Verhé R. 2006. Safety in the Agri-Food Chain[M]. Wageningen：Wageningen Academic Pub.

Szajkowska A. 2012. Regulating Food Law[M]. Wageningen：Wageningen Academic Pub.

WHO. 2006. Food Safety Risk Analysis：A Guide for National Food Safety Authorities[M]. Geneva：World Health Organization.

第12章　食品安全管理与法规体系

食品安全不仅关系到消费者的健康，还关系到国家的经济、社会的稳定和政府的威望。随着食品贸易全球化，各国政府越来越重视食品安全问题，加强了督管力度和法规体系的建设。本章对国内外的食品安全管理的制度和法律法规体系进行了介绍，包括国内外的食品安全事务行政体系、与食品安全相关的国际组织、食品安全体系及国内外的食品标准和法规等。

12.1　我国的食品安全事务行政体系

12.1.1　我国食品安全监管体系的历史沿革

纵观新中国食品监管发展的历史，大致可分为五个阶段。

1. 新中国成立初期至改革开放阶段(1949～1979年)

这一阶段，保障充足的粮食供应是国家的首要问题，政府部门对食品的关注主要源于由卫生问题引发的疾病。1964年，国务院颁布了由卫生部、商业部、第一轻工业部、中央工商行政管理局、全国供销合作总社等5部门联合制定的《食品卫生管理试行条例》。1974年，国务院批转国家计划委员会《关于防止食品污染问题的报告》，明确提出要做好食品卫生工作。

2. 改革开放至20世纪90年代初期

改革开放以后，农产品产量增加，食品加工产业得到发展，食品安全和卫生问题是该阶段食品工作中受关注的主要问题。1979年，国务院颁发《食品卫生管理条例》，其中第七条指出”农业、林业、畜牧、水产、粮食、商业、供销、轻工、外贸等部门要加强对粮、油、肉、蛋、水产、蔬菜、瓜果、茶叶等食品原料和食品的收购检验工作”，多部门管理的局面开始出现。《食品卫生管理条例》的颁布标志着中国食品安全监管工作已由单项管理逐步过渡到全面管理，并开始由单纯的行政管理向法制管理方向转变。

1982年，国家颁布了《中华人民共和国食品卫生法(试行)》，实现了食品卫生管理工作有法可依，使食品安全监管工作走上了法制的轨道。《中华人民共和国食品卫生法(试行)》规定食品生产经营企业的主管部门负责本系统的食品卫生工作。在这一阶段，食品安全监管以食品卫生监督为主。

1988 年颁布的《中华人民共和国标准化法》规定国务院标准化行政主管部门统一管理全国标准化工作，国务院有关行政主管部门分工管理本部门、本行业的标准化工作，各级标准化行政主管部门介入食品标准领域的管理。

3. 20 世纪 90 年代初期至 2003 年

在此阶段，国家颁布了一系列与食品安全监管相关的法律法规，明确了多个部门从各个方面对食品安全进行监管。1993 年 2 月颁布的《中华人民共和国产品质量法》中规定各级产品质量监督部门主管产品质量监督工作。1993 年 7 月颁布的《中华人民共和国农业法》规定国务院农业行政主管部门主管全国农业和农村经济发展工作，各级工商行政管理部门和其他有关部门按照各自职责依法管理农产品批发市场，规范交易秩序。1993 年 10 月颁布的《消费者权益保护法》规定：经营者存在生产、销售的商品不符合保障人身、财产安全要求，或在商品中掺杂、掺假，以假充真，以次充好，以不合格商品冒充合格商品等情形，且《产品质量法》等法律、法规未作处罚规定的，由工商行政管理部门实施处罚。工商行政管理部门介入食品流通领域的监管。

1995 年 10 月 30 日，《中华人民共和国食品卫生法》经第八届全国人大常委会第十六次会议审议通过，标志着中国食品卫生监督管理工作进入了一个新的历史阶段。该法第 3 条规定：“国务院卫生行政部门主管全国食品卫生监督管理工作，国务院有关部门在各自的职责范围内负责食品卫生管理工作。”这部法律确立了以卫生行政管理部门为主的食品监管体制。

1998 年，国务院以及地方机构改革之后，我国形成了主要由农业部、卫生部、国家工商行政管理总局、国家质量监督检验检疫总局等多个部委共同按职能分段监管的食品安全多部门监管体制。1998 年 3 月，组成国家药品监督管理局，成立国务院直属主管药品监督的行政执法机构。2001 年 4 月，组建国家质量监督检验检疫总局，负责组织实施进出口食品和化妆品的安全、卫生、质量监督检验和监督管理。2002 年由国家质量监督检验检疫总局牵头开始实施食品市场准入制度，即米、面、油、酱油、醋等五类食品 QS 认证(Quality Safety)制度。

4. 2003 年至 2015 年

2003 年 3 月，经第十届全国人大第一次会议批准，在原国家药品监督管理局的基础上组建国家食品药品监督管理局(SFDA)。该机构是国务院直属机构，负责对食品、保健品、化妆品安全管理的综合监督和组织协调，依法组织开展对重大事故的查处。

2004 年 9 月 1 日颁布的《国务院关于进一步加强食品安全工作的决定》(国发〔2004〕23 号)再次对有关部委的职责分工加以调整和明确。食品安全监管“按照一个监管环节由一个部门监管的原则，采取分段监管为主、品种监管为辅的方式”，如“农业部门负责初级农产品生产环节的监管；质检部门负责食品生产加工环节的监管等”，这一决策进一步理顺了各部门食品安全监管的职能，明确了责任。但在操作上存在着较大的问题，即各部门在利益上的争夺和在责任上的推诿使得监管真空和过度监管同时存在。

2007 年 7 月，成立了国务院产品质量和食品安全领导小组，这使我国食品安全监管朝向更加高效、协调的发展方向迈出了新的一步。

2008 年 3 月 11 日，第十一届全国人大第一次会议通过新的机构改革方案，明确由卫生部承担食品安全综合协调、组织查处食品安全重大事故的责任，同时将国家食品药品监督管理局改由卫生部管理，并相应对食品安全监管队伍进行整合。调整食品管理职能后，卫生部负责组织制定食品安全标准，国家食品药品监督管理局负责食品卫生许可，监管餐饮业、食堂等消费环节的食品安全。

2009 年 6 月 1 日开始实施《中华人民共和国食品安全法》(简称《食品安全法》)，同时废除《食品卫生法》。《食品安全法》对食品安全监管职能进行了重大调整，将原来由一个部门监管为主、其他部门监管为辅的食品卫生监管体制转变为由多个部门分段监管为主、品种监管为辅的食品安全监管新体制。

在中央层面上，2010 年 2 月 6 日，设立国务院食品安全委员会，有 15 个部门参加，作为国务院食品安全工作的高层次议事协调机构，加强对各个监管部门监管工作的协调和指导。在地方层面上，规定县级以上地方人民政府统一负责、领导、组织、协调本行政区域的食品安全监督管理工作，有关部门在各自职责范围内负责本行政区域的食品安全监督管理工作。

2011 年 10 月，组建成立了食品安全领域的国家级核心技术机构——国家食品安全风险评估中心。

2012 年 6 月，国务院出台《关于加强食品安全工作的决定》和《国家食品安全监管体系“十二五”规划》，明确了加强食品安全工作的指导思想、总体要求和工作目标

2013 年 3 月，第十二届全国人大第一次会议审议通过《国务院机构改革方案》，新组建国家食品药品监督管理总局，整合分散的食品安全监管职责，在原卫生部基础上新组建国家卫生和计划生育委员会负责食品安全风险评估和食品安全标准制定，继续发挥卫生系统的技术优势，加强食品安全工作的技术支撑保障。

5. 2015 年至今

2009 年 6 月 1 日开始实施的《中华人民共和国食品安全法》在施行 5 年后，对规范食品生产经营活动、保障食品安全发挥了重要作用，食品安全形势总体稳中向好。但食品企业违反生产经营现象依然存在，食品安全事件时有发生，监管体制、手段和制度等尚不能完全适应食品安全需要。党的十八大以来，我国进一步改革完善食品安全监管体制，着力建立最严格的食品安全监管制度，积极推进食品安全社会共治格局。为了以法律形式固定监管体制改革成果，完善监管制度机制，解决当前食品安全领域存在的突出问题，更好地保护人民群众的食品安全，有必要修订食品安全法。

新的《中华人民共和国食品安全法》于 2015 年 4 月 24 日由第十二届全国人大常委会第十四次会议修订通过，并于当年 10 月 1 日起开始施行。

12.1.2 《中华人民共和国食品安全法》下的监管体制

2015 版《食品安全法》围绕建立最严格的食品安全监管制度这一总体要求，在完善

统一权威的食品安全监管机构，加强食品的生产经营过程控制、强化企业主体责任、突出对特殊食品的严格监管，加大对违法行为的惩处力度等方面对原法作了修改完善，对于解决食品安全领域存在的突出问题，更好地保障人民群众食品安全具有重要意义。

修订后的2015版《食品安全法》第五条对我国食品安全管理体制的规定为："国务院设立食品安全委员会，其职责由国务院规定。国务院食品药品监督管理部门依照本法和国务院规定的职责，对食品生产经营活动实施监督管理。国务院卫生行政部门依照本法和国务院规定的职责，组织开展食品安全风险监测和风险评估，会同国务院食品药品监督管理部门制定并公布食品安全国家标准。国务院其他有关部门依照本法和国务院规定的职责，承担有关食品安全工作。"

国务院食品安全委员会的具体工作由国家食品药品监督管理总局承担。国家食品药品监督管理总局加挂国务院食品安全委员会办公室牌子，承担食品安全委员会的日常工作。由国务院食品药品监督管理部门负责对食品生产、销售和餐饮服务进行统一监督管理，这一体制调整有利于解决分段监管体制下造成的监管责任不清、相互推诿、扯皮等问题，真正做到全链条无缝监管。

对于地方人民政府在食品安全监督管理工作中的职责，现行《食品安全法》第六条的规定为："县级以上地方人民政府对本行政区域的食品安全监督管理工作负责，统一领导、组织、协调本行政区域的食品安全监督管理工作以及食品安全突发事件应对工作，建立健全食品安全全程监督管理工作机制和信息共享机制。县级以上地方人民政府依照本法和国务院的规定，确定本级食品药品监督管理、卫生行政部门和其他有关部门的职责。有关部门在各自职责范围内负责本行政区域的食品安全监督管理工作。县级人民政府食品药品监督管理部门可以在乡镇或者特定区域设立派出机构。"

12.2 其他国家和地区的食品安全事务行政体系

12.2.1 欧盟的食品安全事务行政体系

1. 欧盟的食品安全监管机构

(1)管理机构。欧盟的食品安全的监管实行欧盟和各成员国的两级监控制度。从管理机构设置上看，欧盟委员会是欧盟常设的一个行政机构，管理日常事务。其中与食品安全管理相关的有健康与消费者保护总司、食品与兽医办公室、食品链和动物健康常设委员及其他部门。

健康与消费者保护总司：主要职能是食品安全监管，全权负责欧盟委员会食品安全，属于监管核心部门。下设多个管理机构，分别负责具体工作，欧盟的食品安全法令、政策、标准的起草和对成员国的日常监督和协调工作都由该总司负责。主要目标是保护和改善公众健康，确保欧洲的食品是安全的、有益健康的，保护农场动物的健康，保护农作物和森林的健康。具体职责是保证成员国法规的有效实施及完善，管理成员国在食品检验规则、食品安全标准以及动物福利方面的工作。

食品与兽医办公室：隶属于健康与消费者保护总司，但职能相对独立，主要职责是保证欧盟食品安全法律在各国执行的一致性，主要负责对第三国食品安全进行监管，第三国向欧盟出口食品，必须遵守欧盟食品安全法，并通过食品和兽医办公室的检查后，才能够进入欧盟各国，该办公室定期向公众公布检查结果，同时根据检查中的不足提出改善建议。

食品链和动物健康常设委员会：主要职责是协助欧盟委员会进行食品安全监管。该委员会是由成员国的代表共同组成，委员会主席是由欧盟委员会代表担任。

与食品安全监管相关的其他部门，比如内部市场与服务总司等，共同协助负责食品流通安全，加强对食源性疾病的控制，加强对兽医的管理等工作。

(2)独立的机构。欧盟食品安全局(EFSA)是独立的机构，欧盟无权对其进行直接管理，直接管理者是执行主任，然后由执行主任向欧盟负责。职责法律依据是 178/2002/EC 号法规。主要职责是食品安全风险评估、提供科学证据并提出建议，具体使命是根据欧盟委员会的要求，就欧盟有关人类营养的立法提供科学建议以及科学技术的支持，在欧盟健康项目的框架下协助与营养问题有关的交流；在对动物健康、福利等方面研究中提供科学意见，除特别的转基因食品和饲料的规定外，向其他产品提供科学意见，并完善各种程序。该组织机构有很多科学和研究人员，主要来自于管理委员会、咨询论坛、科学小组等机构。

2. 欧盟食品安全监管体系的特点

(1)欧盟具有较完善的食品安全法律体系。欧盟发布了《欧盟食品安全白皮书》，在食品立法中推行“从农场到餐桌”的理念，确立了食品和饲料从业者对食品安全负有主要责任的原则。欧盟各成员国积极行动，以“食品安全白皮书”为核心，形成了各种法律、法令、指令等并存的食品安全体系监管新框架。各成员国不断加强食品安全管理，包括对管理机构、管理体系和保障体系进行改革与完善，将食品安全体系建立在透明、可信和对国家负责的基础上。欧盟食品安全法规涵盖了从食品生产到流通各个环节和所有方面。在食品全产业链上，生产加工企业必须执行生产规范(GMP)、危害分析和关键控制体系(HACCP)管理程序，确保对食品各环节尤其是生产源头的安全质量控制。

(2)快速反应的预警系统。“欧盟食品和饲料快速预警系统”是一个连接欧盟委员会、欧盟食品安全管理局，以及各成员国食品与饲料安全主管机构的网络，为欧盟各成员国的食品安全主管机构提供并交换有关食品安全的信息。例如，当某一成员国发现存在对公众健康有严重危害的警情时，会立即通过预警系统通知委员会，委员会则立即将信息传递给各成员国。各成员国会马上行动，通过对信息的审核和合理评估后，会在第一时间、以诚实负责的态度，向消费者说明情况，提醒消费者注意加强自我保护，包括欧盟所采取的与风险规模相适应的措施。

12.2.2 美国的食品安全事务行政体系

1. 美国的食品安全监管机构

美国政府建立由总统食品安全管理委员会综合协调，卫生和公共服务部(DHHS)、农业部(USDA)、环境保护局(EPA)等多个部门具体负责的综合性监管体系。以联邦和各州的相关法律为基础，通过联邦政府授权的食品安全管理机构的通力合作，形成一个相互独立、互为补充，综合有效的食品安全监管体系，保证了美国是全世界食品最安全的国家之一。美国联邦政府有10多个食品安全管理部门，其中主要的职能部门有4个，即卫生和公共服务部下属的食品与药品管理局(FDA)、农业部下属的食品安全检验局(FSIS)和动植物检疫局(APHIS)，以及环境保护局(EPA)。其他还有财政部的海关署、国家疾病控制与预防中心(CDC)、美国国立卫生研究院(NIH)、商业部下属的国家海洋渔业局等。FDA是最早的以保护消费者为主要职能的联邦机构之一，其主要职能是负责对美国国内生产及进口的食品、膳食补充剂、药品、疫苗、生物医药制剂、血液制剂、医学设备、放射性设备、兽药和化妆品进行监督管理并确保其安全，同时也负责执行公共健康法案(the Public Health Service Act)的第361号条款，包括公共卫生条件及州际旅行和运输的检查、对于诸多产品中可能存在的疾病的控制等。FDA被公认为是世界上最大的食品与药物管理机构，许多国家都通过寻求和接收FDA的帮助来促进并监控其本国产品的安全。FDA实施安全监管的范围很广，所执行的大部分联邦法律都被编入《联邦食品、药品和化妆品法案》，也即美国法典第21篇，其他交由该局执行的法律还包括《公共保健服务法》、《滥用物质管理法》、《联邦反篡改法》和《家庭吸烟预防与烟草控制法》等。

2. 美国食品安全监管体系的特点

(1)食品安全法律体系健全。美国食品安全监管具有健全的法律体系，从1906年第一部与食品有关的法规《食品和药品法》开始，美国政府先后制定和修订了35部与食品安全有关的法规。目前，美国有关食品安全的主要法律包括：《联邦食品、药物和化妆品法》《联邦肉类检验法》《禽类产品检验法》《蛋产品检验法》《食品质量保护法》和《公共健康服务法》等。其中，《联邦食品、药品和化妆品法》是美国关于食品和药品的基本法，已成为世界同类法中较全面的一部法律。美国食品行业标准和相关法律的制定，是建立在先进的食品科研水平上和每年数亿美元科研经费投入的基础上。依托先进的技术手段和多年的资料积累，美国在食品危险性评估控制技术、新产品安全性评估方面取得了长足的进展，科学的行业标准和法规为食品安全监管打下了坚实的基础。

(2)食品安全监管机构分工明确配合协调。美国食品安全监管体系比较全面、系统，实行多部门联合监管制度，整个食品安全监管体系分为联邦、州和地区三个层次。每一个层次监督食品的原料采集、生产、流通、销售、企业售后行为等各个环节。监管机构的许多部门都聘请流行病学专家、微生物学家、食品检查员以及其他食品科研专家，采取专业人员进驻食品加工厂、饲养场等方式，从原料采集、生产、流通、销售和售后等各个环节进行全方位监管，构成覆盖全国的立体联合监管网络体系。此外，其他部门如CDC、NIH、农业研究服务部、农业市场服务部、经济研究服务部、监测包装及畜牧管理局、美国法典办公室、国家水产品服务中心，也负有研究、教育、预防、监测、标准制定、对突发事件做出应急对策等责任。

(3)强调从“农田到餐桌”的全程监控。美国对食品安全监管强调“从农田到餐桌”的全过程监控。由于美国实行的是以品种监管为主的监管模式，从而使得对某种食品的“从农田到餐桌”的全程监管的责任主体明确，即由一个部门负责与该种食品有关的所有活动，包括种植、养殖、生产加工、销售、进出口等的监管，避免出现监管真空，而且有利于发现监管过程中存在的薄弱环节，使监管切实有效。

(4)强调食品安全的风险分析。食品安全风险分析是美国制定食品安全管理法律的基础，也是美国食品安全监管工作的重点。食品安全的风险分析包括风险评估、风险管理和风险交流三个部分，通过采用合理的经济和技术手段，主动、有目的、有计划地对食品风险加以处理，以达到使消费者得到高水平保护的目的。

12.2.3 英国的食品安全事务行政体系

1. 英国的食品安全监管机构

英国的食品安全监管由联邦政府、地方主管当局以及多个组织共同承担。食品安全质量由卫生部等机构负责，肉类的安全、屠宰场的卫生及巡查由肉类卫生服务局管理，超市、餐馆及食品零售店的检查则由相应的地方管理当局管辖。为强化监管职能，英国政府于1999年成立了食品标准局，其不隶属于任何政府部门，是独立的食品监督机构，负责食品安全总体事务和制定各种标准，代表英王履行职能，实行卫生大臣负责制，并每年向议会报告工作，加强对食品链各环节的监控。食品标准局的职能，一是制定政策，即制定或协助公共政策机关制定食品(饲料)政策；二是服务，即向公共当局及公众提供与食品(饲料)有关的建议、信息和协助；三是检查，即审查并对食品进行监测；四是监督，即对其他食品安全监管机关的执法活动进行监督、评估和检查。

食品安全的具体执法工作主要由499个地方政府承担。环境、食品和农村事务部负责兽药和农药的欧盟监控项目，并在上述领域中作为执法机关；交易标准、园艺标准和酒类标准除零售环节之外的执法工作也由环境、食品和农村事务部负责。英国法律授权监管机关可对食品的生产、加工和销售场所进行检查，并规定检查人员有权检查、复制和扣押有关记录，或进行取样分析。

2. 英国食品安全监管体系的特点

(1)完善的食品安全的法律体系。英国从1984年开始分别制定了《食品法》《食品安全法》《食品标准法》《食品卫生法》《动物防疫法》等，同时还出台了许多专门规定，如《甜品规定》《食品标签规定》《肉类制品规定》《饲料卫生规定》《食品添加剂规定》等。

这些法律法规涵盖所有食品类别，涉及“从农田到餐桌”的各个环节。英国1990年颁布的《食品安全法》主要调整食品的质量和标准，禁止生产、销售不符合食品安全要求的食品。

(2)追溯召回制度。英国在食品安全监管方面一个重要特征是严格执行食品追溯和召回制度。食品追溯制度是为了实现对食品“从农田到餐桌”整个过程的有效控制，保证食品质量安全而实施的对食品质量的全程监控制度。监管机关如发现食品存在问题，可以通过记录很快查到食品的来源。一旦发生重大食品安全事故，地方主管部门可以立即调查并确定可能受事故影响的范围、对健康造成危害的程度，通知公众并紧急收回已流通的食品；同时将有关资料送交国家卫生部，以便在全国范围内统筹安排工作，最大限度地保护消费者权益。在追溯制度方面，国家建立统一的数据库，包括识别系统、代码系统，详细记载生产链中被监控对象移动的轨迹，监测食品的生产和销售状况。还建立了食品追踪机制，要求饲料和商品经销商对原料来源和配料保存进行记录，要求农民或养殖企业对饲养牲畜的详细过程进行记录。为追查食物中毒事件，政府还建立了食品危害报警系统、食物中毒通知系统、化验汇报系统和流行病学通信及咨询网络系统。严格的法律和系统监管有效地控制了有害食品在市场上的流通，消费者权益在相当程度上得到了保护。

12.3 食品安全事务中的国际与国外组织

12.3.1 世界卫生组织(WHO)

世界卫生组织(world health organization，WHO)成立于1948年4月7日，是联合国系统内卫生问题的指导和协调机构，负责对全球卫生事务提供领导，拟定卫生研究议程，制定规范和标准，阐明以证据为基础的政策方案，向各国提供技术支持，以及监测和评估卫生趋势。WHO的宗旨是使全世界人民获得尽可能高水平的健康，其对“健康”的定义为“身体、精神及社会生活中的完美状态”。WHO现有194个会员国。

中国是WHO的创始国之一，1972年第25届世界卫生大会恢复了中国在该组织的合法席位。1981年WHO在北京设立驻华代表处。

食源性疾病给健康造成了重大危害。数百万人因为食用不安全的食品而患病并且许多人死亡。WHO会员国对此深感担忧，于2000年通过一项决议，将食品安全认可为一项基本的公共卫生职能。食品安全包括旨在确保所有食品尽可能安全的行动。食品安全政策和行动有必要涵盖从生产到消费整条食品链。WHO食品安全和人畜共患疾病司领导全球努力降低疾病负担，由此加强卫生安全并确保会员国的可持续发展。食品安全和人畜共患疾病司的活动包括：为决策提供科学建议；在人类—动物—生态系统相交点管理人畜共患病方面的公共卫生风险；对付食源性抗微生物药物耐药性；估算全球食源性疾病负担；加强参与食品法典委员会的工作(粮农组织/世卫组织食品法典信托基金)；建设能力，通过全球食源性感染网络发现、控制和预防食源性疾病；通过国际食品安全当局网络进行预警、通报和预防；通过向消费者教授《食品安全五大要点》减少食源性疾病；世卫组织全球环境监测系统/食品规划：收集数据并培训人群以减少人类与受污染食品的接触。

12.3.2 联合国粮农组织(FAO)

联合国粮食及农业组织(Food and Agriculture Organization of the United Nations，FAO)正式成立于1945年，总部在意大利罗马，是一个联合国专门机构，是各成员国间讨论粮食和农业问题的国际组织。在FAO论坛上，所有国家均平等相处，共同磋商协议，讨论政策。FAO为发展中国家和转型国家农业、林业和渔业现代化和发展提供知识和信息。FAO由七个部组成，包括农业及消费者保护部，经济及社会部，渔业及水产养殖部，林业部，综合服务、人力资源及财务部，自然资源管理及环境部和技术合作部。FAO目前拥有191个成员国，2个准成员和1个成员组织(即欧洲联盟)。FAO在130多个国家设有代表机构，另有36个国家由兼任代表负责，在发达国家还设有5个联络处和4个信息办公室。我国于1971年被FAO理事国第57届会议接纳为正式会员。

确保人人获得良好的营养和粮食安全是FAO努力的核心。FAO的职能是提高营养水平，提高农业生产率，改善乡村人口的生活和促进世界经济发展。FAO的宗旨是：保障各国人民的温饱和生活水准；提高所有粮农产品的生产和分配效率；改善乡村人口的生活状况，促进农村经济发展，并最终消除饥饿和贫困。FAO的工作涉及很多领域，包括土地和水资源的开发、森林工业、渔业、经济和社会政策、投资、种植业与畜牧业的生产以及营养与食物标准等。

12.3.3 食品法典委员会(CAC)

食品法典委员会(Codex Alimentarius Commission，CAC)是FAO和WHO于1961年建立的以保障消费者健康和确保食品贸易公平为宗旨的一个政府间协调食品标准的国际组织，受FAO和WHO领导。委员会的章程和程序规则的制定、修订均需经这两个组织批准。目前已有187个成员国和1个成员组织(欧盟)，覆盖了全球99%的人口。CAC作为一个单一的国际参考组织，致力于在全球范围内推广食品安全的观念和知识，关注并促进消费者保护。自成立之日起，CAC在食品安全领域做了大量工作。

CAC的战略目标是达到对消费者最高水平的保护，包括食品安全和质量。具体目标为：建立良好的法规框架、促进科学原则与风险分析获得最广泛一致的应用、促进食品法典和多边法规基本原则及公约的衔接和促进CAC标准在国家间获得最广泛的应用。

CAC的主要职责包括，保护消费者健康和确保公正的贸易；促进国际组织、政府和非政府机构在制定食品标准方面的协调一致；通过或与适宜的组织一起决定、发起和指导食品标准的制定工作；将其他组织制定的国际标准纳入CAC标准体系；修订已出版的标准。

CAC和成员国主要的机制接触渠道是各国家的法典联络处。根据法典程序手册，法典联络处的核心职能包括：充当法典委员会秘书处与成员国之间的联系纽带，并协调国家一级与食品法典有关的所有活动。理想的情况是，食品法典联络处支持一个国家委员会，其结构能反映出国家立法、政府行政管理结构以及已建设起的程序及惯例。

中国于1984年正式加入国际食品法典委员会，1986年成立了中国食品法典委员会，由与食品安全相关的多个部门组成。卫生计生委作为委员会的主任单位，负责国内食品法典的协调工作。委员会秘书处设在国家食品安全风险评估中心。秘书处的工作职责包括：组织参与国际食品法典委员会及下属分委员会开展的各项食品法典活动、组织审议国际食品法典标准草案及其他会议议题、承办委员会工作会议、食品法典的信息交流等。我国已全面参与了国际法典工作的相关事务，在多项标准的制修订工作中突显了我国的作用，逐渐得到了国际社会的认可。2006年就成功申请成为国际食品添加剂法典委员会主持国政府。

12.4　GMP体系

12.4.1　概述

GMP是良好操作规范或优良制造标准(good manufacturing practice)的英文缩写，是一种特别注重在生产过程中实施对产品质量与卫生安全的自主性管理制度。GMP最早用于药品工业，现在被广泛应用于食品、化妆品行业。在食品加工企业中实施GMP，可以提高食品的品质与卫生安全、保障消费者与生产者的权益、强化食品生产者的自主管理体制、促进食品工业的健全发展。目前，GMP法规仍然在不断完善，最新版本的GMP被称为通用良好操作规范(current good manufacturing practice，CGMP)。

从适用范围看，现行的GMP可分为三类：①具有国际性质的GMP。包括WHO制定的GMP、北欧七国自由贸易联盟制定的PIC-GMP及东南亚国家联盟制定的GMP等。②国家权力机构颁布的GMP。如美国FDA制定的GMP。③工业组织制定的GMP。如中国医药工业公司制定的GMP实施指南。从制度的性质看，食品GMP又分为两大类：①将GMP作为法典规定，强制实施的GMP。②将GMP作为建议性的规定，以劝导方式辅导企业实施的GMP。

12.4.2　我国食品GMP的现状

自20世纪80年代以来，我国已陆续建立了各类食品企业卫生规范和良好操作规范，提高了食品企业的整体生产水平和管理水平，推动了食品工业的发展。

《食品生产通用卫生规范》(GB 14881－2013)为通用GMP，强制性规定了选址及厂区环境、厂房和车间、设施与设备、卫生管理、食品原料、食品添加剂和食品相关产品、生产过程的食品安全控制、检验、食品的贮存和运输、产品召回管理、培训、管理制度和人员、记录和文件管理等要求。

另外，我国还颁布了一系列的专用GMP，如《食品安全国家标准食品接触材料及制品生产通用卫生规范》(GB 31603—2015)、《食品安全国家标准食品经营过程卫生规范》(GB 31621—2014)、《食品安全国家标准特殊医学用途配方食品良好生产规范》(GB 29923—2013)、《坚果与籽类炒货食品良好生产规范》(GB/T 29647—2013)、《食品安全国家标准乳制品良好生产规范》(GB 12693—2010)、《食品安全国家标准粉状婴幼儿配方食品良好生产规范》(GB 23790—2010)、《黄酒企业良好生产规范》(GB/T 23542—2009)、《食品加工用酶制剂企业良好生产规范》(GB/T 23531—2009)、《葡萄酒企业良好生产规范》(GB/T 23543—2009)、《白酒企业良好生产规范》(GB/T 23544—2009)、《食品安全国家标准 蜜饯生产卫生规范》(GB 8956—2016)、《食品安全国家标准 饮料生产卫生规范》(GB 12695—2016)、《保健食品良好生产规范》(GB 17405—1998)、《食品安全国家标准 膨化食品生产卫生规范》(GB 8956—2016)、等。这些规定，有些是强制性执行的国家标准，有些是推荐性的国家标准。食品的生产经营企业应严格按照这些标准的规定来执行。

12.4.3 食品GMP的目的和意义

高质量的食品是在生产过程中产生的，因此，食品生产企业对食品安全和卫生承担着重大的责任。实施GMP的目的就是消除不规范的食品生产和质量管理活动，其意义主要体现在以下几点：

(1)确保食品质量合格出厂。GMP对从原料进厂到成品出厂以至成品的贮运和销售的各个环节，均提出了具体管理措施和技术要求，实施GMP管理制度是确保每件终产品合格的有效途径。

(2)为卫生行政部门、食品卫生监督员提供监督检查的依据。

(3)为建立国际食品标准提供基础便于食品的国际贸易。GMP原则已被世界上许多国家，特别是发达国家认可并采纳。GMP是衡量一个企业质量管理优劣的重要参考依据，在食品企业实施GMP，将会提高我国食品产品在国际贸易中的竞争力。

(4)使食品生产经营人员认识食品生产的特殊性，提供重要的教材，由此产生积极的工作态度，激发对食品质量高度负责的精神，消除生产上的不良习惯。

(5)使食品生产企业对原料、辅料、包装材料的要求更为严格。

(6)有助于食品生产企业采用新技术、新设备，从而保证食品质量。

12.4.4 食品GMP的主要内容

GMP要求从原料直到成品出厂的整个过程中，各个方面进行完善的质量控制和管理，防止出现质量低劣的产品，保证产品质量。世界各国GMP的管理内容基本相似，包括硬件和软件两部分。硬件是食品企业的厂房、设备、卫生设施等方面的技术要求，而软件是指可靠的生产工艺、规范的生产行为、完善的管理组织和严格的管理制度等。GMP的特点是以科学为基础，将各项技术型标准规定得非常具体。

通常，GMP 是指国家或有关国际组织关于食品生产、包装、贮存卫生的法规或标准，又称为 GMP 法规。一方面，食品加工企业必须符合 GMP 法规要求；另一方面，GMP 也是食品加工企业完善硬件设施和卫生管理的依据。GMP 在企业的具体实现则构成了企业的 GMP，是企业卫生质量管理的重要内容。

从法规体系的角度，GMP 法规包括通用的食品良好操作规范和适用于各种特定食品的加工卫生规范。

从 GMP 基本内容看，各国的 GMP 虽不相同，但一般涉及人员卫生、厂房卫生及维护、卫生设施及设备、生产设备和工具、器具卫生、生产加工控制、存贮卫生、产品检验要求、产品标志和可追溯性，以及培训等。

企业建立自身的 GMP 时，必须在广度上至少包括 GMP 的基本内容，在深度上达到 GMP 法规的要求。

12.4.5　食品 GMP 的认证证书和标志

按照中国国家认证认可监督管理委员会 2010 年发布的《食品生产经营企业良好生产规范(GMP)认证实施规则》的规定：GMP 认证证书有效期为 3 年。认证证书式样应符合相关法律、法规要求，认证证书应涵盖以下基本信息(但不限于)：

(1)证书编号；

(2)企业名称、地址；

(3)认证覆盖范围(含产品生产场所、生产车间、具体产品和/或服务种类等信息)；

(4)认证依据；

(5)颁证日期、证书有效期；

(6)认证机构名称、地址。

以中国方圆标志认证集团公司(CQM)的食品 GMP 认证为例，在生产企业通过 CQM 的乳制品生产企业良好生产规范 GMP 认证审核后，可以获得相应的乳制品生产企业良好生产规范 GMP 认证标志(图 12-1)和证书(图 12-2)。

CMP

图 12-1　CQM 的乳制品生产企业良好生产规范(GMP)认证标志

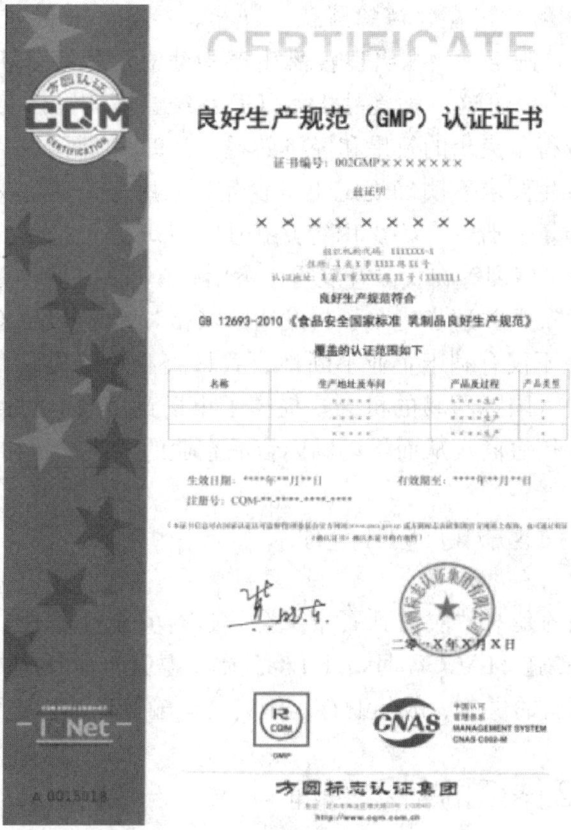

图 12-2 CQM 的良好生产规范(GMP)认证证书样本

12.5 HACCP 体系

12.5.1 HACCP 的产生及发展

HACCP 是危害分析与关键控制点(hazard analysis critical control point)的英文缩写，是一种食品安全保证系统。CAC 对 HACCP 的定义是：一个确定、评估和控制那些重要的食品安全危害的系统。

HACCP 体系的建立始于 1959 年，在美国皮尔斯柏利(Pillsbury)公司与美国航空航天局(NASA)纳蒂克(Natick)实验室联合开发生产太空食品的过程中提出并建立。1971 年皮尔斯柏利公司在美国食品保护会议上首次提出 HACCP，几年后 FDA 采纳并作为酸性与低酸性罐头食品法规的制定基础。美国是最早应用 HACCP 原理的国家，并在食品加工制造中强制性实施 HACCP 的监督与立法工作。现在，HACCP 已成为世界上公认的有效保证食品安全卫生的质量保证系统。

1988 年我国检验检疫部门引进与学习了国际食品微生物规范委员会(ICMSF)对 HACCP 体系基本原理的详细评述，并多次参加有关 HACCP 的国际会议和培训。从 1990 年起，国家进出口商品检验局科学技术委员会食品专业技术委员会开始对肉类、禽类、蜂产品、对虾、烤鳗、柑橘、芦笋罐头、花生、冷冻小食品这9类食品加工应用HACCP体系进行研究，制定了《在出口食品生产中建立“危害分析与关键控制点”质量管理体系的导则》，出台了这9种食品HACCP系统管理的具体实施方案，同时在40多家出口企业试行，取得了突出的效果和经济效益。1994年原国家商检局发布了经修订的《出口食品厂、库卫生要求》明确规定出口食品厂、库应当建立保证出口食品卫生的质量体系，并制定了质量手册，有不少内容是按HACCP原理来制定的。近年来，有关HACCP的研究、应用、培训等在我国开展得十分活跃。HACCP体系现已成为我国确保食品安全控制的基本政策，并逐步建立了与发达国家相对等的(HACCP)法规体系。

实施HACCP体系不仅有利于企业不断地自我检查和总结提高，促进产品升级，提高食品质量，增加了进入国际贸易的机会，提高了市场竞争力，而且使政府有可能更有效地监督食品生产商和销售商，从而推动国内食品企业的整体发展和提高。

12.5.2 HACCP体系的适用范围

HACCP体系强调的是对“农田到餐桌”全程进行安全性管理，保证食品的所有阶段的安全。生产者在实施HACCP时，不仅必须考虑其产品和生产方法，还必须将HACCP体系应用到原料的供应、成品贮存、销售、运输等环节，直到消费终点。

12.5.3 HACCP体系的基本原理

HACCP体系由以下7个基本原理组成。

原理1：进行危害分析

拟定工艺中各工艺的流程图，确定与食品生产各阶段(从原料生产到消费)有关的潜在危害性及其程度，鉴定并列出各有关危害并规定具体有效的控制措施，包括危害发生的可能性及发生后的严重性估计。这里的“危害”是一种使食品在食用时可能产生不安全的生物的、化学的或物理方面的特征。

原理2：确定关键控制点(CCP)

使用判定树鉴别各工序中的关键控制点CCP。CCP是指能进行有效控制的某一个工序、步骤或程序。

原理3：建立关键限值

即制定为保证各CCP处于控制之下的而必须达到的安全目标水平和极限。

原理4：建立监控体系

通过有计划的测定或观察，以保证CCP处于被控制状态，其中测试或观察要有记录。

原理5：确立纠偏行为

当监控过程发现某一特定CCP正超出控制范围时应采取纠偏措施，因为任何HACCP方案要完全避免偏差几乎是不可能的。因此需要预先确定纠偏行为计划，来对已产生偏差的食品进行适当处理，纠正产生偏差，使之确保CCP再次处于控制之下，同时要做好此纠偏过程的记录。

原理6：建立验证程序

审核HACCP计划的准确性，包括适当的补充实验和总结，以确证HACCP是否在正常运转，确保计划在准确执行。检验方法包括生物学的、物理学的、化学的或感官方法。

原理7：建立HACCP计划档案及保管制度

HACCP体系具体方案在实施中，都要求做例行的、规定的各种记录，同时还要求建立有关适用于这些原理及应用的所有操作程序和记录的档案制度，包括计划准备、执行、监控、记录及相关信息与数据文件等都要准确和完整地保存。

12.5.4 HACCP计划的制定与实施

根据以上7个原理，食品企业制定HACCP计划和在具体操作实施时，一般通过13个步骤才能得以实现，其中前5个步骤是HACCP的预备步骤，是准备阶段，需要事先给予完成；接下来步骤6到步骤9是危害分析、确定关键控制点和控制办法；最后步骤10到步骤13是HACCP计划的维护措施的建立与实施。每个生产企业在实施HACCP计划中，必须按照要求建立反映实际的书面文件，这些文件通常反映在有关的表格及记录上。

1. HACCP计划的预备步骤(准备阶段)

步骤(1)：成立HACCP计划拟定小组。HACCP计划在拟定时，需要事先搜集资料，了解、研究、分析国内外先进的控制方法，要熟悉HACCP的支撑系统，需要多学科专家配合，全面掌握与食品安全有关的数据资料，才能提出解决问题的方案和改进办法，使决策更科学。HACCP小组至少由以下人员组成：①质量保证与控制专家；②食品生产工艺专家；③食品设备及操作工程师；④其他人员：如原料生产专家、贮运商、商贩、包装与销售专家以及公共卫生管理者等。小组成员须获得主管部门的批准或委任，经过严格的培训，具备足够的岗位知识。应指派1名熟知HACCP体系和有领导才能的人为组长。

步骤(2)：描述产品。对产品及其特性、规格与安全性等进行全面的描述，尤其对以下内容要作具体定义及说明：①原辅料(商品名称、学名和特点)；②成分(蛋白质、氨基酸、可溶性固形物)；③理化性质(水分活度、pH、硬度、流变性等)；④加工方式(产品加热及冷冻、干燥、盐渍、杀菌到什么程度等)；⑤包装系统(密封、真空、气调，包括标签说明等)；⑥贮运(冻藏、冷藏、常温贮藏等)和销售条件(湿度与温度的要求等)；⑦所要求的储存期限(保质期、保存期、货架期等)。

步骤(3)：确定产品用途及消费对象。食品的最终用户或消费者对产品得使用期望即是用途。实施HACCP计划的食品应确定其最终消费者，特别是关注特殊消费人群，如儿童、妇女、老人、体弱者、免疫功能不健全者。

步骤(4)：编制流程图。编制食品生产的工艺流程图，对实行HACCP管理是必须的，这是一项基础性工作。流程图没有统一的模式，流程图应包括所有操作步骤，对食品生产过程的每一道工序，从原料选择、加工到销售和消费者使用，在流程图中都要依次清晰地标明，不可含糊不清。

步骤(5)：流程图现场验证。流程图中所列的每一步操作，应在实际操作现场进行比对确认，如果有误，应及时修改调整。如改变操作控制条件、调整配方、改进设备等，应将原流程图偏离的地方加以纠正，以确保流程图的准确性、实用性和完整性。

步骤(6)：危害分析及控制措施。危害分析是HACCP计划最重要的一环。按食品生产的流程图，HACCP小组要列出各工艺步骤可能会发生的所有危害及其控制措施。危害包括生物性(微生物、昆虫)、化学性(农药、毒素、化学污染物、药物残留、添加剂等)和物理性(杂质、软硬度)的危害。对食品生产过程中每一个危害都要有对应的、有效的预防措施。这些措施和办法可以排除或减少危害出现，使其达到可接受水平。

步骤(7)：确定关键控制点(CCP)。HACCP计划中CCP的确定有一定的要求，并非有一定危害就设关键控制点。常采用判断树来认定CCP。应当明确，一种危害(如微生物)往往可由几个CCP来控制，若干种危害也可以由1个CCP来控制。

步骤(8)：确定各CCP的关键限值(CL)和容差(OL)。逐个确定所有CCP后，HACCP小组接着要确定各CCP的控制措施应达到的关键限值(CL)，也就是预先规定CCP的标准值。选定限制的原则是：可控制且直观、快速、准确、方便和可连续监测。CL值的确定，可参考有关法规、标准、文献、专家建议和实验结果，如果一时还找不到合适的CL值，食品企业应选用一个保守的CL值。

步骤(9)：建立各CCP的监控制度。制定某食品的HACCP计划，还应包括拟定和采取正确的监控制度，以对CCP是否符合规定的限值与容差进行有计划的测定和观察，从而来确保所有CCP都在规定的条件下运行。监控过程应做精确的运行记录，可为将来分析食品安全原因提供直接的数据。实施监控时必须明确：①监控的内容；②监控人员选择及其任务：监控人员选择与HACCP计划是否得到贯彻实施关系重大；③监控频率：对HACCP计划的每一进程，都要按规定及时进行监控。

2. HACCP计划的维护

步骤(10)：建立纠偏措施。食品生产过程中，HACCP计划的每一个CCP会发生偏离其规定的限制或容差范围的现象，这时候就要有纠偏行动，并以文件形式表达。纠偏行动要解决两类问题：①制定使工艺重新处于控制之中的措施；②拟好CCP失控时期生产的食品的处理办法。纠偏行动过程应做的记录内容包括：①产品描述、隔离和扣留产品数量；②偏离描述；③所采取的纠偏措施(包括失控产品的处理)；④纠偏行动的负责人姓名；⑤必要时提供评估的结果。

步骤(11)：建立验证(审核)措施。验证(审核)的目的是：①验证HACCP操作程序，是否适合产品，对工艺危害的控制是否充分和有效；②验证所拟定的监控措施和纠偏措施是否适用。

步骤(12)：建立记录保存和文件归档制度。HACCP系统应文件化，文件和记录的保存应合乎操作种类和规范。保存的文件有：说明HACCP系统的各种措施(手段)；用于危害分析采用的数据；与产品安全有关的所做出的决定；监控方法及记录；由操作者签名和审核者签名的监控记录；偏差与纠偏记录；审定报告等及HACCP计划表；危害分析工作表；HACCP执行小组会上报告及总结等。所有的HACCP记录归档后妥善保管，自生产之日起至少要保存两年。

步骤(13)：回顾HACCP计划。HACCP方法在经过一段时间的运行，或者也做了完整的验证，都有必要对整个实施过程进行回顾和总结，HACCP体系需要并要求建立这种回顾制度。当发生以下情况时，应对HACCP特别进行重新总结检查：①原料、产品配方发生变化；②加工体系发生变化；③工厂布局和环境发生变化；④加工设备改进；⑤清洁和消毒方案发生改变；⑥重复出现偏差，或出现新危害，或有新的控制方法；⑦包装、储存和发售体系发生变化；⑧人员等级或职责发生变化；⑨假设消费者使用发生变化；⑩从市场供应上获得的信息表明有关于产品的卫生或腐败风险。总结检查工作所形成的一些正确的改进措施应编入HACCP方法中，包括对某些CCP控制措施或规定的容差调整，或设置附加的新CCP及其监控措施。

12.5.5 HACCP的认证

按照《HACCP管理体系认证管理规定》(认监委2002年3号公告)，从事HACCP认证的机构，应当获得国家认监委的批准，并按有关规定取得国家认可机构的资格认可。在我国，具备这样的资质能够从事HACCP认证的机构较多，每家机构都有不同的证书样式。以中国质量认证中心(CQC)为例，其对申请HACCP认证的企业在认证审核通过后所颁发的HACCP认证证书样本如图12-3所示。

图12-3 CQC所发的HACCP中文证书样本

12.6 ISO22000食品安全管理体系的内容

12.6.1 概述

ISO22000：2005《食品安全管理体系——要求》于2005年9月1日正式发布，由国际标准化组织农产食品技术委员会(ISO/TC 34)成立了WG8工作组，参照ISO9000和ISO14001的框架起草制定。将HACCP原理作为方法应用于整个体系；明确了危害分析作为安全食品实现策划的核心，并将国际食品法典委员会(CAC)所制定的预备步骤中的产品特性、预期用途、流程图、加工步骤和控制措施和沟通作为危害分析及其更新的输入；同时将HACCP计划及其前提条件－前提方案动态、均衡的结合。本标准可以与其他管理标准相整合，如质量管理体系标准和环境管理体系标准。

ISO22000：2005标准既是描述食品安全管理体系要求的使用指导标准，又是可供食品生产、操作和供应的组织认证和注册的依据。

ISO22000：2005表达了食品安全管理中的共性要求，而不是针对食品链中任何一类组织的特定要求。该标准适用于在食品链中所有希望建立保证食品安全体系的组织，无论其规模、类型和其所提供的产品。它适用于农产品生产厂商，动物饲料生产厂商，食品生产厂商，批发商和零售商。它也适用于与食品有关的设备供应厂商，物流供应商，包装材料供应厂商，农业化学品和食品添加剂供应厂商，涉及食品的服务供应商和餐厅。

12.6.2 ISO 22000标准的特点

ISO22000系列国际标准由以下几个标准构成：一是ISO22000：2005《食品安全管理体系——食品链中各类组织的要求》；二是ISO/TC 22003《食品安全管理体系——对实施食品安全管理体系认证和审核的机构的要求》；三是ISO/TC 22004《食品安全管理体系——ISO22000：2005的应用指南》；四是ISO22005《食品供应链的可追溯性——体系设计开发的通用原则和指南》。

ISO22000标准的主要特点是：

(1)食品安全管理范围延伸至整个食品链，对于生产、制造、处理或供应食品的所有组织，食品安全的要求是首要的。认识到组织在食品链所处的角色和地位，是确保在食品链内有效地相互沟通，供给最终消费者安全食物产品所必需的。

(2)管理领域先进理念与HACCP原理的有效融合，过程方式、系统管理及持续改进是现代管理领域先进理念的核心内容。ISO 22000将这些管理的先进理念与HACCP原理有效融合，建立一个系统，以最有效的方法实现组织的食品安全方针和目标。

(3)强调交互式沟通的重要性，在食品链中沟通是必需的，以确保在食品链各环节中的所有相关食品危害都得到识别和充分控制。

(4)满足法律法规要求是食品安全管理体系的前提。

(5)风险控制理论在食品安全管理体系中的体现，最高管理者应考虑能够影响组织有关食品安全的潜在紧急情况和事故并表明如何管理，结果应包括在管理评审的输入中。

12.7 我国的食品标准

12.7.1 我国食品标准的现状

我国的食品标准化工作取得了比较大的成绩，已建立起了门类齐全、覆盖面相对较广的食品标准体系，覆盖了蔬菜、水果、大米、小麦粉、食用油、水产品、白酒等67类食品，涵盖了产品标准、卫生与安全限量、检验方法与规程、通用标准等，基本上满足了我国食品生产、消费的要求。但是与发达国家相比，仍存在一定的差距，这一点在标准的制定方面更为明显，如果蔬的行业标准，就分布在农业、林业、商检、商业、轻工、供销6个行业主管部门。一直以来，我国这种相对松散的管理体制造成了很多问题。《食品安全法》出台后，明确规定了要制定统一的食品安全标准，不得再制定其他的食品强制性标准，并且规定食品安全国家标准的制定和公布，均以国家卫生行政部门为主导。2010年1月我国成立了食品安全国家标准审评委员会，其下10个专业分委员会和20个单位委员几乎涵盖了工业和信息化、农业、商务、工商、质检、食品药品监管等整个食品生产和流通的链条，制定出来的食品安全标准具有最广泛的代表性和统一性，也最大程度上避免了监管执法过程中不同监管部门的执法冲突。

12.7.2 我国食品标准的分类

1. 按照标准效力或权限划分

根据《中华人民共和国标准化法》的规定，我国标准按效力或标准的权限可分为国家标准、行业标准、地方标准和企业标准，分别由国家标准化管理委员会、国务院有关行政主管部门、各省市标准化行政主管部门和企业进行制定。

2. 按照标准属性划分

从标准的属性可将食品标准分为强制性食品标准，推荐性食品标准和指导性技术文件。根据我国标准化法的规定，保障人体的健康，人身与财产安全的标准和法律、行政法规规定强制执行的标准是强制性标准，其他的都是推荐性标准。国家强制性标准的代号是”GB”字母，GB是“国标”两字汉语拼音首字母的大写；国家推荐性标准的代号是“GB/T”，字母“T”表示“推荐”的意思。

3. 按照标准内容划分

从标准的内容划分，食品标准包括食品基础标准、食品安全限量标准、食品通用的试验和检验方法标准、食品通用的管理技术标准、食品标识标签标准、重要食品产品标准、其他标准等七个方面。

12.7.3 对食品安全标准的规定

食品安全标准相对于食品卫生标准、食品质量标准具有了全新的理念和精神，这也正对应了《食品安全法》相对于《食品卫生法》的超越，凸显了安全价值，是社会治理理念的变革。《食品安全法》第三章对食品安全标准进行了规定，构成了我国食品安全规制的起点。食品安全标准是强制执行的标准。除食品安全标准外，不得制定其他食品强制性标准。食品安全标准应当包括下列内容：

(1)食品、食品添加剂、食品相关产品中的致病性微生物，农药残留、兽药残留、生物毒素、重金属等污染物质以及其他危害人体健康物质的限量规定；

(2)食品添加剂的品种、使用范围、用量；

(3)专供婴幼儿和其他特定人群的主辅食品的营养成分要求；

(4)对与卫生、营养等食品安全要求有关的标签、标志、说明书的要求；

(5)食品生产经营过程的卫生要求；

(6)与食品安全有关的质量要求；

(7)与食品安全有关的食品检验方法与规程；

(8)其他需要制定为食品安全标准的内容。

食品安全国家标准由国务院卫生行政部门会同国务院食品药品监督管理部门制定、公布，国务院标准化行政部门提供国家标准编号。食品中农药残留、兽药残留的限量规定及其检验方法与规程由国务院卫生行政部门、国务院农业行政部门会同国务院食品药品监督管理部门制定。屠宰畜、禽的检验规程由国务院农业行政部门会同国务院卫生行政部门制定。

制定食品安全国家标准，应当依据食品安全风险评估结果并充分考虑食用农产品安全风险评估结果，参照相关的国际标准和国际食品安全风险评估结果，并将食品安全国家标准草案向社会公布，广泛听取食品生产经营者、消费者、有关部门等方面的意见。

食品安全国家标准应当经国务院卫生行政部门组织的食品安全国家标准审评委员会审查通过。食品安全国家标准审评委员会由医学、农业、食品、营养、生物、环境等方面的专家以及国务院有关部门、食品行业协会、消费者协会的代表组成，对食品安全国家标准草案的科学性和实用性等进行审查。

12.7.4 我国食品安全标准工作进展

国家食品安全主管部门，发布了《食品安全国家标准管理办法》《食品安全国家标准制修订项目管理规定》《食品安全地方标准管理办法》等法规。按照公开、透明的原则，规定了标准制定公布的程序和管理要求，组建了食品安全国家标准审评委员会，制定公布了委员会章程，建立了委员会及其秘书处的工作制度，由多个领域的权威专家担任委员，提高食品安全标准审评水平。

根据《食品安全法》和国务院工作部署，国家卫生计生委已从2013年开始全面启动并基本完成了食品标准清理工作，摸清了现有食品标准底数，提出了标准的清理意见，拟定了我国食品安全标准体系框架，明确了食品标准整合工作任务。目前国家卫生计生委正在组织开展食品安全国家标准整合工作，各行业主管部门发布的各类规范类标准将按照不与食品安全国家标准相抵触的原则，由各归口部门自行管理。

总体上讲，我国正在按照《食品安全法》要求，逐步清理完善形成统一的食品安全标准体系，基本符合或接近国际食品法典标准。

12.8 国际标准与国外的标准

12.8.1 国际标准化组织颁布的标准

1. 国际标准化组织标准简介

国际标准化组织(the international standard organization，ISO)是一个估计标准研究和发布的组织。ISO下设许多专门领域的技术委员会和分委员会，负责制定国际标准。在标准的制定过程中，各委员会必须遵循协商一致、遍及全行业、自愿性质的原则。ISO制定国际标准的工作步骤和程序有6个阶段，即：提案阶段；筹备阶段；委员会阶段；询问阶段；批准阶段；出版阶段。

ISO系统的食品标准主要是由ISO的农产食品技术委员会(TC34)制定的，少数标准是由淀粉(包括衍生物和副产品)委员会(TC93)、化学技术委员会(TC47)和铁管、钢管和金属配件技术委员会(TC5)制定的。TC34主要制定农产食品各领域的产品分析方法标准。为了避免重复，凡ISO制定的产品分析方法标准都被CAC直接采用。近年来，ISO开始关注水果、蔬菜、粮食等大宗农产品贮藏、冷藏、规格(等级)标准的制定，小麦、苹果等重要产品的等级标准已发布。我国承担了绿茶规格、八角规格标准的制定任务。

ISO负责的食品标准化工作内容包括：ISO在食品标准化领域的活动，包括术语、分析方法和取样方法、产品质量和分级、操作、运输和贮存要求等方面。不仅涉及农业、建筑、机械工程、制造、物流、交通、医疗器械，而且包括各行业通用的管理和服务实践标准。每个国际标准的目录及文件、已出版的ISO标准的目录以及正在制定中的ISO标准均可在网上查阅(http://www.iso.org/)。

2. ISO 22000 标准

在2005年9月1日ISO发布了ISO22000：2005《食品安全管理体系—食品链中各类组织的要求》族标准，旨在确保全球的食品供应安全。我国于2006年发布了等同采用的GB/T 22000国家标准。它是基于HACCP原理开发的一个自愿性国际标准，是对各国现行的食品安全管理标准和法规的整合，旨在保证全球的安全食品供应，对整个食品链中的组织可以作为技术标准，对企业建立有效的食品安全管理体系进行指导，使全世界的组织以统一的方法执行关于食品安全的HACCP系统更加容易。

ISO22000的主要内容是针对食品链中的任何组织的要求，适用于从饲料生产者、初级食物生产者、食品制造商、储运经营者、转包商到零售商和食品服务端的任何组织，以及相关的组织如设备、包装材料、清洁设备、添加剂和成分的生产者，最终的目的是通过对供应链的控制，达到提供安全的最终端产品，既满足消费者又可被采用的食品安全规则。

ISO 22000不仅是通常意义上的食品加工规则和法规要求，还是一个寻求更为集中、一致和整合的食品安全体系。它将HACCP体系的基本原则与应用步骤融合在一起，既是描述食品安全管理体系要求的使用指导标准，又是可供认证和注册的可审标准，带来了一个在食品安全领域将多个标准统一起来的机会，也成为在整个食品供应链中实施HACCP的一种工具。

3. ISO9000族系列标准

ISO9000族标准是指“由国际标准化组织质量管理和质量保证技术委员会(ISO/TC176)制定的所有国际标准。”ISO9000族标准最早于1987年制订，后经不断修改完善而形成的系列标准。该标准族可帮助组织实施并有效运行质量管理体系，是质量管理体系通用的要求或指南。它不受具体的行业或经济部门限制，可广泛适用于各种类型和规模的组织，在国内和国际贸易中促进相互理解。ISO9000族标准是ISO标准中被采用最多的一套标准，目前已经被近百个国家采用，90多个国家和地区将此标准等同转化为国家标准。目前的最新版本是2015年版，ISO9000族标准的核心标准包括四个标准，即：

ISO9000：2015《质量管理体系基础和术语》，我国等同采用发布为《质量管理体系基础和术语》(GB/T 19000—2015)；

ISO9001：2015《质量管理体系要求》，我国等同采用发布为《质量管理体系要求》(GB/T 19001—2015)；

ISO19011：2011《管理体系审核指南》，我国等同采用发布为《管理体系审核指南》(GB/T 19011—2013)；

ISO9004：2009《质量管理体系业绩改进指南》，我国等同采用发布为《追求组织的持续成功质量管理方法》(GB/T 19004—2011)。

12.8.2 国际食品法典委员会颁布的标准

食品法典(codex alimentarius，Codx)是CAC制定的一套食品安全和质量的国际标准，食品加工规范和准则，旨在保护消费者的健康并消除国际贸易中不平等的行为。CAC用“法典”一词称谓其所有标准，自从1961年开始制定国际食品法典以来，CAC在食品质量和安全领域的工作已为世人所瞩目。CAC一直不断地促进食品科学技术方面的研究和讨论，这也是不懈努力制定食品法典的一部分工作。这项工作将全球的食品安全意识提升到前所未有的高度。因而，食品法典也就成为食品标准发展过程中唯一的和最重要的国际参考基准。

简单而言，《食品法典》是一套标准、操作规范、准则及其他建议的汇集。这些文本中有一些非常一般，有一些非常具体。有一些涉及与某种食品或某类食品相关的详细要求；另一些则涉及生产过程的操作和管理或政府食品安全管理系统及消费者保护的操作。

《食品法典》标准通常涉及产品的特点，并可能涉及政府对商品的所有适当的管制特点，或仅一种特点。食品中农药或兽药最高残留限量(MRLs)是仅涉及一种特点的标准的例子。食品添加剂和食品中污染物及毒素的通用《食典》标准既含有一般也含有具体商品的规定。包装食品标签的《食典》通用标准涵盖这一类别中的所有食品。由于标准与产品的特点有关，凡产品用于贸易时均可适用于这些标准。

《食品法典》分析和取样方法，包括食品中污染物和农药及兽药残留的分析和取样方法也在《食典》标准中得到考虑。

《食品法典》规范，包括卫生操作规范，界定被认为对确保供消费的食品安全和适当性至关重要的个别食品或食品类别的生产、加工、制作、运输和储存方法。对食品卫生而言，基本文件是《食品卫生一般原则》，它介绍采用危害性分析和临界控制点的(HACCP)食品安全管理系统。关于控制兽药使用的规范为这方面提供一般指导。

《食品法典》准则分为两类：一是规定某些关键领域政策的原则；二是解释这些原则或解释《食典》通用标准规定的准则。就食品添加剂、污染物、食品卫生和肉类卫生而言，管制这些事项须遵循的基本原则应纳入相关的标准和规范。

有些独立的《食品法典》原则，包含：在食品中增加必要的营养素；食品进口和出口检查及验证；制定和应用食品微生物标准；进行微生物风险分析；现代生物技术食品风险分析。

解释性《食品法典》准则包括食品标签，尤其是管制对标签提出要求的准则。这类包括营养和卫生要求准则；有机食品生产、销售和标签的条件；以及要求“伊斯兰认证”的食品。有些准则解释《食品进口和出口检查及验证原则》的规定，以及关于对DNA已改变的植物和微生物食品进行安全评估的准则。

称为“商品标准”的类别是《食品法典》中数量最大的具体标准。《食品法典》中包含的主要商品为：谷物、豆类(豆类作物)及衍生产品，包括植物蛋白；油脂和油类及相关产品；鱼品和渔产品；新鲜水果和蔬菜；加工和速冻水果和蔬菜；果汁；肉类和肉类产品；汤料；奶和奶制品；食糖、可可产品和巧克力及其他；杂类产品；商品标准往往遵循《食品法典委员会程序手册》中规定的固定格式。

食品标准的一致性一般被认为是有助于保护消费者健康和全面促进国际贸易的条件。基于此，乌拉圭回合有关《实施卫生与植物检疫措施协定》和《技术性贸易壁垒协定》(SPS协议和TBT协定)均主张食品标准的国际一致性。

当今世界对《食品法典》所有活动的兴趣与日俱增，这明确地反映出全球性接受《食品法典》的精神，包括一致性、消费者保护和促进国际贸易等。

12.8.3 欧洲标准

欧洲标准主要有欧洲标准化委员会(CEN)、欧洲电工标准化委员会(CENELEC)和欧洲电信标准协会(ETSI)三个组织，按照83/189/EEC指令正式认可的标准化组织，分别负责不同领域的标准化工作。在欧盟各成员国的国家标准中，欧洲标准所占的比例高达80%以上。

CEN制定标准的范围最大，食品标准、卫生保健等就在其中。目前CEN的目标是尽可能地使其制定的标准成为国际标准，使欧洲标准有广阔的前景和市场，40%的CEN标准被ISO采用为国际体准。

CEN已经发布了250多项欧洲食品标准，主要用于取样和分析方法，这些标准分别由7个技术委员会制定。如：

TCl74水果和蔬菜汁—分析方法；

TCl94与食品接触的器具；

TC275食品分析—协调方法；

TC302牛奶和乳制品—取样和分析方法；

TC307含油种子、蔬菜及动物脂肪和油以及其副产品的取样和分析方法；

TC327动物饲料—取样和分析方法；

TC338谷物和谷类产品。

TC275技术委员会制定了50多个标准，主要包括微生物方法(沙门氏菌、李斯特菌的检测和计算)、重金属残留、亚硫酸盐等添加剂的测定方法和辐照食品检测等。

欧盟各成员国在采用欧洲标准方面有许多成熟的经验，这也是欧盟在直接采用国际标准的一大优势。

12.8.4 美国标准

1. 美国食品标准的制定

美国有关食品和农产品的标准化工作是依据有关法律进行的。FDA负责《食品药品化妆品法》的实施，组织制定了大量的食品标准。农业部的联邦谷物检验局(FGIS)负责《谷物标准化法》的落实，具体组织规定，修订和维护小麦，玉米，大豆等12种谷物和油料产品的规格标准，并负责检验出证。联邦农业服务局负责实施《农业营销法》，制定、修订和维护水果、蔬菜、畜禽产品等标准。这些标准和检验对国内是自愿的，但在发生纠纷时是强制性的，对出口来说无例外地强制执行。

美国推行的是民间标准优先的标准化政策，鼓励政府部门参与民间团体的标准化活动。自愿性和分散性是美国标准体系两大特点，也是美国食品安全标准的特点。美国食品安全标准的制定机构主要是经过美国国家标准学会(ANSI)认可的与食品安全有关的行业协会、标准化技术委员会和政府部门。

1)行业协会制定的标准

(1)美国官方分析化学家协会(Association of Offical Anaylytical Chemists，AOAC)于1884年成立，1965年改用现名。AOAC主要从事检验与各种标准分析方法的制定工作。标准内容包括肥料、食品、饲料、农药、药材、化妆品、危险物质和其他与农业及公共卫生有关的材料等。

(2)美国谷物化学家协会(American Association of Cereal Chemicals，AACCH)于1915年成立，旨在促进谷物科学的研究，保持科学工作者之间的合作，协调各技术委员会的标准化工作，推动谷物化学分析方法和谷物加工工艺的标准化。

(3)美国饲料官方管理协会(Association of American Feed Control Officials，AAFCO)1909年成立，目前有14个标准制定委员会，涉及产品35个。制定各种动物饲料术语、官方管理及饲料生产的法规及标准。

(4)美国奶制品学会(American Dairy Products Institute，ADPI)于1923年成立，进行奶制品的研究和标准化工作，制定产品定义、产品规格、产品分类等标准。

(5)美国饲料工业协会(American Feed Industry Association，AFIA)于1909年成立，具体从事各种有关方面的科研工作，并负责制定联邦与州的有关动物饲料的法规和标准，包括：饲料材料专用术语和饲料材料筛选精度的测定和表示符合等。

(6)美国油料化学师协会(American Oil Chemists' Society，AOCS)于1909年成立，原名为棉织品分析师协会(SCPA)，主要从事动物、海洋生物和植物油脂的研究，油脂的提取、精炼和在消费与工业产品中的使用，以及有关安全包装、质量控制等方面的研究。

(7)美国公共卫生协会(American Public Health Association，APHA)。APHA成立于1812年，主要制定工作程序标准、人员条件要求及操作规程等。标准包括食物微生物检验方法、大气检定推荐方法、水与废水检验方法、住宅卫生标准及乳制品检验方法等。

2)标准化技术委员会制定的标准

(1)三协会卫生标准委员会(Dairy and Food Industries Supply Association，DFISA)。三协会卫生标准是由牛奶工业基金会(MIF)、奶制品工业供应协会(DFISA)及国际奶牛与食品卫生工作者协会(IAMFS)联合制定的关于奶酪制品、蛋制品加工设备清洁度的卫生标准，并发表在奶牛与食品工艺杂志(Journal of Milk and Food Technology)上。

(2)烘烤业卫生标准委员会(Baking Industry Sanitation Standards Committee，BISSC)于1949年成立，从事标准的制定、设备的认证、卫生设施的设计与建筑、食品加工设备的安装等。由政府和工业部门的代表参加标准编制工作，特殊的标准与标准的修改由协会的工作委员会负责。协会的标准为制造商和烘烤业执法机关所采用。

(3)农业部农业市场服务局(Agriculture Marketing Service，AMS)制定农产品分等分级标准。AMS制定的农产品分级标准收集在美国《联邦法规法典》的CFR7中。这些农产品分级标准是依据美国农业销售法制定的，对农产品的不同质量等级予以标明。新的分级标准根据需要不断地制定，大约每年对7%的分级标准进行修订。

2. 美国食品标准包含的内容

美国的食品标准包含三方面的内容：①食品的特征性规定。规定了食品的定义，主要的食品成分和其他可作为食物成分的原料及用量。特征性规定的作用在于防止掺假(比如过高的水分)和特征辨别。FDA已制定了400余种食品的特征性规定。②质量规定。包括一般质量要求与相关质量要求，如安全与营养要求。③装量规定。是对定型包装食品的装量规格所作的规定，其目的是为了保护消费者的经济权益。

12.9 我国与欧盟、美国的食品安全法规

12.9.1 我国的食品安全法规

1. 基本情况

我国食品安全领域中现行的法规体系由基本法和各种管制法规所构成。20世纪90年代以来，我国相继颁布了一系列与食品安全相关的法律法规，如《食品卫生法》《农产品质量安全法》《乳品质量安全监督管理条例》等。2009年《食品安全法》颁布实施后，各管制部门以该法为指导相继大幅度清理、修订与完善了各种食品安全管制法规，如《食品广告监督制度》《流通环节食品安全监督管理办法》《饲料和饲料添加剂管理条例》。在2015年10月1日新修订的《食品安全法》实施后，围绕建立最严格的全过程监管制度，突出预防为主、风险防范的原则，建立最严格的法律责任制度，我国已形成了以《食品安全法》为统领，以管制法规为主干，以具体法规规章为支撑的庞大的食品安全法律体系。

2. 中央机构的行政法规

在中央层面，国务院以及原卫生部(现卫生计生委)、国家工商总局、国家质量监督检验检疫局等均颁布有食品的行政法规和规范性文件，重要的包括卫生监督管理制度、产品质量监督抽查制度、计量商品监督管理规定、《无公害食品标志管理办法》《绿色食品标志管理办法》《新资源食品管理办法》《辐照食品安全管理办法》《保健食品管理办法》《有机产品认证管理办法》《产品质量仲裁检验管理办法》《食品质量检验实验室计量认证规定》《转基因食品管理办法》《中华人民共和国食品安全法实施条例》《国家食品安全事故应急预案》等。

3. 地方法规

省级人民政府和省级人大常委会是制定地方性食品卫生法规的组织。根据宪法、法律的规定，从本地实际出发，制定适合本地实际情况的地方性食品法律法规。如在四川省的地方食品法规中有《四川省酒类管理条例》《四川省酒类管理实施细则》《四川省酒类产销许可证制度实施办法》和《四川省加强酒类产销管理的若干规定》等4部酒类相关法规，体现出四川作为酒类产销大省的立法特色。

12.9.2 欧盟的食品安全法规

欧盟的食品安全法律体系是《建立欧共体之条约》的立法基础。

1. 基本法律法规

(1)《食品安全绿皮书》。1997年4月，欧盟委员会发表了关于欧盟食品法规一般原则的“食品安全绿皮书”。绿皮书通过分析欧洲食品安全的现状和成因，对共同体食品立法的前景进行了咨询和建议，为欧盟食品安全法规体系确立基本框架奠定了基础，对欧盟食品安全法律制度的改革明确了目标，这表明了欧盟食品安全立法进入新阶段。

(2)《食品安全白皮书》。2000年欧盟正式发表了《食品安全白皮书》，目的就是为欧盟的食品安全保护设定一个高水平的标准。白皮书是欧盟新食品政策的蓝本，对欧盟的食品安全法制体系的基本原则做了明确规定并且形成了欧盟食品安全法制体系的基本框架，这为欧盟食品安全的法制构建奠定了基础。

(3)《基本食品法》(178/2002号条例)。根据《食品安全白皮书》的决议，欧盟在2002年通过了178/2002号条例，名为“欧洲议会和理事会关于食品法的基本原则和要求，成立欧洲食品安全局，以及食品方面的程序”，即《基本食品法》。

2. 具体法规

欧盟在2002年底开始制定相关食品安全的具体法规和指令。

(1)2002年12月12日，欧盟发布了2002/99/EC号指令，规定了供人类食用的动物源性产品的生产、加工、销售及引入动物健康规范的内容；

(2)2004年初，欧盟食品链与动物健康委员会通过了食品基本法要求实施方法的指南文件；

(3)2004年4月欧盟公布了4个《基本食品法》的补充法规，这些法规组成了“食品卫生系列措施”。即：

①欧洲议会和理事会第852/2004号法规即《食品卫生法规》。该法规规定了食品企业经营者确保食品卫生的通用规则，并明确其个人责任，对欧盟各成员国的食品安全法进行了适当协调，并从各生产环节统一标准，以保证整体安全。

②欧洲议会和理事会第853/2004号法规即《供人类消费的动物源性食品具体卫生规定》。该项法规为欧盟第852/2004号法规的补充，确立了动物源食品生产、销售的卫生及动物福利等方面的特殊规定。法规规定生产、销售有关奶乳制品、蛋及蛋制品、水产品、软体贝类、肉类、禽类及其产品等的工厂和设施必须在欧盟获得主管机关的批准和注册，若是从第三国进口的产品则必须是欧盟许可清单中的产品，还有必须加贴符合法规的食品识别标识。

③欧洲议会和理事会第854/2004号法规即《供人类消费的动物源性食品的官方控制组织细则》。主要规定了对肉类、软体动物、水产品和奶及乳制品的官方控制规范。该法规使欧盟食品的微生物标准更加符合时代的需求。

④欧洲议会和理事会第882/2004号法规即《确保符合食品饲料法、动物健康及动物福利规定的官方控制》。这是《基本食品法》的执行细则，侧重对食品与饲料，动物健康与福利等法律实施监管的条例。

除此之外，欧盟通过法规、指令或决议的形式，分别在饲料卫生、饲料添加剂、食品污染物、动物用药残留、农药残留、食品添加剂、食品标签、食品接触物质、渔产品检疫、肉类加工产品、酒类产品、转基因食品、动物副产品等方面制定了具体的规定和要求。

12.9.3 美国的食品安全法规

在食品商品化高度发达的美国，其食品法律制度能够有效地保证国民的食品安全，最根本的原因是其具有覆盖所有食品种类的法律体系和严密有效的执法机制这一特点。美国有关食品安全的法律法规非常多，其中主要的法律法规有：

1. 联邦食品、药物和化妆品法

1938年出台的《联邦食品、药物和化妆品法》(Federal Food，Drug and Cosmetic Act，FFDCA)是美国食品安全方面最主要的法律之一。其前身是1906年通过的《纯净食品和药品法》，并在随后经过多次修订。该法对食品添加剂等做出了严格规定，对产品实行准入制度，对不同产品建立质量标准；通过检查工厂和其他方式进行监督和监控市场，明确行政和司法机制以纠正发生的任何问题。该法明确禁止任何掺假和错误标识的行为，还赋予相关机构对违法产品进行扣押、提出刑事诉讼及禁止贸易的权利。进口产品也适用该法。该法的监管不包括肉类、禽类和酒精制品。

2. 美国FDA安全现代化法案

2010年12月21经由国会通过《美国FDA安全现代化法案》，并于2011年1月4日由美国总统奥巴马签署生效。这也是自1938年后，70多年来美国对现行主要食品安全法律《联邦食品药品化妆品法》的重大修订，也是美国食品安全监管体系的重大变革。《美国FDA安全现代化法案》可分为以下5个主要内容：

(1)预防控制。FDA首次获得法律授权，可以要求在整个食品供应链上建立全面的、基于预防的控制机制。

(2)检测和遵守。该法律认识到检测是确保产业承担起生产安全食品责任的重要途径。因此，新法对FDA检测食品生产者的频率做出了明确规定。FDA致力于基于风险的原则分配其检测资源，同时采取创新的检测方式。

(3)进口食品安全。FDA通过新工具用于确保进口食品符合美国标准，保障消费者安全。例如，新法首次要求进口商必须验证其海外供货商为保证食品安全而采取了充分的预防控制措施。FDA还可以授权合格的第三方检测者确认境外食品设施符合美国食品安全标准。

(4)问题应对。FDA首次获得授权，可以对所有食品发布强制召回通知。由于食品行业大体上遵守自愿召回的要求，因此FDA预计不会经常使用这项授权。

(5)增强伙伴关系。新法认识到加强所有食品安全部门现有合作关系的重要性，包括联邦、州、地方、海外领地、部落以及外国机构的合作，以实现公共卫生日标。比如，陔法指示食品和药品管理局完善州、地方、海外领地和部落食品安全官员的培训。

3. 联邦肉类检验法

联邦肉类检验法(Federal Meat Inspection Act，FMIA)是最早的肉类检验法，1906年出台。该法要求对所有跨州和出口交易的肉类进行检验，包括对加工、包装设备和设施的检验。1967年修改了联邦肉类检验法，形成了健康肉类法(wholesome meat act，WMA)；1986年又增加了健康禽产品法(Wholesome Poultry Products Act，WPPA)，形成了目前的对肉类全面的监管。这两个法案将检验范围扩大到了州内交易和所有畜禽产品，要求农业部的食品安全检验局(FSIS)和农业市场服务局对屠宰场、肉禽加工厂、蛋类包装和加工厂实施检验。对屠宰场的检验必须是不间断的，联邦检验员要始终在现场。

类似的法规还有：禽类产品检验法，蛋产品检验法，联邦进口牛奶法等。

4. 食品质量保护法

食品质量保护法(Food Quality Protection Act，FQPA)于1996年8月生效，要求EPA立即采用新的、更加科学的方法检测食品中的化学物质残留。从美国的法规制定和变迁可以看出，在食品安全法规的制定中比较重视科学依据，且法规的制定过程是透明的. 公众可以广泛参与。

5. 营养标签与教育法

1966年颁布的公平包装和标签法(Fair Packaging and Labeling Act，FPLA)要求食品有统一格式的标签。1990年出台的营养标签与教育法(Nutrition Labeling and Education Act，NLEA)对食品标签方面的有关规定进行了彻底的修改，对标签中营养作用的表示做了更为严格的要求。1994年，农业部对原始产品和肉、禽半成品的标签做出了新的规定。传统的食品标签是针对消费者营养信息需求而制定的，新的食品标签法案则要求标签中提供尽可能多的与质量和安全有关的信息，如是否采用辐射处理。

12.10 食品生产经营许可

2015年10月1日起施行的《中华人民共和国食品安全法》第三十五条规定：国家对食品生产经营实行许可制度。从事食品生产、食品销售、餐饮服务，应当依法取得许可。但是，销售食用农产品，不需要取得许可。县级以上地方人民政府食品药品监督管理部门应当依照《中华人民共和国行政许可法》的规定，审核申请人提交的本法第三十三条第一款第一项至第四项规定要求的相关资料，必要时对申请人的生产经营场所进行现场核查；对符合规定条件的，准予许可；对不符合规定条件的，不予许可并书面说明理由。

12.10.1 食品经营许可

我国自2015年10月1日起开始施行《食品经营许可管理办法》(国家食品药品监督管理总局令第17号)和《食品经营许可审查通则(试行)》(国家食品药品监督管理总局食

药监食监二〔2015〕228 号文）。因此我国的食品经营许可将按照以上规定执行。并从 2015 年 10 月 1 日起正式启用《食品经营许可证》。新版《食品经营许可证》将食品流通许可与餐饮服务许可两个许可整合为食品经营许可，减少许可数量，原食品流通、餐饮服务许可证有效期未届满的继续有效；食品经营者在原食品流通、餐饮服务许可证有效期内申请更换为食品经营许可证的，许可机关将按照有关规定予以更换；原食品流通、餐饮服务许可证有效期届满，由原发证机关予以注销。

在中华人民共和国境内，从事食品销售和餐饮服务活动，应当依法取得食品经营许可。食品经营许可应当遵循依法、公开、公平、公正、便民、高效的原则。食品经营许可实行一地一证原则，即食品经营者在一个经营场所从事食品经营活动，应当取得一个食品经营许可证。食品药品监督管理部门按照食品经营主体业态和经营项目的风险程度对食品经营实施分类许可。

申请食品经营许可，应当先行取得营业执照等合法主体资格，并且应当按照食品经营主体业态和经营项目分类提出。食品经营主体业态分为食品销售经营者、餐饮服务经营者、单位食堂。食品经营者申请通过网络经营、建立中央厨房或者从事集体用餐配送的，应当在主体业态后以括号标注。申请食品经营许可，应当向申请人所在地县级以上地方食品药品监督管理部门提交申请材料。

县级以上地方食品药品监督管理部门应当对申请人提交的许可申请材料进行审查。需要对申请材料的实质内容进行核实的，应当进行现场核查。对符合条件的，作出准予经营许可的决定，并自作出决定之日起 10 个工作日内向申请人颁发食品经营许可证；对不符合条件的，应当及时作出不予许可的书面决定并说明理由，同时告知申请人依法享有申请行政复议或者提起行政诉讼的权利。食品经营许可证发证日期为许可决定作出的日期，有效期为 5 年。食品经营许可证分为正本、副本。食品经营许可证编号由 JY(“经营”的汉语拼音字母缩写)和 14 位阿拉伯数字组成。数字从左至右依次为：1 位主体业态代码、2 位省(自治区、直辖市)代码、2 位市(地)代码、2 位县(区)代码、6 位顺序码、1 位校验码。食品经营者应当在经营场所的显著位置悬挂或者摆放食品经营许可证正本。

县级以上地方食品药品监督管理部门应当依据法律法规规定的职责，对食品经营者的许可事项进行监督检查；应当将食品经营许可颁发、许可事项检查、日常监督检查、许可违法行为查处等情况记入食品经营者食品安全信用档案，并依法向社会公布；对有不良信用记录的食品经营者应当增加监督检查频次；应当建立食品经营许可档案管理制度，将办理食品经营许可的有关材料、发证情况及时归档。

若接到有关工作人员在食品经营许可管理过程中存在违法行为的举报，食品药品监督管理部门应当及时进行调查核实。情况属实的，应当立即纠正。

国家食品药品监督管理总局可以定期或者不定期组织对全国食品经营许可工作进行监督检查；省、自治区、直辖市食品药品监督管理部门可以定期或者不定期组织对本行政区域内的食品经营许可工作进行监督检查。

12.10.2 食品生产许可

从 2015 年 10 月 1 日开始，我国的食品生产许可将按新修订的《食品安全法》和新的《食品生产许可管理办法》(国家食品药品监督管理总局令第16号)的规定来执行。

凡在我国境内从事的食品生产活动都应当依法取得食品生产许可。食品生产许可实行一企一证原则，即同一个食品生产者从事食品生产活动，应当取得一个食品生产许可证。食品药品监督管理部门按照食品的风险程度对食品生产实施分类许可。县级以上地方食品药品监督管理部门负责本行政区域内的食品生产许可管理工作。保健食品、特殊医学用途配方食品、婴幼儿配方食品的生产许可由省、自治区、直辖市食品药品监督管理部门负责。而县级以上地方食品药品监督管理部门实施食品生产许可审查，应当遵守食品生产许可审查通则和细则。

申请食品生产许可，应当先行取得营业执照等合法主体资格。并且应当按照以下食品类别提出：粮食加工品，食用油、油脂及其制品，调味品，肉制品，乳制品，饮料，方便食品，饼干，罐头，冷冻饮品，速冻食品，薯类和膨化食品，糖果制品，茶叶及相关制品，酒类，蔬菜制品，水果制品，炒货食品及坚果制品，蛋制品，可可及焙烤咖啡产品，食糖，水产制品，淀粉及淀粉制品，糕点，豆制品，蜂产品，保健食品，特殊医学用途配方食品，婴幼儿配方食品，特殊膳食食品，其他食品等。申请食品生产许可，应当向申请人所在地县级以上地方食品药品监督管理部门提交申请材料。申请保健食品、特殊医学用途配方食品、婴幼儿配方食品的生产许可，还应当提交与所生产食品相适应的生产质量管理体系文件以及相关注册和备案文件。从事食品添加剂生产活动，也应当依法取得食品添加剂生产许可。申请食品添加剂生产许可，应当向申请人所在地县级以上地方食品药品监督管理部门提交申请材料。

县级以上地方食品药品监督管理部门对申请人提出的申请决定予以受理的，应当出具受理通知书；决定不予受理的，应当出具不予受理通知书，说明不予受理的理由，并告知申请人依法享有申请行政复议或者提起行政诉讼的权利。县级以上地方食品药品监督管理部门应当对申请人提交的申请材料进行审查。需要对申请材料的实质内容进行核实的，应当进行现场核查。申请保健食品、特殊医学用途配方食品、婴幼儿配方乳粉生产许可，在产品注册时经过现场核查的，可以不再进行现场核查。

根据申请材料审查和现场核查等情况，对符合条件的，由县级以上地方食品药品监督管理部门作出准予生产许可的决定，并自作出决定之日起10个工作日内向申请人颁发食品生产许可证；对不符合条件的，应当及时作出不予许可的书面决定并说明理由，同时告知申请人依法享有申请行政复议或者提起行政诉讼的权利。食品添加剂生产许可申请符合条件的，由申请人所在地县级以上地方食品药品监督管理部门依法颁发食品生产许可证，并标注食品添加剂。食品生产许可证发证日期为许可决定作出的日期，有效期为5年。

食品生产许可证分为正本、副本。正本、副本具有同等法律效力。食品生产许可证编号由SC(“生产”的汉语拼音字母缩写)和14位阿拉伯数字组成。数字从左至右依次为：3位食品类别编码、2位省(自治区、直辖市)代码、2位市(地)代码、2位县(区)代码、4位顺序码、1位校验码。食品、食品添加剂类别编码由3位数字标识，具体为：第1位数字代表食品、食品添加剂生产许可识别码，阿拉伯数字“1”代表食品、阿拉伯数字“2”代表食品添加剂，第2、3位数字代表食品、食品添加剂类别编号。其中食品类别编号按照《食品生产许可管理办法》第十一条所列食品类别顺序依次标识，即："01"代表粮食加工品，"02"代表食用油、油脂及其制品，"03"代表调味品，以此类推……，"27"代表保健食品，"28"代表特殊医学用途配方食品，"29"代表婴幼儿配方食品，"30"代表特殊膳食食品，"31"代表其他食品。食品添加剂类别编号标识为："01"代表食品添加剂，"02"代表食品用香精，"03"代表复配食品添加剂。需要注意的是，食品生产许可证编号一经确定便不再改变，以后申请许可延续及变更时，许可证书编号也不再改变。食品生产者应当在生产场所的显著位置悬挂或者摆放食品生产许可证正本。

在《食品生产许可管理办法》于 2015 年 10 月 1 日开始实施后，原来我国食品的"QS"标志将取消。之前食品包装标注"QS"标志的法律依据是《工业产品生产许可证管理条例》，随着食品监督管理机构的调整和新修订的《食品安全法》的实施，《工业产品生产许可证管理条例》已不再作为食品生产许可的依据。

县级以上地方食品药品监督管理部门应当依据法律法规规定的职责，对食品生产者的许可事项进行监督检查；应当将食品生产许可颁发、许可事项检查、日常监督检查、许可违法行为查处等情况记入食品生产者食品安全信用档案，并依法向社会公布；对有不良信用记录的食品生产者应当增加监督检查频次。县级以上地方食品药品监督管理部门日常监督管理人员负责所管辖食品生产者许可事项的监督检查，必要时，应当依法对相关食品仓储、物流企业进行检查，并且应当按照规定的频次对所管辖的食品生产者实施全覆盖检查。

若接到有关工作人员在食品生产许可管理过程中存在违法行为的举报，食品药品监督管理部门应当及时进行调查核实。情况属实的，应当立即纠正。

国家食品药品监督管理总局可以定期或者不定期组织对全国食品生产许可工作进行监督检查；省、自治区、直辖市食品药品监督管理部门可以定期或者不定期组织对本行政区域内的食品生产许可工作进行监督检查。

思考题

1. 简述我国现行的食品安全监管体制的设计思路和现状，如何完善监管体制？
2. 欧盟、美国和英国的食品安全事务行政体系各有哪些值得借鉴之处？
3. 食品 GMP 的主要内容有哪些？
4. 以乳品企业为例，试述如何在企业中制定和实施 HACCP 计划？
5. 就我国的现状出发，试论如何完善食品安全标准？
6. 以食品生产加工小作坊和食品摊贩为例，说明我国对食品的生产经营许可有哪些具体的规定？

参考文献

包路林. 2016. 政府主导 法规完善 职责明晰 监管到位——美日欧盟食品监管经验与启示[J]. 城市管理与科技，(3)：76-79.

董娟. 2011. 食品安全监管问题研究面面观[J]. 中国国情国力，(12)：8-11.

李志勇. 2012. 广东农食产品应对国外技术性贸易措施指南[M]. 广州：广东科技出版社.

任建超，韩青. 2016. 欧盟食品安全应急管理体系及其借鉴[J]. 管理现代化，(1)：29-31.

世界卫生组织，联合国粮食及农业组织. 2009. 食品法典(第三版)[M]. 罗马：联合国粮食及农业组织.
孙娟娟. 2016. 欧盟食品规制的反思与改进[J]. 中国食品药品监管，(2)：53-55.
夏延斌，钱和. 2009. 食品加工中的安全控制[M]. 北京：中国轻工业出版社.
信春鹰. 2015. 中华人民共和国食品安全法释义[M]. 北京：法律出版社.
纵伟. 2015. 食品科学概论[M]. 北京：中国纺织出版社.
Mensah L D，Julien D. 2011. Implementation of food safety management systems in the UK[J]. Food Control，22(8)：1216-1225.
Weyandt A J，da Costa S R R，Nunes M L，et al. 2011. Environmental & food safety management systems，according to ISO 14001 & ISO 22000 in fish processing plants：experiences，critical factors & possible future strategies[J]. Procedia Food Science，1：1901-1906.